无线互联，免示教器

节卡系列协作机器人开创性地采用了移动终端APP控制模式，摆脱了传统笨重的示教器与冗长的控制线，让有限空间内的示教过程变得更加得心应手。

安全协作，碰撞保护

内置力矩反馈模块，当碰撞力矩达到设定的力矩上限时，机器人会及时停止，避免导致人员受伤或设备损坏，实现人机安全协作。

拖拽&图形化编程

手动拖拽机器人末端到相应点位，机器人自主学习记忆完成编程，即使零基础的应用者也可轻松示教，人机协作更人性化。新程序即编即调，全部过程仅需数分钟，实现任务快速转换。

U0816718

JAKA公众号

用机器人

Just Always H

远程交互，实时监控

支持远程编程控制协作，在不再局限于地理界线的同时，节卡系列协作机器人还实现了1台移动终端对多台机器人本体的控制。现在，只需通过移动终端即可实现程序命令或任务包的远程下达。

即插即用，快速切换

节卡系列协作机器人轻盈小巧，具有安装简便、视觉识别、设备兼容性强等特点，良好的通用性与柔性特征使得节卡机器人在任何生产环境中都能真正实现即插即用、快速部署，对于小批量、多批次、定制化、短周期等生产需求应用较佳。

开放软硬件生态系统

基于Linux系统平台开发，兼容性高。用户可从Android、iOS、Windows等多平台系统，通过以太网协议（TCP/IP），工业总线Profinet，Ethernet/IP,以及Modbus与机器人远程交互。提供通用的控制接口，快速对接上下游自动化设备。

JAKA视频号

解放双手

Keep Amazing

绿的谐波

leaderdrive®

广告

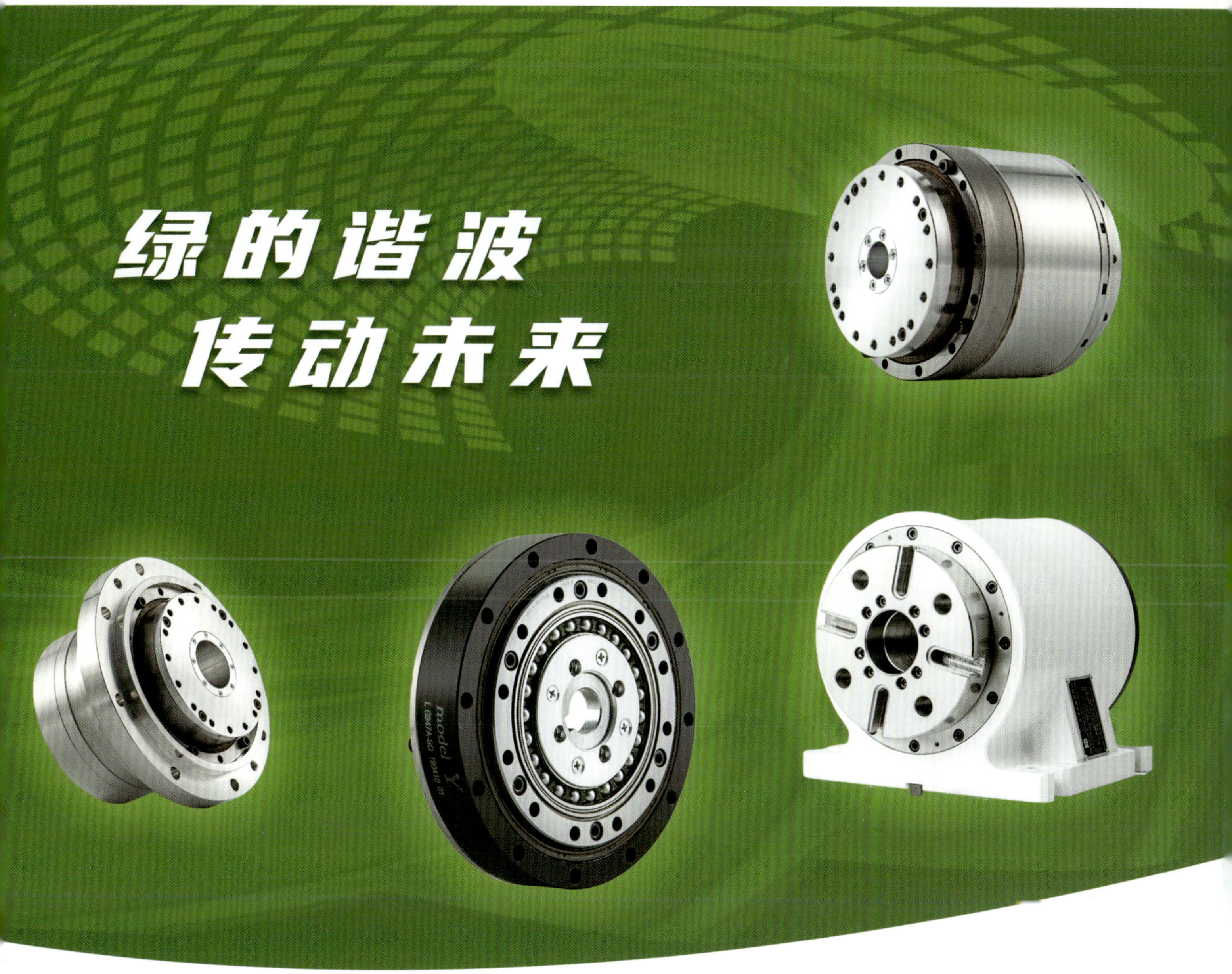

苏州绿的谐波传动科技股份有限公司成立于2011年，并于2020年8月在科创板上市，是一家从事精密传动装置研发、设计和生产的高新技术企业，主要产品包括谐波减速器、机电一体化执行器、数控转台及精密零部件。产品广泛应用于工业机器人、数控机床、医疗器械、半导体设备、新能源等领域。

公司经过多年自主研发，成功实现了精密谐波减速器的技术突破，打破了国际品牌在行业内的垄断，逐步实现了对产品的进口替代，是国内谐波减速器领域的领军企业。公司曾荣获专精特新“小巨人”企业、制造业单项冠军示范企业（2021年—2023年）等多项称号。产品获得“第二十二届中国国际工业博览会CIIF机器人奖”“第二十一届中国国际工业博览会大奖”等多项大奖。

销售热线：0512-66362298

http://www.leaderdrive.cn

微信公众号：绿的谐波

地址：江苏省苏州市吴中区木渎镇尧峰西路68号

E-mail：sales@leaderdrive.com

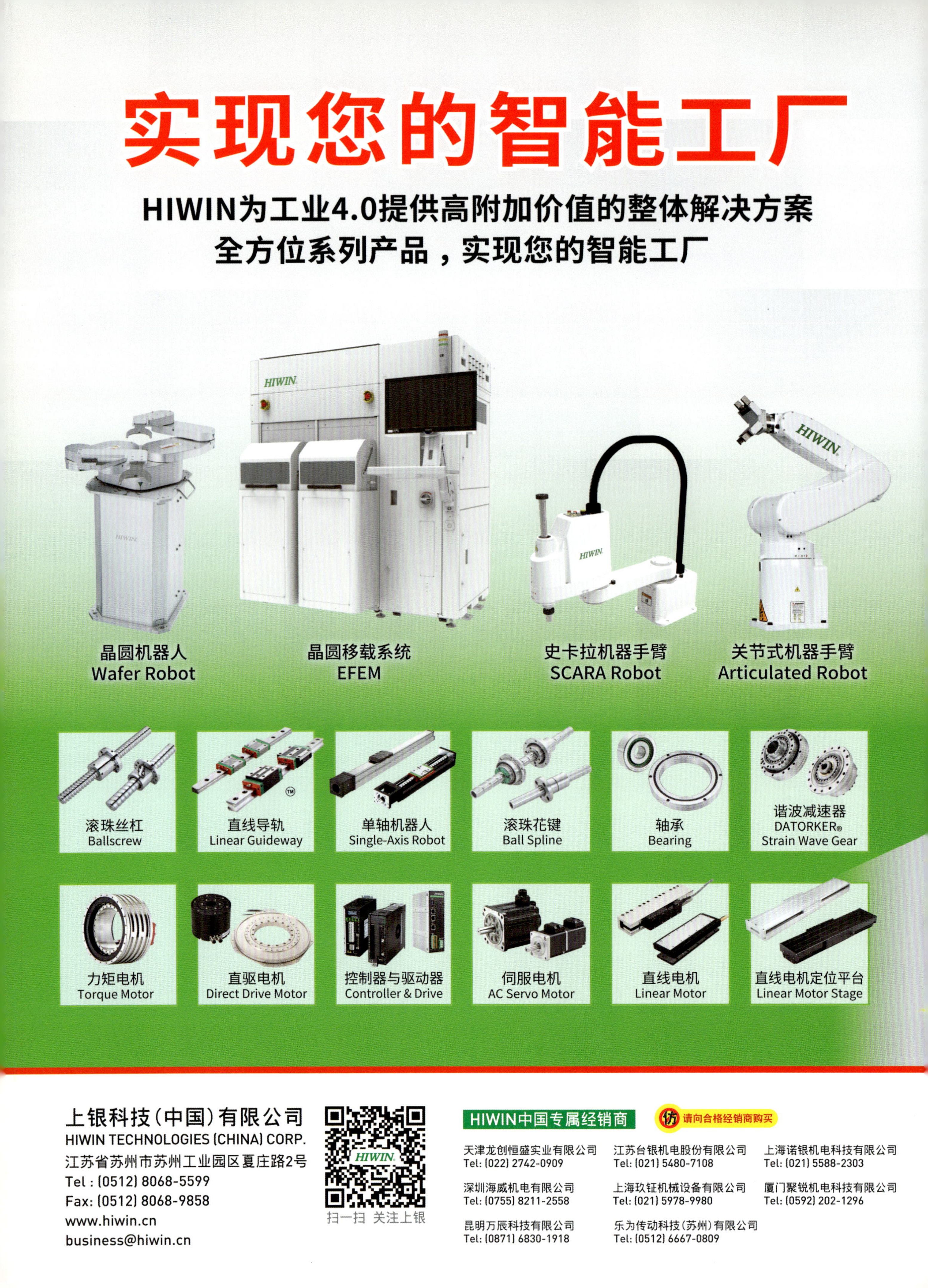
实现您的智能工厂
HIWIN为工业4.0提供高附加价值的整体解决方案
全方位系列产品，实现您的智能工厂
HIWIN
晶圆机器人
Wafer Robot
晶圆移载系统
EFEM
史卡拉机器手臂
SCARA Robot
关节式机器手臂
Articulated Robot
滚珠丝杠
Ballscrew
直线导轨
Linear Guideway
单轴机器人
Single-Axis Robot
滚珠花键
Ball Spline
轴承
Bearing
谐波减速器
DATORKER®
Strain Wave Gear
力矩电机
Torque Motor
直驱电机
Direct Drive Motor
控制器与驱动器
Controller & Drive
伺服电机
AC Servo Motor
直线电机
Linear Motor
直线电机定位平台
Linear Motor Stage
上银科技（中国）有限公司
HIWIN TECHNOLOGIES (CHINA) CORP.
江苏省苏州市苏州工业园区夏庄路2号
Tel：(0512) 8068-5599
Fax: (0512) 8068-9858
www.hiwin.cn
business@hiwin.cn
扫一扫 关注上银
HIWIN中国专属经销商
仿 请向合格经销商购买
天津龙创恒盛实业有限公司
Tel: (022) 2742-0909
江苏台银机电股份有限公司
Tel: (021) 5480-7108
上海诺银机电科技有限公司
Tel: (021) 5588-2303
深圳海威机电有限公司
Tel: (0755) 8211-2558
上海玖钲机械设备有限公司
Tel: (021) 5978-9980
厦门聚锐机电科技有限公司
Tel: (0592) 202-1296
昆明万辰科技有限公司
Tel: (0871) 6830-1918
乐为传动科技（苏州）有限公司
Tel: (0512) 6667-0809

广告

HIWIN® 上银®

Torque Motor 回转工作台
Torque Motor Rotary Table

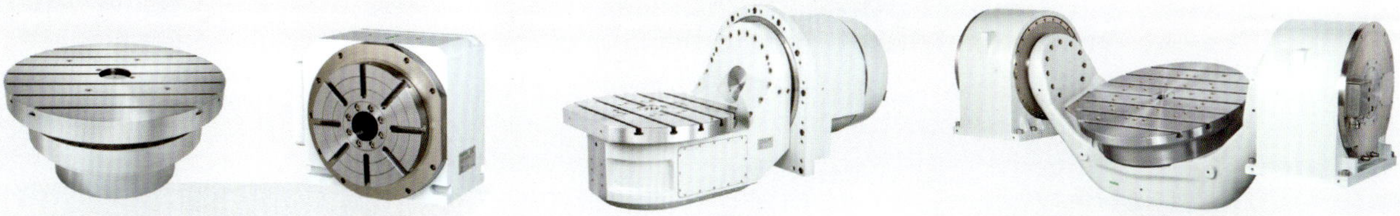

RCH 系列 RCV 系列 RAS 系列 RAB 系列

i4.0BS® 智能型滚珠丝杠
Intelligent 4.0 Ballscrew

i4.0GW® 智能型直线导轨
Intelligent 4.0 Guideway

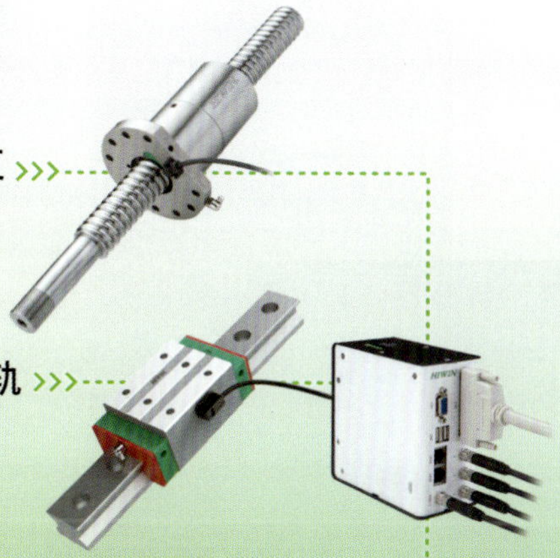

旋转致动器 DATORKER®
Strain Wave Gear System

上银科技全球营运总部

上银科技股份有限公司
HIWIN TECHNOLOGIES CORP.
www.hiwin.tw
business@hiwin.tw

大银微系统全球营运总部

大银微系统股份有限公司
HIWIN MIKROSYSTEM CORP.
www.hiwinmikro.tw
business@hiwinmikro.tw

全球销售暨服务点

德国 www.hiwin.de
日本 www.hiwin.co.jp
美国 www.hiwin.us
意大利 www.hiwin.it
瑞士 www.hiwin.ch
捷克 www.hiwin.cz
法国 www.hiwin.fr
新加坡 www.hiwin.sg
韩国 www.hiwin.kr
以色列 www.mega-fabs.com

Chietom

智同科技

智同科技

公司简介 Company profile

北京智同精密传动科技有限责任公司（以下简称“智同科技”）成立于2015年，是高新技术企业、北京市专精特新“小巨人”企业。

智同科技自主、正向研发的工业机器人用高精密摆线减速机，广泛应用于各类工业机器人、精密机床、工程装备等领域。公司以强大的定制开发能力不断拓展产品应用边界，逐步实现精密传动全场景客户覆盖。

智同科技致力于面向全球机器人及其他制造企业提供标准化减速机产品，并提供高精密减速机研发、定制与升级服务，是一家在精密传动领域具备自主创新能力、精密加工能力、定制服务及快速反应能力的高科技企业。公司秉承“天道酬勤、业道酬精”的企业精神，为顾客提供优质、快捷、专业的精密减速机产品和服务，引领国内减速机行业发展。

产品简介 Product introduction

机器人关节用减速机 CT-CRV 系列

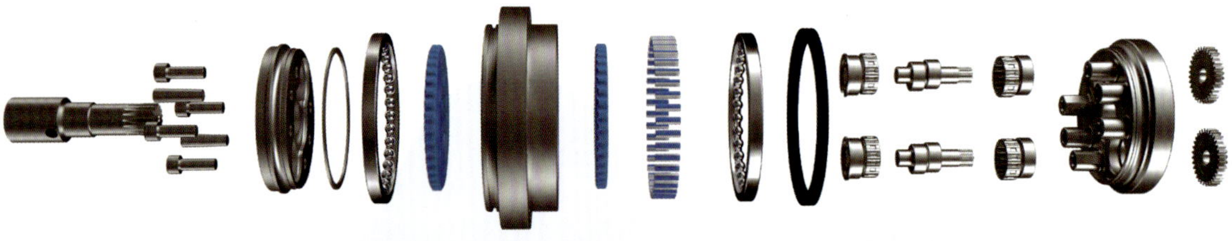

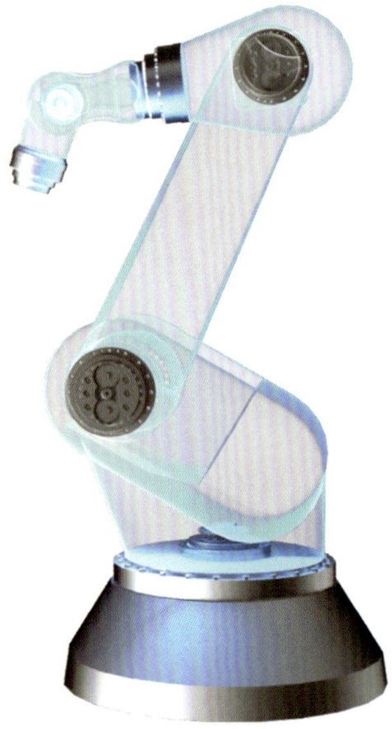

高精度　高刚性　耐过载　高寿命　高可靠性

北京智同精密传动科技有限责任公司 & 北京智同工大智能传动技术研究院

地址：北京市通州区经海五路 1 号院 28-29 号楼北工大科技园大厦 11 层

电话：010-87227704

网址：http://www.chietom.com

邮箱：info@chietom.com

河北智昆精密传动科技有限公司

地址：河北省石家庄市高新区太行大街 759 号连铸连轧车间

电话：0311-68006026

网址：http://zkkj.chietom.com

广告

传动中国力量

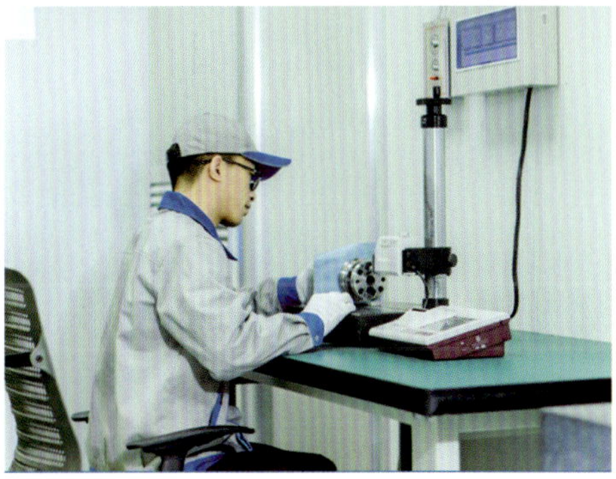

CT-CRV系列减速机分为E、C两个系列，E系列为实心，C系列为空心。

CT-CRV-E系列

20E 40E 80E 110E 160E 320E 320E3 450E

CT-CRV-C系列

10C 27C 50C 100C 120C 200C 320C 320CA 500C

应用场景：主要应用于工业机器人、数控机床、变位机、非标自动化等行业。

北京智同精密传动科技有限责任公司 - 苏州办事处 地址：苏州工业园区苏虹东路 177 号方正智谷 1 号楼 908 室 联系人：胡经理 电话：18198920075

北京智同精密传动科技有限责任公司 - 广州办事处 地址：广州市黄埔区科学大道 118.120 号 611 房 联系人：胡经理 电话：18198920075

北京智同精密传动科技有限责任公司 - 深圳办事处 地址：深圳市福田区竹子林求是大厦西座 1706 室 联系人：吉经理 电话：15811088045

北京智同精密传动科技有限责任公司 - 中南办事处 地址：长沙市望城区金桥国际未来城 1 栋 23 楼 2318 室 联系人：周经理 电话：13612685207

智同科技网站 官方公众号

本书主要内容包括综述篇、大事记、产业篇、创新篇、地区篇、园区篇、标准检测认证篇、产教融合篇、企业篇、应用篇、人物篇、政策篇、国际篇、统计资料和附录，集中反映了2021年我国机器人行业发展状况，记载了机器人行业企业的发展情况，为读者提供了准确的统计数据。

本书主要读者对象为政府决策机构、机器人相关企业决策者和从事市场分析、企业规划的中高层管理人员，以及国内外投资机构、贸易公司、银行、证券、咨询服务部门和科研单位的机器人项目管理人员等。

图书在版编目（CIP）数据

中国机器人工业年鉴.2022/中国机器人产业联盟，中国机械工业年鉴编辑委员会编. —北京：机械工业出版社，2023.3
（中国机械工业年鉴系列）
ISBN 978-7-111-72889-4

Ⅰ.①中… Ⅱ.①中… ②中… Ⅲ.①工业机器人-年鉴-中国-2022
Ⅳ.①F426.67-54

中国国家版本馆CIP数据核字（2023）第050934号

机械工业出版社（北京市百万庄大街22号 邮政编码100037）
策划编辑：李 菁　　责任编辑：李 菁
责任校对：潘 蕊 王明欣　　责任印制：李 昂
河北宝昌佳彩印刷有限公司印刷
2023年5月第1版第1次印刷
210mm×285mm · 26.25印张 · 5插页 · 913千字
标准书号：ISBN 978-7-111-72889-4
定价：480.00元

电话服务　　网络服务
客服电话：010-88361066　　机 工 官 网：www.cmpbook.com
010-88379833　　机 工 官 博：weibo.com/cmp1952
010-68326294　　金 书 网：www.golden-book.com
封底无防伪标均为盗版　　机工教育服务网：www.cmpedu.com

中国机械工业年鉴系列

作为『工业发展报告』
记录企业成长的每一阶段

中国机械工业年鉴

编辑委员会

名誉主任	于　珍　何光远　王瑞祥	
主　　任	徐念沙	中国机械工业联合会会长、党委书记
副 主 任	薛一平	中国机械工业联合会党委副书记、监事长
	罗俊杰	中国机械工业联合会执行副会长、党委常委
	宋晓刚	中国机械工业联合会秘书长、党委常委
	李　奇	中国机械工业联合会副会长、机械工业信息研究院院长、机械工业出版社社长

委　　员（按姓氏笔画排列）

于清笈	中国机械工业联合会党委常委
才　华	中国航天科技集团有限公司集团办公室党组工作处处长
石　勇	机械工业信息研究院副院长
李　冶	国家能源局原监管总监
杨学桐	中国机械工业联合会党委常委
张卫华	国家统计局工业统计司副司长
张克林	中国机械工业联合会党委常委
陈　斌	中国机械工业联合会党委常委
周卫东	中国国际贸易促进委员会机械行业分会会长
赵　驰	中国机械工业联合会党委常委
洪方智	中国船舶集团有限公司政策法规部政策研究处处长
姚　平	中国航空工业集团有限公司航史办主任
郭　锐	机械工业信息研究院党委书记、机械工业出版社总编辑
蔡惟慈	中国机械工业联合会专家委员会专务委员

中国机械工业年鉴系列

作为『工业发展报告』

记录企业成长的每一阶段

中国机器人工业年鉴
执行编辑委员会

主　　任 王天然　中国科学院沈阳自动化研究所研究员、中国工程院院士

副 主 任 朱森第　中国机械工业联合会专家委员会名誉主任、国家制造强国建设战略咨询委员会委员

汪　宏　工业和信息化部装备工业一司副司长

曲道奎　中国机械工业联合会机器人分会（中国机器人产业联盟）理事长、新松机器人自动化股份有限公司副董事长

宋晓刚　中国机械工业联合会秘书长、中国机械工业联合会机器人分会（中国机器人产业联盟）执行理事长兼秘书长

委　　员 叶　猛　工业和信息化部装备工业一司综合处处长

赵奉杰　工业和信息化部装备工业一司智能制造处处长

于海斌　中国科学院沈阳分院院长

王田苗　北京航空航天大学机器人研究所名誉所长、中关村智友天使人工智能与机器人研究院院长、国家特聘教授长江学者、IEEE 机器人与自动化学会北京地区主席

赵　杰　哈尔滨工业大学教授、博士生导师，哈尔滨工业大学机器人研究所所长、机器人技术与系统国家重点实验室副主任

孙立宁　苏州大学相城机器人与智能装备研究院院长，俄罗斯工程院外籍院士

杨伟杰　中国机械工业联合会机器人工作部副主任、中国机械工业联合会机器人分会（中国机器人产业联盟）副秘书长

陈　丹　机械工业信息中心产业研究处处长、中国机械工业联合会机器人分会（中国机器人产业联盟）副秘书长

雷　蕾　中国机械工业联合会机器人工作部处长、中国机械工业联合会机器人分会（中国机器人产业联盟）副秘书长

李晓佳　中国机械工业联合会统计信息工作部处长、中国机械工业联合会机器人分会（中国机器人产业联盟）副秘书长

高立红　中国机械工业联合会国际部主任，中国机械工业联合会机器人分会（中国机器人产业联盟）国际合作工作组组长

中国机械工业年鉴系列

作为『工业发展报告』
记录企业成长的每一阶段

李宪政　中国焊接协会焊接设备分会秘书长，专家委员会主任
魏洪兴　遨博（北京）智能科技股份有限公司董事长
许礼进　埃夫特智能装备股份有限公司董事长
杨海滨　重庆华数机器人有限公司总经理
徐　方　沈阳新松机器人自动化股份有限公司副总裁
郑军奇　上海机器人产业技术研究院有限公司总裁
吴海华　中国农业机械化科学研究院集团有限公司科技发展部部长、研究员
李　剑　北京邮电大学自动化学院特聘研究员
刘　耀　秦川机床工具集团股份公司副总裁
左　晶　苏州绿的谐波传动科技股份有限公司总经理
陶　永　北京航空航天大学国家实验室办公室副主任、研究员
方　斌　清华大学助理教授
周　恢　北京智能机器人产业技术创新联盟副秘书长，北京科技成果转化服务中心转化人才部部长
赵连玉　天津市机器人产业协会秘书长
卢　昊　江苏省机器人专业委员会秘书长
宋　伟　浙江省机器人产业发展协会秘书长
魏绍炎　湖北省机器人产业创新战略联盟秘书长
任玉桐　广东省机器人协会执行会长
刘　学　青岛市机器人产业协会秘书长
梁万前　广州工业机器人制造和应用产业联盟常务副秘书长
瞿卫新　苏州市机器人产业协会秘书长，苏州大学相城机器人与智能装备研究院副院长
岳双荣　济南（国际）机器人与高端装备产业协会负责人
杨书评　北京机械工业自动化研究所有限公司研究员
王爱国　国家机器人检测与评定中心（上海）检测所所长
李志海　中国科学院沈阳自动化研究所检验检测认证中心主任
闵新和　国家机器人检测与评定中心（广州）主任
赵　赢　重庆凯瑞机器人技术有限公司副总经理，国家机器人检测与评定中心（重庆）主任
巩　潇　中国软件评测中心（工业和信息化部软件与集成电路促进中心）机器人与智能装备测评工程技术中心主任
卫　能　国家机器人检测与评定中心（芜湖）工程师，总经理助理
李鹏飞　中国机械工业联合会机器人分会（中国机器人产业联盟）教育培训部副主任，上海添唯教育科技有限公司总经理

中国机械工业年鉴系列

作为『工业发展报告』

记录企业成长的每一阶段

中国机器人工业年鉴
执行编辑委员会办公室

主　　任　宋晓刚　中国机械工业联合会秘书长、中国机械工业联合会机器人分会（中国机器人产业联盟）执行理事长兼秘书长

副 主 任　雷　蕾　中国机械工业联合会机器人工作部处长、中国机械工业联合会机器人分会（中国机器人产业联盟）副秘书长

陈　丹　机械工业信息中心产业研究处处长、中国机械工业联合会机器人分会（中国机器人产业联盟）副秘书长

成　　员　牟金平　中国机械工业联合会机器人分会（中国机器人产业联盟）秘书处成员

杨　茜　中国机械工业联合会机器人分会（中国机器人产业联盟）秘书处成员

刘　飔　中国机械工业联合会机器人分会（中国机器人产业联盟）秘书处成员

贾彦彦　机械工业信息中心产业研究处处长助理

英语霏　中关村智友天使研究院副院长

中国机器人工业年鉴
编写人员

（排名不分先后）

李宪政	魏洪兴	杨海滨	徐　方	刘凤义	刘碧珊	赵　赢
罗小雪	李本旺	韩文香	王小平	刘　耀	左　晶	陶　永
方　斌	周　恢	赵连玉	卢　昊	宋　伟	魏绍炎	任玉桐
梁万前	谭维佳	杨书评	唐　欣	瞿卫新	薛红梅	王一粟
王禹林	巩　潇	李梦玮	崔登祺	黄　欣	李　剑	岳双荣
吴海华	赵宏宇	阎述学	王振宇	张奇峰	刘　学	高立红
王丽丽	孙媛媛	李晓佳	符　玲	雷　蕾	杨　茜	刘　飔
陈　丹	贾彦彦	彭馨桐	赵　明	牟金平		

中国机器人工业年鉴

『鉴』证行业发展

挖掘企业亮点

中国机器人工业年鉴
特约顾问单位特约顾问

特约顾问单位	特约顾问
沈阳新松机器人自动化股份有限公司	曲道奎
苏州绿的谐波传动科技股份有限公司	左　晶
欧德神思软件系统（北京）有限公司	马立新
上海机器人产业技术研究院有限公司	吴业华
住友重机械减速机（上海）有限公司	祝金涛
节卡机器人股份有限公司	李明洋
上银科技股份有限公司	卓文恒
广州数控设备有限公司	何敏佳
湖南中南智能激光科技有限公司	吴葛铭
埃夫特智能装备股份有限公司	许礼进
北京智同精密传动科技有限责任公司	向力军
中关村智友天使人工智能与机器人研究院	王田苗

中国机器人工业年鉴
特约顾问单位特约编辑

特约顾问单位	特约编辑
沈阳新松机器人自动化股份有限公司	哈恩晶
苏州绿的谐波传动科技股份有限公司	孙远帆
欧德神思软件系统（北京）有限公司	李晓溦
上海机器人产业技术研究院有限公司	刘凤义
住友重机械减速机（上海）有限公司	袁湘林
节卡机器人股份有限公司	王　蕾
上银科技股份有限公司	陈秋莲
广州数控设备有限公司	
湖南中南智能激光科技有限公司	张继伟
埃夫特智能装备股份有限公司	唐　欣
北京智同精密传动科技有限责任公司	蒋铭松
中关村智友天使人工智能与机器人研究院	英语霏

前　言

过去的一年，新冠疫情继续发酵，干扰着人们的生产和生活。国际地缘政治冲突加剧，大国博弈日趋激烈，世界进入新的动荡变革期。面对如此复杂多变的国内外形势，机器人行业面对种种挑战，砥砺前行，实现逆势增长。国际机器人联合会（IFR）统计数据显示，2021 年，全球工业机器人消费量达到 51.7 万台，同比增长 31.4%，年销量超过 2018 年的消费水平，再创历史新高。我国作为推动全球机器人行业稳步发展的重要支撑力量，2021 年机器人产业规模实现快速增长，全年机器人行业营业收入超过 1 300 亿元，工业机器人产量达 36.6 万台，服务机器人产量达 921.4 万套。另据中国机器人产业联盟（CRIA）统计，我国工业机器人装机量在全球占比超过 50%。与此同时，人工智能、云计算、大数据、5G、新材料等新兴技术的快速发展，正在推动机器人向智能化方向加速演进。机器人已成为支撑经济社会发展的重要驱动力，既为发展先进制造业提供了重要突破口，也为进一步提升人类福祉提供了有力支撑。

2021 年是我国“十四五”开局起步之年，工业和信息化部等 15 部门联合印发了《“十四五”机器人产业发展规划》（简称《规划》），这是指导机器人产业发展的第二个五年规划。《规划》提出，以高端化智能化发展为导向，面向产业转型和消费升级需求，坚持“创新驱动、应用牵引、基础提升、融合发展”，着力突破核心技术，着力夯实产业基础，着力增强有效供给，着力拓展市场应用，提升产业链供应链稳定性和竞争力，持续完善产业发展生态，推动机器人产业高质量发展。

2022 年，党的二十大胜利召开，吹响了奋进新征程的时代号角。习近平总书记在党的二十大报告中强调高质量发展是全面建设社会主义现代化国家的首要任务，提出坚持把发展经济的着力点放在实体经济上，推进新型工业化，加快建设制造强国、质量强国、航天强国、交通强国、网络强国、数字中国。作为制造业皇冠顶端的明珠，机器人产业必将在新时代大有可为！

《中国机器人工业年鉴》（简称《年鉴》）一直致力于真实记载机器人行业的发展变化。作为行业发展史料，《年鉴》紧跟行业发展变化和读者需求，不断调整优化内容结构，2022 版《年鉴》在上一版基础之上增加了“创新篇”，旨在通过总结与记录机器人领域的技术发展情况及标志性创新成果等，加快我国机器人行业科技进步和科技成果转化。《年鉴》作为记载中国机器人行业发展历程及发展成果的重要载体，将继续为读者提供行业最详实的信息，并充分发挥其作用，引导产业高质量发展。

中国工程院院士

广告索引

优秀企业展示

索引

『鉴』证行业发展
挖掘企业亮点

中国工业年鉴出版基地

GSK 广州数控
推进产业升级
助力高质量发展
3年
免费保修
GSK数控系统产品
赤金龙
广州数控–中国南方数控产业基地
广州数控 建于1991年 专业机床数控系统 工业机器人 智能制造工程 精密数控注塑机 机床大修理与数控化改造 职业培训服务 员工近3000人 目标奋进世界一流！
第一园区｜数控产业基地
第二园区｜精密加工配件园
第一园区
第三园区
第三园区｜机器人产业园
400-0512-028 ｜ WWW.GSK.COM.CN

勤快的中国机器人

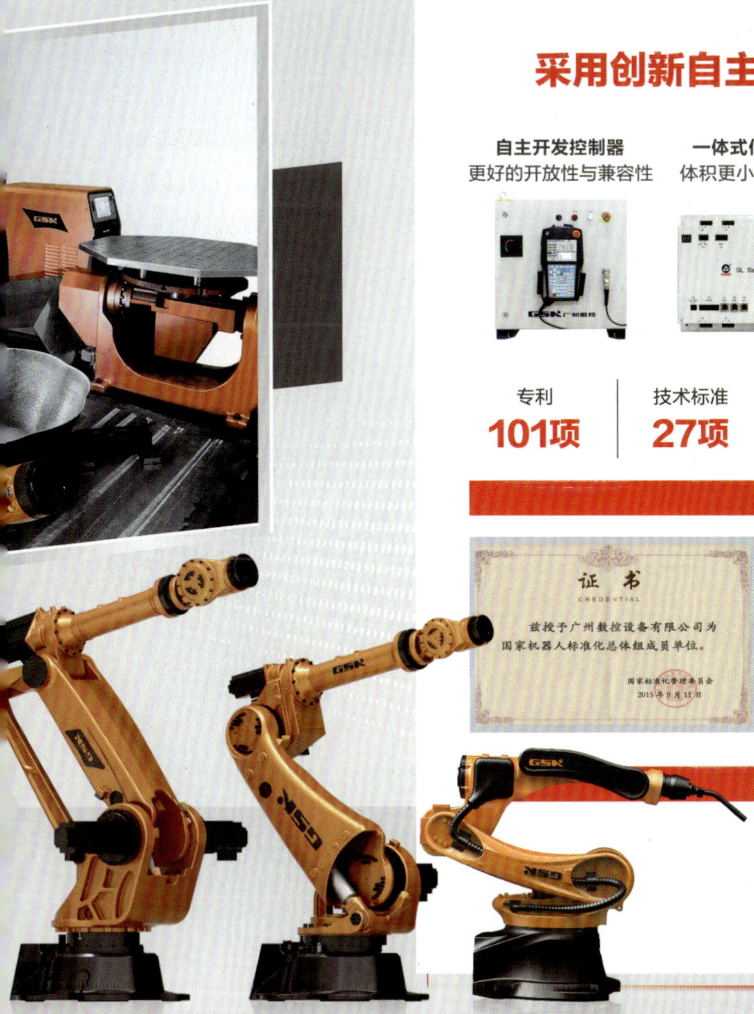

采用创新自主研发高性能核心零部件

自主开发控制器	一体式伺服驱动	伺服电动机	减速器
更好的开放性与兼容性	体积更小 重量降低	运动更平稳 更可靠	结构紧凑 传动平稳

专利	技术标准	软件产品登记	软件著作权	MTBF测试
101项	27项	7项	10项	6万小时

资质荣誉

可靠性标准制订

《工业机器人可靠性测试与评定方法》
《工业机器人耐久性测试方法》
《机器人精密减速器温度适应性要求和测试方法》
《工业机器人整机寿命加速试验 性能退化评价方法》
《大空间重载工业机器人 全域定位精度试验方法》

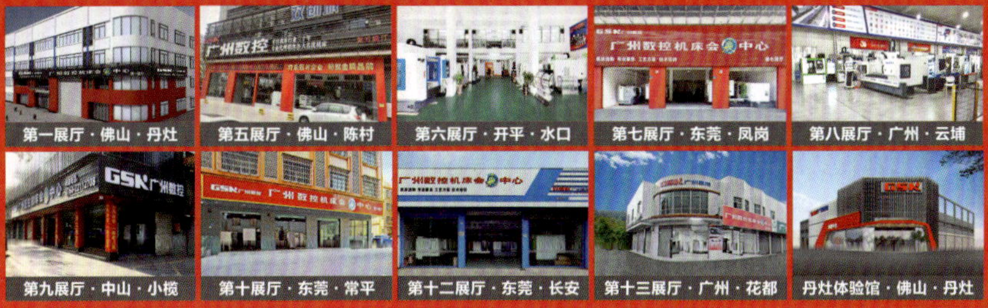

广州数控机床会展中心

广州数控机床会展中心打造全新服务模式，推行方案设计、技术验证、现场项目方案还原、保姆式陪产服务、技术人才培训等全方位、专业化的数控机床和生产线解决方案。技术与工程相结合，提升效率和自动化程度，助力中国制造数字化、智能化转型，与用户共同成长。

阿里巴巴旗舰店 gzgsk.1688.com
抖音号 @广州数控设备有限公司
服务号 @广州数控GSK
订阅号 @广州数控
视频号 @广州数控GSK

Sumitomo Drive Technologies

公司简介　住友重机械减速机(上海)有限公司

住友传动技术（Sumitomo Drive Technologies）作为住友重机械工业株式会社的核心业务单元，是全球动力传动和控制系统的佼佼者。自1994年进入中国市场以来，公司致力于为客户提供高质量的产品和创新解决方案，帮助客户应对复杂性挑战。公司已在天津、上海、唐山、广州、苏州、沈阳设立4家减速机生产基地、1家变频器工厂和1家伺服电机工厂，以及34个销售办事处和售后服务中心。

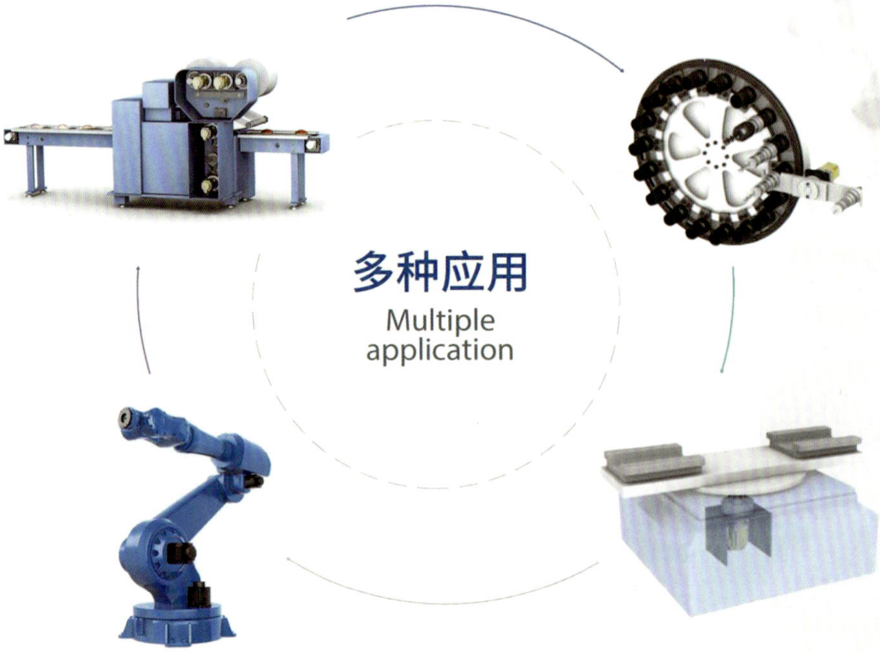

01	02	03	04	05
工业机器人（焊接/搬用/涂装/码垛）	变位机、转台	数控机床、刀库	自动化设备	半导体

住友传动技术

Sumitomo Drive Technologies

住友重机械减速机(上海)有限公司

地址：上海市松江区书崖路301号2幢
邮编：201611
电话：021-57748866
网址：www.sumitomodrive.com

住友精密控制用减速机产品特点

当今工业机器人领域，由于多关节需要驱动（即运动的核心传动部件——精密减速机），因此减速机性能对机器人应用至关重要。住友传动技术为工业“高速”“高精密”机器人提供 Fine Cyclo 高精密减速机，并为机器人周边设备提供 Lafert 系列伺服电机。可广泛应用于工业机器人（焊接/搬运/涂装/码垛等）、变位机、转台、数控机床、刀库、自动化设备和半导体等行业。

Fine Cyclo 精密摆线减速机 DA 系列

基本参数：
- 传递损失 1.0′
- 额定扭矩 245～1610 N·m
- 减速比 29～119

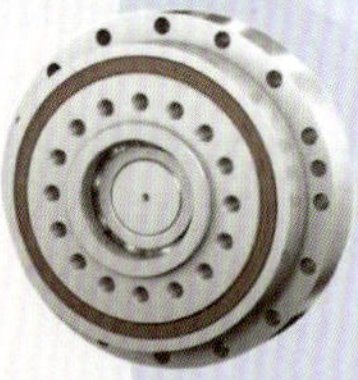

产品特点：
- 高容许力矩。
- 采用新齿形，低噪声。
- 标配主轴承支撑，设计/安装更简便。
- 输入端可选多种连接方式。

ECY 精密谐波减速机

基本参数：
- 传递损失 1.0′
- 额定扭矩 16～67 N·m
- 减速比 50～100

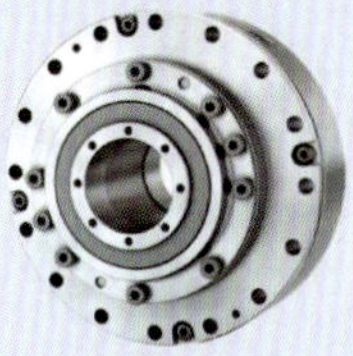

产品特点：
- 结构紧凑、高力矩/刚性。
- 耐负载棘轮效应（过载安全性更高）。
- 高速轴孔更大。
- 通过将谐波结构与摆线啮合理论相接合,实现高强度/刚性。

Fine Cyclo 精密摆线减速机 UA 系列

基本参数：
- 传递损失 0.5′
- 额定扭矩 250～5000 N·m
- 减速比 81～283

产品特点：
- 高精度、高扭矩密度。
- 结构紧凑，使用寿命长。
- 低振动，零齿隙。
- 过载能力大，效率高。

Fine Cyclo 精密摆线减速机 W 系列

基本参数：
- 传递损失 1.0′
- 额定扭矩 2450～4000 N·m
- 减速比 64～273（单级速比）

产品特点：
- 高精度、高力矩刚性、高容许弯矩。
- 中心管内置，高速轴内置支撑轴承，方便安装。
- 高减速比（速比可选）。
- 零齿隙。

IB 精密行星减速机

基本参数：
- 齿隙 3～15 min
- 额定转矩 3.4～1500 N·m
- 减速比 81～283

产品特点：
- 低齿隙且紧凑性高。
- 可对应法兰输出。
- 最高输入转速 6000r/min，可适配各伺服电动机制造商。
- 采用大直径精密向心推力轴承，可承受大径向负载。
- 使用寿命内无需维护。

Lafert 系列无刷伺服电机

基本参数：
- 电动机功率 0.05～79 kW
- 容许环境温度 -15～40°C（海拔1000m）
- 额定输出转速 1500～6000 r/min
- 额定扭矩 0.2～390 N·m

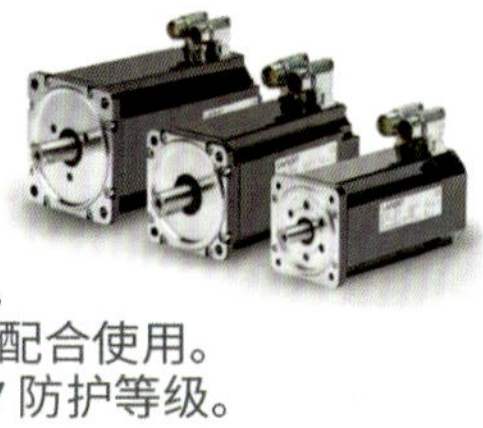

产品特点：
- 输入电压支持 220V和 380V。
- 高过载能力和高动态响应能力。
- 提供 ATEX 2/22 区防爆解决方案。
- 兼容性高，可与多种品牌驱动器配合使用。
- 标准 IP65 防护等级，可定制 IP67 防护等级。

CODESYS

CODESYS
机器人及智能装备控制系统编程开发软件

CODESYS 软件平台技术优势：

1. 支持使用统一标准语言对不同硬件厂商的设备进行编程；
2. 符合 IEC 61131-3 国际标准；
3. 支持多种 CPU 及操作系统；
4. 支持多种主流现场总线：如 EtherCAT、EtherNet/IP、CANopen、Modbus、PROFINET、PROFIBUS 等；
5. 支持多核 CPU 方案；
6. 支持 PLCopen Part1、Part2、Part4，提供 CNC 数控系统模块、多轴机器人复杂控制模块，支持 CNC 数控系统、多轴机器人的开发（机器人控制算法功能模块，如 SCARA、DELTA、四轴机器人、六自由度多功能机器人等）；
7. 提供 3D 仿真的机器人数字孪生技术；
8. 支持对控制系统和产线设备实现云管理，提供 IT 和 OT 融合方案

CODESYS（欧德神思）软件集团　联系电话：010-85888936 / 0531-88822695　官网网站：www.codesys.cn

支持国产芯片和国产操作系统

支持多种 CPU，如 X86 / ARM / PowerPC；支持多种操作系统以及无操作系统，如 Windows、Linux、VxWorks、QNX 等；2019 年开始，已完成与多家国产 CPU 和操作系统的适配和测试，如天津飞腾 CPU、翼辉 SylixOS。

intel AMD arm MIPS ELEVATING RISC-V RISC-V LOONGSON 兆芯 More...

Linux QNX VxWorks 中国移动 China Mobile Oneos SylixOS 锐华 More...

具备复杂运动控制功能、机器人控制技术及数字孪生技术

- CODESYS 软件集成丰富的运动学算法库，比如用于路径预处理和调整的辅助功能块（如平面刀具补偿、圆弧平滑和带有三阶和五阶样条曲线样条平滑等）、用于根据速度曲线计算路径点的插补器（包含用于控制前进和后退运动的双向插补器）和用于轴组的运动学转换功能块
- 软件支持G代码，用户可在G代码中编写子程序和表达式
- 具有配套程序功能块的可视化模板
- 在编程环境中有相关功能块的示例和模板，使用IEC 61131-3开发CNC、机器人和运动控制工程
- 符合 DIN 66025（G-Code）的 3D CNC 编辑器
- 现场总线配置界面中包含轴、伺服驱动器、步进驱动器和编码器的组态
- 适用于不同运动系统的轴组配置器（可针对个性化运动学需求进行定制）

支持直接配置的机器人模型：

- 5 轴 gantry 机器人
- 2/3 轴 gantry 机器人
- 2/3 轴 H gantry 机器人
- 2/3 轴 T gantry 机器人
- Bipod 机器人
- 带有线性或旋转轴的 Tripod 机器人
- Polar 运动学模型
- 2/3 臂带有辅助轴的 SCARA 机器人
- 4 轴码垛机器人
- 6 自由度关节机器人
- ……

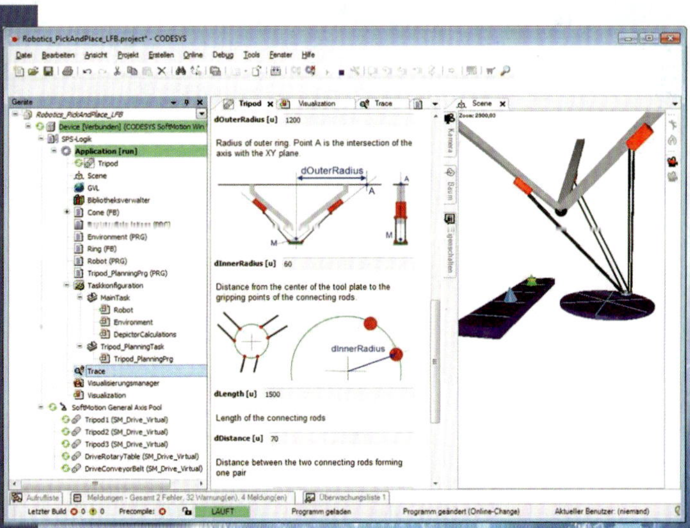

销售邮箱：sales@codesys.cn　　线上商城：store.codesys.cn　　微信公众号

SEARI 上电科

上海机器人产业技术研究院
SHANGHAI ROBOT INDUSTRIAL TECHNOLOGY RESEARCH INSTITUTE

上海电器科学研究所（集团）有限公司

上海电器科学研究所（集团）有限公司

上海电器科学研究所（集团）有限公司（简称“上电科”），创建于1953年，是一家集科技创新服务、产品检测、系统集成解决方案提供和高新技术产品生产为一体的高科技企业集团。业务领域涵盖智能电网用户端与能源互联网、智慧节能、智慧城市与智能交通、智能制造与工业互联网、船用电气、检测评估等。以前沿技术与服务引领电工行业数字化转型发展，赋能社会和经济高效运行，为推动传统产业转型升级和战略性新兴产业的健康有序发展做出了积极贡献。上电科围绕机器人产业进行战略布局，从标准、检测、认证、共性技术研究、培训等方面，助力机器人产业高质量发展，服务国家战略。

国家机器人检测与评定中心（总部）

2015年，国家机器人检测与评定中心（简称“国评中心”）成立，包括1个总部(由上电科作为总部单位承建)、3个分中心（分别由中国科学院沈阳自动化研究所、广州机械科学研究院有限公司、重庆德新机器人检测中心有限公司承建）以及2个公共服务平台（分别由中国软件评测中心、芜湖赛宝机器人产业技术研究院有限公司承建）。国评中心功能设置为集机器人整机/部件标准制修订、检测、认证、共性技术研究、培训、合作交流、信息服务为一体的社会第三方服务机构。国评中心体系的建立，充分发挥各方优势形成功能互补，完成机器人产业全国范围内区域布局。

上海机器人研发与转化功能型平台

作为上海科创中心建设“四梁八柱”之一的研发与转化功能型平台，由上海电器科学研究所（集团）有限公司、上海大学等联合出资组建。该平台通过共性技术研发、成果转化、人才集聚及行业资源融合，汇聚机器人产业及人才资源，培育科技型企业，打造产业创新生态圈，成为国内领先、国际知名的机器人技术研发、服务和成果转化高地。

国家机器人标准化平台

作为国家机器人标准化总体组联合秘书处，主导开展《国家机器人标准体系建设指南》《中国机器人标准化白皮书》等顶层文件的制定，组织编制产业急需的国家、行业/团体标准。作为IEC/CISPR副主席单位，牵头开展机器人电磁兼容国际标准化顶层设计，先后草拟并推动国际组织发布了CISPR/1412/INF、CISPR/1421/INF、CISPR/1438/INF三份国际文件，协调CISPR各分会开展机器人电磁兼容标准的补充。

【联系我们】 上海电器科学研究所（集团）有限公司 上海市普陀区武宁路505号 www.seari.com.cn 021-6257499

广告

机器人战略布局

检测认证

CR认证英文全称"China Robot Certification"，是在国家相关部门的指导下进行策划、创意、设计并最终确定的一种认证，主要针对机器人产品的新认证。

2022年，中国机器人（CR）认证升级版发布，CR认证升级版涵盖功能安全、信息安全、可靠性、智能水平四大专业技术方向，通过五个层次（L1~L5）的认证等级，充分评价技术实现难度，提供质量"阶跃式"发展标杆。同时，认证标志增加了技术专业等级标识符，并采用数字标识，象征着机器人认证的技术内涵。

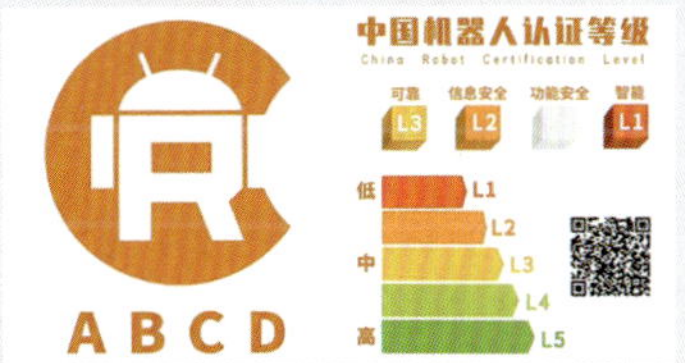

标准化服务

该服务基于机器人创新产品标准的空缺，按高质量产品的发展战略，与该领域的头部企业和相关企业一起制定一套符合高质量、高技术水平指标的标准，并通过标准试验验证、技术攻关将该产品提升为符合该标准的高端产品。

阶段	责任方	业务流程点	输出物
立项阶段	企业研究院 企业 研究院	合同协议 → 资料 → 标准立项	盖章协议 技术方案 技术资料 测试样机 技术人员 立项申请书 立项材料 立项PPT 标准计划号
项目实施阶段	研究院企业 研究院	标准验证 质量提升、技术攻关 标准文本起草 标准专家组召开 送审稿	标准草稿 标准验证方案 标准验证报告 标准工作组会议 质量提升技术方案 技术攻关专利 标准送审稿件
成果发布	研究院	标准发布	标准发布稿 标准宣贯行业活动

成果转化

针对机器人、人工智能及智能制造等相关领域，与海外高校、企业建立产业化对接的桥梁，利用长三角机器人产业平台创新联盟自有资源，进行成果转化和企业孵化。目前已孵化30余家机器人企业，涵盖巡检、建筑、物流配送、消毒、检测、教育烹任、焊接、康复等领域。

转化模式

转化通道

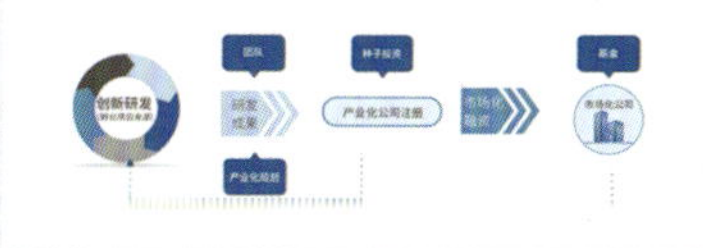

教育培训

作为国家产教融合平台，致力于战略性新兴产业科技创新人才培养，建立健全人才培养体系，开展针对青少年教育、职业教育、企业和社会化人才培训，通过专业建设、教学资源、实训装备、各类大赛、师资和企业培训、考核认证、人才能力标准开发、科技创新、国际合作、现代产业学院建设等方式，与合作院校、合作伙伴共同合作培养高技能人才。

课程体系建设

- 基础课程
- 应用型课程
- 产业课程
- 企业课程

学院基地建设

- 中国机器人CR产业学院
- 中国机器人产教融合示范基地
- 高技能人才培养基础
- 智能工厂实训基地

上海机器人产业技术研究院
www.sri-robot.com　021-62222910
扫码关注公众号　扫码关注视频号

广告

iR中关村智友

中关村智友研究院

以科学家成果转化为特色的创投服务和产业赋能平台

中关村智友研究院是2018年8月经北京市中关村管委会、中关村科学城管委会批准，由中关村创新合伙人、北航机器人研究所名誉所长王田苗教授牵头，联合海淀园创业服务中心、北航天汇孵化器和雅瑞资本等机构共同发起设立的民办非企业法人单位。

研究院作为高科技智库和早期硬科技创投服务平台，以科学家为核心开展高科技成果转化、硬科技项目孵化以及早期投资（科学家基金），深度聚焦医疗科技、高端制造、智能服务、新能源及新材料等赛道，为硬科技“卡脖子”和中国新时代科技转型升级提供强有力的支撑，同时也是北京市标杆型孵化器。

机器人及核心部件　新能源　新材料　先进制造

芯片与传感器　人工智能　智能服务　医疗科技

联系人 /Contacts
刘鹏 /LIU PENG

联系电话 /Pone
15711087137

邮箱 /Email
ZHIYOU@ZGC-IR.COM

联系地址 /Adress
北京市海淀区知春路7号致真大厦A座901

综合索引

『鉴』证行业发展

挖掘企业亮点

中国机械工业年鉴系列

《中国机械工业年鉴》
《中国电器工业年鉴》
《中国工程机械工业年鉴》
《中国机床工具工业年鉴》
《中国通用机械工业年鉴》
《中国机械通用零部件工业年鉴》
《中国模具工业年鉴》
《中国液压气动密封工业年鉴》
《中国重型机械工业年鉴》
《中国农业机械工业年鉴》
《中国石油石化设备工业年鉴》
《中国塑料机械工业年鉴》
《中国齿轮工业年鉴》
《中国磨料磨具工业年鉴》
《中国机电产品市场年鉴》
《中国热处理行业年鉴》
《中国电池工业年鉴》
《中国机械工业集团有限公司年鉴》
《中国工业车辆年鉴》
《中国机器人工业年鉴》

编辑说明

一、《中国机械工业年鉴》是由中国机械工业联合会主管、机械工业信息研究院主办、机械工业出版社出版的大型资料性、工具性年刊，创刊于1984年。

二、根据行业需要，中国机械工业年鉴编辑委员会于1998年开始出版分行业年鉴，逐步形成了“中国机械工业年鉴系列”。该系列现已出版了《中国电器工业年鉴》《中国工程机械工业年鉴》《中国机床工具工业年鉴》《中国通用机械工业年鉴》《中国机械通用零部件工业年鉴》《中国模具工业年鉴》《中国液压气动密封工业年鉴》《中国重型机械工业年鉴》《中国农业机械工业年鉴》《中国石油石化设备工业年鉴》《中国塑料机械工业年鉴》《中国齿轮工业年鉴》《中国磨料磨具工业年鉴》《中国机电产品市场年鉴》《中国热处理行业年鉴》《中国电池工业年鉴》《中国工业车辆年鉴》《中国机器人工业年鉴》和《中国机械工业集团有限公司年鉴》。

三、《中国机器人工业年鉴》主要记述了我国机器人行业发展概况；全面、详细地分析了我国机器人行业的市场情况；收录了与机器人行业发展相关的政策举措；系统地提供了我国机器人行业统计数据。2022年版设置综述篇、大事记、产业篇、创新篇、地区篇、园区篇、标准检测认证篇、产教融合篇、企业篇、应用篇、人物篇、政策篇、国际篇、统计资料和附录。

四、统计资料中的数据来源于中华人民共和国国家统计局和中华人民共和国海关总署，数据截至2021年12月31日。因统计口径不同，有些数据难免出现不一致的情况。

五、在年鉴编撰过程中得到了行业联盟、行业协会、相关企业和专家的大力支持和帮助，在此深表感谢。

六、未经中国机械工业年鉴编辑部的书面许可，本书内容不允许以任何形式转载。

七、由于作者水平有限，难免出现错误及疏漏，敬请读者批评指正。

中国机械工业年鉴编辑部

2023年1月

目　　录

综　述　篇

大　事　记

产　业　篇

创　新　篇

地　区　篇

园 区 篇

标准检测认证篇

产教融合篇

企 业 篇

应 用 篇

人 物 篇

政 策 篇

国 际 篇

统 计 资 料

附 录

Contents

Overview

Important Events

General Situation of the Industry

Innovation

General Situation of Related Areas

General Situation of Related Park

Standard, Testing & Certification

Integration of Industry and Education

Company profile

Application

Personages

Policies

General Situation of International

Statistics

Appendix

综述篇

综合论述中国机器人行业 2021 年发展情况

综述篇

2021 年中国机器人行业发展概况

2021 年是我国“十四五”的开局之年，也是不平凡的一年，我国经济发展保持全球领先地位，新冠疫情防控取得关键性胜利。在国内经济复苏、用户行业产能扩充及设备改造等诸多利好因素的共同驱动下，我国机器人产业表现亮眼，产业规模快速增长，关键零部件创新有序推进，整机研发及批量制造能力不断增强，产品应用场景日益丰富，产业链应变能力逐步提升。

一、发展动态及特点

1. 生产规模快速增长，行业发展迎来新高潮

2021 年，我国经济进入新冠疫情后的修复与经济转型叠加期，生产与需求展现出较强韧性。2021 年上半年，伴随下游行业自动化需求加速及更多需求场景的激活，工业机器人行业迎来高速增长，企业在手订单量充足；进入第三季度后，受供应链、投资周期等因素影响，工业机器人市场需求增速有所放缓，企业生产节奏逐步放慢，全年工业机器人行业呈现“高开低走”态势，但增速仍处于高位。国家统计局数据显示，2021 年全国规模以上企业工业机器人产量为 36.6 万台，同比增长 67.9%，年产量创历史新高。从月度情况看，2021 年上半年工业机器人月度生产增速除 4 月份（同比增长 43%）外，增速均超过 50%；7 月和 8 月生产增速依然保持较高水平，同比增长分别为 42.3%和 57.4%；9 月起增速出现明显回落，9—12 月同比增长分别为 19.5%、10.6%、27.9%和 15.1%。2021 年我国工业机器人生产情况如图 1 所示。

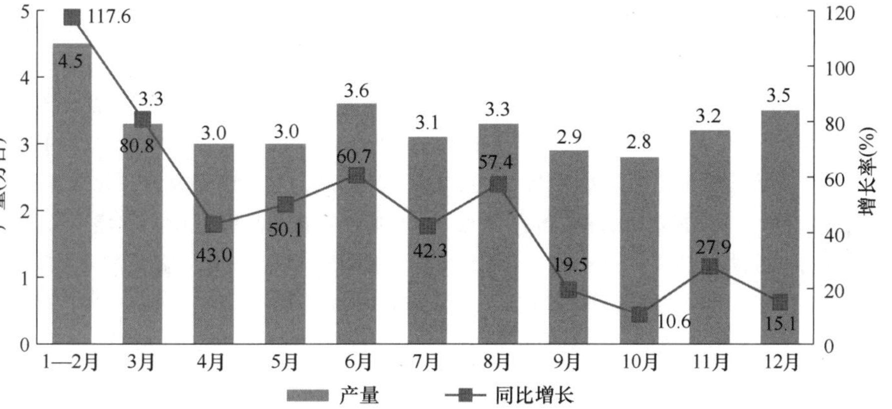

图 1　2021 年我国工业机器人生产情况

注：数据来源于国家统计局。

随着医疗、养老、教育等领域智慧化需求的持续释放，服务机器人产业同样呈现蓬勃发展之势。2021 年我国服务机器人产量为 921.4 万套，同比增长 48.9%。从月度情况看，7 月、8 月为年内低点，产量分别为 59.6 万套和 68.0 万套，其他月份单月产量均超过 70 万套。2021 年我国服务机器人生产情况如图 2 所示。

2. 应用场景日益丰富，应用价值愈加凸显

2021 年，我国市场工业机器人消费量快速增长，中国机器人产业联盟（CRIA）数据显示，2021 年，我国市场工业机器人消费量达到 27.1 万台，同比增长 50.1%，在全球总消费量中的占比超过 50%。我国连续 9 年成为全球最大的工业机器人消费国，全球最大工业机器人市场地位进一步稳固。

工业机器人应用领域快速拓展，不仅在汽车、电子、金属加工、化工、食品等行业广泛应用，还逐步渗透至锂离子电池、光伏等新兴产业。例如，埃夫特智能装备股份有限公司（简称“埃夫特”）研制的电池片花篮搬运机器人、电池片插片机器人、光伏组件排版机器人等产品，成功应用于光伏行业，助力产线智能生产，2021 年在光伏行业实现了近 1 200 台套机器人设备的销售。深圳市汇川技术股份有限公司的 SCARA 机器人已在锂离子电池生产中的装配环节实现应用，SCARA 机器人能够将托盘上的动力蓄电池模块抓取到装配线上，并在完成装配后将成形的电池模块抓取到托盘上，由 AGV 运往下一制造环节，串联起产业自动化建设。另外，伴随工业互联网建设节奏加快，智能工厂的方案设计、架构搭建、施工组织等经验日益成熟，为工业机器人创造了良好的应用平台。例如，2021 年，新松

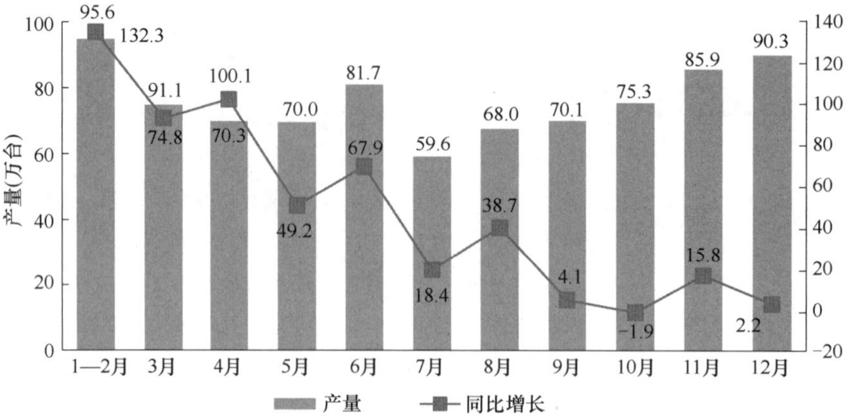

图 2　2021 年我国服务机器人生产情况

注：数据来源于国家统计局。

机器人自动化股份有限公司（简称“新松”）与湖北华强科技股份有限公司合作完成了丁基胶塞智能工厂的整体布局，实现了生产、物流、仓储等全工艺环节的智能管控，达到了物流智能化、生产自动化、产能最大化的目标。中国机器人产业联盟（CRIA）数据显示，2021 年我国工业机器人已在 60 个行业大类、168 个行业中类中广泛应用。2021 年制造业机器人密度达到 322 台/万人，远超全球平均水平。

服务机器人的应用发展比较依赖场景需求，新冠疫情、北京冬奥会等激发众多新兴场景。新冠疫情期间，“非接触服务”需求增多，为咨询机器人、配送机器人、新零售机器人、测温机器人、消毒机器人等带来了新的发展机遇。例如，北京猎户星空科技有限公司的医疗服务机器人在北京大学首钢医院实现应用，帮助发热病人进行初步诊疗，协助医护人员运送药品等，减少医护人员暴露在感染源面前的概率，降低了医护人员交叉感染风险。上海某机器人有限公司的楼宇配送机器人接力外卖小哥，为楼宇员工提供“后一百米”的无接触式配送服务，产品在上海虹桥、北外滩等核心商圈实现应用。北京冬奥会期间，各类服务机器人更是大展身手。例如，在清洁消杀方面，冬奥会采用了雾化消毒机器人和 UV 紫外线消毒机器人，在一些大场景中，单台使用雾化消毒机器人可以轻松对 1 000m^2 的区域进行消毒，雾化消毒机器人的续驶时间为 4～5h；在一些小场景的消杀工作，UV 紫外线消毒机器人的消杀效果非常彻底。在巡检方面，冬奥会采用多功能巡检机器人，在巡检过程中，机器人可以进行口罩检测，对 5m 范围内未佩戴口罩的人员发出佩戴口罩提醒，并且机器人顶部的消毒设备具有红外感应功能，可自动喷出消毒液。在餐饮方面，冬奥会构建了无人机器人餐厅，厨师和服务人员均为机器人，点餐、备餐、上菜整个服务流程实现全部自动化，餐厅能够满足数千人的餐饮需求。

3. 产业链体系逐步完善，国产化进程不断加速

经过多年发展，我国机器人产业已基本形成了从零部件到整机再到集成应用的全产业链。2021 年，全球新冠疫情仍此起彼伏、贸易摩擦不断升温等问题对全球供应链造成了一定冲击，产品价格大幅上涨、供货周期明显延长等，促使国内企业加速突破机器人关键零部件、增强整机研发及批量生产能力，机器人产业链逐步完善，应变能力有所提升。

（1）关键零部件研制取得进一步突破，配套能力显著提升。例如，苏州绿的谐波传动科技有限公司（简称“苏州绿的”）、浙江来福谐波传动股份有限公司、北京中技克美谐波传动股份有限公司等生产的谐波减速器基本覆盖全系列产品，可满足国内大部分市场需求。2021 年国产谐波减速器在自主品牌机器人市场占有率超过 80%，部分产品已成功进入丹麦 UR、瑞士 ABB、日本发那科等国际知名品牌供应体系。南通振康焊接机电有限公司、北京智同精密传动科技有限责任公司（简称“智同科技”）、浙江环动机器人关节科技有限公司（简称“环动科技”）等公司研制的 RV 减速器加速迭代，产品核心指标基本接近国外同类产品水平，可配套大部分中小负载机器人，在自主品牌机器人市场占有率超过 70%。虽然大负载 RV 减速器仍依赖进口，但智同科技、环动科技等企业在该细分领域的研制成果已取得突破性进展，产业化进程正在加速。清能德创电气技术（北京）有限公司研发的工业机器人伺服系统的核心指标已经达到国外产品的 90%以上。华数机器人有限公司自主研发的Ⅲ型控制系统具有高速、高精、开放等特点，编程语言简洁易懂，已实现规模化批量应用。同时，芯片、操作系统、功能软件等核心部件及软件也在加速攻克。国内部分机器人企业已开展国产芯片适配验证，正在试用龙芯中科技术股份有限公司、上海兆芯集成电路有限公司、苏州纳芯微电子股份有限公司等企业的芯片；北京翼辉信息技术有限公司已开发出自主的嵌入式实时操作系统，可满足不同 CPU 版本的工业机器人适配，目前已在部分机器人企业应用；埃夫特自主开发的离线编程软件已得

到初步应用。

（2）机器人整机性能稳步提升，品种功能日益丰富。在工业领域，机器人技术稳步提升，产品结构不断优化。2021年，自主品牌多关节机器人销量达到5.3万台，在我国自主品牌工业机器人市场销量中的占比超过60%，连续五年位居各机型之首。国产工业机器人的可靠性、一致性、精度等在应用迭代过程中得到了显著提升，部分产品已具备参与国际竞争的能力，得到了用户的认可。例如，埃夫特的喷涂、打磨抛光机器人，线性轨迹精度、线性轨迹重复性等核心性能指标与国际知名品牌水平接近，智能快速示教、特定作业场景下的防护等级等技术指标，更贴近用户行业对机器人应用的需求，产品已成功应用到中航科工、中远海运、合力叉车、箭牌卫浴、凌丰家居、永光刀剪等企业。遨博（北京）智能科技有限公司（简称“遨博”）协作机器人部分技术指标达到国际先进水平，已与全球领军企业优傲UR同台竞争，2021年，其协作机器人销量位居国内首位。极智嘉科技股份有限公司的工业物流机器人服务于西门子、宝马、丰田等客户，其3 000台工业物流机器人AI群体控制技术具有国际先进水平。

我国在服务领域，导航定位、运动控制、人工智能、5G通信等新技术的加速突破，不断充实了机器人产品功能。例如，深圳市优必选科技有限公司在2021世界人工智能大会推出的全新仿人服务机器人Walker X，采用U-SLAM视觉导航技术实现自主路径规划，基于深度学习的物体检测与识别算法、人脸识别算法，可在复杂环境中识别人脸、手势、物体等信息并准确理解和感知外部环境。2021年6月，浙江大学医学院附属第二医院应用北京柏惠维康科技有限公司的“睿米”机器人，依托5G通信的高带宽、低延时等优势，成功远程辅助实施了脑内血肿清除手术。

4. 骨干企业运行态势良好，企业间协作日趋紧密

在机器人产业整体发展势头向好的背景下，骨干企业经营状况良好。例如，零部件领域，2021年，苏州绿的谐波减速器及金属件业务实现营业收入4.2亿元，同比增长104.3%。工业机器人领域，2021年，南京埃斯顿自动化股份有限公司（简称“埃斯顿”）机器人本体和智能制造业务同比增长20.4%，其中，机器人本体国内市场收入同比增长104.7%；埃夫特机器人整机业务实现销售收入3.99亿元，同比增长86.1%，在其主营业务收入中的占比从2020年的19.2%增长到35.7%；新松工业机器人业务实现营业收入12.5亿元，同比增长7.3%，在其总体营业收入中的占比为37.9%。服务机器人领域，2021年，家庭服务机器人行业的骨干企业科沃斯机器人股份有限公司实现营业收入131亿元，同比增长80.9%；骨科手术机器人行业骨干企业北京天智航医疗科技股份有限公司实现营业收入1.6亿元，同比增长14.8%；娱乐机器人领域的九号有限公司实现营业收入91.5亿元，同比增长52.4%。

与此同时，机器人行业融资也迎来一波新热潮。企查查公开数据统计，2021年，国内机器人领域共发生投融资事件291起，同比增长40.6%，已披露融资金额的项目有191起，其中超过1.5亿元的项目有60起。例如，上海微创医疗机器人（集团）股份有限公司于2021年11月2日在香港联交所主板上市，完成104亿港元首次公开募股（IPO）上市融资；杭州凯尔达焊接机器人股份有限公司于2021年10月25日在上海证券交易所科创板成功上市，完成9.23亿元IPO上市融资；上海高仙自动化科技发展有限公司获得12亿元C轮融资和数亿元B++轮融资；上海擎朗智能科技有限公司获得2亿美元D轮融资；深圳达闼科技有限公司获得10亿元B+轮融资；深圳大族机器人有限公司（简称“大族机器人”）获得3.95亿元B轮融资和约2亿元B+轮融资；北京珞石科技有限公司（简称“珞石科技”）获得2亿元C+轮融资。另外，企业间协作日趋紧密，合作持续深化。例如，苏州绿的与埃夫特、新松等整机企业加深合作，通过与用户共同探讨，从源头上进行谐波减速器的定制化设计与开发；环动科技与埃斯顿建立战略合作关系，共同研发设计弧焊机器人用RV减速器。

二、发展影响因素分析

1. 国家高度重视机器人产业发展

工业机器人作为推进智能制造发展领域的重要装备，其发展受到了国家的高度重视。2021年3月，国务院发布《中华人民共和国国民经济和社会发展第十四个五年规划和2035年远景目标纲要》（简称《纲要》），明确提出“十四五”期间要培育先进制造业集群，推动集成电路、航空航天、船舶与海洋工程装备、机器人、先进轨道交通装备、先进电力装备、工程机械、高端数控机床、医药及医疗设备等产业创新发展。《纲要》在专栏中指出，要发展智能制造与机器人技术，突破先进控制器、高精度伺服驱动系统、高性能减速器等智能机器人关键技术。2021年12月，工业和信息化部、国家发展和改革委员会、科学技术部、公安部、民政部、住房和城乡建设部、农业农村部、国家卫生健康委员会、应急管理部、中国人民银行、国家市场监督管理总局、中国银行保险监督管理委员会、中国证券监督管理委员会、国家国防科技工业局、国家矿山安全监察局15个部门正式印发《“十四五”机器人产业发展规划》，明确了“十四五”期间机器人产业发展方向和思路，并部署了“提高产业创新能力、夯实产业发展基础、增加高端产品供给、拓展应用深度广度、优化产业组织结构”五项主要任务。除中央制定相关政策外，北京、上海、重庆等地制定了机器人相关“十四五”发展规划，指导本地机器人产业发展。

相关政府部门开展系列工作，支持机器人产业的发展。例如，2021年，工业和信息化部面向矿山、建筑、农业、医疗等重点行业，征集了一批机器人典型应用场景，希望

形成一批可复制可借鉴的成果并加强推广应用，同时希望以此引导机器人企业与使用单位加强合作，研发更加适合行业需求、更加先进实用的机器人。工业和信息化部组织开展2021年度特种机器人产业链“揭榜”活动，通过“解绑挂帅”机制，加快特种机器人关键核心技术攻关。国家发展和改革委员会组织开展先进制造业和现代服务业融合发展试点工作，确定20个区域、40家企业作为第二批先进制造业和现代服务业融合发展试点单位，继续探索重点行业、领域和地区融合发展新路径，推进智能工厂、柔性化定制等新业态新模式发展，该项工作从应用端拉动了机器人产业发展。

2. 疫情带动行业新发展

2021年，受新冠疫情影响，企业在正常办公、生产、用工等面临着诸多限制。在这种情况下，机器人渗透率较高的行业，自动化、智能化水平较高的领域，受到的影响相对较小。因此，不少企业吸取教训，从这次特殊危机的背景出发，结合自身未来长远发展，开始引入机器人，实施升级改造措施。例如，深圳市一家手机生产企业，通过采购工业机器人实施产线改造，在员工数量不足的情况，实现了快速复工复产。

此外，全球新冠疫情的持续蔓延，延长了部分产品进口供货周期。例如，减速器进口货期从3个月延长到6~8个月，大多数芯片进口货期从1~3个月延长到6~18个月，且产品进口价格普遍出现上涨。这促使国内机器人企业加速了供应链的国产化进程，国内零部件企业加大产品研发力度，整机企业拓展国产零部件采购渠道。

3. 光伏、锂离子电池等新兴产业快速发展，催生更多机器人应用新场景

近年来，光伏、锂离子电池等新兴产业快速发展，自动化、智能化制造趋势特征明显，催生了更多机器人应用新场景。在国家政策大力支持及新能源汽车推广应用进程加快的带动下，新能源汽车消费量快速增长。中国汽车工业协会统计数据显示，2021年，我国新能源汽车销售量为352.1万辆，同比增长1.6倍，市场占有率提升至13.4%，销量连续7年位居全球第一。新能源汽车已经从政策驱动转向市场拉动的新发展阶段。伴随新能源汽车的快速发展，锂离子电池需求也在大幅增长，锂离子电池应用市场的蓬勃发展为工业机器人创造了新的应用场景。如，在锂离子电池制造的中后段工序中，电芯装配、检测、电池组装等环节，卷绕、包装、检测、入壳、化成分容、组装等工艺均对机器人存在巨大需求。

近几年光伏行业在政策引导和市场需求双轮驱动下也实现了快速发展，产业规模迅速扩大，产业链各环节市场占有率多年位居全球首位，我国已经成为世界上重要的光伏大国。光伏行业的制造过程具有柔性化、定制化、更新快等特点，这对其生产装备提出了一定要求，机器人作为智能制造装备的代表性产品成为了光伏行业企业首选。硅片制造中的拉晶、切方、切片等环节及组件封装中的串焊、排版、分档、包装等环节，对工业机器人均存在巨大需求。例如，在硅片制造过程中，晶圆需要经过一系列的化学处理，而化学处理工艺成败的关键在于是否能够实现晶圆在数台设备间的灵活传送。机器人参与晶圆传送，既能保障高效的生产率，还能有效降低晶圆损坏率；在电池板组装工艺中，由于电池板质量较大，其封装、固定等环节则需要应用重载工业机器人完成相应作业。

4. 新兴技术加速突破，为机器人创造更多可能

我国人工智能、5G通信、云计算、新材料等新兴技术的加速突破，为机器人的发展创造了更多可能。例如，在人工智能领域，我国发明专利授权总量排名全球第一，图像识别、语音识别等技术创新应用已进入世界先进行列。在京东无人仓库中，视觉技术、SLAM技术赋能移动机器人，使机器人能够与环境主动交互，具备自主规划移动能力；遨博协作机器人搭载视觉系统，安全性与友好性显著提升，能够适用于更加复杂的应用场景。在通信技术领域，截至2021年年底，我国累计建设5G基站达142.5万个，覆盖全国所有地级以上城市，5G+超高清视频、智慧教育、智慧医院、公共卫生、健康养老等典型应用加快发展。5G的超大流量、极短延时、较低功耗等特点使手术机器人远程操作成为现实。在云计算领域，以云计算使能人工智能应用为理念的智能云技术体系逐渐成型，智能云是智能化应用落地的引擎。以腾讯云、阿里云、华为云等为代表的厂商积极进行智能云产品占领布局。埃夫特与阿里云联合研发了智能机器人及系统云边一体化解决方案，该方案集合机器人技术、云计算和人工智能技术，将阿里云工业大脑作为埃夫特智能机器人云平台的技术底座，提升了机器人的自主性和智能化水平。在新材料领域，人造肌肉、智能泡沫等新材料的突破，使仿生机器人、软体机器人、快速响应周边环境机器人成为可能。

5. 全球经济复苏乏力，机器人市场动力不足

2021年以来，全球新冠疫情反复，经济复苏乏力。2022年1月的《世界经济展望》报告显示，2021年全球经济增速为5.9%。其中，发达经济体GDP增长5.0%，较2021年10月的预测值低0.2个百分点，美国经济增长5.6%（下调0.4个百分点）、日本经济增长1.6%（下调0.8个百分点）、德国经济增长2.7%（下调0.4个百分点）、西班牙经济增长4.9%（下调0.8个百分点）；新兴市场和发展中经济体GDP增长6.5%，较2021年10月预测值高0.1个百分点，其中，东盟五国（印度尼西亚、马来西亚、菲律宾、泰国和越南）增长3.1%（上调0.2个百分点）、印度经济增长9.0%（下调0.5个百分点）、俄罗斯经济增长4.5%（下调0.2个百分点）、巴西经济增长4.7%（下调0.5个百分点）、南非经济增长4.6%（下调0.4个百

分点）。国际货币基金组织（IMF）认为：总体而言，全球经济增长的风险偏向下行，预计2022年全球经济增速将下降至4.4%。在全球经济复苏乏力的背景下，机器人市场需求动力有所下降，机器人产业发展必然受到一定的制约和影响。

三、发展趋势分析与预测

1. 困难与挑战依然存在，产业规模或将小幅增长

2022年新冠疫情反复，我国部分地区受到了影响，企业经营面临物流受阻、物流成本及原材料价格上涨、生产被迫中断等风险，影响机器人生产规模的扩大。复杂多变的国内外形势，或将影响2022年机器人产业发展态势，但仍有诸多积极因素推动机器人行业砥砺前行。例如，2021年年底《"十四五"机器人产业发展规划》正式印发，明确了"十四五"时期机器人产业发展目标，为保障目标的实现，相关部门将采取系列举措加快培育产业发展。

我国智能生产、智慧生活步伐正在加快，机器人作为实现智能化、智慧化的重要手段，未来必不可少。国内多数企业看好机器人市场，对机器人未来发展充满信心，正在积极提升其研发创新及生产能力。例如，大族机器人的佛山生产基地即将投入使用，其产能较原生产基地扩大了约2倍；埃斯顿机器人智能产业园二期工程正在加紧建设中，计划2022年年底完成基建，将形成5万台/年的机器人生产能力；拓斯达科技股份有限公司（简称"拓斯达"）江苏基地正处于厂房分项验收阶段，竣工验收完成后可投入使用，此外拓斯达还投资33亿元建设东莞拓斯达智能设备总部基地，用于工业机器人等智能制造高端装备的研发和制造，达产后将实现年产值约70亿元。总体来看，2022年我国机器人产业规模将保持小幅增长。

2. 应用领域向更多细分场景、新兴行业拓展

在机器人传统应用市场日趋饱和的背景下，国内机器人企业紧抓量大面广的制造业和服务业转型升级的巨大市场，深耕细分场景需求，开辟新天地。例如，珞石科技开展刀剪开刃工艺研究，成功开发出水磨自动上下料、刀具开刃标准化工作站，并在张小泉、十八子、金辉刀剪等刀剪行业的头部企业实现应用；遨博针对新零售、餐饮、医疗保健等非工业场景需求，推出双臂拉花咖啡工作站、奶茶工作站、双臂汉堡机器人、理疗按摩机器人等产品，年销量已超过千台；中关村机器人产业创新发展公司针对橡胶树割胶需求，开发出智能割胶机器人，能够在标准化橡胶园内完成割胶作业，割胶耗时80s/株，大幅提升工作效率；中信重工开诚智能装备有限公司开发出矿用履带式消防侦察机器人，搭载多参数传感器，能够实时采集现场甲烷、二氧化碳、温度、湿度、差压等环境参数，可应用于矿井危险作业区域的探测和侦察，既能提高工作效率，又可以保障人身安全。此外，机器人在光伏、锂离子电池等新兴行业的应用也正在逐步扩大，但当前机器人在新兴领域的应用尚处于较早阶段，还未像汽车行业那样形成成熟应用，国内机器人企业相较于国外企业更加贴近市场，能够快速响应市场需求，且与国内客户交流更加便捷。可见，国产机器人在新兴行业的应用未来可期。

3. 机器人加速向高端化智能化迈进

从2013年开始，我国已连续9年成为全球第一大工业机器人消费国。受益于强劲的市场需求及各级政府的大力支持，我国机器人产业取得了显著进步，关键零部件加速突破，整机性能功能大幅提升，产品质量日益优化。然而，与国际先进水平相比，我国机器人产业整体处于中低端水平，主要集中在搬运、码垛等领域，汽车、航空航天、轨道交通等重点行业高端应用则被ABB、库卡、安川、发那科等外资品牌所占据。为打破这一局面，摆脱国内巨大市场拱手让给外资品牌的风险，国产机器人必将加速向中高端迈进。同时，国家印发的《"十四五"机器人产业发展规划》也明确提出，"十四五"期间将以高端化智能化发展为导向，面向产业转型和消费升级需求，坚持"创新驱动、应用牵引、基础提升、融合发展"，提升产业链供应链稳定性和竞争力，推动机器人产业高质量发展。此外，人工智能、云计算、5G通信等新技术的不断突破、与机器人技术的深度融合，也正在推动机器人向高端化智能化发展。

〔撰稿人：机械工业信息中心贾彦彦〕

2021年中国工业机器人市场概况

一、中国工业机器人市场情况

据中国机器人产业联盟与国际机器人联合会联合统计，2021年，我国工业机器人市场销量快速增长，销量再创历史新高，全年累计销售27.1万台，同比增长50.1%，连续第9年成为全球最大的工业机器人消费市场。2013—2021年我国工业机器人市场销售情况如图1所示。

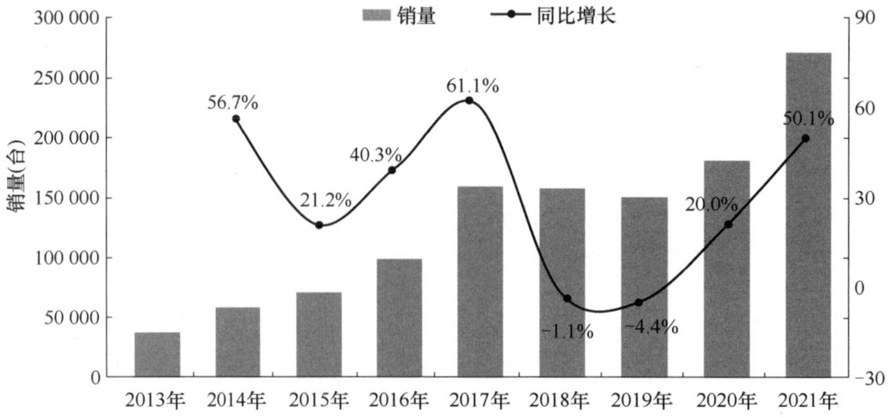

图1　2013—2021年我国工业机器人市场销售情况

注：数据来源于中国机器人产业联盟、国际机器人联合会。

1. 按机械结构分类

按机械结构分类，多关节机器人仍是我国工业机器人市场中销量最多的机型，占比保持高位。2021年我国多关节机器人市场延续上年增长态势，全年销量超过18.0万台，同比增长60.8%，是增速最快的机型，也是带动市场增长的首要因素。平面多关节机器人（SCARA）销量位居第二，达到6.2万台，同比增长43.7%。坐标机器人销量保持第三位，销量超过1.7万台，同比增长20.2%，延续了上年的回升走势。并联机器人销量继续下降且降幅增大，同比下降38.4%。2020—2021年我国市场工业机器人销售情况（按机械结构分类）如图2所示。

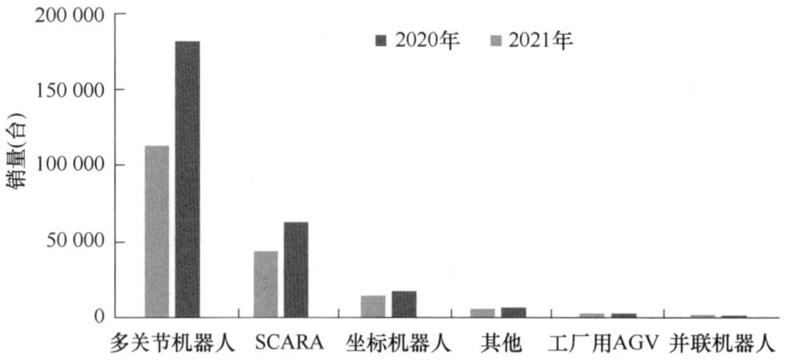

图2　2020—2021年我国市场工业机器人销售情况（按机械结构分类）

注：数据来源于中国机器人产业联盟、国际机器人联合会。

2. 按工艺用途分类

我国工业机器人市场整体销售继续保持上行各种不同工艺用途的工业机器人均实现了同比增长。2021年，搬运和上下料依然是工业机器人的首要应用领域，销售为11.7万台，同比增长55.3%，增速提高了38个百分点；焊接机器人销量为5.8万台，同比增长51%，增速提高了39.7个百分点；装配及拆卸机器人销量约为4.3万台，同比增长23.4%，增速较上年下降了30.3个百分点；用于洁净室的机器人销量同比增长25.8%，增速提高了22.7个百分点；用于涂层与胶封和加工的机器人销量同比均由负转正，分别同比增长41.1%和45.2%，其中用于涂层与胶封的机器人销量虽大幅增长，但仍未恢复到新冠疫情发生前的水平，用于加工的机器人销量则创近4年来新高。2020—2021年我国工业机器人市场销售情况（按工艺用途分类）如图3所示。

3. 按应用行业分类

从应用行业看，2021年电气电子设备和器材制造业（国际机器人联合会行业分类）是我国工业机器人市场的首要应用行业，销量接近8.9万台，同比增长37.5%，在我国工业机器人市场总销量中的占比为32.8%，较上年下降了3.0个百分点；汽车制造业仍然是工业机器人十分重要的应用行业，2021年汽车制造业新增6.3万台工业机器人，销量在上年较低基数的基础上大幅提高，同比增长94.5%，在我国工业机器人市场总销量中的占比恢复至23.2%，较上年提高了5.3个百分点；金属及机械制造业购置机器人3.5万台，同比增长53.5%，增速加快，在我国工业机器人市场总销量中的占比为12.8%，比上年提高了0.3个百分点；塑料及化学用品制造业购置工业机器人超过 7 800 台，同比增长 16.5%，在我国工业机器人市场总销量中的占比为 2.9%，比上年下降了 0.8 个百分点。此外，随着食品制造业生产自动化的推进，机器人在该行业中的需求量持续增加，作为我国工业机器人市场的第五大应用行业，2021 年食品制造业购置工业机器人超过 3 900 台，同比增长 22.5%，增速较上年加快。其他各制造业门类的工业机器人购置量总体呈现上行态势，但应用于木材加工和家具制造、造纸和纸制品业、非汽车交通工具大门类的机器人数量明显下降。2020—2021 年我国工业机器人市场销售情况（按应用行业分类）如图 4 所示。

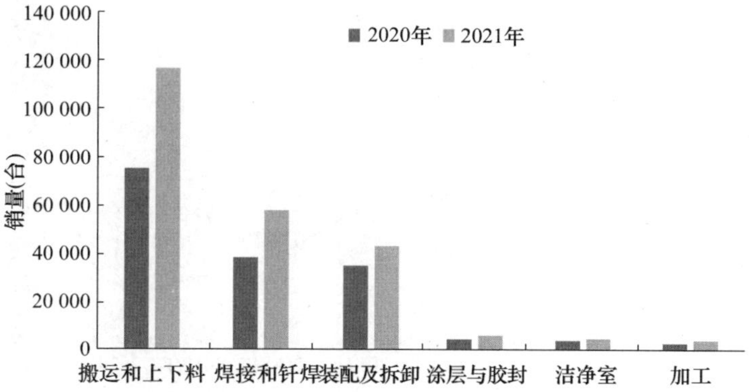

图 3　2020—2021 年我国工业机器人市场销售情况（按工艺用途分类）

注：数据来源于中国机器人产业联盟、国际机器人联合会。

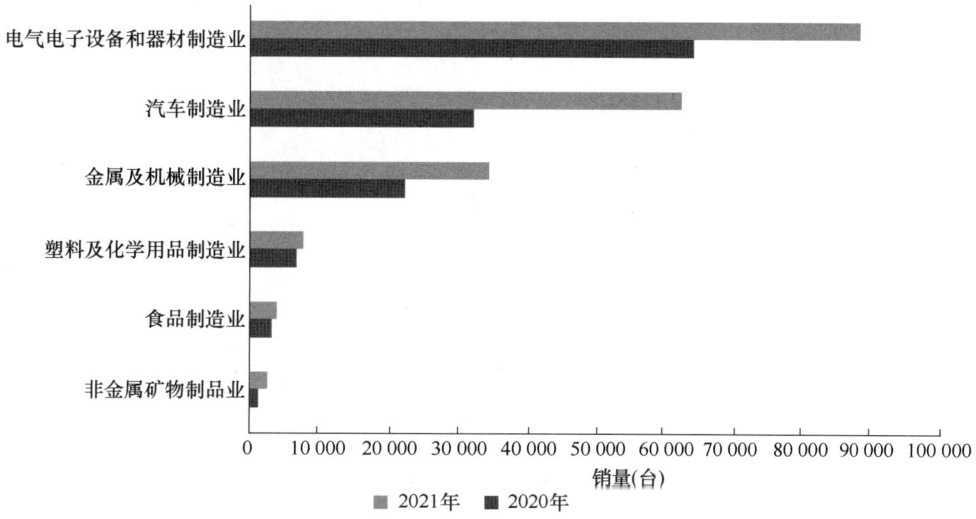

图 4　2020—2021 年我国工业机器人市场销售情况（按应用行业分类）

注：数据来源于中国机器人产业联盟、国际机器人联合会。

二、自主品牌工业机器人市场情况

据中国机器人产业联盟统计，2021 年，我国自主品牌工业机器人共销售 8.7 万台，同比增长 50.8%，增速较上年提高了 38.0 个百分点。其中，三轴及三轴以上的工业机器人销售近 8.4 万台，同比增长 53.8%，占自主品牌工业机器人总销量的 96.9%；工厂用物流机器人销售超 2 700 台，同比下降 6%，占总销量的 3.1%。2013—2021 年我国自主品牌工业机器人市场销售情况如图 5 所示。

1. 按机械结构分类

2021 年，我国自主品牌多关节机器人销售反弹，销量为 5.3 万台，占总销量的 60.8%，较上年提高了 10.7 个百分点，继续成为我国自主品牌工业机器人中销量第一位的机型；平面多关节机器人（SCARA）销量约为 1.6 万台，在我国自主品牌工业机器人市场中单占比为 18.2%，位居第二，较上年同期提高了 1.1 个百分点；坐标机器人销量约为 1.2 万台，在我国自主品牌工业机器人中的占比为 13.7%，位居第三，较上年同期下降了 6.8 个百分点；工厂用物流机器人销售约 2 700 台，在我国自主品牌工业机器人市场中单占比为 3.1%，位居第四，较上年同期下降了 1.9 个百分点；圆柱坐标机器人销售 1 100 余台，在我国自主品牌工业机器人市场中单占比为 1.3%，下降了 0.6 个百分点；并联机器人销售 120 余台，在我国自主品牌工业机器人市场中单占比为 0.1%，下降了 1.7 个百分点。

从增速看，我国自主品牌工业机器人中，多关节机器人与平面多关节机器人（SCARA）同比增长均在60%以上；坐标机器人与圆柱坐标机器人同比增长较少，增速较上年有所回落；工业用物流机器人与并联机器人呈现下降态势。2020—2021年我国自主品牌工业机器人市场销售情况（按机械结构分类）如图6所示。

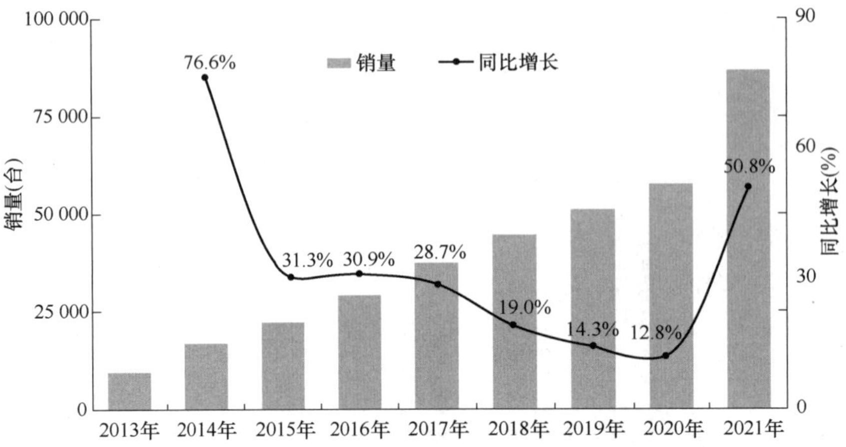

图5　2013—2021年我国自主品牌工业机器人市场销售情况

注：数据来源于中国机器人产业联盟。

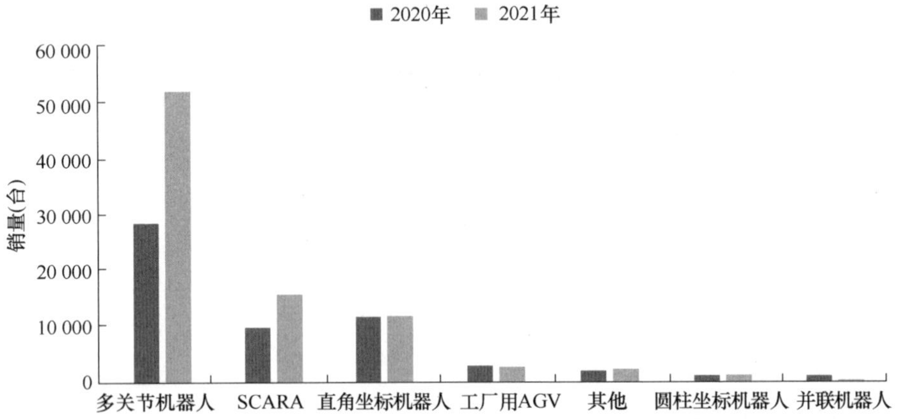

图6　2020—2021年我国自主品牌工业机器人销售情况（按机械结构分类）

注：数据来源于中国机器人产业联盟。

2. 按工艺用途分类

从不同工艺用途分类看，2021年，我国近半数的自主品牌工业机器人应用在搬运与上下料领域，销售总量达4.6万台，较上年增长53.5%，增速提高了31.1个百分点；焊接与钎焊是我国自主品牌工业机器人的第二大应用领域，2021年的销售总量近2万台，较上年增长了78.9%；用于装配领域的自主品牌工业机器人销量近7 200台，同比下降17.1%，在我国自主品牌工业机器人总销量中的占比为8.3%，比上年下降了6.8个百分点；用于涂层与封胶的自主品牌工业机器人销量超2 400台，同比增长20.1%，在我国自主品牌工业机器人总销量中的占比为2.8%；用于加工（激光切割、机械切割、去毛刺、抛光等）的机器人的销量在近年持续明显波动，2015年及以前逐年递增，2016—2019年小幅下降和大幅增长交替出现，2020年销量再次下降，2021年销量回升至1 800台，同比增长28.3%；用于洁净室的机器人销量超1 000台，同比增长2.5倍，在我国自主品牌工业机器人总销量中的占比为1.3%。2020—2021年我国自主品牌工业机器人销售情况（按工艺用途分类）如图7所示。

3. 按应用行业分类

2021年，我国自主品牌工业机器人应用范围已扩展到了国民经济60个行业大类中的168个行业中类，较2020年分别增加了8个行业大类和24个行业中类，在越来越广泛的行业中实现市场价值，对推动我国工业机器人市场的发展具有积极意义。2021年，我国自主品牌工业机器人应用行业除在传统的食品制造业、医药制造业、有色金属冶炼和压延工业、非金属矿物制品业、化学原料和化学制品制造业、专用设备制造业、电气电子设备和器材制造业、金属及机械制造业、汽车制造业、橡胶和塑料制品业等行业外，还新增了土木工程建筑业等行业。

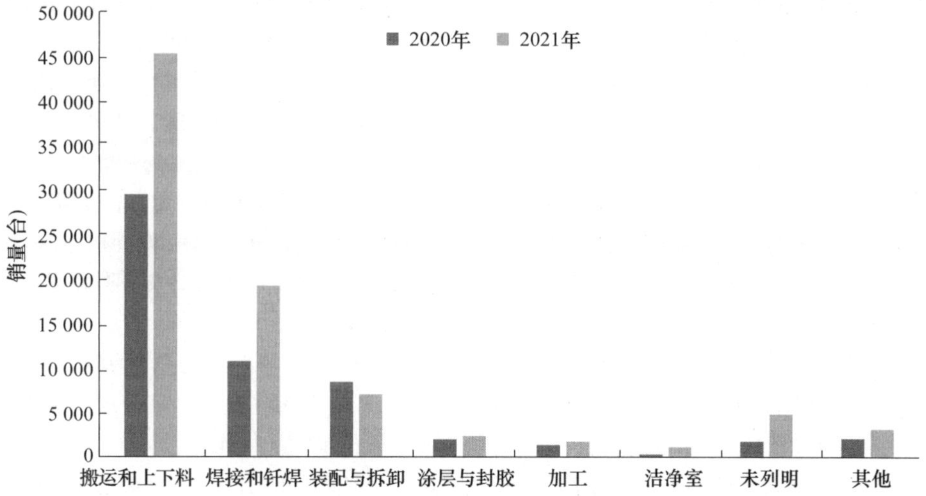

图 7　2020—2021 年我国自主品牌工业机器人销售情况（按工艺用途分类）

注：数据来源于中国机器人产业联盟。

从销量看，2021 年，电气电子设备和器材制造业购置工业机器人的数量最多，在我自主品牌工业机器人总销量中的占比为 27.9%；金属及机械制造业、汽车制造业、塑料和化学制品业、食品制造业和非金属矿物制品业，在我国自主品牌工业机器人总销量中的占比分别为 26.4%、18.5%、6.8%、2.1%和 1.9%；其他行业机器人使用量在总销量中的占比合计为 16.4%。2021 年我国自主品牌工业机器人销量占比情况（按应用行业分类）如图 8 所示。

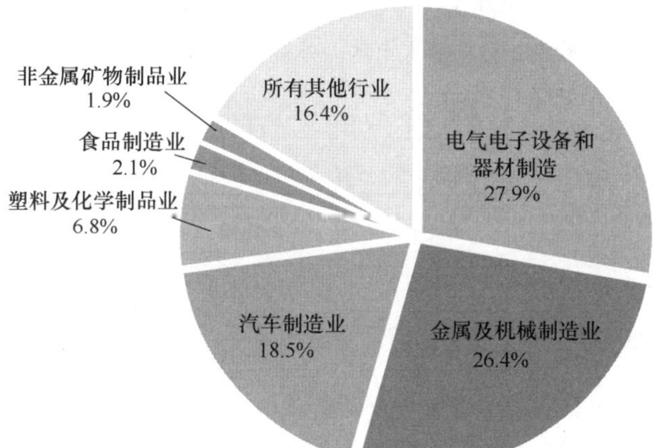

图 8　2021 年我国自主品牌工业机器人销量占比情况（按应用行业分类）

注：数据来源于中国机器人产业联盟。

具体看，电气电子设备和器材制造业自主品牌工业机器人采购量为 2.4 万台，同比增长 56.2%；金属及机械制造业自主品牌工业机器人采购量为 2.3 万台，同比增长 60.2%；汽车制造业自主品牌工业机器人采购量为 1.6 万台，同比增长 96.6%；塑料及化学制品业自主品牌工业机器人采购量为 5 800 余台，同比增长 9.1%；食品制造业自主品牌工业机器人采购量为 1 800 余台，同比增长 0.6%；非金属矿物制品业自主品牌工业机器人采购量为 1 600 余台，同比增长 91.6%。

4. 按产品流向分类

从产品流向的地域来看，2021 年，有 42.7%和 20.3%的自主品牌工业机器人分别销往华东和华南地区，华北地区销量占比为 6.6%，而华中、西南、东北和西北地区销量占比总计为 10.3%，另有部分销量未实现统计。

从增速看，华北、西南、华东和华南地区均保持增长，增速分别为 118.5%、99.8%、66.9%和 58.8%；其他地区都有不同程度的下降。其中，东北地区的降幅最大，为 41.9%，同时也是销售份额下降最大区域。

从工艺用途来看，2021 年，各地区均以用于搬运与上下料的机器人为主。其中华东、华南和西北地区用于搬运与上下料的机器人占比超过 60%；东北、华中和西南地区用于搬运与上下料的机器人占比也都在 50%以上；华北地区用于搬运与上下料的机器人占比虽未过半，但也达到 41.7%。2021 年我国自主品牌工业机器人销售情况（按产品流向分类）如图 9 所示。

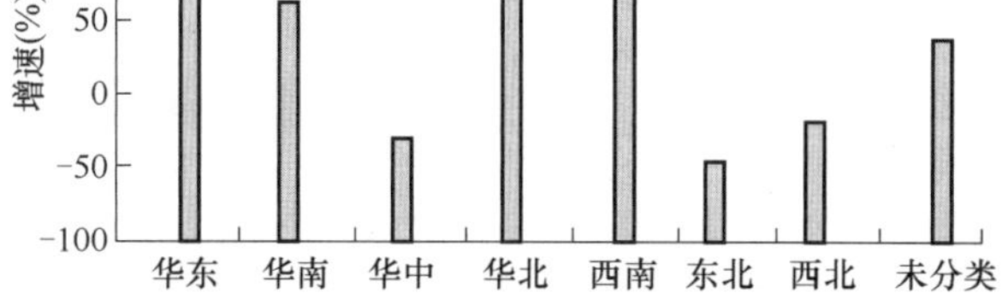

图 9　2021 年我国自主品牌工业机器人销售情况（按产品流向分类）

注：数据来源于中国机器人产业联盟。

三、自主品牌机器人市场份额略有提升

从市场份额看，2021 年我国工业机器人市场总销量中，外资品牌机器人的占有率为 68%，较上年有所下降；自主品牌机器人的市场占有率为 32%，较上年提高了 0.2 个百分点。

从机械结构类型看，2021 年，各主要机型中，我国自主品牌占据优势的坐标机器人与并联机器人占比较上年均有所下降，其中，坐标机器人下降了 13.2 个百分点，至 68.6%，并联机器人下降了 49.6 个百分点，至 11.4%；其他各类机型中，我国自主品牌机器人占比均有提高，其中，多关节机器人占比升至 29.1%，比上年提高了 3.5 个百分点；SCARA 机器人占比升至 25.4%，比上年提高了 2.7 个百分点。2021 年我国工业机器人市场内外资占比情况（按机械结构分类）如图 10 所示。

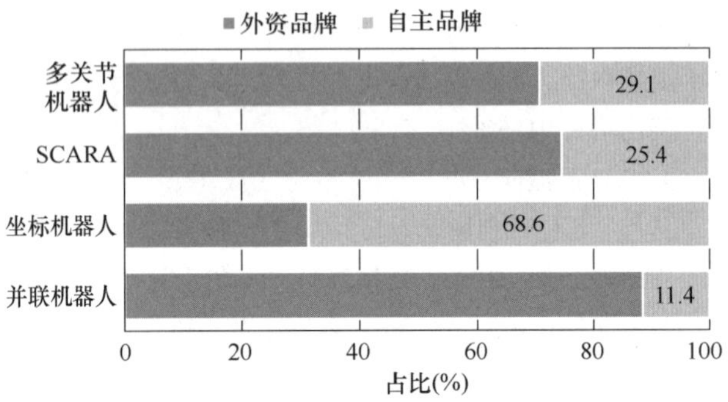

图 10　2021 年我国工业机器人市场内外资占比情况（按机械结构分类）

注：数据来源于中国机器人产业联盟、国际机器人联合会。

从工艺用途看，外资品牌在装配及拆卸、洁净室等领域仍占据绝对优势。我国自主品牌工业机器人在焊接和钎焊、洁净室领域的占比有所提高，在其他各领域的占比均有不同程度的下降，其中在装配及拆卸领域最为明显。

在搬运与上下料领域中，自主品牌市场占有率比上年下降了 0.5 个百分点，为 39.6%；在焊接和钎焊领域，自主品牌市场占有率为 33.9%，提高了 5.3 个百分点；在装配及拆卸领域，自主品牌市场占有率为 16.6%，下降了 8.1 个百分点；在涂层与胶封领域，自主品牌市场占有率为 40.5%，下降了 7.1 个百分点；在洁净室领域，自主品牌市场占有率为 24.4%，提高了 15.8 个百分点；在加工领域，自主品牌市场占有率为 45.8%，比上年下降了 6 个百分点。2021 年我国工业机器人市场内外资占比情况（按工艺用途分类）如图 11 所示。

从应用行业看，2021 年，我国自主品牌工业机器人在金属及机械制造业、电气电子设备和器材制造业及汽车制造业的占比有所提高，在食品制造业、非金属矿物制品业及塑料和化学制品业的占比有所下降。其中，在电气电子设备和器材制造业中的占比较上年提高了 3.3 个百分点，升至 27.2%；在金属及机械制造业中的占比较上年提高了 2.8 个百分点，升至 66.1%；在汽车制造业中的占比较上年提高了 0.3 个百分点，为 25.6%；在塑料和化学用品制造业中的占比下降了 5.1 个百分点，为 75.1%；在食品制造业中的占比下降了 10.1 个百分点，为 46.4%；在非金属矿物制品业中的占比下降了 11.5 个百分点，为 63.2%。2021 年我国工业机器人市场内外资占比情况（按应用行业分类）如图 12 所示。

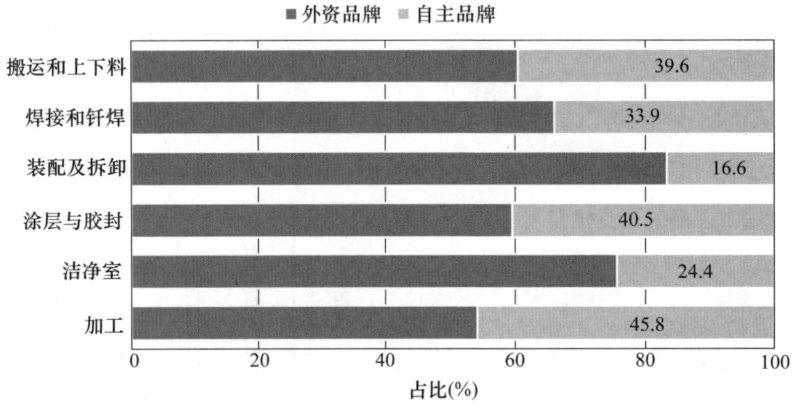

图 11　2021 年我国工业机器人市场内外资占比情况（按工艺用途分类）

注：数据来源于中国机器人产业联盟、国际机器人联合会。

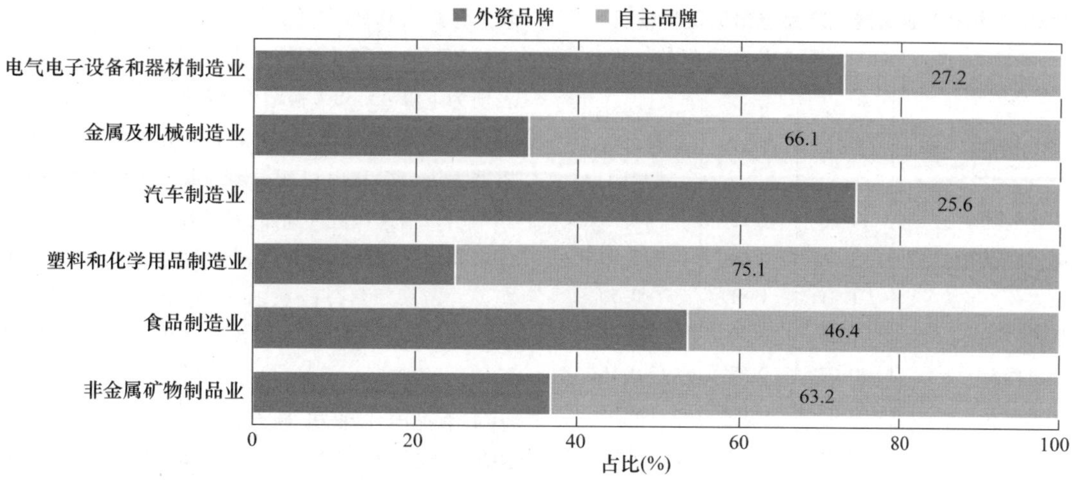

图 12　2021 年我国工业机器人市场内外资占比情况（按应用行业分类）

注：数据来源于中国机器人产业联盟、国际机器人联合会。

〔撰稿人：中国机械工业联合会李晓佳、符玲、赵明〕

2021 年中国工业机器人进出口贸易情况

一、行业总体运行情况

1. 总量

据海关总署统计数据，2021 年我国工业机器人进出口总额为 27.97 亿美元，同比增长 42.92%，增速较上年同期加快 45.70 个百分点，高于全国外贸进出口总额增速 12.92 个百分点。其中，进口额为 22.02 亿美元，同比增长 40.88%，较上年同期提高 42.95 个百分点，高于全国外贸进口总额增速 10.78 个百分点；出口额为 5.95 亿美元，同比增长 51.02%，增速较上年同期提高 56.53 个百分点，高于全国外贸出口总额增速 21.12 个百分点。全年累计贸易逆差 16.07 亿美元，较上年扩大 4.38 亿美元。2015—2021 年我国工业机器人进出口总额如图 1 所示。

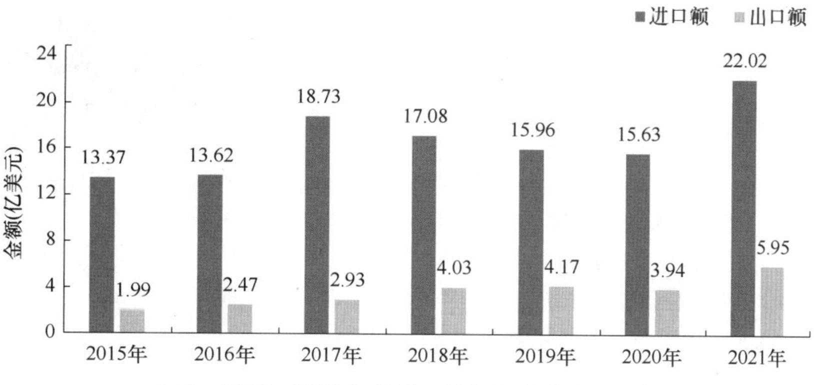

图 1　2015—2021 年我国工业机器人进出口总额

注：数据来源于海关总署。

2. 产品类型

海关总署统计的工业机器人产品共涉及 8 个税号商品，分别为喷涂机器人、搬运机器人、多功能工业机器人、集成电路工厂专用机器人、电阻焊接机器人、电弧焊接机器人、激光焊接机器人和其他未列名工业机器人。2021 年除搬运机器人、电阻焊接机器人、电弧焊机器人和激光焊机器人表现为贸易顺差外，其余工业机器人产品均为贸易逆差。

2021 年我国工业机器人产品进出口贸易情况见表 1。

表1　2021年我国工业机器人产品进出口贸易情况

（单位：亿美元）

序号	产品名称	进口额	出口额	贸易差额（出口额-进口额）
1	多功能工业机器人	14.60	2.72	-11.88
2	集成电路工厂专用机器人	3.98	0.09	-3.89
3	搬运机器人	1.31	1.81	0.50
4	喷涂机器人	1.25	0.30	-0.95
5	电弧焊接机器人	0.07	0.23	0.16
6	激光焊接机器人	0.05	0.06	0.01
7	电阻焊接机器人	0.01	0.05	0.04
8	其他未列名工业机器人	0.75	0.69	-0.06

注：1. 数据来源于海关总署。
2. 由于四舍五入，贸易差额有微小出入。

2021年，多功能工业机器人进出口额均居于首位，其中进口额和出口额分别实现14.60亿美元和2.72亿美元，在工业机器人进出口额中占比分别为66.31%和45.74%，较上年分别提高了4.06个百分点和下降4.49个百分点，实现贸易逆差11.88亿美元，较上年扩大4.13亿美元。从增速情况看，2021年多功能工业机器人进口额同比增长50.08%，高于工业机器人进口平均增速；出口额同比增长37.57%，低于工业机器人出口平均增速。

2021年，集成电路工厂专用机器人进出口总额超过搬运机器人排名第二，其中进口额持续增长，保持工业机器人进口中的第二大商品，但数值上仍远不及多功能工业机器人。2021年实现进口额和出口额分别为3.98亿美元和0.09亿美元，在进出口总额中的占比分别为18.08%和1.44%，较上年分别提高了5.34个和0.15个百分点。全年贸易逆差3.89亿美元，较上年扩大1.96亿美元。从增速情况看，2021年集成电路工厂专用机器人进口额同比大幅增长100.02%，连续2年位居增速第一；出口额同比增长69.07%，高于工业机器人出口平均水平。

2021年，搬运机器人进出口总额排名第三，其中进口额继续下降，出口额同比增长。全年实现进口额1.31亿美元，在进口总额中的占比为5.97%，较上年下降了5.71个百分点；实现出口额1.81亿美元，在出口总额中的占比为30.40%，较上年提高了4.49个百分点。全年贸易由上年逆差0.8亿美元转为顺差0.5亿美元，较上年提高了1.3亿美元。从增速情况看，2021年搬运机器人进口额同比下降28.02%，低于工业机器人进口平均增速；出口额同比增长77.24%，高于工业机器人出口平均增速。

2021年，喷涂机器人进出口额增速较上年同期由负转正，但均低于工业机器人进出口平均水平。2021年实现进口额1.25亿美元，同比增长12.64%；实现出口额0.30亿美元，同比增长24.60%。全年贸易逆差约0.95亿美元，较上年扩大0.08亿美元。

2021年，电弧焊接机器人的进口额和出口额同比分别表现为下降43.38%和增长87.93%；激光焊接机器人进口额同比下降69.62%，出口额同比增长28.31%；电阻焊接机器人进口额和出口额分别下降29.54%和增长127.19%，其中出口增速位列工业机器人出口增速第一位，但由于其体量较小，对整体影响不大。这三类机器人均表现为贸易顺差，贸易顺差合计0.21亿美元，较上年扩大0.11亿美元，其中电阻焊接机器人连续2年表现为贸易顺差。

2021年我国工业机器人进口额占比情况如图2所示。2021年我国工业机器人出口额占比情况如图3所示。2020—2021年我国工业机器人进口额完成情况如图4所示。2020—2021年我国工业机器人出口额完成情况如图5所示。

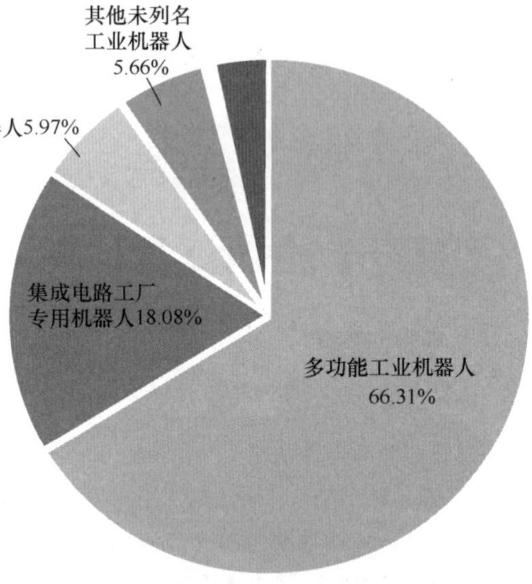

图2　2021年我国工业机器人进口额占比情况

注：数据来源于海关总署。

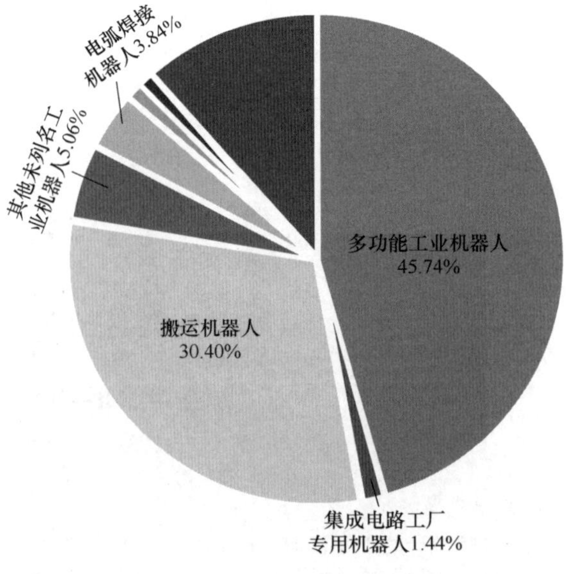

图3　2021年我国工业机器人出口额占比情况

注：数据来源于海关总署。

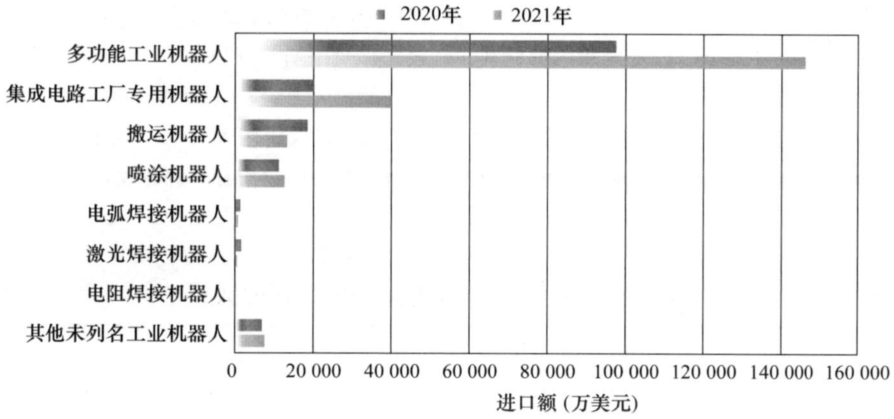

图 4　2020—2021 年我国工业机器人进口额完成情况

注：数据来源于海关总署。

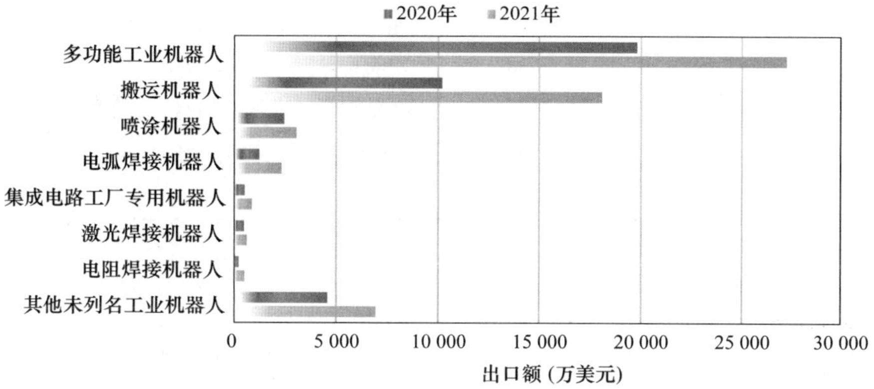

图 5　2020—2021 年我国工业机器人出口额完成情况

注：数据来源于海关总署。

二、主要贸易国家（地区）

1. 进口主要贸易伙伴

据海关总署统计显示，2021 年我国市场进口工业机器人的国家和地区相对集中，主要来源于 37 个国家和地区，较上年同期减少 8 个国家，进口额涨幅明显，仍维持在高位。从进口国别（地区）看，日本排在第一，进口额为 134 305.86 万美元，同比增长 46.72%；德国处于第二位，进口额为 19 135.91 万美元，同比增长 12.53%；韩国排名第三，进口额为 10 755.98 万美元，同比增长 30.08%。此外，来源于中国台湾地区及新加坡、法国、马来西亚、美国、丹麦的进口额也在 3 000 万美元以上，且均同比增长。2021 年我国工业机器人进口来源情况见表 2。

表 2　2021 年我国工业机器人进口来源情况　　（单位：万美元）

产品类别	第一位		第二位		第三位	
	国家或地区	进口额	国家或地区	进口额	国家或地区	进口额
多功能工业机器人	日本	113 014	德国	9 437	法国	8 008
集成电路工厂专用机器人	日本	10 758	新加坡	9 048	韩国	6 166
搬运机器人	日本	4 995	德国	2 153	韩国	1 429
喷涂机器人	德国	6 106	日本	3 415	美国	2 651
电弧焊接机器人	日本	654	韩国	53	捷克	31
激光焊接机器人	日本	221	德国	187	美国	51
电阻焊接机器人	意大利	47	中国	4		
未列名工业机器人	韩国	1 665	日本	1 249	德国	1 240

注：数据来源于海关总署。

2. 出口主要贸易伙伴

2021年我国工业机器人出口市场仍较为分散，出口到115个国家和地区，较上年同期增加4个国家和地区。从出口目的地来看，越南位居第一，超过韩国、日本，出口额为5 578.11万美元，同比增长70.63%；德国排名大幅上升，位居第二，出口额为4 957.42万美元，同比增长131.30%；泰国紧随其后排名第三，出口额为4 856.57万美元，同比增长146.22%。此外，对韩国、美国、日本、印度及中国香港和台湾地区也都超过了2 000万美元，其中，对印度及中国香港地区的出口额同比下降，其他国家或地区的出口额均有不同程度的增长。2021年我国工业机器人出口目的地情况见表3。

表3　2021年我国工业机器人出口目的地情况　（单位：万美元）

产品类别	第一位		第二位		第三位	
	国家或地区	出口额	国家或地区	出口额	国家或地区	出口额
多功能工业机器人	韩国	3 350	德国	2 651	泰国	2 551
搬运机器人	越南	2 598	美国	2 187	日本	1 913
喷涂机器人	德国	536	土耳其	421	美国	405
电弧焊接机器人	泰国	556	塞尔维亚	437	捷克	247
集成电路工厂专用机器人	中国台湾	297	韩国	139	美国	114
激光焊接机器人	卡塔尔	146	泰国	135	墨西哥	98
电阻焊接机器人	马来西亚	272	墨西哥	73	印度	47
未列名工业机器人	越南	1 314	塞尔维亚	568	泰国	428

注：数据来源于海关总署。

三、主要地区分布及贸易方式情况

从进口地区来看，2021年我国工业机器人进口规模最大的省份是上海市，进口额达122 623.21万美元，同比增长64.68%，占全国工业机器人进口总额的55.68%，较上年提高了8.04个百分点。其余四大进口省和直辖市分别为江苏省、北京市、天津市和浙江省，进口额分别为25 689.56万美元，13 555.29万美元，11 512.16万美元和10 931.14万美元，分别同比增长34.76%、21.64%、35.28%和80.85%。上述五个省和直辖市工业机器人进口额合计占全国工业机器人进口总额的83.69%。从贸易方式来看，一般贸易进口体量最大，进口额达201 708.55万美元，同比增长48.77%；海关特殊监管区域物流货物次之，进口额为6 927.31万美元，同比下降34.98%；保税监管场所进出境货物排名第三，进口额为4 195.62万美元，同比增长332.41%。

从出口地区来看，2021年我国工业机器人出口规模最大的省份也是上海市，出口额达16 427.26万美元，同比增长25.83%，在全国工业机器人出口总额中的占比为27.59%，较上年下降了5.53个百分点。其余四大出口省和直辖市分别为广东省、江苏省、北京市和浙江省，出口额分别为15 715.81万美元、9 268.07万美元、5 327.36万美元和3 793.83万美元，分别同比增长93.77%、69.66%、51.65%和71.98%。上述五个省和直辖市工业机器人出口额合计占全国工业机器人出口总额的84.86%。从贸易方式来看，一般贸易出口体量最大，出口额达41 293.02万美元，同比增长63.14%；进料加工贸易次之，出口额为14 450.25万美元，同比增长45.56%。

〔撰稿人：中国机械工业联合会赵明〕

2021年机器人主要用户行业市场与投资情况分析

一、主要用户行业运行概况及特点

国家统计局数据显示，受上年同比基数逐月回升影响，2021年机器人主要用户行业经济运行总体呈现前高后低的走势，但全年均实现明显上涨。

2021年，计算机、通信和其他电子设备制造行业在远程办公、居家教学等需求的拉动下，销售稳定增长，全年工业增加值同比增长 15.7%，在 41 个大类行业中，排名第 6，增速创下近十年新高，较上年提高了 8 个百分点，增速比同期全国工业增加值增速高 6.1 个百分点。全年全行业实现营业收入同比增长 14.7%、实现利润总额同比增长 38.9%，均高于同期全国工业营业收入和利润总额的增幅。主要产品中，手机产量为 17.6 亿台，同比增长 7%，其中智能手机产量为 12.7 亿台，同比增长 9%；微型计算机设备产量为 4.7 亿台，同比增长 22.3%；集成电路产量为 3 594 亿块，同比增长 33.3%。

2021 年，汽车制造业受芯片供应不足因素的制约，全年复苏不及预期，但也结束了自 2018 年以来连续三年的下降趋势，全年产销量分别为 2608.2 万辆和 2627.5 万辆，同比增长 3.4%和 3.8%。但钢材、有色金属以及芯片价格的持续大幅上涨，严重影响了汽车行业的效益水平。全年汽车制造业增加值增速为 5.5%、营业收入同比增长 6.7%、利润总额同比增长 1.9%，均低于同期全国工业平均水平。

2021 年，经济恢复带动了能源、原材料市场需求激增，全球流动性过剩推升大宗商品价格屡创新高，相关行业收入与利润大幅上涨，全年采矿业、煤炭开采和洗选业、化学原料和化学制品制造业以及金属制品业营业收入分别同比增长 41.9%、58.3%、31.1%和 22.3%，利润总额分别同比增长 190.7%、212.7%、87.8%和 28.7%。

2021 年，下游制造行业受原材料、物流、人工成本大幅攀升影响，市场销售虽保持一定幅度的增长，但实现利润增速低于营业收入增速，通用设备制造业、专用设备制造业、电气机械和器材制造业、仪器仪表制造业营业收入同比分别增长 15.1%、12.8%、23.7%和 15.9%，利润总额增速分别为 8.3%、10.2%、12.2%和 11%。

生产成本上涨对消费品行业效益的影响更为显著，2021 年农副食品加工业、食品制造业以及橡胶和塑料制品业营业收入分别增长 12.6%、10%和 12.9%，但利润总额同比分别下降 9.2%、0.1%和 2.9%；家具制造业营业收入同比增长 13.5%，利润总额同比增长 0.9%。

2021 年主要用户行业经济运行情况见表 1。

表 1　2021 年主要用户行业经济运行情况

行业名称	营业收入		利润总额	
	金额（亿元）	同比增长（%）	金额（亿元）	同比增长（%）
采矿业	57 048.7	41.9	10 390.8	190.7
煤炭开采和洗选业	32 896.6	58.3	7 023.1	212.7
农副食品加工业	54 107.6	12.6	1 889.9	-9.2
食品制造业	21 268.1	10.0	1 653.5	-0.1
酒、饮料和精制茶制造业	16 034.0	13.1	2 643.7	24.1
家具制造业	8 004.6	13.5	433.7	0.9
化学原料和化学制品制造业	82 958.9	31.1	8 019.4	87.8
橡胶和塑料制品业	28 996.4	12.9	1 702.5	-2.9
金属制品业	46 835.4	22.3	2 256.7	28.7
通用设备制造业	47 010.6	15.1	3 153.1	8.3
专用设备制造业	36 563.5	12.8	2 947.9	10.2
汽车制造业	86 706.2	6.7	5 305.7	1.9
电气机械和器材制造业	85 320.2	23.7	4 555.5	12.2
计算机、通信和其他电子设备制造业	141 285.3	14.7	8 283.0	38.9
仪器仪表制造业	9 101.4	15.9	957.0	11.0

注：数据来源于国家统计局。

二、全国及主要用户行业投资完成情况

在上年低基数与市场恢复的共同作用下，2021 年年初全国固定资产投资增速大幅增长，第一季度保持了 25%以上的增速，此后持续回落，8 月份增速放缓至个位数，全年增速仅为 4.9%，2020 年、2021 两年平均增速为 3.9%。其中民间投资增速为 7%，高于总体水平。

在三大领域的投资中，基础设施投资受专项债、地方债下达进度缓慢等因素影响，增速仅为 0.4%，两年平均增长 0.3%；制造业投资在上年低基数的基础上复苏，全年同比增长 13.5%，两年平均增长 4.8%；房地产开发投资总体稳定，同比增长 4.4%，两年平均增长 5.7%。

从投资构成分看，与机器人行业市场密切相关的设备工器具购置投资仍处于明显的下降状态，在上年下降 7.1%的基础上继续下降 2.6%；而建筑安装工程类投资同

比增长8.9%。

2021年机器人主要用户行业固定资产投资完成情况见表2。

表2　2021年机器人主要用户行业固定资产投资完成情况

行业名称	固定资产投资同比增速（%）
采矿业	10.9
煤炭开采和洗选业	11.1
农副食品加工业	18.8
食品制造业	10.4
酒、饮料和精制茶制造业	16.8
家具制造业	1.7
化学原料和化学制品制造业	15.7
橡胶和塑料制品业	13.2
金属制品业	11.4
通用设备制造业	9.8
专用设备制造业	24.3
汽车制造业	-3.7
电气机械和器材制造业	23.3
计算机、通信和其他电子设备制造业	22.3
仪器仪表制造业	12.0

注：数据来源于国家统计局。

2021年机器人主要用户行业固定资产投资总体呈现增长态势，其中计算机、通信和其他电子设备制造行业投资在上年逆势增长的背景下，再次大幅上涨，全年投资同比增长22.3%，是机器人主要用户行业中唯一实现连续两年固定资产投资增长的行业。作为工业机器人的首要用户行业，其稳定向好的投资利好于对机器人市场需求的持续释放。

2021年，汽车行业持续遭遇芯片供应不足、市场需求下滑等问题的影响，生产端的复苏不及其他行业。同时，由于钢材、有色金属等大宗商品价格上涨，汽车电子类产品短缺且价格飙升，导致企业生产成本大幅上涨、利润空间受到严重挤压，资金不足压力显现，由此也严重影响行业的固定资产投资。2021年汽车行业固定资产投资金额在2020年同比下降12.4%的基础上又同比下降3.7%，是机器人主要用户行业中唯一连续两年投资下降的行业。但值得注意的是，新能源汽车销量创历史新高，新能源汽车企业和传统汽车企业的新能源产品转型，依旧为工业机器人提供着重要的市场空间。

此外，2021年能源与原材料行业由于效益增长良好，投资呈现回补态势，采矿业、煤炭开采和洗选业、化学原料和化学制品制造业固定资产投资分别同比增长10.9%、11.1%和18.8%。机械制造业投资在上年低基数的基础上复苏，部分行业快速增长，通用设备制造业和仪器仪表制造业分别同比增长9.8%和12%；专用设备制造业、电气机械和器材制造业同比增长24.3%和23.3%。

〔撰稿人：中国机械工业联合会李晓佳〕

2021年全球机器人行业发展概况

2021年，全球机器人市场明显回暖，工业机器人年消费量创历史新高，服务机器人市场保持快速增长。随着人工智能、材料科学、网络工程、软件工程、智能传感等领域的不断突破与深度应用，机器人加速向智能化演进。

一、发展情况

1. 全球机器人市场回暖

国际机器人联合会（IFR）数据显示，2021年，全球工业机器人消费量为51.7万台，同比增长31.4%，增速较上年提高了30.6个百分点，年消费量超过2018年的消费水平，再创历史新高。2010—2021年全球工业机器人市场情况如图1所示。

从地区分布看，亚洲地区需求的快速增长是全球工业机器人产业发展的主要动力，2021年，亚洲地区工业机器人消费量为38.1万台，同比增长38%，在全球工业机器人总消费量中的占比为73.6%；欧洲地区工业机器人消费量为8.4万台，同比增长24%，在全球工业机器人总消费量中的占比为16.3%；美洲地区工业机器人消费量为5.1万台，同比增长31%，在全球工业机器人总消费量中的占比为9.8%；非洲及其他地区工业机器人消费量较少，在全球工业机器人总消费量中的占比为0.3%。

从应用行业看，电子和汽车行业依然是工业机器人的两大应用行业，2021年，全球电子和汽车行业分别消费工业机器人13.7万台和11.9万台，合计约占全球工业机器人总消费量的49%，同比分别增长24%和42%；金属加工和机械制造业位列第三，消费工业机器人6.4万台，同比增

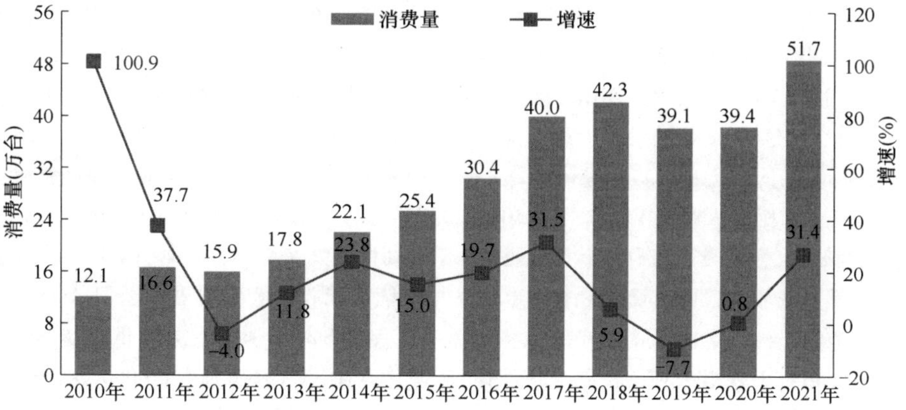

图 1　2010—2021 年全球工业机器人市场情况

注：数据来源于国际机器人联合会（IFR）。

长 45%；排在第四、五位的行业为塑料和化学制品业、食品制造业，分别消费工业机器人 2.4 万台和 1.5 万台。

在工业机器人消费量快速增长情况下，全球工业机器人使用密度不断提升。2021 年，全球工业机器人密度（每万名工人使用工业机器人数量）平均为 141 台/万人，前五位分别为韩国（1 000 台/万人）、新加坡（670 台/万人）、日本（399 台/万人）、德国（397 台/万人）和中国（322 台/万人）。以工业机器人为关键智能制造设备的智能制造系统，已成为支撑制造业转型升级的重要基础。2021 年各国工业机器人密度排名情况如图 2 所示。

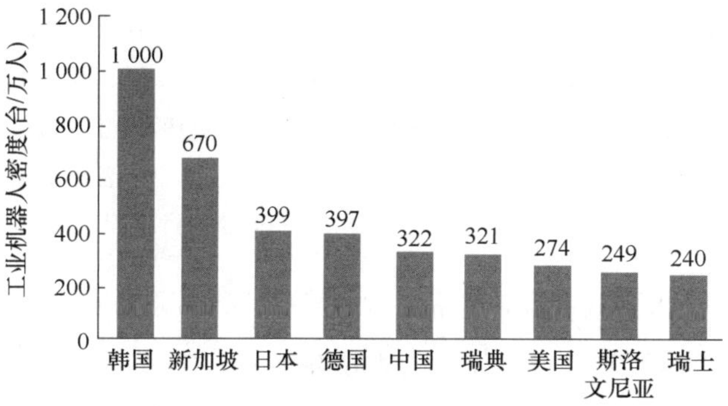

图 2　2021 年各国工业机器人密度排名情况

注：数据来源于国际机器人联合会（IFR）。

伴随技术的逐步成熟及新应用场景的不断增多，全球服务机器人市场快速发展。国际机器人联合会（IFR）统计数据显示，2021 年，全球服务机器人销量为 1 920.3 万台，同比增长 9.4%。其中，消费服务机器人销量为 1 908.2 万台，同比增长 9.3%；专业服务机器人销量为 12.1 万台，同比增长 37.3%。

现今，机器人即服务（RaaS）的应用模式正在专业服务机器人市场兴起。2021 年，专业服务机器人 RaaS 模式的可用量为 5 217 台，同比增长 125%。其中，运输和物流机器人 RaaS 模式可用量为 3 729 台，同比增长 86%，多用于无公共交通的室内环境；迎宾机器人 RaaS 模式可用量为 1 196 台，同比增长 725%；农业、专业清洁、检查和维护以及医疗等领域也提供机器人 RaaS 模式的服务，但数量较少。

2. 机器人加速向智能化演进

随着人们对机器人需求的不断增多以及人工智能、材料科学、网络工程、软件工程、智能传感等领域的不断突破与深度应用，机器人加速向智能化演进。

（1）工业机器人更加安全易用。一方面，六维力传感器、激光雷达、三维视觉传感器等机器人专用传感器的大量应用，让机器人对周边环境的感知更加全面。例如，日本安川电机株式会社（简称“安川”）的机器人搭载六维力传感器用于弯管内的曲面打磨，做到精准力控，高质量完成打磨作业；德国库卡机器人有限公司（简称“库卡”）的机器人通过搭载 3D 视觉系统，能够准确抓取目标工件，完成精准装配等作业。另一方面，协作机器人的快速发展将机器人从“围栏内”解放出来，真正来到人身边工作。如，日本发那科株式会社（简称“发那科”）推出 10kg 负载新型协作机器人，与工人共享工作空间，针对小型部件的搬运、装配等应用需求，提供精准、灵活、安全的人机协作方案。此外，物联网、可编程逻辑控制器（PLC）等技术的发展，显著提升机器人产品的可控性，如日本三菱电机株式会社推出的开放式现场总线控制系统，不仅能够控制设备层，还能够覆盖较高层次的控制层和较低层次的传感层，支持主站与本地站、智能设备站之间的瞬间通信，适用于工业机器人的现场通信，这使得机器人更易控、更易协同。

（2）服务机器人更加轻便、智能，拥有更强大的环境感知与人机交互能力。例如，在居家服务领域，以我国的科沃斯机器人、美国的 iRobot 公司等为代表的新一代室内清洁机器人在算法、导航及避障技术等方面持续优化升级，智能化程度进一步提升，2021 年美国 iRobot 公司推出 Roomba i4+新产品，采用 Dirt Detect 污垢探测技术，能够智能规划导航，并且搭配可自主倒垃圾的 Clean Base 自动集尘系统，为用户带来丰富的个性化清洁体验。在医疗领域，美国 Virtual Incision 公司推出的用于腹腔镜手术的微型机器人 MIRA 于 2021 年成功实施了第一例手术，MIRA 微型平台仅重约 900g，无须配置专用空间或基础设施，具有完整的机器人功能，能够执行复杂的微创单切口多象限腹部手术；美国强生公司的骨科手术机器人产品 VELYS™ 于 2021 年获得 FDA 批准上市，该系统为同类产品中首个具有便携式设计，能集成到任何手术室环境，可安置在手术床边的产品，支持即插即用，帮助外科医生在全膝关节置换术中准确切除骨骼，使植入物相对于软组织对齐和定位，而不需要术前成像，可大幅度降低手术成本。在农业领域，荷兰 Priva 在 2021 年推出了用于番茄作物的全自动剪枝机器人 Kompano，作为市场上第一台可以与员工一起在温室内独立移动的机器人，Kompano 能够实现 24h 自动切叶，每周作业面积达 $1hm^2$（$1hm^2 = 10\ 000m^2$），准确率超过 85%；美国 Carbon Robotics 在 2021 年发布了新一代除草机器人 Autonomous LaserWeeder™，利用自动化机械、人工智能和激光技术，能够安全有效地穿行在农田里，识别、瞄准和清除杂草，并且高功率激光除草技术也不会破坏农作物和土壤。

3. 前沿领域不断取得新突破

2021 年，美国、法国、日本和我国在纳米机器人、软体机器人、仿生机器人等前沿领域取得了新突破。例如，在纳米机器人领域，中国科学院上海微系统与信息技术研究所陶虎团队与上海交通大学合作，用基因重组的蜘蛛丝蛋白 3D 打印出纳米机器人，可实现 14nm 的加工精度，做到了分子级别精度的真三维纳米功能器件直写，也为解决生物兼容性问题提供了新思路；法国 Femto-ST 研究所开发出了一种使用聚焦离子束折叠二氧化硅制造可驱动纳米机器人结构的工艺，为多关节纳米机器人系统的生产开辟了道路。在软体机器人领域，美国普林斯顿大学发明了“气泡铸造”法，使用流体物理创建执行器，有利于软体机器人在狭小空间的应用；天津大学研究团队通过 4D 打印对智能材料“液晶弹性体”进行精确加工，获得具有感知能力和适应性的智能软体机器人，能够自主驱动并响应刺激。在仿生机器人领域，美国佛蒙特大学和塔夫茨大学的研究团队发现了一种全新的生物繁殖方式，并利用这一发现创造了有史以来第一个可自我繁殖的活体机器人——Xenobots 3.0，未来有可能为外伤、先天缺陷、癌症、衰老等疾病提供更直接、更个性化的药物治疗；日本东京大学和广岛大学的研究人员联合研发出世界首个拥有类似大脑神经元的机器人，这是首次使用从活脑细胞中培育出的人工神经元来“指挥”机器人完成任务，这一突破性进展有利于加快推出类脑机器人，帮助人类解决更复杂的任务；美国斯坦福大学工程师 Mark Cutkosky 和 David Lentink 根据鸟类着陆的机制，研发出了一种仿生鸟机器人，不仅能在复杂表面上栖息，还能接住人抛出的不规则物体。

4. 行业队伍日益壮大

受机器人行业良好发展前景的吸引，越来越多的企业投身机器人行业发展浪潮中。例如，2021 年移动机器人市场火爆，诸多行业巨头企业入局该领域。2021 年年初，汽车巨头宝马集团成立子公司 IDEALworks GmbH，进军自主移动机器人（AMR）行业；4 月，日本软银集团宣布斥资 28 亿美元收购仓储机器人公司 AutoStore System 40% 的股权，AutoStore System 主要提供仓储移动物流方案及机器人软件，在 35 个国家拥有 20 000 多个机器人；7 月，斑马技术公司宣布计划收购 Fetch 机器人，该公司生产的自主移动机器人用于在配送中心和物料中心拣选，在制造设施中及时交付物料，并在任何设施中实现物料搬运自动化；7 月，机器人龙头企业瑞士 ABB 集团收购欧洲最大的移动机器人企业之一西班牙阿斯蒂（ASTI）集团，积极开发自动牵引车、货到人解决方案、单元式输送机、料箱搬运车等产品。此外，仿生机器人领域也吸引到了多家新势力的融入。例如，2021 年 3 月，腾讯公司发布首个软硬件全自研的多模态四足机器人 Max，该机器人采用创新性的足轮融合一体式设计，有腿又有轮，不仅拥有“崎岖路面走得稳，平坦路面跑得快”的特长，还能双腿站立“拜年讨红包”；8 月，北京小米科技有限责任公司发布 CyberDog 仿生四足概念机器人“铁蛋”，其搭载了高精度环境感知系统，能够还原更真实的生物反应；8 月，特斯拉公司公布了一款名为 Tesla Bot 的人形仿生机器人，其站立高度为 172.2cm，重约 56kg，移动速度可达 5mile/h（$1mile/h \approx 0.447m/s$）；9 月，小鹏汽车科技有限公司发布了智能仿生四足机器人“小白龙”，具备可骑乘、强自主运动、情感化交互等能力。越来越多企业的加入，使机器人行业队伍日益壮大。

二、重大活动

1. 2021 年机器人与自动化国际会议（ICRA）

2021 年 5 月 31 日—6 月 5 日，2021 年机器人与自动化国际会议（IEEE International Conference on Robotics and Automation，简称 ICRA）在西安顺利举行。本次会议采取线上线下相结合的方式召开，共包含 63 个主题会议，吸引了 24 家机器人和人工智能领域的领军企业和数千位行业精英参与线下展会。本次会议共收录了来自全球的 1 946 篇论文（共收到 4 005 篇论文，录取率为 48%），并设置了“最佳会议论文奖”和“最佳学生论文奖”，以及按照研究方向划分的“最佳自动化论文奖”“最佳机器人操作论文奖”“最佳机器人视觉论文奖”“最佳人机交互论文奖”“最佳服务机器人论文奖”“最佳机械与设计论文奖”“最佳认知机器人论文奖”“最佳医疗机器人论文奖”“最佳多机系统论文奖”和“最佳空中机器人论文奖”10 个奖项。2021 年获得“最佳会议论文奖”的论文题为“基于触觉测量的相对运动跟踪和外部接触感知（Extrinsic Contact Sensing with Relative-Motion Tracking from Distributed Tactile Measurements）”。

2. 第 17 届机器人与自动化创新创业奖（IERA）

2021 年 6 月 9 日，第 17 届机器人与自动化创新创业奖（IERA）公布了 2021 年获奖名单，获奖者为瑞士 ABB 集团的 PixelPaint 技术。电气与电子工程师协会机器人与自动化学会（IEEE/RAS）和国际机器人联合会共同赞助了这一奖项，意在表彰具有创新理念的发明者，以及将这些理念转化为世界级产品的企业。此次获奖的 PixelPaint 于 2020 年推出，采用喷墨头技术，高清晰度套色喷漆和个性化图案喷涂能够直接喷至车身，一次性完成喷涂作业，可以减少油漆消耗，提高作业效率，并减少挥发性有机化合物和二氧化碳排放，对环境十分友好。

3. 2021 年智能机器人与系统国际学术会议（IROS）

2021 年 9 月 27 日—10 月 1 日，2021 年智能机器人与系统国际学术会议（International Conference on Intelligent Robots and Systems，简称 IROS）成功举行。受新冠疫情影响，原定于线下在捷克首都布拉格召开的 IROS 2021 会议转为线上举行，会上分享了有关工业机器人、智能系统、人机协作、医疗机器人等方面的最新技术与科研成果。本次会议收录了 1 301 篇论文（共收到 2 801 篇论文，录取率 45%），包括 10 篇获奖论文，内容主要集中在认知机器人学、移动操作、机器人结构设计、安全、安保及救援机器人、农业机器人等方向。

4. 2021 年国际机器人学与仿生学会议（ROBIO）

受新冠疫情影响，2021 年国际机器人学与仿生学会议（International Conference on Robotics and Biomimetics，简称 ROBIO）与 2021 年国际机器人学与仿生学会议合并于 2021 年 12 月 27—31 日在三亚市召开，会议主题为“机器人和仿生学应对社会大挑战（Robotics and Biomimetics to meet societal grand challenges）”。本次会议共收到来自 12 个国家和地区的 398 篇论文，最终收录了其中的 332 篇论文，主要集中在机器人运动控制、仿生机器人、软体机器人、医疗机器人、机器学习、计算机视觉等方向，其中“T. J. Tarn 机器人学最佳论文奖”的获奖题目为“Towards Minimally-Intrusive Navigation in Densely-Populated Pedestrian Flow”，论文围绕智能轮椅、物流小车等移动机器人在稠密人群中的自主导航问题，定义了机器人对人群干扰的度量标准，设计了一种从宏观和微观两个层面对行人影响最小化的导航方案，实现了自主移动机器人对稠密人流的最小化入侵及安全导航。

三、发展趋势

1. 机器人市场继续保持增长

2021 年，全球工业机器人市场出现了强劲回暖态势，在全球工业自动化进程加速、新能源汽车等新兴产业热度不减等因素推动下，预计 2022 年工业机器人市场将继续保持增长，但增速或有所回落。预计 2022 年全球将有 57 万台新装机工业机器人应用于世界各地的工厂中，较 2021 年增长 10%。

随着服务机器人技术水平的提高及人口老龄化的加剧，未来服务机器人市场将继续保持快速增长态势。2022—2025 年全球消费服务机器人市场规模将保持年均 40% 左右的增长，到 2025 年，专业服务机器人销量将达 46. 5 万台。

2. 协作机器人领域进一步发力

伴随智能制造时代的到来，柔性制造系统的应用将日益广泛，而灵活、安全、小巧的协作机器人不仅能够满足柔性制造的需求，还能够解决传统工业机器人投资规模大、回报周期长、灵活度及安全度有限等问题，让不同规模的企业都有机会实现生产线的智能化升级。除在工业领域的应用外，协作机器人还被广泛应用到医疗保健、零售、餐饮、教育等非工业场景。可以说，协作机器人已成为当前及未来一段时期机器人行业的发展热点。国际机器人联合会（IFR）数据显示，2017—2021 年，全球协作机器人市场销量一直保持在较高水平，年均增速约达 36. 9%，远超传统工业机器人。协作机器人在工业机器人整体市场的份额不断提升，2017 年协作机器人市场占比仅为 2. 8%，2021 年这一比例已提高至 7. 5%。预计在未来几年，协作机器人将继续快速发展，在机器人整体市场中的占比将进一步提升。

3. 机器人逐步向协同化发展

随着机器人技术的持续发展和应用场景的不断拓展，机器人不仅能够完成单一闭环工作任务，而且能够根据实际任务与工作控制系统、互联网、分析平台、自动化设备及其他机器人连接为统一整体，以实现工作的高效与安全，因此，协同化成为机器人的重要发展趋势。2021 年，世界各地的众多机构开始关注机器人协同化技术的研究。例如，在新加坡，Open Robotics 与樟宜综合医院合作创建系统，允许来自不同制造商的机器人在医院的共享空间中一起运行，并且可以连接到大楼的基础设施，如电梯和火灾报警系统。在美国，MassRobotics 发布了一款机器人互操作性标准 *MassRobotics Interoperability Standard*，这一标准使来自多个供应商的自主移动机器人能够无缝地集成和协同工作，以支持全球工厂、仓库和配送中心的安全高效运营。

〔撰稿人：机械工业信息中心彭馨桐、贾彦彦〕

大事记

记载 2021 年机器人行业的重大事件

大事记

2021 年中国机器人行业大事记

2021年中国机器人行业大事记

1月

8日 国际机器人检测认证与长三角产业创新大会在上海市普陀区顺利召开。大会以“赋能区域产业，提升企业价值”为主题，来自全球的数百位学者、专家、企业家和媒体共聚一堂，探讨了机器人技术与产业发展之道。

18日 北京理工大学智能机器人研究所黄强教授与王化平副教授的微纳生物操作团队的研究成果“面向环境自适应定位、采样与释放的离子响应形变微机器人执行器”以研究长文的形式在《自然·通讯》发表。该成果首创了以单一可降解生物材料实现微机器人在环境感知下的自形变，解决了微机器人在人体等活体封闭环境下进行无创采样、运输、投递与回收等一体化作业的难题。

18日 中国科学技术大学陈小平教授团队在软体机器人领域取得重要进展，突破了刚性机械手臂的局限性，基于蜂巢气动网络（Honeycomb Pneumatic Networks）结构设计制备了像象鼻一样兼具灵活度和大负载能力的软体手臂，可以轻松完成生活中的开门、拧瓶盖、拉抽屉等任务。相关成果发表于《国际机器人研究杂志》（*The International Journal of Robotics Research*）。

2月

1日 上海节卡机器人科技有限公司日本技术中心在日本东京正式挂牌成立。节卡机器人日本顾问伊藤博士代表节卡机器人与合作伙伴日本进和株式会社倪昌浩社长共同为中心挂牌。

17日 国际机器人联合会于德国法兰克福发布全球机器人产业的五大发展趋势。包括：机器人具备新技巧、机器人变革智慧化工厂、机器人进入新市场、机器人减少碳排放和机器人令供应链更安全。

3月

2日 深圳市腾讯计算机系统有限公司正式发布首个软硬件全自主研发的多模态四足机器人Max。Max采用了腾讯Robotics X实验室自主研发的足轮融合方案，可在不同的环境切换不同的形态模式。

18日 人力资源和社会保障部、国家市场监督管理总局和国家统计局联合发布18个新职业，服务机器人应用技术员、智能硬件装调员和工业视觉系统运维员等在列。这是《中华人民共和国职业分类大典（2015年版）》颁布以来发布的第四批新职业。

19日 国家标准化管理委员会批准成立一批国家技术标准创新基地。此前，根据《国家技术标准创新基地管理办法（试行）》要求，机器人、船舶与海洋工程装备、光伏和氢能等14个国家技术标准创新基地已按建设方案完成各项建设任务并通过验收。

4月

13日 中国机器人检测认证联盟、国家机器人检测与评定中心等有关机构正式发布了《中国机器人CR认证目录》，为企业在国家重大专项采信方面提供了强有力的支撑。通过机器人检测认证联盟与国际主流认证机构的合作，CR认证成为国内机器人走向国际市场的桥梁。此外，为适应机器人产业发展的新要求，机器人检测认证联盟还颁布了中国机器人认证新版实施规则。

28日 国家重点研发计划“智能机器人”重点专项“复杂地质条件煤矿辅助运输机器人”项目启动暨实施方案评审会在贵阳市举行。“复杂地质条件煤矿辅助运输机器人”项目是科学技术部在全国范围内开展智能机器人研发及井下应用示范的三个项目之一，该项目由贵州盘江精煤股份有限公司牵头，中国矿业大学、安徽理工大学、常州科研试制中心有限公司等单位共同参与承担。

29日 由复旦大学工程与应用技术研究院牵头的国家重点研发计划“智能机器人”重点专项“基于折展—编织融合结构的工业管道作业机器人”项目启动会暨实施方案评审会在上海市召开。

5月

14日 国家重点研发计划“智能机器人”重点专项“面向复杂骨折闭合复位的手术机器人智能操作环境构建原理与技术”项目启动会暨实施方案论证会召开，该项目由苏州大学牵头，广西医科大学、哈尔滨工业大学、上海大学、中国人民解放军总医院和中国科学院自动化研究所等单位共同参与承担。

21 日 在第五届世界智能大会上，天津大学发布了一款隧道智能巡检机器人。这台搭载了“最强大脑”的智能机器人基于区块链技术开发，可成为守护交通隧道的“安全卫士”。

6 月

6 日 山西焦煤集团有限责任公司牵头承担的国家重点研发计划“智能机器人”重点专项“大型矿井综合掘进机器人”项目启动会暨实施方案评审会在太原召开。

18 日 工业和信息化部教育与考试中心职业技能提升工程运营合作交流会在中国机械工业联合会机器人分会产教融合专业工作委员会主席单位上海电器科学研究所（集团）有限公司顺利召开。

18 日 常州国际智造峰会暨国际创新成果发布洽谈会在常州召开，知名专家、杰出企业家代表等齐聚一堂，共议行业大势，畅谈发展之道，为新时代背景下制造业转型升级助力赋能。会议同期举行了《中国机器人认证白皮书》启动仪式。

24 日 国内首台建筑构件装配机器人“赤沙号”在中铁科工集团有限公司研制成功，填补了我国装配式建筑施工装备领域的一项空白。

7 月

1 日 广东利元亨智能装备股份有限公司首次公开发行股票并在上海证券交易所科创板正式挂牌上市（股票简称：利元亨，股票代码：688499）。

2 日 中国机器人产业联盟在北京市组织召开了《服务机器人信息安全通用技术要求》联盟标准专家评审会。

15 日 第七届中国机器人峰会暨智能经济人才峰会在浙江省余姚市举行，有 2 000 多位业内人士以线上、线下的形式参与会议，共同探讨了产业与技术融合聚变，共同商议了我国机器人行业新趋势。

20 日 ABB 宣布将收购西班牙 ASTI 移动机器人集团。

22 日 由青海国实电动汽车服务有限公司、西宁经济技术开发区等共同建设研发的我国首座机器人侧换式重卡换电站在西宁经济技术开发区南川工业园区建成投运。

28 日 住房和城乡建设部印发通知，公布了第一批智能建造与新型建筑工业化协同发展可复制经验做法清单。在该清单中，建筑机器人成为重点关注的对象，其中，研发应用建筑机器人等智能建造设备成为重点工作任务之一。该任务同时列举了三大主要举措：普及测量机器人和智能测量工具、推广应用部品部件生产机器人及加快研发施工机器人和智能工程机械设备。

8 月

6 日 由工业和信息化部装备工业一司联合国家矿山安全监察局安全基础司共同组织，中国机械工业联合会机器人分会（中国机器人产业联盟）与煤矿机器人协同推进中心共同承办的“推进矿山智能装备与机器人攻关验证与应用推广工作会”（视频会议）顺利召开。

10 日 由特斯联科技集团有限公司研制的 2020 年迪拜世界博览会吉祥物机器人 Opti 正式发布，首次将我国机器人领域的最新科技成果推上了世界舞台。

10 日 小米科技有限责任公司发布 CyberDog 仿生四足机器人“铁蛋”。“铁蛋”四足机器人搭载高精度环境感知系统，全身 11 个高精度传感器向 AI 大脑实时传输信息，同时拥有仿生的运动步态，可以听从指令、识别主人以及跟随主人自主运动等。同时，小米还宣布将正式成立机器人实验室。

17 日 为加快机器人创新应用，进一步推动民爆等行业的高质量发展，工业和信息化部安全生产司、装备工业一司以视频的方式组织召开“民爆行业+机器人”应用推广交流视频会。机器人与智能装备生产企业、科研机构、行业组织专家和代表共 200 余人参加了会议。各方就推动机器人、智能装备与民爆行业融合发展，提升民爆行业智能化水平进行了深入交流。

20 日 特斯拉公司公布了一款名为 Tesla Bot 的人形仿生机器人。该机器人站立高度为 172. 2cm，重约 56kg，移动速度可达 5mile/h（1mile = 1 609. 34m）。

25 日 北京市医疗保障局、北京市卫生健康委员会、北京市人力资源和社会保障局发布《关于规范调整物理治疗类等医疗服务价格项目的通知》（京医保发〔2021〕23 号），将机器人辅助骨科手术纳入北京甲类医保支付目录（可 100%报销），一次性机器人专用器械获得北京乙类医保支付（可部分报销），该调整自 2021 年 10 月 23 日起执行。

26 日 为加快机器人关键零部件应用推广，增强产业链供应链韧性，推动机器人产业高质量发展，工业和信息化部装备工业一司采用线上、线下的方式组织召开机器人整机和零部件企业对接交流会，了解整机生产企业对关键零部件的需求，交流关键零部件应用推广中面临的挑战和机遇。

9 月

6 日 中国机器人检测认证联盟召开了 2021 年机器人检测认证联盟技术委员会第一次会议，会议以线上视频会议的方式进行，检测认证联盟技术委员会全体专家出席了本次会议。

8日 北京积水潭医院成功完成一例超声骨刀机器人全程辅助胸椎黄韧带骨化灶切除术。这是全球首例机器人辅助脊柱外科骨切割手术，手术中使用的超声骨刀手术机器人系统由北京积水潭医院与北京天智航医疗科技股份有限公司天玑实验室联合研制。

9日 深圳市汇川技术股份有限公司与珠海全志科技股份有限公司联合发起的“工业控制应用联合实验室签约暨启动仪式”在深圳进行。双方将基于各自核心研发能力，整合优势资源，深入挖掘工业各类场景下的系统和芯片需求，对关键共性技术联合攻关，积极推进国产芯片在工业领域的规模稳定应用。

9日 拥有完全自主知识产权的国产腔镜手术机器人精锋手术机器人MP系统成功完成近4个月的泌尿外科注册临床试验入组。在临床试验中，该款国产手术机器人的性能已经和进口机器人非常接近。

10日 国内首款智能加油机器人在中国石化广西南宁石油南站西加油站投入试运行，这标志着国内智能加油机器人已经迈入市场应用阶段，将有效提升现代加油站科技创新硬实力，让智能服务特别是无接触加油服务更加深入地走进百姓生活。

11—13日 2021世界机器人大会在北京顺利举办，大会的主题为“共享新成果，共注新动能”，大会包含论坛、博览会、机器人大赛等内容，有110余家企业的500多款产品参展，新技术新科技是本届展会的亮点。

15日 阿里云城市峰会在芜湖盛大举行。峰会以“云上创新”为主题。会上，埃夫特智能装备有限公司与阿里云联合发布了智能机器人及系统云边一体化解决方案，该平台通过降低工程师编程与算法应用的门槛，解决了小工厂买不起、用不起机器人的难题，可应用于新能源光伏码垛、通用行业智能喷涂和金属焊接等领域。

24日 国产新型全自动导航胶囊机器人在重庆市正式发布。这款由重庆金山科技（集团）有限公司拥有完全自主知识产权的RC100型全自动导航胶囊机器人（包括胶囊和检查设备）可用于胃肠一体检测，具有成像更高清、视野更广角等优势，结合配备的5G技术和AI冗余图片处理功能，可实现远程操控、图片冗余筛查及异常图片筛选，最大程度节约医生阅片时间，提高阅片速度，同时减少漏诊，提高精确率。

月内 北京航空航天大学机械工程及自动化学院“卓越百人”副教授、博士生导师冯林课题组研究出了一种新的更为智能的肿瘤靶向机器人。冯林团队让巨噬细胞吞下纳米药物变身微纳米机器人，搭配自行设计的复合磁控系统，能够在磁场的驱动下，精准抵达肿瘤部位，投掷杀伤肿瘤的药物。纳米科学领域权威期刊 *Small* 以封面文章的形式报道了课题组的研究成果。

10月

11日 经国家市场监督管理总局（国家标准化管理委员会）批准，根据中华人民共和国国家标准公告（2021年第12号），由中国科学院沈阳自动化研究所牵头编制的国家标准《大型工业承压设备检测机器人通用技术条件》（GB/T 40574—2021）正式发布，规定了大型工业承压设备检测机器人的术语和定义、分类和型号编码、技术要求、试验方法、检验规则、标志、包装、运输、贮存要求等内容，为我国大型工业承压设备检测机器人的研制、生产、应用和推动国家特种设备检测装备的发展提供了重要支撑。

19日 作为阿里云数据中心“人机结合”的典型智能产品，具有自主巡检功能的数据中心运维机器人首次亮相云栖大会。新一代阿里云智能运维机器人融合了众多先进技术，包括自主定位的移动导航技术、轨迹优化的机械臂操作技术、基于深度学习的目标识别技术，通过人工智能与机器技术相结合，可实现不同程度的复杂IT运维操作，协助工作人员对数据中心环境进行日常巡检、远程任务调用、随工监管及数据中心资产安全管理等工作。

21日 2021中国机器人技术领袖创新发展峰会在杭州市云栖小镇国际会展中心顺利召开。峰会由阿里巴巴集团、中国机械工业联合会机器人分会（中国机器人产业联盟）共同主办，中关村智友天使人工智能与机器人研究院、苏州大学相城机器人智能装备研究院、上海电器科学研究所（集团）有限公司协办。

25日 杭州凯尔达焊接机器人股份有限公司首次公开发行股票并在上海证券交易所科创板正式挂牌上市（股票简称：凯尔达，股票代码：688255）。

月内 中国科学院沈阳自动化研究所研制的“探索4500”自主水下机器人在我国第12次北极科学考察中，成功完成北极高纬度海冰覆盖区科学考察任务。这是我国首次利用自主水下机器人在北极高纬度地区开展近海底科考应用，其成功下潜为我国不断深化对北极洋中脊多圈层物质能量交换及地质过程的探索和认知提供了重要数据资料，将为我国深度参与北极环境保护提供重要的科学支撑。

月内 在我国马里亚纳海沟深渊科学考察中，由中国科学院沈阳自动化研究所主持研制的“海斗一号”全海深自主遥控潜水器取得了世界级成果，在国际上首次实现了对“挑战者深渊”西部凹陷区的大范围全覆盖声学巡航探测。其成功应用表明了我国全海深无人潜水器正式跨入万米科考应用的新阶段，填补了当前国际上全海深无人潜水器万米科考应用的空白。

11月

2日 上海微创医疗机器人（集团）股份有限公司在

香港联交所主板成功上市（股票简称：微创机器人-B，股票代码：02252）。

7 日 由海军军医大学附属长海医院血管外科主任陆清声带领的血管腔内微创手术机器人团队，使用其自主研发的具有完全自主知识产权的国产血管腔内机器人系统顺利实施了世界首例下肢动脉机器人支架成形术。

10 日 安徽巨一科技股份有限公司首次公开发行股票并在上海证券交易所科创板正式挂牌上市（股票简称：巨一科技，股票代码：688162）。

16—18 日 第二届“一带一路”医疗器械创新与应用大会在上海市顺利举行。大会以“协力创新医疗器械，共同守护人类健康，共建共享医疗器械命运共同体”为主题。在大会“创新项目路演与企业产品发布”环节中，上海司羿智能科技有限公司研发的脑控手功能康复机器人 SY-HR08P 作为全球首款脑机软体手功能康复机器人正式亮相。

16 日 北京积水潭医院陈山林团队成功实施世界首例机器人辅助下人工桡骨远端置换术。在机器人定位导航下，桡骨远端假体置换的精确度得到提高。

24 日 中国机器人产业联盟在重庆组织召开联盟标准立项专家评审会，由重庆德新机器人检测中心有限公司牵头提出的《智能汉堡机器人系统通用技术条件》《服务机器人接触碰撞感知试验方法》《服务机器人软件测试要求》三项联盟标准通过立项评审。

月内 我国机器人行业首部年鉴——《中国机器人工业年鉴 2021》正式出版发行，内容包括综述篇、大事记、行业篇及地区篇等 14 个篇章，集中反映了 2020 年我国机器人行业发展状况，展示了行业和企业发展成就，是国内外了解我国机器人行业和企业的重要载体。

月内 由清华大学机械工程系刘辛军教授担任项目负责人、北京卫星制造厂有限公司牵头承担的国家重点研发计划“智能机器人”专项“大型舱体类复杂薄壁构件多移动机器人协同原位加工技术与系统”取得了突破性进展。项目创新研发的关键装备——移动式混联加工机器人，通过反复论证，多次调试和可靠性验证，在天舟货运飞船产品的制造中进行了型号应用，实现了产品的粗加工和最后精加工。

月内 由中国石化润滑油公司牵头制定的行业标准 NB/SH/T 6040—2021《机器人摆线针轮（RV）减速器润滑油》及 NB/SH/T 6041—2021《机器人用摆线针轮（RV）减速器润滑脂》由国家能源局批准并发布。该标准于 2022 年 5 月实施。

12 月

14 日 北京天智航医疗科技股份有限公司取得了由加拿大标准协会（Canadian Standards Association，简称“CSA”）颁发的手术机器人北美认证证书，成为国内第一家取得该证书的手术机器人公司，天玑 2.0 骨科手术机器人国际版成为国内第一个经认证符合该标准的骨科手术机器人产品。

21 日 工业和信息化部发布《十五部门关于印发 <“十四五”机器人产业发展规划>的通知》（工信部联规〔2021〕206 号）。《“十四五”机器人产业发展规划》由工业和信息化部、国家发展和改革委员会和科学技术部等 15 个部门联合印发，明确提出“十四五”时期机器人产业发展的总体要求、主要任务和保障措施，对机器人产业发展做出了全面部署和系统谋划，对推动我国机器人产业高质量发展具有重要的指导意义。

21 日 由湖北省科技厅主办的湖北首届机器人创新大赛决赛在武汉市举行，大赛以“科技赋能　智领未来”为主题，着力打造智能机器人创新高地，加快推进了智能机器人领域关键核心技术研发和创新场景应用，构建了政产学研用深度融合、大中小企业协同创新生态。

22 日 国网山东省电力公司青岛供电公司应用 5G 远程控制配网带电作业机器人开展 10kV 金海线 1—15 号杆塔加装接地环工作，这是国内首次“5G+带电作业机器人”远程控制带电作业。

24 日 中国机器人检测认证联盟发布 CR—1—08：2021《建筑机器人 CR 认证实施规则》，该规则适用于各类建筑机器人，主要包括在建筑行业，可用于工程施工、装饰、修缮和检测等环节的机器人。

27 日 由工业和信息化部等部门组织开展的 2021 年度特种机器人产业链“揭榜”推进活动在四川省成都市正式发布揭榜成果，标志着历时一年的揭榜活动圆满收官。揭榜活动发布了 14 项高质量榜单，其中，6 项实现成功揭榜，其余 8 项仍有待突破。经过科学筹备和周密部署，揭榜活动最终评选出优秀方案 48 项、优胜单位 6 家及优秀组织单位 18 家。

31 日 为贯彻落实《“十四五”机器人产业发展规划》，支撑机器人产业高质量发展，在国家标准化管理委员会、工业和信息化部等相关部门的支持下，全国机器人标准化技术委员会（SAC/TC 591）正式成立。标委会由 76 位委员组成，中国科学院丁汉院士任主任委员，北京机械工业自动化研究所有限公司承担秘书处工作，中国机械工业联合会负责日常管理和业务指导。

月内 中国科学院沈阳自动化研究所、机器人学国家重点实验室微纳米课题组在磁热联合驱动的微型软体机器人方面取得了新的进展。利用 4D 打印技术制备的软体机器人在近红外光和磁场的联合驱动下，展示了弯曲形变、夹取及搬运功能，在微结构搬运、药物控释等方面显示出重要的应用前景。相关研究成果发表在 *Composites Part B-Engineering* 期刊上。

产业篇

从生产发展情况、市场及销售、科技成果及新产品等方面，阐述机器人产业典型产品领域发展情况

产业篇

2021年焊接机器人发展情况

一、概念及范畴

焊接机器人是工业机器人的一个大类，主要应用于金属焊接制造领域，是代替手工焊焊工或半自动焊焊工进行实际焊接作业的工业机器人。

按照焊接方法的不同，焊接机器人主要分为弧焊机器人、点焊机器人、钎焊机器人、激光焊机器人和其他焊接机器人。

按照机械结构划分，焊接机器人主要包括多关节焊接机器人、坐标焊接机器人和其他类别的焊接机器人。

按照应用行业划分，焊接机器人可分为用于国民经济中以汽车制造业、3C（计算机、通信和其他电子设备）制造业、通用设备制造业、专用设备制造业、金属加工和机械制造业、电气机械和器材制造业、其他运输设备（铁路、船舶、航空航天等）制造业、仪器仪表制造业的10多个行业大类、70多个行业中类。

二、全球市场情况

2020年，在新冠肺炎疫情及焊接机器人主要应用行业产品调整等因素影响下，全球焊接机器人销售出现下滑，销量为6.6万台，同比下降9%，销量排在搬运和上下料机器人之后，位居第二。焊接机器人销量在工业机器人总销量中的占比为17.3%，比2019年下降1.8个百分点，连续第二年占比下降。弧焊机器人销量为3.4万台，同比下降4%；点焊机器人销量为2.7万台，同比下降17%；激光焊机器人销量为700余台，同比下降36%；钎焊机器人销量同比增长43%，销量为3 000余台；其他焊接机器人销量变化不大，同比增长2%。2019—2020年全球各类焊接机器人销售情况如图1所示。

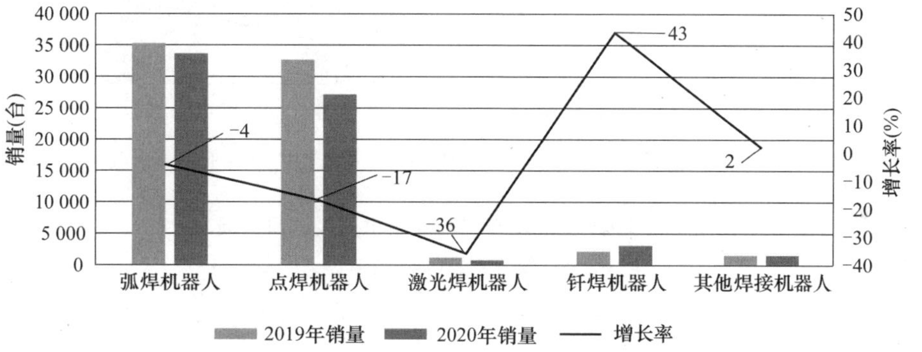

图1　2019—2020年全球各类焊接机器人销售情况

注：数据来源于国际机器人联合会（IFR）。

汽车制造是焊接机器人的传统应用行业，点焊机器人和激光焊接机器人在汽车制造业的应用尤为广泛。2020年，受新冠疫情的影响，全球供应链不畅，叠加汽车芯片短缺，诸多整车制造厂和供应商不能正常开工生产，行业投资延缓或取消，对焊接机器人的需求明显下降。同时，全球汽车产业由传统燃油汽车向新能源汽车转型，产能扩张的需求减少，也影响到了焊接机器人的采购情况。

金属加工和机械制造业也是焊接机器人的重要应用行业，2020年，全球金属加工和机械制造业行业的工业机器人采购量同比下降9.8%，其中，焊接机器人的采购量也随之下降。

3C行业是钎焊机器人的主要应用行业，2020年，新冠疫情导致全球消费电子行业需求增长，原有产能不足及物流运输不畅等问题对产业供应链造成影响导致3C行业产能扩张，钎焊机器人需求随之明显增加。

三、中国市场情况

2021年，我国市场的焊接机器人销量约为5.8万台，同比增长51%，是全球最大的焊接机器人市场。其中，弧焊机器人销量为3万余台，同比增长45.3%，是销量最大的细分品类；点焊机器人销量为1.63万台，同比增长49.4%；激光焊机器人销量为1 761台，同比增长102.2%；钎焊机器人销量约为5 000台，同比增长48.6%；其他焊接机器人销量为4 800台，同比增长90.8%。2020—2021年我国市场各类焊接机器人销售情况如图2所示。

四、进出口情况

据海关统计，明确为焊接机器人的有3个税号的商品，即电阻焊接机器人、电弧焊接机器人和激光焊接机器人，分别对应通常所说的点焊机器人、弧焊机器人和激光焊机器人。

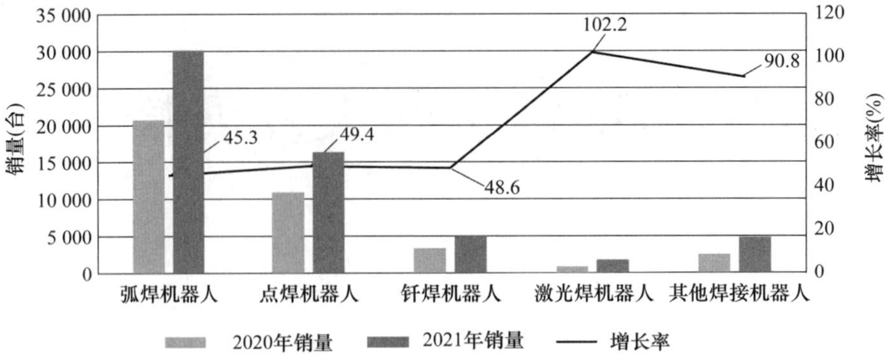

图 2 2020—2021 年我国市场各类焊接机器人销售情况

注：数据来源于中国机器人产业联盟（CRIA）、国际机器人联合会（IFR）。

1. 进口情况

2021 年，我国焊接机器人进口额为 1 269 万美元，同比下降 57%。其中，弧焊机器人进口额同比下降 43%，点焊机器人进口额同比下降 29%，激光焊机器人进口额同比下降 70%，2020—2021 年我国焊接机器人进口情况如图 3 所示。

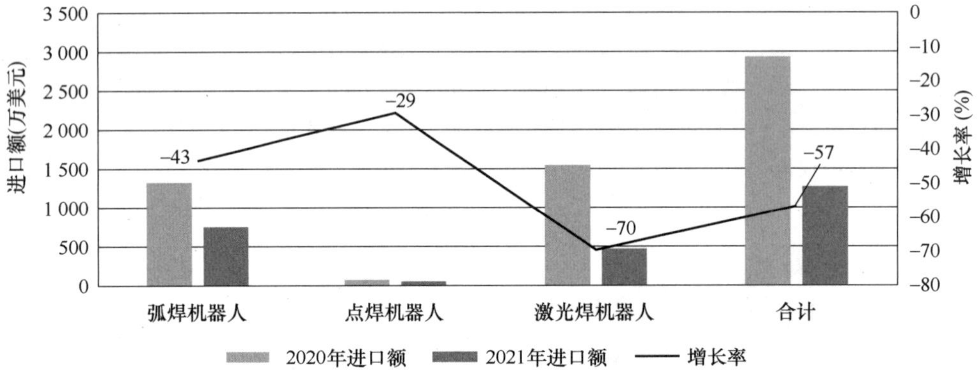

图 3 2020—2021 年我国焊接机器人进口情况

注：数据来源于海关总署。

2. 出口情况

2021 年，我国焊接机器人出口额为 3 392 万美元，同比增长 78%。其中，弧焊机器人出口额同比增长 88%，点焊机器人出口额同比增长 127%，激光焊机器人出口额同比增长 28%，2020—2021 年我国焊接机器人出口情况如图 4 所示。

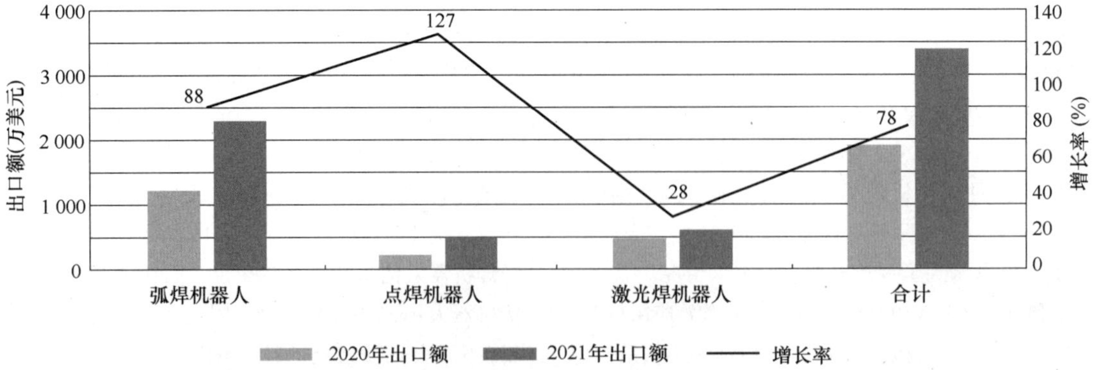

图 4 2020—2021 年我国焊接机器人出口情况

注：数据来源于海关总署。

需要说明的是，2021 年 3 个税号的商品（弧焊机器人、点焊机器人、激光焊机器人）分别进口了 74 台、2 台和 23 台，进口额仅为 1 269 万美元，而在“多功能工业机器人”进口税号目录下，三个税号的商品进口额同比大幅增长

50%，达 14.6 亿美元。从国际机器人联合会（IFR）的统计数据来看，外资品牌在我国市场销售弧焊机器人、点焊机器人、激光焊机器人的实际数量分别为 19 824 台、16 219 台、738 台。海关统计的进口焊接机器人数量与实际应用于焊接的进口焊接机器人数量严重不符，多功能工业机器人税号名下有相当数量的进口商品实际是焊接机器人，且其进口台数可能比 3 个明确为焊接机器人税号名下进口数量大很多。

五、新技术新产品进展

1. OTC SynchroFeed 超低飞溅机器人焊接系统

欧地希机电（上海）有限公司推出的 SynchroFeed 超低飞溅机器人焊接系统（如图 5 所示），主要由高精度弧焊机器人、全数字逆变控制焊接电源（400A、500A）、高精度高速推拉丝送丝系统组成，通过高精度快速协调焊丝运动和电弧电流波形，在宽广的焊接电流范围（最大 400A）内实现超低飞溅（相比传统 CO_2、MAG 焊接飞溅降低 98%），同时确保足够的熔深。适用于超低飞溅应用场景的高效、优质、低损耗焊接，如汽车零部件、健身器材、金属家具、化学储罐、厨具、医疗轮椅等领域的普通钢、不锈钢、镀锌钢、铝合金等金属材料的焊接。

图 5　OTC SynchroFeed 超低飞溅机器人焊接系统

2. 双动龙门四机器人激光电弧复合智能焊接（增材）装备

江苏烁石焊接科技有限公司自主开发的双动龙门四机器人激光电弧复合智能焊接（增材）装备（如图 6 所示），具有激光视觉感知的自动工艺规划、实时焊缝跟踪、实时熔池视觉感知的参数调控功能，工艺参数传感精度优于 0.1A/0.1V、熔池视觉感知提取熔池尺寸误差小于 0.3mm，突破了四个 6 轴焊接机器人与 14 个外部轴协同控制、高精度重载动龙门制造、激光视觉精准实时测量、在线自主规划、双丝激光电弧复合焊接（增材）工艺、熔池视觉等关键技术，可满足尺度达 10m×4m×4m 的大型中厚板箱型构件自动焊接（增材）技术要求。

图 6　双动龙门四机器人激光电弧复合智能焊接（增材）装备

3. 大型结构件四机器人预热焊接工作站

厦门航天思尔特机器人系统股份公司创新研制的大型结构件四机器人预热焊接工作站（如图 7 所示），满足高强度钢大型结构件焊前预热的要求。双悬臂天吊倒挂式方案，每一悬臂上的两台机器人分别负责预热与焊接，可根据不同预热温度要求，自动调整预热工艺，以便与焊接速度相匹配。与传统方式相比（单机器人切换预热与焊接工具或预热焊接在两个工作站作业）预热温度可控、作业效率高。针对长形工件特点设计的双悬臂四机器人与变位机、机器人行走机构协同作业，采用全自动对称预热焊接工艺，达到高效率、高质量焊接的目的。

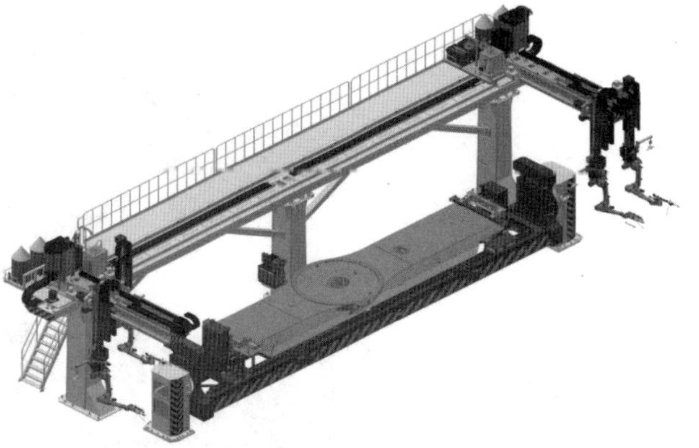

图 7　大型结构件四机器人预热焊接工作站

4. CTP 机器人激光自动焊接生产线

深圳市联赢激光股份有限公司针对新能源行业无模组动力电池包（Cell to Pack，CTP）制造，研制成功由自主开发的母线（Busbar）焊接系统、机器人、高功率激光器、激光扫描振镜等组成的 CTP 机器人激光自动焊接生产线，可实现自动上下料、扫码、焊前检测、Busbar 机器人焊接、焊后除尘、镍片焊接、在线检测等动力电池装配核心工序，设备一次优率达 99.5%。铜嘴压板变距可实现相同电芯、不同模组不停线混产生产，单点焊接的模式突破电池种类限制，搭配伺服顶升机构闭环控制。机构采用模块化设计，具有设计制造周期短、通用性好的特点，可通过增减模块实现产能规划方案。整线集高质、高效、高兼容优势于一体。CTP 机器人激光自动焊接生产线如图 8 所示。

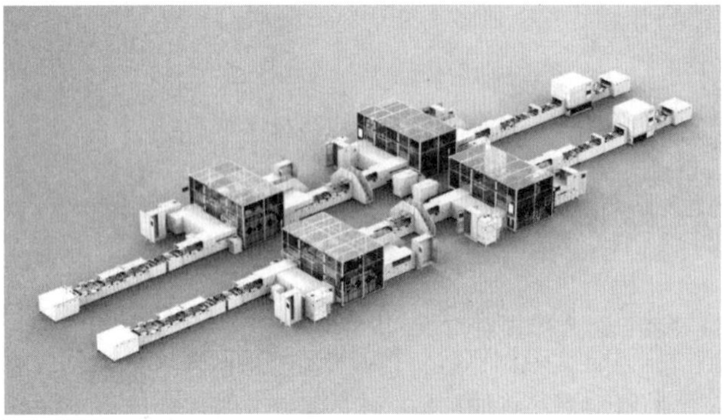

图 8　CTP 机器人激光自动焊接生产线

5. 智能高效搅拌摩擦焊机器人系统

昆山万洲特种焊接有限公司成功研发具有自主知识产权的智能高效搅拌摩擦焊机器人系统，解决了搅拌摩擦焊自动化程度低等痛点。该设备的力—位移耦合控制系统，可实现焊接过程中压力的实时自动调节；配合多传感器协同作业，通过智能安全系统协调工作，实现了焊接轨迹的识别与纠正；自主开发机器人动/静轴肩交替焊接技术，实现末端工具自动交换、焊/铣/磨工艺复合；焊接参数实时监测系统、离线编程系统及焊具自动清理系统，极大地提升了设备的自动化程度。目前，该系统已成功应用于宝马、戴姆勒、雪铁龙、广汽、威马等新能源汽车产品的批量焊接产线。智能高效搅拌摩擦焊机器人系统如图 9 所示。

图 9　智能高效搅拌摩擦焊机器人系统

6. 螺柱焊接机器人系统 DSI 1800iA-L

浙江创利焊接科技股份有限公司成功研发具有在线质量分析功能并可向用户提供工艺优化方案的螺柱焊接机器人系统 DSI 1800iA-L。该系统主要由焊接机器人本体、焊接电源、送钉系统、全自动焊枪、工装夹具及辅件组成。机器人本体选配载重量在 100kg 以上且重复定位精度为 ±0.2mm 的焊接机器人。新研发的 1 800A 大功率 IGBT 逆变焊接电源，电流调节精度高达 1A。该系统可搭载 5 把全自动螺柱焊枪，方便高效作业。质量分析仪 SMART2000 可实时监测焊接电流、电压、焊枪运动参数，识别典型的焊接不良位置，并基于大数据提供工艺优化方案。该系统已实际应用于汽车主机厂和配套厂。螺柱焊接机器人系统 DSI 1800iA-L 如图 10 所示。

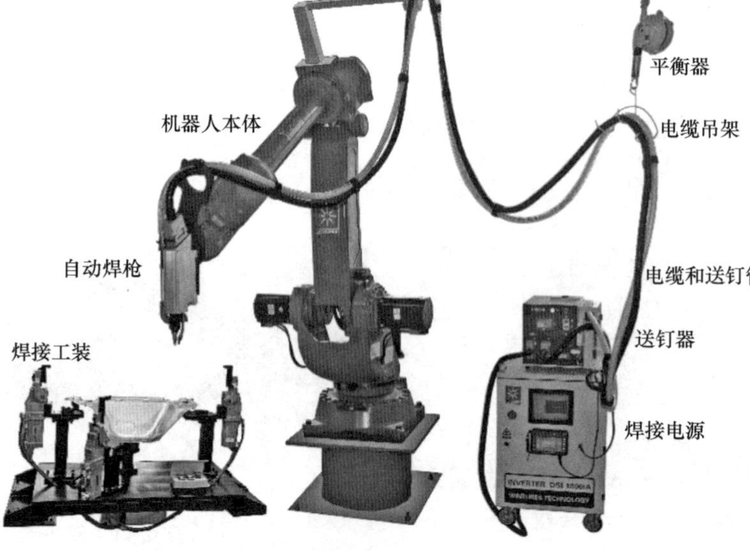

图 10　螺柱焊接机器人系统 DSI 1800iA-L

7. 盾构机专用焊接机器人系统

厦门锋元机器人有限公司成功研制国内首个盾构机驱动箱体单面焊双面成型工艺应用的盾构机专用焊接机器人系统。该系统配置有两台七轴弧焊机器人，可独立工作或协同工作；脉冲一元化 QINEO Pulse A 600 焊接电源可实现富氩混合气体保护的熔化极气体保护焊；喷嘴接触传感器、激光传感器和电弧传感器对焊缝定位并实时跟踪。该系统在厚板≥30mm 工件的焊缝背面坡口不进行碳弧气刨清根处理的条件下，实现全熔透焊缝单面焊双面成型深熔焊接工艺。该系统具有焊缝坡口角度小、填充材料和保护气体用量少、超大熔深焊层数量少、节省时间、劳动强度低等特点，保证了焊缝质量和生产率。盾构机专用焊接机器人系统如图 11 所示。

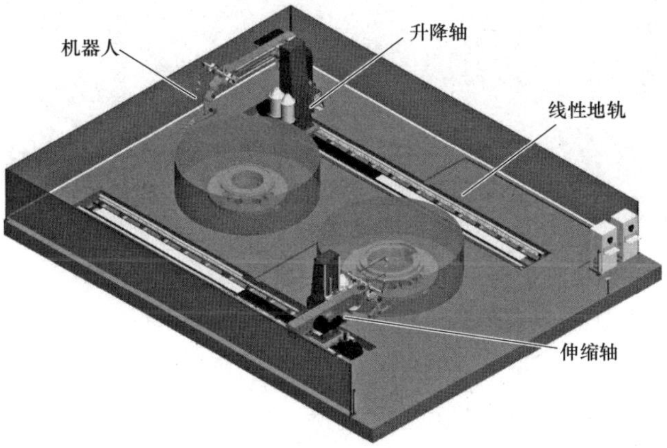

图 11　盾构机专用焊接机器人系统

8. 智能机器人焊接工作站

深圳市智哥机器人系统有限公司成功研发具有力与视觉传感功能的智能机器人焊接工作站，集成了由企业自主研发的弧焊机器人本体和驱控一体控制器、弧焊电源、六维力传感器和视觉传感器等，用户使用时只需手动拖拽机器人端部到焊缝起点位置附近，工作站的视觉系统便会自动识别焊缝位置，指挥机器人自动调整焊枪位姿并开始焊接，并对焊接过程中的焊缝位置实时跟踪，确保焊接质量。该产品具有拖动轨迹记录与再现、焊缝起始点寻位、工件二次定位纠偏等功能，能实现焊接前的快速示教，解决了示教流程复杂、调试过程复杂、工件一致性差等难题，在小批量、多规格的产品焊接中具有独特优势。智能机器人焊接工作站如图 12 所示。

9. 新型长臂展中空弧焊机器人

浙江钱江机器人有限公司成功研发新一代 2m 长臂展中空弧焊机器人 QJR6-2000H，该机器人重量小、功耗低，具备高负载、关节力反馈能力及柔顺控制能力。工具中心点（TCP）自动校零技术可实现机器人自动运行校零，较传统 TCP 校准效率提升 40%；新型柔性防碰撞功能可以根据力、灵敏度大小来智能控制机器人电机抱闸，防止由于碰撞过大而影响工业机器人整体精度，使机器人工作效率提升 30%；该机器人配置了由浙江钱江机器人有限公司自行研发的具有接触寻位、激光寻位、激光跟踪、多机协同、离线编程、多层多道焊接工艺库等功能的智能弧焊系统 Arc-Welding，可实现碳素钢、不锈钢、铝合金等材质的高品质焊接。新型长臂展中空弧焊机器人如图 13 所示。

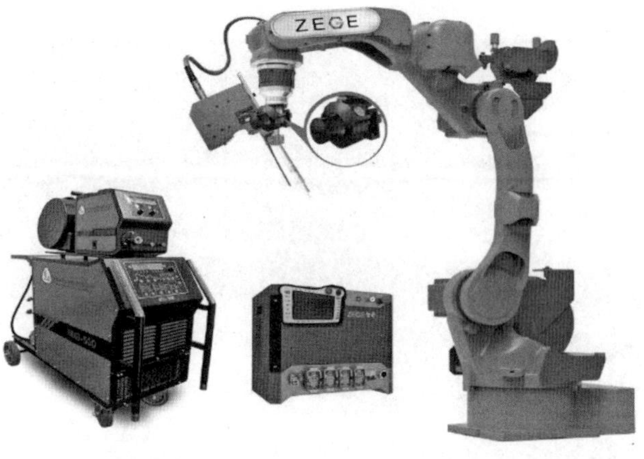

图 12　智能机器人焊接工作站

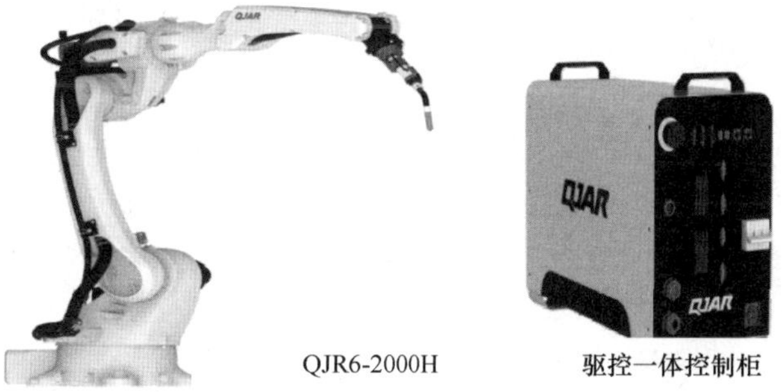

图 13　新型长臂展中空弧焊机器人

10. Tracer 3D 机器人焊接视觉系统

西安知象光电科技有限公司自主研发的 Tracer 3D 机器人焊接视觉系统由焊接专用 Tracer P1 3D 相机、焊接视觉软件 Tracer Studio、机器人手眼标定软件 Tracer Calibration 和视觉控制器等组成。由自研高精度 Tracer 相机拍摄工件完整的三维点云，通过视觉软件 Tracer Studio 在 2s 内完成视野内所有焊缝寻位，快速获得焊缝的空间位置、宽度信息及焊枪姿态信息，并引导机器人实现自动焊接。该系统具有高效、智能、操作简便的特点，能显著提升生产率，降低人工成本，已成功应用于钢结构、车厢板、钢筋、人防门、管板等自动化焊接场景。Tracer 3D 机器人焊接视觉系统如图 14 所示。

六、趋势分析与预测

我国是全球制造业大国，也是焊接制造大国。焊接是制造业的主要加工手段和工艺方法，无论是现有从事焊接作业的焊工人数，还是每年实际完成的焊接加工工作量，都是全球首位。而且我国是全球制造业门类最全的市场，焊

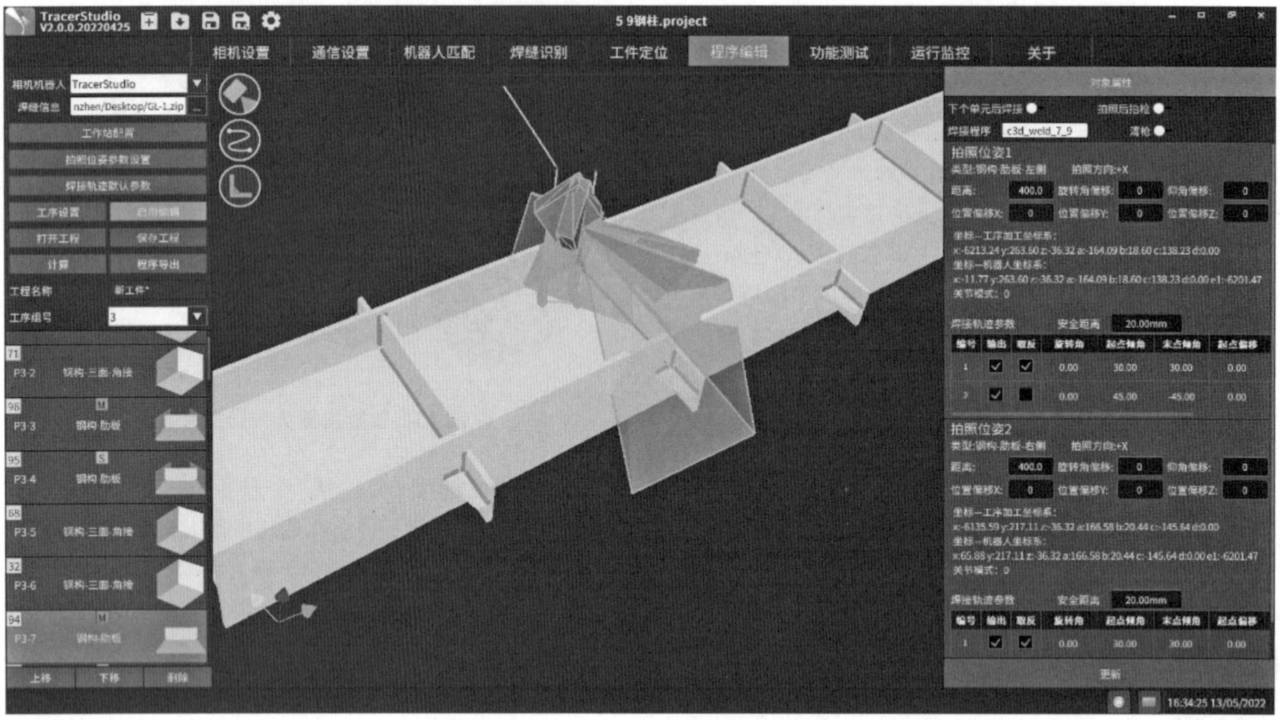

图 14　Tracer 3D 机器人焊接视觉系统

接加工涉及10多个行业大类、70多个行业中类。目前，我国市场的焊接机器人主要应用行业正在从传统的汽车制造业向3C电子行业、装备制造业（工程机械、煤矿机械、农业机械等）、金属加工和机械制造业等其他细分行业市场拓展，将继续占据全球焊接机器人近半数市场。

焊接作业条件差，现场存在强弧光、噪声、焊接烟尘、电磁辐射、激光辐射等污染，一般还伴有高温、潮湿等环境，劳动强度大，因此，愿意从事焊工工作的年轻人越来越少。与此同时，焊工的工资性费用快速增长，而焊接机器人技术的快速发展和机器人应用成本的大幅下降，促使我国正在走向焊接机器人应用普及化的快速发展阶段。

低碳、绿色、优质、高效的焊接技术与机器人技术的融合，将是机器人焊接技术重要的发展方向。

焊接机器人及其应用技术的发展重点如下：

（1）快速高效的示教编程、离线编程、自主编程等机器人编程技术。

（2）适用于复杂场景、复杂构件、复杂焊缝的机器人焊接传感技术。

（3）优质、高效焊接新方法与机器人集成技术。

（4）机器人焊接工艺大数据技术。

（5）机器人焊接质量的高效在线检测技术。

（6）适用于各类不同焊接工艺方法的专用焊接机器人。

（7）人机协同式焊接机器人技术。

（8）多机器人协同控制技术。

（9）机器人焊接数字化、信息化、智能化技术。

目前，自主品牌焊接机器人技术不断进步，产品性能持续提高，中薄板弧焊机器人和激光焊机器人领域的应用增长较快，但点焊机器人、中厚板弧焊机器人、七轴弧焊机器人等技术和产品需要加大研发力度，逐步进入焊接机器人中高端市场。

焊接机器人应用与服务人才的短缺，一定程度上制约着焊接机器人应用质量和效率。政府和行业组织应加快焊接机器人应用与服务人才职业标准、培训、考核、认证体系的建立和完善。

2021年，全球经济经受住了考验并呈现出恢复性增长态势。我国新冠疫情管控富有成效，2021年，我国GDP增长8.1%，焊接机器人销量同比大幅增加。新冠疫情给了焊接机器人行业更多的发展机会，促使焊接装备的行业用户加快向以焊接机器人为主要载体的焊接自动化、数字化、智能化制造方向转型升级，加快了“机器人换人”步伐，进一步减少了对焊接工人的依赖，提升了企业应对风险的能力和综合竞争力。

〔撰稿人：中国焊接协会焊接设备分会　李宪政〕

2021 年协作机器人发展情况

一、概念及范畴

1. 概念及定义

协作机器人（Collaborative Robot）是一种可以安全地与人类进行直接交互、接触的机器人。协作机器人拓展了机器人功能内涵中“人”的属性，具备一定的自主行为感知和协作能力，可在非结构的环境下与人配合完成复杂的动作和任务。与传统工业机器人相比，协作机器人具有安全性好、易于部署、操作简单、运动灵活、综合成本低等优点。

随着智能制造水平的提升和互联网商业模式的广泛采用，生产模式正快速从少品种、大批量向多品种、中小批量甚至变种变量转变，制造企业普遍面临着产品品种多样化、产品需求量变化快和劳动力成本增加等挑战。而能和工人并肩协同工作的协作机器人提供了更柔性、更高效的解决方案，因此，企业对协作机器人的需求日益增长。

2. 分类

主流协作机器人目前有两种分类方法，一是按照结构分类，二是按照负载能力分类。

按照机械结构划分，协作机器人可分为双臂协作机器人和单臂协作机器人。

按照负载能力划分，协作机器人可分为最大负载≤3kg、3kg<最大负载≤7kg、7kg<最大负载≤12kg、12kg<最大负载≤16kg、16kg<最大负载≤20kg、最大负载>20kg六种。

3. 应用场景

协作机器人具有安全、易用和灵活部署的特性，可以弥补传统工业机器人无法满足柔性生产需要的空缺，因此，工业场景的应用构成了协作机器人的主流应用市场。协作机器人在汽车零部件、机械加工、3C 等行业分布广泛。目前，协作机器人能够实现的工序作业有装配、搬运、贴标、上下料、喷涂与涂胶、质检与测量、包装码垛和打磨抛光等。

近年来，协作机器人在无人零售、无人餐饮、仓储物流、检测试验、医疗按摩等服务业领域中的应用增长迅速，例如理疗按摩机器人，凭借场景可复制的优势，在我国实现上千台的生产量。不同于工业场景对协作机器人多品种、小批量的应用要求，服务业市场的应用场景相对容易复制，且用量较大，因此，未来协作机器人在服务业的市场规模将会远超工业领域。

二、市场概况

2021 年，新冠疫情持续发生，导致各个行业用工人员紧缺。受此影响，全球机器人市场持续升温。同时，人机协作引发的新智造模式受到了市场关切，使协作机器人成为 2021 年机器人领域中的热点。

1. 全球协作机器人市场概况

协作机器人在全球市场增长可观的原因在于其安全性、灵活性和易用性的特征满足了企业柔性生产、多场景和定制化的需要，而协作机器人编程简易、操作方便等特点也省去了企业的相关成本，因此在中小企业中具有广阔市场。

2018—2020 年，全球协作机器人生产增速放缓，但整体仍维持较高增长率。2020 年，受新冠疫情影响，市场需求有所停滞，2021 年，我国市场的强劲表现带动了全球市场规模大幅增长。据日本矢野经济研究所统计，2021 年协作机器人全球销量为 44 716 台，同比增长 75.5%，市场规模约为 76.08 亿元，其中，我国协作机器人市场生产量约占全球市场的 35.03%。2019—2031 年全球协作机器人市场生产量及预测如图 1 所示。

2. 我国协作机器人市场概况

据 MIR 睿工业统计，2021 年，我国协作机器人生产量为 15 663 台，同比增长 108.5%，其中，国内协作机器人企业生产量为 12 485 台，占全国协作机器人总生产量的 79.7%。2021 年，协作机器人的大部分市场份额依然被工业领域应用所占据。协作机器人在汽车工业、3C 以及机械加工等领域的应用经历了导入、迭代、再导入的反复磨炼，市场前景广阔。同时，2021 年，我国协作机器人也迎来了医疗健康、高危环境、新零售等多个场景的开拓，而非工业场景可复制、大批量的应用特性，成就了非工业场景的巨大市场潜力。2013—2025 年我国协作机器人市场生产量及预测如图 2 所示。2015—2025 年我国协作机器人内外资市场占比及预测如图 3 所示。2021 年我国协作机器人市场分布情况（按应用领域划分）如图 4 所示。

多场景共同发力的协作机器人在我国市场热度持续走高，引得大量资本涌入。2021 年上半年，我国协作机器人融资规模突破 30 亿元，平均单笔融资金额突破 3 亿元。

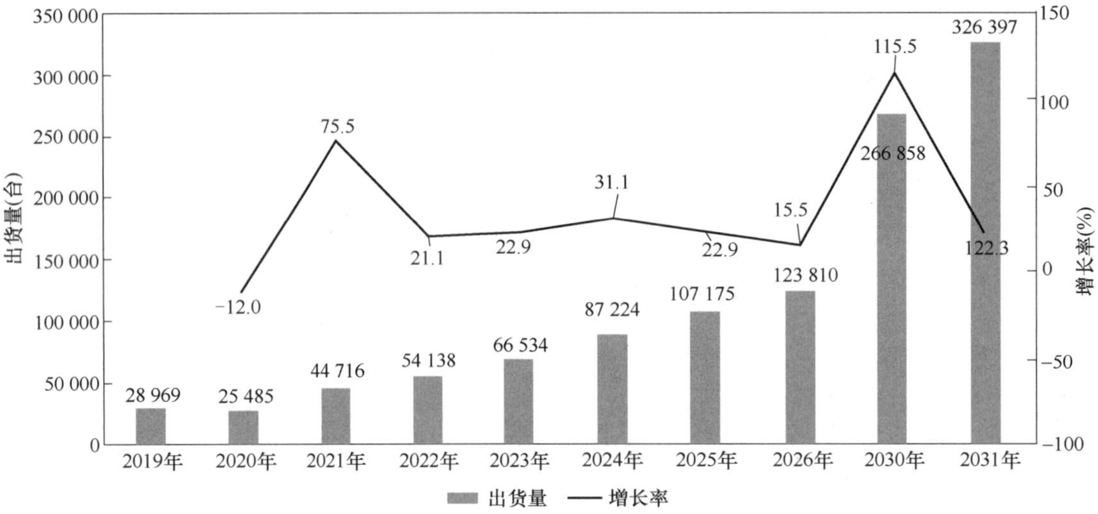

图 1 2019—2031 年全球协作机器人市场生产量及预测

注：数据来源于日本矢野经济研究所。

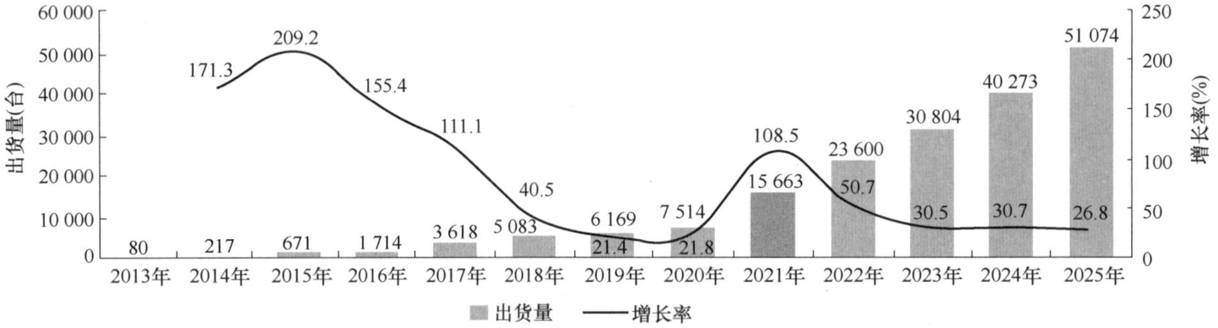

图 2 2013—2025 年我国协作机器人市场生产量及预测

注：数据来源于 MIR 睿工业。

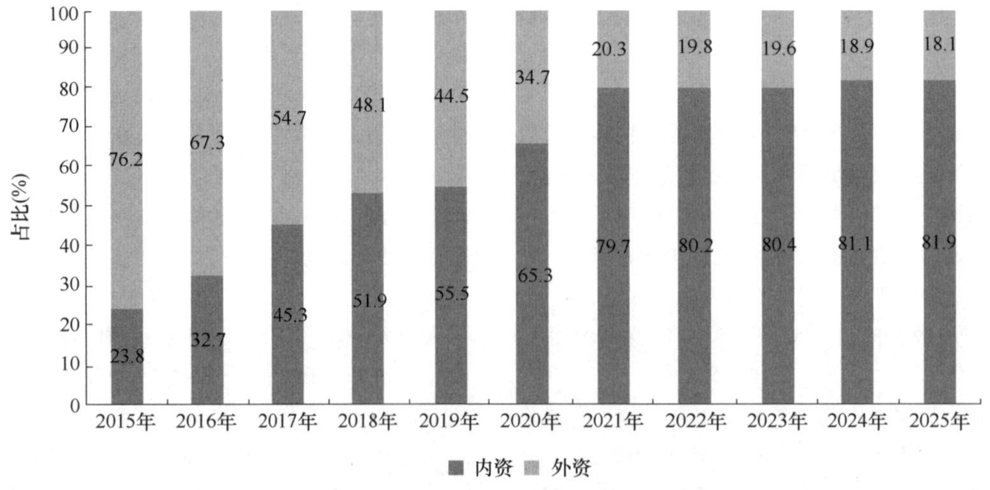

图 3 2015—2025 年我国协作机器人内外资市场占比及预测

注：数据来源于 MIR 睿工业。

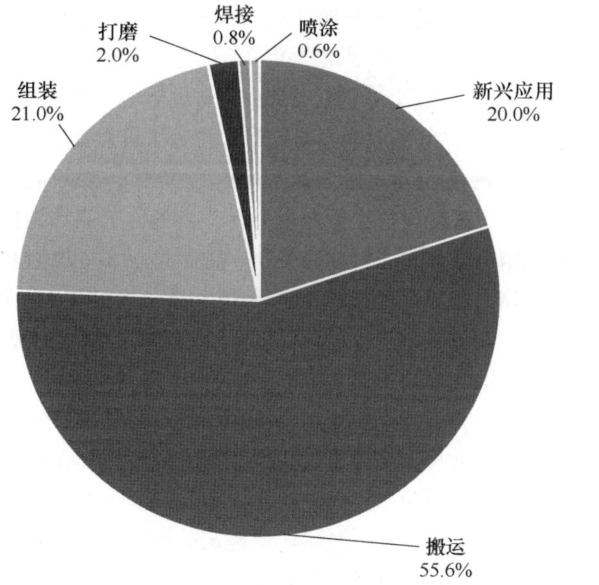

图 4　2021 年我国协作机器人市场分布情况

（按应用领域划分）

注：数据来源于 MIR 睿工业。

3. 我国协作机器人竞争格局分析

目前，活跃在国内市场的协作机器人本体企业包括专注于协作机器人本体的主流协作企业和着力发展协作机器人产品业务的传统工业机器人企业。主流协作企业是协作机器人市场的中坚力量，占据市场较大份额；传统工业机器人企业虽具备丰厚的技术积累和知识沉淀，但其协作机器人产品的市场占有率不高。此外，协作机器人产品领域不断有聚焦新产品与新技术的初创新势力涌入，目前整体市场尚未定型。

2021 年，从我国协作机器人市场份额来看，丹麦优傲机器人公司（简称“UR”）虽然依旧是外资企业中一枝独秀的存在，但随着国内协作机器人企业市场份额的不断扩大，相较于上年，UR 在我国的协作机器人市场份额减少了 50%。国内协作机器人企业中，遨博（北京）智能科技有限公司（简称“遨博”）蝉联我国协作机器人市场份额冠军，上海节卡机器人科技有限公司（简称“节卡”）、艾利特机器人有限公司（简称“艾利特”）、达明机器人股份有限公司（简称“达明”）、深圳市大族机器人有限公司（简称“大族”）、珞石（北京）科技有限公司（简称“珞石”）、深圳市越疆科技有限公司（简称“越疆”）等内资企业紧随其后。

三、技术成果

2021 年，协作机器人企业围绕安全性、灵活性和易用性等核心技术特点进行深耕细作，纷纷推出带有创新属性的产品。

1. 优化机器人本体性能

（1）提升机器人本体运行速度。

2021 年 2 月 25 日，ABB 集团（简称“ABB”）推出 GoFa 和 SWIFTI 系列协作机器人，其中，GoFa 系列协作机器人最大载重量可达 5kg，运行速度可达 2.2m/s，达到业内领先水平。SWIFTI 系列协作机器人最大载重量可达 4kg，运行速度可达 5m/s，运行速度比同级别协作机器人快 5 倍。两组新品尝试将协作机器人的安全性和易用性与工业机器人的高速、精准及稳定性相融合，进一步缩小了协作机器人与传统工业机器人的性能差距。

（2）实现机器人本体人工智能集成。

2021 年 4 月 7 日，大族发布七轴协作机器人 MAiRA，高度集成了最新型的传感器，在控制系统和应用中增加了 3D 视觉感应、语音识别、HDM 触屏按键和搭载 360° 全景传声器矩阵的 3D 声音识别等人工智能技术，实现了机器人本体的人工智能集成。

2. 全新应用场景

（1）高危防爆场景。

2021 年 5 月 12 日，遨博推出了防爆协作机器人，其机械臂、控制柜、示教器均取得了防爆证书，符合一定的安全等级和防护等级，是全球首款具有防爆资格认证的协作机器人。该防爆协作机器人实现了本安、正压等复合型防爆结构，具有防尘、防止喷射水等特点，可在喷涂、军工、石油、化工、制药等行业应用。

（2）按摩理疗场景。

2021 年，遨博发布了点阵波理疗按摩机器人，将机器人的三维人体感知、智能路径规划、柔顺力控、自适应人体跟随等关键技术与靶向热疗、点阵波等传统机器理疗技术相结合，进一步完善了协作机器人在理疗、健康场景的应用。

（3）全场景交互体验。

2021 年，遨博推出了复合机器人操作平台，控制系统可控制协作机器人、移动底盘、视觉、末端夹爪等设备，实现高效协同的全场景交互体验。复合机器人凭借其部署灵活、转场便捷的特点，可应用在物料分拣、上下料、测试、巡检及移动式代客充电等场景。

四、趋势分析与预测

1. 技术趋势

目前，协作机器人正逐步呈现出与脑神经科学、生物技术、人工智能、认知科学、网络大数据技术等深度交叉融合的态势。除了配置常规的力矩传感器、激光传感器等产品技术外，还加入了其他传感器，使机器人能够通过声音、手势、图形等理解人的指令，实现主动感知与自然交互，赋予协作机器人产品视觉学习、自然语言识别等功能，可实现多模态信息输入，也将加强其交互能力。5G 通信支持下的多机器人系统在动态开放环境中执行任务，在编队行驶与避障、协同搜索与目标识别、协同跟踪与目标定位等典型任务中进一步加强易用性，简化操作，加强与工业互联网数据的连通性。

2. 市场趋势

随着协作机器人产品技术的不断迭代及新场景的开拓和导入，全球协作机器人产量在未来将呈现出持续增长的态势。预计在 2022—2030 年，全球协作机器人市场规模年均复合增长率将达到 20%。新的协作机器人企业将不断入局，同时，资本的青睐也会激励新企业、新产品和新技术的诞生与发展。反之，资本的大量涌入也将不可避免地加快了该产业的内卷化，从而产生价格战。能否在价格战的影响下保障和加强产品的可靠性，事关协作机器人产业的信誉与品质，也是未来几年影响协作机器人产业走向的重要因素。

3. 政策趋势

2021 年 3 月，十三届全国人大四次会议通过了《中华人民共和国国民经济和社会发展第十四个五年规划和 2035 年远景目标纲要》；2021 年 12 月 21 日，工业和信息化部、国家发展和改革委员会、教育部等八部门联合印发了《“十四五”智能制造发展规划》；2021 年 12 月 28 日，工业和信息化部联合多个部门正式印发《“十四五”机器人产业发展规划》。上述规划中均提出，要培育先进制造业集群，到 2025 年我国成为全球机器人技术创新策源地、高端制造集聚地和集成应用新高地，培育 150 家以上智能制造系统解决方案供应商，提升智能制造装备和工业软件技术水平、市场竞争力。《“十四五”机器人产业发展规划》将协作机器人纳入新型智能制造装备，强调加强自主供给，聚力研发，突破“卡脖子”基础零部件和装置，推动智能制造装备迭代升级。

近几年，机器人政策正逐渐弱化并取消补助，而更多地侧重于发展规划、产业、技术层面的政策引导。在国家政策的推动和指引下，未来，我国协作机器人产业将有望在发展自主可控的核心技术、突破国际供应链风险、推动全产业链国产化等方面实现重大进步。

〔撰稿人：遨博（北京）智能科技股份有限公司魏洪兴〕

2021 年喷涂机器人发展情况

一、概念、范畴及优势

1. 概念及定义

喷涂是指通过喷枪，借助于压力或离心力，将涂料分散成均匀而微细的雾滴，施涂于被涂物表面的涂装方法。喷涂最主要的目的是防护性，以延长工件寿命，其次是装饰性，达到美观的效果。喷涂的方式也正在从早期的手工喷涂逐步过渡到更先进的机器人喷涂。

喷涂机器人又叫喷漆机器人（spray painting robot），是可进行自动喷漆或喷涂其他涂料的工业机器人，1969 年由当时的挪威 Trallfa 公司发明。喷涂机器人具有动作速度快、防爆性能好等特点，可通过手把手示教或点位示数来实现示教。机器人喷涂系统主要包含两大部分：机器人系统和喷涂系统。其中，机器人系统包括机器人控制柜、示教器和机器人本体三部分；喷涂系统包含供漆系统、吹扫系统和喷枪（喷杯）等。喷涂机器人系统组成如图 1 所示。

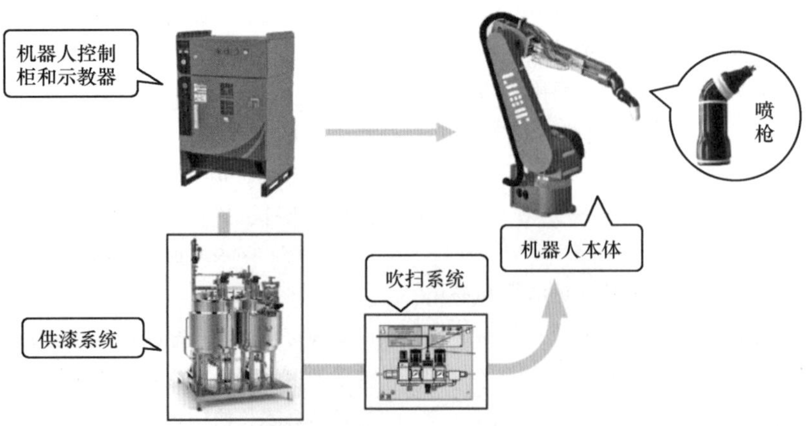

图 1　喷涂机器人系统组成

2. 分类

喷涂机器人通常有两种分类方式，第一种是按照手腕结构划分，可以分为球型手腕喷涂机器人和非球型手腕喷涂机器人，其中非球型手腕喷涂机器人又可分为斜交非球型手腕喷涂机器人和正交非球型手腕喷涂机器人。第二种是按喷涂方式划分，可分为有气喷涂机器人和无气喷涂机器人。

喷涂机器人分类如图 2 所示。

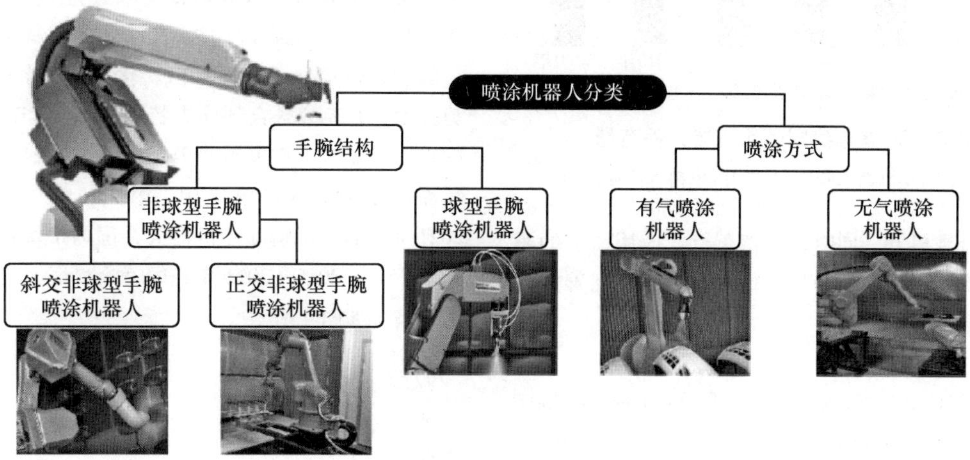

图 2　喷涂机器人分类

3. 优势

喷涂机器人相对于传统手工喷涂和使用往复机喷涂作业具备一定的优势，主要体现在以下几点：

1）可最大限度利用涂料，降低有害挥发性有机物的排放量。

2）能够精确保证喷涂工艺的一致性，获得更高质量的产品。

3）设备利用率高，喷涂机器人利用率可达 90%~95%。

4）显著提高喷枪运动速度，缩短生产周期、提高效率。

5）易操作和维护，可离线编程，缩短现场调试时间。

6）柔性大，可实现多品种车型混线生产。

喷涂机器人、往复机和手工喷涂作业特点对比见表 1。

表 1　喷涂机器人、往复机和手工喷涂作业特点对比

性能指标	手工	往复机	机器人
生产能力	小	大	中
被涂物形状	都适用	垂直于喷头的面	都适用
被涂物尺寸	适用小尺寸物体	适用大尺寸物体	大、小物体均适应
涂抹偏差	有	有	无
不良率	中	大	小
涂料利用率	不稳定（视工人水平）	低	高
设备投资及维护	小	中	大
总的涂装成本	大	中	小

注：资料来源于机器人在线、信达证券研发中心。

二、市场概况

1. 应用场景

20 世纪 90 年代，喷涂机器人最早被汽车工业引入并迅速扩展到各个行业。目前，喷涂机器人应用较为广泛的领域包括汽车制造、家具、3C、工艺品和家装等。在汽车制造行业中，喷涂机器人可以减少涂料以及辅料的消耗，显著降低涂装成本。国际机器人联合会（IFR）和中国机器人产业联盟统计，截至 2020 年，我国喷涂机器人保有量为 40 219 台，其中 55.1%的喷涂机器人应用在漆料和釉料的喷涂作业。2015—2020 年，我国喷涂机器人保有量年均复合增长率为 22%。2021 年，我国喷涂机器人销量为 6 001 台，同比增长 41.1%。2015—2020 年我国喷涂机器人保有量如图 3 所示。

（1）汽车行业。

汽车行业凭借其产量大、节奏快、利润率高等特点，成为喷涂机器人应用最广泛的行业，汽车整车喷涂工艺均采用喷涂机器人。喷涂机器人在汽车涂装中的应用可以降低流挂、虚喷等涂膜缺陷，漆面的平整度和表面效果等外

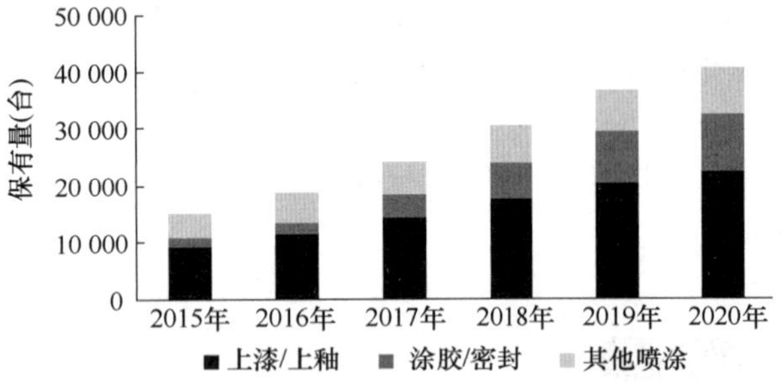

图 3　2015—2020 年我国喷涂机器人保有量

注：数据来源于国际机器人联合会、中国机器人产业联盟。

观性能也得到明显提升。同时，受汽车行业应用需求的驱动，喷涂工艺软件包和离线编程工作站得到了较完善的开发，并发挥了重大作用。

（2）3C 行业。

3C 行业涉及计算机（Computer）、通信（Communication）和消费电子（Consumer Electronic）三大产品领域，3C 行业生产线布局紧凑、生产节奏快，要求喷涂机器人尺寸小、动作灵活。在便携式计算机、手机、可穿戴设备等产品外壳喷涂应用上，桌面型喷涂机器人可发挥重要作用，有效化解企业提升产能和招工难的矛盾。

（3）家具行业。

家具涂装作业是木质家具生产的重要环节，决定了产品质量和成本的重要因素。在众多的涂装作业中，喷涂因其出色的质量、优异的生产率以及良好的适应性，目前仍是家具生产过程中最重要的涂装方式。使用喷涂机器人可以有效改善涂料的浪费和环境的污染。

（4）卫浴行业。

卫浴产品主要包括陶瓷卫浴产品和亚克力卫浴产品。陶瓷卫浴产品由陶瓷瓷土烧结而成，外表面制备陶瓷釉面；亚克力卫浴产品是指玻璃纤维增强塑料卫浴产品，其表层材料是甲基丙甲酯，反面覆上玻璃纤维增强专用树脂涂层。目前，陶瓷卫浴产品表面釉料的喷涂已广泛采用机器人喷涂；亚克力卫浴产品表面玻璃纤维增强树脂材料的喷涂也有部分企业在研究采用喷涂机器人。随着玻璃纤维增强塑料复合材料在卫浴、汽车、航空航天、游艇等的广泛应用，喷涂机器人将会发挥出更大的作用。

2. 竞争格局

欧美、日本等发达国家在喷涂机器人的研发应用上保持着技术领先，国内汽车制造行业大部分涂装项目均优先使用了国外喷涂机器人，国内市场主要被 ABB、杜尔、发那科、安川、史陶比尔、川崎等外企占领。外资企业凭借着机器人本体、上游元器件、控制技术以及产业链合作的优势在前期积累了大量生产经验和数据，使其喷涂机器人的设计与制造逐渐进入到产业化发展阶段。发达国家喷涂机器人的发展呈现出几大特征：一是控制系统可靠性更强，机体使用寿命更久；二是机器人机构设计更合理，研发成本低、开发周期短；三是控制界面更加人性化，用户体验更佳；四是上下游合作紧密，产业化整体优势明显。

国内厂商多数以代理外资品牌或系统集成为主，具备喷涂机器人生产能力的企业较少。2015 年以来，埃夫特智能装备股份有限公司（简称“埃夫特”）通过收购全球领先的智能喷涂机器人及喷涂自动化成套解决方案提供商之一的意大利 CMA 公司，吸收转化其在喷涂机器人领域的优势技术，并充分融合到埃夫特的机器人产品中，开发出系列喷涂机器人，在家具、卫浴、轨道车辆、集装箱等行业喷涂作业中实现广泛应用。中国机器人产业联盟统计，2021 年，自主品牌喷涂机器人在国内市场销量中的占比约为 40.5%。2015—2021 年我国喷涂机器人市场销量内外资占比情况如图 4 所示。

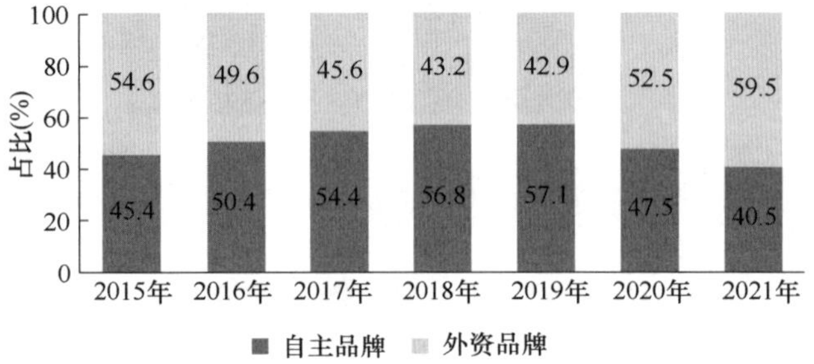

图 4　2015—2021 年我国喷涂机器人市场销量内外资占比情况

注：数据来源于中国机器人产业联盟。

三、市场前景与展望

2021 年，全国规模以上企业就业人员年平均工资为 88 115 元，同比增长 10.3%，随着人工成本逐渐升高，工厂自动化水平也将逐年提升。伴随着喷涂行业自动化和信息化进程的加快，喷涂机器人解决复杂工件智能化涂装问题的能力提升，喷涂机器人将呈现以下趋势：

（1）喷涂机器人应用面将进一步扩大，比如从传统汽车行业向新能源汽车、轨道车辆及一般工业过渡。2021 年 11 月 3 日，国务院新闻办公室举行《新能源汽车产业发展规划（2021—2035 年）》国务院政策例行吹风会，标志着国内新能源汽车进入产业发展的快车道。喷涂机器人凭借在传统燃油汽车行业的技术积累和成熟的配套产业链，能够很快地进入新能源汽车领域；一般工业门类多，有着广阔的发展空间，漆膜偏重防护性而装饰性要求会相应降低，喷涂机器人结合自身灵活的运动特性和静电喷涂等新型方式，有望在该领域发挥重要作用。另外，一些特种工程装备的涂装作业也会成为喷涂机器人的重要应用方向。

（2）喷涂机器人“感知”和“学习”能力将会进一步强化。目前，客户在使用喷涂机器人的过程中面临多个难点：首先是人才结构不合理，懂工艺的人员不懂编程，会编程的人员不了解工艺，行业普遍缺少专业的复合型技术人才，培养成本高；其次是喷涂机器人品种多样，一致性差，机器人不够“机灵”，实际应用中需要反复调整，影响生产销量。如何提高智能化，降低使用门槛，激发增量市场，这是个挑战。未来，喷涂机器人技术将与云计算、3D视觉、数字孪生等先进技术融合，对涂装线工件进行型号识别、位置偏差补偿、仿真建模、漆膜性能在线检测，逐渐完善全感知和深度学习功能，真正由机器进入“人”的阶段。

（3）喷涂机器人的国产化替代将进一步推进。由于喷涂行业有严格的安全技术规范要求，喷涂机器人的高门槛导致国外喷涂机器人处于领先地位，而且机器人价格较高，售后服务成本高。国内企业除了要精研产品、奋起直追，更应该注重行业标准化建设及上下游产业链协同合作，充分利用我国制造业本土化优势打造具备自有技术底蕴的喷涂机器人产品及解决方案，让自主品牌喷涂机器人见证我国涂装产业的巨大变革。

〔撰稿人：埃夫特智能装备股份有限公司朱俊、唐欣〕

2021年加工机器人发展情况

一、概念及范畴

加工工艺是制造业中最常见的工艺，目前常用的加工工艺可分为机床加工和机器人加工。其中，机床加工拥有高精度和高刚性等特点；机器人加工具有大空间、高灵活性和高性价比的特点。机器人加工与机床加工特性如图1所示。

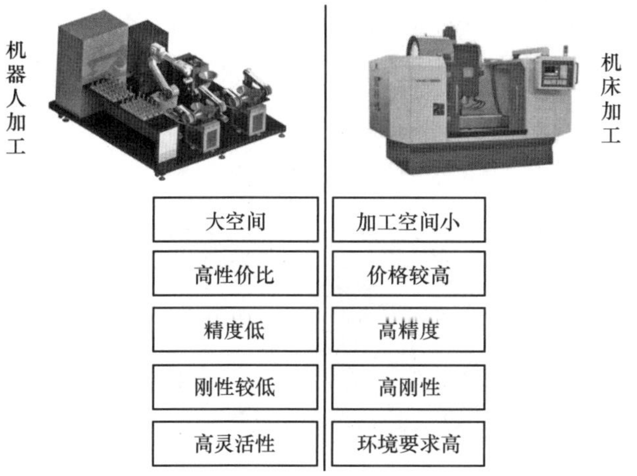

图1　机器人加工与机床加工特性

加工机器人是指参与产品加工工艺应用的机器人，多以六关节工业机器人为主。结构方面，除工业机器人本体外，加工机器人还包括加工工具（手持或外置）、辅助工装、刀库（包括耗材库）等。按加工种类划分，加工机器人可用于磨抛、去飞边、切割、钻削、铣削等，其中，机器人磨抛工艺为加工应用最广泛的场景。本文重点以磨抛机器人为代表阐述加工机器人产业发展情况。

二、行业现状

据中国机器人产业联盟统计，2021年，我国加工机器人销量为3 889台，其中，用于机械切割、磨削、去飞边、铣削、抛光等应用的机器人销量为2 816台，用于激光切割的机器人销量为629台。据GIR（Global Info Research）调研，按收入统计，2021年，全球抛光研磨机器人收入约为2.1亿美元，预计2028年将达到4.25亿美元，年复合增长率为10.6%。

1. 磨抛机器人整机产品现状

磨抛机器人按应用领域划分可分为3C、厨具、汽摩、航空风力等。3C领域磨抛机器人主要是负载为20kg的六轴机器人；厨具领域磨抛机器人主要是负载为30kg的六轴机器人；汽摩领域磨抛机器人主要是负载为80kg的负载六轴机器人；航空风电领域磨抛机器人主要是负载大于150kg的六轴机器人。磨抛机器人整机产品分类（按行业划分）如图2所示。

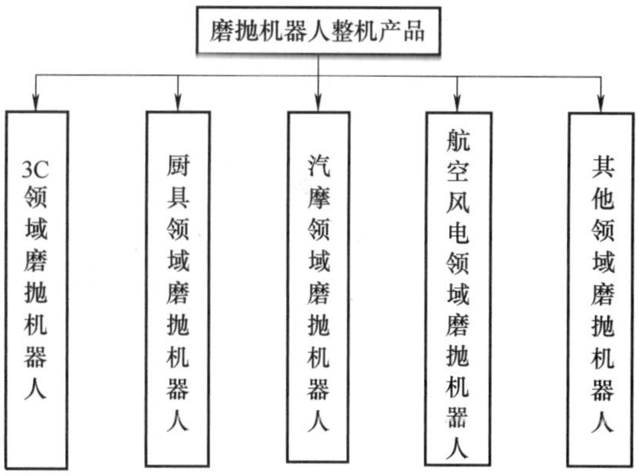

图2　磨抛机器人整机产品分类（按行业划分）

（1）3C领域磨抛机器人。在3C领域，加工机器人主要用于3C产品的结构件磨抛，例如手机外壳磨抛、笔记本外壳的ABCD件磨抛、平板电脑外壳磨抛等。这类产品的外壳材料以塑料、铝镁合金为主，还有钛合金、玻璃、陶瓷等。这类产品具有尺寸小、所需磨抛力小的特点，一般采用负载为 20kg 的六轴机器人进行磨抛，在机器人上装夹气动磨抛头对固定的工件进行磨抛、磨掉工件表面的不规则外表层、氧化皮和飞边等，便于后续的阳极氧化等工艺。目前，在该领域应用的机器人产品中，国外品牌主要为 ABB、发那科（FUNAC）；国产品牌主要有华数机器人有限公司（简称“华数机器人”）、配天机器人技术有限公司等。3C 领域磨抛机器人如图 3 所示。

图 3　3C 领域磨抛机器人

（2）厨具领域磨抛机器人。在厨具加工领域，磨抛材料一般为铝和不锈钢、合金钢和木材等。由于工件所需磨抛的材料较多，所需磨抛的负载显著增加，因此，一般采用机器人夹持工件进行磨抛。目前，厨具行业应用机器人磨抛主要集中在锅具磨抛/抛光、锅柄/刀柄磨抛等领域，对机器人的性能要求与 3C 领域较为类似，但是对机器人的负载能力、耐冲击性要求更高，一般采用负载在 30kg 以下、臂展在 2m 内的多关节机器人。国内研制厨具领域磨抛机器人的企业主要有华数机器人、埃夫特智能装备股份有限公司、珞石（北京）科技有限公司（简称“珞石机器人”），国外的企业有 ABB、FANUC 等。厨具领域磨抛机器人如图 4 所示。

图 4　厨具领域磨抛机器人

（3）汽摩领域磨抛机器人。汽摩领域磨抛作业所需的机器人负载和臂展较厨具行业更大，一般局部的磨抛应用负载在 50kg 左右的工业机器人，较大部件如车身的磨抛等应用负载为 100kg 以上、臂展为 2.6m 以上的机器人。汽摩领域的磨抛主要集中在铸件去飞边、车身外表面研磨、焊缝磨抛、外观件表面磨抛等。根据工艺需求的不同，既有机器人夹持工件的方式也有机器人夹持工具的方式。磨抛的材料多为铝合金、碳素钢和合金钢等。由于机器人负载能力的提升，磨抛力的反复冲击对于汽摩领域磨抛机器人的影响明显小于对 3C 领域磨抛机器人的影响，因此，磨抛力不再是影响汽摩领域磨抛机器人使用寿命的最关键因素。汽摩领域磨抛机器人如图 5 所示。

图 5　汽摩领域磨抛机器人

（4）航空风电领域磨抛机器人。航空风电领域磨抛作业所需的机器人负载和臂展则更大，一般使用负载在 150kg 以上、臂展在 2.6m 以上的机器人。航空风电领域的磨抛主要集中在飞机机身磨抛、航空发动机叶片磨抛和风电叶片磨抛等场景。采用机器人夹持工具的方式进行磨抛。磨抛的材料多为铝合金、高分子材料及轻质合金等。由于零件形体较大，一般机器人需加装第七轴、第八轴等进行移动，才能覆盖工件所需的磨抛面。目前，航空风电领域磨抛机器人基本被国外品牌主导。航空风电领域磨抛机器人如图 6 所示。

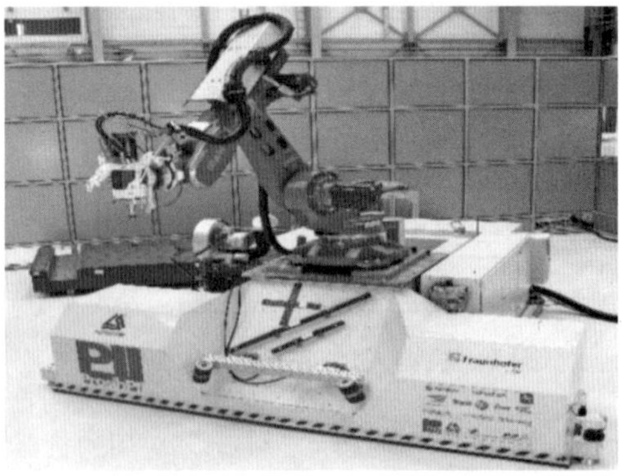

图 6　航空风电领域磨抛机器人

（5）其他领域磨抛机器人。主要用于焊缝等磨抛，选用的机器人型号及负载可根据具体场景确定，磨抛配套设备依然包括工业机器人、磨抛工具、工装夹具及力控系统（如焊缝磨抛场景）。焊缝打磨机器人如图 7 所示。

2. 磨抛机器人核心部件现状

磨抛机器人核心部件可分为机器人整机核心部件和磨抛核心部件。整机核心部件主要包括控制器、伺服驱动器、

图 7　焊缝打磨机器人

伺服电动机、减速器及本体。磨抛核心部件主要包括力控系统，视觉系统，离线编程软件和磨抛工艺包。磨抛机器人核心部件分类如图 8 所示。

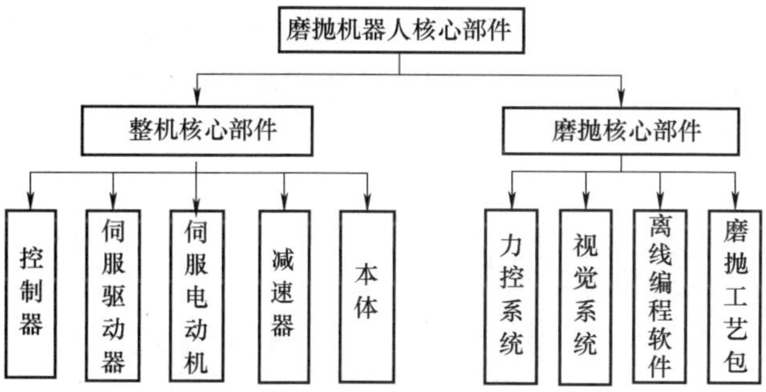

图 8　磨抛机器人核心部件分类

（1）整机核心部件。主要用于完成机械臂本身功能的控制。其中，核心部件是控制器，其具备高速精密且柔顺的轨迹控制能力。此外，本体必须具备较好的刚性及一定的防护等级。

1）控制器基于工业嵌入式硬件平台，融合了运动学、动力学等控制算法，且配备丰富的工艺知识软件和调试软件并持续迭代学习优化。可满足磨抛应用的高速、高精度和智能化需求。

2）伺服驱动器是基于统一的 FPGA+MCU 的具有多轴电机控制的核心控制平台，可匹配功率为 400～9 000W 的系列化电路。

3）伺服电动机可带动减速器和传动部件的运动。

4）减速器可将电动机输入的高转速低转矩运动转化为低转速、高转矩运动，从而带动机器人连杆运动，实现控制器想达到的运动效果。

5）本体是机器人的骨架，包括结构件和传动件，对刚性及防护性有一定的要求。

（2）磨抛核心部件。包括力控系统、视觉系统、离线编程软件、磨抛工艺包。

1）力控系统用于辅助磨抛产品定位及质量检测，可以通过感知磨抛过程中磨抛力的大小来对磨抛过程进行调整和监控。

2）视觉系统可识别磨抛缺陷分类提取，提高作业效率、减少资源浪费。

3）离线编程软件通过离线仿真的方式实现机器人磨抛轨迹的编程，从而加快磨抛调试进度，降低磨抛调试难度。

4）磨抛工艺包是经磨抛工艺固化形成的软件包，可以快速调试磨抛所需的各项参数。

三、技术成果

2021 年，磨抛机器人整机及磨抛工艺核心部件产品均有一定发展突破。

（1）2021 年 6 月 28 日，浙江钱江机器人有限公司（简称“钱江机器人”）发布全新磨抛专用机器人 QJR20-1600TB、QJR70-1700 及 QJR70-2000，三款磨抛机器人均采用全新设计，针对薄弱环节进行强化，提升腕部受力程度，并可追加搭配防爆系统，强化了危险区域使用的安全性。钱江机器人磨抛机器人如图 9 所示。

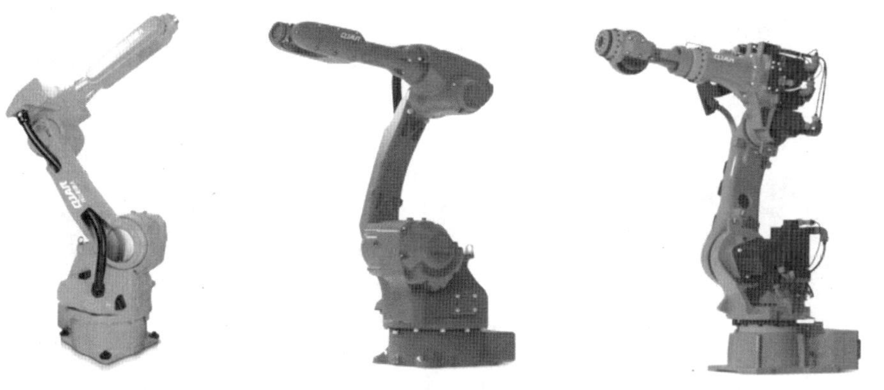

图 9　钱江机器人磨抛机器人

（2）2021 年 8 月 23 日，华数机器人发布自主研发 JH615/JH620“三合一”大中空手腕机器人，集成焊接、磨抛、搬运三种应用为一体，继续加强在 3C 和厨具等领域的实力。华数机器人三合一中空手腕机器人如图 10 所示。

（3）2021 年 12 月，珞石机器人推出机器人离线编程与仿真软件——RokaeStudio，开发了磨抛及去飞边离线编

图 10　华数机器人三合一中空手腕机器人

程新技术。珞石机器人离线编程与仿真软件 RokaeStudio 界面如图 11 所示。

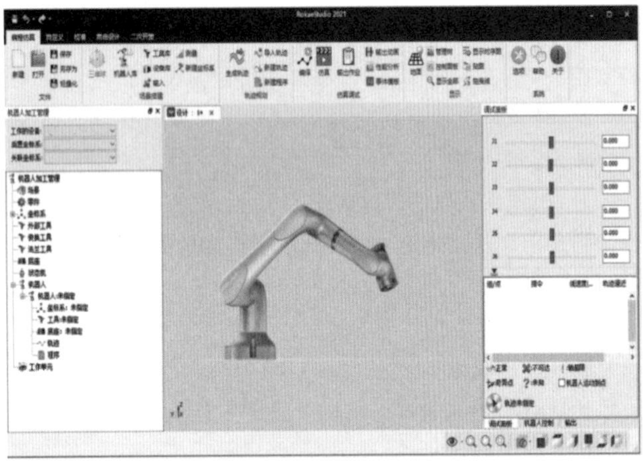

图 11　珞石机器人离线编程与仿真软件 RokaeStudio 界面

（4）2021 年，在磨抛传感感知控制和磨抛工具方面也有关键核心磨抛工艺产品的发展突破。

复杂工件磨抛方面，南宁宇立仪器有限公司（简称“南宁宇立”）开发了一套融合力控和视觉的智能打磨系统，该系统通过智能打磨软件系统控制机器人、智能浮动磨头和 3D 相机，视觉技术自动规划打磨轨迹，力控由智能力控浮动磨头完成，解决了尺寸偏差工件磨抛加工问题。视觉自动轨迹规划打磨系统如图 12 所示。

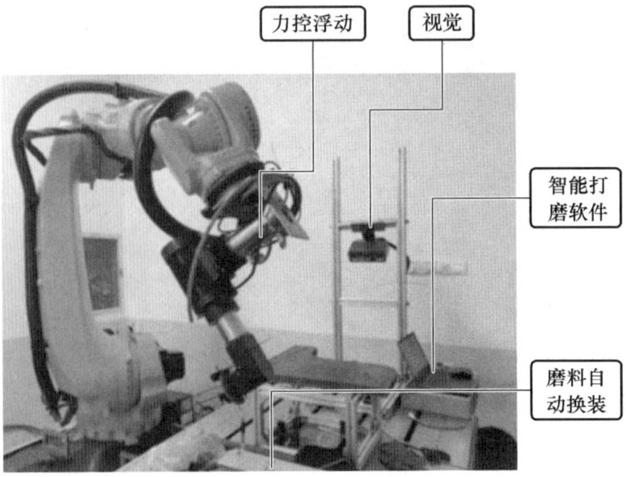

图 12　视觉自动轨迹规划打磨系统

针对砂带打磨过程中砂带自动更换问题，南宁宇立自主研发了智能可换装力控砂带机（专利号 ZL202021996224. X），可广泛用于机器人抓持砂带进行打磨抛光的应用场景。可换装力控砂带机系统如图 13 所示。

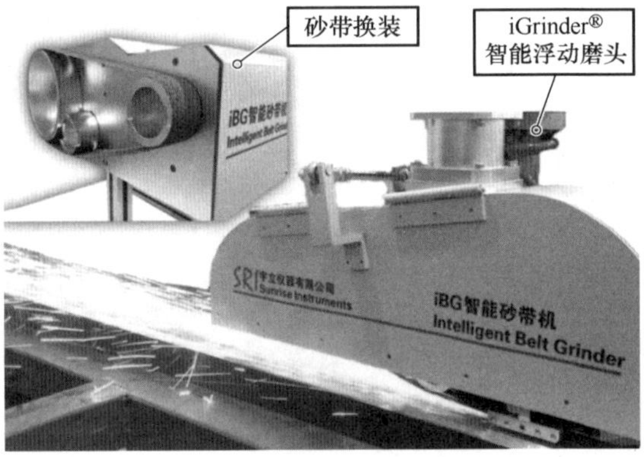

图 13　可换装力控砂带机系统

机器人末端磨抛主动柔顺夹具方面，重庆智能机器人研究院开发的机器人主动力控补偿系统满足了机器人磨抛应用主动补偿需求，现已在高强度合金、卫浴及刀具磨抛得到应用。机器人主动柔顺补偿系统应用如图 14 所示。

图 14　机器人主动柔顺补偿系统应用

四、趋势分析与预测

自动化工艺研究一直是加工机器人应用过程中的一大难点，同时也是必不可少的核心点，在后续发展趋势主要表现为以下四个方面。

1. 工业机器人与数控机床齐头并进

工业机器人与数控机床在加工精度、加工柔性等方面各有特点，将在各自的细分领域共同发展，同时具备更多互补性。例如，在钛合金加工领域，数控机床将完成具备高刚性、高精度要求的粗加工工序，而工业机器人将完成后端对柔性要求较高的磨抛等应用。

2. 细分领域专用加工机器人需求明显

针对不同行业的加工需求，更具行业特性的专业机器人的需求量也更大。例如，3C 磨抛领域需要结构件拐角姿态更灵活、更高速机器人；大型航空结构件磨抛则需要更大臂展、更大刚性的机器人。

3. 加工机器人全套综合解决方案需求突出

加工机器人系统是一套全面解决方案，除了机器人整机外，还包括力控补偿、视觉系统和编程工艺软件（包括离线编程软件和工艺包）。未来，用户需要全套的综合解决方案以针对不同加工工艺。

4. 特定刚需加工行业对机器人新模式的需求

在我国，传统的加工行业如汽车配件等领域的小企业众多，但其生产附加值较低。同时，小企业也面临着难于招收到年轻工人的局面。因此，除了对加工机器人有更多的需求外，也亟需在新的产业模式上进行一定的创新。

〔撰稿人：重庆华数机器人有限公司杨海滨、庹奎〕

2021 年洁净机器人发展情况

一、概念与范畴

1. 概念和定义

洁净机器人是一种在洁净室内应用的工业机器人，可以在洁净或者真空环境下工作。洁净机器人主要应用于集成电路及泛半导体制造中，实现晶圆、晶圆盒、玻璃基板等生产物料的自动化传输，具有高洁净度、高精度、高可靠性的特点。

2. 分类

按机械结构分类，洁净机器人可分为多关节型、直角坐标型、SCARA 型和柱坐标型。其中，多关节型洁净机器人是机械臂至少有三个旋转关节的洁净机器人；直角坐标型洁净机器人是机械臂有三个移动关节且满足直角坐标关系的洁净机器人；SCARA 型洁净机器人是一种有两个平行旋转关节、在平面上可以柔性活动的洁净机器人；柱坐标型洁净机器人是一种有移动关节和旋转关节且满足柱坐标关系的洁净机器人。

按使用环境分类，洁净机器人可分为大气机械手和真空机械手，其中大气机械手主要用于集成电路加工过程中常压环境下晶圆的传送；真空机械手主要用于真空环境下不同工位或工艺腔室之间的晶圆的传送。

3. 洁净等级

洁净机器人一般应用在洁净室内，我国的洁净室等级标准和国际标准 ISO 14644 一样，都是根据悬浮粒子浓度这个唯一指标来划分洁净室及相关受控环境中空气洁净度的等级，并考虑粒径限值（低限）在 0.1~5.0μm 范围内呈现累积分布的粒子群。洁净室等级标准（ISO 洁净等级标准）见表 1。

表 1　洁净室等级标准（ISO 洁净等级标准）

空气洁净度等级	大于或等于表中粒径的最大浓度限值（个/m³）					
	0.1μm	0.2μm	0.3μm	0.5μm	1μm	5μm
ISO 1	10	2				
ISO 2	100	24	10	4		
ISO 3	1 000	237	102	35	8	
ISO 4（十级）	10 000	2 370	1 020	352	83	
ISO 5（百级）	100 000	23 700	10 200	3 520	832	29
ISO 6（千级）	1 000 000	237 000	102 000	35 200	8 320	293

（续）

空气洁净度等级	大于或等于表中粒径的最大浓度限值（个/m³）					
	0.1μm	0.2μm	0.3μm	0.5μm	1μm	5μm
ISO 7（万级）				352 000	83 200	2 930
ISO 8（十万级）				3520 000	832 000	29 300
ISO 9（百万级）				35 200 000	8 320 000	295 000

4. 应用场景

洁净机器人的应用领域主要包括集成电路（IC）、平板显示（FPD）、发光二极管（LED）、光伏、电子、制药、医疗等行业。随着洁净机器人性能的不断提高，下游行业对生产环境的要求也日益苛刻，很多现代工业品生产都要求在洁净环境进行，洁净机器人已成为洁净环境下生产的关键设备。

二、行业现状

1. 全球市场情况

工业机器人最初是在汽车行业和电子行业中使用的，随着电子行业的发展，出现了满足洁净环境使用的工业机器人即洁净机器人。洁净机器人具有针对不同洁净等级设计、外观平滑光面、低颗粒排放甚至不排放等特点。随着微电子行业的发展，集成电路的线宽越来越窄，对洁净室的洁净度要求也越来越高。当集成电路的线宽在100nm~1μm时，需要在真空环境下完成制程，因此采用真空机器人完成传输工作。随着“工业4.0”和人工智能应用的到来，最新的IC和FPD工厂实现了全厂的数字化、网络化、自动化生产。近年来，全球洁净机器人应用增长迅速，特别是在IC设备自动化领域使用高传输效率的洁净（真空）机器人更加普遍。2015—2020年全球洁净机器人保有量情况如图1所示。

全球洁净机器人主要用于半导体、平板显示等行业。每年洁净机器人新安装量在工业机器人新安装量中的占比为7%左右。2019年，受新冠疫情的影响，洁净机器人新安装量有所下降。2020年，洁净机器人新安装量又恢复到了新冠疫情前的水平，未来几年会持续增长。洁净机器人大多应用在电子产品的主要生产地，如我国、日本、韩国、美国和新加坡等。2014—2020年全球洁净机器人新安装情况如图2所示。2018—2020年全球洁净机器人市场规模及增长情况如图3所示。

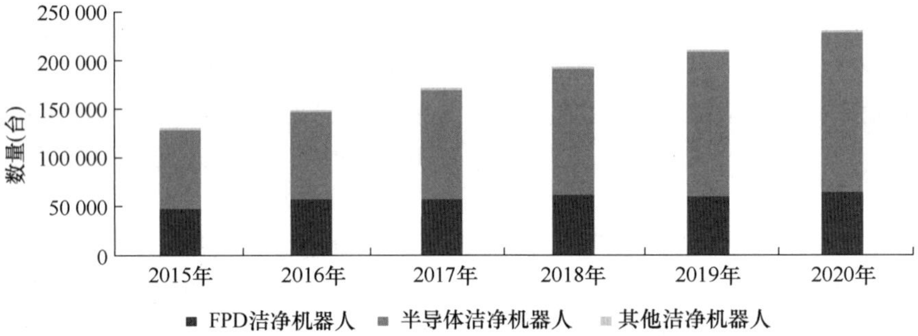

图1　2015—2020年全球洁净机器人保有量情况

注：数据来源于国际机器人联合会（IFR）。

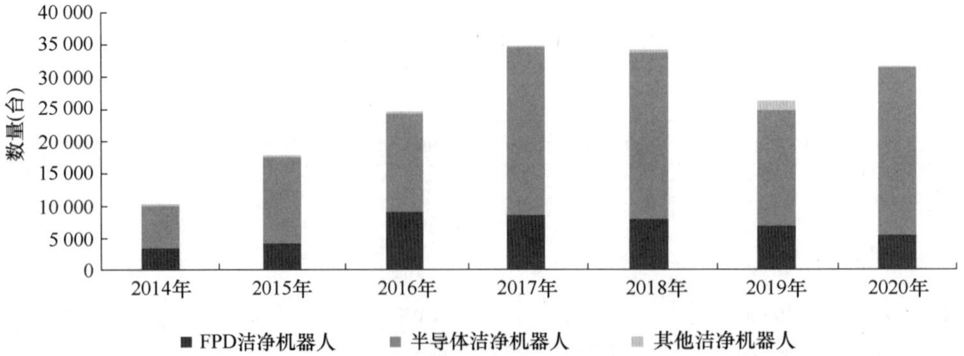

图2　2014—2020年全球洁净机器人新安装情况

注：数据来源于国际机器人联合会（IFR）。

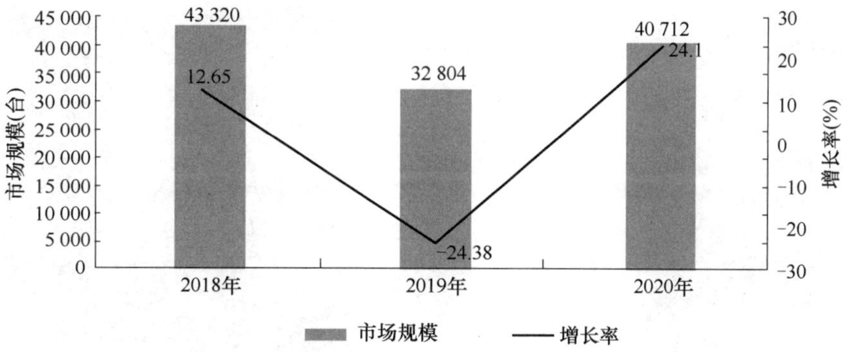

图 3　2018—2020 年全球洁净机器人市场规模及增长情况

注：数据来源于中国机器人产业联盟。

2. 中国市场情况

随着以我国为代表的亚太市场经济的快速发展，智能电子产品渗透到生活中的方方面面，5G 时代促使各行业快速发展，带动了 5G 通信、人工智能、汽车电子、智能移动终端的需求和技术的不断增加和升级，这些技术对半导体设备的需求量逐渐增加，因此，企业对洁净机器人的需求也随之持续增长。2021 年，我国洁净机器人市场消费量达到 4 683 台，同比增长 25.8%。其中，平板显示用洁净机器人消费量为 1 773 台；半导体用洁净机器人消费量为 2 655 台，两者在我国洁净机器人市场总消费量中的占比达 95%。2018—2021 年我国洁净机器人市场规模及增长情况如图 4 所示。

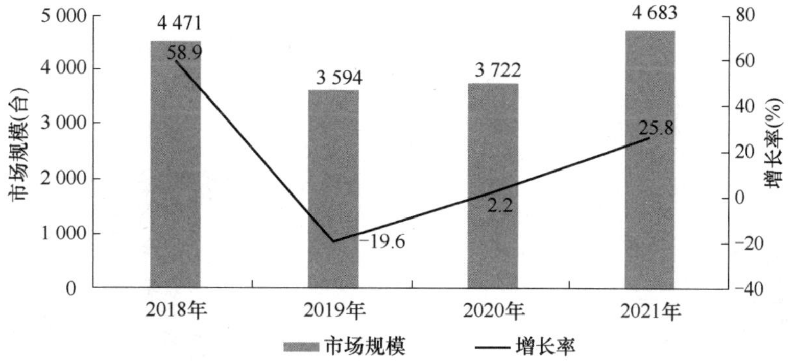

图 4　2018—2021 年我国洁净机器人市场规模及增长情况

注：数据来源于中国机器人产业联盟。

三、新技术新产品进展

1. 真空直驱机械手

新松机器人自动化股份有限公司（简称“新松”）的真空直驱机械手采用直接驱动式电动机密封，重复定位精度可达±0. 05mm，支持热插拔功能和牵引示教功能，易于操作；具有高灵活性、高稳定性的特点，可适用于 IC 装备的刻蚀（Etch）、物理气相沉积（PVD）、化学气相沉积（CVD）等制程的晶圆传输，可兼容 8in（1in = 0. 0254m）及 12in 多工位真空腔室平台。新松真空晶圆搬运机械手如图 5 所示。

图 5　新松真空晶圆搬运机械手

2. 晶圆传输大气机械手

新松晶圆传输大气机械手采用洁净传动及润滑、伺服驱动及插补运算等先进技术，具备晶圆映射检测和碰撞保护功能，拥有 SEMI（Semiconductor Equipment and Materials International）S2 认证和 F47 认证，平均无故障运行次数（MCBF）高达 1 000 万次，洁净等级为 ISO CLASS 1。同时，新松晶圆传输大气机械手具有传片效率高和传片范围广等特点，并拥有多样化的接口及末端搬运晶圆形式，可广泛应用于 IC 工艺。新松晶圆传输大气机械手如图 6 所示。

3. 大负载机械手

新松大负载机械手采用磁流体密封技术及网络化控制

图 6　新松晶圆传输大气机械手

系统，重复定位精度可达±0.1mm，负载能力达 20kg，具有防碰撞保护功能及动态纠偏功能，拥有 SEMI 认证，MCBF 大于 1 000 万次。同时，新松大负载机械手具备高洁净度、耐高温、耐腐蚀、传输能力强等特点，可广泛应用于 LED 行业的金属有机物化学气相淀积（MOCVD）等工艺。新松大负载真空机械手如图 7 所示。

图 7　新松大负载真空机械手

4. 柔性 OLED 基板洁净搬运机械手

新松 OLED 基板洁净搬运机械手主要应用于 FPD 行业，可连接前后段制程并完成 OLED 玻璃基板的交换与传递，实现了搬运柔性 OLED 关键器件环节的国产化。该洁净搬运机械手在产品技术、外观设计、材料应用等方面实现了多项创新。该洁净搬运机械手的控制系统，拥有纠偏、双取双放、交换、大数据上报等专用软体功能；高速振动抑制技术采用时间最优规划算法和动力学约束，有效降低了机械手振动幅度；采用新型工程材料，使机械手在运行过程中不仅耐高温、抗摩擦、柔软且耐腐蚀。新松 OLED 基板洁净搬运机械手如图 8 所示。

5. FPD 洁净搬运机器人

合肥欣奕华智能机器有限公司生产的洁净搬运机器人具有标准化接口、轻量化设计、高洁净度密封设计的特点，可同时处理多枚基板。同时，该洁净搬运机器人应用基于位置反馈的变加速控制、故障诊断与预测、高精度精密加工、组装工艺与检测等技术，可实现高速、平稳地玻璃基

图 8　新松 OLED 基板洁净搬运机械手

板搬运工作。合肥欣奕华玻璃基板搬运机器人如图 9 所示。

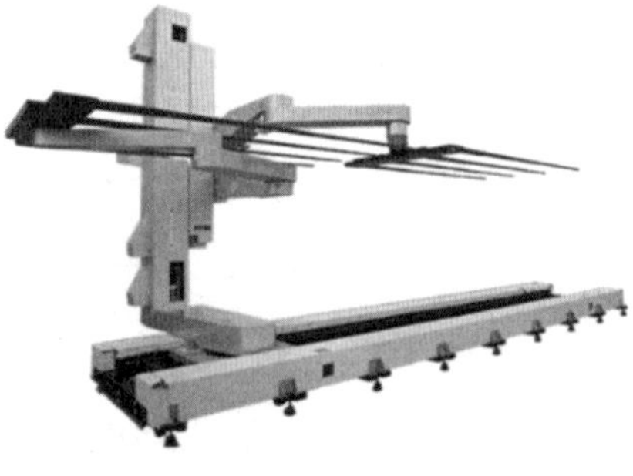

图 9　合肥欣奕华玻璃基板搬运机器人

6. 复合机器人

新松基于移动机器人和工业机器人系统的创新融合，综合视觉补偿、力觉控制、碰撞保护和主动导航等技术研制的洁净复合机器人，可快速布局自动化工厂，适应高柔性化生产模式，实现友好的人机协作功能。该洁净复合机器人可满足企业数字化工厂对生产设备的严苛需求，主要应用于半导体封装测试环节，可满足前开式晶圆传送盒（FOUP）、CST 卡匣、MGZ 卡匣在各机台间的自动运输。其终端定位精度可达±0.05mm，洁净等级为 ISO CLASS 100，能为半导体生产应用提供整体系统解决方案。新松洁净复合机器人如图 10 所示。

四、发展趋势

目前，我国已连续多年成为全球最大的半导体消费市场，同时，半导体也是我国最大的单一进口商品。作为全球第二大半导体设备市场，我国的半导体产业将在全球半导体产业中扮演更为重要的角色。

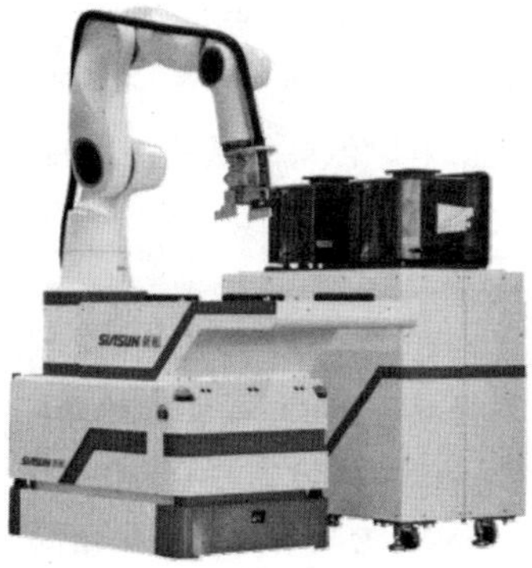

图 10 新松洁净复合机器人

半导体产业是电子信息产业的核心，虽然国内半导体设备需求增长较快，但国产设备自给率却相对较低。作为半导体及泛半导体制造中应用最多的通用自动化设备，洁净机器人迎来了重要的发展机遇。经过多年的发展，我国的洁净机器人技术与产品已经取得了的良好的发展，形成了较好的产品体系，基本满足了市场需求。

1. 洁净机器人新技术进展

洁净机器人技术包括机器人技术和应用技术。近几年，洁净机器人技术在机构设计、运动控制、洁净控制等方面均取得了突破。在机器人技术方面，可靠性技术、产品一致性保证技术等一系列关键技术实现了显著的进步；在应用技术方面，通过产品迭代及产业链上下游的整合，洁净机器人逐渐从实验过渡到批量应用，洁净机器人技术也逐渐蝶变为满足半导体生产线批量生产应用的技术。

2. 洁净机器人产品进展

在设备自动化方面，洁净机器人形成了系列一体化真空直驱机械手、双臂真空直驱机械手、系列高性能大气机械手及 2~4 工位系列设备前端传输模块（EFEM）和满足 4/5/6/8/12in 晶圆真空下传输的系列真空传输平台，并已成功应用于国内晶圆代工厂的生产线。在工厂自动化方面，我国开发了包括集成电路立体仓库（IC Stocker）系统、空中传输车（OHT）系统及物料控制系统（MCS）等软件系统的新一代完整半导体自动物料搬运系统（IC AMHS），实现了 AMHS 的新突破。

此外，国内企业研发的系列大负载真空机械手产品在指标上实现了对国外竞争对手的超越，产品系列更加丰富，成功地抓住了国内 LED 产业大发展的市场机会，实现了批量应用。

在平板显示领域应用的洁净机器人方面，国内厂商完成了 G4. 5/G6/G8. 5 代系列洁净机器人的产品研制工作以及满足大尺寸玻璃基板和石英掩膜版搬运的洁净机器人的研发工作，实现了掩膜版（MASK）自动搬运存储系统和高速高精度玻璃基板自动搬运存储系统的开发。

目前，经过 20 多年的发展，洁净机器人产业的已经进入到了黄金期，国内洁净机器人已经奠定了良好的产业基础。未来，国内洁净机器人企业将围绕客户的应用需求，推进技术的迭代升级，丰富洁净机器人产品系列，满足国内半导体及泛半导体产业的健康发展。

〔撰稿人：沈阳新松机器人自动化股份有限公司徐方〕

2021 年移动机器人发展情况

一、概念及范畴

1. 定义

移动机器人是集环境感知、动态决策与规划、行为控制与执行等多功能于一体的综合系统，汇集了传感器、信息处理、电子工程、计算机工程、自动化控制工程以及人工智能等多学科的研究成果，代表机电一体化的最高成就，是目前机器人研究最活跃的细分领域之一。在一个移动机器人系统中，会用到很多种技术，如导航、传感、运动控制、网络通信、人工智能、大数据等技术。

2. 分类

移动机器人按移动方式可分为轮式移动机器人、履带式移动机器人及足式移动机器人、步进式移动机器人、蠕动式移动机器人、蛇行式移动机器人和混合式移动机器人，以适应不同的工作环境和场合。按工作环境可分为室内移动机器人和室外移动机器人。按用途可分为工业移动机器人和服务移动机器人。其中，工业移动机器人包括自动导引车（AGV）、自主移动机器人（AMR）等，服务移动机器人包括扫地机器人、配送机器人、消毒杀菌机器人和巡检机器人等。随着技术的发展，移动机器人的应用场景大为拓展，不仅在工业、农业、医疗、服务等行业中得到广泛应用，而且在城市安全、国防、航空航天等领域发挥了重要作用。因此，移动机器人已经得到世界各国的普遍关注。

二、市场概况

Interact Analysis 数据显示，2021 年，移动机器人全球生产量超过 10 万台，同比增长 70%，销售收入达到近 30

亿美元，同比增长 36%。

2021 年，AMR 的销售收入首次超过 AGV，两者相差近 3 亿美元。生产量方面，AGV 的生产量为 1.8 万台，AMR 的生产量为 8.2 万台。据 Interact Analysis 预测，到 2025 年，AMR 的生产量将达到 64 万台，而 AGV 的生产量将达到 4.3 万台。

总体来看，2021 年，在全球新冠疫情的持续影响下，我国移动机器人市场呈现高速增长态势，部分创新型企业及品类专长的企业发展势头良好，增长幅度呈现翻倍甚至数倍增长。市场需求持续向好，移动机器人整体市场规模相较于上一年增长幅度也有了很大提升。无论在企业数量、融资情况以及新产品数量上，移动机器人都可以称得上是整个机器人行业中最热门的领域之一。此外，我国移动机器人的海外市场较 2020 年也呈现出较大幅度的增长，体现出我国移动机器人企业在加速全球化进程，也彰显出我国移动机器人的国际市场竞争力。

《2021 年度中国工业应用移动机器人（AGV/AMR）产业发展研究报告》显示，2021 年度，我国移动机器人市场销售工业应用移动机器人（AGV/AMR）7.2 万台，同比增长 75.61%，市场销售额首次突破百亿元大关，达到 126 亿元（其中，海外销售 25 亿元），同比增长 64%。营业收入超亿元的移动机器人企业数量达到 36 家，同比增长 50%。我国移动机器人市场向好的主要驱动因素为智能物流及智能制造需求的提升，其中以 3C/家用电器、新能源电池、汽车汽配、光伏、半导体等领域的需求较为突出。此外，我国移动机器人出口占比超过 20%，越来越多的厂商布局海外市场。

从市场来看，随着移动机器人相关产业链的成熟以及终端对于投资回报率（ROI）敏感度提升的推动，移动机器人领域的竞争将日趋白热化，尤其在细分领域，过去的“各自为战”已经演变为当前的“短兵相接”。下游市场虽然空间广阔，但细分领域冷热不均，半导体、新能源市场热度持续上升，入局者持续增加，汽车、家电等传统行业的需求释放缓慢，仓储场景与产线场景的打通对于各厂商的综合能力会是较大考验。

从产品迭代速度来看，2021 年，AGV/AMR 厂商产品迭代速度加快，创新产品越来越多，应用场景日益丰富。高工产业研究院（GGII）数据显示，2021 年，有 37 家移动机器人厂商发布了新品，新品数量有 60 多个。移动机器人应用边界的持续扩大，带动了更多的增量市场。2015—2021 年我国工业移动机器人市场新增量与增长率如图 1 所示。2015—2021 年我国工业移动机器人市场规模与增长率如图 2 所示。

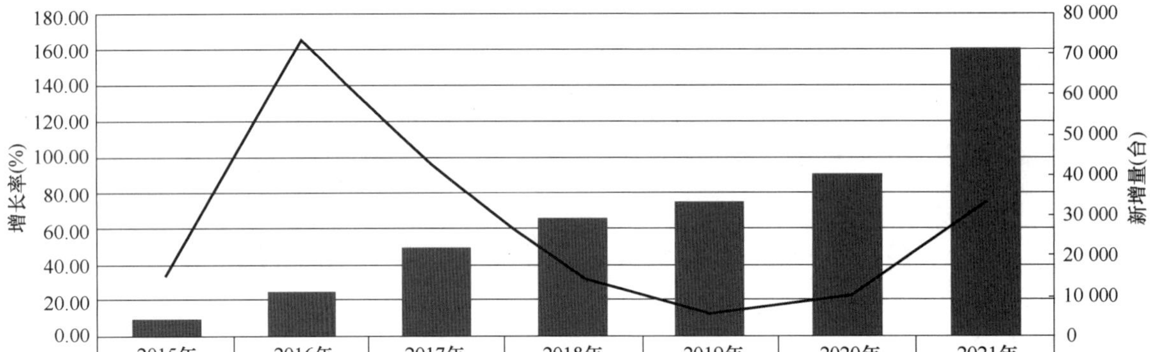

	2015年	2016年	2017年	2018年	2019年	2020年	2021年
新增量(台)	4 280	11 300	21 890	29 600	33 400	41 000	72 000
增长率(%)	34.00	163.90	94.00	35.00	12.80	22.75	75.61

图 1　2015—2021 年我国工业移动机器人市场新增量与增长率

注：数据来源于中国移动机器人产业联盟、新战略移动机器人产业研究所。

应用市场方面，传统汽车汽配行业仍然是移动机器人最为广泛的应用行业，然而其占比却在连年下降；供应链及第三方物流、新零售成为占比较为明显的一大领域，这也是仓储分拣机器人最为重要的应用环节；3C 家用电器行业占比有所提升；快递电商的应用占比与 2020 年相比差别不大；新能源电池行业是 2021 年增速最为明显的市场。此外，移动机器人在工程机械、光伏、半导体等行业应用也得到了快速发展。2021 年工业移动机器人销售占比情况（按应用市场分）如图 3 所示。

产品销量方面，搬运型移动机器人（包括叉车/AGV/AMR、停车机器人等）占比达到 51.22%；分拣型（含分拣式、料箱式）移动机器人紧随其后，占比为 33.32%；工业巡检和复合型移动机器人的占比也在不断提升，移动机器人的应用范畴正从传统的仓储分拣领域扩展到应用场景更为广泛的制造业和生产线物流，这成为移动机器人未来市场增量的关键所在。2021 年工业移动机器人销售占比情况（按类型分）如图 4 所示。

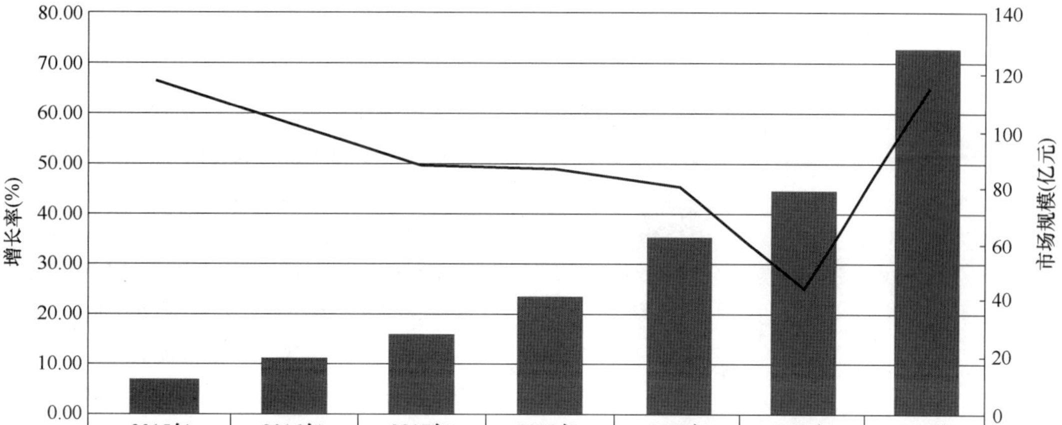

	2015年	2016年	2017年	2018年	2019年	2020年	2021年
市场规模(亿元)	12	19	28.5	42.5	61.75	76.8	126
增长率(%)	67.00	58.30	50.00	49	45.20	24.40	64

图 2　2015—2021 年我国工业移动机器人市场规模与增长率

注：数据来源于中国移动机器人产业联盟、新战略移动机器人产业研究所。

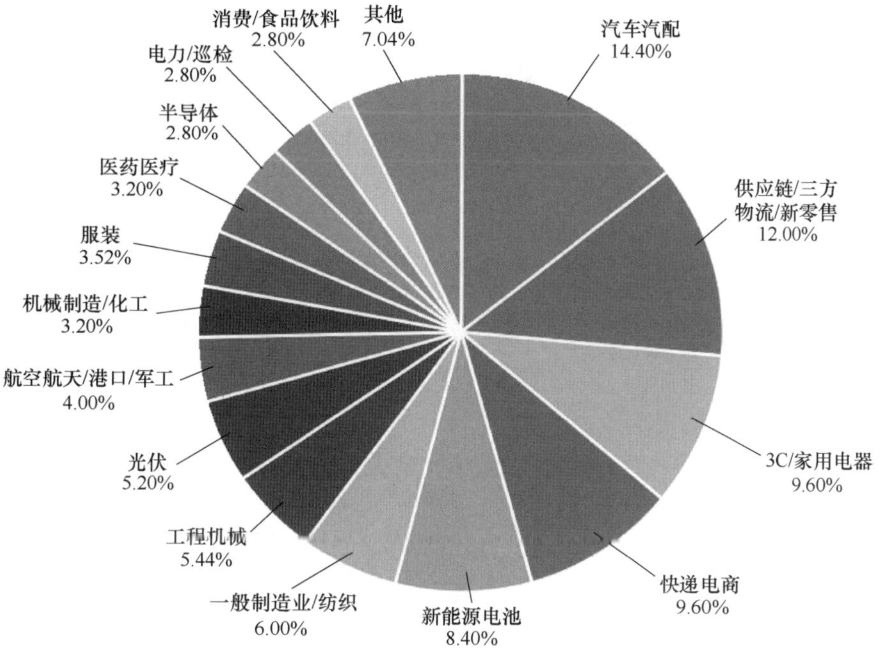

图 3　2021 年工业移动机器人销售占比情况（按应用市场分）

注：数据来源于中国移动机器人产业联盟、新战略移动机器人产业研究所。

三、融资情况

2021 年，移动机器人行业融资热度持续升温，融资频率不断加大。数据显示，2021 年，移动机器人相关领域融资案例发生 38 起，未来机器人（深圳）有限公司（简称“未来机器人”）、杭州迦智科技有限公司（简称“迦智科技”）、灵动科技（北京）有限公司（简称“灵动科技”）、深圳市海柔创新科技有限公司（简称“海柔创新”）、炬星科技（深圳）有限公司（简称“Syrius 炬星”）和深圳优艾智合机器人科技有限公司（简称“优艾智合”）等企业先后获得多次融资。其中，海柔创新获得移动机器人行业最多融资金额，累计完成 3 轮融资，总额超过 13 亿元人民币。从融资轮次看，当前超过半数的企业融资轮次都在 A、B 轮，进入 C 轮融资的企业仅有未来机器人和灵动科技，进入 D 轮融资的企业只有海柔创新。

总体看来，2021 年资本市场正在加大对移动机器人的投资力度，且进一步聚焦在细分领域头部企业，如视觉无人叉车代表企业未来机器人、工业 AMR 头部企业迦智科技、复合型移动机器人代表企业优艾智合以及箱式仓储机器人领军企业海柔创新。在资本的助推下，移动机器人企业在产品落地、市场开拓方面一路高歌猛进，将行业发展

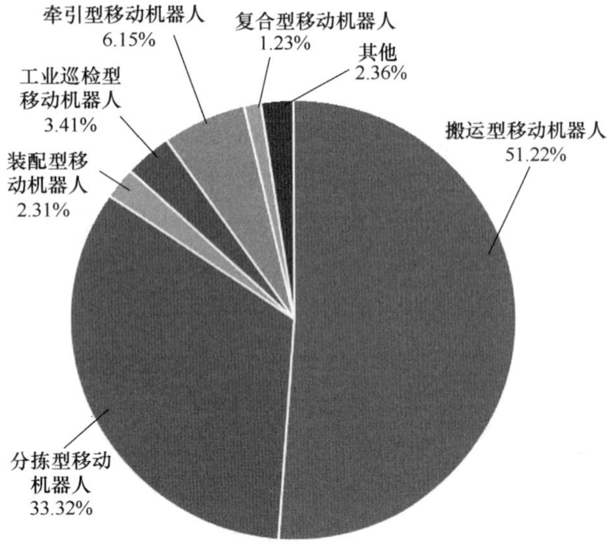

图 4　2021 年工业移动机器人销售占比情况（按类型分）

注：数据来源于中国移动机器人产业联盟、新战略移动机器人产业研究所。

推向了新的高度。未来，移动机器人将拥有广阔的发展空间。2021 年移动机器人企业融资情况见表 1。

四、发展趋势

移动机器人需要解决定位、规划、控制等方面的问题，重点研究领域包括环境感知与建模、定位与导航、环境理解、多机器人协调等内容，未来移动机器人将向着以下趋势发展：

1. 基于视觉和多传感器融合的“自然导航+自主路径规划”是未来主流发展方向

移动机器人发展经历了有轨方式（如磁条）、信标方式（如二维码）、无信标方式（如 SLAM）的不同阶段。SLAM 技术可以让机器人在无信标的情况下实现定位导航，具有易部署、智能化、柔性化等特点，更加适合在运行环境复杂、业务经常变动的场景下应用，因此受到越来越多用户的青睐，正在成为业界主流趋势。目前，导航技术的发展正在使设备从“车”逐渐过渡到“机器人”。随着新技术的发展，AGV 自主化、智能化的程度越来越高，AMR 的更新迭代更是广泛扩大了移动机器人的行业应用。

2. 人工智能技术的加持让移动机器人更智能

传统的 2D 障碍物检测存在许多局限性，通过人工智能语义分割，可以更有效地判断人或障碍物的情况，提高绕行效率，机器人系统可以提升应用效率和智能化水平。AI 技术中的深度学习技术可应用于物体识别、目标检测与跟踪、语义分割、实例分割等，语义 SLAM 能把物体识别与视觉 SLAM 结合起来，将标签信息引入优化过程中，构建带物体标签的地图，实现机器人对周围环境内容的理解。

表 1　2021 年移动机器人企业融资情况

企业名称	所在地区	融资轮次	主要投资方	技术方向	日期
深圳优艾智合机器人科技有限公司	深圳		蓝驰领投	复合型移动机器人	2021 年 1 月
励微机器人科技（深圳）有限公司	深圳	A 轮	梅花创投领投，Plug and Play 跟投	叉车 AGV	2021 年 1 月
北京史河科技有限公司	北京	A 轮	众为资本领投，荷塘创投跟投，百度风投、启迪之星追加	移动机器人教育平台\高空机器人	2021 年 1 月
杭州蓝芯科技有限公司	杭州	A 轮	蓝驰创投领投，维思资本跟投	视觉传感器、视觉系统、机器人整机	2021 年 3 月
上海木蚁机器人科技有限公司	上海		蓝驰创投、德邦快递	智能搬运叉车	2021 年 3 月
深圳市海柔创新科技有限公司	深圳	B+轮	五源资本领投，源码资本、华登国际跟投	料箱机器人	2021 年 3 月
灵动科技（北京）有限公司	北京	Pre-C	鼎晖 VGC、钟鼎投资、德厚资本领投，AA 投资和中关村发展集团跟投	视觉 AMR	2021 年 3 月
杭州联核科技有限公司	杭州	战略投资	新松机器人	工业无人车	2021 年 4 月
深圳优艾智合机器人科技有限公司	深圳		软银亚洲	复合型移动机器人	2021 年 5 月
杭州迦智科技有限公司	杭州	B 轮	字节跳动领投、联想创投跟投	自然导航 AMR	2021 年 5 月

（续）

企业名称	所在地区	融资轮次	主要投资方	技术方向	日期
上海姜歌机器人有限公司	上海	Pre-A 轮	联想之星	AMR	2021 年 5 月
深圳眸视科技有限公司	深圳	A 轮	泰鹰基金主投	巡检机器人整体解决方案	2021 年 5 月
杭州迦智科技有限公司	杭州	B+轮	襄禾资本领投，深创投跟投，字节跳动与联想创投继续加投	自然导航 AMR	2021 年 6 月
千巡科技（深圳）有限公司	深圳	Pre-A 轮		巡检机器人	2021 年 7 月
深圳墨影科技有限公司	深圳	A 轮	天奇创投领投，前海长城基金跟投	移动协作机器人	2021 年 7 月
松灵机器人（东莞）有限公司	东莞	B 轮	红杉中国、五源资本、祥峰投资中国基金和 HKX	移动底盘	2021 年 7 月
南京天创电子技术有限公司	南京	B 轮	新松投资、赛天资本领投，瑞奕资本跟投	巡检机器人及光伏清扫机器人	2021 年 8 月
炬星科技（深圳）有限公司	深圳	B 轮	字节跳动领投，联想创投跟投，红杉资本中国基金、明势资本等继续跟投	AMR	2021 年 8 月
劢微机器人科技（深圳）有限公司	深圳	A+轮	信天创投领投，梅花创投、Plug and Play 跟投	叉车 AGV	2021 年 8 月
深圳市海柔创新科技有限公司	深圳	C、D 轮	五源资本领投，红杉中国、源码资本、VMS 鼎珮集团、华登国际、势能资本跟投/今日资本领投，红杉中国、五源资本、源码资本、联想之星、零一创投跟投	料箱机器人	2021 年 9 月
苏州艾吉威机器人有限公司	苏州		华鑫证券、中鑫资本	叉车 AGV	2021 年 9 月
未来机器人（深圳）有限公司	深圳	C 轮	字节跳动、顺为资本、联通中金、IDG 资本和联想创投	工业无人叉车	2021 年 9 月
上海姜歌机器人有限公司	上海	A 轮	国宏嘉信	AMR	2021 年 9 月
意欧斯物流科技（上海）有限公司	上海	B 轮	十月资本、红太阳	AGV 及相关系统集成	2021 年 9 月
杭州蓝芯科技有限公司	杭州	B 轮	德赛电池等	视觉传感器、视觉系统、机器人整机	2021 年 12 月
灵动科技（北京）有限公司	北京	C 轮	泰康人寿领投，高通创投和昊辰资本跟投	视觉 AMR	2021 年 12 月
杭州中力搬运设备有限公司	杭州		国投招商、钟鼎资本、两山基金、创新工场	叉车 AGV	2021 年 12 月
深圳优艾智合机器人科技有限公司	深圳	B 轮	方广资本、熙诚金睿领投，IDG 资本、松禾资本、SIG 海纳亚洲、蓝驰创投、软银亚洲、HAX（SOSV 基金）等新老股东跟投	复合移动机器人	2021 年 12 月

注：本表根据 2021 年国内部分移动机器人企业公开投融资信息整理。

3. 多机协作、规模化集群作业成未来趋势

在实际应用中，移动机器人通常是以集群的方式协同完成特定的任务，一旦移动机器人系统性规模扩大到几百台甚至上千台时，传统的管理调度系统已不能解决问题，整个机器人群体协作的效率无法得到有效保障。这就需要机器人能够不断学习、不断修正自身策略，机器人管理系统需要对具有避障绕行能力的 AMR 进行高效的交通管理和任务调度，异构移动机器人系统共存于同一应用现场的情况将会越来越多地出现。AI 将在其中扮演重要角色，结合工厂的作业流程、生产逻辑，与 MES、WMS、WCS 等系统打通，让整个系统不断优化，群体智能化程度越来越高，从而实现全局的智能调度，从提升自动化水平、生产率、良品率，甚至是辅助决策等不同层面发挥价值。

4. 应用场景将进一步扩大

在机器人技术进一步发展的基础上，移动机器人的应用场景将进一步扩大，并逐渐深入到制造业的各个环节。随着终端客户对智能化需求的进一步提高，仅以 AGV 为主的项目将会越来越少，移动机器人与其他自动化设备如何实现协同工作将成为考验企业方案实施能力的关键。此外，园区物流等半封闭场景的户外应用也将是移动机器人发展的重要方向之一。

2021 年是移动机器人高速发展的一年，在疫情的持续影响下，产业智能化升级改造需求是大势所趋。展望未来，移动机器人将会在外在环境和政策的双重支持下迎来新一轮的发展，应用规模和产品技术都将在市场旺盛的需求下得到进一步提升。

〔撰稿人：上海机器人产业技术研究院郑军奇、刘凤义、刘碧珊〕

2021 年建筑机器人发展情况

一、概念及范畴

建筑机器人从开发应用至今，先后经历了机械传动和液压传动两个阶段。目前，机器人化的工程机械被称为建筑机器人的第三个阶段。建筑机器人能通过遥控、自动或半自动控制，并可以在自然环境中进行多种作业。

按应用场景划分，建筑机器人可分为材料加工机器人（木材加工机器人、石材加工机器人等）、建筑建造机器人（抹灰机器人、砌砖机器人、建材加工机器人等）、运营维护机器人（质量检测机器人、楼面清洁机器人、施工监控机器人等）和爆破拆除机器人（爆破机器人、拆除机器人等）。材料加工机器人对石材、木材等建筑材料进行加工，可用于切割、刨切、打磨、喷涂等作业；建筑建造机器人是目前市场需求量最大、应用场景最广泛的建筑机器人，其细分门类众多，最具市场化前景；运营维护机器人结合了运维管理、人工智能及物联网等技术，可用于设备监控和任务管控等场景；爆破拆除机器人主要承担拆迁爆破、分解建筑的功能，保障了建筑拆除的高效及安全。

二、市场概况

建筑业是我国经济建设的支柱产业，关系着建材、冶金、轻工、电子等 50 多个相关产业的发展。我国拥有世界上最大的建筑市场，近年来，随着建筑业企业生产和经营规模的不断扩大，建筑业总产值持续增长。国家统计局数据显示，从 2012 年到 2021 年，我国建筑业总产值从 13.7 万亿元持续上涨至 29.3 万亿元，2021 年我国建筑业总产值在国内生产总值中的占比达 7%，成为拉动国民经济快速增长的支柱产业。与此同时，我国建筑行业也面临着招工难、用工荒、年轻人不愿进工地、建筑工地老龄化严重、建筑施工手段和方式落后等问题。2021 年，我国建筑业从业人数为 5 282.94 万人，比 2020 年年末减少了 83.98 万人，连续三年递减。劳动力供应不足导致建筑业人工成本直线上升，2012 年建筑业人工成本在建筑业总成本中的占比为 16%左右，而 2021 年建筑业人工成本在建筑业总成本中的占比高达 30%，人工成本在总成本中的占比增加了一倍，因此，建筑业亟待找到实现可持续发展的突破口。

随着人工智能、机器人、5G、新材料等技术的不断成熟，并逐步实现与建筑业的融合，智能建造的时代正在悄然到来。《“十四五”建筑业发展规划》中明确提出，到 2025 年要形成一批建筑机器人标志性产品，实现部分领域批量化应用。用机器人代替人工重点完成“危、繁、脏、重”相关施工环节，提高工程建设机械化、智能化水平，保障用工安全，提升施工效率。住房和城乡建设部提出，要加快建筑机器人研发和应用，加强新型传感、智能控制和优化、多机协同、人机协作等建筑机器人核心技术研究，研究编制关键技术标准，形成一批建筑机器人标志性产品。近年来，随着激光导航等关键技术取得重大突破，机器人在建筑工地这样非结构化场景下作业已经实现，装配式建筑模式也逐渐投入使用，资本市场及科技公司看好机器人在建造工程里的应用，外部投资意向和行业内部研发力度

加大，助推了建筑机器人更快更好发展。

我国建筑机器人研制工作起步较晚，整体尚处于发展初期阶段，以少数龙头企业为主导，产品多专注于建筑行业特定细分场景。从建筑机器人赛道来看，已出现了多家从不同场景切入的机器人公司，如推出混凝土施工、混凝土修整、砌砖抹灰、内墙装饰等产品的广东博智林机器人有限公司（简称“博智林”），推出抹灰机器人产品的上海蔚建科技有限公司（简称“蔚建科技”）以及南京领鹊科技有限公司（简称“领鹊科技”）等新一批初创公司。

博智林是碧桂园控股有限公司（简称“碧桂园”）的全资子公司。碧桂园是首批入局建筑机器人领域的房地产企业。自2018年至今，碧桂园搭建了千人规模的技术团队，在建筑工地投入应用21种不同种类的建筑机器人，包括地面磨平机器人、地库抹光机器人、混凝土内墙面打磨机器人、地坪研磨机器人、室内喷涂机器人、建筑清扫机器人和测量机器人等。截至2021年年底，博智林已递交专利有效申请3 468项，获授权1 670项，相关研发产品相继斩获中国专利奖、iF产品设计奖、红点奖、IDEA奖、中国创新设计红星奖和金芦苇工业设计奖等多个奖项。

蔚建科技致力于通过机器人、物联网以及人工智能算法对建筑业赋能，通过自主研发的建筑智能化产品加速建筑产业全方位升级，降低建筑作业安全隐患，提升建造质量及综合生产率。蔚建科技专注抹灰机器人和钢筋机器人的研发、产品化与市场推广，致力于覆盖建筑主体工程和装修工程的不同领域机器人产品矩阵，完成从建筑施工场景、工艺、数据及技术的完整闭环。目前，蔚建科技的抹灰机器人已累计完成超过1万m^2的实地应用，经验证，抹灰机器人实地作业效率为人工作业效率的5~6倍，已经进入产品化阶段。

上海大界机器人科技有限公司（简称“大界机器人”）致力于成为领先的建筑智能建造方案提供商，其自主研发产品建筑工业软件ROBIM创新性地连接了建筑信息模型（BIM）数据端与机器人建造生产端，可自动识别建筑模型，快速生成机器人加工路径，支持多样化的建筑材料与建造工艺，满足大规模定制化生产要求。大界机器人提供金属、木材、玻璃、纤维、复合新材料的智能生产解决方案已落地近百家建筑工厂，并逐步形成了矩阵式的云工厂生产体系。同时，凭借ROBIM云平台的优势和供应链工厂工业化生产的能力，大界机器人为地产商、国内外建筑设计机构和建筑师提供了智能建造服务，实现了建筑产业D to M（设计到制造）的数字化智造。

领鹊科技从建筑装修场景切入，其第一款机器人产品腻子乳胶漆喷涂一体机覆盖了完整对油工工序，于2021年10月投入商业化运行，目前已完成超10万m^2的施工交付。腻子乳胶漆喷涂一体机器人的服务费是人工费用的60%左右，并有进一步的下降空间。不同于市场上参差不齐的人工技术，领鹊机器人的喷涂质量更稳定、更优秀、效率更高，可保证±10mm的重复定位精度，可在高动态（涉及人员走动对定位的影响）与高复杂度场景（如受烟雾粉尘、地面障碍影响等）中保持优于人工的稳定性。

三、困难与挑战

近年来，我国以人工智能为代表的高新技术蓬勃发展，建筑行业不可避免地进入到转型期，将机器人引入建筑工程中代替人工进行繁重和重复性劳动已成必然趋势。然而，目前建筑机器人仍面临着技术难度大、研发成本高等诸多难点。

首先，从应用场景方面看，建筑施工场地对机器人避障和移动的要求很高，建筑施工场地是非结构化的工作环境，难以寻找标准化施工场景，施工环境恶劣复杂，具有很强的动态性，建筑机器人需在不规则非预设的场景下工作，常常会被各种障碍物包围。对此，建筑机器人需要复杂的导航能力，包括在脚手架上和深沟中的移动作业、避障、意外事件控制算法、机器人视觉系统、新的控制系统和处理单元等。因此，环境的复杂多变对建筑机器人提出了更高的挑战。

其次，从技术方面看，由于施工环境复杂多变，建筑机器人对于核心零部件以及核心算法的要求与普通工业机器人有很大差异，建筑行业内细分领域众多，各细分领域的技术要求相对独立，需配有较高水平的传感器、视觉系统、三维空间运动规划、事件处理控制算法及人机交互等智能技术，实现在非预设环境下的自由移动，并能够顺利开展工作。此外，建筑施工场地相对杂乱，对建筑机器人的硬件和软件要求较高。在无序环境下，软件的高精准性和硬件的高可靠性可以保证建筑机器人的作业效率，但也需要研发团队在产品测试和打磨上比其他种类机器人花费更长的时间及更多的成本，这向我国机器人研发制造企业提出了挑战。由于我国的工业化起步较晚，工业基础薄弱，大多核心零部件依靠进口，这在一定程度上导致建筑机器人核心零部件成本较高，国产核心零部件也无法进一步提升，造成了核心零部件市场的不断波动。

最后，从人才方面看，我国在建筑建造智能化方向的起步较晚，人才储备量不足。一般来说，行业的壮大除了依靠核心技术研发与突破外，还要依赖于人才的支撑。当前，市场需求不断扩大，而国内本科开设的智能建造相关专业起步较晚，建筑机器人领域人才资源相对匮乏，高新人才储备不足与人才流失问题愈显紧迫，专业人才缺口已经成为阻碍建筑机器人产业发展的主要原因之一。

四、发展趋势

作为国民经济支柱产业之一，也是以终端需求直接驱动的产业，饱受关注的建筑业变革已经在所难免。而作为房地产向新发展模式转型的配套措施，建筑机器人首当其冲成为引领这次科技变革潮流的排头兵。当前，国内建筑市场规模庞大，但建筑机器人市场渗透率却不足1%。未来，建筑机器人应用规模将进入快速增长期，预计到2025年，建筑机器人规模将达到224亿元。由于建筑行业各细分环节所需技术独特性较高，未来，建筑机器人将会呈现多领域共同成长，但各细分领域会有各自的发展节奏。

1. 加速建筑机器人市场化落地

目前，我国建筑机器人细分领域的龙头企业已基本完成初步的技术研发，建筑机器人产品具备市场化落地应用的能力。未来，建筑机器人研发制造企业将扩大产品生产规模，积极寻找下游房地产企业进行合作，在实践中实现产品和技术的快速迭代。

2. 推动细分领域专用建筑机器人研发

由于建筑建造工程中施工场景多样且具有高独特性，各细分领域对机器人的要求重合度低，因此，建筑机器人研发将趋于细分领域定制化。例如，在反重力场景下做人工替代的抹灰机器人，需着重控制机器人在作业时对墙面施加的压力的均匀性、平稳性。

3. 促进传统建筑机械的智能化改造

我国建筑业发展已久，对现有传统生产机械进行数字化、智能化改造是建筑机器人快速发展的重要途径。例如，对塔式起重机进行远程操作的智能化改造，可以有效降低建筑业高空坠落事故发生的概率。

4. 加快建筑机器人行业标准建设

加快建筑机器人行业标准建设，建立健全行业法律法规，完善监督体系，加强社会公众认知建设。建筑机器人已进入破土期，未来发展势头迅猛，但目前我国还没有统一的行业标准来规范建筑机器人的开发和使用。这将导致一部分企业为了抢占市场先机，在规则空白的背景下将不成熟的产品投入使用。在工地作业的机器人往往会出现故障甚至发生安全事故，对建筑机器人产生消极影响。行业标准和法规能够有效避免企业为抢占市场而投入使用技术未达标的产品，并面向社会树立安全高效的行业形象。

在产业数字化的大时代背景下，建筑行业数字化转型升级也势在必行。不管是保障工人施工过程中的安全、健康，还是提升建造质量与效率，建筑机器人正在成为实现建筑智能建造的有益探索。在实现碳达峰、碳中和的时代背景下，更高效、安全、环保的建筑机器人的应用，对于助力国家实现“双碳”目标具有长远意义。

〔撰稿人：上海机器人产业技术研究院刘凤义、郑军奇、刘碧珊〕

2021年农业机器人发展情况

一、概念及范畴

农业机器人是在非结构化环境下，以生物活性对象为目标，具备环境与对象信息感知能力，能够实时自主分析决策和精确执行，并服务于复杂农业生产管理的新一代智能农业装备。农业机器人的结构包括自主智能移动平台、末端执行器及作业运动部件、目标识别与定位感知系统、智能控制系统四部分，即农业机器人“眼”“脑”“手”“足”。在实际应用中，农业机器人可与现代农业、人工智能、大数据、云计算、物联网等技术相结合，构成农业机器人应用场景。农业机器人种类繁多，按用途划分，包括播种机器人、植保机器人、除草机器人、收获机器人、分拣机器人等；按作业场景和对象划分，包括大田作业机器人、设施种植机器人、设施养殖机器人、畜牧养殖机器人、农产品加工机器人等；按结构形式划分，可分为行走系列农业机器人、单臂/多臂机械手系列农业机器人及其他农业机器人。

二、行业现状

随着现代农业、人工智能、新一代信息技术、大数据、传感控制以及工业机器人等技术的快速发展，农业机器人呈现爆发式的发展态势，已经成为国际农业装备技术制高点和产业竞争的新焦点，农业机器人的研发、制造、应用将成为衡量一个国家农业装备科技创新和高端制造水平的重要标志。当前，全球农业机器人市场重点集中在无人驾驶拖拉机、农用无人机和挤奶机器人，未来，机器人化的无人农场将是发展趋势。

1. 市场现状

当前，农业机器人技术正在持续突破，视觉识别技术从二维到三维立体、从单目标到多目标；执行机构从单机械臂到多机械臂；作业从单机作业到群体协同。在嫁接、采摘、分拣、除草、移栽机器人方向，全球已有近200款机器人进入到示范应用和产业化阶段并投入商品化应用，极大提高了农产品产出效益。未来，农业机器人将呈现更大发展趋势，市场研究报告显示，到2025年，全球农业机器人市场将从2020年的74亿美元增长到206亿美元，复合年增长率将超过20%。智研瞻产业研究院统计，2021年，我国农业机器人行业市场规模为10.98亿元，同比增长 17.4%。2017—2021 年我国农业机器人行业市场规模如图 1 所示。

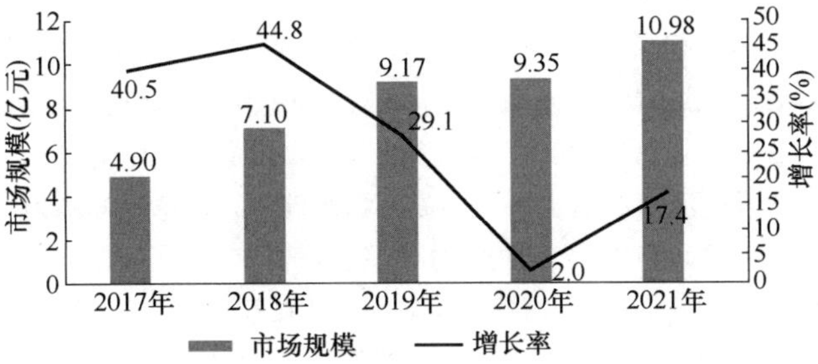

图 1　2017—2021 年我国农业机器人行业市场规模

注：数据来源于智研瞻产业研究院。

尽管农业机器人市场非常大，但目前只有无人驾驶拖拉机、喷药机器人和挤奶机器人在农业生产活动中实现了大规模生产应用。虽然我国已经研制出了一批具有特定结构和功能的农业机器人，但其基本都处于实验阶段，还没有实现商品化。

从产品结构来看，行走系列农业机器人在我国农业机器人市场中的占比高达 87%，机械手系列及其他农业机器人在我国农业机器人市场中的占比为 13% 左右。2017—2021 年我国农业机器人细分行业市场需求情况见表 1。

表 1　2017—2021 年我国农业机器人细分行业市场需求情况

年份	行走系列农业机器人		机械手系列农业机器人及其他农业机器人	
	市场需求量（万台）	增长率（%）	市场需求量（万台）	增长率（%）
2017	0.72		0.11	
2018	1.15	59.7	0.16	45.5
2019	1.54	33.9	0.23	43.8
2020	1.67	8.4	0.25	8.7
2021	1.98	18.6	0.28	12.0

注：数据来源于智研瞻产业研究院。

从行业盈利情况来看，2021 年我国农业机器人行业利润总额达 2.37 亿元，同比增长 12.1%。2017—2021 年我国农业机器人行业利润总额年均复合增长率达 26.62%。2017—2021 年我国农业机器人行业利润总额情况如图 2 所示。2017—2021 年我国农业机器人行业盈利情况见表 2。

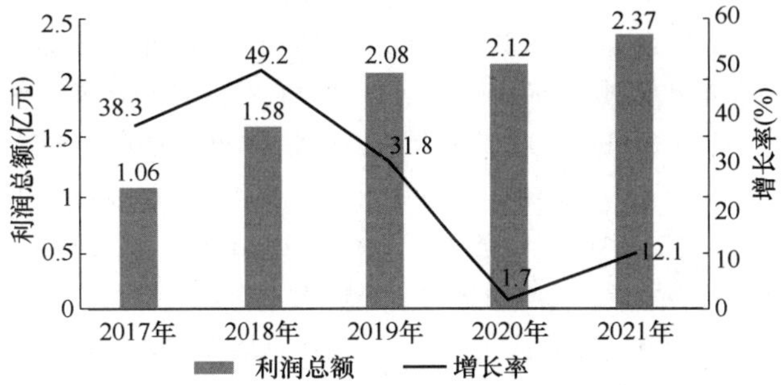

图 2　2017—2021 年我国农业机器人行业利润总额情况

注：数据来源于智研瞻产业研究院。

表 2　2017—2021 年我国农业机器人行业盈利情况

年份	毛利率（%）	净利率（%）
2017	40.51	18.25
2018	39.82	21.37
2019	42.24	28.15
2020	41.95	27.76
2021	41.08	27.40

注：数据来源于智研瞻产业研究院。

2017 年之前，受市场竞争与产品大力推广应用的影响，农业机器人产品平均价格整体呈现下降趋势。2019 年后，由于各项成本的提高，我国农业机器人产品平均价格有所上升。2021 年我国农业机器人产品平均价格为 1.36 万元/台，同比增长 2.0%。2017—2021 年我国农业机器人产品平均价格如图 3 所示。

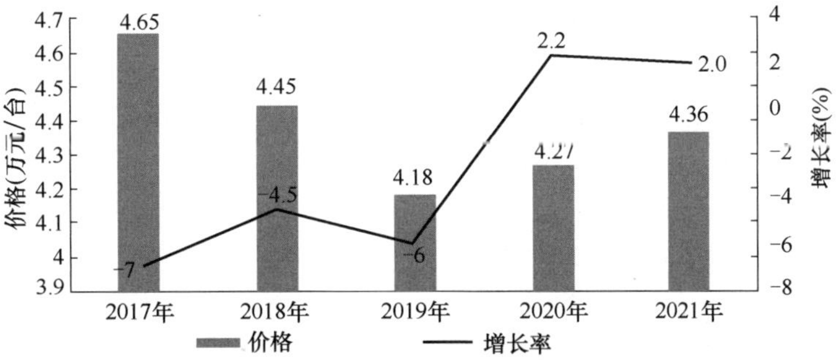

图 3　2017—2021 年我国农业机器人产品平均价格

注：数据来源于智研瞻产业研究院。

2. 政策现状

2021 年，工业和信息化部、国家发展和改革委员会、科学技术部、公安部、民政部、住房和城乡建设部、农业农村部、国家卫生健康委员会、应急管理部、中国人民银行、国家市场监督管理总局、中国银行保险监督管理委员会、中国证券监督管理委员会、国家国防科技工业局、国家矿山安全监察局 15 个部门正式印发《“十四五”机器人产业发展规划》（简称《规划》），为农业机器人的深入发展提供了新机遇和政策保障。《规划》提出，要面向制造业、采矿业、建筑业、农业等行业，以及家庭服务、公共服务、医疗健康、养老助残、特殊环境作业等领域需求，集聚优势资源，重点推进工业机器人、服务机器人、特种机器人重点产品的研制及应用，拓展机器人产品系列，提升性能、质量和安全性，推动产品高端化智能化发展。在农业机器人方面，重点研制果园除草、精准植保、果蔬剪枝、采摘收获、分选，以及用于畜禽养殖的喂料、巡检、清淤泥、清网衣附着物、消毒处理等农业机器人。

3. 技术现状

发达国家农业机器人的研发起步较早，引领了全球农业机器人技术与应用的发展，不同国家根据本国产业的特点，会选择不同的发展重点。例如，日本侧重于研发用于育苗、嫁接、果蔬采摘等生产活动的农业机器人；美国、瑞士、德国在大田作业机器人方面具有领先地位，并在 AI 和电气化、自主驾驶、视觉系统、柔性执行机构等重要技术和部件研发也均取得了重大突破。随着创新链、产业链逐步完善，发达国家在农业机器人技术和产业方面具备了一定主导权。

随着农业机器人的发展，传统跨国农业机械企业重点推进了拖拉机、播种机、收获机的机器人化，并已开发了多款成熟的产品。同时，农业机器人行业涌现出了一大批优势企业和初创企业，其研发了种类繁多、各有特色的农业机器人。

近年来，我国加大了对林果采摘、大田除草、设施养殖、果蔬采收等机器人技术研发的支持力度，并已在机器人作业原理以及相应的传感、控制、执行器等方面掌握了一定技术基础。目前，我国已有采摘、设施喷药、养殖巡检、果品分拣机器人等部分农业机器人技术产品进入到试验应用阶段，并形成了具有自动驾驶功能的机器人化移动平台、机器人化拖拉机、机器人化收获机的产品样机。同时，随着工业机器人的快速发展，我国在动力平台、行走系统和协作机械臂、执行机构等方面形成了技术突破，这为我国农业机器人科技创新和产业发展提供了支撑。

总体上，我国在农业机器人的理论基础、核心技术、产品应用研究方面还需要加快攻关。一是在动植物表型、动物行为等生理生态感知原理，以及多元信息处理方法等多学科系统性研究较少，基础数据积累不足，原始创新能力弱；二是在多地貌仿形、动植物个体定位、果实成熟度识别、机械臂路径规划和运动控制、高性能柔性末端执行器等方面的技术还不成熟，不能满足农业机器人技术要求；三是人工智能技术、信息技术以及工业机器人技术与农机农艺农技融合程度不高，在推进产业应用中，存在技术适用性、环境适应性、应用经济性等规模化推广应用难题。

从未来发展看，一是要提升农业机器人信息感知能力，农业生产场所大多为非结构环境，具有广泛的不确定性，针对特定作业对象和作业场景，需要有复杂的信息感知技术，克服光照等环境干扰因素的影响；二是要提升农业机器人智能决策能力，根据获取的场景信息，机器人需要快速准确的解析任务，识别、判断环境，形成机器人动作指令控制机器人动作，农业机器人应具备强大的智能算法和智能芯片；三是要提升农业机器人执行能力，例如采摘机器人在果实采摘过程中，不仅需要控制接触力的大小，使其在采摘过程中不会对果实产生破坏，还需要保证不破坏周边作物，这就需要农业机器人具有超强的执行能力的机构；四是要提升农业机器人的技术经济性，要强化成熟技术的应用，不断降低研发制造及使用成本，既满足规模化生产需求，又满足小型农场或个体农户，拓宽应用场景，推进生产应用。

三、技术成果

农业机器人作为农业智能化装备，能够利用多传感器融合、自动控制等技术，让自然环境下作业的农业装备实现自动化、智能化生产。农业机器人可全部或部分替代人或辅助人高效、便捷、安全、可靠地完成特定的、复杂的生产任务。2021 年发布的农业机器人主要技术成果如下：

1. 果蔬采摘机器人

苏州博田自动化技术有限公司生产的果蔬采摘机器人融合了人工智能和多传感器技术，采用基于深度学习的视觉算法引导机械手臂完成识别、定位、抓取、切割、放置任务的高度协同自动化系统，其采摘成功率可达 90%以上，可解决自然条件下的果蔬选择性收获难题，是智慧农业的标志性产品。果蔬采摘机器人由行走系统、视觉系统和采摘执行系统组成。行走系统方面，用户可结合路面情况，选取履带式、轮式或轨道式等行走机构满足多种应用场景；传感器方面，果蔬采摘机器人采用视觉、激光、磁导航和 SLAM 算法，集合超声、红外和激光等多种传感器，使其更能适应田间多种环境。果蔬采摘机器人如图 4 所示。

2. 喷药机器人

河北智飞农业科技有限公司生产的智飞极农 ZFJN850 农业植保无人机（如图 5 所示），具有喷洒覆盖面积大、雾化均匀等特点，其最大飞行速度为 10m/s，农药载重质量为 50kg，单次作业时间为 5～10min，防治效率为 8～12 亩/min（1 亩＝666.7m^2）。

图 4　果蔬采摘机器人

图 5　智飞极农 ZFJN850 农业植保无人机

3. 智能播种机器人

广州极飞科技股份有限公司生产的极飞智能睿播 2 型智能播种机器人（如图 6 所示），拥有全新的播盘和送料器设计，重构了无人机播撒方式，大幅提升了播撒效率和精准度。智能播种机器人采用直列对置离心播盘、智能螺旋送料器，具有抗风能力强，播撒更精准等特点。

图 6　极飞智能睿播 2 型智能播种机器人

4. 智能农田测绘机器人

广州极飞科技股份有限公司生产的智能农田测绘机器人（如图 7 所示），可以快速拼接高清地图，其单次最大测绘面积为 200 亩，具有落地快速出图、离线拼接、数据分享等功能。

5. 养殖场巡检机器人

安徽益可达智能科技有限公司生产的养殖场巡检机器人（如图 8 所示），支持局部放电监测、温湿度检测、红外

图 7　智能农田测绘机器人

热成像、气体检测等功能，采用系统分析、温差对比、历史趋势分析等分析手段，进行养殖场的自主巡检、定点巡检与遥控巡检。

图 8　养殖场巡检机器人

6. 畜牧场自动清粪机器人

青岛东吉丰畜科技有限公司研制的畜牧场自动清粪机器人（如图 9 所示），具有自动化冲洗功能，解决了传统人力清洗猪粪时的效率低、氨气中毒等问题。

图 9　畜牧场自动清粪机器人

四、趋势分析与预测

1. 技术发展趋势

随着以人工智能技术为核心的现代信息技术及智能装备技术在农业机器人领域的应用，农业机器人的智能化程度逐渐提升，农业机器人的市场也迎来了快速增长期。

随着我国农业劳动力结构性短缺问题的日益严峻，探索未来无人农场的关键技术是农业机器人发展的必然趋势。

未来，农场将需要大量的农业机器人参与农业生产。因此，加快无人农场产业落地，全面提升农业机器人新技术，将成为抢占未来农业发展制高点的重要手段。

农业机器人的技术研究需要多学科交叉，涉及的学科包括：农业、机械、材料、电子、信息、计算机、智能科学等多个领域，只有将物联网、大数据、云计算和人工智能结合起来才能真正提高农业机器人智能化水平。

2. 市场规模预测

随着农业机器人下游产业的快速发展及农业机器人在国内农产品生产各领域的大范围推广应用，农业机器人市场规模将迅速扩大，农业机器人产业附加值提升空间广阔。同时，随着国家大力扶持农业科技发展，我国农业机器人市场规模将继续呈现增长趋势，预计到2028年，我国农业机器人市场规模将超过48亿元，其中，行走系列农业机器人市场规模将超过32亿元，机械手系统及其他农业机器人市场规模将超过15亿元。2022—2028年我国农业机器人行业市场规模预测如图10所示。2022—2028年我国农业机器人细分市场规模预测见表3。

应用农业机器人来降低劳动成本、提升生产率、提高经济效益是现代农业发展的必然趋势。总体来说，未来农业机器人将有以下四个发展趋势，即作业方式更为优化、机械结构更加简单、产品价格更为合理、生产用途更加广泛。

表3 2022—2028年我国农业机器人细分市场规模预测

年份	行走系列农业机器人市场规模（亿元）	机械手系列农业机器人及其他农业机器人市场规模（亿元）
2022	9.81	4.59
2023	13.07	6.10
2024	16.82	7.90
2025	20.07	9.41
2026	23.03	10.81
2027	27.21	12.73
2028	32.81	15.39

注：数据来源于智研瞻产业研究院整理。

随着我国农业机器人企业对行业的投资规模不断扩大，我国农业机器人产量将整体呈现增长趋势。预计到2028年，我国农业机器人产量将超过11万台。同时，由于生产成本的提高，农业机器人价格也将呈现整体上升趋势，预计到2028年，我国农业机器人平均价格将接近5万元/台。2022—2028年我国农业机器人产量预测如图11所示。2022—2028年我国农业机器人产品价格预测如图12所示。

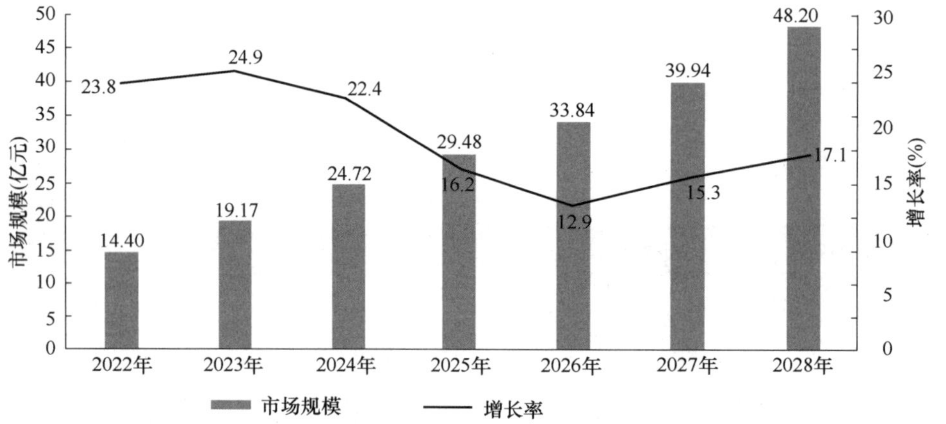

图10 2022—2028年我国农业机器人行业市场规模预测

注：数据来源于智研瞻产业研究院整理。

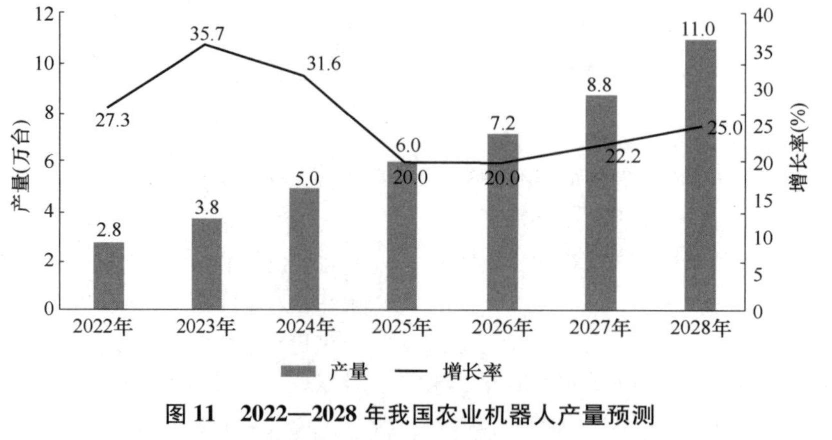

图11 2022—2028年我国农业机器人产量预测

注：数据来源于智研瞻产业研究院整理。

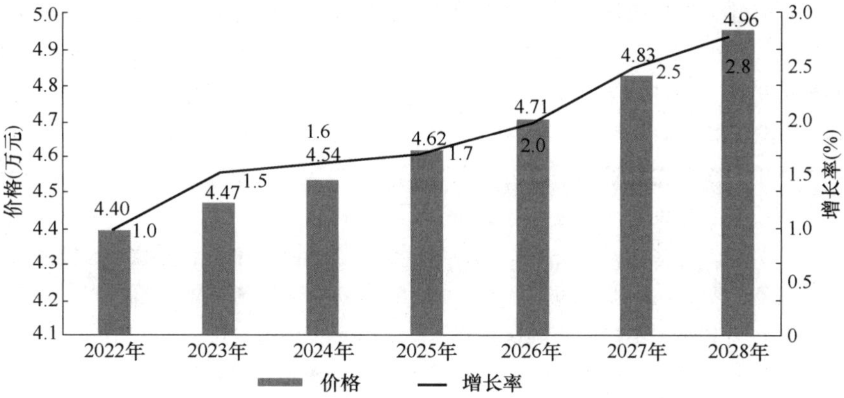

图 12　2022—2028 年我国农业机器人产品价格预测

注：数据来源于智研瞻产业研究院整理。

〔撰稿人：中国农业机械化科学研究院集团有限公司吴海华，中国农业大学张春龙、袁挺〕

2021 年医疗机器人发展情况

一、概念及范畴

医疗机器人是指用于医院等机构的医疗或辅助医疗的机器人，属于服务机器人（国际组织 ISO 8373：2021 号标准）或特种机器人大类〔国标《机器人分类》（GB/T 39405—2020）〕。智能医疗机器人是基于机器人硬件设施，将大数据、人工智能等新一代信息技术与医疗诊治手段相结合，实现“感知—决策—行为—反馈”闭环工作流程，在医疗环境下为人类提供必要服务的系统统称。

全球医疗机器人发展至今已有 30 余年的历史，世界上第一台应用机器人的手术可追溯到 1985 年，美国洛杉矶的一名医生用关节臂式工业机器人辅助定位神经外科脑部活检手术。医疗机器人发展至今，已成一门涵盖手术机器人、康复机器人、医疗辅助机器人和医疗服务机器人等多场景、高技术壁垒、长期投入、高产值的行业领域。医疗机器人分类如图 1 所示。

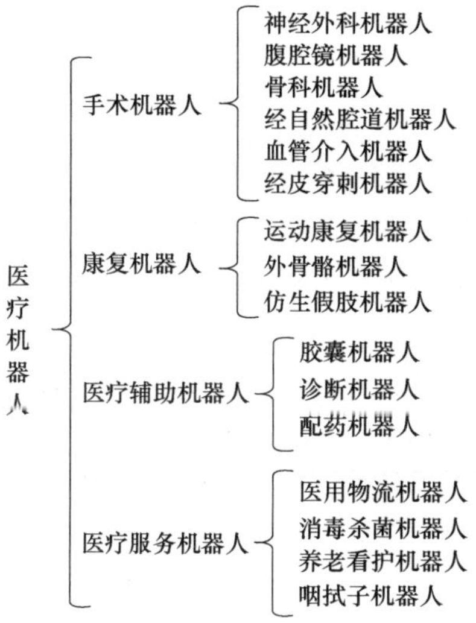

图 1　医疗机器人分类

手术机器人按手术针对的组织，可分为软组织机器人和硬组织机器人；按手术所在科室又分为腔镜、骨科、经自然腔道、泛血管、经皮介入和神经外科机器人。其中，腔镜、骨科手术机器人分别是最具代表性的软组织和硬组织手术机器人。手术机器人可为临床提供更精准、更智能的手术解决方案，改变和颠覆了传统手术。运用机器人的手术与传统手术相比具有多方面的优势，不仅能提升手术的精准度、灵活度和稳定性，也能缩短医生的学习曲线，减少医生负担，降低病患的并发症。手术机器人在医疗领域应用范围广泛，例如骨科机器人、神经外科机器人、腹腔镜机器人和经自然腔道机器人等。

康复机器人是指用于辅助人体完成肢体动作、提升老年人/残疾人运动能力及恢复运动神经损伤的医疗康复器械。目前，康复机器人主要包括外骨骼机器人、仿生假肢机器人和运动康复机器人等。

医疗辅助机器人是指用于医疗过程的相关辅助机器人，在一些病状诊断、药物选配、无人化配送等场景具有广泛的发展空间。其核心技术包括微纳制造、高端传感器、生物力学、材料学、磁导航介入等多学科领域。医疗辅助机器人对提升医师的工作效率、降低医师工作强度等方面，具有重要的意义。医疗辅助机器人的种类十分丰富，例如胶囊机器人、诊断机器人和配药机器人等。

医疗服务机器人是指用于医院公共场景的一些公共服务类型机器人，主要为医师或患者提供非治疗性的辅助服务，减轻医护人员的重复性劳动。近些年，随着我国人口老龄化及医护人员紧缺等发展趋势，医疗服务机器人也逐渐成为行业发展的热点领域。尤其是一些面向公共医疗场景的服务机器人，例如常见的医用物流、消毒杀菌、咽拭子采样、分诊引导、无人配送等机器人。

随着人工智能、5G、云计算、大数据、元宇宙等技术的快速发展，国内医疗机器人领域发展迅猛，微创手术机器人逐渐向低延时的远程化手术发展，医疗康复机器人被越来越多的康复患者所使用，医疗辅助和医疗服务机器人也逐渐出现在很多医疗场合，医疗机器人市场保持了快速增长的势头，未来发展空间很大。

二、市场概况

2021 年，受新冠疫情的影响，全球金融市场受挫，整体投资热度下降，但得益于医疗辅助机器人、医疗服务机器人、远程医疗手术机器人等发挥的作用，2021 年，全球医疗机器人市场较 2020 年继续保持稳步增长，同时也受到了资本市场的青睐。

1. 全球市场概况

据华经产业研究院的研究报告显示，2019 年，全球医疗机器人市场规模达 156 亿美元，同比增长 14.7%。到 2021 年，全球医疗机器人市场规模达 207 亿美元。2015—2021 年全球医疗机器人市场规模情况如图 2 所示。

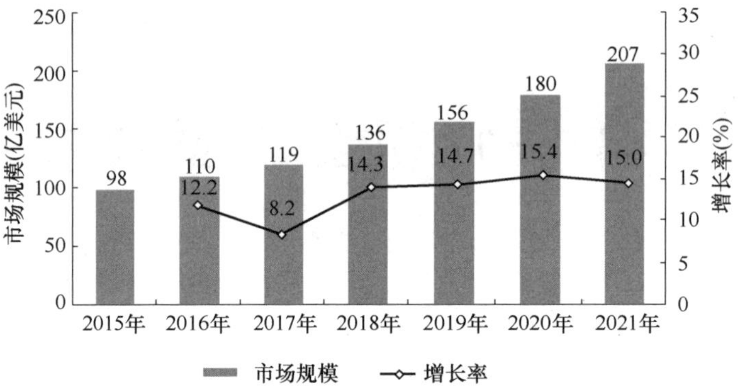

图 2　2015—2021 年全球医疗机器人市场规模情况

注：图表及数据来源于华经产业研究。

2. 中国市场概况

近年来我国人口老龄化进程不断加快，社会对助老助残的辅助和护理的需求不断上升，使得市场对于医疗机器人的需求不断增长。此外，近年来，受手术机器人发展火热及政策的大力支持等多方利好因素的影响，我国医疗机器人市场规模迅速扩张。根据中国电子学会、华经产业研究院研究显示，2021 年，我国医疗机器人市场规模达 79.6 亿元，同比增长 34%。2017—2021 年我国医疗机器人行业市场规模情况如图 3 所示。

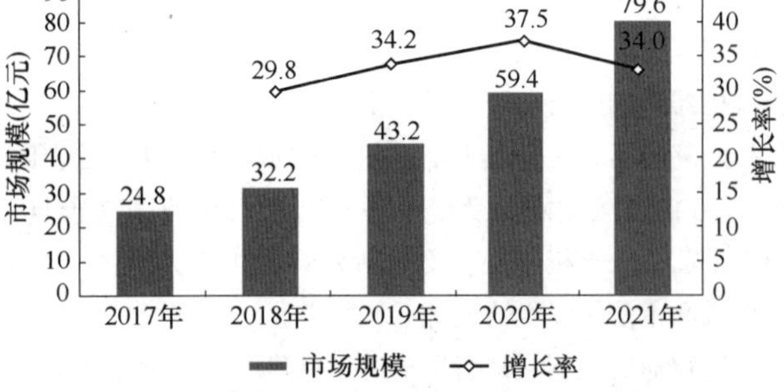

图 3　2017—2021 年我国医疗机器人行业市场规模情况

注：数据来源于中国电子学会、华经产业研究院。

从市场结构来看，我国医疗机器人市场中，康复机器人占比最高，为 47%，其次是医疗辅助机器人和手术机器人，占比分别为 23% 和 17%。我国医疗机器人市场结构分布情况如图 4 所示。

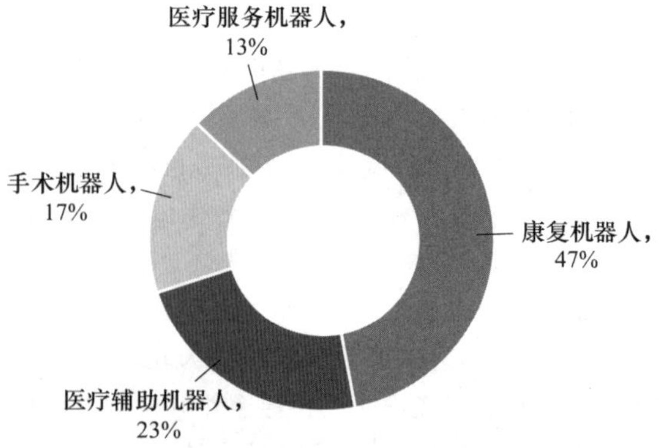

图 4　我国医疗机器人市场结构分布情况

注：数据来源于中国电子学会、华经产业研究院。

3. 产业链分析

医疗机器人产业链上游主要由与医疗机器人相关的核心零部件构成，例如：高精度伺服电动机、传感器、控制器、减速器、高端视觉导航系统和力传感器等。其中，高精度伺服电动机、传感器和控制器最为核心。随着手术机器人智能化水平的逐步提升，高端视觉导航系统和力觉传感器也逐渐成为重要的核心零部件。

医疗机器人产业链中游主要是医疗机器人整机生产企业。其中，由于医疗手术机器人行业门槛较高、技术壁垒较高及研发难度大等原因，行业竞争相对较小。近年来，伴随国内相关产业链的逐渐完善和相关政策的引导支持，手术机器人的竞争也在逐渐加剧。康复机器人和辅助机器人在医疗机器人中的占比较高，国内市场相关企业数量均超过20%，竞争相对激烈，产品同质化也较为严重。在医疗辅助机器人大类中，除部分诊断机器人外，多数产品技术壁垒相对较低，主要用于辅助诊疗。

整体来看，目前，大部分医疗机器人企业的产品仍处于研发和临床阶段，部分医疗机器人领先企业，例如北京天智航医疗科技股份有限公司（简称“天智航”）、上海微创医疗机器人（集团）股份有限公司、北京柏惠维康科技股份有限公司（简称“柏惠维康”）、苏州康多机器人有限公司（简称“康多机器人”）、北京术锐技术有限公司、安翰科技（武汉）股份有限公司、北京大艾机器人科技有限公司（简称“大艾机器人”）等企业的产品通过国家药品监督管理局的审批，已开始上市销售。

在下游应用方面，随着人工智能、人机交互、5G、云计算、视觉感知、力觉感知等技术的快速发展，医疗机器人在医疗领域的渗透范围也越来越广，影响也越来越深，涵盖了微创手术、远程医疗、医疗康复和医疗服务等领域。同时，传统的腹腔手术机器人、手术工具、医学图像采集和处理技术、远程信息传输等技术也在快速升级迭代，医疗机器人技术已成为当今机器人行业发展的热点领域。

4. 国内市场竞争格局

目前，国内有近百家企业布局医疗机器人。其中，手术机器人发展相对较早，以手术机器人为主营业务的天智航、威高集团有限公司、上海微创医疗机器人（集团）股份有限公司已分别在科创板和港交所成功上市。在医疗机器人服务领域，专注于医疗灭菌物流系统的楚天科技股份有限公司也已在创业板上市。而医疗辅助机器人和康复机器人企业的发展相对更晚，一些相关企业正处于培育期。国内医疗机器人代表企业及其主要产品见表1。

表1　国内医疗机器人代表企业及其主要产品

领域	企业名称	主要产品
手术机器人	北京天智航医疗科技股份有限公司	天玑骨科手术机器人
	北京柏惠维康科技股份有限公司	神经外科导航定位机器人
	苏州康多机器人有限公司	微创腹腔外科手术机器人系统
	上海微创医疗机器人（集团）股份有限公司	腔镜手术机器人、骨科手术机器人等
	华科精准（北京）医疗科技有限公司	神经外科手术机器人
	威高集团有限公司	“妙手S”微创手术机器人、“玛特I”骨科手术机器人
	北京术锐技术有限公司	单孔腔镜手术机器人
	真健康（北京）医疗科技有限公司	经皮软组织穿刺机器人
	北京罗森博特科技有限公司	骨科手术机器人
	微亚医疗科技（苏州）有限公司	血管介入手术机器人
	北京精诊医疗科技有限公司	TrueView三维全定量影像融合术中导航系统
	赛诺微医疗科技（北京）有限公司	外科手术辅助机器人
康复机器人	北京大艾机器人科技有限公司	AiLegs系列、AiWalker系列等外骨船机器人
	上海璟和技创机器人有限公司	多体位智能康复机器人系统--Flexbot
	广州一康医疗设备实业有限公司	MINATO、运动康复、物理治疗和康复评定四个系列
	安阳神方康复机器人有限公司	上肢康复机器人和下肢康复机器人
	深圳市迈康信医用机器人有限公司	电动爬楼轮椅和医用实时监测康复型机器人
	深圳华鹊景医疗科技有限公司	上肢评估与训练系统 Wisebot X5
	沈阳六维康复机器人有限公司	康复机器人
	深圳睿瀚医疗科技有限公司	“睿瀚Ⅰ、Ⅱ、Ⅲ型”三大类手部康复机器人
	上海傅利叶智能科技有限公司	外骨骼机器人

（续）

领域	企业名称	主要产品
医疗辅助机器人	深圳市桑谷医疗机器人有限公司	临床输液药物配置机器人静脉输液监控器
	重庆金山科技（集团）有限公司	胶囊内镜、胶囊机器人
	北京万物语联技术有限公司	语联医生机器人
	北京医千创科技有限公司	医疗机器人+医学影像3D虚拟技术+导航
	北京迈纳士手术机器人技术有限公司	采血机器人
	北京未磁科技有限公司	心血管功能成像创新医疗影像科技
	江苏瑞尔医疗科技有限公司	iSCOUT图像引导放疗定位系统
	北京锐视康科技发展有限公司	RAY-SCAN 64型医学影像设备
	安翰科技（武汉）股份有限公司	主动式磁控胶囊胃镜
医疗服务机器人	广东礼宾医疗科技股份有限公司	礼宾Le pion机器人
	上海钛米机器人科技有限公司	医院AGV物流机器人
	楚天科技股份有限公司	机器人灭菌物流系统和机器人后包装生产线
	深圳市优必选科技股份有限公司	紫外线消毒机器人ADIBOT净巡士
	艾米机器人有限公司	医疗宣教服务机器人、医疗物流机器人等

三、技术成果

随着国内核心技术的逐渐突破以及市场庞大需求的刺激，2021年，我国医疗机器人行业出现了一大批具有创新性的产品。

1. 天智航新一代骨科手术导航定位系统

由天智航研发的天玑Ⅱ骨科机器人在承继了上一代天玑骨科手术机器人精准、微创的优点，通过对大量临床应用经验收集及数据分析，经过充分的实验验证，依照“智能手术舱”的设计理念，做了一体化的集成化设计，提升了设备易用性以及操作体验。随着软硬件的全面升级，天玑Ⅱ采用了全新的UI设计，人机交互智能灵活，发挥了骨科手术机器人的精准、高度可重复的优势，提高了机器人手术中的执行效率。天玑Ⅱ骨科手术导航定位系统如图5所示。

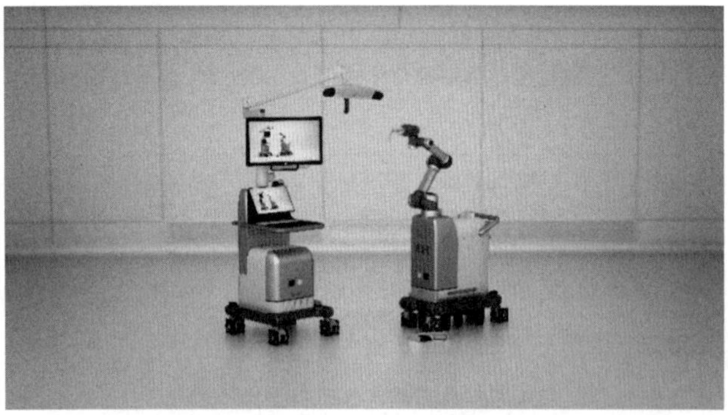

图5 天玑Ⅱ骨科手术导航定位系统

2. 柏惠维康瑞医博口腔手术机器人

柏惠维康生产的瑞医博口腔手术机器人是国内首款获得NMPA认证的口腔手术机器人产品，医生在其定位辅助下可精准完成口腔手术，精度误差控制在1°和0.5mm以内，学习曲线大幅降低，缩短了手术时间，实现了标准化手术。该产品在技术上借助柏惠维康自主研发的软件和算法、独立的光学跟踪导航系统、自动识别的标志物实现口腔内全牙列精准定位、自动种植，已成功应用于多牙位即拔即种、即刻种植、全口无牙颌等高难度种植以及根尖手术、正畸支抗钉植入等拓展领域。瑞医博口腔手术机器人如图6所示。

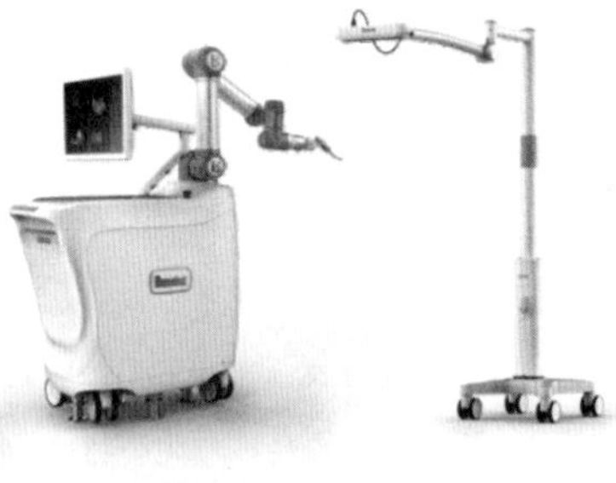

图6 瑞医博口腔手术机器人

3. 上海微创图迈腔镜手术机器人

上海微创医疗机器人（集团）股份有限公司生产的图迈腔镜手术机器人是一款基于微创机器人完全自主开发的腔镜手术机器人系统，于2022年1月27日获得国家药品监督管理局批准上市（注册证号：国械注准20223010108），作为目前唯一一个获准上市的国产四臂腔镜手术机器人，也是“国家创新医疗器械绿色通道”产品。微创机器人拥有完整的自主知识产权，且系统性地解决了底层技术问题，攻克了全链条产业化瓶颈，并率先将临床应用成功拓展到了胸、腹、盆腔等多科室领域的复杂手术。图迈腔镜手术机器人如图 7 所示。

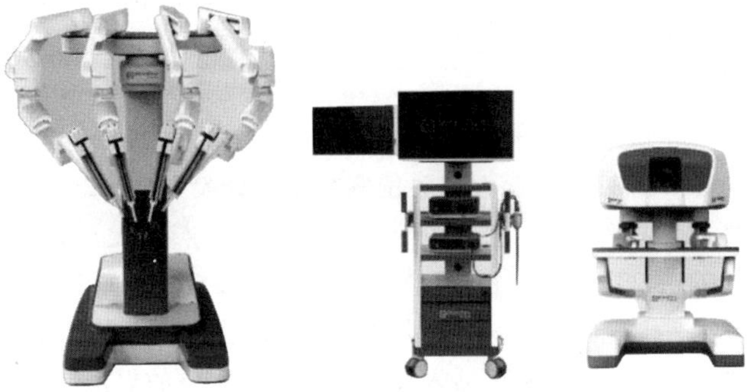

图 7　图迈腔镜手术机器人

4. 三维上肢镜像康复机器人 Wisebot X5

深圳华鹊景医疗科技有限公司于 2021 年发布的三维上肢镜像康复机器人 Wisebot X5，以神经可塑性和镜像神经元等康复理论为基础，为上肢运动功能障碍患者设计了智能康复训练系统，创新性地运用 Brunnstrom 分级和关节活动范围的智能评估技术，自动生成康复训练方案。Wisebot X5 在多个维度实时模拟人体上肢运动规律，不仅提供了主动、被动和主被动训练模式，而且首创了镜像训练模式，实现了双侧协调性的同步训练。三维上肢镜像康复机器人 Wisebot X5 如图 8 所示。

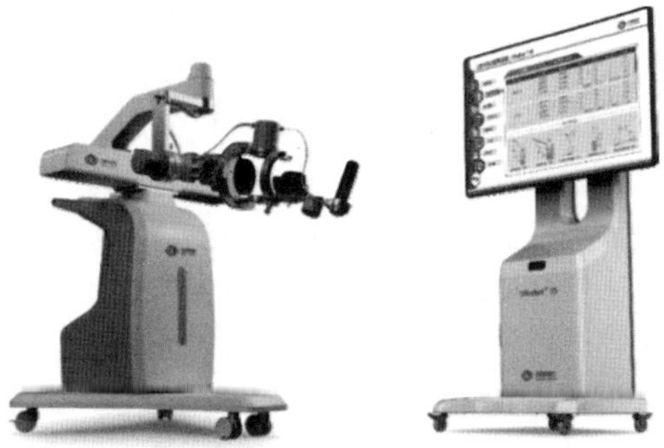

图 8　三维上肢镜像康复机器人 Wisebot X5

5. 优必选紫外线消毒机器人 ADIBOT 净巡士

深圳市优必选科技股份有限公司在 2021 年 1 月推出了紫外线消毒机器人 ADIBOT 净巡士，以智能机器人为基础，采用强效杀菌的紫外线技术，提供无人化、安全高效的消毒防疫解决方案，以科技助力医疗机构、学校、酒店、交通枢纽、图书馆等公共场所的消毒防疫、净化环境、守护健康。优必选紫外线消毒机器人 ADIBOT 净巡士如图 9 所示。

四、趋势分析与预测

1. 技术趋势

（1）微创手术机器人由传统骨科逐渐向更多应用领域扩展。1992 年，美国 Integrated Surgical Systems 公司研发的

图 9　优必选紫外线消毒机器人 ADIBOT 净巡士

ROBODOC 是第一个被美国食品药品监督管理局批准的骨科手术机器人，用于膝关节的置换。近年来，随着腹腔镜、传感技术、机械臂、远程通信、手术导航等技术的发展，手术机器人逐渐开始向各个科室如百花齐放般发展。在骨科、神经外科、血管介入穿刺、多孔腹腔镜等手术中已得到应用，在心脏、泌尿、妇科等科室也处于快速发展阶段，未来发展潜力和市场空间巨大。

（2）单孔手术、自然腔道手术机器人、纳米靶向等新型医疗机器人兴起。单孔腔镜手术机器人和自然腔道手术机器人相比传统的多孔腔镜机器人具有创口范围更小甚至无创口、费用更低、后期康复时间更短等特点，对人体后期康复的影响更小。目前，我国单孔手术机器人和自然腔道机器人的研发进度与北美、日韩等国家的研发进度相对同步。未来，单孔腔镜手术机器人和自然腔道手术机器人或将成为我国医疗机器人产业实现弯道超车的重要细分领域。在医用辅助机器人方面，医疗机器人主要以胶囊机器人和纳米靶向机器人为代表，胶囊机器人通过磁场对胶囊在胃部的控制实现轻松舒适的胃部检查，并已得到大规模的应用；纳米靶向机器人通过磁场控制和血管注入，可将药物靶向输送至人体病灶区域。目前，哈尔滨工业大学和天津大学在纳米靶向机器人领域已有重要研究成果，并有望率先运用于尿路和眼球等组织，成为癌症等治疗领域的颠覆式新技术。

（3）医疗机器人产品的人机交互、感知认知能力更加精确。在医疗机器人的实际使用中，尤其是手术机器人，十分注重人与机器的交互，通过视觉和触觉的实时反馈操作，以提升医师在遥操作时的现实感和真实感，并去除手术过程中不必要的抖动。近些年，随着视觉导航、传感技术、增强现实/虚拟现实（AR/VR）等交互技术的发展，医疗机器人的操作容易度、操作精度和智能化水平都有了很大的提高，同时，也进一步降低了医疗机器人的成本，为医疗机器人的进一步发展奠定了良好的基础。

（4）高校、研究所等科研机构产学研结合促进医疗机器人技术与产业发展。近些年，随着我国一批以国家机器人重点研发计划重点专项、地方重点研发专项等背景的医

疗机器人研究成果纷纷走向产业化和市场化，我国的医疗机器人产业发展有了坚实的技术支撑，并产生了一大批代表性的医疗机器人企业。例如，以北京航空航天大学为背景的天智航、柏惠维康、大艾机器人；以哈尔滨工业大学为背景的康多机器人；以清华大学为背景的赛诺微机器人技术（北京）有限公司；以西安交通大学为背景的深圳睿瀚医疗科技有限公司等企业。同时，随着高校、科研机构产学研结合模式的不断加深，我国医疗机器人行业将会有较大的技术进步和较好的产业健康发展。

2. 市场趋势

（1）人口老龄化加速医疗机器人行业发展。目前，我国人口老龄化进程正在不断加快，预计到2050年，我国老年人口规模将会达到5亿人。随着老龄人口数量的不断增长，养老陪护、健康医疗等需求也随之不断增加。在智慧养老及智慧医疗的逐渐普及下，康复机器人、手术机器人、外骨骼机器人等有望得到规模化的应用，这促进了医疗机器人加速发展。

（2）医疗服务机器人的需求加速增长。2021年，随着经济的发展以及人们对于公共场所防疫、卫生等服务的需求，医疗服务机器人逐渐成为近期发展的热点，例如紫外线消毒机器人、药物配送机器人、咽拭子采样机器人等医疗服务机器人。医疗服务机器人逐渐成为很多公共场所的必备设施，促进了医疗机器人市场规模的持续增长。

（3）微创手术机器人市场空间和需求巨大。随着我国人均可支配收入的增加以及微创手术机器人技术的进步，越来越多的患者愿意尝试采用微创手术机器人辅助进行手术。同时，微创手术机器人为医师带来的防抖、高清图像及导航等便捷功能极大地促进了相关医院对微创手术机器人的需求。在患者和医师的双重需求刺激下，微创手术机器人得到了快速发展。

（4）资本活跃、技术迭代推动微创医疗机器人行业发展。2021年，各大投资机构相继将微创医疗机器人作为热点投资领域，大量资本涌入微创医疗机器人市场，对医疗机器人的发展起到了巨大的推动作用。同时，随着微创医疗机器人相关技术的国产化，国内相关供应链和产业链生态持续完善，进一步推动了国内微创医疗机器人的持续增长。

3. 政策趋势

（1）医疗机器人相关国家规划不断发布。2021年2月，工业和信息化部等发布《医疗装备产业发展规划（2021—2025年）》（征求意见稿），提出要攻关智能手术机器人，提升治疗过程视觉实时导航、力感应随动等智能控制功能，推进手术机器人在重大疾病治疗中的规范应用；2021年6月，国务院办公厅印发的《关于推动公立医院高质量发展的意见》，提出要推动手术机器人等智能医疗设备和智能辅助诊疗系统的研发与应用。2021年年底，工业和信息化部、国家卫生健康委员会等十四个部门联合发布《“十四五”机器人产业发展规划》和《“十四五”医疗装备规划》，提及促进手术机器人、康复机器人等医疗机器人在行业领域中的发展与应用。

（2）医疗机器人服务逐步纳入各地医疗保障政策。近年来，北京、上海等多地将医疗机器人服务逐步纳入当地的医疗保障政策。例如，根据《北京医保局北京卫健委北京人社局关于规范调整物理治疗类等医疗服务价格项目的通知》（京医保发〔2021〕23号）规定：2021年10月23日起，机器人辅助骨科手术进入北京甲类医保支付目录（可100%报销），一次性机器人专用器械获得北京乙类医保支付（可部分报销）；2022年1月17日起，上海市医疗保障局将“经导管主动脉瓣置换术”等48个项目纳入医疗保障支付，进一步减轻群众就医费用负担。医疗机器人服务逐步纳入医疗保障政策，对缓解患者手术费用压力、促进医疗机器人的普及、提升医疗手术质量水平等均带来了促进作用，推动了医疗机器人产业的健康发展。

〔撰稿人：北京航空航天大学陶永、王田苗、韩栋明〕

2021年矿山机器人发展情况

一、概念及范畴

1. 定义

矿区的工作环境大多潮湿且充满有害气体及粉尘，虽然科学的防护措施已经应用到了矿工的生产生活中，但与特殊工种相关联的职业病与安全事故风险仍不容忽视。智慧矿山建设已成为采矿业发展的一大方向，具有重要意义。近年来，随着无人驾驶、5G、人工智能、云计算等新一代信息技术的快速发展，矿山开采行业智能升级得到了推动。

矿山机器人是智慧矿山的一部分，在特种机器人领域又被称为矿业机器人，指在矿业生产领域，用于地质勘查、矿井（场）建设、采掘、运输、洗选等生产环节，以及用于安全检测等作业的机器人。在多数场合，矿山机器人可看作是通过自身动力及自主控制能力来实现特定矿藏开采作业相关任务的一种机电装备，主要用于协助或取代矿藏开采过程中人员做劳动强度大、危险性高的工作，是实现矿藏开采智能化、无人化的重要手段。鉴于目前的矿山机器人多为煤矿用机器人，本文以煤矿用机器人为主要研究分析对象。

2. 分类

2019年，国家矿山安全监察局发布《煤矿机器人重点研发目录》，该目录是国际上提出的首个煤矿机器人技术体系，对煤矿机器人的分类及功能做了明确定义，将煤矿机器人分为掘进、采煤、运输、安控和救援5大类，结合目前机器人和人工智能技术领域的先进技术发展水平，规划了38种煤矿机器人。煤矿机器人分类见表1。

表1 煤矿机器人分类

分类	产品名称
掘进	掘进工作面机器人群、掘进机器人、全断面立井盾构机器人、临时支护机器人、钻锚机器人、喷浆机器人、探水钻孔机器人、防突钻孔机器人、防冲钻孔机器人
采煤	采煤工作面机器人群、采煤机机器人、超前支护机器人、充填支护机器人和露天矿穿孔爆破机器人
运输	搬运机器人、破碎机器人、车场推车机器人、巷道清理机器人、煤仓清理机器人、水仓清理机器人、选矸机器人、巷道冲尘机器人、井下无人驾驶运输车、露天矿电铲智能远程控制自动装载系统、露天矿载货汽车无人驾驶系统
安控	工作面巡检机器人、管道巡检机器人、通风监测机器人、危险气体巡检机器人、自动排水机器人、密闭砌筑机器人、管道安装机器人、皮带机巡检机器人、井筒安全智能巡检机器人、巷道巡检机器人
救援	井下抢险作业机器人、矿井救援机器人、灾后搜救水陆两栖机器人

二、行业现状

2020年2月，国家发展和改革委员会、国家能源局、工业和信息化部等八部委联合印发《关于加快煤矿智能化发展的指导意见》，提出了我国煤矿智能化发展的原则、目标与技术路径，明确了3个阶段发展目标。其中，第一个阶段发展目标为：2021年年底，建成多种类型、不同模式的智能化示范煤矿。

2020年12月，国家能源局、国家煤矿安全监察局印发《关于开展首批智能化示范煤矿建设的通知》，确定71处煤矿作为国家首批智能化示范建设煤矿，其中，井工煤矿66座，露天煤矿5座。

为了进一步指导智能化示范煤矿建设，2021年6月，由国家能源局、国家矿山安全监察局联合印发《煤矿智能化指南（2021年版）》，提出重点突破包括智能机器人在内的系列关键技术与装备，形成智能化煤矿设计、建设、评价、验收等系列技术规范与标准体系。

同时，国家矿山安全监察局安全基础司与工业和信息化部装备工业一司就共同推进矿山智能化建设达成合作备忘录，同时成立了矿山智能化装备与机器人联合推进工作组，计划共同开展调研、启动“矿山智能装备与机器人应用示范煤矿”及遴选、推动矿山机器人标准和检测认证规范修制定等工作。2021年8月，由中国机械工业联合会及中国机器人产业联盟承办的“推进矿山智能装备与机器人攻关验证与应用推广工作线上会议”顺利召开，会议系统性梳理了各方意见和建议，提出加强矿山机器人全寿命周期全要素技术标准研究，健全标准和认证体系，聚焦关键问题，谋划和打造重点示范应用工程，促进智能装备与机器人在产品研发、示范、标准、准入、推广等环节深度合作。

煤矿机器人作业环境复杂恶劣，其他行业的机器人技术难以直接应用。为此，科学技术部在2020年国家重点研发计划“智能机器人”重点专项中特别设立了煤矿机器人方向，首批资助“大型矿井综合掘进机器人”“复杂地质条件煤矿辅助运输机器人”及“面向冲击地压矿井防冲钻孔机器人”3个项目。

目前，列入《煤矿机器人重点研发目录》的5大类38种机器人有不同程度的研发应用。煤矿机器人研发应用情况见表2。

表2 煤矿机器人研发应用情况

类别	名称	所处阶段	主要研发单位	典型应用
掘进	掘进工作面机器人群	已有应用	中国矿业大学（北京）、西安重工装备制造集团有限公司	陕西陕煤榆北煤业小保当煤矿项目
	掘进机器人	已有应用	石家庄煤矿机械有限公司	国家能源投资集团有限责任公司新疆涝坝湾煤矿项目
	全断面立井盾构机器人	已有应用	中国铁建重工集团股份有限公司	陕西陕煤榆北煤业曹家滩煤矿项目
	临时支护机器人	正在研发	西安煤矿机械有限公司	
	钻锚机器人	已有应用	冀凯河北机电科技有限公司	河北峰峰煤矿项目

（续）

类别	名称	所处阶段	主要研发单位	典型应用
掘进	喷浆机器人	已有应用	山东天河科技股份有限公司	中煤新庄煤矿项目
	探水钻孔机器人	正在研发	廊坊市捷德电子科技有限公司	
	防突钻孔机器人	正在研发	河南铁福来装备制造股份有限公司	
	防冲钻孔机器人	正在研发	山东天河科技股份有限公司	
采煤	采煤工作面机器人群	已有应用	天地科技股份有限公司	转龙湾煤矿项目
	采煤机机器人	已有应用	西安重工装备制造集团有限公司	国能神东煤炭集团有限责任公司项目
	超前支护机器人	正在研发	郑州煤矿机械集团股份有限公司	国能神东煤炭集团有限责任公司项目
	充填支护机器人	正在研发	北京天地玛珂电液控制系统有限公司	
	露天矿穿孔爆破机器人	尚未研发		
运输	搬运机器人	尚未研发		
	破碎机器人	正在研发	上海矿山机械制造有限公司	
	车场推车机器人	正在研发	美卓矿山安全设备（徐州）有限公司	
	巷道清理机器人	尚未研发		
	煤仓清理机器人	正在研发	中国矿业大学	
	水仓清理机器人	正在研发	山东鲁班机械科技有限公司	
	选矸机器人	已有应用	天津美腾科技股份有限公司	晋煤赵庄选煤厂项目
	巷道冲尘机器人	尚未研发		
	井下无人驾驶运输车	正在研发	北京北矿智能科技有限公司	甘肃金川集团股份有限公司三矿区项目
	露天矿电铲智能远程控制自动装载系统	已有应用	株式会社小松制作所	澳大利亚铁矿项目
	露天矿载货汽车无人驾驶系统	已有应用	航天重型工程装备有限公司	神华宝日希勒能源有限公司项目
安控	工作面巡检机器人	已有应用	北京天地玛珂电液控制系统有限公司	黄陵一号煤矿项目
	管道巡检机器人	正在研发	合肥市信同信息科技有限公司	
	通风监测机器人	已有应用	山东品诺信息科技有限公司	枣庄矿业（集团）有限责任公司项目
	危险气体巡检机器人	正在研发	中信重工开诚智能装备有限公司	
	自动排水机器人	已有应用	山西焦煤集团有限责任公司	山西焦煤集团有限责任公司项目
	密闭砌筑机器人	尚未研发		
	管道安装机器人	尚未研发		
	皮带机巡检机器人	已有应用	中信重工开诚智能装备有限公司	同煤塔山煤矿项目
	井筒安全智能巡检机器人	已有应用	中信重工开诚智能装备有限公司	枣矿七五煤矿项目
	巷道巡检机器人	已有应用	中信重工开诚智能装备有限公司	同煤塔山煤矿项目
救援	井下抢险作业机器人	已有应用	新松机器人公司	山东能源集团有限公司项目
	矿井救援机器人	已有应用	中信重工开诚智能装备有限公司	梁宝寺煤矿项目
	灾后搜救水陆两栖机器人	已有应用	美国智能系统机器人中心	RATLER 公司项目

注：数据来源于《智能矿山》2021 年第 1 期《煤矿机器人研发进展与趋势分析》。

近几年，采煤机器人得到了较好的应用和推广，其中，自主运行、记忆截割、远程控制和遥操作等功能已相对完善，但由于自主定位导航、煤岩识别等关键技术尚待攻关，采煤工作面机器人多机联动、协同作业稳定性、可靠性等性能仍需提升；掘进机器人发展较快，但仍存在掘支失衡等问题，高粉尘环境下下快速连续定位、快速自动支护、平行巷道同步掘支技术等是目前影响掘进机器人在煤矿井下应用的关键技术难点；辅助运输机器人发展较快，其中，无人驾驶的单轨吊车等井下辅助运输设备已得到较多应用；煤矿井下巡检类机器人发展较为成熟，其中，有轨式巡检机器人避开了井下复杂地形对机器人运动的干扰，已在井下皮带机、泵房、变电室等场景获得较多应用，其井下充电的便捷性以及高性能的智能识别能力是未来发展的重要方向；露天开采类机器人因其与传统无人驾驶结合较为紧密，国内已孵化多家科技企业，并已开展应用示范，处于市场推广阶段。

三、技术成果

1. 政策及标准

2021 年 6 月 5 日，国家能源局、国家矿山安全监察局印发《煤矿智能化建设指南（2021 年版）》。

安标国家矿用产品安全标志中心有限公司针对煤矿机器人有关防爆安全、锂离子电池涉及的井下充电安全、产品性能验证技术方法等方面进行了深入调研与技术研讨，于 2021 年形成了两项行业标准：《煤矿井下机器人安全标志管理方案》和《煤矿井下机器人基本安全要求（试行）》。中国机器人检测认证联盟已经启动矿山机器人中国机器人（CR）认证项目，以《煤矿井下机器人安全标志管理方案》和《工业机器人行业规范条件》为基础，将矿山机器人 CR 认证纳入《煤矿井下机器人安全标志管理目录》。

2. 专利情况

中国知网数据显示，截至 2021 年 12 月 31 日，全国矿山和煤矿类机器人的公开的专利数量为 307 件。从应用场景看，应用于煤矿井下场景的专利数量最多，有 73 件；从功能来看，应用于巡检的机器人专利数量最多，有 45 件。

近几年，矿山机器人得到了较大的发展，公开申请的专利数量较多。2017—2021 年我国矿山机器人专利情况如图 1 所示。

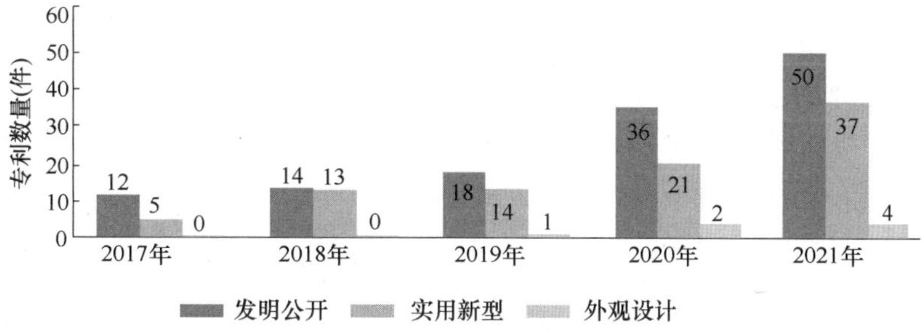

图 1　2017—2021 年我国矿山机器人专利情况

3. 典型示范应用案例

目前，矿山机器人已经在一些场景中试验并进行了示范应用。

（1）中信重工开诚智能装备有限公司。中信重工开诚智能装备有限公司研制的煤矿侦察救援机器人能够采集现场多种气体和环境参数信息，搭载 360° 防爆双视云台，实时采集并分析现场图像、声音等信息，具有有线和无线两种传输方式。该机器人在内蒙古自治区、山西省、贵州省等地投入应用，进一步保障了煤矿的安全高效生产工作。特别是在梁宝寺煤矿井下掘进工作面发生火灾事故中，该机器人协助现场救援人员进行了灾区侦察，在煤矿救援工作中发挥了重要作用。

（2）中煤科工集团重庆研究院有限公司。中煤科工集团重庆研究院有限公司依托国家重点研发计划项目“煤矿井下瓦斯防治无人化关键技术与装备”（2018YFC0808000），建成了河南平宝煤业有限公司示范工程 1 项，累计施工钻孔 133 个。钻孔机器人实现了自主定位导航、自动装卸钻杆、自适应钻进施工和自动封孔锚固等功能，操作人员由原来的 4 人施工减为 1 人值守，劳动强度大幅降低。项目核心成果在安徽省、河南省矿区建成 7 条智能钻孔作业线，减少钻孔作业人数 50% 以上，钻进效率提高 60% 以上，获 2021 年度中国煤炭工业科学技术奖一等奖，并在 2021 年的“十三五国家科技创新成就展”中展出。ZYWL-4000 型煤矿井下瓦斯抽采钻孔机器人如图 2 所示。煤矿井下智能钻机如图 3 所示。

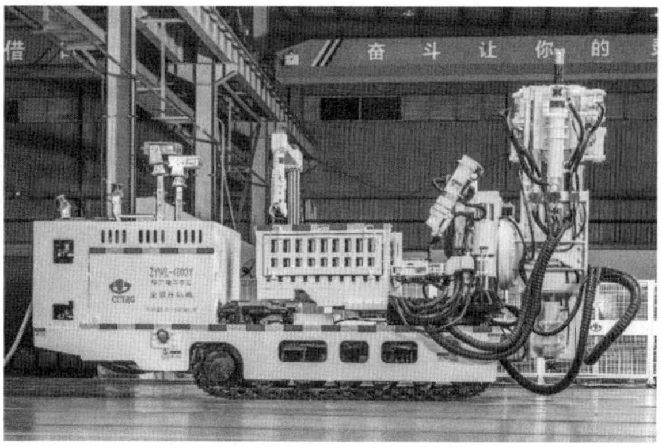

图 2　ZYWL-4000 型煤矿井下瓦斯抽采钻孔机器人

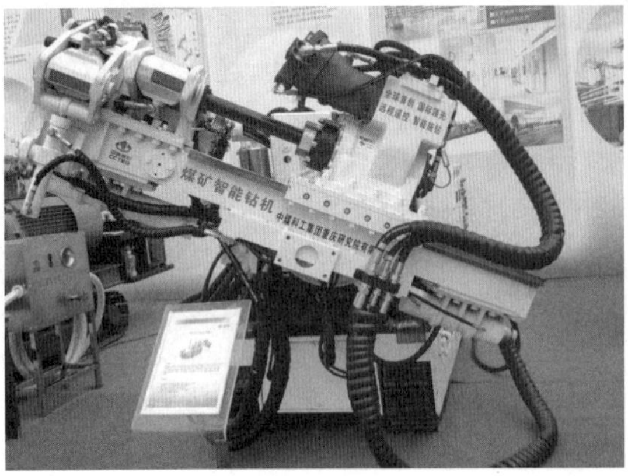

图 3　煤矿井下智能钻机

（3）黄陵矿业集团有限公司。黄陵矿业集团有限公司的智能巡检机器人群通过模拟中医的“望、闻、问、切”对设备进行视频、现场环境、数据采集、红外探测等日常巡检，发现故障及时报警，并提示报警类型和报警地点。为了将智能巡检机器人与安全生产紧密地结合起来，黄陵矿业有限公司创新性地增加了“思”。“思”是指实现巡检机器人群与控制系统的融合联动，当巡检机器人发现故障时，根据报警等级，与控制系统融合联动，对达到停机条件的系统发送紧急制动指令，同时关联保护装置，在最大程度上降低故障损失。智能巡检机器人群的巡检效率是人工巡检的 2 倍以上。

四、趋势分析与预测

目前，煤矿智能化发展势头良好，但距离全矿井、全矿区机器人化、无人化还有很大的距离。未来，我国需要突破核心关键技术、建立行业标准和检验检测认证体系并加快工程实践应用。

1. 核心技术攻关

煤矿的爆炸性气体环境、非结构性地形、封闭受限空间、全球定位系统拒止场景等均给煤矿机器人对研发工作带来了严峻挑战，因此，煤矿机器人需要满足更严格的防爆、电气安全、通信控制、电磁兼容和井下充电管理等多种安全要求。煤矿防爆设计理论框架在一定程度上限制了煤矿机器人动发展，煤矿机器人轻质防爆材料、长续驶时间和高能量密度的机器人动力技术、井下特殊作业环境机器人自主精准定位技术以及无线通信技术等关键技术尚未有效突破，导致大多数煤矿机器人都难以满足井下多粉尘、低光照以及非结构化受限空间下重负荷作业要求。因此，对关键核心技术进行攻关，开发核心技术单元仍将是煤矿机器人行业未来的研究重点。

2. 加强标准体系建设，提升检测认证能力

《关于加快煤矿智能化发展的指导意见》，将推进煤矿智能化标准体系建设作为核心基础发展任务。目前，煤矿机器人相关概念没有明确定义，容易混淆，概念和术语需要标准来统一。未来，煤矿机器人装备研发设计将趋于平台化、系列化、标准化和模块化，统一的标准化接口和通信协议，有利于实现零部件共享、降低产品的开发周期和研发成本，同时，也有利于构建煤矿机器人运维及安全监测大数据平台。另外，随着煤矿用机器人生产企业数量的增加，制定标准迫在眉睫。

煤矿领域机器人检测检验的推进及检验规范的制定是该领域技术发展到一定程度的必然结果，同时也是市场的需要，不仅能够为企业研发的煤矿机器人提供资质评定，也可为用户提供参考依据。工业和信息化部、国家机器人检测与评定中心、国家矿山安全监察局、安标国家矿用产品安全标志中心正策划深度合作，统筹资源，建立完善基于机器人安全准入标准和产品质量、软硬件可靠性标准的标准体系。

3. 示范应用及推广

坚持典型示范与全面推进相结合的原则是重大技术进步发展的成功经验。在列入《煤矿机器人重点研发目录》的 38 种机器人中，有 19 种煤矿机器人已在煤矿现场实现了不同程度的应用，但多数示范应用项目还停留在反复试验验证阶段，距离完全投入使用还存在差距，这需要政府持续的政策和资金支持及煤炭生产单位落实，各方合作扎实推进煤矿机器人的示范应用。

〔撰稿人：重庆凯瑞机器人技术有限公司（原重庆德新机器人检测中心有限公司）韩文香、李本旺、冉坤，中煤科工集团重庆研究院有限公司宋文〕

2021 年安防机器人发展情况

一、概念及范畴

1. 定义

随着经济的不断发展和技术的不断进步，安防行业已经成为社会公共安全体系的重要组成部分，并已从传统的人员安防、物理安防向数字时代的科技安防、智能安防方向发展。随着 5G、人工智能（AI）、大数据、云计算产业

的发展，作为实现动态安防的重要载体，安防机器人越来越多地出现在人们的生产和生活之中。安防机器人是集结构力学、机械动力学、无线通信、自动控制、自主导航等重要技术于一身的多功能机器人，是半自主、自主或者在人类完全控制下协助人类完成安全防护工作的机器人。

随着社会人口老龄化加重、劳动力成本飙升、安保人员流失率高等问题的不断涌现，传统的“人防+物防+技防”模式已经难以适应现代安防需求，安防机器人迎来新的发展契机。安防机器人不仅能把人类从繁重的劳动中解放出来，代替传统的人力劳动完成巡检安防任务，发现典型问题，而且更能提高巡逻质量，扩大巡逻范围，丰富监测指标。安防机器人从单一功能发展到多种功能类型，应用领域也从工业生产扩大到巡检安保、楼宇监控、反恐应急和智能家居等多个方面，发展速度和探索进度不断加快。

2. 分类

作为机器人行业的一个细分领域，安防机器人作用在多场景、全方位守护和保障公共安全。安防机器人在应用场景上可分为室内、室外两种类型，在产品形态上有轮式和轨道式两种基本形态，在应用功能上可分为监控类、巡检类、侦察类、排爆类和武装打击类等类型，以满足各类行业客户在不同应用场景下的公共安全需求，如变电站、发电厂、开放式或半开放式广场和全封闭式或半封闭式园区等，立足于实际生产生活需要，用来解决安全隐患、巡逻监控及灾情预警等，从而减少安全事故的发生，减少生命财产损失。

目前，安防行业中机器人主要分为以下几类：

（1）监控类机器人。监控机器人在化工、交通、电力、社区、园区等场所有广泛的应用场景。目前，监控机器人逐步走进千家万户，可以及时发现入室盗窃、老人及儿童的异常行为并发出警报，还可以集成更多功能，为普通家庭提供更加全面的安全监控服务。

（2）智能巡检类机器人。智能巡检机器人主要携带红外热像仪、可见光摄像机、危害气体传感器等检测装备，将画面和数据实时传输至远端监控中心。经过机器学习训练后，智能巡检机器人可对现场事故隐患和故障先兆自动判定和报警。由于智能巡检机器人在环境应对方面具有人所不及的优势，越来越多的智能巡检机器人被应用到安防巡检、电力巡检、轨道巡检等特殊场所，让特殊场所的巡检工作更安全。

（3）侦察类机器人。侦察机器人主要用于对敌目标探测、识别等，通过远程操控装置可以在山地、丛林等多种场景下实时传送画面和语音信息。

（4）排爆类机器人。通常分为大型排爆机器人和小型排爆机器人，属于作业型机器人，可替代人接近可疑物，进行爆炸物识别、转移和销毁等作业，保障排爆警察的人身安全。一般通过有线或无线遥控操作，具备跨越一定障碍的能力。

（5）武装打击类机器人。武装打击类机器人一般具备监控、侦查、打击等功能，主要用于各类反恐及战斗现场。

二、市场概况

2021年是“十四五”开局之年。2021年3月，《中华人民共和国国民经济和社会发展第十四个五年规划和2035年远景目标纲要》发布，文中明确要统筹发展和安全，建设更高水平的平安中国；明确要加强社会治安防控，编织全方位、立体化、智能化社会安全网；健全社会矛盾综合治理机制、推进社会治安防控体系现代化，提高社会治安立体化、法治化、专业化、智能化水平，健全社会治安防控体系；推进公安大数据智能化平台建设。2021年6月，针对安防行业发展，中国安全防范产品行业协会发布《中国安防行业“十四五”发展规划（2021—2025年）》，指出“十四五”安防行业需坚持创新驱动发展的理念，进一步塑造产业发展优势，通过打造现代产业体系，构筑产业发展新支柱，依托新一代信息技术，进一步拓展市场新领域、繁荣行业新生态。

随着新一代信息技术的融合应用，在AI、大数据等技术融合下，安防机器人的更多细分应用场景正在喷涌而出，泛安防时代AI视觉助推安防行业数字化转型。在这种趋势下，各行业相关管理部门通过出台相应的政策法规，推动新技术的落地应用，新应用场景的再开发。受新冠肺炎疫情蔓延以及各行业数字化影响，社会管控类、测温类门禁、通道类、停车场类安防机器人需求显著增长，在社区、校园、园区、商业等应用场景遍地开花，发展潜力及规模很大。

1. 社区安防

社区是城市的“细胞”，作为居民日常工作、生活的主要场所，保障社区安全是社会治安工作的重点，但社区场景复杂、人员冗杂等特性也为安防工作带来一定挑战。虽然国家大力提倡智慧社区建设，但目前社区安防建设仍处于初级阶段。目前，已有部分社区采用监控摄像头、车辆卡口、人脸卡口、智能门禁等科技手段，但多主体下的产品开发，仍然难以实现标准化且互相兼容，最终无法形成有效的全面防控体系。

近两年来新冠疫情给社区治理带来严峻考验，小区物业、社区居委会、志愿者成为疫情防控主力军，在人员管控方面发挥了巨大作用。但单纯依靠人力则表现出人员成本高、执行力参差不齐，无物业的小区管控难度大等问题。为进一步提升社区的数字化治理作用，目前各地均开始推出政策推动智慧社区建设，社区场景处于大规模爆发阶段的前夕。

例如，上海市某小区有18栋中低层楼，综合考虑保安巡逻频次、轮换班制度等因素，至少需要8人的保安队伍以维持正常运营。据了解，小区保安的薪资水平在4 000元/

月左右，该小区每年保安人力成本费用为38.4万元。目前社区安防机器人的价格大概在10万元左右，可替代人工巡逻检查，如将机器人投入小区使用，将在短时间内收回投入成本，大大降低了人工费用。

2. 校园安防

校园安防体系是校园中各类意外事件的第一道防线。作为学生聚集的重要场所，校园安全管理对学生的健康成长至关重要。由于校园中的活动主体是学生，其年龄普遍偏小且安全意识较弱，需要得到更全面的保护。目前，高中及以下的校园对人员出入有着严格的限制；但也有很多高校是开放式的，与周围环境界限模糊，此时对学生的保护显得更加重要。随着科技的发展以及新冠疫情的发生，校园安防出现了新的形式，传统的校园安防产品需要及时更换才能助力校园安防建设稳固前行，学校对智能化安防的需求迫在眉睫。

教育部公布的数据显示，2021年全国共有各级各类学校52.93万所，在校学生2.91亿人，专任教师1 844.37万人。其中，学前教育阶段学校有29.48万所，在园幼儿4 805.21万人；义务教育阶段学校有20.72万所，在校生1.58亿人；高中阶段学校及普通高校有1.46万所，在校生2 605.03万人。随着校园安防各项目建设的要求越来越高，所需投入也将明显增加。一般来说，幼儿园安防项目所需投入金额平均单价为20万元左右，初中、小学安防项目所需投入金额平均单价为40万元左右，高中安防项目所需投入金额平均单价为50万元左右，普通高校安防项目所需投入金额平均单价为250万元左右，部分高校的安防项目投入甚至上达到千万元。目前，国内中小学安防市场存在近百亿元的存量市场，对安防机器人行业来说无疑是巨大的商机。

3. 园区安防

产业园区作为区域经济发展的龙头，是对外开放、招商引资的主要载体，是发展高新技术产业、促进产业集聚的重要平台，包含工业园区、自贸园区、物流园区、产业园区和文化创意产业园区等众多形态。作为产业聚集地，园区经济已经是我国经济的主要增长动力。目前，园区正在由功能单一的产业区向现代化综合功能区转型，呈现出“社区化”的趋势，融合了商业服务、金融信息服务、管理服务、医疗服务、娱乐服务等综合功能。而随着园区内的场景愈发复杂，人流量不断扩大，对安防的要求也逐渐提高。随着智慧城市概念的引入，“智慧园区”理念进入公众的视野。智慧园区是智慧城市的重要表现形态，以绿色、节能、安全为基础，涵盖智慧门禁、智慧访客、智慧停车、安防、消防联动、考勤、智慧办公、广播、设备巡检等系统，集软硬件平台于一体，并通过综合管理平台实现对各网络设备的集中化管理和智能化管控。

4. 商业安防

商业是国民经济发展的重要产业，关系到人们衣食住行的各个方面。近年来，随着我国经济由高速增长阶段转向高质量发展阶段，消费已成为经济增长的主引擎，零售市场规模创新高。据国家统计局《中华人民共和国2021年国民经济和社会发展统计公报》显示，2021年全年社会消费品零售总额达到440 823亿元，同比增长12.5%，对经济增长的作用显著。虽然近年来电商发展火热，线上零售额不断攀升，但仍然有许多消费者倾向于去实体店消费，究其原因是实体店所承载的体验感是网购无法取代的，社会消费品零售总额的76%仍来源于实体商业。实体商业主要涵盖购物中心、商超、便利店等形态。从安防角度看，购物中心、商超、便利店作为开放式商业场所，人员流动较大且冗杂，对商业场景的安全防范提出了挑战。

从百货商店、连锁商店和超级市场，到无人零售，安防技术始终伴随零售业各个阶段的发展。从防盗防损到零售精细化管理，再到基础设施可塑化、智能化和协同化，都是以物联网技术、图像智能分析技术、生物特征识别技术在原有防盗防损基础上的应用与延伸，这也是目前安防产品技术发展新动向。安防机器人正在拓展细分领域。

三、发展趋势

近年来，随着技术的发展，人工智能开始进入工业大生产现场并实现了大规模的产业应用落地，智能安防的时代亦悄然到来。在国家“强化国家战略科技力量”和“增强产业链供应链自主可控能力”发展中，安防行业的发展将迎来诸多利好。

2021年“十四五”规划开启，更高水平的平安中国建设、社会治理体系和治理能力现代化建设、新基建、智慧城市建设和各行业的数字化转型等的深入推进将给大安防带来更多机遇。从AI发展落地应用看，疫情促使“AI+安防”加速落地，比如AI测温摄像机、安防机器人、安检门等产品在新冠疫情期间发挥了巨大作用，在大数据整合应用、人脸识别无接触应用、智能巡检等方面实现了应用突破。

作为服务机器人的十大应用场景之一，安防机器人同样展现出了强劲的发展势头。在互联网时代信息安全问题日益受到关注的环境下，传统安防体系已不能满足人们对于智能安防的强大需求，未来安防机器人的市场需求将进一步提升。尤其是对于非结构化的场景需求来说，随着机器人的智能化水平不断提高，安防机器人正为业界提供一种新的解决问题的思路。随着安防机器人成本逐年下降，机器人规模化替代人工的现象也将发生。在国家“天网工程”和“雪亮工程”的大环境下，结合我国机器人完善的产业链条，安防机器人站在了产业和行业两个风口上。目前，巡逻机器人不能满足安防行业的需求，在接下来的几年，我国安防机器人也将从功能单一的巡逻类机器人增加到监控类、侦查类、排爆类和武装打击类多种类型，应用领域也从工业生产扩大到巡检安保、楼宇监控、反恐应急和智能家居等多个方面，发展速度和探索进度将不断加快。我国应加快安防机器人产业布局，加大安防机器人领域技术研发力度，加强人才培养，完善行业标准，为促进安防机器人行业快速、持续、高质量发展而努力。

〔撰稿人：上海机器人产业技术研究院刘凤义、郑军奇、刘碧珊〕

2021 年水下机器人发展情况

一、概述

近年来，水下机器人（又称“无人潜水器”）在海洋科学研究、深海资源勘查、海洋工程及战略高技术等领域得到了广泛应用。水下机器人通常可分为：自主水下机器人（Autonomous Underwater Vehicle，AUV）、有缆遥控水下机器人（Remotely Operated Vehicle，ROV）和自主/遥控水下机器人（Autonomous & Remotely operated Vehicle，ARV）。此外，水下滑翔机（Autonomous Underwater Glider，AUG）作为一种靠浮力驱动的新技术产品，适用于长时间、大范围海洋环境观测，技术逐渐成熟。

探索和认识海洋需要包括水下机器人在内的多种海洋技术装备。“十二五”及“十三五”期间，国家重点部署了 4 500m 级和 11 000m 级深海技术装备的研制。我国深海技术装备实现了跨越式发展，其中，最具影响力和有代表性的是 4 500m 级的“深海勇士”号、7 000m 级的“蛟龙”号和 11 000m 级的“奋斗者”号载人潜水器，这些潜水器引领了我国深海装备的系列化发展。同时，水下机器人也在快速发展，以“潜龙/探索/悟空”系列自主水下机器人、“海星/海龙/海马”系列遥控水下机器人、“海斗/思源”系列自主遥控水下机器人、“海翼/海燕”系列水下滑翔机等为代表的深海无人装备成功研制与应用，形成了有人和无人装备协同发展的态势。《中华人民共和国国民经济和社会发展第十四个五年规划和 2035 年远景目标纲要》进一步提出，要在深海、极地等前沿领域实施一批具有前瞻性、战略性的国家重大科技项目。

二、2021 年典型产品技术成果

2021 年是我国“十四五”开局之年，在我国科技工作者的不懈努力下，深远海装备领域硕果累累，捷报频传。回首 2021 年，“海斗一号”自主遥控水下机器人再次完成万米海试并实现探测作业一体化应用、“奋斗者”号载人潜水器正式交付并开展业务化运行、“悟空号”自主水下机器人成功实现万米下潜等，不胜枚举。下面重点介绍 2021 年我国水下机器人的代表性技术成果。

1. 我国万米科考进入作业应用新时代

2021 年，我国全面进入万米深潜科考探测作业的应用新时代，多个标志性的事件举世瞩目。

（1）“海斗一号”跨入万米科考应用新阶段。2021 年 10 月，我国自主研制的“海斗一号”自主遥控水下机器人（如图 1 所示）在马里亚纳海沟深渊科学考察应用中，取得世界级成果。在无缆自主（AUV）模式下，最大下潜深度达到了 10 908m，海底连续作业时间超过 8h，填补了我国全海深 AUV 技术与装备空白。在国际上首次实现了对“挑战者深渊”西部凹陷区的大范围全覆盖声学巡航探测。在自主遥控混合（ARV）模式下，“海斗一号”在万米海底连续工作超过 10h，创造了我国潜水器万米海底最长工作时间的纪录，实现了万米海底定点实时高清精细观测。

图 1 “海斗一号”自主遥控水下机器人

（2）“奋斗者”号正式交付，开展常规科考应用。2021 年 3 月，“奋斗者”号载人潜水器（如图 2 所示）正式交付，标志着“奋斗者”号从研制阶段转入应用阶段。2021 年，“奋斗者”号总计完成了 51 次下潜，助力我国万米深潜次数和人数位居世界首位。通过海上试验与应用的摸索，“奋斗者”号已建立 5 天 3 潜的高效作业模式，拓展了布放回收适应海况的作业能力，为更多的科学家提供了下潜到世界最深处的科学考察机会。

（3）“悟空号”完成深渊试验，创 AUV 深潜新纪录。

图 2 “奋斗者”号载人潜水器

2021 年 11 月，我国自主研制的“悟空号”自主水下机器人（如图 3 所示）在马里亚纳海沟成功完成 4 次超万米深度下潜，超过国外 AUV 于 2020 年 5 月创造的 10 028m 的 AUV 潜深纪录。“悟空号”在试验中采集到了深渊海底图像与视频，并完成海试验收。“悟空号”的成功研制为我国深渊科考提供了新的技术手段。

图 3 “悟空号”自主水下机器人

（4）“思源号”完成西太平洋海上试验。2021 年 8 月，“思源号”自主遥控水下机器人（如图 4 所示）在西太平洋公海海域完成了深海试验，最大下潜深度达 8 072m，最长海底工作时间超过 8h，完成了海底探测和取样等多种测试，验证了装备的稳定性和强大的海底作业能力。

图 4 “思源号”自主遥控水下机器人

2. 全海深核心技术装备全面支撑万米作业

2021 年 8 月至 12 月，“奋斗者”号全海深载人潜水器开展了两个航段的科考应用（如图 5 所示）。我国自主研制的钛合金载人舱、固体浮力材料、高速数字水声通信系统、控制系统、机械手等核心技术装备为实现“奋斗者”号国产化目标以及科考应用发挥了重要的作用。

“奋斗者”号的控制系统具有功能智能、控制精准、安全性高等优点，能够完成高精度的海底巡航、定点作业等任务，同时，能够在线智能预警设备风险，具有语音告警及冗余、容错控制等功能，是“奋斗者”载人潜水器的关键核心系统。2 套全海深主从伺服液压机械手在首次常规科考应用中累计完成下潜作业 46 台次，其中有 12 台次下潜作业的作业深度超过 10 000m，具有负载能力强、控制精度高、灵活高效等优点，可在万米海底完成样品采集、设备布放、设备仪器操作等精细作业，是“奋斗者”载人潜水器的核心作业装备。

图 5 “奋斗者”号全海深载人潜水器开展常规科考应用

3. 我国自主水下机器人在北极海域首次实现科考应用

2021 年 8 月，在我国第十二次北极科学考察中，“探索 4500”自主水下机器人（如图 6 所示）在北纬 85°的北冰洋海底开展了深海热液活动科学考察，这是我国自主水下机器人在北极海域的首次科考应用。“探索 4500”在海冰覆盖区域成功下潜 2 次，获取了近海底高分辨多波束、水文及磁力数据，为加克洋中脊地形地貌、岩浆与热液活动等北极深海前沿科学研究提供了重要支撑，标志着我国已具备高纬度密集冰区海底自主探测能力。

4. 系列长续航潜水器连创佳绩

（1）“海翼”水下滑翔机和“海燕”水下滑翔机再创佳绩。“海翼”水下滑翔机（如图 7 所示）和“海燕”水下滑翔机（如图 8 所示）先后完成了长续航力海上试验，无故障工作时间均超过 300 天，续航力均突破 5 000km。无故障工作时间、续航力、剖面数再创我国水下滑翔机新纪录。

图 6 “探索 4500”自主水下机器人

图 7 “海翼”水下滑翔机

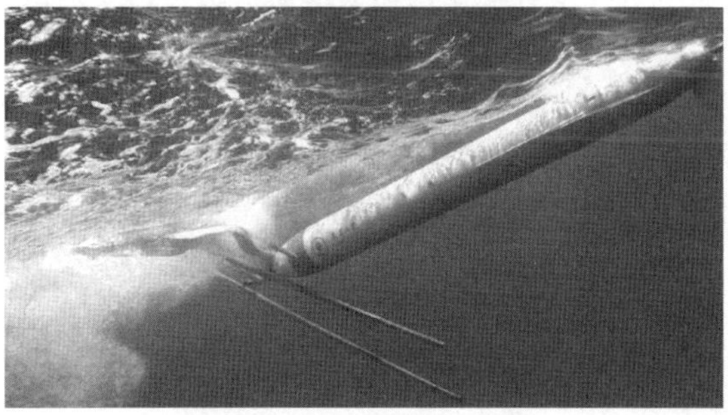

图 8 “海燕”水下滑翔机

（2）“海鲸 1000”自主水下机器人圆满完成加强海试应用任务。2021 年 7 月，“海鲸 1000”轻型长续航力自主水下机器人（如图 9 所示）圆满完成了加强海试应用任务。试验过程中“海鲸 1000”持续观测时间超过 80 天，续航力超过 4 000km，获得了该海区高密度的温、盐、流数据，为南海西边界海洋动力过程研究提供了重要数据支撑，同时刷新了轻型 AUV 无故障工作时间、续航时间和续航力的世界纪录。

图 9 “海鲸 1000”轻型长续航力自主水下机器人

5. 新概念水下机器人取得阶段性成果

（1）“漫游者潜水器”开展海试应用。2021 年 2 月，漫游者潜水器与深海多位点着陆器“鹿岭”号在南海“海马”冷泉区域进行了航次应用试验，最大下潜深度达 1 389m。漫游者潜水器在该航次中着陆 1 400m 级海底区域作业 2 次，实现了与“深海勇士”号载人潜水器的联合作业；2021 年 8 月，漫游者潜水器在南海海试中实现进出坞 2 次，表明漫游者潜水器达到了实用化程度，产生了较好的应用效益。漫游者潜水器与“深海勇士”号载人潜水器在“海马”冷泉联合作业情况如图 10 所示。

图 10 漫游者潜水器与“深海勇士”号载人潜水器在“海马”冷泉联合作业情况

（2）基于升力原理的高速潜水器。2021 年 3 月，基于升力原理的高速潜水器（如图 11 所示）圆满完成海上验收试验。基于升力原理的高速潜水器创新性地应用了基于升力原理的三体四翼多推构型和增升减阻优化方法，重点突破了大正浮力升力体潜水器优化设计技术，具有宽航速、大负载、强环境适应能力的在线神经网络自适应控制技术，填补了我国基于升力原理的深海高速大负载 AUV 的空白。通过搭载多波速侧扫声呐及扩展载荷，基于升力原理的高速潜水器在海底地形地貌高效测量、应急搜救、海洋要素快速取样监测等领域有重要的应用价值。

图 11　基于升力原理的高速潜水器

（3）滑扑一体仿蝠鲼柔体潜水器。2021 年 9 月，仿蝠鲼柔体潜水器（如图 12 所示）在西沙北礁海域成功海试，完成了 1 025m 大深度的滑扑航行试验，并采集了温盐深水文信息，取得了重大科研突破，成为国内首例具有应用能力的仿生水下潜水器，未来将在海洋环境保护等方面发挥重要作用。

图 12　仿蝠鲼柔体潜水器

（4）“水下直升机”海试成功。2021 年 8—9 月，新概念潜水器“水下直升机”（如图 13 所示）在南海完成海试验收，下潜深度超过 1 000m。“水下直升机”是我国有完全自主知识产权的新型自主无人潜水器，可长期驻留海底工作，有自由“起降”、定点悬停、全周转向和近底航行等功能，可用于海底移动观测、资源勘探等。

三、趋势分析与预测

近年来，以互联网、大数据、人工智能为代表的新一代信息技术蓬勃发展，水下机器人的自主性、互操作性、网络安全性要求也越来越高。同时，随着集群协同、智能决策、人机交互技术日臻完善，适应新形势的水下机器人无人集群模式应运而生。“平台无人、系统有人”成为水下机器人系统乃至于无人系统的重要标志。

图 13　“水下直升机”海试

我国正不断加大水下机器人研发投入，已成为全球水下机器人产量最多的国家之一。在国家发展智慧海洋战略的背景下，我国对水下机器人的需求仍将扩大，到 2025 年，我国水下机器人的需求量将增长至目前的 2~3 倍，市场潜力正在不断释放，未来前景广阔。随着水下机器人的普及化应用，尤其是深海深渊重大装备的普及化应用，基础材料、单元器件、传感器设备等基础学科或单元技术将得到较快发展。深海探测与作业单元技术与设备的发展和深渊技术体系的建立，将带动万米相关领域设备的产业化进程，推动我国全海深科学研究与技术装备的跨越式发展。

关于水下机器人未来发展，从水下机器人装备和作业及科考模式的角度，有以下发展趋势：

一是水下机器人装备，将从单次科考作业模式，向水下长期驻留式发展；从单台科考作业模式，向多类型、多台套协同探测可靠作业模式发展。针对深海探测、深海开发的需求，在实现水下机器人智能化提升的基础上，对海底特定区域开展长期驻留的原位自主科学考察；对已知目标区域开展多平台协同的联合科学考察，充分发挥不同水下机器人的探测和作业优势，整体上提升水下机器人的应用效率。为此，需开展水下能源供应、水下对接与数据能源交换、水下设备模块化更换、水下协同组网、水下长时间材料防腐蚀等关键技术研究。

二是在科考模式上，从装备验证向科学应用方向转变。随着水下机器人能力的提升，深海到达能力已经不再是未来海洋科考的主要目的，瞄准走向深海、跨越两极的战略目标，在深海极地等极端环境，开展水下机器人对特定区域、特定目标、特定海洋特征的探测应用，从应用中推进技术提升，将有效地带动水下机器人技术和装备的良性发展。

〔撰稿人：中国科学院沈阳自动化研究所赵宏宇、阎述学、王振宇、张奇峰〕

2021 年助老助残机器人发展情况

一、概念及范畴

1. 基本概念

助老助残服务机器人（简称“助老助残机器人”），又称“残障辅助机器人”。在国际上，国际机器人联合会（IFR）曾对残障辅助机器人有一个较为全面的定义，即残障辅助机器人旨在帮助残障人士进行日常活动或提供治疗以改善身体或认知功能。2020 年，IFR 对助老助残机器人的定义进行了修订，即助老助残机器人旨在帮助年龄大或残疾的人，其可用于协助日常活动，从而支持独立生活。从上述定义可以看出，在助老助残服务机器人中，助老部分的应用对象以中、高龄老人为主；助残部分的应用对象则主要是身体残疾的残障人士。

2. 分类

按照服务人群分类，助老助残机器人主要包括面向身体衰退老人的助老机器人和面向身体残疾患者的助残机器人两大类，前者常见的有多功能护理床、助行机器人、护理机器人等，后者常见的有电动轮椅、智能假肢、仿生假手等；按照功能作用分类，助老助残机器人又包括：精神慰藉机器人、评估防护机器人、功能辅助及代偿机器人、康复训练机器人和智能照护机器人五类。

二、行业现状

在老龄化趋势日益严峻，人口红利逐渐消退，养老需求剧增，护理人员短缺的社会背景下，“机器人代替人，服务人”逐渐成为未来社会养老发展的重点方向。利用先进的服务机器人技术，不仅可以辅助健康、亚健康、轻度失能、中度失能残障人士完成部分日常活动（如聊天、出行、取物等），提高残障者的生活自理能力，还可以辅助护理人员进行半失能、失能老年人的日常照护（如翻身、康复、洗澡等），降低护理人员的工作强度。

助老助残机器人作为新兴的服务机器人的子门类，是随着人类文明的进步和机器人技术的应用拓展逐步发展起来的。目前，我国的助老机器人尚处于起步阶段，很多技术研究停留在实验室阶段，整个行业的企业平均注册时间不长，企业规模也不大，产品种类较少，以情感陪护机器人、多功能护理床、康复训练机器人等为主。我国的助残机器人在电动轮椅、上肢假手、下肢膝关节等传统康复辅助器具方面有部分产品积累，但相关企业规模不大，产品技术含量不高，产品种类单一，产品相似现象较为严重。

总体而言，由于助老助残机器人的目标人群需求多样，涉及范围广，产品种类多，目前我国尚未形成统一产品分类体系，与医疗器械、康复辅助器具等存在相互包含、相互交叉的情况，缺少独立的数据统计归口，相对准确的助老助残机器人行业产值数据来源尚不明确，所以在研究助老助残机器人统计数据时只能参考服务机器人、养老产业等相关市场数据。

三、技术成果

1. 科研成果

在国家重点研发计划“智能机器人”“主动健康和老龄化科技应对”“数字诊疗装备研发”等专项与国家自然科学基金的持续支持下，2021 年，我国助老助残机器人取得了阶段性成果。例如，由解放军总医院牵头，皮红英教授负责的国家重点研发计划“老年人跌倒预警干预防护技术及产品研发”项目成果“老龄精准防跌倒技术及应用生态服务链”在 2021 年国家“十三五”科技创新成就展上获得了各界的认可。该项目针对跌倒评估准确性不足的问题，构建了集“评估、干预、预警、防护”多位一体的老龄精准防跌倒技术及应用生态服务链。

在国家自然科学基金委员会和北京市科学技术委员会的支持下和北京航空航天大学陈殿生教授的指导下，魏杰等人设计的全柔性穿戴式上肢助力外骨骼机器人（如图 1 所示）获得了北京市大学生工业设计大赛一等奖。该设计使用基于 TPU-fabric 的织布软体气动驱动器，使机器人兼具传统软体驱动器的柔顺度高、人机安全度高的优点和刚性外骨骼输出力大的优点。全柔性穿戴式上肢助力外骨骼机器人采用人体工程学设计，针对不同关节的运动与对应的关节特点，采取不同的构型设计，从而得到类似于人体肌肉的效果。

在国家重点研发计划课题“全方位洗浴辅具技术研发”的支持下和北京航空航天大学陈殿生教授的指导下，李剑等人设计的面向半失能老人的洗浴机器人（如图 2 所示）获得 2021 年第九届中国老年福祉产品创意创新创业大赛的“创新·设计组”银奖和 2021 年龙江杯工业设计大赛概念组铜奖。目前，该课题已授权国家发明专利 4 项，申请老年人洗浴辅具及机器人相关发明专利 10 余项。

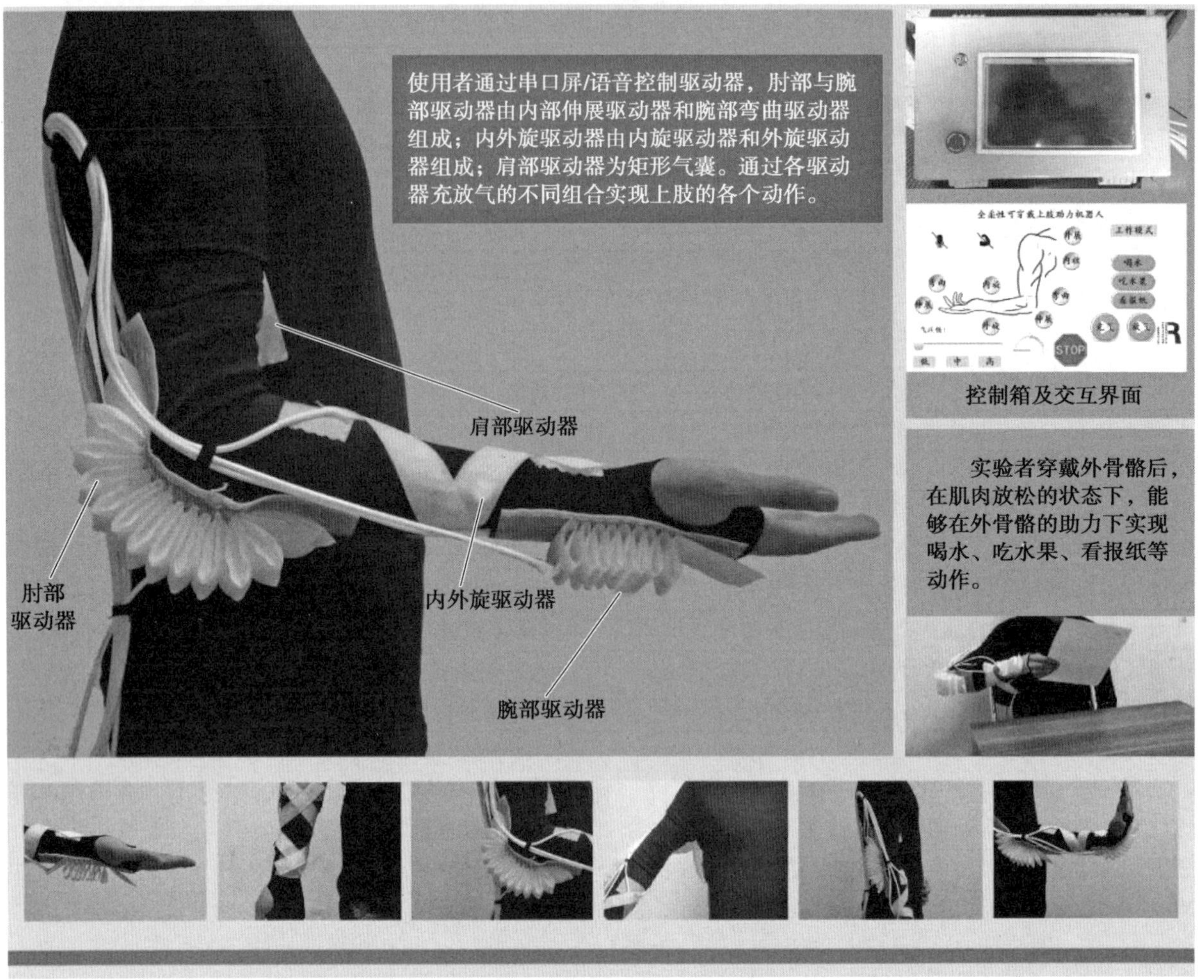

图 1　全柔性穿戴式上肢助力外骨骼机器人

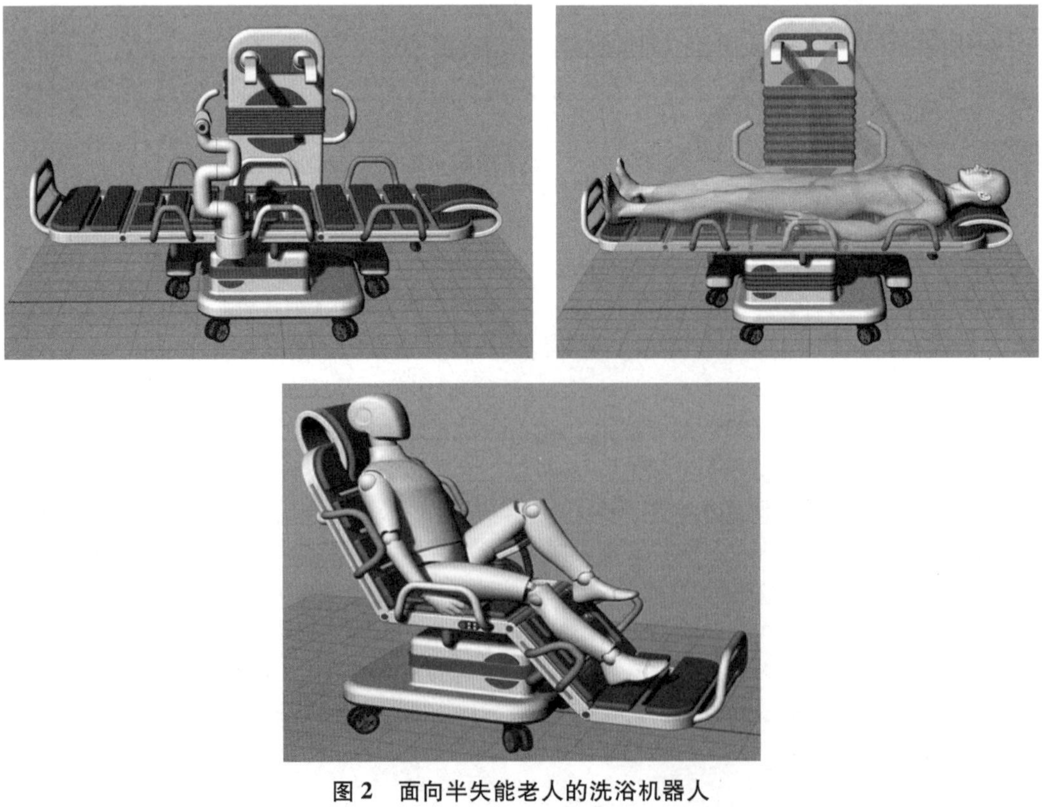

图 2　面向半失能老人的洗浴机器人

2. 市场产品

2021 年，沈阳新松机器人自动化股份有限公司在老年智能助行器的基础上，推出了电动站立助行器（如图 3 所示）。该产品集台式助行器、残疾人运送升降架及站立架为一体，在可升降的悬吊支架上垂挂用以承吊使用者身体的承重吊带，并设置供使用者扶持的扶手。在步行训练时，电动站立助行器可减轻用户行走中下肢的承重，并可设定步行速度，提高用户步行安全性，引导并训练正常行走步态。将站立踏板固定后，电动站立助行器可变为残疾人运送升降架，具有电动高度升降、消除牵引阻力等功能，可减少医护人员的体力付出，提高工作效率，提升使用者舒适度。

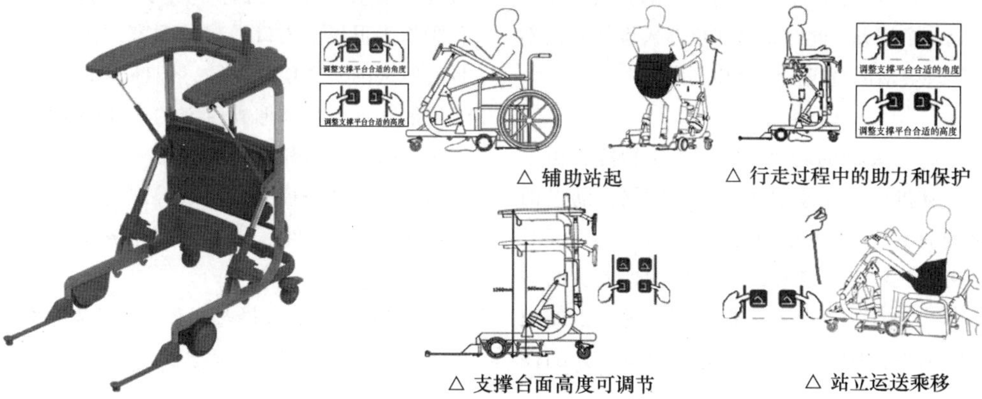

图 3　电动站立助行器

北京软体机器人科技有限公司研发的 H1901 型手部主被动运动康复训练器（如图 4 所示）于 2021 年拿到二类医疗器械注册证（京械注准 20212190662）。手部主被动运动康复训练器兼具主动训练和被动训练功能，用于多种疾病引起的肢体障碍患者的康复工作，具有维持并扩大患者关节活动度，缓解并控制肌张力增高，防止关节挛缩、肌肉萎缩，促进神经及手部肌力的恢复。

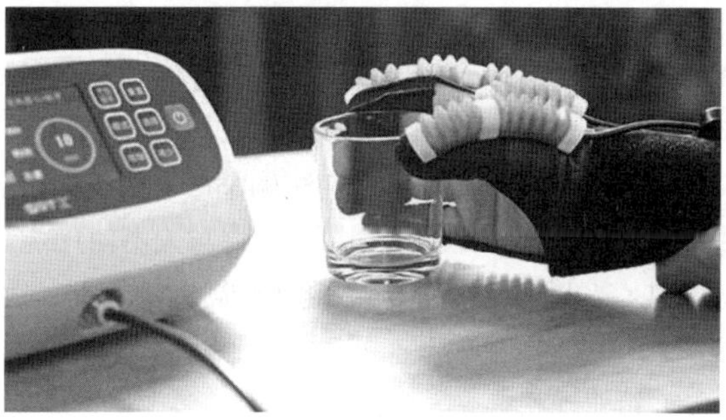

图 4　H1901 型手部主被动运动康复训练器

上海傅利叶智能科技有限公司于 2021 年推出了 ArmMotus EMU 基于末端控制的三维上肢康复机器人（如图 5 所示），采用了创新的线驱传动方式，搭配混合串并联杆结构，采用轻量化的碳纤维材料，从而减小了机器人自身运动过程中的惯量和摩擦力。该产品可模拟治疗师手上的柔顺力控动作，根据需求输出助力或者阻力，实现在三维空间内的运动控制、肌力及认知训练等。

四、趋势分析与预测

随着现代科学技术的不断进步和老龄化社会养老需求的不断激增，助老助残机器人及其研究逐渐呈现出以下发展动态及趋势。

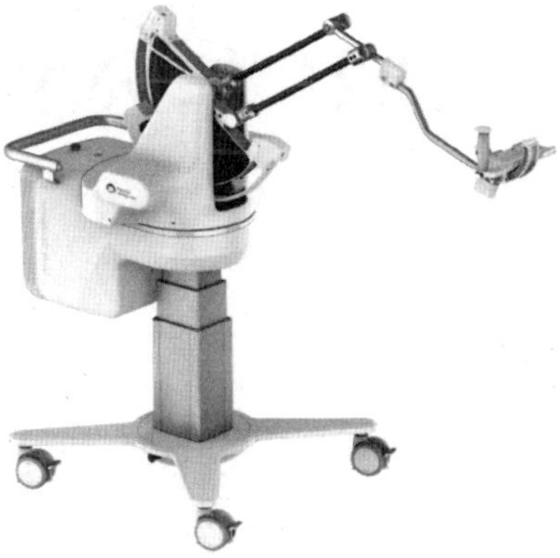

图 5　ArmMotus EMU 基于末端控制的三维上肢康复机器人

1. 多元化

助老助残机器人面向的老年群体存在着基数大、需求多样的特点，不同的群体之间所需要的机器人形式差异较大，单一种类、形态、功能、模式的机器人很难满足所有用户的需求。因此，未来助老助残机器人将朝着多元化的方向发展。同时，目前我国的养老支付体系还很单一，未来在相关产业的推动下，其支付渠道也会呈现出多元化的发展趋势，以减轻老年人的经济压力，激活消费市场。

2. 定制化

目前绝大多数助老助残机器人采用通用设计的概念，导致很多产品在使用时难以完全适应每一个用户的实际情况。“工业 4.0”提出之后，很多的机械相关产业都在为客户提供差异化的解决方案。在此基础上，助老助残机器人也会继续朝着高度定制化的方向发展，力争在未来给每一个有需求的残障者提供最合适的产品。

3. 协作化

单一的助老助残机器人即使集成再多的功能，其能实现的任务目标仍然相对有限，且将较多功能集成在单一机器人反而会导致结构冗余等问题，不利于助老助残机器人的发展。未来，助老助残机器人在完成任务时将会呈现出异构智能体协同作业的形式，多个能够实现不同目标的异构机器人将会共同协作完成一个任务。同时，这些机器人也能根据不同的任务需求，实现灵活的自我再组合和再协作。

4. 智能化

智能化是未来社会发展的趋势，随着人工智能、仿生传感、智能控制、脑机接口等技术的进一步发展，助老助残机器人和人之间的交互、反馈也在逐渐变得越来越智能。未来，助老助残机器人将在一定程度上替代护理人员的日常工作，辅助老年人进行自理生活，提高用户的类人使用体验。同时，基于云平台技术，各种助老助残机器人的使用反馈数据将会被进一步梳理、分析、优化，为智能养老提供有力的数据支撑。

五、总结

在国外，助老助残机器人已经成为应对人口老龄化的一种重要措施，已经有一定数量的助老助残机器人产品进入实际应用，且形成了一定的产业规模，并在老年人医疗康复、情感慰藉、生活护理等诸多方面发挥了重要的作用。我国作为世界上人口最多的国家，在助老助残机器人方面具有巨大的潜在用户基数，但助老助残机器人总体市场处于发展初期，尚未形成稳定的产业规模。因此，大力发展助老助残机器人科学研究和市场推广，不仅可以解决我国人口老龄化和护理人员短缺等现实问题，还可以促进新经济增长模式的产生，带动国内经济大循环及国内国外经济双循环。

〔撰稿人：北京邮电大学自动化学院李剑、北京航空航天大学机器人研究所陈殿生〕

2021年公共服务机器人发展情况

一、概念及范畴

1. 定义

根据国家标准GB/T 12643—2013《机器人与机器人装备 词汇》的规定，服务机器人是除工业自动化应用外，能为人类或设备完成有用任务的机器人。服务机器人在公共服务领域上的应用衍生出了公共服务机器人这一概念，公共服务机器人的应用范围十分广泛，按照国家标准GB/T 39405—2020《机器人分类》可定义为住宿、餐饮、金融、清洁、物流、教育、文化和娱乐等领域的公共场合为人类提供一般服务的商用机器人。

2. 分类

公共服务机器人按其用途可分为配送零售机器人、讲解引导机器人、多媒体机器人、公共游乐机器人、公共代步机器人和其他公共服务机器人。鉴于公共服务机器人包含范围很广，本文以市场规模和销售量占比较大的商用清洁机器人、终端配送机器人、讲解引导机器人和商用零售机器人四个细分领域进行重点介绍。

（1）商用清洁机器人。应用于写字楼、商业综合体、机场、展览馆等场景中的清扫、清洗、抛光、吹尘、消杀防疫机器人等。

（2）终端配送机器人。以室内场景为主，应用于酒店、餐厅、写字楼等负责将散件物品送到消费者手中的传菜、配送机器人。

（3）讲解引导机器人。应用于写字楼、商业综合体、展览馆、博物馆、政府、学校、企业前台等场景的讲解机器人、引导机器人、多媒体机器人等。

（4）商用零售机器人。应用于咖啡厅、奶茶店、甜品店和餐厅等场所，可在一定空间范围内与人类协同完成工作，体现了人机协作概念，主要用于制作冰淇淋、饮品、咖啡、简单烹饪等任务。

二、行业现状

2020年新冠疫情的发生，给诸多行业造成了很大影响，但同时也催生出对无接触配送、防疫消杀等额外需求，推动了公共服务机器人的快速发展，涌现出一批公共服务机器人研制企业，相关机器人产品已进入市场并形成一定规模。我国部分公共服务机器人企业及其产品见表1。

1. 商用清洁机器人

商用清洁产业是指除了工业清洗与民用清洁以外的为写字楼、商场、酒店、餐厅等公共商业场所提供包括清洁工具、产品和服务等产业的总称。商用清洁机器人就是替代人工执行商用清洁工作的机器人。

表1 我国部分公共服务机器人企业及其产品

企业名称	所在地区	主要产品
上海高仙自动化科技发展有限公司	上海	商用清洁机器人
长沙中联重科环境产业有限公司	长沙	环卫作业机器人
北京智行者科技有限公司	北京	驾驶清扫机器人、配送机器人
北京云迹科技有限公司	北京	配送机器人
特斯联科技集团有限公司	北京	室内外通用物流机器人
北京猎户星空科技有限公司	北京	送餐机器人、接待导引机器人、零售机器人
北京三快在线科技有限公司（美团）	北京	配送机器人
上海擎朗智能科技有限公司	上海	餐饮机器人、酒店机器人、送餐机器人、迎宾机器人
广州赛特智能科技有限公司	广州	医疗配送机器人
深圳市普渡科技有限公司	深圳	送餐机器人
北京慧闻科技（集团）有限公司	北京	接待导引机器人
紫勋智能科技（北京）有限公司	北京	餐饮零售机器人
北京如影智能科技有限公司	北京	咖啡零售机器人

商用清洁机器人目前尚未普遍落地，替代人工的比率不高，但多家清洁公司已经着重考虑采购商用清洁机器人。根据亿欧智库研究，2021年商用清洁机器人市场规模预计达到159.9亿元，同比增长175.0%。截至2025年，商用清洁机器人市场规模将达到749.1亿元。

2019—2025年商用清洁机器人市场情况如图1所示。

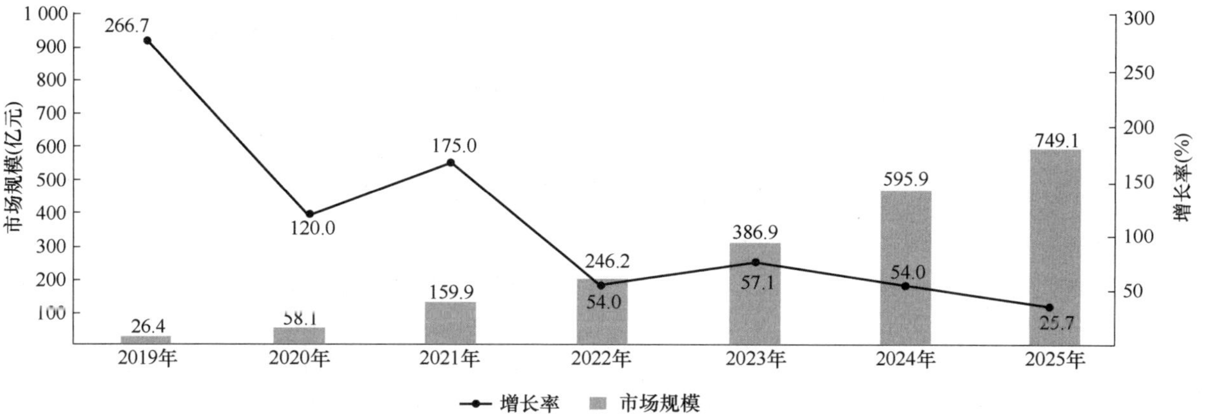

图1 2019—2025年商用清洁机器人市场情况

注：数据来源于亿欧智库。

2. 终端配送机器人

终端配送机器人主要有两大类，在酒店、写字楼等场景用于配送客人/员工私人物品、线上订单等，其功能模块主要以货仓为主；在餐厅场景用于传递菜肴或餐盘回收，其送物平台更加开放，往往以货架形式出现。

亿欧智库分析显示，2021年，终端配送（不含室外）机器人市场规模预计为111.7亿元。其中，酒店配送机器人市场规模预计为91.4亿元，增长率为165.5%；餐饮配送机器人市场规模预计为20.4亿元，增长率为155.0%。预计我国终端配送机器人规模将持续提升。2019—2025年终端配送机器人市场情况如图2所示。

3. 讲解引导机器人

目前，讲解引导机器人主要应用于商场、政务大厅、展厅展馆、博物馆等场所，为用户提供迎宾、引导、宣传、讲解、业务咨询等服务工作。

亿欧智库分析显示，2021年，讲解引导机器人市场规模预计达到11.9亿元，增长率为150.2%。截至2025年，市场规模有望达到62.4亿元。2019—2025年讲解引导机器人市场情况如图3所示。

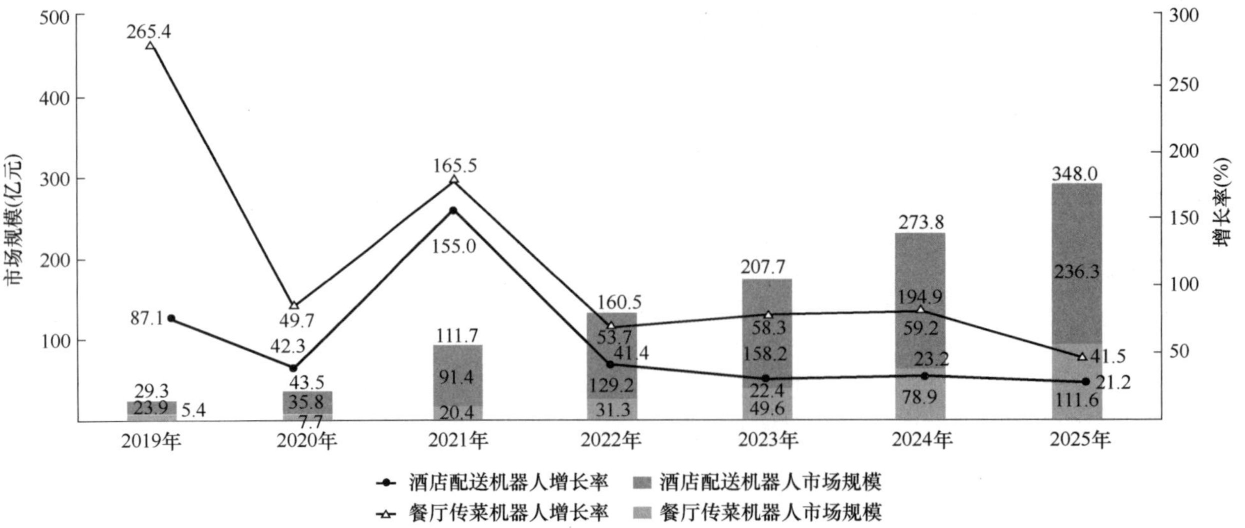

图 2　2019—2025 年终端配送机器人市场情况

注：数据来源于亿欧智库。

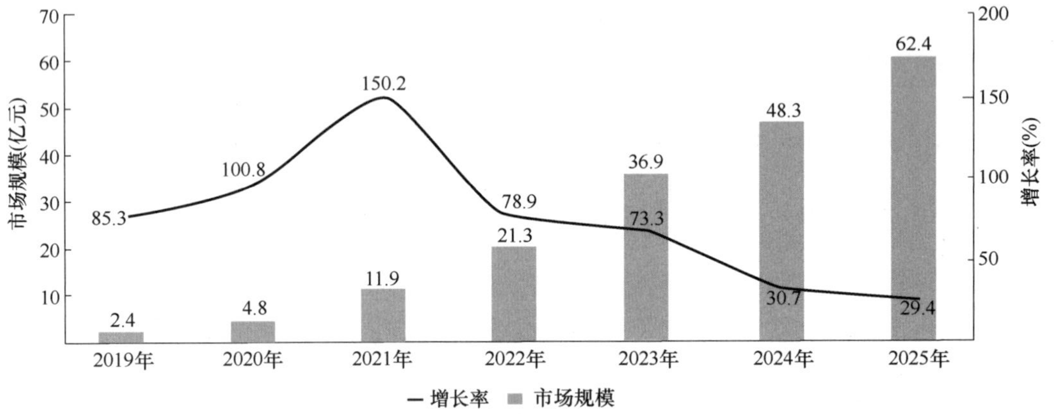

图 3　2019—2025 年讲解引导机器人市场情况

注：数据来源于亿欧智库。

4. 商用零售机器人

商用零售机器人主要用于制作饮品、手冲咖啡和简单烹饪等任务。该机器人以其炫酷的外观和新奇的技术吸引着消费者的关注。此类机器人已经被多家连锁餐饮企业采用，用于提升品牌形象、制造营销热点。此类机器人总体较少，暂未统计市场规模。

三、技术成果

近年来，随着人工智能、深度学习等技术的飞速发展，以及越来越多创新应用场景的出现，公共服务机器人迎来了发展的黄金时期，其主要技术包括路径规划技术、智能感知和识别技术、集群控制技术、协同控制技术及人机交互技术等。

（1）路径规划技术。公共服务机器人工作环境复杂，往往要躲避种类繁多、形态多样的障碍物以到达预设目的地。通过路径规划技术，融合 SLAM 导航、惯性导航、北斗定位、激光雷达以及视觉识别等技术，建立和存储场景地图，获取机器人自身位置和工作环境的状态信息，对行人车辆进行动态检测和轨迹预测，应用动态路径规划算法，实现当前可通行区域的判断和全局路径规划，在面对移动的车辆、行人或静态障碍物时，可以实时调整运动状态，实现高效的自主路径规划。

（2）智能感知和识别技术。机器人搭载视觉、结构光、毫米波雷达、超声波、激光雷达等传感器，通过传感器检测障碍物并采集其状态信息，实现对场景内物体的准确感知与识别，为室内外不同应用场景机器人的自主移动和动态避障提供支撑。

（3）集群控制技术。当前，随着任务复杂程度的提升，机器人在很多应用场景下需要集群协同完成同一任务。机器人集群协同作业利用新一代 5G 移动通信技术，基于云平台建立机器人与人、机器人与云端的实时通信及远程控制，通过集群控制技术提供实时策略分配，实现操作人员对机器人的实时监控和调度，提升机器人集群工作效率。

（4）协同控制技术。在某些特殊场景下，公共服务机器人需要加装机械臂来完成某些特定任务，其中涉及轨迹规划、双臂控制、机器视觉等技术的应用。利用机器视觉技术辅助识别目标三维结构，感知目标的空间位置和距离，实现灵活、精准的“手眼”配合；利用双臂运动控制及轨迹规划等算法，实现机械臂高精度抓取、动态配合操作，在满足高效率的同时保障机械臂不发生碰撞事故，保持多次任务的一致性和稳定性。

（5）人机交互技术。在很多应用场景下，公共服务机器人需要实现真正意义上的无人化值守。通过模式识别、语音语义分析等技术，提高复杂环境下机器人语音交互、语义理解以及人脸、手势和姿态识别准确度与识别效率，并与后台系统历史数据对比分析，将不同场景下用户行为习惯转化为语音、表情和文字等信息，实现业务流程优化与自主学习，提高机器人实用性和消费者科技体验感。

四、趋势分析与预测

随着我国数字经济的飞速发展，公共服务机器人与新一代信息技术、人工智能、云计算等新技术实现了更广泛、更深入的融合，其智能化、网络化、数字化趋势显著。公共服务机器人在人机交互、环境适应、群体协作、安全可靠性等方面将实现更多的突破，机器人智能化、柔性化和精准控制能力，以及产品质量和安全性将进一步提升，以满足差异化场景实际应用需求，实现更多工作和任务交付的使命。

公共服务机器人应用领域及定制化需求呈现多样化。未来，公共服务机器人服务场景将更加多样化，从目前机场、医院、写字楼、购物中心等领域向电影院、学校、酒店、餐厅等多元化应用场景落地。机器人具备二次开发、定制化开发功能，以满足文旅、教育、政务、医疗、金融、地产、餐饮娱乐、家庭等更多公共服务场景的新需求。为应对更加复杂化的应用场景，履带式、攀爬式、行走式等多种形态的公共服务机器人也有望出现，以满足不同场景的移动需求。

未来，服务机器人将涉及人们日常生活的方方面面，其信息安全问题将受到进一步重视，增强数据安全防护、保障用户信息隐私性十分重要。例如，通过利用防火墙、网络防护、数字证书等方式对恶意特征进行识别及防护，缓解网络攻击对公共服务机器人造成的延迟增加及业务中断，提供数据加密协议访问等方式，保障机器人用户数据以及数据传输的安全性，并在保障任务执行的同时避免引入新的安全风险。

〔撰稿人：中国软件评测中心（工业和信息化部软件与集成电路促进中心）巩潇、李梦玮、梁学修、万彬彬、崔登祺、黄欣、余娴〕

2021 年教育娱乐机器人发展情况

一、概念及范畴

1. 概念

鉴于广义上定义凡是增进人们的知识和技能、影响人们的思想品德的活动，即是教育；而国家标准 GB/T 12643—2013《机器人与机器人装备 词汇》中定义，具有两个或两个以上可编程的轴，以及一定程度的自主能力，可在其环境内运动以执行预期的任务的执行机构，即是机器人。因此，本文将所有协助进行教学或学习活动的“机器人教育”，以及具有教育服务功能的“教育服务机器人”，统称为教育机器人。其中，机器人教育（Educational Robotics）包含活动、教学课程、实体平台及教育资源，一般来说，模块化机器人和机器人套件是机器人教育中常见的辅助产品；而教育服务机器人（Educational Service Robots）是具有教与学的智能服务机器人，通常被用于进行科学/技术/工程/艺术/数学（简称“STEAM”）教育、语言学习及特殊人群学习等主题的辅助与管理教学。区别于机器人教育中常见的机器人，教育服务机器人具有固定的结构，一般不支持用户自行拆装。

2. 分类

基于对 2021 年全球市场的多款教育机器人产品的分析，依据各产品的功能及应用场景，教育机器人一般可细分为 11 种产品类型。教育机器人产品类型见表 1。

本文将重点以教育服务机器人中常见的适用于 3～14 岁儿童的教育娱乐机器人为研究对象。

二、行业现状

我国教育娱乐机器人行业起步于 2014 年，行业发展时间较短，整体仍处于探索阶段。2014—2016 年，随着机器人技术和人工智能技术应用领域的逐渐扩展，拥有人工智能或机器人研发技术的企业开始将业务拓展至教育领域，着力研发教育娱乐机器人。2015 年，北京儒博科技有限公司（简称“儒博科技”）的布丁机器人开启京东众筹，并超额完成资金众筹目标，意味着教育娱乐机器人产品初步得到消费者的认可；2016 年年底，科大讯飞股份有限公司旗下子公司安徽淘云科技股份有限公司（简称“淘云科技”）

表 1 教育机器人产品类型

序号	产品类型		产品说明	应用场景
1	教育服务机器人/教育娱乐机器人	智能玩具	一种配有电子零件且拥有智能属性的玩具，可满足儿童玩乐需求，引导儿童学习生活、语言、社交等相关知识	个人携带
2		儿童娱乐教育同伴	一种含有人工智能技术的产品，可引导儿童学习知识、伴随儿童成长及满足儿童玩乐需求	家庭空间
3		家庭智能助理	一种能够按一定的业务处理流程完成特定功能任务、根据人机交互的结果执行相关功能任务的机器人	家庭空间
4	教育服务机器人/教学机器人	机器人"教师"	一种能根据不同的教学情境独自完成一门课程的教学的机器人	学校一般教室
5	机器人教育	课堂助教机器人	主要用于协助教师完成课堂辅助性或重复性的工作、协助教师完成演示实验等任务	学校一般教室
6		远程控制机器人	一种使用者可通过远程控制并达到教学目的的机器人	学校专用教室
7		STEAM 教具	一种根据 STEAM（科学、技术、工程、艺术、数学、艺术）多学科融合教育理念设计的编程学习所需的机器人教学工具	家庭空间、学校一般教室、学校专用教室、学校公用空间
8		特殊教育机器人	一种针对有特殊教育需求的使用者设计的机器人，可以有效地改善使用者的社交与行为能力	学校专用教室、校外培训机构
9		工业制造培训类机器人	一种用于培训使用者的设计、安装、维护技能的教具	学校专用教室、学校公用空间、校外培训机构、专业培训场所
10		医疗手术培训机器人	一种适用于某些外科手术的机器人，也可用于外科医生的培训	校外培训机构、专业培训场所
11		复健看护机器人	一种陪伴老年人的专用机器人，具备娱乐、脑力训练、复健教学等各方面复健照护的功能，也可用于看护人员的培训	专业培训场所

注：根据 2021 年全球教育机器人产品公开信息及《2019 全球教育机器人发展白皮书》信息整理。

充分融合自身拥有的大规模儿童语音数据和母公司的语音交互技术，推出"阿尔法蛋"教育娱乐机器人；同年，深圳市鑫益嘉科技有限公司旗下巴巴腾品牌的小腾教育娱乐机器人正式上市。得益于企业品牌影响力和消费者对高科技教育产品的追求，这部分企业快速占领了行业市场份额，强化了消费者对教育娱乐机器人的认知，为行业发展奠定了基础。

2017—2020 年，在"全面二胎"政策显效、产业政策利好、资本助力等因素影响下，早期以生产儿童点读机、早教机、学习机为主的制造商与大量初创企业陆续涌入教育娱乐机器人行业赛道。然而，核心语音芯片等硬件开发门槛高和优质教育资源缺乏等问题导致市场面上的产品质量参差不齐，进而导致消费者对教育娱乐机器人信心不足，教育娱乐机器人行业格局和盈利模式不清晰。

从 2020 年开始，新冠疫情发生，很多行业受到了较大的经济影响，教育机器人行业也不例外。全球大部分经济活动的突然停滞及提供机器人教育的学校和培训中心暂时关闭，不仅影响了教育机器人的制造端，也扰乱了教育机器人的供应链。但教育娱乐机器人因其"非接触式""个人"的服务特点，在新冠疫情期间获得了应用市场的机会，全球多家教育娱乐机器人初创公司因此出现。

2021 年，我国虽然受到了全球经济问题的影响，但由于国内新冠疫情防控形势总体平稳加上深圳市优必选科技股份有限公司、淘云科技、儒博科技、广州智伴人工智能科技有限公司等 40 多家企业持续深耕教育娱乐机器人市场，教育娱乐机器人行业格局和盈利模式逐步清晰及稳定。我国部分教育娱乐机器人企业及其代表产品见表 2。

表 2　我国部分教育娱乐机器人企业及其代表产品

企业名称	所在地区	融资轮次	主要投资方	代表产品
深圳市优必选科技股份有限公司	深圳	D 轮	紫荆资本、居然控股、朗玛峰创投、居然之家	悟空机器人
安徽淘云科技股份有限公司	合肥	C 轮	科大讯飞股份有限公司	阿尔法蛋大蛋
北京儒博科技有限公司	北京	股权融资	同泰盛源	布丁豆豆智能机器人 JT600
深圳大象机器人科技有限公司	深圳	B 轮	Hax 真格基金	Marscat
广州智伴人工智能科技有限公司	广州	A 轮	盈富泰克、境成投资	智伴儿童成长机器人 1X
北京物灵科技有限公司	北京	B 轮	君信资本	物灵卢卡
湖南金鹰卡通传媒有限公司	湖南		芒果传媒有限公司	麦咭
深圳市城市漫步科技有限公司	深圳		深圳市未来之星科技合伙企业（有限合伙）、深圳市高新区综合服务中心（深圳市科技金融服务中心）	小漫在家 3.0
杭州萤石网络股份有限公司	杭州	Pre-A 轮	杭州海康威视数字技术股份有限公司	萤石智能陪护机器人
南京阿凡达机器人科技有限公司	南京		太原阿凡达机器人科技有限公司	i 宝机器人

注：根据 2021 年国内部分教育娱乐机器人企业公开信息整理。

三、技术成果

1. 发明专利

2021 年，我国教育机器人专利数量稳步上升，达到 253 项，较 2020 年增加 27 项。其中，教育娱乐机器人专利数量有所下降，较 2020 年减少 30 项。2017—2021 年我国教育机器人及教育娱乐机器人专利情况如图 1 所示。

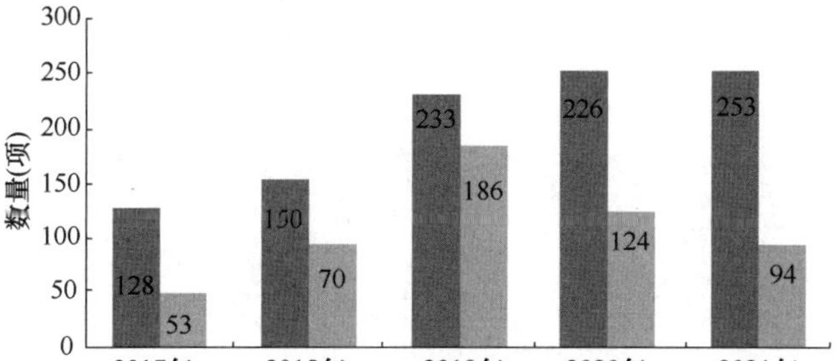

图 1　2017—2021 年我国教育机器人及教育娱乐机器人专利情况

注：数据来源于中国知网。

2. 核心技术

众多企业进入教育娱乐机器人行业并持续深耕，推动了教育娱乐机器人相关技术的发展。教育娱乐机器人的主要技术包括：

（1）面向儿童场景的语音交互技术。通用的智能语音交互技术为机器人通过内置的麦克风阵列接收用户的语音信号，并对语音信号进行预处理（如端点检测、回波抵消、噪声抑制、特征提取等），然后将处理过的语音信号进行声学模型匹配、识别解码、置信度判决等操作，机器人从而识别并理解用户意图，执行用户的命令或者通过语音合成技术输出用户想要的答案。而儿童的语音音阶及言语模式不同于成年人，面向儿童场景的语音交互技术针对儿童语言逻辑及发音特点设计面向儿童的语料库及语音库，并基于大量儿童实例数据，对教育娱乐机器人进行专业的语音交互算法模型训练及童声语音测试，构建随时打断、任意唤醒、识别犹豫及停顿等特色功能，从而提高童声识别和儿童语义理解的准确率，达到更流畅且自然的语音交互体验。

（2）面向儿童场景的自适应学习技术。首先基于通用的深度学习技术，构建面向儿童群体和使用场景的数据收集平台，然后将通用的算法针对儿童特点进行参数优化，最后将采集的儿童数据用优化后的算法训练出面向儿童用户的深度学习算法模型。通过该技术，教育娱乐机器人可在与用户的互动过程中自我学习，将不同的知识转化为数据，关联存储在机器人软件系统中，形成知识图谱及认知体系并持续动态更新完善，从而在人机交互过程中培养儿童的分析能力、实践能力和创新能力等综合能力。

四、趋势分析与预测

2021 年，全球最大的教育机器人市场在北美地区，但是发展最快的市场在亚太地区。未来，基于亚太地区各个国家及地区新生人口增长及政府的相关政策支持，亚太地区有望超过北美地区成为全球最大的教育机器人市场。2021 年，我国先后发布《中共中央国务院关于优化生育政策促进人口长期均衡发展的决定》《“十四五”职业技能培训规划》（人社部〔2021〕102 号）及《“十四五”机器人产业发展规划》（工信部联规〔2021〕206 号），开启了我国人口发展新阶段，着重鼓励教育机器人及教育娱乐机器人产业的发展。在未来的市场竞争中，我国教育机器人市场将有较大发展，预计到 2023 年，我国教育机器人市场规模将超过 3 308 亿美元。

教育娱乐机器人的产业发展类似于笔记本电脑、智能型手机、平板计算机的发展，消费者不再满足于教育娱乐机器人简单的教育内容输出及娱乐功能的实现，对其智能性提出了更高的要求。教育娱乐机器人多条产业链可围绕智能技术攻坚和智能战略部署，开发智能系统，使教育娱乐机器人有“聪明的大脑”，具备与儿童共情、反馈儿童需求的能力，并能达到通过游戏互动、语言互动等形式，自主学习并了解儿童，为儿童制定个性化优质内容，从而培养儿童的学习兴趣。教育娱乐相关机构应以用户需求为中心，从符合儿童的审美外观、缓解家长的育儿负担及儿童陪伴等多方面的需求出发制定产品技术标准，规范行业乱象，推动教育娱乐机器人行业的高质量发展。

〔撰稿人：重庆凯瑞机器人技术有限公司（原重庆德新机器人检测中心有限公司）罗小雪、李本旺，重庆凯瑞认证服务有限公司彭鹏，重庆鲁班机器人技术研究院有限公司何国田、赵炜〕

2021 年机器人用 RV 减速器发展情况

一、概念及范畴

1. 概念与组成

RV 减速器是在传统的摆线针轮减速器基础上发展出的一种新型的减速传动设备，其具有的体积小、重量轻、效率高、传动稳定、精度高及其他优点使之在机器人、机床等工业领域得到了广泛应用。

RV 减速器的关键零件主要有摆线轮（2 件）、偏心轴（不同规格减速器偏心轴数量不同，一般为 2 件或 3 件）、针齿壳、行星架（左、右两件）、行星齿轮（不同规格减速器行星齿轮数量不同，与偏心轴数量相同）。使用时将针齿壳与机器人本体固联，输入轴连接伺服电动机作为输入，行星架作为输出机构。RV 减速器结构如图 1 所示。

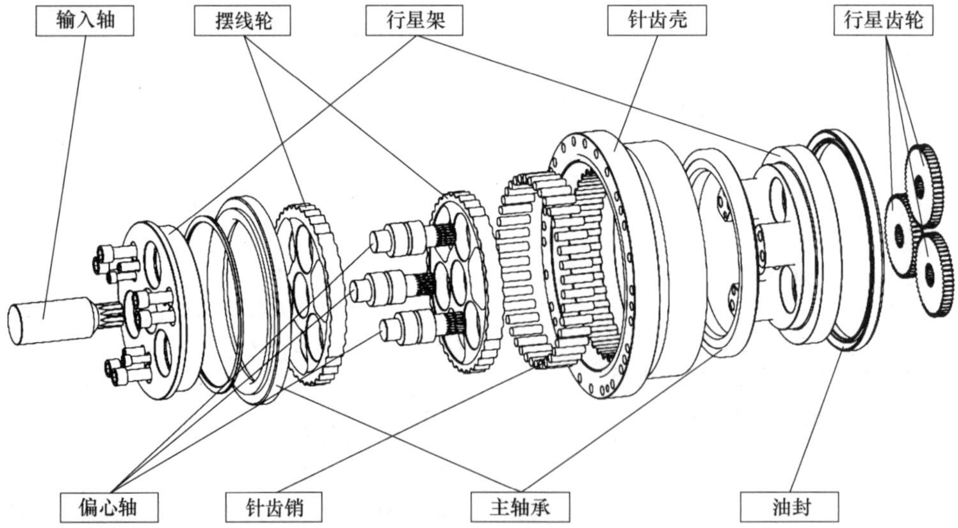

图 1　RV 减速器结构

2. 原理及应用

RV 减速器是一种二级减速机构，第一级为渐开线圆柱齿轮减速机构，第二级为摆线针轮减速机构，RV 减速器的工作原理为：输入轴尾部与电动机通过键连接，电动机带动输入轴旋转，输入轴将动力传递至与之啮合的三件（或两件）行星齿轮上，行星齿轮内花键与偏心轴外花键固联，作为第二级齿轮传动的输入，如果输入轴按顺时针旋转，那么行星齿轮在公转的同时还将逆时针自转，并通过偏心轴带动摆线轮做偏心运动，此时，摆线轮在沿其轴线公转的同时还将反向自转（即顺时针转动），同时还通过偏心轴带动行星架（输出轴）做顺时针方向的旋转。RV 减速器原理如图 2 所示。

由于工作要求及安装方式的不同，减速器可以将针齿壳、行星架、输入轴中的任意两个作为输入输出机构，由此可以获得不同的传动比与传动方式。

3. 主要特点

结合原理与结构可知，RV 减速器巧妙的设计使其比传统的齿轮减速器拥有以下特点：

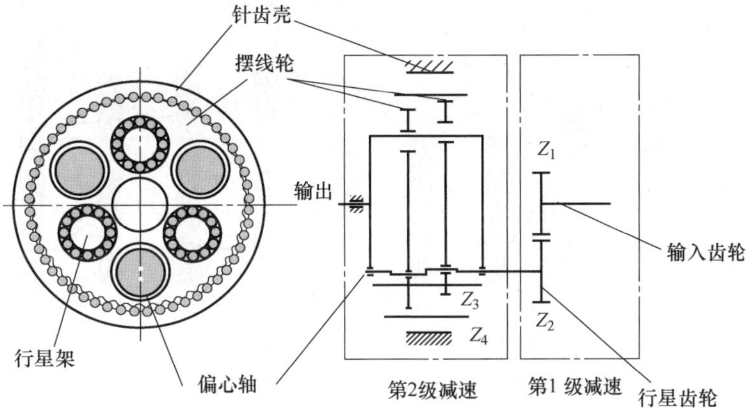

图 2　RV 减速器原理

（1）传动机构受到行星架与针齿壳包容，极大地减小了减速器的尺寸，尤其是轴向尺寸，也减少了零件数量，降低了成本。

（2）紧密的结构设计与优良的加工工艺使减速器获得了更高的传动精度、传动效率、运转平稳性与较小的回差。

（3）由于二级传动的设计，减速器可以在改变渐开线行星齿轮的情况下获得较大的传动比范围，提升了产品的适用性。

RV 减速器的优点有：高刚性、高精度、高转矩、高效率、高寿命、高抗冲击负载能力、低振动、低惯性、低磨损，此外，还具有小齿隙、大传动比、安装方便、结构紧凑等特点；其主要缺点有制造工艺难度大、制造成本高、可维修性低等。

4. 主要产品分类

目前主流的 RV 减速器主要有 E、C、N 三大系列，其外形尺寸为 145~520mm，其中，E 系列是产量最大、应用最广、衍生型号最多的产品；C 系列为中空结构，便于线缆通过，一般用于关节机器人的第一轴；随着工业机器人轻量化、紧凑化、高功率密度化的需要增加，N 系列产品正在逐步应用和推广。

5. 现状及发展情况

经过多年的技术和应用经验积累，面对日益增强的市场竞争压力，为快速准确地满足不同客户对减速器的需求，国产 RV 减速器厂家已经具备一定的定制化开发能力，国产 RV 减速器的推广应用，大力促进了我国机器人和自动化行业的发展。

国产 RV 减速器经过多年发展，已获得国内外多家客户的认可，在工业机器人和自动化领域中取得了一定的成绩，但是由于起步晚、基础薄弱，目前，国产 RV 减速器生产企业依然与该行业中的头部企业尤其是日本企业存在一定差距。

二、全球市场情况

中商情报网数据显示，2021 年，全球机器人减速器需求量为 245 万台，其中，谐波减速器需求量为 125 万台，RV 减速器需求量为 120 万台。RV 减速器因其特点主要应用于多关节机器人。在细分应用领域中，RV 减速器应用量最多的是焊接多关节机器人及码垛多关节机器人，在 RV 减速器应用场景中的占比分别为 1/2 和 1/4。2021 年，全球 RV 减速器市场规模约为 9.82 亿美元，2025 年，RV 减速器市场规模将达到 14 亿美元。2016—2025 年全球 RV 减速器市场情况如图 3 所示。

RV 减速器属于高精密产品，设计要求、资金投入等都具有较高的门槛，2021 年全球排名前 10 位的厂商市场份额占比超过 83%。纳博特斯克株式会社（Nabtesco，简称“纳博特斯克”）、住友重机械工业株式会社（Sumitomo Drive）和 SPINEA，s. r. o. 占据了 RV 减速器全球市场份额的前三名，但三家企业总的市场份额占比相较于 2020 年有所减少。前瞻产业研究院统计，Nabtesco 生产的 RV 减速器在全球市场中的占比为 61.41%，Sumitomo Drive 和 SPINEA 分别为 17.49%和 4.12%。全球领先减速器企业发展状况见表 1。

三、我国市场情况

我国是全球最大的工业机器人市场，市场占有率稳步提升。2021 年，我国工业机器人销量在全球工业机器人销量中的占比超过 1/2，在亚洲工业机器人销量中的占比超过 2/3。工业机器人主要包括垂直多关节机器人、SCARA 机器人、坐标机器人和并联机器人等，上述四类工业机器人的销量在我国工业机器人市场中的占比分别为 63%、24%、8%和 1%。

不同类型的工业机器人以其结构的不同对 RV 减速器的需求也有所不同，调研数据显示，平均每台垂直多关节机器人需要 4 台 RV 减速器，平均每台坐标机器人需要 3 台 RV 减速器，除 SCARA 机器人和并联机器人以外其他类型机器人平均每台需要 1 台 RV 减速器。各类机器人生产所需 RV 减速器数量对比见表 2。

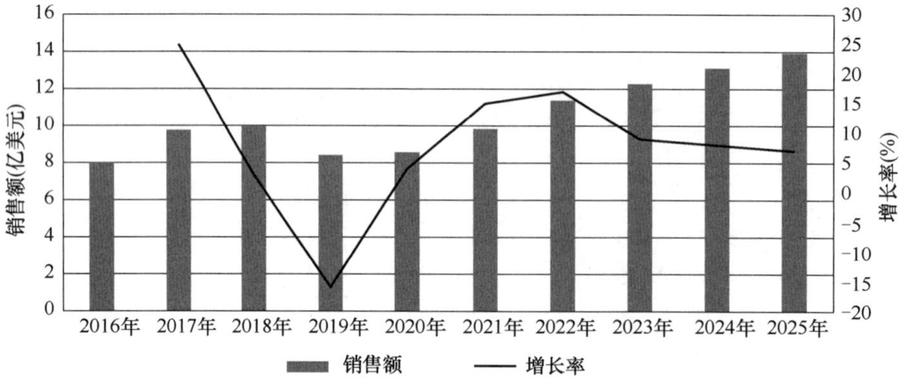

图 3　2016—2025 年全球 RV 减速器市场情况

注：数据来源于中商情报网。

表 1　全球领先减速器企业发展状况

减速器类型	企业	国家	发展情况
RV 减速器	纳博特斯克	日本	2018—2021 年，全球产能提升幅度较大
	Sumitomo Drive	日本	产地集中在我国和日本，全球销售
摆线减速器	SPINEA，s. r. o.	斯洛伐克	产地集中在斯洛伐克，产品全球销售，大规模应用于自动化设备和工业机器人

表 2　各类机器人生产所需 RV 减速器数量对比

机器人分类	单台机器人 RV 减速器平均需求量（台）
多关节机器人	4
坐标机器人	3
并联机器人	0
SCARA 机器人	0
其他（圆柱型等）	1

中商情报网统计，2021 年，由于各工业企业对工业机器人行业需求量的大幅增长，RV 减速器的存量替换需求同步提升，国内 RV 减速器市场进入短暂爆发期，大部分减速器厂商均迎来业绩的增长。2021 年，我国工业机器人 RV 减速器总需求量约为 51 万台，同比增长 15.09%。RV 减速器市场需求的大幅提升，使得市场出现缺货及厂商议价权增强。Nabtesco 等外资厂商产能受限，为国内 RV 减速器厂商带来了市场机会。数据显示，国内 RV 减速器企业销量在国内 RV 减速器总销量中的占比从 2018 年的 18%提升至 2021 年的 29%。在内外资 RV 减速器品牌出货量增长率方面，2021 年，内资 RV 减速器销量同比增长 109.5%，外资 RV 减速器销量同比增长 71%，同样意味着国内 RV 减速器厂商迎来了业绩的增长。

目前，我国 RV 减速器市场上的主要国产厂商包括秦川机床工具集团股份公司（简称“秦川机床”）、浙江环动机器人关节科技有限公司（简称“环动科技”）、南通振康焊接机电有限公司（简称“南通振康”）、宁波中大力德智能传动股份有限公司（简称“中大力德”）等。

（1）秦川机床通过近十年的 RV 减速器研制，BX-E、C、F 三大系列产品于 2014 年实现批量应用。截至 2021 年，累计销售超过 10 万台，主要用于各类六轴工业机器人、精密回转机构、机床、医疗设备以及各种非标自动化装置。秦川机床 RV 减速器如图 4 所示。

（2）2009 年，南通振康开始研制工业机器人用 RV 减速器，2012 年产品投放市场，广泛应用于机器人及自动化行业。南通振康 RV 减速器下游应用现场如图 5 所示。

（3）环动科技为满足机器人在不改变本体结构的情况下具有更大的承载能力和更高的刚度，参照 SHPR-20E、SHPR-40E 的外观及尺寸，开发出了 3 曲轴结构的 SHPR-35E 和 SHPR-65E 关节减速器，提升了承载能力，保证客户可以用较低的成本、较短的开发周期完成机器人的整机性能升级。环动科技 SHPR-35E、SHPR-65E 减速器如图 6 所示。

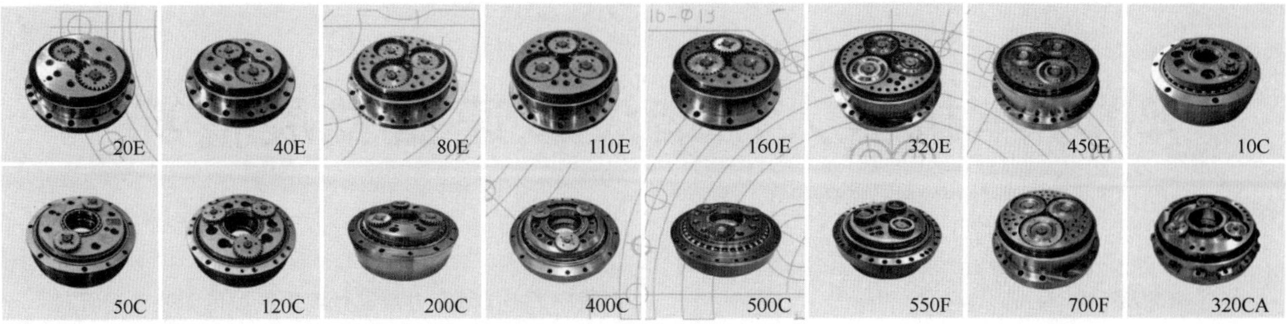

图 4　秦川机床 RV 减速器

图 5　南通振康 RV 减速器下游应用现场

图 6　环动科技 SHPR-35E、SHPR-65E 减速器

四、进出口情况

1. 进口情况

我国工业机器人总贸易额处于逆差状态，进口来源国分布较集中，来自日本、德国、美国、韩国、意大利、瑞士、新加坡等国家（或地区）的工业机器人进口额在总进口额中的占比大于 70%。华经产业研究院数据显示，2021 年，我国进口 RV 减速器 25 万台（含整机进口减速器），均价为 895.5 美元，进口总额约为 2.24 亿美元。

2. 出口情况

我国 RV 减速器出口市场分布呈现出了分散化的特征，出口市场国的份额均不足 50%，出口国主要包括越南、日本、韩国、印度等，出口产品科技含量也有待提升。华经产业研究院数据显示，2021 年，我国出口 RV 减速器约 5 000 台（含机器人整机出口的减速器），均价为 597 美元，出口额约为 298.5 万美元。

五、新技术新产品进展

（1）为满足非标自动化行业的应用需求，国产 RV 减速器厂家在 2021 年对标纳博特斯克的 RD2 系列一体机产品，完成了 E 系列和 C 系列多款型号 RV 减速器的开发和量产。

（2）为适应工业机器人轻量化、小型化的发展趋势，国产 RV 减速器厂家进行了该类产品研发，其中，环动科技和南京高速齿轮制造有限公司试制样机已经在用户处挂机，其他公司如秦川机床等正在进行技术储备和样机试制。

（3）通过技术突破，产品性能提升，国产 RV 减速器在高性能焊接机器人和大负载机器人减速器领域实现了批量应用。

六、趋势分析与预测

2021 年作为“十四五”开局之年，工业和信息化部印发了《“十四五”机器人产业发展规划》（工信部联规〔2021〕206 号）（简称“《规划》”）。《规划》着眼机器人行业“十四五”发展，从供给和需求两侧“双向发力”，提出研发 RV 减速器和谐波减速器的先进制造技术和工艺，提高减速器的精度保持性（寿命）、可靠性，降低噪声，实现规模生产，研究新型高性能精密齿轮传动装置的基础理论，突破精密超精密制造技术、装配工艺，研制新型高性能精密减速器。

随着《规划》五项保障措施的实施，机器人产业的发展将进入新的阶段，迎来新机遇、新目标与新挑战。后新冠疫情时代，新一轮科技改革和产业变革加速演进，机器人产业迎来升级换代、跨越式发展的窗口期。国家“十四五”规划和新基建的助推，产业升级和人口老龄化的大趋势，工业领域的机器换人需求增加，将带动 RV 减速器需求快速增长。

RV 减速器应用技术发展的重点依旧是工业机器人领域，但是随着 RV 减速器价格的降低，应用也将走向多元化。新理念、新技术、新领域的诞生与开拓，使 RV 减速器从边缘走向中心，在行星减速器应用领域进一步扩大。

可以预见的是，依托工业机器人产业链的政策环境，2022 年，RV 减速器市场需求将呈现出结构性分化态势，预计我国市场全年销量增速在 15%~20%，国产化率继续稳步提升。同时，越来越多的国产厂商年销售量有望破万台，预计 2022 年国产 RV 减速器年销售量突破 5 万台的厂商将至少达到 3 家，市场集中度进一步提升，新的市场格局有望现雏形。预计到 2025 年我国 RV 减速器销售规模将达到 40 亿元左右。

〔撰稿人：秦川机床工具集团股份公司刘耀〕

2021 年机器人用谐波减速器发展情况

一、概念及范畴

1. 定义

减速器是连接动力源和执行机构的中间机构，具有匹配转速和传递转矩的作用。目前，市场上的精密减速器种类较多，包括谐波减速器、RV 减速器、摆线针轮行星减速器和精密行星减速器等。近年来，随着机器人领域的快速发展，谐波减速器已成为高精密传动领域广泛使用的精密减速器。

与其他减速器不同，谐波减速器具有结构简单、体积小、质量轻的属性，因其具有承载能力强、传动效率高及传动精度高等特点，被广泛应用于医疗器械、半导体设备、新能源和机器人等领域。尤其是在机器人领域，谐波减速器能有效帮助机器人克服应用场景局限等问题，从而使机器人能够稳定高效地完成任务。谐波减速器性能的好坏和寿命的长短直接影响了机器人整机的安全性、稳定性和鲁棒性。

2. 工作原理

谐波传动是 20 世纪 50 年代中期随着空间科学技术的发展在薄壳弹性变形理论基础上发展起来的一种新型传动技术理论。谐波传动原理于 1947 年首次被提出；1953 年，美国的 C. W. Musser 教授针对空间应用的需求发明制造了第一台谐波齿轮减速机。在过去几十年间，各发达工业国家都集中了一批研究力量进行该类新型传动装置的研制，谐波减速器产品的理论基础即建立在谐波传动技术之上。谐波减速器示意图如图 1 所示。

图 1　谐波减速器示意图

谐波减速器突破了机械传动采用刚性构件的模式，使用了一个柔性构件来实现机械传动，其工作原理是采用波发生器主动、刚轮固定、柔轮输出的形式，当波发生器装入柔轮内圆时，柔轮产生弹性变形而呈椭圆状，使其长轴处柔轮齿轮插入刚轮的轮齿槽内，成为完全啮合状态；而其短轴处的两轮轮齿完全不接触，处于脱开状态。当波发生器连续转动时，柔轮不断产生变形并产生了错齿运动，从而实现波发生器与柔轮的运动传递。谐波减速器运行示意图如图 2 所示。

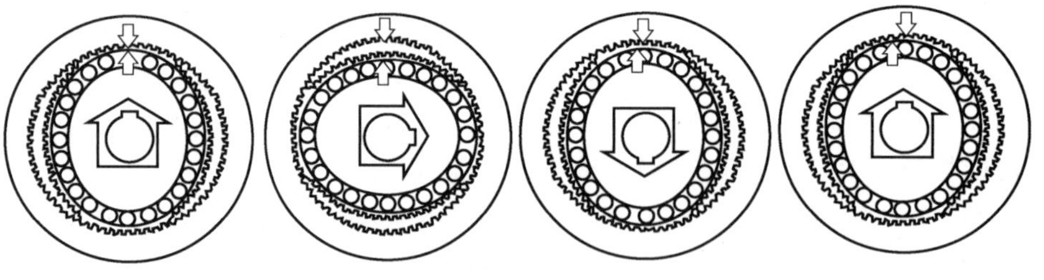
图 2　谐波减速器运行示意图

3. 分类

目前，根据机器人机械结构划分，谐波减速器分为：多关节型机器人用谐波减速器、坐标机器人用谐波减速器、SCARA 机器人用谐波减速器、并联机器人用谐波减速器和其他机器人用谐波减速器。

4. 技术特征

作为传动技术在机器人领域的应用，谐波减速器拥有以下 5 大特征：

（1）结构简单、体积小、重量轻。谐波减速器仅有柔轮、刚轮和波发生器 3 个主要构件。与相同传动比的传统减速器相比，谐波减速器的零部件数量仅为传统减速器的 50% 左右，体积和重量均只有传统齿轮减速器的 2/3 左右，甚至更小。

（2）承载能力大。谐波减速器在传动过程中，具有多对齿共同参与承受载荷，在传动系统的材料和传动比相同的情况下，多个啮合齿所受的力叠加到一起，使谐波传动承载能力要大大超过其他传动系统。

（3）传动精度高。由于参与啮合的齿数多，谐波减速器的传动精度相比其他减速器提高 4 倍左右。

（4）传动效率高。在传动比相同的情况下，谐波减速器的运动部件比其他传统减速器少一半左右，且柔轮与刚轮啮合齿面的运动速度较小，因此传动效率很高，其传动效率能达到 65%～95%。

（5）稳定性好。谐波减速器在啮合过程中，柔轮与刚轮的齿侧间隙主要由波发生器的外轮廓尺寸以及两齿轮的齿形参数决定，因此传动回差最小可为零，且几乎不会出现突变现象。

二、市场概况

在“工业 4.0”的大背景下，以美国、日本、德国为代表的国家和地区重视推动机器人产业的发展，其凭借技术先发优势，在机器人领域取得了较高的行业集中度和市场份额。而在机器人用谐波减速器领域，日本哈默纳科公司（Harmonic Drive Systems Inc.）依靠其长期的研发技术积累、规模化的生产能力、稳定的产品质量和性能以及与机器人四大家族（安川电机株式会社、日本发那科公司、ABB 集团和库卡机器人有限公司）等生产商合作历史悠久等优势，在行业内市场地位突出，是全球谐波减速器的龙头企业。

我国谐波减速器发展较晚，谐波传动技术于 20 世纪 60 年代初引入我国，最初主要应用于军事和航天领域，后逐渐广泛应用于机器人、数控机床等行业。但长期以来受制于国外企业的技术封锁，我国谐波减速器发展较缓慢，市场接受度逐年提升，目前已有苏州绿的谐波传动科技股份有限公司（简称“绿的谐波”）、浙江来福谐波传动股份有限公司等多家谐波减速器厂商实现量产。

1. 国际市场概况

2021 年，在新冠疫情的影响下，全球经济运行低迷，工业机器人用谐波减速器面临严峻挑战。伴随着人工智能、物联网、人机协同等技术的不断发展，服务机器人产品类型不断丰富，应用领域更加广泛，市场发展亮眼，带动其上游核心部件之一的谐波减速器迅速发展，市场份额不断增长。2021 年，全球机器人用谐波减速器市场需求量约为 140.8 万台，同比增长 27.0%。2017—2021 年全球机器人用谐波减速器市场情况如图 3 所示。

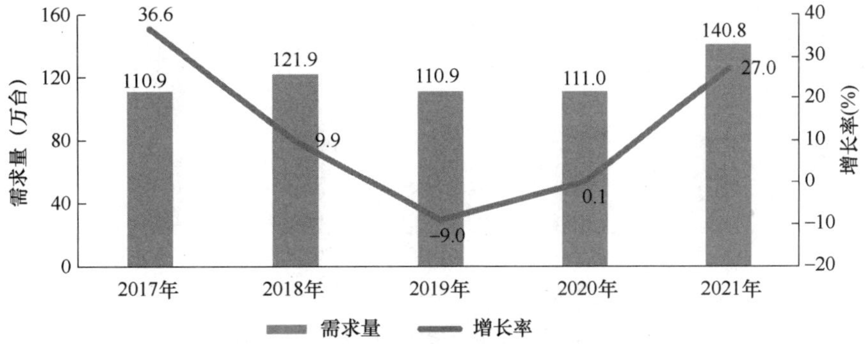

图 3　2017—2021 年全球机器人用谐波减速器市场情况

注：以上数据根据国际机器人联合会（IFR）、中国机器人产业联盟（CRIA）调研报告以及各类型机器人装配所需谐波减速器经验数量测算得出。

从机器人机械结构分类来看，2021 年，多关节型机器人用谐波减速器仍是所有机器人用谐波减速器中销量最高的，共销售 105.3 万台，在全球机器人用谐波减速器市场中的占比为 75%；SCARA 机器人用谐波减速器共销售 26.8 万台，在全球机器人用谐波减速器市场中的占比为 19%，位居第二；坐标机器人用谐波减速器共销售 7.1 万台，位居第三。2017—2021 年全球谐波减速器销售情况（按机器人机械结构分类）如图 4 所示。

2. 国内市场概况

近年来，受新冠疫情影响，机器人用谐波减速器在国外市场的需求明显放缓，但是国内市场仍然保持着较高的发展速度。特别是新冠疫情导致劳动力紧缺，加速了我国工业转型的进程，在电子电器设备制造业、物流、新能源、半导体和医疗器械等行业，谐波减速器的采购量明显增多。经历了前两年的销量下降，2021 年，国内机器人用谐波减速器市场销售迅速回温。从全球来看，我国的机器人用谐波减速器市场规模位居世界首位，超过美洲、非洲的总和，达到 84.2 万台，同比增长 55.1%，约占全球谢波减速器市场规模的 60%。其中，国内自主品牌工业机器人使用谐波减速器 24.6 万台，在全国机器人使用谐波减速器中的占比为 29.2%。随着国内谐波减速器制造企业规模化生产能力的提升、下游工业机器人等行业的快速发展以及其他多个领域的拓展，未来，谐波减速器行业规模将持续扩大。2017—2021 年我国机器人用谐波减速器市场情况如图 5 所示。

从机器人机械结构分类来看，2021 年，全国多关节型机器人用谐波减速器共销售 63.3 万台，同比增长 60.8%，在全国机器人用谐波减速器市场中的占比为 75.2%，位居第一；随着人工智能、物流等行业的快速发展，SCARA 机器人用谐波减速器在我国发展迅速，2021 年共销售 18.7 万台，同比增长 43.7%，在全国机器人用谐波减速器市场中的占比为 22.2%，位居第二。2017—2021 年我国谐波减速器销售情况（按机器人机械结构分类）如图 6 所示。

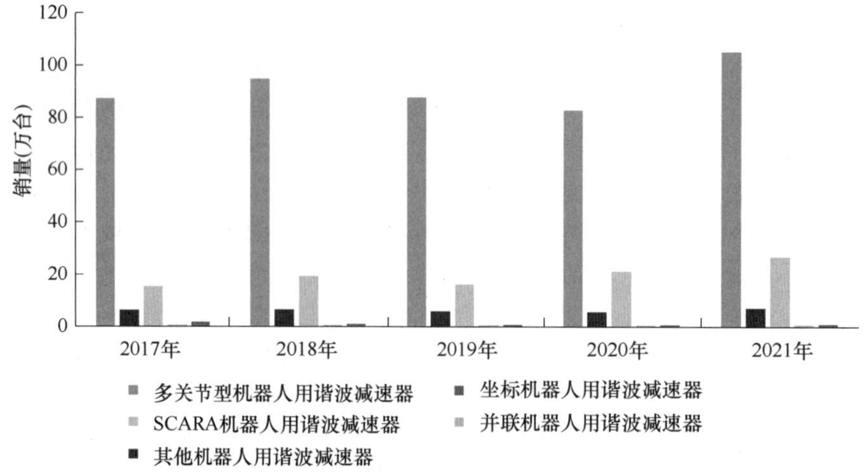

图 4　2017—2021 年全球谐波减速器销售情况（按机器人机械结构分类）

注：以上数据根据国际机器人联合会（IFR）、中国机器人产业联盟（CRIA）调研报告以及各类型机器人装配所需谐波减速器经验数量测算得出。

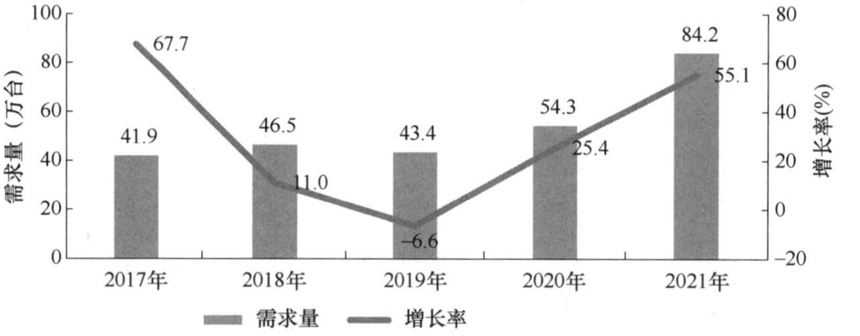

图 5　2017—2021 年我国机器人用谐波减速器市场情况

注：以上数据根据国际机器人联合会（IFR）、中国机器人产业联盟（CRIA）调研报告以及各类型机器人装配所需谐波减速器经验数量测算得出。

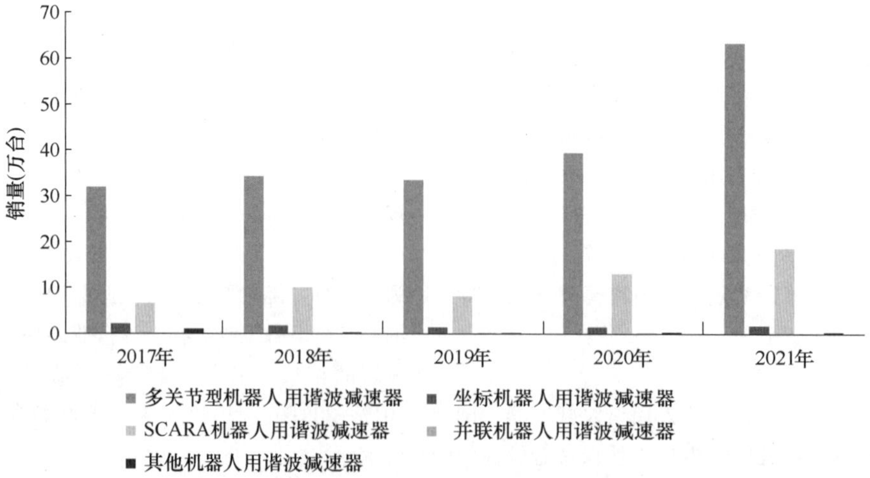

图 6　2017—2021 年我国谐波减速器销售情况（按机器人机械结构分类）

注：以上数据根据国际机器人联合会（IFR）、中国机器人产业联盟（CRIA）调研报告以及各类型机器人装配所需谐波减速器经验数量测算得出。

三、趋势分析与预测

1. 进口替代加速，国产化程度提高

目前，主流国际品牌仍在全球谐波减速器行业中占据市场主导地位，国际品牌减速器生产商供货交期长达数月，产品销售价格也高于同期国外企业的售价，这一现状在一定程度上制约了国内机器人生产商的发展。随着一系列产业鼓励政策的颁布和实施，我国已将突破机器人关键核心技术作为科技发展的重要战略，对精密减速器发展的支持力度不断增强。同时，国内部分企业通过技术攻关、生产工艺的改进，其研发出的产品在性能和稳定性等方面已能够达到国际水平，对国际品牌进口产品逐渐形成了一定的替代。

未来，随着研发的不断投入、技术水平的成熟、产品性能和质量的提升，国内厂商能够凭借更高的产品性价比、更优的现场服务能力、更短的交货周期、更快的售后响应速度等优势，使国产谐波减速器被更多下游行业厂商认可，国产化程度将加速提高，从而形成国内自主品牌减速器与国际品牌同台竞争的市场格局。

2. 产品向机电一体化、模块化方向发展

机器人及机器人关节为高度机电耦合系统，机电一体化模组将减速器及其他部分零部件进行模块化集成，能够提升减速器产品的功能属性和适用场景，降低厂商部件采购种类，减少安装环节、提高集成效率，并降低工业机器人的开发和应用门槛，让下游制造商更加专注于机器人应用场景的开发，促进下游行业使用效率的提高和生产成本的降低，迎合了下游行业客户的市场需求。

机电一体化、模块化将成为行业发展的重要趋势。在这种趋势下，国内外领跑企业纷纷开发一体化模块，如绿的谐波推出了中空结构一体化谐波减速模组产品，融合集成谐波减速器、超扁平力矩电动机、Ether CAT 总线型驱动器、绝对值中空编码器、制动器和智能传感器等于一体，简化了用户安装使用时间和成本，适应了谐波减速器未来市场需求；日本哈默纳科提出了“整体运动控制”，将谐波减速器与电动机、传感器等组合，提供高附加值模块化产品；科尔摩根公司发布 RGM 机器人关节模组，探索提供机器人关节解决方案。目前，机电一体化、模块化主要呈现以下发展趋势：

1）传动精度高、运行稳定性高。

2）高集成化、模块化设计、结构更紧凑、自重轻。

3）高动态响应、低振动噪声。

3. 下游市场持续高涨，应用领域不断拓宽

机器人用减速器作为高端装备的核心零部件，与制造业固定资产投资规模和国民经济增长密切相关。随着我国国民经济的持续增长，国内生产总值及固定资产投资均逐年提高，下游多个领域呈现出快速增长态势，带动精密减速器行业市场规模扩大。目前，国内新进入行业的厂商技术水平和产品质量参差不齐，真正符合下游客户标准、通过检测的合格减速器产品生产商依旧数量有限。在下游需求、国家产业政策支持的带动下，未来，行业整体需求依旧高涨。同时，随着技术的日益成熟，精密减速器越来越体现出高精度、高刚度、高负载、传动效率高、大速比、高寿命、低惯量、低振动、低噪声、低温升、结构轻小和安装方便等诸多优点，其应用领域将从工业机器人拓展到数控机床、航空航天、医疗器械、新能源等多个领域，发展前景广阔。

〔撰稿人：苏州绿的谐波传动科技股份有限公司左晶〕

创新篇

介绍机器人行业创新发展情况

创新篇

2021年机器人创新发展概况与前沿技术热点方向

一、2021年我国机器人创新发展背景

“十三五”期间，我国机器人产业呈现良好发展态势，其规模、技术和产品实现了重要的突破。2021年，随着“十四五”规划的快速部署与落地，我国机器人产业继续保持高速增长的良好发展态势。同时，由于我国老龄化社会带来的人口结构变化、国内机器人产业链和生态链日益完善等宏观因素，加上贸易摩擦、新冠疫情等因素的影响，我国机器人产业发展迎来了巨大变化，这一系列变化也将我国机器人创新发展推向一个重要的时代节点。

1. 我国机器人产业背景变化

（1）我国机器人产业发展处于国家战略地位。2015年，我国发布实施的“中国制造2025”将机器人产业发展写进国家战略。在2021年发布实施的多项“十四五”规划中，我国提出了与机器人科技及产业发展相关的重大国家战略。2021年我国发布的与机器人发展相关的重要“十四五”规划见表1。

表1　2021年我国发布的与机器人发展相关的重要“十四五”规划

时间	制定单位	方案名称	主要内容
2021年12月	工业和信息化部、国家发展改革委等15部委	《“十四五”机器人产业发展规划》	到2025年，我国成为全球机器人技术创新策源地、高端制造集聚地和集成应用新高地。一批机器人核心技术和高端产品取得突破，整机综合指标达到国际先进水平，关键零部件性能和可靠性达到国际同类产品水平
2021年4月	工业和信息化部、科学技术部等8部门	《“十四五”智能制造发展规划》	到2025年，规模以上制造业企业大部分实现数字化网络化，重点行业骨干企业初步应用智能化；到2035年，规模以上制造业企业全面普及数字化网络化，重点行业骨干企业基本实现智能化
2021年3月	国务院	《中华人民共和国国民经济和社会发展第十四个五年规划和2035年远景目标纲要》	深入实施智能制造和绿色制造工程，发展服务型制造新模式，推动制造业高端化智能化绿色化。培育先进制造业集群，推动集成电路、航空航天、船舶与海洋工程装备、机器人、先进轨道交通装备、先进电力装备、工程机械、高端数控机床、医药及医疗设备等产业创新发展

我国目前正处于建设创新型国家的关键阶段，一系列与机器人相关的国家级发展战略和规划的发布，将机器人产业发展作为战略性新兴产业给予重点支持，对相关的人才培养、技术进步、产业发展、制造业转型升级等方面均带来极大的引领和促进作用。

（2）我国人口结构变化大，老龄化加剧。2021年，随着人口老龄化趋势的加快，我国人口结构发生了很大变化。2021年国民经济和社会发展统计公报显示，2021年年末，我国0~15岁人口为26 302万人，较2020年减少528万人，在我国总人口中的占比为18.6%；16~59岁人口为88 222万人，较2020年仅增加247万人，占62.5%；60岁及以上人口为26 736万人，较2020年增加329万人，占18.9%。我国劳动力短缺、用工成本升高的问题日益突出，同时，机器人的技术日益成熟、成本逐年下降，人力服务成本和机器人服务成本的差距逐渐缩小，机器人在相关行业实现“机器换人”正成为当前发展趋势。

（3）我国机器人产业链和生态链日益完善，产业规模不断壮大。近年来，我国机器人产业链和生态链日益完善，形成了长三角地区、京津冀地区、珠三角地区、东北地区、中部地区、西部地区6大机器人产业集群，机器人产业规模不断壮大。我国机器人核心技术、核心零部件的国产化替代趋势显著，机器人的自主研发、协同创新能力明显加强，传统制造业的数字化转型也逐步加快，这些因素为我国机器人产业的持续高速发展奠定了良好的基础。我国机器人产业分布情况见表2。

表2　我国机器人产业分布情况

区域	特点	重点企业
长三角地区	形成国内相对完备的机器人产业链	上海沃迪智能装备股份有限公司、上海新时达机器人有限公司、南京埃斯顿机器人工程有限公司、科沃斯机器人科技有限公司

（续）

区域	特点	重点企业
京津冀地区	突出智能机器人创新生态优势	遨博（北京）智能科技股份有限公司、珞石（北京）科技有限公司、北京紫光优蓝机器人技术有限公司、北京天智航医疗科技股份有限公司、北京极智嘉科技股份有限公司、纳恩博（北京）科技有限公司、晨星自动化设备有限公司、一飞智控（天津）科技有限公司、唐山开元自动焊接装备有限公司
珠三角地区	多领域细分行业应用驱动机器人产业发展	广州数控设备有限公司、启帆（深圳）科创服务有限公司、固高科技（深圳）有限公司、深圳市繁兴科技股份有限公司、深圳市优必选科技股份有限公司、深圳市大疆创新科技有限公司、佛山市利迅达机器人系统有限公司、佛山市鼎峰机器人有限公司
东北地区	重点打造工业与特种机器人产业集群	新松机器人自动化股份有限公司、沈阳自动化研究所、哈工大机器人集团股份有限公司、哈尔滨博实自动化股份有限公司
中部地区	拥有一批各具发展特色的机器人骨干企业	武汉华中数控股份有限公司、武汉库柏特科技有限公司、埃夫特智能装备股份有限公司、巨一科技股份有限公司
西部地区	大力引进国内外机器人龙头企业	重庆机器人有限公司、重庆华数机器人有限公司、绵阳四维焊接自动化设备有限责任公司

（4）2021年，新冠疫情尚未褪去，大国对抗、经济衰退迹象等因素又让全球经济笼罩在更加不确定的阴影之下。在此基础上，逆全球化、通货膨胀、债务危机等因素所导致的创新体系及供应链重构等结构性难题，为包括机器人在内的诸多产业带来了更多挑战与影响。然而，我国机器人产业却在这一背景下实现“逆势”增长。据中国机器人产业联盟（CRIA）与国际机器人联合会（IFR）等多方统计数据显示，2021年，我国机器人行业营业收入突破1 000亿元，累计销售工业机器人25.7万台，同比增长50.1%，增速较上年提高了30.1个百分点，我国工业机器人销量在全球工业机器人总销量中的占比超过50%，已经连续第9年保持世界销量第一，制造业的机器人密度达322台/万人。

2. 国内外重大事件

（1）竞争加剧。近年来，随着我国综合国力的提升，世界贸易、科技等方面的竞争也随之加剧，机器人产业便是其中重要的竞争产业之一。受国际贸易竞争的影响，我国机器人产业链上下游零部件的全球生态环境短期受到了一定影响，但由于近些年我国机器人自主可控的国产化产业链日益完善和壮大，我国机器人产业整体影响程度有限。从长期来看，世界贸易竞争的短期刺激对我国本土机器人产业链生态硬实力的发展具有较大的促进作用，尤其是核心零部件、机器人整机及生产线集成应用配套软/硬件的国产化得到快速发展。我国机器人产业链将逐步实现自主可控的国产化。

（2）新冠疫情。受新冠疫情影响，2020年全球范围出现一定规模的停工停产、交通受阻，全球经济发展陷入低迷。2021年，新冠疫情形势逐渐好转，全球进入新冠后疫情时代，人们对卫生防护的意识加强。全球范围对消毒机器人、咽拭子机器人、远程医疗、无人化配送等服务机器人的需求迅速增长。据Global Info Research（GIR）调研，2021年，全球家用紫外线消毒器营业收入约为171 500万美元，预计2028年将达到533 740万美元。除了对医用消杀、咽拭子采样等服务机器人的巨大需求，新冠疫情还刺激了无人配送、无人餐厅、无人超市等领域的服务机器人快速发展。新冠疫情将服务机器人推向时代发展的快车道，对未来社会形态的发展将产生重要的影响。

（3）军事冲突。机器人在军事领域一直发挥着重要作用。早在第二次世界大战，德国的SdKfz. 302无人遥控爆破车便开始发挥作用。高性能的军事机器人和无人化的作战系统一直是近些年各个国家国防科研领域的需求。随着军用机器人相关技术的发展，水、陆、空机器人能够执行的任务和功能也越来越多。军用机器人的发展，对配套的精确环境感知与智能控制决策、新型传感器、半导体产业、电池技术等领域的发展发挥了重要的推动作用。

（4）航空航天、网联汽车、无人驾驶等行业对机器人需求加剧。2021年6月，我国实现“天宫”空间站首次航天员入住，将我国太空机器人的研发和应用推向机器人产业的新高地。中国空间站的建成，对我国发展与外太空相关的太空机器人、无人化自主系统、机器人关键核心零部件，有着划时代的影响和重大意义。此外，2021年，无人驾驶、网联汽车掀起我国汽车发展的新风口，对于汽车发展相关的自动化机器人生产线、柔性智造、智能工厂等相关机器人行业的发展也带来极大的促进作用。

二、2021年我国机器人新技术发展概况

2021年，我国机器人产业发展紧随世界步伐，在部分领域和行业引领了机器人科技与产业的发展。

1. 2021年我国高校机器人技术创新

2021年，在以中国科学院沈阳自动化研究所、哈尔滨工业大学、清华大学、北京航空航天大学为代表的一批机器人优势学科院校的带领下，我国取得了一大批重大战略成果与前沿探索科技成果。

在机器人重大战略成果方面，我国产生了“海斗一号”自主遥控无人潜水器、机器人化青藏科考、祝融号火星车移动和转移系统、空间站机械臂组合转接件悬挂装置与转接件、微重力条件下小天体采样机构及测试装备、机器人微操作技术等重大战略成果。

在前沿技术与理论的探索研究方面，类生命机器人、微型仿昆虫集群机器人、仿生吸附机理与应用、柔性多模态变体微纳米机器人的设计与制造、水下仿生无人系统设计与应用、面向活体自适应作业的智能形变仿生微机器人、复合仿生成像感知新机理及模组等为代表的前沿科技成果，为我国机器人科技与产业的发展奠定了坚实基础。

在关键技术的示范应用方面，我国坚持产学研用一体化协同创新，在高校及产业界的共同努力下，形成了核酸采样机器人、航天对接机构地面测试关键技术、高端轴承关键制造技术、微创手术机器人关键技术及应用、经尿道软组织切除手术机器人系统、重大疫情防控与救护系列机器人关键技术及应用、高端化无菌制药机器人关键技术装备、高端智能制造的机器人视觉感知与灵巧作业关键技术等科技成果的转化落地，形成了良好的机器人领域的产学研用示范效应。

2. 2021年我国机器人企业创新产品

2021年，我国机器人产业在工业机器人、医疗康复机器人、服务机器人等领域产生了大批新产品。在工业机器人领域，专注于细分领域市场的工业机器人逐渐出现，例如遨博（北京）智能科技股份有限公司发布了用于柔性生产的“手脚眼”一体化复合机器人；配天机器人技术公司发布了用于焊接的多机器人焊接工作站；上海大界科技机器人公司发布了用于钢结构切割的作业机器人。

在医疗机器人领域，多孔腹腔内窥镜手术机器人国产化基本实现，多家机器人公司例如上海微创医疗机器人（集团）股份有限公司、苏州康多机器人有限公司、山东威高手术机器人有限公司等相继发布了多孔腹腔内窥镜手术机器人。应用于骨科、脑神经、穿刺等场合下的专用手术机器人国内新品也日益丰富。

服务机器人在家用和公共服务两大领域出现大规模增长。应用于公共物流的无人配送机器人新品不断涌现，例如北京三快在线科技有限公司（美团）发布的配送车2.0和深圳优地科技有限公司发布的优小哥W3等产品。商业清扫机器人成为国内厂家纷纷竞争的新领域，沈阳新松机器人自动化股份有限公司、海博（苏州）机器人科技有限公司、科沃斯机器人股份有限公司和麦岩智能科技（北京）有限公司等多家企业在2021年相继发布了商业楼宇清扫机器人。

2021年，我国还出现了一批面向生物、医疗等领域的机器人，北京镁伽机器人科技有限公司相继发布生物实验室自动化软件平台、自动化生物实验工作站等多款产品，填补了我国在生物、医疗智能化、自动化实验平台的空白。

此外，科学家借助高校科技成果转化这一途径，通过“学生+导师”的模式参与到硬科技创业也开始成为一种趋势，而这一趋势也得到了资本的青睐。

3. 前沿技术/热点的产业发展方向

2021年，受宏观背景和新冠疫情等大事件影响，我国高等院校的科研与企业的研发有了新的方向：

（1）机器人的前沿与热点研发方向。灵巧操作机器人、软体机器人、智能机器人操作系统开发、仿生机器人结构设计、灵敏感知技术、防疫机器人、微型机器人及面向生物/医疗/药物等领域的微操作机器人等得到了快速发展和突破，取得良好的成果和经济社会效益。

（2）机器人企业的热点产品研发方向。包括医疗与康复机器人、仿生机器人、无人配送机器人、家庭服务机器人、商业服务机器人、物流仓储机器人、新一代协作机器人、复合机器人、云服务机器人和特殊环境服役机器人等方面纷纷推出新产品，引领机器人产业的发展。

〔供稿单位：中关村智友研究院，北京航空航天大学陶永〕

2021年机器人重点科研院所代表性成果与进展

一、国内机器人主要科研机构

通过几十年的发展，国内机器人研究形成了一批实力雄厚的代表性高校院所和3个国家重点实验室。机器人研究需要多学科交叉，本文选取16个主要科研机构或高等院校，分别从机器人结构设计、感知、智能和综合应用4个研究方向进行分析。可以发现，除了少数院校专攻某一两个方向，其他院校对多个方向都有较深入的研究。我国机器人领域主要科研机构研究方向见表1。

表1 我国机器人领域主要科研机构研究方向

科研机构或高等院校	研究方向
中国科学院沈阳自动化研究所	机器人结构设计、智能、综合应用
哈尔滨工业大学	机器人结构设计、综合应用
北京航空航天大学	机器人结构设计、智能、综合应用
北京大学	机器人结构设计、智能、综合应用
北京理工大学	机器人结构设计、智能、综合应用
南开大学	机器人结构设计、感知、智能、综合应用
清华大学	机器人结构设计、感知、智能、综合应用
上海交通大学	机器人结构设计、感知、智能、综合应用

（续）

科研机构或高等院校	研究方向
天津大学	机器人结构设计
同济大学	机器人结构设计、感知、智能、综合应用
浙江大学	机器人结构设计、智能、综合应用
中国科学院自动化研究所	机器人结构设计、感知、智能
湖南大学	感知、智能、综合应用
苏州大学	感知、智能、综合应用
西安交通大学	感知、智能、综合应用
华中科技大学	综合应用

注：内容根据调研及反馈资料整理。

我国机器人领域16个主要科研机构或高等院校的科研状况及学术/学科带头情况见表2。

表2 我国机器人领域16个主要科研机构或高等院校的科研状况及学术/学科带头情况

机构名称	简介	学术/学科带头人
中国科学院沈阳自动化研究所机器人学国家重点实验室	该实验室是我国机器人学领域最早建立的重点实验室。近20年来，该实验室在机器人学基础理论与方法研究方面与国际先进水平同步发展，并在机器人技术前沿探索和示范应用等方面取得一批有重要影响的科研成果，充分显示出其解决国家重大科技问题的能力。目前，该实验室机器人学研究总体水平在国内相关领域处于核心和带头地位，是国内外具有重要影响的机器人学研究基地	王天然，中国工程院院士、研究员、博士生导师，机器人学国家重点实验室学术委员会委员，曾任中国自动化学会副理事长、常委 封锡盛，中国工程院院士、研究员、博士生导师，机器人学国家重点实验室学术委员会委员 于海斌，研究员、博士生导师，现任中国科学院沈阳自动化研究所所长，兼任机器人学国家重点实验室主任 刘连庆，研究员，博士生导师，机器人学国家重点实验室副主任。IEEE机器人与自动化学会副主席，国家机器人标准化总体组秘书长，科学技术部“智能机器人”国家重点研发计划总体专家组成员
中国科学院自动化研究所复杂系统管理与控制国家重点实验室	复杂系统管理与控制国家重点实验室依托于中国科学院自动化研究所，1991年成立，1994年经中国科学院批准正式对国内外开放，2011年获科学技术部正式批准立项建设为国家重点实验室。2013年通过科学技术部组织的验收并定名为“复杂系统管理与控制国家重点实验室”，2017年通过科学技术部组织的国家重点评估。目前，实验室以平行智能理论为理论研究方向，以平行管理与智能控制、基于机器人技术的先进控制、智能医学、基于网络化虚拟世界的社会计算为应用研究方向，开展从基础理论创新、核心技术研发到重大产业应用的全方位、多层次的研究和探索	乔红，中国科学院自动化研究所研究员，国家杰出青年科学基金获得者，中国科学院院士。担任复杂系统管理与控制国家重点实验室副主任、北京市机器人“手—眼—脑”融合智能研究与应用重点实验室主任、九三学社中央科技专门委员会副主任。长期从事机器人手—眼—脑融合智能研究与应用 谭民，中国科学院自动化研究所研究员，国家杰出青年科学基金获得者。在仿生机器鱼、机器人的智能控制、多机器人系统方面做出了系统性、创造性的重要贡献，获国家自然科学奖二等奖、北京市科学技术奖二等奖、中国科学院自然科学奖二等奖等。任国家“863”计划自动化领域智能机器人主题第五届专家组成员

（续）

机构名称	简介	学术/学科带头人
中国科学院自动化研究所复杂系统管理与控制国家重点实验室	复杂系统管理与控制国家重点实验室依托于中国科学院自动化研究所，1991年成立，1994年经中国科学院批准正式对国内外开放，2011年获科学技术部正式批准立项建设为国家重点实验室。2013年通过科学技术部组织的验收并定名为“复杂系统管理与控制国家重点实验室”，2017年通过科学技术部组织的国家重点评估。目前，实验室以平行智能理论为理论研究方向，以平行管理与智能控制、基于机器人技术的先进控制、智能医学、基于网络化虚拟世界的社会计算为应用研究方向，开展从基础理论创新、核心技术研发到重大产业应用的全方位、多层次的研究和探索	侯增广，中国科学院自动化研究所研究员，国家杰出青年科学基金获得者。现任复杂系统管理与控制国家重点实验室副主任，中国科学院脑科学与智能技术卓越创新中心“核心骨干”，中国科学院人工智能创新研究院“2035创新团队”医疗机器人集群负责人，“自主机器智能”方向召集人
哈尔滨工业大学机器人技术与系统国家重点实验室	机器人技术与系统国家重点实验室源自哈尔滨工业大学机器人研究所，该所始建于1986年，是我国最早开展机器人技术研究的单位之一，实验室始终坚持立足航天、服务国防、面向经济主战场，凸显航天、国防特色和军民融合发展理念，开展战略性、前沿性、原创性的先进机器人基础研究、应用基础研究。多年来，实验室集智攻关、开拓创新，取得了一批引领国际前沿的机器人尖端技术成果，是我国机器人领域发展不可替代的重要科技力量	蔡鹤皋，机器人及机电一体化技术专家，中国工程院院士。哈尔滨工业大学机器人研究所名誉所长，机器人技术与系统国家重点实验室名誉主任 邓宗全，教授、博士生导师，现任哈尔滨工业大学副校长、宇航空间机构及控制技术重点学科实验室主任，国防“973”项目首席科学家，国家“111”引智计划负责人 刘宏，中国工程院院士、教授、博士生导师，机器人技术与系统国家重点实验室主任，中国机械工程学会机器人分会副主任委员。 赵杰，教授、博士生导师，哈尔滨工业大学机器人研究所所长，科学技术部智能机器人重点研发计划专家组组长
清华大学	清华大学计算机系是国内最早开展智能机器人研究的单位之一，曾经是国家“863”计划“人工智能在机器人中的应用”网点实验室，通过人工智能基础理论的突破，带动机器人实现智能化，一直是实验室有特色的研究方向之一，相关研究达到国内领先水平并紧跟国际发展趋势。清华大学人工智能研究院智能机器人研究中心联合了清华大学计算机系、清华大学机械工程系、清华大学自动化系等校内机器人研究的优势单位，同时也与德国汉堡大学开展国际合作。智能机器人研究中心在跨学科基础理论研究、扩大产业合作与转化、建设人才团队等方面开展了系列工作，成为在国内外有影响力的智能机器人研究机构	张钹，中国科学院院士，清华大学人工智能研究院院长 孙富春，清华大学人工智能研究院智能机器人研究中心主任、教授，中国人工智能学会副理事长、中国自动化学会和中国认知科学学会副理事长 张建伟，德国国家科学与工程院院士，德国汉堡大学信息学科学系教授，多模态技术研究所所长
北京大学	1910年，北京大学组建了工学院，1952年院系调整后，创立全国首个力学专业。2005年，北京大学重建工学院。北京大学在机器人等领域的教学、科研和社会服务等方面已有60年余的历史，力学学科近三轮学科评估均保持国内领先。设有湍流与复杂系统国家重点实验室、北京市工程科学与新兴技术高精尖创新中心、北京市智能康复工程技术研究中心等研究平台。2019年成立先进制造与机器人系，并设立机器人工程本科专业	王龙，教授，国家杰出青年基金获得者、长江学者、“新世纪百千万人才工程”国家级人选 段慧玲，北京大学工学院院长、教授，国家杰出青年基金获得者、长江学者、美国机械工程师学会会士 喻俊志，教授，电气与电子工程师协会会士、国家杰出青年基金获得者、国家“万人计划”领军人才，入选国家百千万人才工程，享受国务院特殊津贴专家等 谢广明，教授，获国家自然科学奖二等奖、教育部自然科学奖一等奖等

（续）

机构名称	简介	学术/学科带头人
北京大学	1910年，北京大学组建了工学院，1952年院系调整后，创立全国首个力学专业。2005年，北京大学重建工学院。北京大学在机器人等领域的教学、科研和社会服务等方面已有60年余的历史，力学学科近三轮学科评估均保持国内领先。设有湍流与复杂系统国家重点实验室、北京市工程科学与新兴技术高精尖创新中心、北京市智能康复工程技术研究中心等研究平台。2019年成立先进制造与机器人系，并设立机器人工程本科专业	王启宁，北京大学工学院副院长、教授，国家"万人计划"领军人才、北京高校卓越青年科学家、国家优秀青年科学基金获得者
北京航空航天大学	北京航空航天大学机器人研究所主要从事现代机构学及机器人技术方面的理论研究和技术开发，现有长江学者特聘教授2名，国家杰出青年基金获得者2名，教育部新（跨）世纪优秀人才3人，北京市科技新星6人。拥有"虚拟现实技术与系统"国家重点实验室（共建）、"飞行器装配机器人装备"北京市重点实验室、中国机械工业联合会"机械工业服务机器人技术"重点实验室、"面向高端装备制造的机器人技术"北京市国际科技合作基地。在现代机构学、机器人学及服务机器人方面的研究处于国内领先水平	丁希仑，北京航空航天大学机械工程及自动化学院院长、教授，国家杰出青年基金获得者、长江学者 王田苗，北京航空航天大学机器人研究所名誉所长、教授，国家杰出青年基金获得者、长江学者 陈殿生，北京航空航天大学机器人研究所所长，机械工业服务机器人技术重点实验室主任 文力，教授、博士生导师，国家自然科学优秀青年科学基金获得者。目前担任机器人领域顶级期刊 *Soft Robotics* 副主编（我国唯一副主编），仿生机器人期刊 *Bioinspiration Biomimetics* 编委，*IEEE Robotics and Automation Letters* 副主编，《机器人》等期刊编委
北京理工大学	北京理工大学仿生机器人与系统教育部重点实验室围绕国际科技发展前沿和国家重大需求，重点开展仿生机器人的前沿基础理论和核心关键技术研究，以期建立仿生机器人与系统的高端科学研究集成平台、取得一批具有国际影响的创新成果，成为国家科技创新和人才培养的重要基地。实验室有运动仿生学、生物感知与交互机理、仿生控制与系统集成等3个主要研究方向。实验室固定人员50余人，其中前IEEE总主席/外籍院士1人，海外大师4人，长江学者、国家杰出青年、国家"万人计划"、北京高校卓越青年科学家、海外高层次人才计划8人，"四青"人才6人	黄强，讲席教授，仿生机器人与系统教育部重点实验室主任，电气与电子工程师协会会士，长江学者特聘教授、国家杰出青年基金获得者、国家"万人计划"首批科技创新领军人才 郝群，特聘教授，仿生机器人与系统教育部重点实验室主任、北京理工大学光电学院院长、长春理工大学副校长。国家"万人计"划科技创新领军人才、全国巾帼建功标兵 方浩，教授，获国家自然科学奖二等奖1项，教育部自然科学奖一等奖1项，国防技术发明奖一等奖1项 段星光，北京理工大学机电学院智能机器人研究所副所长。科学技术部"十三五"智能机器人重点专项总体专家组专家，科学技术部"十三五"重大仪器专项专家，国务院学位与研究生教育评估委员会会员，IEEE机器人与自动化协会会员
华中科技大学	华中科技大学数字制造装备与技术国家重点实验室针对制造装备国家重大需求，结合数字化制造学科前沿，开展"理论创新—技术突破—装备研发"有机融合的应用基础研究。以高端数控、电子制造、汽车制造及纳米制造等关键装备为主要对象，开展数字制造装备技术的应用基础理论和共性技术研究，提升我国数字制造和高端制造装备领域的核心竞争力。主要研究方向包括：数字制造基础理论、先进加工工艺与方法、数字制造装备关键技术、数字制造系统等，在国内乃至国际数字制造研究领域已产生重要的学术影响	熊有伦，中国科学院院士、教授、博士生导师、中国科学院院士、中国机器人专家、机械工程专家。华中科技大学机械科学与工程学院工程信息和智能技术研究所名誉所长 丁汉，男，教授、博士生导师，中国科学院院士。现任华中科技大学校学术委员会主任，国家数字化设计与制造创新中心主任，获得国家自然科学奖二等奖1项，国家教学成果奖一等奖1项，国家科技进步奖二等奖2项

（续）

机构名称	简介	学术/学科带头人
华中科技大学	华中科技大学数字制造装备与技术国家重点实验室针对制造装备国家重大需求，结合数字化制造学科前沿，开展“理论创新—技术突破—装备研发”有机融合的应用基础研究。以高端数控、电子制造、汽车制造及纳米制造等关键装备为主要对象，开展数字制造装备技术的应用基础理论和共性技术研究，提升我国数字制造和高端制造装备领域的核心竞争力。主要研究方向包括：数字制造基础理论、先进加工工艺与方法、数字制造装备关键技术、数字制造系统等，在国内乃至国际数字制造研究领域已产生重要的学术影响	尹周平，男，教授、博士生导师，国家杰出青年基金获得者、长江学者特聘教授、国家“万人计划”领军人才、何梁何利青年创新奖获得者，现任数字制造装备与技术国家重点实验室主任。获国家技术发明奖二等奖、国家自然科学奖二等奖、国家科技进步奖二等奖、国家教学成果奖一等奖各 1 项
浙江大学	浙江大学工业控制技术国家重点实验室于 1989 年 6 月经原国家计划委员会批准建设，1995 年 9 月通过原国家计划委员会组织的验收，现已成为自动化领域具有国际影响力的科技创新研究基地和高水平复合型人才的培养基地，是“国家自然科学基金创新研究群体”和教育部“111”引智计划“信息与控制学科创新引智基地”的依托单位。在 2012 年 2 月由国家自然科学基金委员会组织的国家重点实验室评估中，评估结果排名自动化领域第一，并于 2012 年 11 月 29 日被科学技术部评为优秀类国家重点实验室	谭建荣，浙江大学求是学院特聘教授、博士生导师，浙江大学机械工程学院设计工程及自动化系系主任，浙江大学流体动力与机电系统国家重点实验室学术委员会副主任 杨华勇，浙江大学教授，浙江大学机械工程学院院长，浙江大学流体动力与机电系统国家重点实验室主任，国家电液控制工程技术中心主任 熊蓉，教授，浙江大学控制科学与工程学院机器人团队负责人，国家重点研发计划智能机器人重点专项“十三五”及“十四五”专家组专家，RoboCup 机器人世界杯国际理事会理事
南开大学	南开大学天津市智能机器人技术重点实验室于 2012 年获批，拥有全国“863”计划开放网点实验室及机器人产业化基地，建设有教育部和国家外国专家局“机器人智能感知，控制及应用”“111”引智基地，与多个龙头企业、科研院所建立联合实验室或研发中心。近五年，获天津市自然科学奖一等奖与科技进步奖一等奖、吴文俊人工智能自然科学奖一等奖、中国自动化学会技术发明奖一等奖等科研奖励，连续两年入选“中国智能制造十大科技进展”	刘景泰，南开大学机器人与信息自动化研究所所长，天津市智能机器人技术重点实验室主任，教授、科学技术部重点研发计划项目负责人 方勇纯，南开大学研究生院常务副院长、教授，国家杰出青年基金获得者，长江学者 韩建达，南开大学教授，国家“万人计划”领军人才 赵新，南开大学人工智能学院院长，教授，科学技术部重点研发计划项目负责人
天津大学	天津大学机械工程学院制造装备与系统实验室，依托教育部长江学者特聘教授研究基地，长期从事机器人机构设计理论、控制技术、传感及测量信息技术等方面的研究工作，先后承担国家重点研发计划、国家重大科技专项、“973”计划、“863”计划、国家自然科学基金重点及重大国际合作、欧盟第七框架、欧盟地平线、中—欧合作项目等 80 余项，在高端制造装备自主创新、机构学及设计理论、数字化设计与性能检测等关键技术及工程应用方面取得重要成果	黄田，男，教授、博士生导师，教育部长江学者特聘教授，长期从事制造装备与系统、机器人技术、机床动力学方向教学与科研工作，获国家技术发明奖二等奖 1 项、省部级科技奖励特等奖和一等奖 6 项。国际机器与机构学理论联合会（IFToMM）执行委员、国际生产工程学会（CIRP）会士、*Mechanism and Machine Theory* 领域主编
上海交通大学	上海交通大学机械系统与振动国家重点实验室于 1988 年开始筹建，1995 年建成并对外开放运行。实验室以推动科学发展、支撑产业进步及国防现代化建设为使命，致力于振动冲击噪声分析与控制、系统动力学与信号处理、智能机械系统设计与制造、精密制造与质量控制、生机电系统理论等领域的基础科学问题与应用技术研究。其中智能机械系统设计与制造、生机电系统理论两方向直接与机器人方向相关。经过 30 年的建设与发展，已成为机械系统与振动领域国内领先、国际知名的学术研究与技术创新基地	朱向阳，机械系统与振动国家重点实验室主任，国家杰出青年科学基金获得者、长江学者特聘教授，“973”计划项目首席科学家。研究成果先后获得国家技术发明奖二等奖、国家自然科学奖二等奖、国家科技进步奖二等奖和 5 项省部级科技成果奖一等奖

（续）

机构名称	简介	学术/学科带头人
上海交通大学	上海交通大学机械系统与振动国家重点实验室于1988年开始筹建，1995年建成并对外开放运行。实验室以推动科学发展、支撑产业进步及国防现代化建设为使命，致力于振动冲击噪声分析与控制、系统动力学与信号处理、智能机械系统设计与制造、精密制造与质量控制、生机电系统理论等领域的基础科学问题与应用技术研究。其中智能机械系统设计与制造、生机电系统理论两方向直接与机器人方向相关。经过30年的建设与发展，已成为机械系统与振动领域国内领先、国际知名的学术研究与技术创新基地	高峰，教授，国家杰出青年基金获得者、“973”项目首席科学家，获IFToMM中国委员会学术贡献奖。获国家自然科学奖二等奖1项、省部级技术发明奖和科技进步奖一等奖、二等奖共8项，获2014年度美国ASME达芬奇设计与发明奖、2015年何梁何利科学与技术进步奖、2016年全国优秀科技工作者称号 刘成良，教育部长江学者特聘教授。获国家科技进步奖二等奖2项、中国机械工业科学技术奖一等奖2项，其他省部级奖4项。现任国家重点研发计划“智能农机”专项总体专家组专家、中国机械工程学会流体传递与控制分会常务委员，上海市农业工程学会副理事长等
同济大学	同济大学自主智能无人系统全国重点实验室面向国家人工智能重大战略需求与世界科技前沿，以智能无人系统为主要对象，围绕自主与感知、智能与涌现、协同与群智等关键科学问题开展科学研究和核心技术攻关。旨在提出自主智能无人系统领域原创性的新概念、新原理和新方法，突破无人系统智能感知、认知、决策及控制的拥有完全自主知识产权的关键核心技术，并在智慧城市、智能交通、智能建造、智能制造、智慧医疗、国家安全等领域得到广泛应用，推动产业范式变革，引领行业发展	徐鉴，同济大学航空航天与力学学院动力学与控制研究所所长，同济大学特聘教授，国家杰出青年基金获得者。现任国家自然科学基金委员会重大研究计划“共融机器人基础理论与关键技术”专家指导组成员、中国机械工程学会机器人分会常务委员、上海市力学学会理事长等 何斌，同济大学电子与信息工程学院长聘教授，上海自主智能无人系统科学中心执行主任，国家杰出青年基金获得者 陈启军，同济大学教授、博士导师，中国（上海）数字城市研究院执行院长。主要从事人工智能与机器人方面的研究 唐一超，同济大学机械与能源工程学院教授、博士生导师。主要从事微型医疗机器人、柔软结构机器人方面的研究 汤奇荣，德国工学博士，同济大学长聘教授、博士生导师
西安交通大学	西安交通大学视觉信息处理与应用国家工程实验室依托西安交通大学人工智能与机器人研究所，于2014年4月获得国家发展改革委批准建设，2019年11月通过验收。实验室定位于我国视觉信息处理领域的国家战略科技力量，围绕载人航天、智能交通、智能制造等国家重大战略需求与重点产业领域，开展工程技术攻关，建设技术研发和工程化平台，构建和完善我国视觉信息处理领域的技术创新体系，为产业关键技术的创新发展提供重要的技术与人才支撑。实验室的主要技术方向包括空间视觉工程、汽车主动安全与智能驾驶、大规模视觉信息识别与应用、新型智能计算架构与芯片等	郑南宁，西安交通大学教授、博士生导师，中国工程院院士、电气与电子工程师协会会士、中国自动化学会理事长、国际模式识别协会（IAPR）理事会成员、中国人工智能教育联席会理事长。研究领域有计算机视觉与模式识别、认知计算、人工智能及其先进计算架构等。先后获国家科技进步奖二等奖（1991年、1996年）、国家技术发明奖二等奖（2007年）、国家自然科学奖二等奖（2016年）。1995年获国家杰出青年科学基金资助，2001年获何梁何利科学技术奖，2020年荣获杰出教学奖、全国先进工作者称号和陕西省最高科学技术奖
湖南大学	湖南大学机器人视觉感知与控制技术国家工程研究中心围绕机器人感知技术、控制技术、灵巧作业机构等核心技术，承担了国家重点研发计划、国家“863”计划、国家科技支撑计划项目、国家重大科研仪器研制项目、国家自然科学基金重点项目等国家级项目40余项、省部级和企业横向项目60余项，其中授权国家	王耀南，中国工程院院士，现任机器人视觉感知与控制技术国家工程研究中心主任，机器人技术与智能控制专家，国家“十二五”“863”智能机器人主题专家，湖南大学教授、博士生导师。任中国图象图形学学会理事长、中国自动化学会常务理事、中国人工智能学会监事等

（续）

机构名称	简介	学术/学科带头人
湖南大学	发明专利120余项，获国家科技进步奖5项，发表高水平学术论文400余篇，与20余家企业长期合作，联合建立7个产业化验证示范基地	李树涛，现任湖南大学校党委常委、副校长（兼任机器人学院院长），教授、博士生导师。电气与电子工程师协会会士，科睿唯安（Clarivate Analytics）高被引科学家、Elsevier中国高被引学者。获国防技术发明奖一等奖1项，国家自然科学奖二等奖1项，国家科技进步奖二等奖2项
苏州大学	苏州大学江苏省先进机器人技术重点实验室成立于2011年，以苏州大学机器人与微系统研究中心为主体，深度整合机械工程、光学工程、计算机应用技术等优势学科相关方向，重点研究先进机器人机构与控制、感知与智能、系统集成等前沿与核心关键技术，开发工业机器人与机电一体化装备、微纳米操作与精密装备和康复医疗、服务机器人等先进机器人与智能装备，为微纳制造、“工业4.0”等新兴产业提供重要的装备技术支撑，对江苏省乃至国家发展创新型经济、促进经济转型升级的战略部署具有重要意义	孙立宁，教授，俄罗斯工程院外籍院士，苏州大学机电工程学院院长，江苏省先进机器人技术重点实验室主任。曾先后担任科学技术部“十五”“十一五”“十二五”“863”计划先进制造领域机器人与微纳制造技术主题专家。曾获得国家杰出青年基金，2019年获得何梁何利基金科学与技术创新奖，2020年获得全国创新争先奖

注：内容根据调研及反馈资料整理。

通过分析国内机器人领域16个主要科研机构或高等院校的科研状况及学术/学科带头情况，可以发现：

1）由于机器人学科是一门综合性学科，机器人的研究对制造和前沿技术非常有帮助，所以国内机器人领域科研机构主要集中在渤海湾、长三角地区。

2）60%的“985”“211”高等院校都有机器人相关的研究室和专业。

3）本科生培养人数约为3万人/a。

二、2021年机器人领域代表性的成果与进展

2021年，我国机器人研究取得了一系列的代表性成果，可分为“重大战略成果”“前沿技术与理论的探索研究”和“关键技术的示范应用”三个方面。

1. 重大战略成果

重大战略成果方面，主要包括“海斗一号”自主遥控无人潜水器、机器人化青藏科考、祝融号火星车移动和转移系统、空间站机械臂组合转接件悬挂装置与转接件、微重力条件下小天体采样机构及测试装备、机器人微操作技术、智能吊运机器人、主动悬架火星车移动模拟平台的设计与控制及人机协同行为推理与空间视觉（嫦娥五号）等。

2. 前沿技术与理论的探索研究

前沿技术与理论的探索研究方面，主要包括类生命机器人、微型仿昆虫集群机器人、仿生吸附机理与应用、柔性多模态变体微纳米机器人的设计与制造、水下仿生无人系统设计与应用、面向活体自适应作业的智能形变仿生微机器人、复合仿生成像感知新机理及模组、机器人灵巧操作技术、高分率触觉感知技术、操作感知一体化神经控制软体假肢手、机器人自主学习与进化技术、仿蠕虫移动机器人结构—驱动—环境共融技术、腿足式机器人、受人神经启发机器人系统、高速跨介质仿生机器鱼系统与康复机器人的主被动康复训练控制理论等。

3. 关键技术的示范应用

关键技术的示范应用方面，主要包括核酸采样机器人、航天对接机构地面测试关键技术、高端轴承关键制造技术、微创手术机器人关键技术及应用、经尿道软组织切除手术机器人系统、重大疫情防控与救护系列机器人关键技术及应用、高端化无菌制药机器人关键技术装备、高端智能制造的机器人视觉感知与灵巧作业关键技术、大型风电叶片机器人智能磨抛技术与系统、大型水轮机的在位加工技术、配网带电作业机器人关键技术、成套装备及工程应用、疫情机器人、高速并联机器人、混联机器人和复杂环境无人机智能应用等。

2021年我国机器人领域主要科研院所代表性科研成果见表3。

表3　2021年我国机器人领域主要科研院所代表性科研成果

机构名称	代表性科研成果
中国科学院沈阳自动化研究所	“海斗一号”自主遥控无人潜水器：面向全海深无人潜水器技术挑战、装备研制及安全应用等世界级难题，突破核心关键技术，形成自主可控的全海深无人装备研发能力，成功研制具有完全自主知识产权、探测作业多功用和自主遥控多操控模式的万米无人深潜高技术装备——“海斗一号”，实现连续、稳定、高效的万米深渊科考应用，获取我国首批全海深重要数据和样品，开创全海深无人潜水器对全球最深海区的系统化和规模化科考新模式，全覆盖探测该区域地形地貌并精确测量最深点 类生命机器人：在类生命驱动方面，提出了基于多场耦合的驱动组织构建和生命—非生命模量匹配方法，优化了肌细胞类生命驱动器的设计制造；提出了基于无线供能的类生命驱动非接触控制方法和协同控制策略，实现了类生命机器人的运动控制。在类生命感知方面，通过光遗传学技术实现了光敏感功能细胞的感知功能，研制了以光敏细胞为栅极的类生命晶体管以及基于上转换纳米材料的光谱增频转换器，实现了功能化细胞对可见光和红外光的光敏感检测，首次实现了类生命可见光和红外感知成像 机器人化青藏科考：中国科学院沈阳自动化研究所、中国科学院青藏高原研究所、哈尔滨工业大学等单位的科研人员组成技术团队开战了技术攻关。攻克了稀薄大气—高原强风适应性飞行机器人本体设计与控制、冰雪面/大坡度复杂山地高可通过性地面机器人本体设计和智能驾驶等核心技术，研制了高海拔科考飞行和地面机器人，首创了“高原垂直梯度数据连续准静态数据采集”“地表/地下大范围连续观测”和“台站长期无人自主观测采样”等科考新能力 “灵采”自动核酸采样机器人：整机采用箱体化设计，便于医院、社区等多场景的投放，支撑常态化的新冠疫情防控。“灵采”机器人的核心技术优势包括柔顺力感知采样，能够以轻柔的力实现组织黏膜上皮细胞的划取；智能化的咽部识别，快速准确实现咽后壁区域的辨识；标准化的样本采集，可结合力感与视觉实时评价采样的质量；复合感染控制，多维度复合消杀避免交叉感染；云端信息链接，与各地健康码信息无缝对接 微型仿昆虫集群机器人：中国科学院沈阳自动化研究所研究团队开展了微型仿昆虫爬行机器人及集群协同控制研究。突破了微型仿昆虫六足爬行机器人本体设计与控制、适用于复杂环境自主探索的类脑集群SLAM系统、自主智能与群智涌现特征的机器人集群协同控制等一系列关键核心技术，成功研制了微尺度、低功耗、群智能微型仿生自主移动机器人系统。该研究成果在体积、负载、速度、续航等关键技术指标方面处于国际先进水平
中国科学院自动化研究所	受人神经启发机器人系统：面向机器人与人的内部机制的差异性造成的认知能力、决策反应、柔顺性和可靠性等问题。凝练有利于提升机器人性能的核心机制，研制新型机器人软—硬件系统并实现性能提升，成为这一交叉领域的核心问题。课题组率先从神经机制发现与分析—神经启发式模型设计—新型机器人系统构建出发，提出了从本质上自内向外模拟生物机制的新型机器人基础理论和方法，包括：借鉴人脑视皮层V1区~V4区和AIT区中的存储、记忆提取、主动调控和概念形成与整合等机制，提出了轻量化、可解释和可学习的神经机制启发式感认知模型及模块，为机器人鲁棒、快速感知和认知提供了新理论和方法；借鉴人体肌肉骨骼系统和中枢神经系统机制，构建了受人结构和神经机理启发的机器人软硬件系统，为高性能作业要求下大幅降低传感精度和本体精度需求以及提升单任务鲁棒条件下的多任务学习能力提供了理论和方法 高速跨介质仿生机器鱼系统：针对无人系统在水空跨介质运动时所需的高速高机动游动能力，以高速推进的鲔科鱼类为仿生对象，通过构建高频驱动下的仿鱼波动推进模型，探究了水下仿鱼式柔性推进机理和刚柔耦合驱动机构设计方法，先后研制了多套爆发式仿生驱动推进系统，并优化了纺锤体流线型外形及大展弦月牙尾鳍，完成了系列高性能仿生机器鱼的研发工作。该成果为新型高性能水下仿生无人系统和水空跨介质无人系统的研制提供了重要的理论基础和关键技术支撑 康复机器人的主被动康复训练控制理论：运动疗法可激发脑卒中患者中枢神经的重组和代偿功能，对实现患者神经系统功能的恢复起着重要作用。康复机器人能提供时间长、精度高、可重复性强的运动训练，有效地弥补了传统康复治疗中的不足，具有广阔的临床应用前景。侯增广研究员带领课题组面向患者康复训练需求，率先提出了康复机器人的主被动康复训练控制理论与方法，包括：基于非线性模型预测的康复机器人被动控制方法、基于神经网络的生理信号反馈激发控制器，提出了电刺激—阻抗控制策略、基于多源运动神经信号和自适应频率振荡器人机交互分析方法、面向患者精细协调训练的最优任务分配方案和鲁棒协同控制方法

（续）

机构名称	代表性科研成果
哈尔滨工业大学	祝融号火星车移动和转移系统：高海波教授主持参研了“祝融号”火星车移动系统。针对火星表面松软崎岖的地貌，火星车在软沙中易发生打滑自陷、牵引力不足的问题，联合提出了具有蠕动脱陷功能的主被动复合式火星车移动系统构型。采用该构型的火星车具有蠕动脱陷、蠕动爬坡、车厢升降防托底、悬架主动折展、车轮抬起等独特功能，具有很强的脱陷能力和爬坡能力。姜生元教授主持参研了“祝融号”火星车转移坡道机构。该转移坡道机构折叠布置在着陆器顶端，可实现前后两个方向的选择性抽展，并具有适应形貌复杂的火星表面的功能，能够确保“祝融号”火星车的平顺转移 空间站机械臂组合转接件悬挂装置与转接件：本次任务安装的机械臂组合转接件悬挂装置与转接件（小臂部分）由实验室和中国科学院长光所联合研制。其中，悬挂装置安装在舱体上，用于实现对转接件的固定。转接件具有机械、电气和信息接口，可将 10m 长的核心舱机械臂与 5m 长的实验舱机械臂组合连接，实现双臂间的电气、信息互联互通。通过机械臂转接件“双臂合一”后，整个机械臂系统可达范围拓展约 15m，活动范围可直接覆盖空间站 3 个舱段 航天对接机构地面测试关键技术：实验室赵杰教授团队历时 20 余年，针对航天对接机构在样机研制、定型考核、发射前校验等过程中的关键特性地面测试技术开展攻关：首创了对接过程瞬时动能等效的集约化模拟试验装置，解决了大质量飞行器对接过程全尺寸模拟的工程化难题；发明了精确复现对接复杂运动序列的超大行程六自由度混联机构，解决了空间对接机构多自由度相对位置、速度准确模拟的难题；发明了空间对接机构全工作空间在线测量、全参数辨识与全流程评估技术，实现了对接机构产品的高效精调、准确测试与智能评估 高端轴承关键制造技术：实验室王黎钦教授团队创建了面向应用工况的轴承极限性能设计方法，突破了表面性能裁接、应力调控和轴承精密检测技术，形成了完整的轴承控性制造技术体系，轴承精度达到 P4 精密级，核心指标达到 P2 超精密级，某核心装备主轴轴承平均故障间隔时间达到 120 000h，提高了近 10 倍。研制的球轴承、滚子轴承、关节轴承 3 大类超高温轴承产品，满足了 550~750℃高温环境、60kN 重载条件的使用要求 微创手术机器人关键技术及应用：实验室孙立宁教授、杜志江教授团队突破微创手术机器人关键技术，针对微创手术操作的临床适应性、精准性及安全性问题，着重突破手术操作的实施与执行、规划与引导、感知与控制技术，开展了持续而深入的研究，创成了灵活、微型多自由度微器械结构，研制了具有空间四象限调整能力的多臂腔镜手术机器人系统，并于 2021 年完成多中心临床试验
清华大学	高分率触觉感知技术：提出了图像表征弹性变形的触觉感知方法，突破了高分辨率触觉感知瓶颈，研制了一系列图像表征的高分辨率触觉感知装置。通过仿人手皮肤力学特性的弹性体结构，结合半导体芯片加工的金属溅射工艺，研制了一系列图像表征的高分辨率触觉感知装置，为机器人提供了 1 024×1 024 的高分辨率触觉图像。同时提出了基于深度学习的触觉感知方法，实现了滑觉、力觉、温度觉、纹理图像等多种模态触觉信息获取。综合性能和美国麻省理工学院、日本东京大学等同类型传感装置相比，达到国际前沿水平，并通过了第三方检测 机器人灵巧操作技术：提出拟人灵巧抓取操作学习的方法，成果发表于机器人领域顶级期刊 *Soft Robotics*（2021）。研制了触觉感知的假肢灵巧手，并服务于截肢患者，提升了残疾人的生活自理能力，成果被央视报道。并且触感假肢手通过专业检测机构检验，获得了中国合格评定国家认可委员会（CNAS）认证。研制的触感假肢手参与了“2021 世界机器人大赛—共融机器人挑战赛”，成绩排名第一 疫情机器人：面向新冠疫情下国家亟须的智能机器人系统，研制了全自主咽拭子采集机器人系统和巡检机器人。研制的病房无人化远程巡诊机器人系统可以完成对病人进行胸腹部超声检查和智能化心肺音听诊，并可以通过可视化问诊同病人进行远程交流，替代医护人员完成日常巡诊查房工作，提升传染病诊疗的智能化水平，保障医护人员安全，降低了医护人员工作负荷。咽拭子机器人系统通过模仿学习医生咽拭子采集的操作技能，实现了安全、可靠、准确、高效地咽拭子样本的自主采集 智能康复外骨骼机器人：清华大学参与研制智能康复外骨骼机器人 BEAR-H。BEAR-H 为全球首款基于柔性驱动器技术的康复外骨骼机器人，具有可靠的安全保障与鲜明的智能特色，包括：①柔性驱动：双腿总计 6 个主动自由度，在驱动电动机与机器人关节之间串联弹簧，缓冲吸振、储存能量，从结构上保证人机交互安全；②步态同步：通过自适应调整外骨骼行走速度，解决人机运动冲突；③阻抗控制：机器人控

（续）

机构名称	代表性科研成果
清华大学	制目标为力位混合动态模型，鼓励患者自愿运动，加速康复训练效果；④轨迹定制：生成与患者状况最为匹配的康复策略，保证康复训练后自然、正常的运动方式；⑤云端诊断：便于家人与医生远程查看康复进展，适于居家智能训练 飞行操作机器人：目前针对不同的应用场合，课题组已经研制了几类不同形式的飞行操作机器人，包括搭载软体手的飞行机器人、搭载单机械臂的飞行机器人和搭载双机械臂的飞行机器人，为了增强完成任务的灵活性，提升负载能力和通过能力，课题组还合作研发了集联飞行操作机器人。飞行机器人上装有视觉、红外等多模感知设备，增强平台在各种环境下的感知能力，通过准确的目标识别，飞行机器人可以准确抓取目标，并完成设定的任务操作
北京大学	柔性多模态变体微纳米机器人的设计与制造：段慧玲团队研发出可进行双光子聚合的智能水凝胶可打印材料，发展了面向超高变形自由度的微纳 4D 打印制造技术，实现具有在不同 pH 值、温度、溶剂等刺激下三维空间复杂变体能力的智能微机器，包括可用于经动脉靶向药物递送的自扩张微血管支架、智能药物释放载具、血管阻塞微型雨伞等生物医疗领域，相关成果发表在材料领域国际顶级期刊 *Materials Today*，被评为 ESI 高被引论文。在此基础上，团队进一步提出了面向大尺度超高精度变体系统的 4D 微积木组装建造理论，给出了一套仿“乐高”结构的可编程模块化变体设计策略，首次在微纳米尺度上实现真正意义上的“变形金刚”微机器。相关成果发表在国际顶级期刊 *Science Advances* 上。团队还在仿生功能微结构表面设计与制备方面取得重要进展。通过研究槐叶萍表面的微结构及其水下固液气界面力学特性，揭示了其表面多级微结构的设计原则及其气层稳定性的力学机制。相关成果以封面文章形式刊登在国际顶级期刊 *PNAS* 上 水下仿生无人系统设计与应用：喻俊志课题组提出一种刚柔耦合的双肌腱驱动新型仿生水下机器人系统设计方案并加以验证。以宽吻海豚为仿生对象，模拟其尾椎和颈椎的扭转模式，建立脊椎之间万向节连接方式，以线牵柔性驱动耦合刚性鳍状肢驱动方式提高其三维游动性能。目前，研发的新型连续体机器海豚平台已通过室内水池验证。经测定，拍动稳定后的平均推进效率为 0.6，最大推进效率超过 0.8，其推进效率优于传统螺旋桨推进方式。相关成果发表在仿生学知名期刊 *Bioinspiration & Biomimetics* 动力下肢假肢人机耦合一体化运动控制关键技术及应用：王启宁教授课题组提出了下肢假肢柔性动力驱动与高能效设计方法，解决了下肢假肢高效柔性动力驱动、主被动运动实时切换、柔性储能脚板等仿生机构和关键部件设计难题，研制出系列动力下肢假肢本体。提出了人机耦合系统动力学建模与多步态运动控制方法、基于神经振荡器的步态控制方法和地形自适应的假肢分层控制方法，将主动力矩与可控阻尼结合，解决了步内局部稳定性分析与控制、假肢关节阻尼力矩调节及电能回馈与收集问题，实现残疾人穿戴动力下肢假肢后的新陈代谢值有效降低，进一步提高了步态对称性和行走能量效率。相关成果发表于 *IEEE Trans. Robotics*、*IEEE/ASME Trans. Mechatronics* 等机器人领域主要期刊
北京航空航天大学	经尿道软组织切除手术机器人系统：针对经尿道手术机器人缺乏术中智能感知的问题，提出了利用手术环境智能精准建模技术，结合术中多模态测量与多源信息融合，赋予机器人对手术环境进行动态感知的能力。针对手术机器人在狭长入路下狭窄空间内的精准控制问题，提出了可变中心高精度 RCM 运动控制与六自由度变刚度柔顺控制方法。团队成功研发了经尿道软组织切除手术机器人系统，进行了动物实验，正在开展临床试验 微重力条件下小天体采样机构及测试装备：丁希仑教授长期致力于机构学与机器人学研究，围绕国家小天体探测的重大需求，在 *Nature Astronomy* 期刊评述了需要攻克的关键技术，包括地形适应性强的锚固与采样机构技术、长寿命高效率推进技术、高精度导航制导控制与轨道机动技术、自主下降/附着/采样控制技术、环境适应性强的热控技术和地面模拟测试技术，并发明了一类可适用于低重力变刚度取样机构设计和低重力采样工况模拟技术，研制了变刚度取样机构样机和低重力采样模拟装备 仿生吸附机理与应用：结合吸盘鱼的自适应吸盘，并且从自然界生物的自折叠现象中获取灵感，团队设计了可以在水空界面自折叠的跨水空介质机器人，完成了一个自供能的吸盘鱼机器人。该机器人可以飞行，游动，连续跨越介质，以及吸附在空气和水下的各种复杂表面上。该机器人还首次实现了在空气/水下对具有一定相对速度运动表面上的自适应吸附。该机器人在淡水湖泊、河流、海洋中均可以实现水空跨越并抓取物体。相关成果发表在 *Science Robotics* 上，并被 Science 正刊以图文头条报道，Science 网站专门以视频报道该成果

（续）

机构名称	代表性科研成果
北京航空航天大学	步态平衡训练机器人：步态平衡训练机器人从人体平衡感知的三大感觉之一的前庭觉入手，设计6-RPS多自由度平台实现前庭觉仿真，训练患者前庭觉感知能力；同时，结合IMU穿戴式传感器，在运动时采集人体关机键步态参数信息分析容易产生跌倒的薄弱环节；结合数据采集与康复训练平台，提出“评估—训练—再评估”的闭环训练策略，并提出四种主被动康复训练模式，逐步提高患者的平衡能力；此外还结合虚拟现实场景，增强了训练的趣味性和效果。目前，机器人已完成系统集成验证，在进行临床试验
北京理工大学	高动态跳跃的仿人机器人及其爆发驱动部件：在国家科技计划和北京市科技计划等支持下，在仿人机器人整机及高动态驱动部件等方面取得重要进展。攻克了高转矩密度伺服电动机技术，研制了刚劲、快速响应的一体化关节，实现了自主可控，获教育部技术发明奖一等奖。突破了高动态运动规划与控制、仿生刚柔耦合机构、拟人肌肉黏弹性柔顺着地控制等关键技术，首次实现电动仿人机器人跳跃高度达0.52m，进入国际领先行列水平 面向活体自适应作业的智能形变仿生微机器人：鉴于人体等活体环境实时监测手段与反馈信息的局限性，提出了一种可剪裁、降解、形变的磁性薄膜机器人构建新方法，实现外部磁场能够对封闭环境中的机器人微结构的自适应形变控制。开发了具有自主形变功能的仿海星微机器人，可模仿海星的多种驱动模式。该微型机器人可有效减少人为介入、大幅提升活体作业的可行性与灵活性。为复杂封闭活体环境下的自适应精密生物微操作提供使能支撑，在未来如心脑血管溶栓、溃疡性结肠炎、肿瘤等病灶药物长效释放等精准医疗与组织修复等方面实现微机器人形态与功能的多元化。相关研究成果发表在*Nature Communications*等国际知名期刊 复合仿生成像感知新机理及模组：针对传统光电成像难以同时满足大视场、高分辨、实时性的要求，从成像源头创新，提出以昆虫复眼与人眼相结合的复合仿生成像感知新机理，研制出具有自主知识产权的柔性变焦器件、收发一体核心探测与成像模组，围绕国防以及国家重大需求进行技术攻关与突破，形成重要军民融合一体化应用。方法与技术方面，重点围绕复眼和人眼成像机理在大视场、变焦和非均匀分辨率的优势，开展了其在二维和三维成像领域的系列化研究工作，建立了非均匀曲面微透镜阵列模型，提出了非均匀曲面微透镜阵列改善离轴像差方法，提出了复合仿生激光三维成像的接收光学系统，为复眼和人眼成像机理在相关成像领域的研究奠定基础 自主辐射侦察移动机器人平台：针对核生化复杂环境下，无人平台耐辐射能力不足，侦察作业难度大，以及现有辐射侦察无人平台于强辐射环境下自主能力差，管控困难等问题，突破了高动态自组织协同控制体系架构、实时可靠自组织协议、多平台协作机制与指挥控制等难题，研发了耐辐射灵巧手多模态机器人平台，能够实现强辐射环境下的自主移动、越障、侦察、排险等任务，可有效解决核污染环境作业困难的问题。该无人平台获第六届中国创新挑战赛总赛第一名，初步实现了设备产品化与市场化
华中科技大学	大型风电叶片机器人智能磨抛技术与系统：项目组围绕大型风电叶片机器人智能磨抛技术与系统展开了深入的研究。突破了磨抛力位混合控制关键技术，研制自适应变力跟踪柔性智能磨抛法兰样机3台（套）；研发了基于三自由度并联加工作业模块、混联机械臂以及AGV移动平台的新型高能效移动加工机器人本体；攻克了高光反射曲面健壮性测量技术与多机器人协同三维测量技术，构建了风电叶片三维激光扫描系统；攻克了大范围多机器人快速寻位技术，开发基于点云和CAD模型的多机加工自主规划软件，实现弱刚性构件双机器人对侧互为支撑的恒力磨抛。构建轨道、轮式等多种模式的多机器人协同智能加工系统，实现大型风电叶片全型面高效高品质智能磨抛加工（叶片长度>58m、力控精度优于±1N、粗糙度优于*Ra*3.2） 高铁白车身多机器人智能协同加工系统：研制了国内首台（套）高铁白车身多机器人智能协同加工装备和系统，突破了跨尺度弱特征测量精度低、稳定性差，高铁白车身表面一致性差等关键核心难题。研制的机器人加工装备和一体化工艺软件已经成功在中车青岛四方公司进行了应用生产，截至目前已批量打磨生产了180余辆车体，高铁表面测量时间由原来的50min缩短至30min，全局测量精度由0.5mm提高到0.1mm，高铁表面平整度从人工反复修磨3~5次的0.3~0.7mm/m提升到机器人单次加工合格且优于0.5mm/m，表面缺陷由平均5处/节车降低到了平均1.2处/节车，表面粗糙度从*Ra*3.0提升到*Ra*2.0，产品不良率降低30%以上

（续）

机构名称	代表性科研成果
华中科技大学	航发叶片机器人数字化力控磨抛装备：团队自主研制出国际先进的航发叶片机器人数字化力控磨抛装备，攻克了航发叶片自适应磨抛一次成型难题，有效提升了叶片磨抛精度和效率。具体有四大核心技术：在实现极小余量定点定量去除的同时，结合不同工具/工艺解决了缘板、叶根转角等特殊区域的磨抛需求；克服了叶缘磨抛常出现缩颈、削尖缺陷的不足，为解决叶缘自动化磨抛国际难题提供了新思路；显著缓解叶片检测低效问题，并提升叶片轮廓精度和表面质量，实现了一次成型的目标；开发了自主知识产权的叶片磨抛软件，集成轮廓测量、刀路/工艺规划、力/转速协同控制等功能，易用性好 大型水轮机的在位加工技术：构建了大型复杂零件的机器人高效高精加工理论体系，提出了力变形与机器人加工多约束轨迹规划、时变多模态特性与高效加工参数优化等创新方法，实现了机器人复杂曲面零件受限空间在位加工的精度保障、效率提升和柔性化快速响应，是大型复杂零件在位加工的变革性技术
浙江大学	旋转—平移解耦的二阶段全局最优求解器：自主移动是机器人应用的重要基础功能，具有重要的理论研究意义和实际应用价值。面向环境大范围且动态开放为机器人长期自主鲁棒移动带来的挑战，研究团队开展了深入研究。提出了旋转—平移解耦的二阶段全局最优求解器，解决了在极高离群点干扰（>90%）下的 2D—3D 视觉定位问题；构造了基于频域分析的尺度—旋转—平移解耦的三阶段 3D—3D 全局最优求解器；并通过可微分设计，与经典卡尔曼滤波融合，构造特征提取、匹配到定位的高度可解释神经网络反向传播通路，通过联合学习实现卫星地图—毫米波—激光地图—视觉地图四种异构数据的跨模态匹配 腿足式机器人：面向崎岖环境作业需求、腿足机器人快速稳定运动挑战以及国内外差距，研究团队持续开展腿足机器人关键技术研究与系统研制。提出了混合倒立摆 HIP 模型、采用力位混合控制的虚拟模型控制等方法提升动态运动稳定性，并针对传统控制方法对模型精度要求高且泛化能力差等问题，提出了基于深度强化学习的多专家学习体系架构（MELA），可以教会机器人多种运动技巧以适应未知的环境，相关论文成为 *Science Robotics* 封面论文 空中机器人长距离最优轨迹生成、集群自主导航：空中机器人的复杂环境下自主集群与协作技术是近年来行业关注的热点，在诸如搜救、巡检、物流等领域具有广阔的应用价值，然而在长距离最优轨迹生成、集群自主导航等方面存在挑战。研究团队针对复杂环境下可通行空间构造局部凸性问题，提出专用优化算法，解决了无人机在线生成长距离时空最优轨迹生成问题；针对复杂环境下无人机轨迹解空间受限问题，利用微分平坦及稀疏轨迹的线性复杂度时空形变特性，实现了能够满足障碍物密集环境中的追踪、巡航、大姿态机动等任务需求的高效轨迹优化求解；针对集群野外自主导航需求，提出了仅依赖机载感知和计算资源的全自主微型无人机集群算法及系统
南开大学	机器人微操作技术为我国快速“复制”优良动物品种提供技术支撑：2017 年，该团队利用自主研制的面向生命科学的显微分析与操作仪，在世界上首次利用机器人微操作完成克隆全流程，经过后续移植、代孕等环节，诞生了世界首批机器人操作的 13 头健康克隆猪。成果入选 2018 中国智能制造十大科技进展。机器人操作的克隆猪已用于育种生产，13 头健康克隆猪有 9 头留种，留种率 69%，约为普通种猪留种率的 2 倍。截至 2021 年年底，已繁育后代 1. 8 万余头，产生经济效益 1. 24 亿元 智能吊运机器人为中国“负重脊梁”装上智慧的头脑：2017 年获吴文俊人工智能自然科学奖唯一的一等奖，2018 年获天津自然科学奖一等奖，将上述方法开展实用性研究，攻克了多项技术壁垒，已经应用于天津港。获得了 2017 年天津专利金奖、2018 年中国技术市场协会金桥奖项目突出贡献奖，并研制出 32t 智能起重机，经国家起重运输机械质量监督检验中心的检测结果知：使效率提高 77%以上，事故率降低 50%以上，应用后取得了可观的经济效益。同时，该智能起重机定位精度非常高，可在各种危险环境下作业，进一步拓展了其工作领域 自主移动与遥操作技术深度融合，为机器人化科考提供技术支撑：南开大学韩建达教授带领的团队突破了特殊服役环境下机器人智能感知、规划控制与遥操作关键共性技术，研制出面向高原与极地科考的机器人自主移动与遥操作系统，实现了自主行为与遥操作的智能融合。韩建达教授团队研制的科考机器人参加了两次南极科考重大任务，其中，2007 年，率队在南极成功开展冰雪面移动机器人实地试验，这是我国机器人首次登陆南极，开创了机器人用于南极科考的新领域。作为第一完成人，韩建达教授领衔的科研成果“南极科考冰雪面移动与低空飞行机器人技术及应用”荣获 2020 年度中国自动化学会技术发明奖一等奖

（续）

机构名称	代表性科研成果
南开大学	配网带电作业机器人关键技术、成套装备及工程应用：国网天津市电力公司张黎明、南开大学张雪波及相关团队历时五年，共同研制全球首台全自主配网带电作业机器人及自动剥线器等13种末端工具，突破配网带电作业环境下的机器人精准定位、自主规划、智能控制以及安全防护等系列关键技术，攻克了强光与振动干扰下配网目标定位、狭小空间下路径自主规划、外部风扰和低温下自适应无损剥线、可靠绝缘和控制系统电磁兼容等业界难题；形成了系列化成套装备，并在滨海成立机器人公司，建立了研发和生产基地，全面实现产业化
天津大学	高速并联机器人：在食品、医药、电子、轻工等行业的自动化生产线中需要对轻小散乱物料执行每分钟上百频次的搬运、包装、分拣等操作，面向这一需求，设计了新型的高速并联机器人，攻克了高速并联机器人机构创新、设计控制、装备技术等难题，发明并成功研制出2自由度、3自由度、4自由度的高速并联机器人，提出单机十字交叉、双机并联和多机串联3种满足工艺要求的机器人自动化生产线布局方案，攻克了散乱物料自动整理与无损伤传输、视觉跟踪与辨识，以及基于路径最短的机器人轨迹规划等关键技术。利用上述发明与关键技术，形成了高速装箱/装盒、连续上下料、柔性装配、精准分选等成套装备和系统，解决了长期制约企业产能、产品质量和安全生产的瓶颈问题；并基于此成果开发出2轴、3轴、3+1轴、4轴全系列50余种规格机器人新产品及高速物流自动化生产线，在食品、制药、乳品、3C、化工等行业得到规模应用。相关生产线已经出口美国、日本、韩国和俄罗斯等国家，率先实现我国相关产品和工程应用从无到有的根本转变，引领了国产高速并联机器人的产业化发展 混联机器人：面向我国航空航天等重点领域对机器人化智能加工装备的迫切需求，在国家重点研发计划、国家自然科学基金等支持下，解决了高性能混联机器人机构创新、设计理论、关键技术中的难题，打通了从自主设计到工程应用的全链条：发明了具有工程实用价值的混联机器人新机构，打破国外专利壁垒，实现了这类机器人的源头创新；发明了综合性能驱动的集成设计新方法，全面支持了高性能混联机器人系列产品的数字化设计；发明了虑及惯量耦合效应的运动控制、模型—数据驱动的位姿误差补偿、平滑与运动平稳的轨迹规划、移动机器人视觉快速定位等新技术，研制出3种规格的混联机器人，形成系列新产品。经第三方权威机构检测，机器人的空间重复和定位精度达到了±0.01/0.05mm、最大速度达到了90m/min，关键技术指标与国外同类产品技术水平相当。开发出以上述混联机器人为核心的全向移动铣削/螺旋铣孔、光学元件超精密抛光、空间曲线搅拌摩擦焊接、汽车模具抛磨等新型工艺装备，率先实现了在航天航空、新能源、汽车制造等领域的工程应用，解决了一批我国重大工程中的制造难题；项目成果向广州数控等机器人骨干企业实施专利许可2项，同时获得欧盟CE安全认证并出口英国，取得了显著的社会效益和良好的经济效益
上海交通大学	导盲六足机器人设计：具备视觉、力觉功能，不但可“看见”周边障碍，还可“感觉”地面接触和“主人”牵引，能“听见”“主人”的召唤和命令、获取目的地信息，通过精确导航定位进行路径规划，自主通过复杂地形到达既定目标，实现视障人士室内外安全顺畅的引导 冰壶六足机器人设计：分析六足机器人冰面行走和投壶动力学特性，建立六足冰面接触特性辨识算法，设计冰面行走控制以及投壶控制算法，开发冰壶六足机器人控制系统。开发冰场环境与冰壶运动感知与测量，以及冰壶比赛决策与投壶规划等技术。利用大视场高分辨率相机实现场地观测，利用窄视场高速相机实现目标瞄准。构建基于深度强化学习的博弈策略模型，建立投壶动作参数优化方法，实现基于冰壶运动测量和冰面状态检测的投壶优化策略 冰雪面火炬接力六足机器人设计：突破多足机器人适于冰雪面环境下的滑行技术，突破异构机器人智能感知与协同作业、机器人跨域控制与交互关键技术，研发冰雪面滑行多足机器人，实现冰雪面机器人火炬传递。本项目开发的机器人样机，可实现室外环境自主鲁棒行走、滑行，具有抗干扰能力和高动态稳定性能力。拆除滑雪板后，机器人可六足行走作业，未来可实现复杂危险环境下搬运、搜索、探测和救援作业等任务，在灾害救援、外星探测、国防军事等领域具有较大的应用前景 主动悬架火星车移动模拟平台的设计与控制：用于“祝融号”火星车GNC分系统的地面测试验证，为火星车GNC模拟设备及相机和IMU等敏感器提供搭载平台，可以根据GNC指令驱动火星车移动模拟平台在火星模拟场内移动，为“祝融号”火星车控制系统的地面测试验证提供了有力保障 操作感知一体化神经控制软体假肢手：该软体假肢手达到了目前商用的多自由度肌电假肢手同等的运动性能，并在操作灵巧性和环境交互性方面具备优势。此外，该软体假肢手具有与生物体类似的柔顺性，可实现易滑、易碎、非规则柔软物品的安全和稳定抓取

（续）

机构名称	代表性科研成果
同济大学	复杂环境无人机智能应用：面向数字城市和设施健康安全，团队提出了基于无人机的系统识别与损伤检测方法，研制了系列自主智能无人机、子母无人机集群、巡检无人机、灵巧动作无人机等系列无人机检测装备，开展了复杂环境及场景中无人机自主飞行与检测科学实验。针对大型基础设施结构缺陷检测重大需求，提出了一种基于视觉、激光、惯导融合的隧洞飞行环境智能感知方法，实现了重大基础设施安全隐患的智能感知与探测技术，实现了700m高度落差的密闭空间自主飞行；针对大范围林区病虫害检测需求，研发了多无人机适地形自主导航飞行技术，形成了基于多光谱的无人机自主林区检测能力，林区实现了无人机集群适地形自主导航协同检测 服务机器人自主学习与进化技术：针对现有服务机器人技术上存在着技能单一、环境适应性相对差、群体自主协作困难等智能不足等问题，建立了高实时、易配置、具备几何—物理—感知空间真实模拟的高精度数字孪生系统，构造了机器人高效拟生命智能行为发育体系，提出了多机群智感知与交互协同进化模式，形成了感知与行为大数据，构建了机器人智能行为全过程评估标准，大幅提升了服务机器人在复杂环境下的适应能力。相关技术已成功实现科研成果转化应用，研发了多款医疗服务机器人与医院服务机器人集成管理平台，并已投入多所方舱医院辅助科学防疫 仿蠕虫移动机器人结构—驱动—环境共融技术：首次提出了共融移动环境—驱动—结构一体化的优化蠕虫型仿生机器人移动新策略，建立了微结构尺寸和表形的湿吸附力综合修正模型，突破了仿生机构关节、感知及控制单元机电一体化设计理论方法。基于蚯蚓的形态学特征和移动机理，提出了多款蠕虫型机器人设计和原型，包括基于拮抗结构的直线管道和平面运动机器人，基于折展结构的直线管道和平面运动机器人，蠕虫型水下多模态移动机器人，折展—编织管道机器人等；提出了机器人直线和平面运动的步态生成策略，通过建立机器人结构与环形点阵的类比关系，设计了基于对称群理论的机器人单元协调驱控策略；明确了驱控、环境和步态参数对机器人运动学和动力学性能的影响机制，提出了提升机器人性能的共融优化设计和驱控方法
西安交通大学	复杂环境多源感知与认知理解：针对陆面无人系统（如无人驾驶智能汽车）和海域无人系统（如自主水下航行器）所处环境的复杂性与多样性，开展了对环境的多源感知与认知理解，提升了无人系统在复杂环境下的高动态场景智能处理和自主化能力。在复杂动态场景感知、处理中引入相应的视觉注意认知机制，提出了场景图像的目标自动发现在线学习方法、视觉主导的交通场景计算框架、注视点自适应的场景图像编码、高效去模糊算法及安全传输新方法围绕受脑启发的认知模型研究，提出并解释了如何参照人类大脑的认知基本过程设计新型的认知注意力模型，并将相关研究成果应用于无人驾驶智能汽车等重大工程应用中 人机协同行为推理与空间视觉：围绕人机协同行为的分析与表征、学习模型与推理决策科学问题，提出了基于视觉推理的机器人自主作业方法，系统地建立了用深度概率图网络模型和自主交互学习方法实现人机协同行为的表征与决策的联合求解框架，同时视觉信息与图像实时处理新方法提高了人机协同的效率，并在航天重大工程和智能机器人等国家重要领域得到应用。成功研制“嫦娥五号”月壤表采机械臂视觉协同系统，实现视觉引导的月壤采样和装填，为我国首次完成地外天体采样返回任务提供了关键技术和装备支撑 人工智能新型计算架构及芯片：围绕智能处理器研究和设计的四个关键环节：“高保真模拟、基础计算架构、核心关键部件和系统应用部署”，并针对机器学习任务的多样性和数据的不规则带来的挑战，重点针对移动智能体在动态、开放和非完整环境下迫切需要提升感知信息处理能力的关键技术挑战，研制了HiPU系列多核通用神经网络推理处理器，实现了多项技术指标的国内领先 人机技能传递复合机器人：以智能制造领域广泛的单臂操作场景为对象，以人在操作过程中的运动参数为指标，以肌电信号、运动轨迹等信号为输入，构建人的操作行为（技能）描述模型，作为机器人运动规划的依据，结合全向移动复合机器人构型特点，以阻抗控制原理，开发全向移动复合机器人阻抗控制器，实现人的技能向机器人的传递，已完成机器人装配、磨抛以及生活场景的多种技能复现

（续）

机构名称	代表性科研成果
湖南大学	重大疫情防控与救护系列机器人关键技术及应用：开发面向医院和户外大范围场景的智能消毒机器人、医药物资搬运智能机器人等一系列机器人。研究具有高可靠性的室内和室外机器人灵巧作业机构、主要解决具有潜在危险的接触式场景中机器人系统异构多传感器环境感知、自主导航避障等技术难题，实现智能机器人的自主导航和作业控制。研制的系列机器人捐助在湖南省人民医院等多家医院，应用效果良好 复杂受限环境下机器人精细化三维感知和自主作业：针对复杂场景精确三维信息获取存在空间限度大，信号交互困难，提出结合深度学习融合多相机和激光传感器的复杂目标三维重建方法，进行机器人周围复杂环境模型的重建。面对受限环境下的对目标进行3D检测与识别问题，提出基于图像与点云融合的高精度三维检测算法，实现多类别、实时高精度检测。对于复杂受限环境下机器人的自主运动作业难题，研究机器人自主学习与自主运动规划以及自主灵巧作业的控制方案，实现机器人自主作业精准控制和人机安全交互，并在实际复杂受限场景中进行实验与应用 高端化无菌制药机器人关键技术装备：针对高端医药检测速度慢、精度低、污染率高等国际难题，突破微弱异物高精度视觉检测、高执行力灵巧机构及驱动装置设计、环境感知、作业规划、视觉检测和协作控制等关键技术：发明双臂机器人鲁棒视觉伺服协作控制、机器人自适应视觉伺服控制等技术，研制出无菌化配药机器人、无菌化药品灌装—转运—封口机器人；发明医药制造复杂环境下的微弱异物目标图像获取、高速高精度视觉检测与识别等技术，研制出国内首台医药质量视觉检测机器人；发明多机器“手眼”协调的高速跟踪—包装—分拣控制技术，研制出高端机器人制药柔性生产线控制系统。改变了传统制药工艺设备存在人为、环境、物料等污染的现状 高端智能制造的机器人视觉感知与灵巧作业关键技术：针对移动机器人导航方法中因大面积弱纹理区域、光照变化等因素所导致的双目视觉三维场景重建精度低、稳定性差的问题，在国际上首次提出了迟滞注意力机制模型，可实现双目立体匹配深度估计网络方法。针对高端装备制造过程多工序、多任务、多机器协同的复杂作业难题，提出多机器人协同作业、高效优化决策控制方法，设计机器人柔性灵巧作业的实时感知、优化决策、精准控制、协同管理软硬件系统，突破了异构集群机器人高效协同调度与规划技术，推动国家重大装备和新零部件制造升级
苏州大学	微创手术机器人关键技术及应用：由孙立宁教授领衔，联合哈尔滨工业大学、苏州大学、哈尔滨思哲瑞智能医疗设备有限公司、苏州康多机器人有限公司、北京航空航天大学、民航总医院研发的微创手术机器人关键技术及应用成果获得2021年度中国机械工业科学技术奖技术发明类一等奖 工业机器人工艺数字化技术与智能化应用：由孙立宁教授领衔，联合苏州大学、江苏汇博机器人技术股份有限公司、埃夫特智能装备股份有限公司研发的工业机器人工艺数字化技术与智能化应用成果获得2021年度中国自动化学会科技进步奖一等奖 校企合作新冠核酸检测样本移液自动化设备亮相进博会：团队研发的全自动分杯系统为保证检测结果准确、可追溯，检测人员不受样品污染的同时，提高检测通量提供了很好的解决方案。此次进博会展出的新冠核酸检测样本移液自动化设备正是应用了该全自动分杯系统，作为全封闭的自动化智能设备，可全自动完成核酸检测移液环节中的样本分杯相关操作，助力企业持续提升核酸检测水平和效率，为我国抗击疫情的攻坚战做出贡献。该设备已申请一类医疗器械证，取证后有望进入批量生产阶段 复杂零件的超精密磨—抛装备研发及产业化应用：研究团队致力于复杂刀具的磨削和抛光装备的研发，开发了高精度五轴精密磨—抛装备，实现了工艺数字化、应用智能化，并完成大量的显微外壳手术刀、眼科手术刀、空间三反镜磨抛的工业应用。主要科技成果创新包括：研发了超精密五轴磨削设备，实现了全闭环五轴控制，机床联动精度达到2μm；实现了工具精准对刀以及对刀误差的补偿，开发了对刀补偿算法，提高了曲线/曲面的磨削精度；开发DGP过关联约束的磨削—抛光规划方法以及工艺子决策算法，实现了装备的防干涉和自主工艺决策。相关技术已经在莱州强信、南通震旭、芜湖谷田等公司实现产业化应用 多尺度磁液滴微机器人：本课题构建了集分布式梯度磁场和旋转磁场于一体的复合式电磁驱动控制系统，实现毫米磁液滴微机器人基于梯度磁场的运动控制、微米机器人基于旋转磁场的运动控制，并探索血流、边界对其运动的影响。此外，还将基于图像视觉模块对多尺度磁液滴微机器人所在位置和环境等信息的反馈，实现多尺度机器人集群在活体环境下的自主导航控制，增强机器人在复杂环境中的动态响应能力

注：内容根据调研及反馈资料整理。

三、2021 年机器人领域热点技术方向

1. 仿人机器人技术

近年来，伺服驱动、运动控制、智能材料和传感器等技术的发展为仿人机器人的研究提供了有效支撑。未来，仿人机器人凭借仿人形态的优势和运动特征，在家庭服务、商业服务、国防安全、危险作业等场景中具有重要的应用价值，仿人智能的发展也能有效地推动了机器人技术的发展。因此，仿生机器人技术也成了当前的研究热点。

2. 自然语言理解、情感识别与人机交互技术

自然语言理解和情感识别是人机交互领域中的重要组成部分。自然语言理解通过对人类语音、肢体等行为的意图识别，生成相应的回答或动作指令，在搜索引擎、智能推荐及机器人交互等场景具有广泛的应用。情感识别是对自然语言理解技术的进一步升级，机器人利用图像识别、语音识别、大数据等技术实现对人类情感的有效识别，在教育娱乐和医疗康复等领域具有重要应用。随着人机共融、数字孪生和元宇宙等前沿科技的发展与需求，人机交互技术是未来数字时代的重要接口之一。

3. 软体机器人与人工肌肉

智能材料、刚柔耦合计算、仿生与生物模型计算、驱动感知一体化等技术的发展，推动了软机器人、人工肌肉等连续可变形机器人技术的发展。软体机器人具有连续可变形结构，在人机共融、医疗康复、工业生产和特种应用中发挥重要作用。人工肌肉具有类人肌肉的特性，相比传统执行器，具有安全性更高，功率密度更大的特点。未来，软体机器人与人工肌肉有望用于航天航空、医学等、特种服务等领域。

4. DNA 纳米机器人与新材料微纳部件

DNA 纳米机器人具有微小、精准、靶向、低损伤和超高精度可控等优点，被誉为未来对抗人体疾病的理想的武器之一，在生物医学、组织工程和微电子技术等领域具有广阔的应用前景。其核心技术包括 DNA 折纸技术、维纳操作、亚微米级微操作台和新材料与微电子技术等。随着 DNA 纳米技术和新材料技术发展，胶囊机器人、电子皮肤等新兴微纳部件也将实现交叉融合发展。

5. 元宇宙与机器人融合技术

目前，元宇宙仍处于行业起始阶段，面临感知、人机交互反馈等困难。元宇宙技术与数字孪生、虚拟现实（VR）、增强现实（AR）、云计算、人工智能（AI）、区块链、物联网、人机交互、虚拟人和边缘计算等技术交叉融合发展，旨在构建一个虚实结合的新型人机共融空间。随着人工智能、人机交互、虚拟现实等技术的发展，元宇宙技术正逐渐走向人们的日常生活，例如科大讯飞发布的虚拟人技术。“元宇宙+机器人”也正逐渐从传统的娱乐、社交、游戏和生活服务等领域，逐渐走向商业服务、高端制造等场景。

6. 脑机接口与生机电一体化技术

脑机接口是在人或动物大脑与外部设备之间创建的直接连接，从而实现脑与设备的信息交换。基于脑机接口的机器人是前沿科技之一，将机器人与脑认知交叉融合创新，在医疗领域、航空航天、教育和娱乐等多个领域，脑机接口技术将得到更广泛的应用，发展前景值得期待。

生机电一体化是近年来快速发展的前沿科学技术，通过建立神经信息测量处理与人机信息通道，与机器人交叉融合发展，作为典型的生机电一体化系统，智能假肢将假肢本体的机电集成、双向生机接口的集成、假肢与生机接口的物理和功能集成进行融合。

7. 复合机器人技术——“手足眼脑”一体化

复合机器人由移动平台、机械臂、视觉模组和末端执行器等组成，集成了移动机器人与操作机功能，融合环境感知、定位与导航等技术，可快速布局于智慧工厂与自动化车间、电力巡检、仓储分拣和自动化货仓等场景，满足柔性生产需求，是促进制造业转型升级的关键核心装备之一。

现有复合机器人的研发设计到生产过程主要由部件的采购与集成构成，再到投放入市场。诸多环节完全依赖于各厂商或科研机构自己的经验，缺乏一套相对完善的、统一的复合机器人研发与应用体系的引导。

8. 机器人操作系统

机器人操作系统包括硬件抽象、底层设备控制、常用功能实现、进程间消息以及数据包管理等功能。根据不同的行业需求，具有不同类别的机器人操作系统。例如面向教育和科研的 ROS 机器人操作系统、面向服务机器人的达闼海睿操作系统和面向无人驾驶的百度阿波罗/智行者 Idriverbrain 操作系统等。随着机器人操作系统的快速发展，有望使更多机器人走向标准化和模块化，使机器人建立物理空间+数字空间的数字孪生成为现实，并促使机器人实现更大规模的落地。

9. 云服务机器人技术

将机器人的大脑部署到云端，借助云端服务器，可实现更大的运算能力，实现更高效的数据应用。同时，利用云服务机器人的功能化模块和数据中心，可缩短机器人的开发周期并降低开发难度，也便于后期的远程维护和监测。未来，开发针对一定场景的“云端大脑+本地机体”或“云端服务”类型的机器人，将成为规模化机器人推广与应用的重要模式之一。

10. 机器人伦理与安全

机器人技术作为一项快速发展中的新兴技术，部分技术和系统处于发展和迭代过程中，存在一定的安全隐患。同时，随着智能机器人的发展及人工智能技术的融入，具备决策能力的智能机器人如何融入人类社会、在人类社会中扮演什么样的角色、如何约束智能机器人的职责范围等都是值得进一步研究的伦理问题。随着机器人技术的不断发展，机器人伦理与安全话题逐渐被重视。

〔供稿单位：中关村智友研究院，清华大学方斌〕

2021年中国机械工业科学技术奖机器人领域获奖项目情况

为了促进机械工业科技进步，调动机械工业科技人员的积极性，表彰在机械工业科技工作中做出突出贡献的单位和人员，经中国机械工业科学技术奖专业评审组和评审委员会评审，中国机械工业科学技术奖管理委员会批准，2021年中国机械工业科学技术奖共表彰奖励项目共365项，其中，机器人相关项目共10项，特等奖1项、一等奖2项、二等奖3项、三等奖4项。2021年中国机械工业科学技术奖机器人领域获奖情况见表1。

表1　2021年中国机械工业科学技术奖机器人领域获奖情况

项目编号	类别	奖项等级	项目名称	完成单位	完成人	项目简介
2115001	技术发明类	特等奖	航天对接机构地面测试关键技术与系列装备	哈尔滨工业大学、上海宇航系统工程研究所	赵杰、张崇峰、刘刚峰、樊继壮、张玉花、高永生、王治易、刘玉斌、柏合民、陈宝东、金弘哲、臧希喆、朱延河、闫继宏、李戈、苑会领、邱华勇、姚建、赖东方、张赫、张学贺、高良、郑天骄	该项目在对接机构样机研制、定型考核、发射前校验等过程中发挥了不可替代的作用，圆满完成了空间对接机构研制各阶段的地面测试，确保了我国载人航天工程中历次空间对接任务的万无一失。研究团队首创了对接过程瞬时动能等效的集约化模拟试验装置，解决了大质量飞行器对接过程全尺寸模拟的工程化难题；发明了精确复现对接复杂运动序列的超大行程六自由度混联机构，解决了空间对接机构多自由度相对位置、速度准确模拟的难题；发明了综合能量补偿、时序判别和动态校正的对接机构动态测试技术，确保了极限环境下动态性能测试的准确性、时序性、快速性；发明了空间对接机构全工作空间在线测量、全参数辨识与全流程评估技术，研制了智能化系列装配调试测量装备，实现了对接机构产品的高效精调、准确测试与智能评估。 主要创新成果如下： 1. 项目首创了对接过程瞬时动能等效的集约化模拟试验总体方案，基于转动惯量等效移动质量的创新思想，有效降低了试验台对试验空间的要求，解决了大质量飞行器对接过程全尺寸模拟的工程化难题。 2. 发明了精确复现对接复杂运动序列的超大行程六自由度混联机构，创新了多自由度机构型、性、度综合设计方法，解决了空间对接机构多自由度相对位置、速度准确模拟的难题。 3. 发明了综合能量补偿、时序判别和动态校正的对接机构动态测试技术，形成了精准测试与误差补偿标准，确保极限环境下动态性能测试的准确性、时序性、快速性。 4. 发明了基于多自由度测量臂的空间对接机构全工作空间在线测量、全参数辨识与全流程评估技术，研制了智能化系列装配调试测量装备，实现了对接机构产品的高效精调、准确测试与智能评估。 项目成果引领了复杂空间机构地面测试领域的技术进步，为我国历次载人航天工程与探月工程中空间对接任务的顺利完成发挥重大作用

（续）

项目编号	类别	奖项等级	项目名称	完成单位	完成人	项目简介
2115017	技术发明类	一等奖	微创手术机器人关键技术及应用	哈尔滨工业大学、苏州大学、哈尔滨思哲睿智能医疗设备有限公司、苏州康多机器人有限公司、北京航空航天大学、民航总医院	孙立宁、杜志江、闫志远、崔亮、王伟东、匡绍龙、杨文龙、胡磊、孙玉宁、高永卓、于洪健、薛人峰、张峰峰、郁树梅、范立成	项目针对微创手术操作的临床适应性、精准性及安全性问题，实现了系统构建及关键技术突破。 主要技术创新如下： 1. 面向软组织/硬组织微创操作的专科型手术机器人机构创成。面向腹腔镜手术、脊柱微创手术、前交叉韧带修复术构建手术机器人系统，突破面向专科型临床操作的手术机器人结构设计与系统集成。 2. 基于操作者视觉引导的手术机器人主从交互控制技术。面向软组织机器人手术操作开展主从运动控制技术研究，解决主从异构运动映射问题；提出工具式“主从一体”手术机器人系统，突破一体化结构解耦运动模型。 3. 基于医学影像引导的手术机器人操作自主规划及导航。面向硬组织机器人手术操作，开展了融合医生经验的手术智能规划与导航技术研究，首次实现了机器人脊柱微创手术钻削磨削操作自主规划导航。 4. 手术微器械术中实时形位、力感知及柔顺控制技术。面向机器人微创手术操作安全控制，发明了一种基于模糊强化学习的人机安全协作和交互方法。运用虚拟阻尼参数在线动态调整策略，突破了手术机械臂柔顺控制技术实现安全、灵活、流畅的人机协作控制。 项目成果在北京大学第一医院、北京协和医院、民航总医院等7家医院开展临床试验应用260余例。该成果有力支撑了我国现代医学的发展，为我国医疗器械装备奠定了坚实的理论基础与技术储备，为保障我国国民健康做出了突出贡献
2113053	科技进步类	一等奖	工业机器人精密减速器测试方法与性能提升技术研究	中机生产力促进中心、江苏中工高端装备研究院有限公司（江苏省减速机产品质量监督检验中心）、秦川机床工具集团股份公司、中车戚墅堰机车车辆工艺研究所有限公司、北京工业大学、北京中技克美谐波传动股份有限公司、工业和信息化部电子第五研究所	弓宇、李金峰、吴哲、丁军、韩伟、张跃明、黄彬、王洋、刘耀、姚良博、董少甫、刘文威、张旺、程曼、曹科	该项目开展了工业机器人精密减速器测试方法与性能提升技术研究，通过理论方法研究、180余台产品测试和上万小时试验验证，形成了15项精密减速器测试项目及方法；研制了减速器综合性能及疲劳寿命试验设备；实现了角度测量精度2″、重复测量精度1″、测量分辨率0.1″的带载传动精度测量，疲劳寿命测试效率提高了4倍以上；形成了减速器主动设计理论；发明了减速器部件精密制造方法，实现产品寿命和精度保持性的提升。 该项目形成了以下技术创新： 1. 构建了精密减速器传动精度及性能一体化综合测试方法，解决了高载/动态条件下高精度角度测量难题。 2. 提出了精密减速器往复摆动加速疲劳寿命试验技术，实现了寿命测试时间大幅缩短。 3. 形成了检测数据驱动的精密减速器主动设计理论与高效高精制造方法，提升了产品性能。 该项目主要应用于工业机器人精密减速器研究及应用

（续）

项目编号	类别	奖项等级	项目名称	完成单位	完成人	项目简介
2109035	科技进步类	二等奖	大型结构件自动焊用无轨导全位置爬行焊接机器人关键技术及应用	北京博清科技有限公司、清华大学、中石化炼化工程（集团）股份有限公司	潘际銮、高力生、冯消冰、闫炳义、蒋德军、潘百蛙、汪正伟、李海龙、徐瑞、段瑞民	该项目改善了焊接作业环境、降低了劳动强度和安全风险，同时大幅度提高了自动化焊接效率及产品质量，有效解决大型结构件在工地实现自动化焊接。 主要技术发明点： 1. 发明了数字图像处理信号、位置传感器信号和爬行机构控制相结合的机器人，具备寻缝和对中功能，实现了无须任何人工干预、无须轨道、导向及人工示教，可在三维曲面的大型结构件上自主寻缝焊接，跟踪精度达±0.2mm。 2. 研究了永磁履带结构和高度可调的球铰四角定位结构，实现了机器人与工件的可靠精准吸附，大幅提高了机器人行走灵活度和仿形自由度。 3. 采用可调程序的低频双脉冲工艺和图像处理技术，将姿态传感器的信号纳入控制系统，改善了跟踪精度和对焊接参数的反馈控制，实现了自适应、全位置多层多道焊，保证了高质量，效率较手工焊提高3~5倍。 项目已在石油化工、船舶制造、轨道交通核电、能源等多个领域实现了成熟的应用案例
2113030	科技进步类	二等奖	机器人设计平台集成技术标准	北京机械工业自动化研究所有限公司、北京航空航天大学、山东山大华天软件有限公司	尹作重、陶永、王培刚、刘继红、杨秋影、秦修功、陈彬、杜巳超、郭栋、王凯	围绕工业机器人设计过程中的拓扑结构、运动学、动力学与精度设计，关键零部件和整机多体动力学仿真，该标准开发模型库与数据库等关键瓶颈技术问题，制定机器人设计平台系统集成体系结构和集成数据交换标准，研发具有我国自主知识产权的工业机器人设计开发平台。 主要研究内容如下： 1. 提出工业机器人设计开发平台的系统集成体系结构，对机器人设计平台系统设计流程、机器人设计平台集成数据、机器人设计平台参考体系结构、机器人设计平台的体系结构设计方案等内容进行了规范。通过自主研发的机器人设计平台进行工业机器人数字化样机设计模式能够加速预测产品性能，缩短产品研发周期。 2. 研究机器人设计平台数据集成方式和CAD系统与静力学分析系统，建立了动力学仿真分析系统集成的流程和数据模型，实现了CAD和CAE系统之间的数据集成。借助国产CAD系统三维建模功能实现三维模型的参数化和快速更新，采用拥有自主知识产权的工业机器人数字化设计平台实现工业机器人正向设计。 3. 形成机器人设计平台系统集成体系结构和数据交换规范两项国家标准，完善国家机器人标准体系，在机器人领域推广应用，提升我国机器人国际竞争力，填补国内机器人标准在设计领域的空白。在两项国家标准的指导下研发工业机器人

（续）

项目编号	类别	奖项等级	项目名称	完成单位	完成人	项目简介
2113030	科技进步类	二等奖	机器人设计平台集成技术标准	北京机械工业自动化研究所有限公司、北京航空航天大学、山东山大华天软件有限公司	尹作重、陶永、王培刚、刘继红、杨秋影、秦修功、陈彬、杜已超、郭栋、王凯	数字化设计平台，并应用在机器人新产品创新开发中，抢占更多国内国际市场份额。 项目成果在串联、并联工业机器人产品的开发与设计过程中，实现正向设计，促进搬运、焊接等工业机器人产品制造企业形成规范化的设计与分析仿真方法，以标准为依据形成商品化国内工业机器人平台软件产品
2115018	科技进步类	二等奖	工业机器人高性能伺服驱动系统核心关键技术研究及产业化	中国科学院深圳先进技术研究院、武汉华中数控股份有限公司、深圳华数机器人有限公司、广州中国科学院先进技术研究所、大富科技（安徽）股份有限公司、深圳配天智能技术研究院有限公司	冯伟、王卫军、孙天夫、熊清平、杨之乐、周盈、肖竞、陈清朋、张树潇、顾星	该项目针对伺服系统高性能优化控制算法、工业机器人现场总线接口及协议技术，全数字驱动装置统一硬件技术平台三个关键问题进行来重点攻关，研发了工业机器人系列化专用伺服电动机和伺服驱动器两种新产品。 主要关键技术有： 1. 伺服驱动系统高精性能提升技术，通过多种协议的绝对式编码器接口技术，适配高分辨率编码器，实现伺服驱动系统的高速度，高精度特性：通过高速弱磁控制，拓宽调速范围，提升高速高精性能：通过改进型MT测速方法、平滑滤波估计和电流谐波抑制技术，进步提高系统平稳性，实现低速、超低速控制下的高精度控制。 2. 伺服驱动系统动态响应特性提升技术：通过动态解耦优化矢量控制算法，实现电动机的快速、稳定响应特性；通过高响应带宽拓宽技术，拓展电流环的带宽，提高动态响应特性。 3. 伺服驱动系统自适应与易用性提升技术：离散时间观测器可实现对电机参数和运行状况的“自我辨识”能力；通过检测系统的谐振频率并自动插入对应频率的陷波滤波器，提升伺服性能；根据伺服电动机实时在线参数辨识结果，创建系统参数自整定规律，实现控制器参数的在线整定。 4. 控制器与伺服驱动系统通信协议技术研发了面向工业机器人的现场总线技术NCUC Bus，实现控制器与伺服驱动系统的通信协议“飞读”方式解决数据的快速上下载问题，提高传输效率，环形总线数据报文CRC校验字的动态修正方法，解决数据实时校验问题；双环形网络拓扑结构自动重构方法，提高了网络的可靠性：现场总线的时间同步方法，使得各从站同步时间在1μs内。 5. 伺服驱动器硬件控制平台技术：以DSP和FPGA作为核心，研发通用编码器反馈接口实现对绝对式编码器等高精度反馈装置的支持，研发工业以太网总线接口，满足对高精度运动控制的需要。 研究成果已在多种典型结构的工业机器人上配套应用

（续）

项目编号	类别	奖项等级	项目名称	完成单位	完成人	项目简介
2107004	科技进步类	三等奖	谐波减速器用低摩擦高刚度交叉滚子轴承关键技术研究及应用	洛阳鸿元轴承科技有限公司、国创（洛阳）轴承产业技术研究院有限公司	吕瑞芳、赵硕、吴磊、高景瑞、刘胜超	该课题以谐波减速器用低摩擦高刚度交叉滚子轴承为研究对象，开展谐波减速器用低摩擦高刚度交叉滚子轴承设计、制造、测试、寿命试验等技术研究。该课题通过对交叉滚子密封结构的优化大大减少轴承的摩擦力矩，满足终端客户的最终需求；该课题对谐波减速器用轴承的刚性进行了理论分析和测试，得到了轴承刚度和预紧力之间的关系曲线；该课题通过对交叉滚子轴承寿命进行理论计算，制作了轴承刚性寿命的测试装置，精确的测试轴承的刚性寿命；该课题创新了一种端面塞子与刚轮集成的交叉滚子轴承结构，即可节约减速器安装空间又有效防止轴承内部的油脂从塞子口泄漏；该课题创新了通过弹性杆法快速测量轴承摩擦力矩的方法，提高了轴承检测效率；开发了气密性测量装置，发明了检测轴承密封气密性的方法，能够快速检测轴承的气密性；实现了保证谐波减速器用低摩擦高刚度交叉滚子轴承的柔性化、定制化批量生产。 主要应用于机器人谐波减速器研究及应用
2113073	科技进步类	三等奖	电动平衡车安全要求及测试方法《(GB/T 34668—2017)(GB/T 34667—2017)》	纳恩博（北京）科技有限公司、北京机械工业自动化研究所有限公司、北京航空航天大学、上海新世纪机器人有限公司、江苏中科院智能科学技术应用研究院	王野、王田苗、杜超、陈中元、杨书评	该项目基于典型产品的技术积累及自主研发经验，系统深入开展平衡车风险分析及预警技术研究，基于产品不同场景下的工况与安全极限分析，经过多次仿真及现场试验，开展了对平衡车载人基本功能的支撑技术与载人行驶安全技术的研究，形成了平衡车的安全保护技术、基础性通用技术及相应的测试方法，技术的应用显著提升了平衡车的通用性、安全性和可靠性。 项目的主要技术创新点为： 1. 研究电动平衡车工况及安全保护技术、制定出电动平衡车应具有的安全保护功能以及相应的测试方法。 2. 研究电动平衡车安全行驶的工况特性、规定了平衡车安全行驶的最大功率要求、研究了电动平衡车的主要技术性能、明确了平衡车主要技术性能要求并制定了相应的测试方法。 项目研究成果形成的电动平衡车国家标准为平衡车的设计与制造提供了依据，标准的实施为质量监管及检测机构提供了有力支撑

（续）

项目编号	类别	奖项等级	项目名称	完成单位	完成人	项目简介
2115006	科技进步类	三等奖	智能3D电子内窥镜手术机器人系统关键技术研究与应用	上海微创医疗机器人（集团）股份有限公司、上海海事大学、苏州微创脊柱创伤医疗科技有限公司	何超、张青雷、葛亮、朱祥、周莹	智能3D电子内窥镜手术机器人是多学科融合的高端医疗产品，突破了医生双手的局限性，辅助医生触及传统手术器械很难到达的部位，精确定位病灶组织，在狭小的空间中进行精准手术，术中创伤小，出血量少，术后康复快。该项目通过对智能3D电子内窥镜手术机器人关键技术的研究，形成具有完全自主知识产权的国产高精度手术机器人产品，打破国外技术垄断，为国产手术机器人的自主创新奠定坚实基础。 1. 突破了智能3D电子内窥镜手术机器人整体设计技术。机械臂用于挂载手术器械和内窥镜，图像采集装置用于采集手术环境信息，定位装置用于获取图像采集装置的位姿信息，识别装置用于根据色彩图像信息得到特征信息，显示单元用于协助对患者进行手术时精准的实施操作和观察。其主从控制延迟、不动点定位精度、从手位姿重复定位精度、中心视场角分辨力、离轴角分辨力等核心性能指标均接近或优于国际同类领先产品。 2. 攻克了具有高度自适应性的3D电子内窥镜及其系统。发明的电子内窥镜通过创新性地集成3D场景视觉技术与荧光分子成像技术，实现腹腔镜手术视野下的术中荧光解剖导航定位信息与3D视觉成像信息的融合：具有较强的相距调节功能，通过轴向位置调节装置调节成像透镜组与感光组件的间距提高电子内窥镜在使用过程中的自由度；还可通过采用传动装置、驱动装置和镜管模组的配合实现在视场区域改变的同时，视场方向并无变化，方便医生的诊断工作。 3. 设计了新型主操作手、机械臂及手术器械及其控制方法。主手触觉反馈装置及其变阻尼控制方法，能够防止过操作以及轻微抖动造成的不利影响；新型机械臂及关节控制系统实现了关节位置的高精度测量；新型手术器械以及多器械共存位置显示方法，显著提高了器械盒的空间利用率的同时，能够帮助医生更清晰把握所有手术器械的位置，提高手术的速度、效率及可靠性。 4. 基于智能3D电子内窥镜手术机器人关键技术，面对疫情迅速开发了用于新冠肺炎诊疗的支气管镜手术机器人，并在上海市胸科医院完成了首例机器人辅助支气管镜肺泡灌洗手术。该机器人既可应用于新冠肺炎等高传染性呼吸道疾病的取样、肺泡灌洗及气管插管监视，也可用于经支气管的肺部活检及治疗

（续）

项目编号	类别	奖项等级	项目名称	完成单位	完成人	项目简介
2115035	科技进步类	三等奖	核工业遥操作电随动机械手关键技术及重大工程应用	杭州景业智能科技股份有限公司、中国核电工程有限公司、浙江大学	来建良、吴德慧、蒋君侠、金杰峰、沈琛林	该项目紧抓制约国内核工业机器人开发中，因高放射性环境带来的电子器件应用限制、使用环境酸雾腐蚀与酸液冲洗等问题，自主创新发明了动力集成外置，全齿轮耦合传动的核工业遥操作电随动机械手，通过攻克末端刚度建模与结构轻量化优化，传动链耦合运动学建模与特殊空间分析、无传感力反馈遥操作控制、多关节重力和摩擦力补偿，预摆复位和路径规划等关键技术，通过动力贯穿与复杂多齿轮耦合传动、重力与负载解算、全齿轮传动数学建模，实现高放环境下多轴机械手无传感双向力反馈、空间任意位置平衡和高可靠精确控制。 基于特殊的结构与控制优化设计，该机械手具备如下技术特点：结构轻巧响应快，具备力反馈与力补偿功能，可进行预摆与示教操作，具备路径规划等自动化功能，可耐受极高的辐射剂量和酸雾环境。 目前，该项目已被国家重大专项工程（R项目、Z项目等）实际采用，深受业主单位好评。在后续退役、三处理等核工业领域具有广泛的应用前景

〔供稿单位：中国机械工业联合会〕

2021年机器人产品创新情况与十大热点趋势

得益于我国机器人产业日益丰富的生态和政策的鼓励，2021年，我国机器人产业界不仅出现了一大批创新成果，同时也涌现了一批具有代表性的专精特新企业和新势力企业。例如，上海微创医疗机器人（集团）股份有限公司（简称“上海微创”）、苏州康多机器人有限公司（简称“康多机器人”）、北京柏惠维康科技有限公司（简称“柏惠维康”）和山东威高手术机器人有限公司（简称“威高机器人”）等企业相继发布多款医疗康复机器人，多孔腹腔手术机器人已基本实现自主化；遨博（北京）智能科技有限公司（简称“遨博智能”）、珞石（北京）科技有限公司（简称“珞石科技”）和北京思灵机器人科技有限责任公司（简称“思灵机器人”）等企业发布多款新型协作机器人；科沃斯机器人股份有限公司（简称“科沃斯”）、达闼机器人有限公司（简称“达闼机器人”）、上海擎朗智能科技有限公司（简称“擎朗智能”）和麦岩智能科技（北京）有限公司（简称“麦岩智能”）针对家用和商用服务场景也发布了多款新型产品。机器人产业新企业和新产品的出现，为“十四五”我国机器人产业的持续增长和创新发展赢得了良好的开端。

根据投中网（CV Source）收录的融资事件数据统计，2021年，我国机器人行业融资事件共计395起，相较于2020年的302起，同比增长31%。按照国际标准化组织（ISO）于2021年发布的ISO 8373：2021号机器人词汇标准，机器人可分为工业机器人、服务机器人和医疗康复机器人三个大类。其中，服务机器人融资次数在机器人融资总次数中的占比最大，达到了51%，商用服务机器人相关融资次数在服务机器人领域融资次数中的占比为63%；特种机器人融资次数在服务机器人领域融资次数中的占比为33%。工业机器人融资次数在机器人融资总次数中的占比居于第二位，为33%。医疗康复机器人为近些年的融资热点，其融资次数在机器人融资总次数中的占比为16%。

2021年我国机器人产业融资分布情况如图1所示。2021年我国服务机器人产业融资分布情况如图2所示。

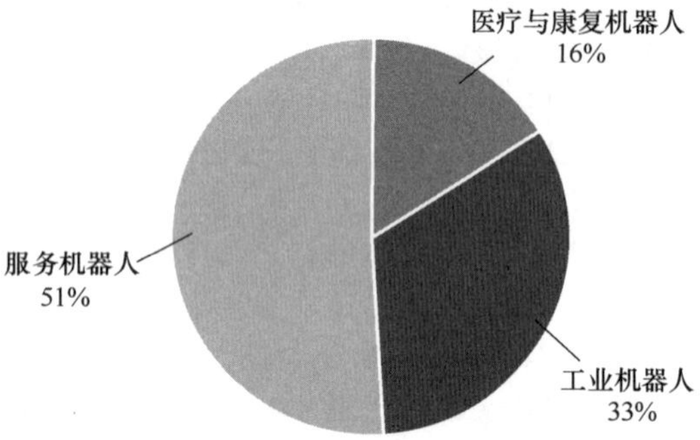

图1　2021年我国机器人产业融资分布情况

注：数据来源于投中网、中关村智友研究院。

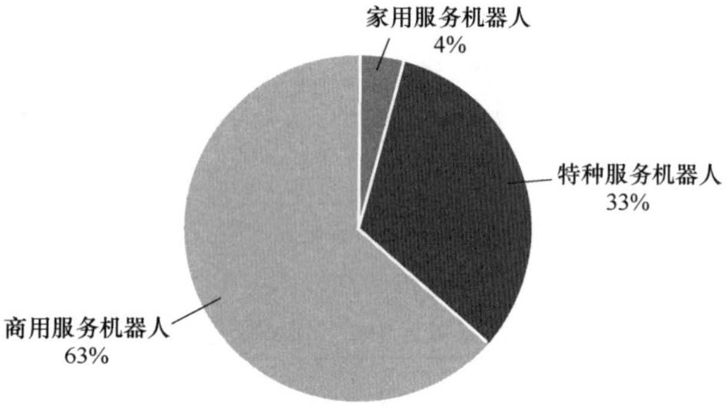

图2　2021年我国服务机器人产业融资分布情况

注：数据来源于投中网、中关村智友研究院。

从融资轮次分布看，有15%的企业融资聚集在天使轮和种子轮，高达47%的企业融资聚集在A轮的轮次，说明机器人相关行业受到市场创业者的追捧，同时，新成立的公司占据了较大的比例。B级轮次和C级轮次的融资基本各占20%。2021年我国机器人产业融资轮次分布情况如图3所示。

我国机器人产业实现快速增长，以工业机器人为核心的智能制造已成为制造业数字化转型的主要路径。国家统计局数据显示，2021年，我国工业机器人产量达到36.6万台，同比增长67.9%；营业收入超过800亿元，同比增长近30%。

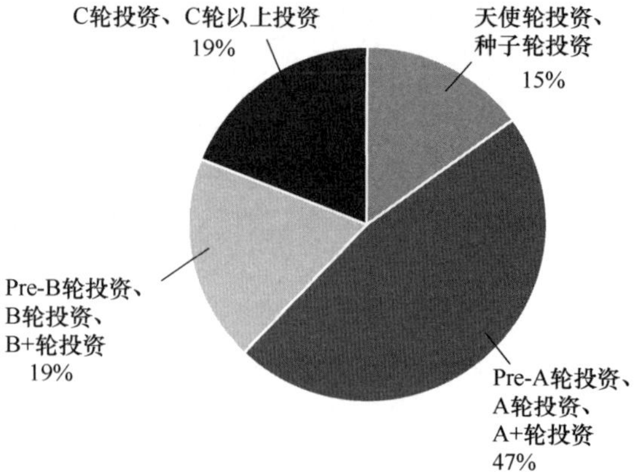

图3　2021年我国机器人产业融资轮次分布情况

注：数据来源于投中网、中关村智友研究院。

可以预见，未来，我国机器人产业发展热点领域与趋势如下：

1. 医疗与康复机器人

传统外科手术中，医生需要长时间站立在患者身旁并徒手进行手术操作，操作过程十分不便且易疲劳。手术机器人能够辅助医生实现远程力反馈操作、辅助定位导航和操作去抖等功能，并实现明显优于人类的操控精度。因此，手术机器人在神经康复、穿刺介入、骨科修复和种牙等领域具有广泛应用。

近年来，随着国内相关政策的引导和国内市场的巨大需求，在企业和科研院所的共同努力下，国内出现了一大批与医疗康复相关的新势力企业。例如专注骨科手术机器人的北京天智航医疗科技股份有限公司（简称“天智航”）、专注于神经外科手术机器人的柏惠维康、专注于腹腔内窥镜手术机器人的康多机器人和上海微创等企业。在逐年老龄化、医师资源匮乏的背景下，很多资本机构、医院、政府等部门开始重视开发具有自主知识产权的医疗与康复机器人。医疗与康复机器人代表企业及产品如图4所示。

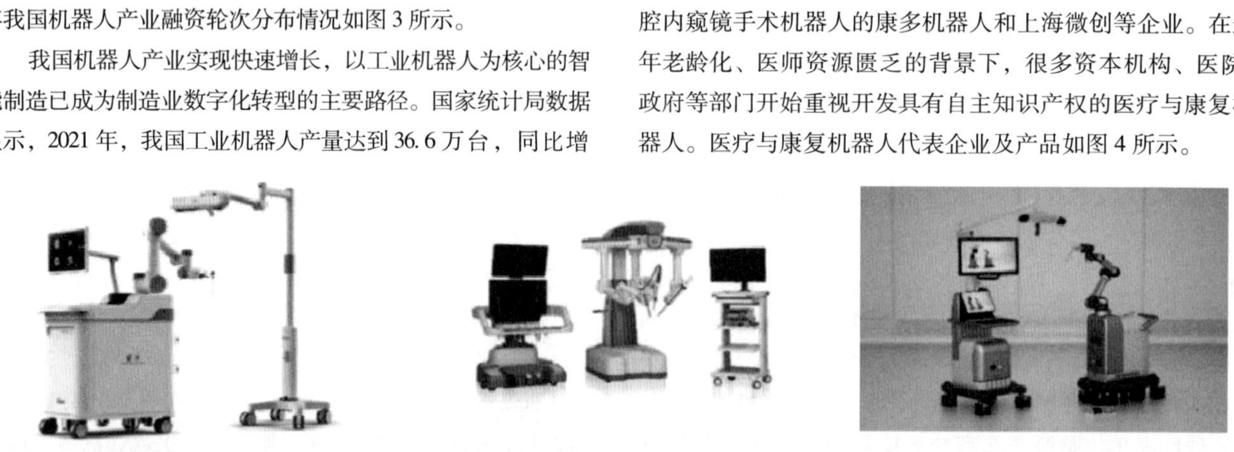

a. 柏惠维康发布的神经外科机器人　　b. 康多机器人发布的腹腔镜机器人　　c. 天智航发布的手术导航定位系统

图4　医疗与康复机器人代表企业及产品

2. 高端仿生机器人

仿生机器人指依照仿生学的原理、生物结构、运动方式等特征进行机器人的设计与研发。该类机器人通常具有极佳的仿生外形或运动特性，例如仿鱼水下机器人、仿生扑翼机器人、四足机器人和人形机器人等。借助仿生的外形和极佳的运动特性，在一些隐形探测场景或者复杂移动环境中，仿生机器人有着极强的优势。

近些年，随着高性能伺服驱动器的国产化以及运动控制算法的逐步技术攻克，高性能的四足、人形等仿生机器人的研发与规模化落地成为现实。国内也出现了一大批开发仿生机器人的相关企业，例如专注于人形机器人研发的深圳市优必选科技股份有限公司（简称“优必选”）、专注于四足机器人开发的杭州宇树科技有限公司和杭州云深处科技有限公司（简称“云深处”）、专注于仿生鱼类机器人开发的博雅工道（北京）机器人科技有限公司（简称“博雅工道”）等企业。随着特种作战、无人勘测等特殊场景的需求，国内很多资本机构和研发单位也十分重视仿生机器人的研发，相关融资活动或新品发布十分活跃。高端仿生机器人代表企业及产品如图5所示。

a. 宇树四足机器人　　b. 云深处四足机器人　　c. 博雅工道仿生机器鱼

图5　高端仿生机器人代表企业及产品

3. 机器人核心零部件

电动机、伺服驱动器及减速器作为传统机器人的三大核心零部件，在国内厂商、科研院所的不断努力下，已基本实现国产化并逐步占据国际市场份额，呈现从中低端逐步往高端零部件发展的趋势。同时，在世界环境的刺激下，加速国产化的趋势也日渐加强，目前，我国已出台一大批利好政策，国产核心零部件有望在未来的国际市场竞争中占据更加显著的市场份额。机器人核心零部件代表企业及产品如图6所示。

a. 英威腾伺服驱动器　　b. 绿的谐波减速器　　c. 智同RV减速器

图6　机器人核心零部件代表企业及产品

随着新一代智能机器人技术的发展，力觉、视觉传感器作为传统机器人实现智能化、数字化、柔性化的“敲门砖”，逐渐成为新一代机器人的重要核心零部件。机器人模块化趋势不断凸显，近些年，标准化的末端夹爪和移动模组不断出现，有望成为新一代机器人的核心零部件。

4. 无人配送机器人

受新冠疫情影响，人们对“无接触”式送餐、送货服务的需求更为明显。无人配送机器人开始呈现由室内向室外转变的趋势，我国针对室外服务的无人送货机器人技术相对成熟，并已实现了相当规模的商业化。针对结构化的室内无人送餐、送货等场景具有成熟的解决方案，在很多宾馆、餐饮业等场景均有一定部署。

在庞大的市场需求刺激下，无人配送成为很多头部机器人企业竞争的领域，例如北京三快在线科技有限公司（简称“美团”）针对无人配送进行了地面配送车和配送无人机的研发；深圳市普渡科技有限公司（简称“普渡”）、擎朗智能、达闼机器人等企业更是针对无人配送场景设计了很多解决方案。无人配送机器人代表企业及产品如图7所示。

a. 美团配送机器人　　b.普渡配送机器人　　c.擎朗配送机器人

图7　无人配送机器人代表企业及产品

针对复杂的楼宇环境和室外环境，例如坡道、上楼梯等复杂环境下的配送，还需加大足式、轮足混合式等机器人平台的开发，同时进一步提升无人配送机器人的智能化程度，以应对不同客户场景的交互需求。通过产业化、技术迭代等方式降低机器人成本，对无人配送机器人的未来发展和进一步普及也十分重要。

5. 商业服务机器人

在我国人口老龄化、人口结构发生变化的背景下，人们对于商业服务机器人的需求也日趋强烈。商业服务机器人和家庭服务机器人同样重要，与人们的生活息息相关，涵盖人们日常生活的方方面面。例如商业清扫机器人、无人售货机、餐饮机器人、迎宾机器人和引路机器人等。2021年，新松机器人自动化股份有限公司（简称“新松机器人”）、科沃斯、麦岩智能等多家企业相继发布商业清洁机器人；碧桂园旗下的千玺机器人集团有限公司发布餐饮类机器人并在2022年北京冬奥会上得到了大规模的应用。商业服务机器人产品的大规模推出与普及既是趋势也是必然，未来，会有更多的商业服务机器人在不同行业和细分场景落地。商业服务机器人代表企业及产品如图8所示。

a. 麦岩商业清扫机器人　　b. Know如影智能咖啡机器人　　c. 博智林餐饮机器人

图8　商业服务机器人代表企业及产品

6. 仓储物流机器人

仓储物流机器人作为智慧物流的重要组成部分，顺应了新时代的发展需求，是物流行业解决高度依赖人工、业务高峰期分拣能力有限等瓶颈问题的关键突破口。据《2021年度中国工业应用移动机器人（AGV/AMR）产业发展研究报告》显示，2021年，我国企业整体销售工业应用移动机器人（AGV/AMR）达到7.2万台，同比增长75.61%。随着国内仓储物流机器人的高速发展，国内形成一批仓储物流机器人巨头，例如新松机器人、北京极智嘉科技有限公司、上海快仓智能科技有限公司等企业。仓储物流机器人代表企业及产品如图9所示。

a. 新松仓储物流机器人　　b. 北京极智嘉仓储系统　　c. 上海快仓科技仓储系统

图9　仓储物流机器人代表企业及产品

虽然国内仓储物流机器人已形成了较大的市场份额和营业额，但由于发展初期仓储物流机器人企业自主创新能力不强，高附加值产品市场的竞争力较弱，产品稳定性与安全性也有较大的待改进空间，低端制造业产能过剩与高端产品供不应求现象并存。未来，针对仓储物流机器人，能否进一步完善供应链的自主知识水平，攻克激光雷达、毫米波雷达等传感器的关键核心技术，成为能否在国际市场竞争中领先的关键问题。

7. 新一代协作机器人

新一代协作机器人是指具有一定自主行为和协作能力，能够在非结构化环境中与人们安全进行交互协作的机器人。随着我国协作机器人相关企业、科研机构在高精度重复定位、力感知柔性关节、拖拽式示教和安全行为决策与智能控制等核心技术上取得了突破，我国协作机器人在3C、汽车、五金家电、机械加工、检测和装配等行业已实现批量应用，一批杰出的机器人企业就此产生，例如遨博智能、珞石科技、思灵机器人和艾利特机器人公司（简称“艾利特”）等。新一代协作机器人代表企业及产品如图10所示。

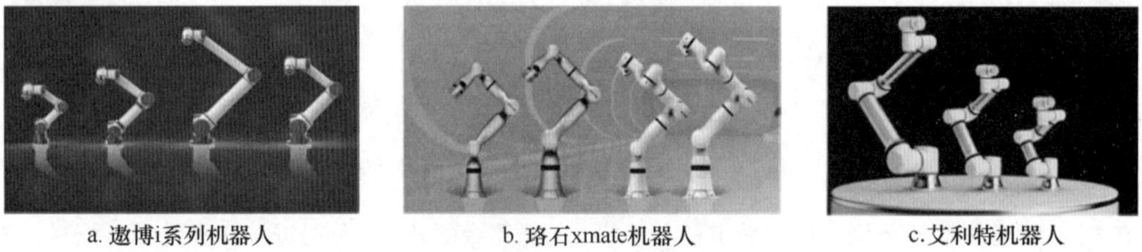

a. 遨博i系列机器人　　b. 珞石xmate机器人　　c.艾利特机器人

图10　新一代协作机器人代表企业及产品

根据北京立德智库咨询有限公司与上海节卡机器人科技有限公司（简称“节卡机器人”）联合发布的《2022年中国协作机器人技术发展报告》，2021年，我国协作机器人销量达1.53万台，同比增长45.7%，实现销售额突破15亿元，预计到2025年，全球协作机器人销量可达70万台，市场空间巨大。协作机器人除了在制造业有着广泛应用，未来，其在智能零售、机器人按摩理疗、无人化智慧餐厅与后厨等服务领域也具有极佳的应用前景。同时，由于我国劳动力结构的快速变换，大规模的人机协作趋势正在逐步兴起。

8. 复合移动机器人

复合移动机器人又称移动协作机器人，是指同时具备自主移动和协作抓取能力的机器人，通常由移动机器人和协作机器人共同组成。得益于复合移动机器人能够在同时间、同空间内实现移动与抓取协同作业的优势，其在智能制造、柔性生产等场景中有着广泛的应用前景。

随着我国协作机器人和移动机器人技术的日益成熟，一大批企业也相继推出了复合移动机器人解决方案，例如遨博智能在2021年发布全新的“手足眼”一体复合机器人，艾利特推出多种复合机器人方案，睿尔曼智能科技（北京）有限公司更是推出了多种复合机器人方案。复合移动机器人代表企业及产品如图11所示。

a. 遨博复合移动机器人

b. 睿尔曼复合机器人

c. 艾利特复合机器人

图11　复合移动机器人代表企业及产品

9. 云服务机器人

随着云计算技术的不断成熟，将云计算技术和机器人学相结合，成为机器人领域研究的热点。云服务机器人主要侧重于存储和计算功能，如SLAM、数据存储、抓取规划、导航以及计算机视觉等。云服务机器人平台可以模拟真实环境，把算法开发、测试调优都放在云上进行，再部署到真实机器人，相当于机器人世界的元宇宙。目前，我国云服务机器人技术的发展相对走在了国际前列，出现了一批杰出的云服务机器人企业，例如专注于无人驾驶场景的北京智行者科技股份有限公司（简称“智行者科技”）和面向移动服务场景的达闼机器人等。

相比于传统的机器人终端，云服务机器人的云端大脑可以提供机器人更强的AI计算能力，同时，经过5G安全高速网络控制机器人完成各种任务，效率更高。随着云服务机器人研发和技术的突破，未来，机器人的产业结构、生态体系都会有新的活力和增长点。

除了面向机器人控制的云端机器人大脑，近些年还出现了一大批面向企业服务的软件机器人，例如AIops（人工智能IT运维）和RPA（机器人流程自动化），通过RPA/AIops数字大脑，助企业或政府可以实现自动化的数据梳理。

10. 特殊环境服役机器人

除了医疗、仿生、商业、家用和工业智造等场景，机器人在特殊环境下的服役也有着极大的需求，例如军用、农业、核工业、反恐防爆、消防救援和电力勘测等特殊场景。特殊环境服役机器人代表企业及产品如图12所示。

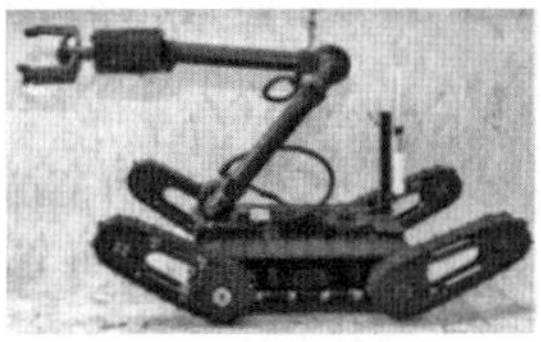

a. 晶品特装排爆机器人

b. 致导科技QP532无人机

c. 云洲科技水面清洁机器人

d. 博创联动无人驾驶拖拉机

e. 索维智能电力勘测机器人

图12　特殊环境服役机器人代表企业及产品

〔供稿单位：中关村智友研究院，北京航空航天大学陶永〕

2021 年机器人产业新品发布情况

一、代表性企业新产品

1. 新松机器人自动化股份有限公司

新松机器人自动化股份有限公司（简称“新松”）成立于 2000 年，是一家以机器人技术为核心的高科技上市公司。近年来，新松荣获国家级奖项百余项，获得“专精特新”小巨人企业等多项认定。新松产品累计出口 40 多个国家和地区，为全球 3 000 余家国际企业提供产业升级服务。2021 年，新松发布的标志性创新产品如下：

（1）探龙系列蛇形臂机器人（如图 1 所示）。探龙系列蛇形臂机器人是一种大长径比超冗余度的机器人，运动灵活、机械臂直径小、臂体不含电气元件，适合在复杂狭窄空间和恶劣环境作业。该机械臂直径为 50mm，机械臂长为 2m，拥有 12 个关节，载重质量为 1kg，单节最大弯曲角度为 25°，最大行驶速度为 50mm/s。该机器人突破了超冗余自由度机器人控制、动力学模型解析、运动控制和路径规划等多项关键技术。

图 1　探龙系列蛇形臂机器人

（2）多可协作机器人 GCR10-1300。GCR10-1300 是一款高性价比的全新通用型协作机器人，具有轻量级、快速部署、操作简易、安全节能等特点。其有效工作半径可达 1 300mm，能够实现 1 000Hz 的实时控制刷新频率，重复定位精度为±0. 05mm。新松多可协作机器人已被广泛用于数字化工厂、汽车、3C 电子及半导体、教育创新、医疗健康、食品药品和服饰纺织等行业。

2. 南京埃斯顿自动化股份有限公司

南京埃斯顿自动化股份有限公司（简称“埃斯顿”）成立于 1993 年。埃斯顿成立以来，一直坚持走自主研发核心技术的发展路线，产品覆盖工业自动化、工业机器人和工业数字化三大系列产品。产品线包括全系列交流伺服系统、变频器、PLC、触摸屏、视觉产品和运动控制系统，以及以 Trio 控制系统为核心的运动控制和机器人一体化的智能单元产品，是一家具有国际领先竞争地位的机器人头部企业。2021 年，埃斯顿发布的标志性创新产品如下：

（1）ER50-1200-SR Scara 机器人（如图 2 所示）。ER50-1200-SR Scara 机器人是水平桌面多关节重负载机器人，最大有效负载为 50kg，机械臂臂展范围为 1 200mm，精度达到±0. 025mm。主要应用于锂离子电池电芯生产段、模组组装段工序。能够实现 0. 85s 标准循环时间，可有效提升锂离子电池电芯生产及装配段效率，同时，水平桌面多关节结构同比六轴中负载机器人具备体积小、速度快的优势。

图 2　ER50-1200-SR Scara 机器人

（2）ER600-2800 码垛机器人（如图 3 所示）。ER600-2800 是一款超大负载六轴多关节机器人，最大有效负载为 600kg，机械臂臂展范围为 2 800mm，主要应用于重型工件的搬运、汽车零部件的搬运、锂离子电池电芯搬运和建材领域码垛搬运等工艺应用中。

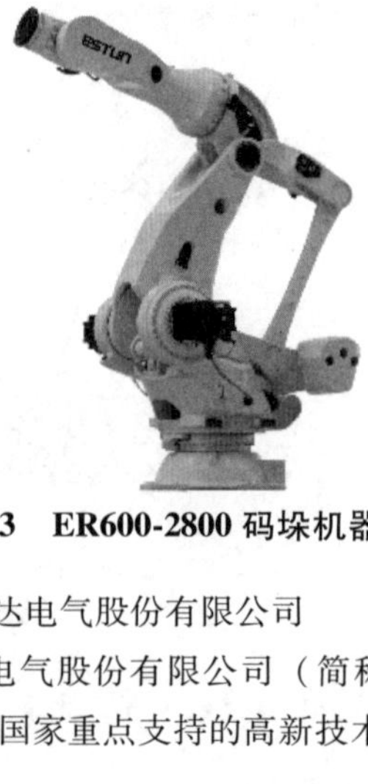

图 3　ER600-2800 码垛机器人

3. 上海新时达电气股份有限公司

上海新时达电气股份有限公司（简称“新时达”）创建于 1995 年，是国家重点支持的高新技术企业和全国创新型企业。新时达以运动控制技术为核心，专注于伺服驱动、变频调速、机器人和工业控制器等产品，发展数字化与智能化，为客户提供优质的智能制造综合解决方案。新时达业务涉及电气控制、变频驱动、运动控制、机器人和智能制造五大板块。2021 年，新时达发布的标志性创新产品为重负载 SCARA 机器人 YR122040（如图 4 所示）。重负载 SCARA 机器人 YR122040 是专门为锂离子电池、光伏发电、金属加工等行业等重载物料水平搬运场景打造的 SCARA 机器人产品。产品最大负载可达 50kg，重复定位精度为 ±0. 03mm，10kg 负载标准循环时间为 0. 7s。在性价比方面，YR122040 与同等负载六轴机器人相比具有明显优势。

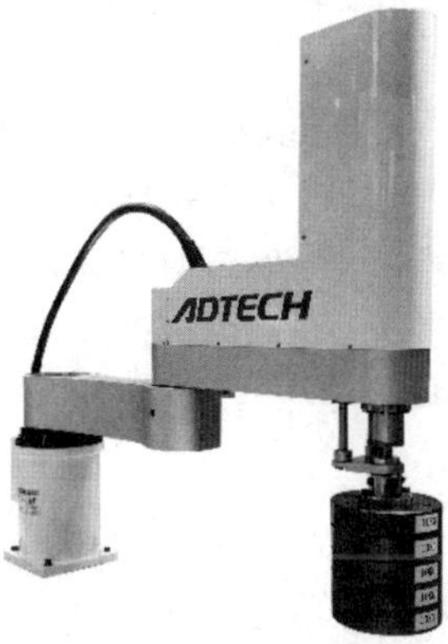

图 4　YR122040 机器人

4. 埃夫特智能装备股份有限公司

埃夫特智能装备股份有限公司（简称“埃夫特”）在全球拥有 19 家子公司，已形成从机器人核心零部件到机器人整机再到机器人高端系统集成领域的全产业链协同发展格局。其产品及跨行业智能制造解决方案广泛应用于汽车及零部件、3C 电子、家用电器、轨道交通、航空航天、工程机械、光伏发电、铸造、卫浴陶瓷和家具木器等产业，并出口到欧洲、亚洲、非洲等多个国家和地区。2021 年，埃夫特发布的标志性创新产品为 ER20-1100 型工业机器人（如图 5 所示）。ER20-1100 型工业机器人是针对 3C 电子和 PCB 行业市场需求而研发的机器人，具有高节拍、高刚性、高易用性等优点，负载可达 20kg。同时，该产品具有更轻的重量和更高的刚性，运行平稳性好，机器人底座安装面积较小，达到了桌面级的尺寸，适用于对安装空间要求苛刻的应用场景。产品采用关节独有的双密封技术，实现了 IP67 级别的高防护等级，同时也能有效避免内部润滑剂的泄漏。

5. 科沃斯机器人股份有限公司

科沃斯机器人股份有限公司（简称“科沃斯”）成立于 1998 年，拥有完整的家庭服务机器人产品线，是全球家庭服务机器人行业开拓者之一，以及家庭服务机器人行业标准制定者之一。2021 年，科沃斯发布的标志性创新产品如下：

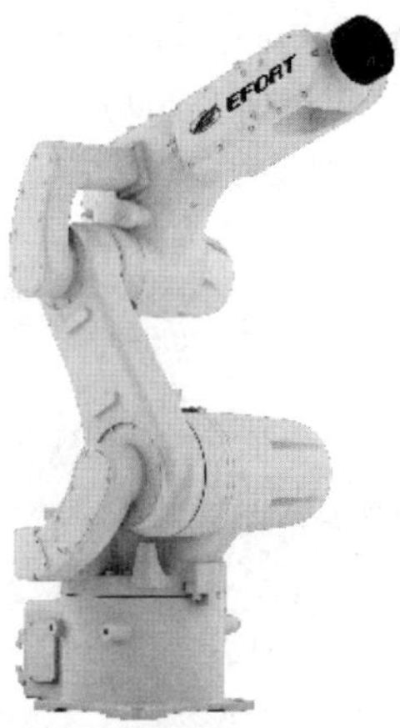

图 5　ER20-1100 机器人

（1）移动净化机器人 Andypro（如图 6 所示）。移动净化机器人 Andypro 是一款集净化、除菌及香氛功能为一体的空气净化机器人，其功能包括全屋空气净化、紫外线除菌和移动散香。其具备第五代高分子多胺技术，可有效吸附分解甲醛。具有 H13 级抗菌 HEPA，细菌去除率和颗粒物滤除率高。同时，Andypro 具备自主规划净化路径的功能，一次移动净化面积为 200m^2。

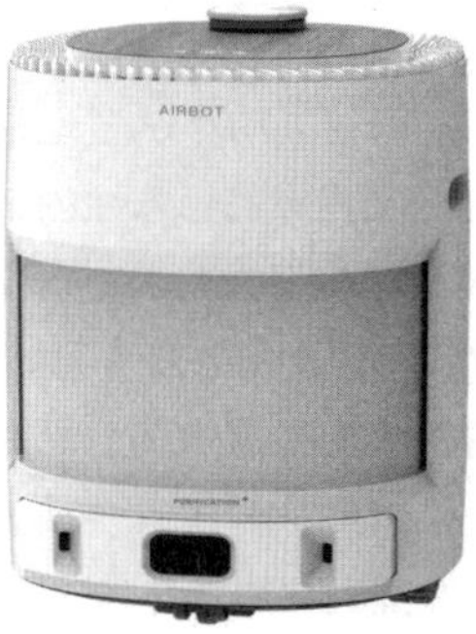

图 6　移动净化机器人 Andypro

（2）清洁机器人 X1 OMNI（如图 7 所示）。清洁机器人 X1 OMNI 是一款家用扫地、拖地一体机器人，采用全自动多功能基站设计，最长续驶时间可达 260min，内置 5 200mA · h 锂离子电池，适合面积为 120～300m^2 的大户型房屋的清扫。在清扫/拖地/扫拖模式下，垂直台阶越障能力为 20mm。

图 7　清洁机器人 X1 OMNI

（3）擦窗机器人 W1pro（如图 8 所示）。该机器人的最大吸力为 2 800Pa，噪声仅为 70dB，机身高度为 7.75cm，产品长度为 270mm，宽度为 270mm，额定电压为 24V，额定功率为 75W。机器人采用完善的 WIN-SLAM3.0 路径规划技术，能够以更多模式轻松应对不同的擦窗场景。

图 8　擦窗机器人 W1pro

6. 九号公司

九号公司成立于 2012 年，拥有亚洲、欧洲和美洲三大业务区域，产品遍布全球超 230 个国家和地区。九号公司已获得全球行业核心专利 4 800 多项，广泛应用于电动平衡车、电动滑板车、两轮电动车、全地形车及机器人等产品。2021 年，九号公司发布的标志性创新产品如下：

（1）九号方糖配送机器人（Segway DeliveryBot S2，如图 9 所示）。九号方糖配送机器人是为满足写字楼、酒店、医院等不同场景的密集配送需求而打造的配送机器人，可兼顾室内外运行，采用九号公司自主研发的多项国际领先的核心技术，让末端配送更加智慧、安全、高效、可靠。

图 9　九号方糖配送机器人

（2）九号机器人移动平台（Segway RMP，如图 10 所示）。九号机器人移动平台是为企业或第三方开发者提供通用、集成的机器人底盘方案，支持二次开发或定制化服务。针对室内外配送、巡检、服务、清扫、仓储 AGV，以及特种应用等机器人领域企业提供规模化的移动机器人底盘产品。

图 10　九号机器人移动平台

7. 北京三快在线科技有限公司

北京三快在线科技有限公司（简称“美团”）聚焦“零售+科技”战略，和广大商户与各类合作伙伴一起，努力为消费者提供品质生活，推动商品零售和服务零售在需求侧和供给侧的数字化转型。2021 年，美团发布的标志性创新产品如下：

（1）美团新一代自动配送车（如图 11 所示）。美团新一代自研自动配送车尺寸为 2 450mm×1 010mm×1 900mm。为了保障安全，其移动速度控制在 20km/h 以内。美团新一代自研自动配送车最大负载为 150kg，容积近 540L，城市道路续驶里程为 120km。

图 11　美团新一代自动配送车

（2）美团无人机 FP400 系列（如图 12 所示）。美团自主研发的 FP400 系列无人机的飞行高度在 120m 以下，飞行速度为 10m/s，最大负载为 2.5kg，连续飞行间可达 20min。同时，美团无人机 FP400 系列装载了静声螺旋桨和高能效电动机，可实现 7 级防风。

图 12　美团无人机 FP400 系列

（3）美团买药 24h 智慧药房（如图 13 所示）。美团买药 24h 智慧药房是一个软硬件结合的智能化药品管理系统，借助于软件系统的管理和控制，实现药房药品的自动化存储、调配、传送和发放。24h 智慧药房平均分拣效率为 30s/单，比传统人力分拣效率提高了近 50%。24h 智慧药房通过机器自动补货、自动取货、自动校验及远程人工核验等环节实现全链条数字化管理，门店出货准确率基本达到 100%。

图 13　美团买药 24h 智慧药房

8. 北京天智航医疗科技股份有限公司

北京天智航医疗科技股份有限公司（简称“天智航”）于 2020 年 7 月 7 日在科创板上市。其核心产品“天玑”是目前国际上唯一能够开展四肢、骨盆以及颈、胸、腰、骶脊柱全节段手术的骨科手术机器人系统，2018 年年底，“天玑”被科学技术部评定为《创新医疗器械产品目录（2018）》中治疗设备及器械类唯一的“国际原创”产品。目前，产品已在全国 150 多家医院实现常规临床应用，开展机器人辅助手术 20 000 余例。2021 年，天智航发布的标志性创新产品为天玑Ⅱ骨科手术导航定位系统（如图 14 所示）。天玑Ⅱ骨科手术导航定位系统在承继上一代天智航天玑骨科手术机器人精准、微创的优势特点上，做了一体化的集成化设计，大幅提升了设备易用性以及操作体验。天玑骨科手术机器拥有优化流畅的手术流程，可显著提高手术效率，易用性出色。在系统精度方面，其基于 2D 规划的系统误差≤2. 0mm；基于 3D 规划的系统误差≤1. 5mm。该系统可用于脊柱外科和创伤骨科开放或经皮手术，以机械臂辅助完成手术器械或植入物的定位。

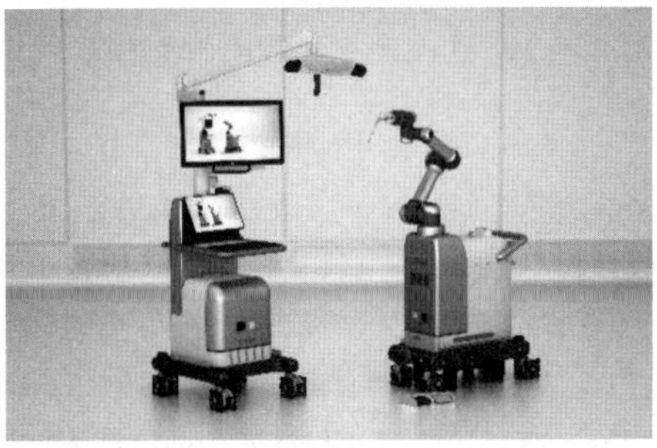

图 14　天玑Ⅱ骨科手术导航定位系统

9. 上海微创医疗机器人（集团）股份有限公司

上海微创医疗机器人（集团）股份有限公司（简称“上海微创”）致力于面向微创伤手术最前沿发展需求，运用机器人、智能控制、传感与信息领域的前沿研究和产业集成，创新性地提供能够延长和重塑生命的机器人智能手术全解方案。2021 年，上海微创发布的标志性创新产品为蜻蜓眼 DFVision 三维电子腹腔内窥镜（简称“蜻蜓眼”，如图 15 所示）。蜻蜓眼是上海微创自主研发的一款三维电子腹腔内窥镜，于 2021 年 6 月获国家药品监督管理局批准上市。蜻蜓眼由高分辨率成像物镜和电子镜结构组成。在保证双路图像全高清呈现的同时，摒弃了传统腹腔镜庞大的光学机构，大幅减轻镜体重量。该内窥镜重量小于 1kg，管长大于 350mm，末端直径小于 10mm，图像分辨率可达 1 920×1 080。3D 成像和丰富的色彩，高度还原手术区域，增强视觉效果，精准呈现人体器官的解剖层次，使手术者操作更加便利。

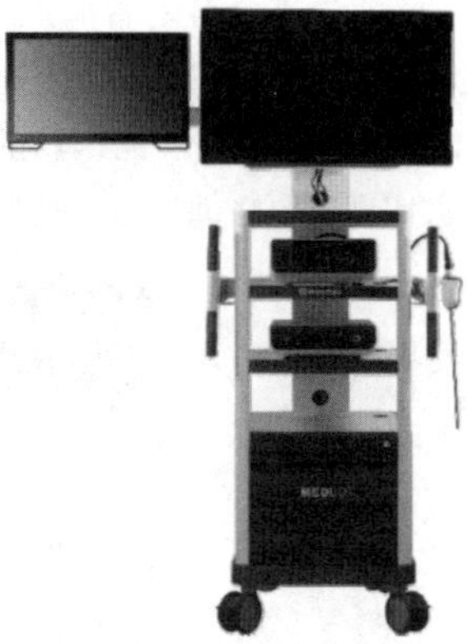

图 15　蜻蜓眼 DFVision 三维电子腹腔内窥镜

二、专精特新“小巨人”或新势力企业新产品

1. 遨博（北京）智能科技有限公司

遨博（北京）智能科技有限公司（简称“遨博”）成立于 2015 年，是宜家协作机器人高新企业。遨博拥有一支由院士、教授领衔的机器人技术研究开发团队，研发了具有完全自主知识产权的全国产化高精度协作机器人和复合机器人。产品在工业和非工业领域得到了广泛应用。遨博曾获机械工业科技进步奖一等奖，是全国机器人标准化技术委员会协作机器人秘书处单位。2021 年，遨博公司发布的标志性创新产品如下：

（1）“手脚眼”一体化复合机器人（如图 16 所示）。“手脚眼”一体化复合机器人由移动底盘、协作机械臂、视觉、末端执行器等设备组成，实现了集“手”“脚”“眼”等功能于一体，可以实现物料自动搬运、移动上下料、产品分拣及转运、多机协同作业等功能，更好地满足了柔性制造需求。机器人最大速度可达 1. 3m/s；移动定位精度小于±5mm；续驶时间≥6h；机械臂负载为 3～16kg，重复精度为±0. 02mm。“手脚眼”一体化复合机器人通过了 ISO13849 安全认证。

图 16　“手脚眼”一体化复合机器人

（2）智能理疗机器人（如图 17 所示）。智能理疗机器人由协作机器人、3D 照相机、力矩传感器、末端理疗设备和控制柜等组成。产品攻克了机器人的三维人体感知、智能路径规划、力反馈柔顺控制、多重安全保护、人体大数据和人工智能等关键技术。机器人识别位置精度≤0.5mm，距离精度≤1mm；治疗轨迹全自动智能规划，也可手动规划；机械臂重复定位精度为±0.02mm，轨迹精度为 0.8mm，具备柔顺控制、碰撞检测和急停功能；具备安全力控功能，力控精度≤0.5N；实现了全自动运行的机器人智能理疗。

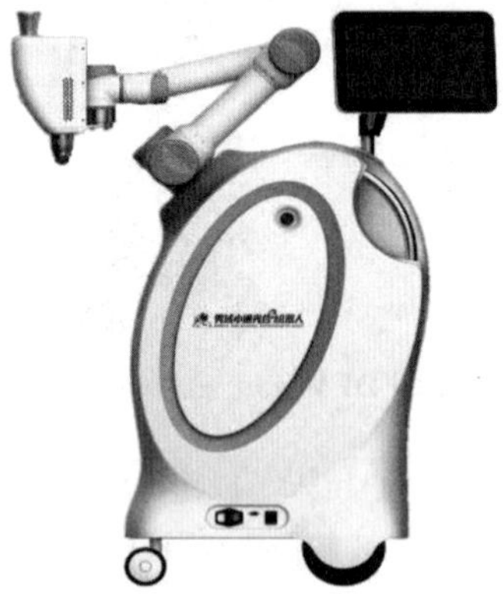

图 17　智能理疗机器人

2. 珞石（北京）科技有限公司

珞石（北京）科技有限公司（简称“珞石”）成立于 2015 年，总部位于北京市，在北京、武汉、山东济宁以及东京设立了研发中心。珞石专注于柔性协作机器人、工业机器人及智能制造技术的研发与创新，凭借多年自研的高性能通用控制系统，形成完整且一流的产品矩阵。2021 年，珞石科技发布的标志性创新产品为新一代柔性协作机器人 xMate CR 系列（如图 18 所示）。CR 系列机器人既“柔”且“刚”，不仅集全面升级的柔性、安全性、易用性、灵活性等协作特性为一身，同时具备卓越的工业级精度、速度和防护等级等硬核刚性特质。机器人每个关节具备转矩传感器，无须额外的六维力传感器即可实现各种力控任务。CR 系列机器人共包含 3 款机型：CR7、CR12 和 CR18，其有效负载分别为 7kg、12kg 和 18kg，工作范围分别为 850mm、950mm 和 1 300mm，重复定位精度为±0.02mm，轨迹精度小于 1mm。

图 18　新一代柔性协作机器人 xMate CR 系列

3. 上海节卡机器人科技有限公司

上海节卡机器人科技有限公司（简称“JAKA”）创立于 2014 年。JAKA 是一家聚焦新一代协作机器人本体与智慧工厂创新研发的高新技术企业。以“用机器人解放双手”为使命，将机器人由“专业装备”变为简单易用的“工具”，进而实现“普及到世界的每一个角落”。2021 年，节卡机器人发布的标志性创新产品如下：

（1）JAKA C 系列协作机器人（如图 19 所示）。JAKA C 系列协作机器人是基于多元化市场需求研发的一款超值性价比的产品。JAKA C 系列协作机器人主打两款产品，分别是负载 5kg 和 7kg 的 JAKA C 5 和 JAKA C 7。机器人点位重复精度可达±0.05mm，轨迹重复精度为±0.5mm，绝对定位精度为 1mm。此外，机器人具有无线示教、拖拽编程和碰撞检测等功能，也适配力控功能。JAKA C 系列协作机器人广泛应用于汽车产业链、3C 电子、半导体和一般工业等场景。

图 19　JAKA C 系列协作机器人

（2）节卡 MiniCobo 商用协作机器人。节卡商用协作机器人（JAKA MiniCobo Cobot）秉承“小而不凡、大有可为”的设计理念，采用新一代驱控一体模块技术和高集成度机电一体化设计，达成了简洁轻量、小巧美观。机器人本体质量为 8.7kg，控制器体积为 180mm×128mm×47mm，重量为 1.1kg，突破了轻量化机械臂的关键技术。该机器人采用无线式示教器，通过图形化编程和演示编程方法，快速配置机器人，减低用户对机器人专业知识的要求，提升用户使用体验。

4. 艾利特机器人公司

艾利特机器人公司（简称“艾利特”）成立于 2016 年，是一家从事协作机械人研发与生产的企业。艾利特实现了从底层的操作系统到嵌入式的硬件软件和工艺包与顶端算力再到协作机器人的模组关节技术。其中，除了减速器外，艾利特都实现了自主研发。2021 年，艾利特发布的标志性创新产品为 CS 系列协作机器人（如图 20 所示）。全新 CS 系列协作机器人由艾利特自主研发，机器人可实现±0.02mm 的末端定位精度，控制器能够实现 24V 持续 3A

和工具端 24V 持续 1.5A 的供电能力。CS 系列机器人在协作机器人的安全性、易用性、扩展性、维护性和轻便型等方面都有所创新，并申请了一系列专利。

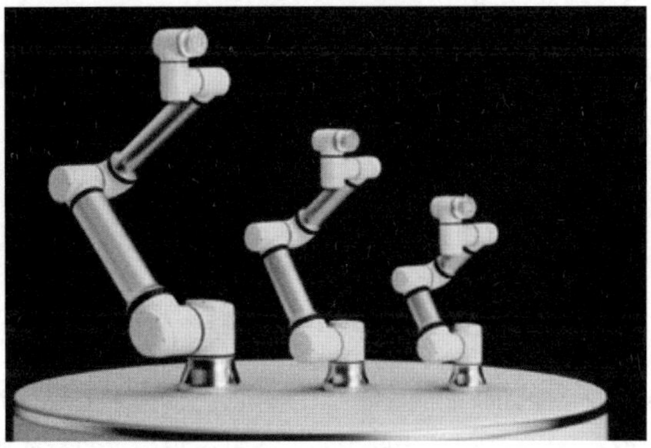

图 20　CS 系列协作机器人

5. 北京思灵机器人科技有限责任公司

北京思灵机器人科技有限责任公司（Agile Robots，简称“思灵机器人”）是一家 AI 智能机器人企业，创立于 2018 年，立足全球化发展，在北京和慕尼黑设有双总部，以德国宇航中心为技术依托，致力于推动人工智能与机器人前沿技术的深度结合与创新，并以此拓展机器人在更多领域的推广应用。2021 年，思灵机器人发布的标志性创新产品为通用智能力控医疗机器人 Diana 7 Med（如图 21 所示）。Diana 7 Med 是思灵机器人自主研发的通用医疗机器人，其机械关节内置高精度转矩传感器，具有高灵敏的力感知能力和碰撞检测能力。机器人采用 7 自由度设计，具有灵活的工作空间和控制模式。主要应用场景包括骨科、神经外科和牙科等硬组织的机器人辅助手术，以及超声相关的诊疗、康复理疗等。

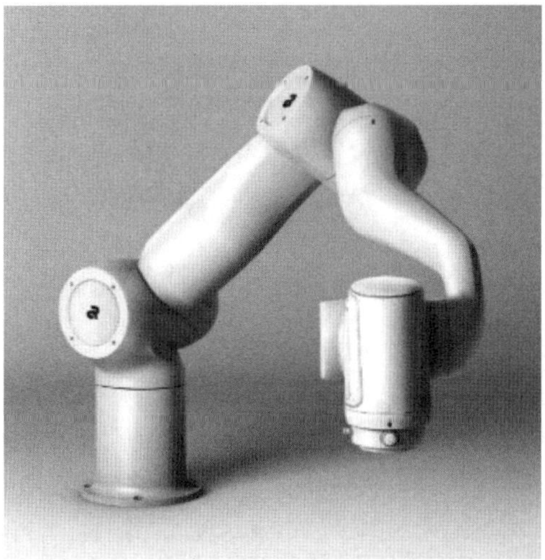

图 21　通用智能力控医疗机器人 Diana 7 Med

6. 北京柏惠维康科技有限公司

北京柏惠维康科技有限公司（简称“柏惠维康”）创立于 2010 年，是专业从事手术机器人研发、生产、运营的国家高新技术企业，现拥有睿米神经外科手术机器人、瑞医博口腔手术机器人两大核心品牌，业务遍及全国的 24 个省市，服务上百家医院，累计开展逾三万例临床手术，融资超 6 亿元。2021 年，柏惠维康发布的标志性创新产品如下：

（1）睿米 RM-50 神经外科手术机器人（如图 22 所示）。睿米 RM-50 秉持了柏惠维康对手术机器人的理解和智慧，强调产品的自动化、易用性和标准化，预设部分复杂手术操作模块，通过自动化流程，提高手术效率，辅助医生完成血肿抽吸、颅内活检和开颅导航等手术。其机械臂臂展>1 000mm，全自由度自动化定位，位置重复定位误差≤0.1mm，姿态重复定位误差≤0.1°，光学跟踪定位仪跟踪定位误差≤0.2mm，手术空间配准时间≤2min，综合定位误差≤1mm。

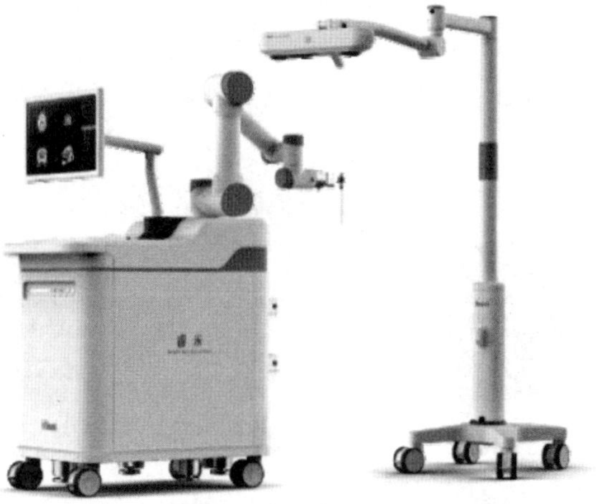

图 22　睿米 RM-50 神经外科手术机器人

（2）瑞医博口腔手术机器人（如图 23 所示）。瑞医博口腔手术机器人是国内首款获得国家药品监督管理局认证的口腔手术机器人产品，医生在其定位辅助下可精准完成口腔种植手术，精度误差控制在±1°和±0.5mm 以内，学习曲线大幅降低，缩短了手术时间，实现了标准化种植。产品技术上借助自主研发软件和算法、独立的光学跟踪导航系统、自动识别的标志物实现口腔内全牙列精准定位和自动种植。

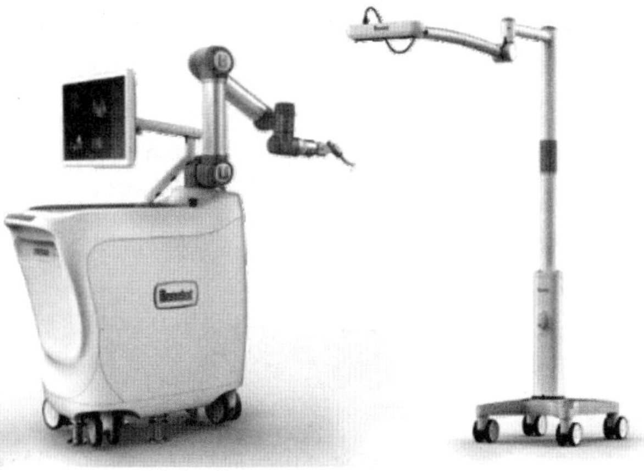

图 23　瑞医博口腔手术机器人

7. 苏州康多机器人有限公司

苏州康多机器人有限公司（简称“康多机器人”）成立于 2014 年，注册资本为 1.3 亿元，是国内较早专业从事腹腔镜手术机器人研发和产业化的科技创新型公司。其研发的腹腔内窥镜手术系统率先通过了创新医疗器械特别审查，现已完成注册临床试验等待取证。康多机器人产品被列入苏州市生物医药及健康产业创新名优产品目录。2021 年，康多机器人发布的标志性创新产品为腹腔内窥镜手术系统（如图 24 所示）。该系统由医生控制台、手术机械臂和影像台车三部分组成。手术机械臂末端分别配备 3D 高清腔镜系统及灵巧精密的微创手术器械，能够完成典型胸腹腔微创手术，实现微创外科手术常用的分离、切割、止血、缝合等手术动作。该产品在医用轻量化机械臂、医用微机械设计与制造、医用伺服控制、主从运动控制及算法和 5G 远程医疗等方面具有核心技术和独创成果。该产品在手术机器人核心应用领域率先通过了国家创新医疗器械特别审查。

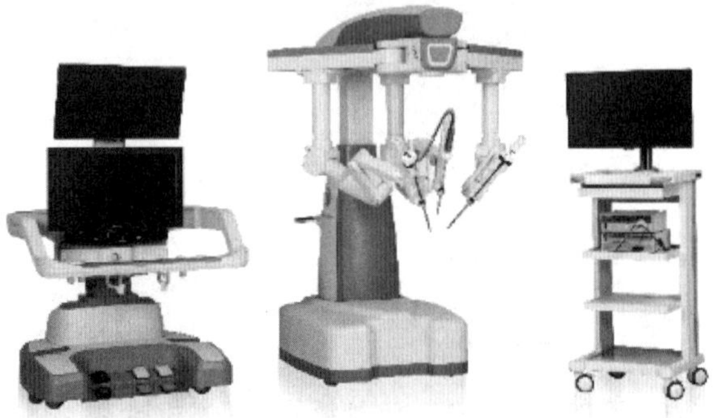

图 24　腹腔内窥镜手术系统

8. 云鲸智能科技（东莞）有限公司

云鲸智能科技（东莞）有限公司（简称“云鲸智能”）成立于 2016 年，是一家立足家用机器人领域，致力于研发革命性科技产品的国家高新技术企业。云鲸智能是广东省“专精特新”企业，被评为 2021 年中国科技机器人企业 50 强、胡润 2021 全球独角兽企业等，并于 2021 年完成 E 轮融资。2021 年，云鲸智能发布的标志性创新产品为云鲸 NARWAL J2 扫拖一体机器人（如图 25 所示）。云鲸 NARWAL J2 扫拖一体机器人（自动上/下水版）拥有自动回洗拖布、拖布烘干、自动上/下水、自动添加清洁剂和定时清洁等功能，实现了拖地全自动的用户体验。机器人配备有 45℃拖布热烘干功能，吸力可达 2 500Pa，拖地压力可达 10N。清水箱及污水箱容积为 5L。此外，为了让用减少免安装顾虑，云鲸自建服务体系，在业内大规模引入上门安装服务。

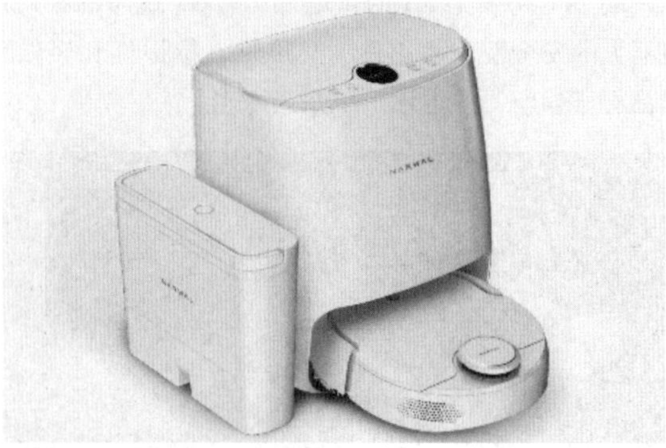

图 25　云鲸 NARWAL J2 扫拖一体机器人

9. 上海擎朗智能科技有限公司

上海擎朗智能科技有限公司（简称“擎朗智能”）是一家致力于为全球企业提供智慧无人配送解决方案的人工智能企业。擎朗智能成立于 2010 年，总部位于上海，并在全国设有 70 余个营销运营中心，通过应用先进的智能服务机器人和人工智能技术，打造高效、稳定、可靠、实用的解决方案，帮助全球各行业的企业提升服务效率，实现智能化升级。2021 年，擎朗智能发布的标志性创新产品为送餐机器人飞鱼（如图 26 所示）。送餐机器人飞鱼具备厘米级别的定位精度，能够在 50cm 的狭窄过道中顺畅通行，完美解决了中式快时尚、休闲餐饮场景下的小通道痛点。其最大负载为 5kg（1/2 层）、10kg（3 层），最大行驶速度为 1.2m/s，最大爬坡角度为 5°，续驶时间为 13～16h。

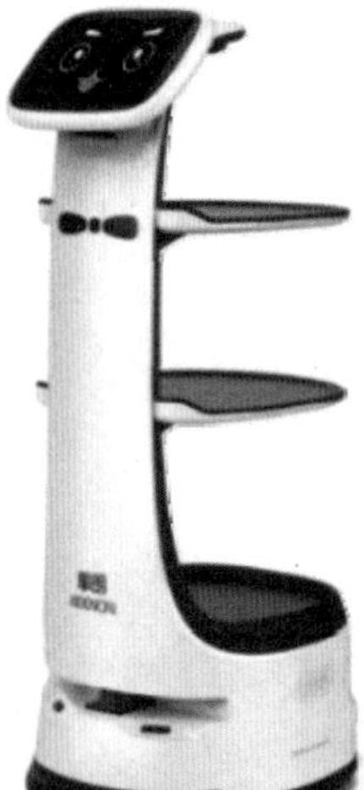

图 26　送餐机器人飞鱼

10. 北京智行者科技股份有限公司

北京智行者科技股份有限公司（简称“智行者”）成立于 2015 年，聚焦无人驾驶汽车大脑的研发，致力于成为通用场景 L4 解决方案提供商。目前，智行者已有员工近 500 人，技术优势显著，已申请专利 700 余件。智行者已获得厚安、百度、顺为、京东等多家知名机构的投资。2021 年 7 月，智行者获评国家级专精特新“小巨人”企业荣誉称号。2021 年，智行者发布的标志性创新产品为无人驾驶大脑 2.0（如图 27 所示）。无人驾驶大脑 2.0 由三大模块组成：自动驾驶中央计算单元（BBOX）、自动驾驶软件操作系统（AVOS）和数据闭环平台（AVDC）。其中，BBOX 搭载多种类 IP 架构的微处理 IC 构建强劲的异构计算单元；搭载高性能实时的底层 MCU，支持安全岛锁步核、功能安全认证，构建可靠的控制单元；集成了丰富的传感器数据采集，集成 5G 通信、V2X 通信和 RTK 高精度定位，实现完整单车智驾和网联智驾域功能。智行者自主研发的多传感器融合感知系统可实现 2D/3D 目标检测、语义分割、红绿灯检测和道路标线检测等功能，准确率可达 99%。智行者拥有国内首个软硬件一体的融合激光匹配的五合一定位方案，自主研发了高精度地图绘制技术，可实现 24h 云端流水线式并行自动建图，其道路标定精度达 10cm。

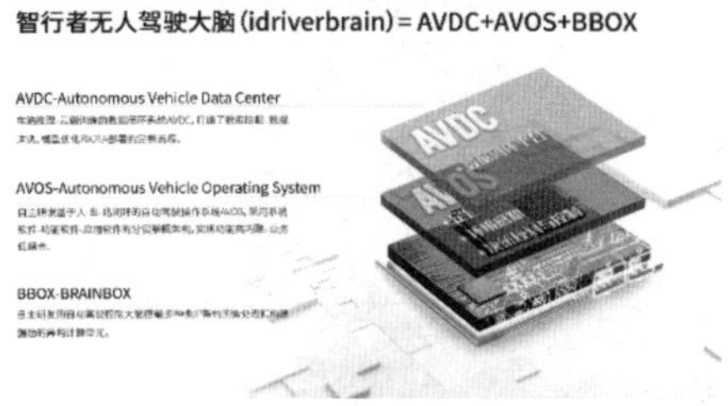

图 27　无人驾驶大脑 2. 0

11. 深之蓝海洋科技股份有限公司

深之蓝海洋科技股份有限公司简称（“深之蓝”）成立于 2013 年，是一家专注于水下智能装备研发、制造的科技型企业，是国内水下机器人行业的领军企业。公司面向海洋环境监测、水域救援、海洋石油、海上风电、水利水电、水下安防等领域提供缆控水下机器人、自主水下航行器、水下滑翔机等产品、解决方案和服务。深之蓝拥有多项水下智能装备核心技术，拥有专利 300 余项，是天津市重点培育的国际自主品牌。2021 年，深之蓝发布的标志性创新产品如下：

（1）白鲨 Navbow+水下助推器（如图 28 所示）。白鲨 Navbow+是一款功能强大的、可用于潜水、浮潜、自由潜的专业水下助推器，具有三档速度可调，最大速度可达 2m/s；具备更高的防水和抗压能力，最深下潜深度可达 40m；正常使用续航时间可达 60min；双手操作保障运行安全，支持单手操作，为水下拍摄、水下作业提供便利。Navbow+的 OLED 显示屏可显示温度、深度、航向、电量、档位、造作模式等多种实时数据，帮助潜水者实时掌握周围环境和运行状况，自动记录用户在水下运动的数据，并可以通过 SublueGo App 生成个性化的水下运动数据图线和日志。

（2）橙鲨Ⅱ-T 型多功能探察式自主水下机器人（如图 29 所示）。橙鲨Ⅱ-T 是一款多功能、模块化水下探测平台，具有良好的机动性能及探察能力，适应近岸极浅水、湖泊、河流水流复杂环境。系统采用多推进器布局，具有在浅水环境的航行、悬停、回转、上浮和下潜等运动能力。其搭载的传感器主要包括前视图像声呐、侧扫声呐和水下

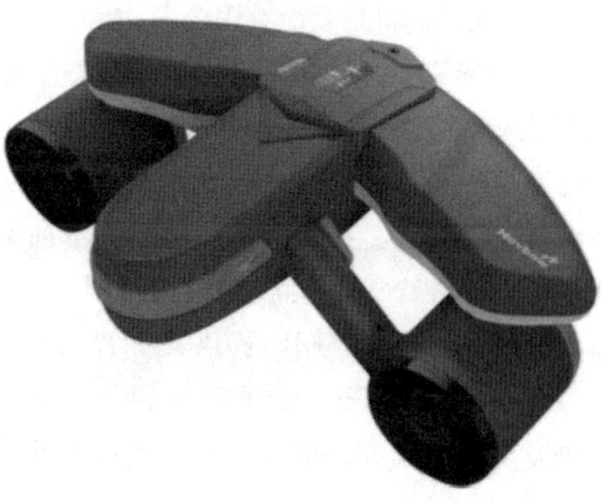
图 28　白鲨 Navbow+水下助推器

摄像机，具备较强的声/光探测能力，系统具有基于深度学习的水下目标自主识别算法模块，可实现自主避障以及对水底、水中目标的搜索和抵近识别确认。

图 29　橙鲨Ⅱ-T 型多功能探察式自主水下机器人

（3）河豚Ⅳ-D 缆控水下机器人（如图 30 所示）。河豚Ⅳ-D 是一款紧凑便携的微小型观察级遥控无人潜水器（ROV），采用了 7 个具备深之蓝专利技术的 TD 系列高效推进器作为动力系统，其中，4 个推进器水平矢量布置保证了设备具有良好的前进速度和前进稳定性，另外 3 个垂直推进器使设备具有全姿态调节的能力。其具备强劲的动力系统，可覆盖 300m 水深的工作范围，高清星光级摄像机和可搭载各种传感器使设备可以胜任内河湖泊等静水环境的水下观察工作。河豚Ⅳ-D 缆控水下机器人 35kg 左右的重量使设备能够在各种困难的环境中顺利由 1 人完成部署。

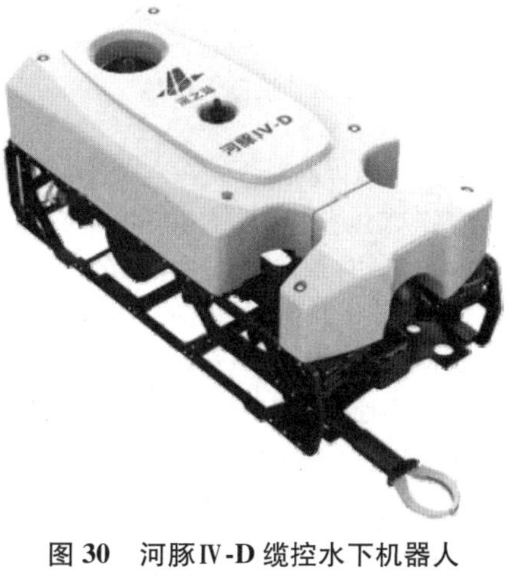

图 30　河豚Ⅳ-D 缆控水下机器人

12. 深圳市优必选科技股份有限公司

深圳市优必选科技股份有限公司（简称“优必选”）成立于 2012 年 3 月，是全球领先的人工智能和人形机器人研发、制造和销售为一体的高科技创新企业。优必选专注于人工智能及机器人核心技术的应用型研发、前瞻性研发与商业化落地。优必选开发有商用服务机器人和个人/家用服务机器人等一系列产品，同时提供人工智能教育、智慧物流、智慧康养、商业服务、智能巡检和公共卫生防疫等多行业解决方案。2021 年，优必选发布的标志性创新产品如下：

（1）优必选熊猫机器人优悠（如图 31 所示）。熊猫机器人优悠融合了优必选自主研发的机器人和人工智能技术，包括面向服务机器人的计算机视觉、自主导航定位、手眼协调技术、高性能伺服驱动器、运动规划和控制以及语音技术等。2020 年迪拜世界博览会期间，熊猫机器人优悠担任中国馆的“和平友好使者”，提供超过 1 000 场次的接待导览服务，其中，有超过 165 场的接待是来自阿拉伯联合酋长国、奥地利、俄罗斯、德国、法国和日本等 45 个国家和地区的政、企、商界嘉宾及 VIP 参访团。

图 31　机器人优悠

（2）优必选大型仿人服务机器人 Walker X（如图 32 所示）。优必选大型仿人服务机器人 Walker X 在 2021 年世界人工智能大会 WAIC 正式发布，展示了国内领先、国际先进的人工智能及人形机器人技术的发展成果，引发全球超过 200 家媒体的关注。Walker X 高度为 1.3m、重量为 63kg，具备 41 个高性能伺服关节构成的灵巧四肢以及多维力觉、多目立体视觉、全向听觉和惯性、测距等全方位的感知系统。其具备全新升级的多模态交互系统、视觉定位导航和手眼协调操作技术。

图 32　机器人 Walker X

（3）优必选紫外线消毒机器人 ADIBOT 净巡士。紫外线消毒机器人 ADIBOT 净巡士通过 8 根安全科学分布设计的强紫外线灯对物体进行照射，可高效灭活病房和手术室里的各类细菌。该机器人具备灭菌效率高、灭菌速度快、简单易用、安全环保等优势。

13. 达闼机器人有限公司

达闼机器人有限公司（简称“达闼”）是一家云端机器人运营商，于 2015 年创立。达闼机器人在云计算、人工智能、人机融合智能、网络安全、区块链、云端智能控制终端和智能柔性执行器等方面拥有深厚的技术积累，在自然语言处理、机器视觉和室内导航等人工智能关键技术领域处于业界领先地位。2021 年，达闼机器人发布的标志性创新产品如下：

（1）MintaSCA 智能柔性关节（如图 33 所示）。达闼自主研发的智能柔性关节核心技术具有高度集成、柔性控制、总线结构、大转矩输出、高易用性和低成本等特点。MintaSCA 智能柔性关节最大转矩可达 19.2N · m，额定电流为 4.06A，额定转速为 49r/min。MintaSCA 智能柔性关节解决了服务机器人硬件设计中的核心部件问题，确保了机器人关节的智能化和灵活性和多关节系统控制能力。

（2）云端机器人系统 HARIX OS V4.0。HARIX OS 是继 Windows/Linux 和 iOS/Android 之后，基于“云—网—端”架构的云端大脑操作系统。HARIX OS 是云端大脑分布式操作系统，能够调动部署在云、边、端的各种运算资源，同时支持百万级云端机器人并发，系统技术包括人工智能算法、算力和大数据，通过云、边、端的相互协作，使云端

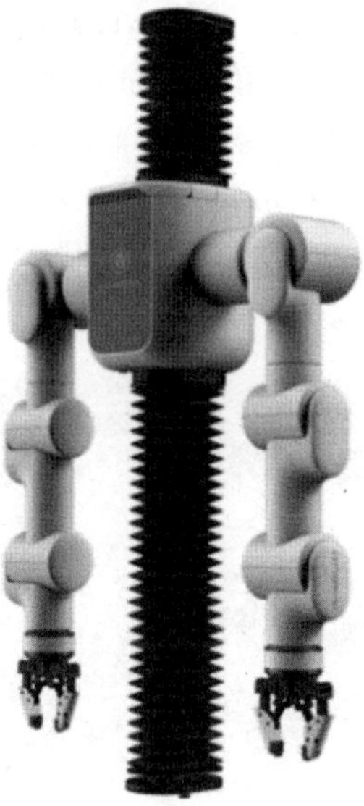

图 33　MintaSCA 智能柔性关节

机器人实现人工智能并完成各种任务。

(3) Cloud Ginger 云端智能服务机器人（如图 34 所示）。Cloud Ginger 云端智能服务机器人拥有 34 个智能柔性关节（SCA），可完成精准运动、抓取和交互等动作。配合视觉、听觉和运动感知等模块，安全感知周边环境并实现多种人机交互。Cloud Ginger 云端智能服务机器人通过 5G/4G/WiFi 经由 VBN 安全网络连接云端大脑 HARIX，实现智能语音、智能视觉、智能行为和多模态交互操作等功能。

图 34　Cloud Ginger 云端智能服务机器人

14. 珠海云洲智能科技股份有限公司

珠海云洲智能科技股份有限公司（简称“云洲智能”）创立于 2010 年，是无人船艇及相关服务供应商。云洲智能致力于为用户提供“无人船艇+”的水上智能化解决方案，可代替人执行危险、繁复、低效的水上任务。2021 年，云洲智能发布的标志性创新产品如下：

(1)“云龙号”水面清漂无人船（如图 35 所示）。“云龙号”水面清漂无人船可对河流、水库、湖面和景区等环境的目标水域进行全自主水面垃圾收集清理。无人船采用双明轮电动机推进，最高速度可达 1.5m/s，清洁宽度可达 2.7m，清洁深度可达 0.3m，清洁容量可达 2.7m^3。该无人船实现了人船分离的收集模式，消除了人工收集带来的潜在危险，具有高度自动化、操作简单可靠、垃圾收集彻底、工作效率高和打捞水域广等优势。

图 35　“云龙号”水面清漂无人船

(2) 便携式多波束测量无人船（如图 36 所示）。便携式多波束测量无人船以云洲智能小型无人船平台搭配高精度组合惯导与表面声速仪，可广泛用于码头水下地形测量、水闸冲淤测量和库容测量等领域，其典型应用场景还包括疏浚测量、建筑物水下结构测量、航道测量和水上水下一体化测绘等。其最大航速可达 6m/s，能够抵御 4 级大风和 0.5m 高的水浪。无人船可满足高精度的水下测绘需要，为浅水测绘提供轻量化、智能化解决方案。

图 36　便携式多波束测量无人船

15. 特斯联科技集团有限公司

特斯联科技集团有限公司（简称“特斯联”）成立于 2015 年 11 月，是中国光大集团股份公司新科技板块的代表企业，是中国光大控股有限公司在新经济领域发展的核心战略平台。特斯联坚持以人工智能物联网（AIoT）和碳中和为双轮引擎，聚焦城市智能化战略，通过智能物联网技术和端到端一体化服务，赋能城市可持续发展，创造美好幸福生活。2021 年，特斯联发布的标志性创新产品如下：

(1) 特斯联泰坦物流机器人（如图 37 所示）。特斯联全新泰坦物流机器人是一系列针对现代化使用环境开发的智能模块化机器人，具有自主运送、智能避障、防跌防撞、自主语音提示及自主充电等功能，适用于酒店、医院、园区和写字楼等室内外场景的智能物流机器人系列。泰坦物流机器人配备四轮独立驱动、独立悬挂、独立转向底盘以及先进的传感器配置，是一款跨室内外通用场景的高性能机器人。其整机重量为 100kg，最大自主导航速度为 1. 6m/s，爬坡能力为 8°，最大越障高度为 40mm，最大负载为 40kg，续驶时间为 8h（待机）、6h（负载 20kg），充电时间为 3. 5h（关机状态）、4. 5h（开机状态）。整机尺寸为 750mm×632mm×900mm（物流分发款，不含遮阳伞）、750mm×632mm×1 600mm（物流广告款）、835mm×635mm×1 000mm（点送式）。

图 37　泰坦物流机器人

（2）特斯联泰坦消毒机器人（如图 38 所示）。特斯联泰坦消毒机器人是针对室内大型公共空间所设计的消毒机器人，专注于写字楼、机场、酒店等人员流量大、密度高的室内环境及物体表面进行智能化多点消毒，搭载首创高通过性底盘，围绕消毒目标进行消毒，可有效降低感染风险及运营成本。该机器人配备了 7 组紫外线灯，具有 12L 的消毒液容量；高性能移动平台覆盖面积大；四轮驱动底盘可以轻松穿越室内主要障碍；自动充电功能使机器人无须人工干预即可整夜工作；最大连续作业时间为 6h。

三、其他企业新产品

除上述代表企业之外，还有众多企业在 2021 年发布了新产品。2021 年部分机器人企业新产品发布情况见表 1。

图 38　泰坦消毒机器人

表 1　2021 年部分机器人企业新产品发布情况

新品领域	企业名称	2021 年代表新产品	2021 年新产品概述
工业机器人	北京博清科技有限公司	管道焊接机器人	将数字图像处理信号、位置传感器信号和爬行机构控制相结合，具备寻缝和对中功能，实现了无须任何人工干预、无须轨道、导向及人工示教，可在三维曲面的大型结构件上自主寻缝焊接，跟踪精度达到±0. 2mm
		无轨导全位置爬行焊接机器人	针对大型结构件的自动化焊接技术实现颠覆性突破，实现了大型结构件的自动化焊接工艺和多传感信息融合技术相结合，通过研发数字图像处理信号、位置传感器信号和爬行机构控制相结合的机器。解决了油气化工、船舶制造、能源电力等领域大型结构件工程现场实现自动化焊接这一国际性难题
	辰星（天津）自动化设备有限公司（阿童木机器人）	全新一代 D3 系列机器人	通过搭配高精度机器视觉系统，满足高速度、高精度、高稳定性作业需求，广泛适用于食品、医疗、新能源和 3C 等行业的轻小散乱物料的装配、搬运、分拣等高速生产作业
		高速分拣机器人 SH800	作为针对轻、小物料高速分拣环节所开发的专用平面关节机器人，具备三向平动以及 1 轴转动的空间四自由度
	上海大界机器人科技有限公司	工业软件 RoBIM	能够对接建筑 BIM 模型，一键解析几何特征，结合建造工具及专家库，自动生成机器人建筑构件加工仿真，实现 C2M 建筑构件智造，满足建筑和重工业大规模定制与柔性生产需求

（续）

新品领域	企业名称	2021年代表新产品	2021年新产品概述
工业机器人	上海大界机器人科技有限公司	钢结构切割机器人	钢结构切割机器人搭载了自研的工业软件RoBIM，在免示教和免编程的同时，采用了先进的视觉追踪技术，实现切割过程的快速定位和精准加工。产品在建筑钢结构、重工、船舶、桥梁等领域得到广泛应用
	深圳市大族机器人有限公司	MAV多感知自动导航车	主要用于室内的物流作业。作为移动机器人，可以自主运输物料自动导航，减轻了工人的工作负担，提高了企业效率。拥有安全激光雷达和调度控制系统，可以实现多台车同时工作，使生产任务始终运行并保持操控的灵活性
		MAiRA多感知智能机器人助手	MAiRA高度集成了最新型的传感器，在控制系统和应用中完美实现前所未有的人工智能集成，引领协作机器人步入智能时代。MAiRA系列含ProS、ProM、ProL三种型号，有效负载为8~18kg，工具最大速度为4.5m/s，重复定位精度为±0.01mm，防护等级为IP65，7-DOF自由度，拥有高灵敏六自由度电子皮肤传感器
	广州瑞松智能科技股份有限公司	轻质合金智能化搅拌摩擦焊装备	该产品将搅拌摩擦焊接装备、高精度控制系统、新材料、人工智能等先进技术相结合，显著提升了轻质合金复杂曲面搅拌摩擦焊接装备自动化程度和焊接生产质量，对提高我国大型高端装备的制造水平具有重要意义，装备已应用于飞机副油箱生产、舰船壁板的生产、新能源汽车电池托盘制造等领域
	广州数控设备有限公司	焊接机器人RH06A2	RH06A2中空焊接机器人通过对结构的升级以及装配工艺的优化，使其比一般工业机器人具有更加高的末端定位精度，更适合于对轨迹精度要求高的焊接作业，本体采用的轻量化设计使其在保持高精度、高刚性的前提下，具有较高的运动速度
		GL系列一体化伺服驱动单元	GL系列一体化伺服驱动单元是广州数控设备有限公司最新研发的具有工业以太网总线通信接口的6轴一体的机器人专用伺服驱动，具备较好低速性能、宽范围惯量匹配、高动态响应及兼容广（可适配17~26位编码器）等特点
	杭州凯尔达焊接机器人股份有限公司	凯尔达单控制柜15轴联动机器人焊接系统	针对汽车零部件行业需求，基于单台控制柜构建可同时控制2台6轴机器人和3个外部工装轴的15轴联动机器人焊接系统，协调或独立控制机器人和工装轴协调作业及各自独立运行的功能
	浙江来福谐波传动股份有限公司	一体化关节模组	集成了谐波减速器、伺服电动机、电磁式制动器、高精度编码器和高性能驱动器的电动执行器装置，通过一体式的设计理念，将机—电—反馈—控制等一系列功能元素组合成一个产品，在减少尺寸的同时，规避了因多种产品互相组装带来的系统误差
		LSP-系列型谐波减速器	内部为谐波减速器结构，能够替代高精密行星产品。拥有电动机快速接口，安装便利。采用交叉轴承结构，满足使用刚性需求
		LSS-11mini型谐波减速器	采用一体式交叉轴承作为主轴承，外壳为钢铝复合轻量型结构，保证产品轻量化的前提下，还能提供更强的刚性
	蓝点触控（北京）科技有限公司	柔性智能力控打磨工作站	通过给传统机械臂系统加装高性能六维力传感器，结合柔性力控算法，实现了空间灵活自由的高精度力控，可有效解决来料一致性问题。通过自研智能打磨系统，深度融合工人打磨工艺，实现将复杂机器人系统简化为可快速上手操作的可视化智能操作系统
		高精度高频响六维力传感器	拥有高精度解耦算法、结构解耦设计、高精度数据采集技术、多轴同步校准技术等多项核心技术

（续）

新品领域	企业名称	2021年代表新产品	2021年新产品概述
工业机器人	东莞市李群自动化技术有限公司	李群分布式驱控电一体化智能控制器	针对新一代机器人要求响应速度快、定位精度高、个性化定制的需求，具有集成度高、体积小、可扩展性强等特点
		李群智能拧紧工匠	可以随时随地进行部署、节省时间，还可以快速换线以满足不同产品的生产需求
	灵动科技（北京）有限公司	Flex 300系列AMR机器人	最大载重质量为300kg，用于仓储及制造车间的厂内原材料搬运、在制品搬运和成品搬运，使用更智能、更安全的解决方案，实现高负载无人搬运。用于仓储内的拣选、分拣和搬运作业，可替代手动推车，减少人员无效走动，降低劳动强度
		Helix 600 AMR机器人	具备定位导航、视觉识别和避障绕行能力，可以实现AMR在背负较大尺寸料架时以料架平移方式移动，降低了对通道空间的要求
		Lynx系列牵引车	采用传统的潜伏式牵引机器人的结构设计和尺寸规格，集成AMR的感知和控制能力，实现潜伏式牵引机器人摆脱磁条轨道的束缚，满足料架线边搬运需求的前提下，更快速、更简单、更经济的适应产线搬运需求调整和线路变更
	配天机器人技术有限公司	控制柜inCube22	最大载重质量为30kg，增强了驱动器的输出能力
		多机联动焊接系统	允许一台控制柜同时控制6个工业机器人本体或变位机协同完成弧焊作业，同时能对不同机械臂和其他机械单元之间进行联动协调
	北京曲线智能装备有限公司	智能喷涂机器人CR10-3500	工作范围大，柔性与通用性较好。末端4、5、6轴采用BBR结构，提升了喷涂效率和质量，专用于家具、钣金灯具、电柜电梯钣等行业的喷涂
		智能喷涂机器人CR8-2600	具有BBR末端传动装置，专门适用于喷涂行业。采用高精度BBR传动结构，提高了工作精度
		智能喷涂工作站CR8-1300	一体化汽车钣喷工作站，结合3D视觉相机拍照的方案，可实现自动编程，喷涂轨迹自动生成，可实现汽车全车身连续喷涂作业
	北京软体机器人科技有限公司	SFG柔性夹爪	是模仿人手抓取设计的一种创新型柔性夹具，通过充气实现弯曲形变，完成抓握动作；通过抽气实现反向形变，完成放置或预抓取动作
		VFC范德华力吸盘	依靠适当正向预压力，使吸盘与工件表面紧密贴合，脱附时，仅需有限的剥离力矩，即可轻松完成卸料
	北京智同精密传动科技有限责任公司	准双齿轮机械臂	解决了谐波减速器在机器人使用时的刚性差、不易受冲击的问题
家用服务机器人	速感科技（北京）有限公司	扫地机器人Shark RV1001AE IQ Robot	具备单目视觉导航定位及建图功能，拥有自集尘工作站，可最大化完成家庭各区域的清扫覆盖。针对地毯区域、桌椅集中等常见障碍区域进行了更好的避障算法开发与优化
公共服务机器人	白犀牛智达（北京）科技有限公司	无人配送车白犀牛	适用于在城市道路等无接触配送，可完成A点到B点的全程自动驾驶与载货运输，极大提升配送过程的安全性、可靠性、便捷性，并可为商家缓解人工运力不足的问题
	海博（苏州）机器人科技有限公司	商用清洁机器人HRD2021	能够实现高精度建图，精准识别障碍物，高效应对环境变化
	麦岩智能科技（北京）有限公司	精品型商用智能清洁机器人极光壹号	具备扫地、推尘、吸尘等功能，在保证清洁能力的同时实现自主建图、一键覆盖、定时任务等智能操作功能

（续）

新品领域	企业名称	2021 年代表新产品	2021 年新产品概述
公共服务机器人	深圳市普渡科技有限公司	商业清扫机器人 CC1	能够应对综合复杂场景，全力提升清洁标准，降低用工成本。基于 IoT 技术、数字化技术的应用，可助力企业及物业智能化转型
		广告机器人葫芦	拥有高通过性，采用 PUDU SLAM 专利定位导航技术，可实现全自动驾驶
		闪电匣	在无须人工操作的情况下可自动呼叫和乘坐电梯，并将取件码通过信息或者拨打电话的方式通知顾客前往取物，全程自主定位导航完成跨楼层配送任务
	深圳优地科技有限公司	智慧酒店配送服务机器人优小妹 M5	主要应用于酒店、医院、办公大厦等场景，通过 AIoT 技术实现全自动化无人配送，拥有自动规划路径、精准定位、自动回充等技术，提供外卖、六小件等物品配送
		智慧文娱配送服务机器人优小弟 B5	最大载重质量为 50kg
		室外配送无人车优小哥 W3	采用车规级部件技术，专注于末端配送。采用激光雷达等多传感器融合技术，最大载重质量为 220kg
	北京云迹科技股份有限公司	智能送物机器人格格	支持除送物场景外的引领、巡游讲解，语音交互、语音控制等操作
		分体式服务机器人举高高	通过自主识别技术，底盘能够自动识别和对接不同功能上身，从而实现多种功能
医疗康复机器人	山东威高手术机器人有限公司	腹腔内窥镜手术设备	在内窥镜（三维腹腔镜）下，由专业医生在手术室内操作，控制手术器械实施微创手术的设备。产品由医生操作台、患者操作台和附件组成
		三维腹腔内窥镜、三维内窥镜摄像系统	具有分辨率高、纵深感强、立体效果好、亮度高、成像清晰等特点
	北京和华瑞博科技有限公司	全膝关节置换手术导航定位系统	配备智能化手术规划系统、医用七轴机械臂和自动控制截骨系统，为临床提供多模态、数字化的术前规划信息和高精准、高自动化的术中配准与执行方案，带来改良手术工具、改进操作体验、改善手术效果及缩短学习曲线等骨科手术创新，对满足当下亟待解决的未尽医疗需求与平衡医疗资源分布具有重要意义
	深圳华鹊景医疗科技有限公司	三维上肢镜像康复机器人 Wisebot X5	以神经可塑性和镜像神经元等康复理论为基础，为上肢运动功能障碍患者设计的智能康复训练系统，创新提出了 Brunnstrom 分级和关节活动范围的智能评估技术，进而自动生成康复训练方案
	北京精诊医疗科技有限公司	TrueSight-数字孪生临床手术辅助决策支持系统	面向绝大多数的肝胆外科手术，为外科医生和所操控的手术机器人提供低成本、高精度、患者个体化的孪生数字器官
	北京罗森博特科技有限公司	罗森天工手术机械臂	主要用于为各个临床手术及专家提供多种手术临床应用场景、高负载的稳定支撑以及辅助手术操作等功能
		罗森万象智能化创伤骨科机器人	从创伤手术中难度大、依赖临床经验的骨盆骨折治疗出发，具有 3D 实时导航、人工智能规划、自动手术操作等数字化技术
	迈宝智能科技（苏州）有限公司	飞燕系列智能可穿戴助力外骨骼机器人	通过一体式关节驱动系统、主动式腰部助力和被动式上肢辅助，在智能人机交互控制算法及机器学习的配合下，为穿戴者提供有效的腰部及上肢助力，在工业物流、搬家、汽车制造等一线作业现场帮助工人极大提高作业中的工作效率

（续）

新品领域	企业名称	2021年代表新产品	2021年新产品概述
医疗康复机器人	微亚医疗科技（苏州）有限公司	冠通微创血管介入手术辅助系统	是一款能够辅助医生在血管数字剪影影像下完成血管造影、球囊扩张以及支架置放手术的手术机器人系统。该机器人系统采用主从式遥操作结构，医生在防护屏或监控室内遥控操作放置于手术床上的机器人进行手术操作
	江苏微云人工智能有限公司	基于激光标的和DLP点云高精度算法的边缘计算终端口内扫描仪	应用于全系数字化牙科服务流程中的临床端，可以快速获取患者的口内三维信息。设备通过边缘计算处理器驱动激光双目视觉完成空间标定和点云数据的捕捉，上位机对原始的点云数据进行处理，完成点云重建和后处理，最终完整获得三维模型。为后续的数字化牙科服务提供原始数据
		基于云端和自动CAD/CAM技术的隐形正畸无人智能工厂	应用于全系数字化牙科服务流程中的加工过程。其硬件是由多轴联动减材加工中心、机器视觉系统、分拣机器人、激光切割机器人等各类机器人执行末端组成。实现了智能工厂的全局监控和智能调度、按需生产的柔性排产、"一单一例"的定制化加工，为数字化牙科服务提供生产端的支持
		七轴多自由度微米级手术机器人	种植手术机器人的控制系统将光学导航系统、医疗影像系统、三维图形图像技术、机器人导航技术进行整合。能够实现机器人在术中自动跟踪定位种植手术区的标记点
	雅客智慧（北京）科技有限公司	自主式口腔种植牙机器人	自主式口腔种植机器人系统，将智能机器人、机器视觉、多传感器信息融合、三维图形可视化等先进技术引入口腔种植领域，利用其微创、效果精准、能将复杂的手术过程简单化的特点，提高手术的精度和效率，实现即刻修复
	北京软体机器人科技有限公司	手部主被动运动康复训练器	是兼具主动训练及被动训练的康复训练设备，可适用于多种疾病引起的肢体障碍患者的康复工作
	北京一维弦科技有限责任公司	机械臂Dr. CaRo	专门针对中老年人设计的高科技智能协作机械臂，内置高精度力传感器与人工智能算法系统，可通过实时智能反馈，针对不同身体状况用户调整到不同模式（被动模式、助动模式和阻抗模式），改善用户的健康状况
特种机器人	博雅工道（北京）机器人科技有限公司	缆控无人潜航器R1-45	适合搭载水下作业机械手进行救助打捞工作，并且其强大的运动能力可以在作业水域快速运输紧急消防物资
		仿生金鱼BG1-5	根据金鱼的游动姿态和外观样式，依托仿真技术设计而成
		仿生鲨鱼ROBO-SHARK	以鲨鱼为原型，用仿生尾鳍BCF推进作为唯一动力源，仿生推进效率高达80%以上，取代传统螺旋桨推进器推进方式
	北京晶品特装科技股份有限公司	便携式侦察机器人	内置图像传感器、音频采集器、红外灯组模块、加速度计等，能够有效采集环境信息，实现远程可视化作战指挥和昼夜侦察作业，可靠性高，实用性强
		小型排爆机器人	具有双手爪设计和超多视角功能，是集侦察、转移、处置为一体的中小型排爆机器人。体积小巧，重量仅为37kg，最大抓取重量达16kg
		中型排爆机器人	具备较强的排爆能力和越野性能，集侦察、转移、处置为一体的中型排爆机器人。机械臂强度高，最大抓取重量达120kg，具备行驶功能、远程视觉侦察功能
	天峋创新（北京）科技有限公司	垂直起降固定翼白虎	95kg级油电混合动力垂直起降固定翼无人机，载重质量45kg，适应包括高精度巡测绘、物流运输、应急安防、军事应用在内的多个场景
		垂直起降固定翼朱雀	自研纯电动10kg级垂直起降固定翼无人机，载重质量1.6kg，4+1布局，结构稳定，强度高，适应巡航测绘、应急安防等领域

（续）

新品领域	企业名称	2021 年代表新产品	2021 年新产品概述
特种机器人	杭州云深处科技有限公司	四足机器人绝影 X20	能为安防巡检、勘测探索、应急救援等多领域提供更高效专业的智能解决方案
		四足机器人绝影 Lite2	第二代灵巧型智能机器狗
	致导科技（北京）有限公司	电动垂直起降固定翼无人机 QP530 eVTOL	搭载了自研的边缘处理单元，具备基于深度学习的目标识别和跟踪功能，算力达到 20T 以上，同时具备 5G+自组网双数据链路，可以实时预览三路机载实时视频。机载航电系统为多余度系统：四余度惯性测量单元，三余度航向测量，双余度空速及气压高度，双余度数据链。具有较高的可靠性
		电动无人巡逻艇 SP163	主要用于海事巡逻执法，通过 5G 数据链实现远程操控，并可以实时查看现场情况和远程喊话。可以自动按照预设航线航行，并搭载了远距离毫米波雷达，可以实现自主避障的功能
	上海创屹科技有限公司	乒乓球鹰眼庞伯特 SEEKER	数据反馈可视化，便捷化。在传统的乒乓球练习中注入了更多娱乐元素
		手臂式发球机器人庞伯特 M-ONE	首款类人形发球机器人，还原自然发球动作，提供便捷个性化球拍快换，发球轨迹全覆盖
		乒乓球智能教学辅助系统	可打通校内教学、校外进阶培训、家庭娱乐等环节
	江苏汇博机器人技术股份有限公司	智能清车机器人	一种无须打开车厢门即可清理火车车厢内的残余物料的智能设备。智能 PLC 控制、一键启停，便于操作；自动寻址、定位，整个清扫过程全自动运行
		工业网络与数字化驱动一体化创新平台	以智能制造的工业场景为依托，融合人工智能、大数据、云计算、工业云平台等先进技术，以实现工业互联网相关技术的应用
		智能卸车机器人	能实现车厢清理工作
	苏州镁伽科技有限公司	镁伽鲲鹏实验室工作站	自主研发的通用型智能自动化生物实验室
		镁伽样品前处理系统 MRA-CDS-610	可将大量需要人工操作的前处理步骤整合到一个封闭负压系统中，实现“管进板出”的样本前处理自动化
		MegaFluent 实验室自动化软件平台	系统以机械臂为中心，连接各类实验室仪器设备，可实现全自动实验操作并支持动态规划

注：内容根据调研及反馈资料整理。

〔供稿单位：中关村智友研究院，北京航空航天大学陶永〕

地 区 篇

从重大举措及事件、产业现状、发展规划及战略等方面，阐述我国机器人行业各省份的发展情况

中国机器人工业年鉴2022

地区篇

2021年北京市机器人行业发展概况

随着信息技术与互联网的快速发展与普及，智能机器人技术得到了较大的发展，并在各行各业不断得到应用，成为各应用领域关注的焦点。北京市智能机器人研发水平位居全国前列，智能机器人产业基础雄厚、优势明显。为顺利推进国际科技创新中心建设，支撑“高精尖”产业的发展，北京市持续大力培育机器人产业。

一、机器人产业发展方向

从北京市科技生态和配套环境情况看，高附加值、高科技含量的智能机器人更加适合北京模式。因此，依据国内外机器人产业发展现状与发展趋势及北京市的发展基础，北京的机器人产业主要围绕机器人前沿技术与应用方向，开展技术攻关和核心零部件研制，形成一批标志性创新成果，提升北京智能制造领域整体创新能力，支撑北京智能制造领域创新发展。北京市机器人产业发展重点方向如图1所示。

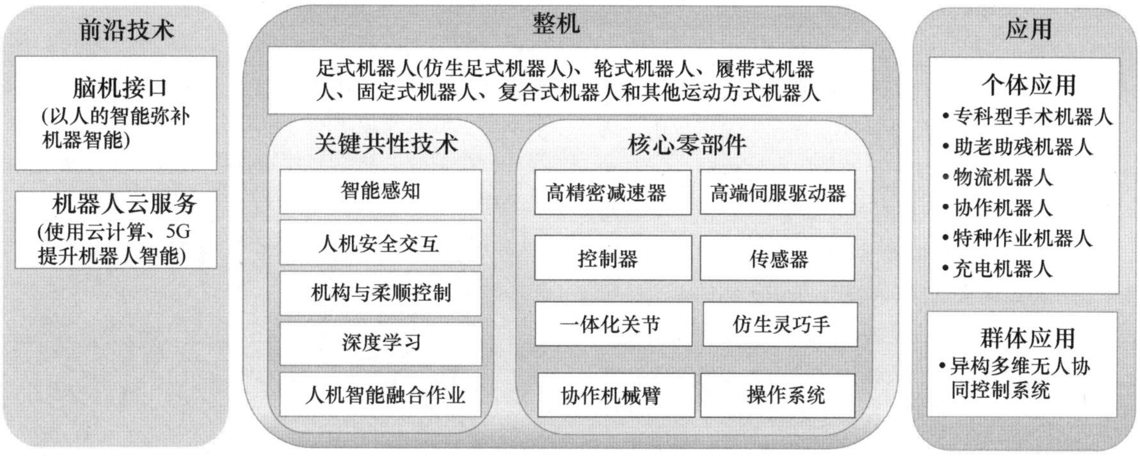

图1　北京市机器人产业发展重点方向

二、机器人创新资源情况

北京作为全国科技创新中心，集聚了机器人领域众多的创新资源，已初步建立起涵盖标准制定、关键技术研发、产品研制、系统集成与应用示范和检测认证等环节的完整机器人产业链，为北京在机器人领域的发展提供有利条件。

1. 机器人领域科技资源雄厚

北京拥有机科发展科技股份有限公司、中兵智能创新研究院有限公司、北京天智航医疗科技股份有限公司（简称“天智航”）、北京钢铁侠科技有限公司、思灵机器人科技有限公司和北京工道风行智能技术有限公司等国内领先的机器人研究机构和企业，占有国内机器人领域1/3以上的科技资源，整体研发实力和创新能力处于世界先进、国内领先水平。在医疗手术、家庭服务、特种作业、物流等服务机器人方面具有一定产业规模。

2. 机器人产业创新发展智力资源丰富

北京市在机器人领域具有深厚的技术研发基础、领先的人才优势及发展良好的新生企业。聚集了清华大学（简称“清华”）、北京航空航天大学（简称“北航”）、北京理工大学（简称“北理工”）、中国科学院自动化研究所（简称“中科院自动化所”）和中国航天科工集团第三研究院等20多家机器人重点高校和科研院所，以及一批机器人领域的国家级、市级重点实验室；汇聚了北航王田苗、北理工黄强、清华孙富春/刘辛军、中科院自动化所乔红/侯增广/王硕等优秀的人才团队；涌现出北京大艾机器人科技有限公司、北京智同精密传动科技有限责任公司和纳恩博（北京）科技有限公司等具有良好发展前景的成果转化新生企业，研发实力雄厚，创新成果转化应用活力旺盛。

3. 机器人产业创新生态链不断优化

北京市在机器人关键零部件研发、系统集成和产品研制、标准制定、检测认证等环节，都有全国领先的优势单位，产业链、生态链不断优化。其中，在关键零部件研发方面，珞石（北京）科技有限公司开发的力矩电机、遨博（北京）智能科技有限公司开发的机械臂、北理工研发的灵巧手、北京自动化控制设备研究所开发的一体化关节等产品在全国处于先进水平；在系统集成和产业研制方面，北航研制的防跌倒步态平衡训练机器人、北京京东乾石科技有限公司研制的穿梭物流机器人及北京柏惠维康科技有限公司研制的睿米神经外科手术导航定位系统等产品已在助老助残、家政娱乐、教育、商业、医疗等领域进行了广泛应用；在标准制定方面，由中国机器人产业联盟、北京机械工业自动化研究所和中国机械工业联合会等机构牵头，联合国内外优势单位推进标准制定；在行业检验检测方面，有北京赛迪认证中心有限公司、中国软件评测中心和国家机床质量监督检验中心等专业机构。

三、机器人产业发展情况

近年来，北京市围绕前沿技术、整机研制（仿人机器人/仿生机器人）、机器人应用示范及异构多维无人系统协同控制等方向，开展了机器人前沿技术与应用技术的研究，以提升机器人整机技术水平和性能为牵引，带动关键零部件发展，取得了多项重大进展。

1. 前沿技术

北理工智能机器人与系统高精尖创新中心攻克了拟态神经反馈感觉激发技术、自体运动神经信号和人工感觉信号协同控制技术，搭建了基于压力、电流、肌电等多种传感器和神经拟态刺激器的“人体—拟态神经接口—义手”双向通路系统，通过仿生神经接口拟态感觉反馈下的义手控制，协助残疾人实现在蒙眼无视觉反馈状态下辨识物体的大小、轻重、软硬等物理特征的功能，使残疾人在无视觉辅助条件下的抓握成功率和反应速度得到大幅提高，为人和机器人功能单元深度融合及机器人高效控制提供了新的方向。

2. 整机研制

（1）在轮腿复合仿人机器人理论与技术方面，北理工攻克了高转矩密度伺服电动机技术，研制了刚劲、快速响应的一体化关节，突破了驱动部件技术壁垒，实现了自主可控。结合腿式运动环境适应能力强和轮式快速通行的优点，突破了轮腿一体化机构设计与优化、机器人运动状态感知、轮腿动态运动平衡与地形适应控制、轮足运动形态转换等关键技术，实现轮腿机器人能适应多种地面条件快速运动、下台阶及在草地快速行进等功能。轮腿复合仿人机器人在一般路面的最快运动速度可达 14km/h。轮腿复合仿人机器人如图 2 所示。

图 2　轮腿复合仿人机器人

（2）中兵智能创新研究院有限公司围绕智能仿生机器人，依托多年深耕足式行走技术领域的基础，持续开展技术攻关，突破仿生机构、仿生感知、仿生控制等前沿技术，形成技术引领。构建了四足仿生机器人的核心技术体系，建立了四足机器人机构、控制、感知及人机交互等核心技术群，以及智能电驱动关节、智能主控、智能感知头、网联交互终端等产业链研发体系与生态。在整机集成与稳定控制、电驱动柔顺性伺服驱动、复杂环境大扰动应激稳定控制、多模步态生成与切换控制、融合视觉信息落足点重规划、多任务作业载荷集成与应用等技术方面实现了较大突破。目前，中兵智能创新研究院有限公司已形成 5~50kg 级 Panda 四足机器人系列，开展了面向应急救援、电力巡检等多个方向的试制试用，着力解决了四足机器人的工业落地，真正实现了四足机器人的行业拓展及应用。中兵智能创新研究院有限公司的仿生四足机器人先后参加了“冬奥之科技北京”、北京科技成果周、科学技术部“十三五”成就展和国际消防展等现场动静态展示。同时，参加了国家应急管理部“揭榜挂帅”项目开展应急管理巡堤查险现场测试试验，参加了陆军跨越险阻 2021 陆上无人系统挑战赛并获得侦查监视组与伴随保障组第一名。仿生四足机器人如图 3 所示。

图 3　仿生四足机器人

3. 示范应用

由中科院自动化所联合北航等单位共同开发的多维异构多智能体协同作业系统，面临户外环境多变、任务复杂多样、多智能体无线通信受限、群成员感知信息能力差异、群体决策影响因素交织耦合等挑战，聚焦异构多种类无人平台全方位立体协同体系构建与智能决策机制关键科学问题，攻克了群体内机器人之间的通信、异构多模传感器信息的融合建模及群体智能协同控制等关键技术。多维异构多智能体协同作业系统能够扩展单一机器人的功能、发挥不同结构机器人的优势，完成空间、地面、水域等多维度复杂环境的团体协作任务，替代人类在危险、复杂环境中完成群体协作高难度任务，在未来战场、安保警用、救火救灾、城市安全保障等领域有着重要的应用前景。

四、机器人产业发展规划

“十四五”时期，北京市将按照“围绕产业链部署创新链、围绕创新链布局产业链”的核心思路，面向行业前沿和关键共性领域，以市场化机制，集聚创新要素，创新科技组织范式，加速实现关键零部件和高端产品的重大突破，打造国内一流的机器人产业集群，成为驱动全国机器人产业发展的云端大脑和智能中枢。重点开展以下工作：

1. 积极推进前沿技术的探索和布局

加强对机器人行业前沿技术动态跟踪分析，准确识别技术风口，以多机器人协同全域感知技术、可控型跨介质生机融合机器人、高原复杂环境高机动轮足仿生机器人、辅助脊柱椎板切除手术机器人、肺部等软组织穿刺手术机器人系统产品和机器人核心零部件性能提升与应用等为重点方向，加强前沿技术的探索和布局，建立快速发现和持续支持机制，尽快形成更多原创、前沿的技术成果。

2. 加速重大科技成果的转化和产业化

对智能制造与机器人技术重大科技成果，包括仿人机器人、仿生机器人、脑机接口、异构协同等，给予持续性的支持，加快科技成果转化落地，形成实体化的产业项目；围绕智能工厂、医疗健康、养老服务等重点产业发展需求，推动工业协作机器人、医疗康复机器人、养老陪护机器人和特种作业机器人规模化的推广应用，打造特色产业集群。

3. 加强关键技术和核心零部件集中攻关

整合各领域创新资源优势，围绕机器人核心零部件性能提升，开展机器人精密减速器精度保持性、可靠性设计与优化技术研究，优化设计与高精度加工工艺；研究高品质高功率密度驱动器、伺服电动机性能优化设计，突破驱动器、伺服电动机转矩脉动与扰动抑制等关键技术；研制出具有国际同类产品先进水平的机器人核心零部件，并实现推广应用。

4. 支持中关村机器人产业创新中心建设

按照“围绕产业链部署创新链、围绕创新链布局产业链”的思路，打造聚焦机器人产业创新的生态系统。中关村机器人产业创新中心面积5万余 m^2，吸引遨博（北京）智能科技有限公司、珞石（北京）科技有限公司、北京华航唯实机器人科技股份有限公司和北京钢铁侠科技有限公司等机器人领域龙头和创新型企业入驻，汇聚国内机器人产业链上下游相关企业1 000余家，联合在京高校院所开展成果转化，就机器人核心零部件开展联合研发，充分发挥创新链效能，助力创新资源产业化。以市场化机制推进协同创新平台落地，集聚各类创新要素和专业服务资源，利用传统产业转型升级、新型应用场景打造等机遇，主动部署并形成完善的产业链、创新链和供应链体系，构建覆盖机器人全生命周期的产业生态，打造全球知名的机器人创新创业高地。

〔撰稿人：北京科技成果转化服务中心周恢、李丽〕

2021年天津市机器人行业发展概况

一、行业发展概况

天津市作为全国先进制造研发基地，大力实施制造业立市战略，着眼于产业链高端价值定位，依据《中国制造2025》《机器人产业发展规划（2016—2020年）》，相继出台《天津市机器人产业发展三年行动方案（2018—2020年）》《天津市关于进一步发展智能制造的政策措施》等文件，对工业机器人产业发展提供政策支持。凭借丰富的创新资源和雄厚的工业基础，天津市机器人产业呈现高速发展态势，已成为我国北方重要的机器人产业基地。特别是天津市滨海新区，现已初步形成在机器人领域兼具科技创新、加工制造、集成应用以及市场推广的产业生态。连同分布在周边的核心零部件制造、本体开发及系统集成企业，已形成较为完整的产业链。虽然行业规模尚小，但发展势头迅猛，对促进制造业升级转型和国民经济高质量发展的撬动作用日益明显。

2021年，在新冠疫情反复发作、供应链普遍吃紧的情况下，天津市机器人行业普遍呈逆势增长态势。在政府引导和市场推动的双重驱动下，天津市除原有的天津新松机器人自动化有限公司（简称“天津新松”）、天津深之蓝海洋设备科技有限公司（简称“深之蓝”）、辰星（天津）自动化设备有限公司（简称“辰星自动化”）、天津朗誉科技发展有限公司（简称“朗誉科技”）、天津扬天科技有限公司（简称“扬天科技”）、一飞智控（天津）科技有限公司等一批机器人整机龙头企业外，又涌现出天津云圣智能科技有限责任公司、国网瑞嘉（天津）智能机器人有限公司、天津博诺机器人技术有限公司等一批具有显著行业特色的机器人企业。天津新松已完成占地面积100亩（1亩≈666.7m^2）的智慧产业园建设，形成年产1万套多关节工业机器人本体生产能力；辰星自动化继续领跑国内并联机器人市场，产品不断更新迭代。

二、重点产品及主要企业

截至2021年年底，天津市机器人产业链上下游典型企业及产品情况见表1。

表1　天津市机器人产业链上下游典型企业及产品情况

序号	主要产品及类型（工业或服务）		企业名称	主要产品
1	机器人本体	工业机器人	天津新松机器人自动化有限公司	工业机器人生产与自动化集成
2			辰星（天津）自动化设备有限公司	并联机器人、SCARA机器人等
3			天津朗誉科技发展有限公司	重载AGV
4			川崎机器人（天津）有限公司	通用机器人、协作机器人等
5			天津牛耳机器人有限公司	工业机器人
6			天津扬天科技有限公司	轻型协作机器人、混联机器人等
7			清研同创机器人（天津）有限公司	喷涂机器人
8		水下机器人	天津深之蓝海洋设备科技有限公司	无人遥控潜水器（ROV）、自主水下航行器（AUV）
9			天津望圆环保科技有限公司	泳池清洗机器人
10			天津瀚海蓝帆海洋科技有限公司	水下机器人
11		无人机	一飞智控（天津）科技有限公司	飞控系统、无人机系统
12			天津全华时代航天科技发展有限公司	无人机
13			天津云圣智能科技有限责任公司	超低空无人机物流系统及巡检
14		服务机器人	天津卡雷尔机器人技术有限公司	服务机器人
15			天津筑高机器人技术有限公司	建筑板材安装机器人
16			天津塔米智能科技有限公司	服务机器人
17			天津汇智星源科技有限公司	法务服务机器人
18			华创智造（天津）科技有限公司	建筑用3D打印机器人
19			天津大学	手术机器人
20	机器人关键零部件	减速器	中能（天津）智能传动设备有限公司	大负载RV减速器
21			国人机器人（天津）有限公司	谐波减速器
22			天津旗领机电科技有限公司	RV减速器
23			沃德传动（天津）股份有限公司	传动设备
24		传感器	宜科（天津）电子有限公司	SCADA上位监控系统、PTL物料分拣系统
25			天津七所高科技有限公司	焊钳、焊接变位机
26			天津讯飞信息科技有限公司	机器人语音识别系统
27		伺服电机	埃恩斯工业技术（天津）有限公司	伺服驱动器
28			天津市东篱自动控制设备有限公司	伺服驱动器
29		控制器	天津电气科学研究院有限公司	控制器
30			天津新松机器人自动化有限公司	机器人用控制器
31			辰星（天津）自动化设备有限公司	并联机器人专用控制器
32	机器人集成服务	集成服务	中国汽车工业工程有限公司	机器人集成生产线
33			天津福臻工业装备有限公司	机器人集成生产线
34			天津智通机器人有限公司	机器人打磨系统集成
35			清研同创（天津）科技有限公司	喷涂机器人本体及生产线集成
36			国网瑞嘉（天津）智能机器人有限公司	智能带电作业机器人
37			天津福莱迪科技发展有限公司	3C行业机器人集成生产线
38			天津玛斯特车身装备技术有限公司	激光复合焊接系统、机器人集成生产线
39			易思维（天津）科技有限公司	汽车行业缺陷检测集成
40			常青智能（天津）有限公司	汽车零部件生产设备集成
41			天津泰华易而速机器人科技有限公司	机器人视觉检测解决方案

（1）天津新松火弧智能焊接机器人。专为高要求的弧焊应用开发，控制系统和机器人本体均由天津新松自主研发设计，可满足苛刻生产节拍下的高精度、高速度、高稳定性作业。该机器人集成有多功能焊接软件包，可适应复杂多变的应用环境，既可应用于规模化生产，也可进行小批量、定制化生产，广泛适用于汽车及零部件、金属加工、石油化工、造船、机械制造等众多行业。同时，天津新松开发的 9 款覆盖 6~210kg 负载的工业机器人即将下线。天津新松火狐智能焊接机器人如图 1 所示。

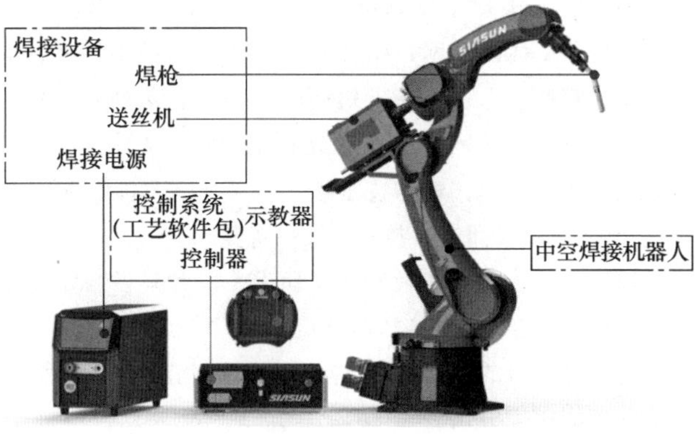

图 1　天津新松火狐智能焊接机器人

（2）辰星自动化阿童木系列并联机器人。依靠核心技术优势，经过多年深耕市场，在全国并联机器人市场销量已遥遥领先，是国内领先的并联机器人本体研发及后段包装自动化的整体解决方案供应商。秉承“专心、创新、匠心”的品牌精神，累计服务超过 500 家规模级企业客户，产品出货量超 3 000 台/年，业务遍布全球 20 多个国家和地区。阿童木并联机器人如图 2 所示。

图 2　阿童木并联机器人

（3）国网瑞嘉（天津）智能机器人有限公司已实现配网带电作业机器人研发、制造、销售、运维服务产业链条全线贯通，为保障电网安全可靠运行和带电作业人员安全提供了高水平的智能装备支撑，累计订单金额突破 12 亿元，收入超过 7 亿元，面向江苏、浙江、北京和天津等全国 16 个省网公司用户交付智能带电作业机器人近 400 台。

（4）深之蓝首创的长距离水下机器人探测成套装备是一款具备长距离、多工况作业能力的水下机器人，可在有水状态下对倒虹吸、隧洞、暗渠、箱涵等输水建筑物巡检，排查水工设施安全隐患，保障输水工程的安全可靠运行。整套装备由专用水下机器人、全自动缆轴、集成化控制站、一体化工程车四个模块集成。产品已在南水北调穿黄隧洞、刘店干河暗渠、黄水河倒虹吸、釜山隧洞多个工况现场应用，具有广阔的市场前景。

（5）朗誉科技专注重载 AGV（如图 3 所示）的研发生产，其最大载重量已达 1 000t，在实现双车联动、多车拼接的基础上，基于 5G 和北斗导航，开发出无人驾驶转运平台，进一步延伸了产品应用领域。重载 AGV 市场逐步开拓，目前有实际应用案例 300 余项，覆盖风电、工程机械、航天军工、机械重工、重型汽车、特种装备、轨道交通、港口等行业，与三一重工股份有限公司、捷尔杰（天津）设备有限公司、中国中车股份有限公司、新疆金风科技股份有限公司、潍柴动力股份有限公司等头部客户紧密合作且复购率高。

图 3　朗誉科技重载 AGV

（6）云圣智能科技有限公司 2021 年推出第三代虎鲸工业无人机、虎穴全自动机场和猎鹰地面机器人并开始量产，打造新一代天地一体化智慧巡检系统，该系列产品已经天津市科学技术评价中心评定为“国际先进”等级。应用于“贵州能源发电”“蒙东电网巡检”“国网冀北电力巡检”等项目，并在滨海新区防疫防汛等应急管理中发挥重要作用。

（7）天津望圆环保科技有限公司自主开发了系列化泳池清洗机器人，面向国外市场销售，企业主导编写的国家泳池清洗机器人行业标准正在申报中。

三、主要园区及产业集群

近年来，天津市已形成滨海新区、武清区、西青区和东丽区 4 个具有明显聚集趋势的机器人产业园区。其中，滨海新区主要以天津新松智慧产业园、天津开发区辰星自动化的并联机器人、朗誉科技的重载 AGV、深之蓝的水下机器人为龙头形成的机器人本体产业聚集区；津南区、西青区以天津福臻工业装备有限公司、天津福莱迪科技发展有限公司为代表形成机器人系统集成产业聚集区；在天津重点支持建设的十个大学科技园中，大多在机器人和智能科技领域开展科技创新和科研成果落地转化工作，具有强劲的发展动力和广阔的市场前景，已经形成北辰区联东 U 谷河北工业大学科技园、西青大学科技园等以大学科技园为代表的机器人与智能科技技术创新和产业聚集区。

四、重大举措和事件

1）在 2021 年初召开的天津市十七届人大五次会议和天津市政协十四届四次会议上，天津市市长提出天津将坚持制造业立市，加快构建现代化工业体系。

2）工业和信息化部印发通知，支持创建北京、天津（滨海新区）、杭州、广州、成都国家人工智能创新应用先导区。

3）《天津市促进智能制造发展条例》获得天津市人大会议通过，在 2021 年 11 月 1 日正式实施，为我国首部省级促进智能制造发展的地方性法规。

4）5 月 20—23 日，第五届世界智能大会在天津举办，机器人世界杯中国赛暨亚太机器人世界杯天津国际邀请赛、人工智能机器人音乐会、类人型乒乓球发球机器人、Micromouse 迷宫机器人等机器人元素点亮大会。

5）第十一届中国国际机器人高峰论坛暨第七届恰佩克颁奖仪式在芜湖举行，天津代表团斩获 7 项大奖。

6）天津旗领机电科技有限公司成功研发国内首台（套）超大型精密摆线减速器（QL-3500E），可满足超大型重载机械人关节、工程机械承载轴和能源转动驱动装置等应用领域的场景需求，并提供全套自主化产品替代方案。

7）辰星自动化公司举办 2021 年新品发布会，发布新一代阿童木机器人，搭载顶级博世力士乐高速电动机，带来了团队潜心 6 年自主研发的运动控制系统 AtomMotion，该系统是我国第一款完全自主知识产权的并联机器人专用控制系统。

8）易思维（天津）科技有限公司获得特斯拉新全球生产基地的在线测量设备订单，包括特斯拉上海超级工厂、特斯拉德国柏林超级工厂和特斯拉美国德克萨斯州超级工厂的订单，同时宣布完成 B 轮融资。

9）天津新松在首届全国智能制造创新创业大赛中，凭借 3D 视觉智能坡口机器人切割系统获得全国总决赛二等奖。

10）天津市机器人产业协会携辰星自动化的阿童木机器人、深之蓝水下机器人亮相 2021 云栖大会，其中深之蓝白鲨 TINI 水下助推器获得消费创新产品奖。

11）由中国科学院院士陈维江领衔的专家鉴定组，对“黎明牌”配网带电作业机器人进行了鉴定，专家一致认为，该机器人构建了集精准定位、自主规划、智能控制、安全防护于一体的配网带电作业机器人关键技术体系，成功应用了双臂自主、单臂人机协同机器人及系列末端执行器，带动形成了配网带电作业成套设备，经济社会效益显著，创新成果突出，整体技术达到国际先进水平。项目成果获 2021 年度天津市科技进步奖一等奖。

12）天津大学封伟教授团队研发了一种具备自主行动能力和触觉应变的 4D 打印软体机器人，该机器人最大载重量可达自身重量的 40 倍，可应用于极端高温条件下的货物运输和智能探测等领域。

13）天津大学郗继贵教授等研发的“智能制造高性能视觉检测成套技术及装备”获 2021 年度天津市科技进步奖特等奖。

14）天津大学刘海涛教授等研发的“高性能混联机器人关键技术及工程应用”获 2021 年度天津市技术发明奖一等奖。

15）天津大学刘荣等研发的“肝胆胰机器人外科手术关键技术及应用”获 2021 年度天津市科技进步奖一等奖。

〔撰稿人：天津市机器人产业协会赵连玉〕

2021 年上海市机器人行业发展概况

一、行业发展概况

2021 年，上海市工业增加值首次突破 1 万亿元，规模保持全国第一。上海市工业机器人本体产值同比增长 30% 以上，产量达 7 万台，占全国工业机器人本体总产量的 1/4，保持了我国机器人“第一城”地位。服务机器人本体产值同比增长 50% 以上，涌现出了微创（上海）医疗机器人有限公司（简称“微创机器人”）、上海钛米机器人股份有限公司、上海高仙自动化科技发展有限公司（简称“高仙自动化”）、上海点甜网络科技有限公司、上海爱餐机器人（集团）有限公司、上海擎朗智能科技有限公司、弗徕威智能机器人科技（上海）有限公司、上海傅利叶智能科技有限公司（简称“傅利叶智能”）等一批医疗、消毒、环卫、农业、餐饮、公共服务和康复等场景的新兴本土代表企业，在各种场景领域实现首台落地应用。

工业机器人密度作为代表着一个国家或地区的自动化生产程度的一个重要衡量指标，是经济数字化转型中的重要参考。在 GDP 突破 4 万亿元，工业增加值首次突破 1 万亿元的阶段，上海也在找寻新的赛道和增长空间，实现“跳变”，形成“第二曲线”。数据表明，上海重点产业工业机器人密度已达 383 台/万名工人，远超全国 246 台/万名工人的平均水平。如果将这一指标对标全球来看，上海市工业机器人密度已经超越排名第四的德国（371 台/万名工人）。上海新时达机器人有限公司率先大范围部署机器人，目前工厂内的工业机器人密度已经达到 1 080 台/万名工人，超过了全球排名第一的新加坡（932 台/万名工人），是上海工业机器人密度最高的机器人研发制造企业。根据工业和信息化部等发布的 2021 年度智能制造示范工厂揭榜单位和优秀场景名单，上海有 5 家企业获评国家级智能制造试点示范工厂，20 个场景获评国家级智能制造优秀场景，覆盖电子信息、汽车、高端装备、生命健康、先进材料、时尚消费品六大重点产业，无论获评工厂数量还是场景数量均排名全国第一。同时，上海大量传统制造业正依托工业机器人组成的智能工厂实现“原地升级”。2021 年，上海生产新能源汽车 63 万辆，约占全国产量的 17%，对应的是超过 1 700 亿元产值，机器人应用对上海的重要性不言而喻。

二、产业园区概况

根据《上海市产业地图》，上海市机器人产业正在以普陀为产业地标，以宝山上海市机器人产业园区、嘉定工业区、浦东机器人产业园区（金桥/康桥/临港）为产业定位，加快构建完整的机器人产业体系。

1. 上海机器人产业园

上海机器人产业园位于上海市宝山区，成立于 2012 年，规划总用地面积 3.09km^2。目前园区入驻规模企业 150 家，其中机器人及配套企业 50 多家，国际“四大家族”之一的发那科落户该区。作为上海市 26 个特色产业园之一，上海机器人产业园不断加强科技创新中心建设，依托显著的区位优势，突出龙头带动、空间成本、技术人才、应用示范等特点，通过“区域+产业+创新”政策叠加，以世界级机器人龙头企业为突破口，以研发创新平台与能力建设为支撑，以“制造+应用”为产业发展重点，引导优质产业项目向园区集聚，构建机器人及智能制造产业集群，努力将其打造成为上海科创中心核心承载区的重要支柱。

2. 张江机器人谷

张江机器人谷位于张江康桥板块，也位于张江科学城核心区域，已布局机器人研发区、智造区、商业区、备用区四大片区，通过打造企业孵化加速器、创新成果转化中心，建设全产业链制造基地、商业配套服务设施，继续强化生态，培育机器人核心企业，致力于建设成为全国乃至全球机器人领域技术创新能级最强、产业链最完整的区域之一。2021 年 4 月，张江机器人谷正式获批成为上海市级特色产业园区，填补了浦东新区在“机器人”特色产业园区的空白。

在空间载体方面，张江机器人谷规划面积 3.9km^2，储备土地空间 1.09km^2，目前存量物业空间约为 30 万 m^2，预计“十四五”期间形成机器人产业发展空间为 100 万 m^2。其中，张江机器人谷先导区、张江机器人谷一期地块、ABB 超级工厂、逸思医疗厂房等园区硬件设施项目都在紧锣密鼓地建设之中。

在产业布局方面，张江机器人谷以高端医疗机器人为核心，以特色工业机器人、智能服务机器人为重点，同时研发机器人关键零部件、机器人关键控制软件，构建特色突出、有竞争力的产品体系。在特色工业机器人领域，张江机器人谷拥有 ABB 等龙头企业；在医疗机器人领域，直观复星医疗器械技术（上海）有限公司、微创机器人引领创新发展；在智能服务机器人领域，傅利叶智能科技有限公司、高仙自动化科技有限公司、北京云迹科技股份有限公司等一批创新型的标杆企业已经呈现出爆发增长态势。

到“十四五”末，张江机器人谷预计实现园区机器人工业总体产业规模 700 亿元，入驻机器人核心企业 150 家，其中上市企业 10 家，形成关键技术空前发展、应用落地全面开花、产业发展特色鲜明、产业生态体系健全的良好局面，成为具有全球影响力的机器人产业发展高地和创新中心。

3. 松江工业区

松江工业区成立于 1992 年，是经上海市人民政府批准设立的市郊首家市级开发区，已形成包括电子信息、现代装备、精细化工、新材料和现代服务业等在内的几大优势产业。目前，该区直接从事机器人生产、服务的企业有 10 余家，分布在机器人产业链中的各个环节。国际“四大家族”之一的库卡机器人有限公司（简称“库卡”）落户于此，新基地占地面积约 9 000m^2，2013 年由库卡投建，主要用于生产工业机器人本体和控制柜，一期年产工业机器人数量超过 1 万台，二期年产工业机器人数量约为 1.5 万台，合计产能约为 2.5 万台/年。

4. 嘉定工业区

嘉定工业区已形成以汽车零部件、光电子信息、精密机械制造、新型材料等为主导产业的产业链，集聚了来自世界 30 多个国家和地区的 400 多家投资商落户，项目总投资额超过 100 亿美元。其中，投资额为 1 000 万美元以上的项目超过 80%，一批著名的跨国集团纷纷入驻工业区，如美国杜邦公司、国际纸业集团、德国宝马集团、大陆集团、意大利菲亚特集团、瑞典山特维克集团、萨帕集团等。嘉定工业区机器人产业发展迅猛，上海新时达机器人有限公司、安川首钢机器人有限公司上海分公司、上海辛迪机器人自动化有限公司等机器人企业落户于此。

三、未来展望

从“十三五”到“十四五”，上海市反复提及机器人产业的重要性。2021 年 12 月，上海市政府颁布的《上海市高端装备产业发展“十四五”规划》(简称“《规划》”)，《规划》中提到，高端装备产业将以“高端引领，数字驱动”为发展主线，重点布局“7+X”领域，包括智能制造装备、航空航天装备、船舶海工装备及高端能源装备。到

2025年，力争初步建成具有全球影响力的高端装备创新增长极与核心技术策源地，上海市高端装备产业规模突破7 000亿元，关键装备首台（套）突破300项以上，国家和市级企业技术中心100个，高端装备市级智能工厂40家以上，重点细分领域从国际“跟跑”“并跑”向“领跑”迈进。在智能机器人领域，上海要在推动工业机器人升级、扩大服务（特种）机器人规模、突破机器人核心零部件三方面发力。《建设100+智能工厂专项行动方案（2020—2022年）》提到，上海计划用三年时间，建设100家智能工厂，打造10家标杆性智能工厂。

根据《上海市高端装备产业发展“十四五”规划》，上海将以场景引领、核心突破为重点，推动机器人产业高质量快速发展。一是推动工业机器人升级，促进工业机器人产业在技术和应用范围等方面实现突破，发展应用于加工、装配、焊接、打磨、码垛、分拣、洁净等场景的高精度工业机器人，突破具备柔性交互与高仿人化特征的6轴及以上协作机器人与自适应机器人，场景全面覆盖汽车、航空航天、船舶海工、消费电子、集成电路等行业场景。二是扩大服务（特种）机器人规模，促进服务机器人产业发展，形成3个以上服务机器人产业发展集群。发展应用于清洁、教育、养老、娱乐、商业服务、公共服务等场景的服务机器人产品，推动骨科、腔镜、神经外科手术机器人与康复机器人产业化发展，开发安防巡检、诊断维修、应急救援、农业生产等领域特种机器人，加强人工智能技术与服务机器人融合应用。三是突破机器人核心零部件，发展高精密减速器、高性能伺服电机和驱动器、高速高性能控制器、高精度传感器及智能模组等，提升机器人核心关节可靠性与性能稳定性。到2025年，上海将打造成为全国智能制造应用新高地和技术策源地，机器人相关产业规模超过1 800亿元。

〔撰稿人：上海机器人产业技术研究院郑军奇、刘凤义、刘碧珊〕

2021年江苏省机器人行业发展概况

一、行业发展概况

目前，江苏省已经形成苏州、常州、南京、无锡等一批围绕区域特色产业集群为发展着力点的机器人产业分布，并在工业机器人、服务机器人和特种机器人等产业培育了一批“专精特新”小巨人企业，包括南京埃斯顿自动化股份有限公司（简称“埃斯顿”）、南通振康焊接机电有限公司（简称“南通振康”）、亿嘉和机器人股份有限公司（简称“亿嘉和”）。同时，江苏省机器人产业链涌现出多家新登陆证券市场的企业，如博众精工科技股份有限公司（简称“博众精工”）和中科微至科技股份有限公司。数据显示，截至2021年12月31日，我国工业机器人相关企业超11.4万家，其中，江苏省工业机器人企业数量位列全国首位，达到2.4万余家。

苏州市凭借汽车、消费电子、新能源、生物医药等产业规模优势，以吴中区机器人产业园和昆山高新技术产业开发区国家火炬机器人特色产业基地为依托，在工业机器人、服务机器人、医疗机器人、协作机器人和移动机器人等细分领域，培育出一批优秀企业，机器人本体产业规模超过200亿元，机器人产业链市场规模超过1 000亿元。

常州市武进国家高新技术产业开发区作为江苏省唯一获批的机器人集群试点，已聚集机器人研发生产及配套企业60多家，形成了从零部件生产到整机装配的完整产业链。目前，常州市集聚了安川（中国）机器人有限公司（简称“安川”）、纳博特斯克（中国）精密机器有限公司、快克智能装备股份有限公司（简称“快克智能”）、常州市钱璟康复股份有限公司（简称“钱璟康复”）和金石机器人常州股份有限公司等研发、生产及配套企业72家，形成了从零部件生产到整机装配的完整产业链；机器人产业链重点企业19家，包括纳恩博（常州）科技有限公司、快克智能、江苏国茂减速机股份有限公司（简称“国茂股份”）3家上市公司及江苏高凯精密流体技术股份有限公司、常州铭赛机器人科技股份有限公司、常州节卡智能装备有限公司、遨博（江苏）机器人有限公司（简称“遨博”）、征图新视（江苏）科技股份有限公司等5家拟登陆证券市场的公司。

2021年，南京市361家规模以上人工智能产业链企业实现营业收入1 649.63亿元，同比增长10.1%。其中，人工智能软件、智能机器人产业优势凸显，规模以上工业机器人制造企业全年营业收入同比增长90%以上。智能机器人行业提速发展，35家规模以上智能机器人企业实现营业收入404.98亿元，同比增长14.8%，增速较2020年提升了7.1个百分点；研发费用合计3.68亿元，同比增长10.3%；实现营业利润18.08亿元，同比增长5.0%。

二、产业政策

2021 年 8 月 16 日，江苏省政府办公厅发布关于印发《江苏省“十四五”制造业高质量发展规划》的通知（苏政办发〔2021〕51 号）。《江苏省“十四五”制造业高质量发展规划》对当前江苏省数字化发展转型规划进行了总结：江苏省制造模式加快转型，大规模数字化改造加快推进，工业互联网网络基础、平台中枢、安全保障作用进一步显现，累计建成智能制造示范工厂 42 家、智能车间 1 307 家，培育重点工业互联网平台 86 家、标杆工厂 95 家，江苏省拥有国家制造业单项冠军和专精特新“小巨人”企业分别达 104 家和 113 家，省级专精特新“小巨人”企业 1 374 家。

同时，江苏省对机器人及智能制造产业进行了详细的规划和指导。在机器人产业发展方面，以江苏省重点产业集群为依托，发展各类细分行业应用机器人产品和技术。依托江苏省新型医疗器械产业集群，着力发展医用机器人，以人机协同控制和智能感知为方向，重点发展面向脑卒中患者和失能老年人的康复机器人和护理机器人、面向微创手术的实时影像引导手术机器人及面向消化系统重大疾病诊断的胶囊机器人，支持发展基于 5G 的远程康复、远程手术、远程诊断的医用机器人系统，支持手术机器人、智能康复服务机器人及微型诊断机器人等医用机器人关键核心技术加快突破。

依托高端装备产业集群，江苏省着力发展智能机器人产业，以智能化、安全化、特色化为方向，大力发展智能装配、重载物流，积极研制智能协作等工业机器人、消防应急/智能巡检等特种机器人和手术诊疗/康复养护等服务机器人，并进一步提升高性能减速器、高精度伺服驱动系统、先进控制器及新型智能传感器等核心零部件的自主可控水平。

依托新兴数字产业集群，江苏省着力发展人工智能产业。以人工智能与产业的深度融合创新为重点，突破机器学习、深度学习、知识图谱构建等理论与算法，重点研发人工智能芯片、机器视觉、语音识别、推理与决策等关键技术，布局开源代码托管平台、算力共享平台等公共技术服务平台，支持南京、苏州等争创国家新一代人工智能创新应用先导区。

此外，江苏省各市区、重点园区发布的机器人产业发展重点支持政策有：

2021 年 2 月 19 日，常州市发布《武进区机器人产业链卓越发展实施方案（2021—2023）》。聚焦武进区机器人产业链发展，培育武进区机器人产业链企业数量突破 100 家，产业规模突破 100 亿元，培育 3 家主营业务收入超 10 亿企业，上市和新三板挂牌企业达到 8 家。

2021 年 3 月 28 日，苏州市吴中区发布《吴中区机器人与智能制造产业提升发展三年行动计划（2021—2023 年）》，聚焦机器人制造领域、智能装备制造领域、智能生产应用领域、智能制造相关领域产业链发展，着力推动智能制造产业转型升级，智能制造企业做大做强。在产业支持方面为企业提供产业平台、人才扶持，解决企业资金难题，鼓励企业自主创新及产业集群发展。

江苏省针对机器人产业的发展，通过政策引导、平台支持、促进研发成果转化等多维度，为机器人产业提供有力的发展支撑。

三、产业链主要环节

江苏省拥有完善的机器人产业链、生态链，坚持技术创新驱动产业发展。在前沿研究方面，南京大学、东南大学、南京航空航天大学等长期从事机器人智能技术研究的高校研发成果正在加速转化；在企业创新载体方面，江苏省培育了博众精工、江苏长虹智能装备股份有限公司等国家级企业技术中心和 16 家省级企业研发平台；在新型研发机构方面，江苏省正在培育省智能机器人创新中心等一批省级制造业创新中心。目前在江苏省内，工业机器人已广泛应用在汽车、工程机械、数控机床等领域，在汽车生产自动化装配线、全程自动化饮料包装、数字化仓储物流等领域的应用已达到国际先进水平，市场占有率国内领先。

1. 工业机器人

根据 MIR DATABANK 数据统计，2021 年，江苏省关节类工业机器人产量为 6.3 万台，同比增长 72%。产量达到 1 万台以上的企业有埃斯顿、苏州汇川技术有限公司（简称“汇川技术”）和安川等，而那智不二越（江苏）精密机械有限公司和川崎精密机械（苏州）有限公司产量均超过 5 000 台；在协作机器人领域，遨博的产量超 4 000 台，苏州艾利特机器人有限公司的产量超 2 000 台。

在工业机器人系统集成领域，江苏省围绕产业集群形成了 3C 电子自动化、汽车自动化、锂离子电池设备及自动化、光伏自动化、工程机械自动化和物流自动化等多个产业集群。锂离子电池自动化产线如图 1 所示。

图 1　锂离子电池自动化产线

非标自动化产业为江苏省制造业的升级提供了强有力

的保障，同时孵化出博众精工、罗博特科智能科技股份有限公司、苏州赛腾精密电子股份有限公司、无锡奥特维科技有限公司、昆山佰奥智能装备股份有限公司、江苏北人智能制造科技股份有限公司、昆山华恒焊接股份有限公司和苏州瀚川智能科技股份有限公司等一批系统集成上市公司。

此外，江苏省在工业机器人产业链方面完成了“控制系统—减速器—伺服系统”三大核心部件自主化研发生产的全面布局。

2. 服务机器人

江苏省在服务机器人领域拥有家政机器人、教育机器人、商用/政务服务机器人、医疗手术和医疗康复机器人等产业集群。在家政机器人领域，2021 年，科沃斯机器人股份有限公司生产的扫地机器人全球销量达 356 万台，营业收入突破 100 亿元；在医疗康复机器人领域，依靠“研—学”技术转化，埃斯顿医疗、钱璟康复、南京伟思医疗科技股份有限公司相继推出上肢康复机器人及下肢康复机器人产品；在手术机器人领域，苏州康多机器人有限公司的腹腔镜机器人获批第一张腔镜手术创新医疗器械Ⅲ类产品注册证，康多微创手术机器人系统的技术成熟度已达到了国际标准和国内领先水平，其机器臂构型、控制器、主从控制算法等核心技术都具有完全自主知识产权。

3. 特种机器人

特种机器人作为非特定应用领域的产品，常以特殊化的机构设计得以呈现。江苏省特种机器人领域实现产业化的产品包括：电力巡检机器人、消防机器人和隧道巡检机器人等特种应用场景的机器人。其中，亿嘉和已经成为电力巡检机器人行业的领军品牌，并依托其核心技术及产业链优势向消防、巡检机器人领域进行了开拓。

4. 核心零部件

在机器人核心零部件方面，江苏省涉及控制系统、伺服系统、微型伺服系统、RV 减速器、谐波减速器、力传感器、导航系统和 MEMS 传感器等领域，形成了产业集群，并培育出了优秀的本土品牌。

（1）控制系统领域：埃斯顿、汇川技术、遨博等均实现了控制器自主化，纳博特南京科技有限公司、新代科技（苏州）有限公司相继发布机器人控制系统，为国内外工业机器人厂商提供核心系统。

（2）伺服系统领域：以苏州、常州、南京产业集群为代表，形成了通用伺服系统、微型直流伺服系统以及直线电动机等新一代运动控制高端品牌。

（3）减速器领域：南通振康、苏州绿的谐波传动科技股份有限公司、南京高精传动设备制造集团、国茂股份等企业深入研发及创新，在 RV 减速器、谐波减速器方面已经同外资品牌处在同一技术水平线。

（4）传感器领域：依托于优质的科研人才储备，江苏省在力传感器、MEMS 传感器和激光导航仪器等领域均取得了较大的突破。目前，苏州市已经成为我国 MEMS 传感器主要生产地。

四、重点园区情况

江苏省在苏州、南京、常州、徐州累计建设了 6 个机器人产业园。除机器人产业园外，南京江宁经济开发区和苏州工业园区两大综合性园区也聚集了一批优秀的机器人企业。江苏省重点机器人产业园区情况见表 1。

表 1　江苏省重点机器人产业园区情况

序号	产业园名称	所在地	重点企业情况
1	江苏吴中经开区机器人产业园	苏州市	苏州灵猴机器人有限公司、科沃斯机器人科技有限公司
2	昆山高新区机器人产业园	昆山市	昆山华恒焊接股份有限公司、昆山穿山甲机器人有限公司、库卡工业自动化（昆山）有限公司、哈工大机器人集团（昆山）有限公司等
3	徐州经济技术开发区机器人产业园	徐州市	徐州海伦哲专用车辆股份有限公司、徐州天荣医疗通讯设备有限公司、徐州市科诺医学仪器设备有限公司等
4	常州机器人产业园	常州市	安川（中国）机器人有限公司、常州市钱璟康复股份有限公司、金石机器人常州股份有限公司、纳博特斯克（中国）精密机器有限公司等国内外知名企业
5	南京麒麟机器人产业园	南京市	机器人相关企业入驻数百家
6	张家港机器人产业园	张家港市	那智不二越（江苏）精密机械有限公司、伊萨焊接器材（江苏）有限公司、张家港先锋自动化机械设备股份有限公司等机器人及自动化企业

五、小结

2021 年，江苏省机器人产业势头强劲，在多个机器人细分领域实现了技术突破。作为我国制造业产业链中枢之一，江苏省不断推进高端智能制造产业发展，推动“智改数转”行动落地，依托江苏省制造业产业平台优势，助力机器人产业全面、稳定、健康发展。

〔撰稿人：江苏省机器人专业委员会卢昊、王琼〕

2021 年浙江省机器人行业发展概况

一、行业发展概况

“十三五”以来，浙江省深入实施“机器换人”“机器人+”、智能化技术改造等行动，突出应用先行，多措并举推进机器人产业提质赶超发展。截至 2021 年年底，全省有机器人产业核心企业 337 家，上下游及配套企业近 1 000 家，在役工业机器人近 13 万台，保有量位居全国前列。

1. 产业体系较为完整

近年来，浙江省机器人企业队伍不断壮大，已形成涵盖机器人零部件、整机、集成应用及周边配套的完整产业链体系。其中，整机领域集聚浙江钱江机器人有限公司（简称“钱江机器人”）、杭州凯尔达焊接机器人股份有限公司（简称“凯尔达”）、杭州申昊科技股份有限公司（简称“申昊科技”）、杭州海康机器人技术有限公司（简称“海康机器人”）等近 100 家企业；零部件领域集聚浙江环动机器人关节科技有限公司（简称“环动科技”）、恒丰泰精密机械股份有限公司（简称“恒丰泰”）、杭州中科伺尔沃电机技术有限公司（简称“中科伺尔沃”）等 150 余家企业；系统集成及周边配套环节集聚 110 余家企业。

2. 企业创新能力增强

目前，浙江省机器人产业领域已部署建设省级制造业创新中心 1 家，培育省级以上企业技术中心 7 家；已有 20 余家企业、机构主持或参与制（修）订机器人领域国家标准、行业标准 40 余项。2020 年，浙江省机器人专利申请量已累计 2.5 万余件，位居全国第四位。

3. 应用推广全国领先

浙江省坚持应用先行，积极推进工业机器人推广应用。截至 2021 年年底，全省累计工业机器人保有量近 13 万台，工业机器人密度近 200 台/万人，高于全国平均水平；累计培育 140 家省级机器换人工程服务公司，机器人市场化推广力量不断壮大。

二、主要企业及重点产品

近年，浙江省大力推动机器人产业发展，充分激发企业活力，营造了良好的产业生态，在机器人产业各细分领域集聚了一批领军企业。

1. 工业机器人

钱江机器人（股票简称：爱仕达，股票代码：002403）是浙江省内最大的工业机器人本体制造企业，拥有完整的机器人产品线，掌握了工业机器人核心技术，其喷涂机器人是国内首款通过国家防爆认证的工业机器人，弧焊机器人获得“浙江制造精品”认定，且在国内首批获得 CR 认证。

杭州新松机器人自动化有限公司（股票简称：机器人，股票代码：300024）是一家以机器人独有技术为核心，致力于数字化智能高端装备研发制造的国家高新技术企业，是新松机器人自动化股份有限公司的“南方总部”，浙江省第一批“机器换人”工程服务公司和高端装备制造业骨干企业。

浙江万丰科技开发股份有限公司是一家致力于高端智能装备制造、机器人及自动化系统集成等相关业务的高新技术企业，是我国铸造装备行业排头兵企业、工业和信息化部首批《工业机器人行业规范条件》企业和浙江省首批“机器换人”工程服务公司。

凯尔达（股票简称：凯尔达，股票代码：688255）是国内少数几家同时掌握机器人焊接设备、机器人手臂及控制器核心技术的厂商之一，其焊接机器人在工业焊接领域具有领先的技术与市场优势。

2. 移动机器人

海康机器人（股票简称：海康威视，股票代码：002415）是国内移动机器人领域的龙头企业，截至 2021 年 9 月，移动机器人业务累计服务全球客户数超 1 500 家，交付机器人逾 30 000 台。该公司自筹资金投资 15.34 亿元建设智能制造（桐庐）基地项目，预计规划产能为年产 10 万台移动机器人产品，500 万套机器视觉产品。

申昊科技（股票简称：申昊科技，股票代码：300853）是一家致力于设备检测及故障诊断设备开发和制造的高新技术企业，目前已开发了一系列具有自主知识产权的智能机器人及智能监测控制设备，可用于电力电网、轨道交通、油气化工等行业，为客户无人或少人值守和智能化管理提供有效的检测、监测手段。

浙江国自机器人技术股份有限公司建立了完整的移动机器人技术体系，形成了以智能巡检、智能物流、智能商用及智能制造为核心的产品体系，在产能规模、产品谱系、场景应用等方面跻身行业前沿。截至 2021 年，公司累计申请专利数量突破 1 000 件，获得各类奖项超过 100 项。

杭州国辰机器人科技有限公司以智能机器人、特种机器人、机器视觉、智慧工厂及园区整体解决方案为核心，致力于多元化生态链产业发展，打造机器人产业技术平台。

杭州迦智科技有限公司是全球智能移动机器人领域先行

公司之一，据睿工业 2020—2021 年度市场研究数据显示，该公司在我国工业物流自然导航 AMR 市场占有率居第一位。

3. 特种机器人

杭州景业智能科技股份有限公司（股票简称：景业智能，股票代码：688290）是浙江省核工业智能制造解决方案的领军企业，其核工业电随动机械手填补了国内空白，达到国际领先水平；核工业自动取样系统首次实现核工业放射性料液取样关键过程的自动化，实现了核工业重大工程应用。

浙江厚达智能科技股份有限公司是浙江首批省级“机器换人”工程服务公司，百佳示范机器人系统集成商，其自主研发的中药智能化煎制系统是中医药智能装备领域唯一入选 2021 年度“浙江制造精品”的产品。

杭州爱科科技股份有限公司（股票简称：爱科科技，股票代码：688092）是智能切割产业的领导者，是国内在非金属切割智能装备细分领域内的首家上市企业，产品曾获“浙江省科技进步奖二等奖”“浙江省出口名牌产品”“杭州市名牌产品”等荣誉。

宁波慈星股份有限公司（股票简称：慈星股份，股票代码：300307）是全球智能针织机械供应商之一，目前已成为国内智能针织装备的龙头企业，产品市场占有率全球第一，远超全球其他同类品牌。

浙江省建工集团有限责任公司（股票简称：浙江建投，股票代码：002761）与杭州固建机器人科技有限公司联合开发的钢结构智能生产线项目在国内建筑机器人领域具有较高的知名度，受到住房和城乡建设部、浙江省住房和城乡建设厅及各大建筑和钢结构企业的关注。

若比邻机器人科技有限公司是我国第一家致力于前端机器手臂开发的机器人公司，聚集了国内外机器人领域、仿生学领域的顶级技术人才，自主完成了人用机器手的结构设计，是全球机器人仿生手的领航者。

杭州云深处科技有限公司是全球四足机器人行业应用引领者，也是亚洲第一家开展行业应用的智能四足机器人企业，在我国率先实现一只机器狗全自主巡检 2.5 万 m^2 变电站。

4. 关键零部件

环动科技（股票简称：双环传动，股票代码：002472）自主研发了型谱齐全的 40 余种高精密减速器，各项性能指标均达到国际先进水平；2020 年、2021 年连续两年在国内国产机器人减速器市场占有率排名第一。

恒丰泰是一家专注于精密传动技术和行业应用的国家级高新技术企业，是国内减速器行业排头兵，浙江省创新型企业试点单位和专利示范单位。

中科伺尔沃是一家致力于国际中高端伺服电机、驱动器的研发、生产、销售于一体的高科技公司，同时每年可以为客户提供 20 万套高性能伺服电机产品。

杭州得润宝油脂股份有限公司是浙江省工业机器人润滑产品领域的龙头企业，2021 年成功研制了国内首台（套）低温（-40℃）RV 减速器脂，其中灵威 9101 在机器人头部企业产品中广泛应用。

5. 新锐企业

近年来，浙江省涌现出了一批机器人行业新锐企业，例如，杭州芯控智能科技有限公司设计出了一款针对智能工厂自动生产线的编程软件——Factory Steam，成为国内首款面向工业应用而非机器人教学的在线实施软件。浙江谱麦科技有限公司的工业机器人性能测量系统荣获浙江省 2021 年人工智能典型应用场景和优秀解决方案（产品）。杭州灵西机器人智能科技有限公司建立了“省级高新技术企业研究开发中心”——浙江省灵西三维机器人视觉高新技术企业研究开发中心，是浙江省内唯一一个三维机器视觉企业研究开发中心。

三、创新平台及产业园区

浙江省依托机器人产业良好创新条件，着力建设高能级机器人创新平台与特色产业园区，构建了机器人与智能装备产业的创新链和服务链，有效地促进了机器人产业生态发展。

1. 创新平台

之江实验室智能机器人研究中心是之江实验室打造国家战略科技力量的重要组成部分。之江实验室是浙江省委、省政府深入实施创新驱动发展战略、探索新型举国体制浙江路径的重大科技创新平台。之江智能机器人研究中心现拥有全职科研人员 130 余人，专业背景覆盖智能机器人技术全链条，已取得一批智能机器人领域的重要研究成果，是浙江省智能机器人技术的研发高地。

中国（浙江）机器人及智能装备创新中心围绕机器人及智能装备产业链部署创新链，重点打造“智造技术众包研发平台”和“解决方案展示推广平台”，并强化成果转化、创业孵化、人才培养、采购服务、资本服务 5 项外围公共服务功能。

浙江大学机器人研究院由浙江大学与余姚市人民政府共建，开展高水平机器人技术创新研究和高效率技术成果转化，探索高等工程教育改革新路子，培养造就机器人行业急需的交叉复合型高层次人才，是“政产学研用”深度融合的科研与人才培养机构。

2. 产业园区

萧山机器人小镇重点发展机器人及智能装备，聚焦产业链、生态链、服务链三个关键方向，已开展“一赛一展一会一讲堂一沙龙”[机器人赛事、机器人行业展会、中国（杭州）国际机器人西湖论坛、机器人小镇大讲堂、主题沙龙]的多彩活动，助力小镇企业健康成长；为打造国际化机器人产业生态圈，于 2020 年成立的国际机器人组织联盟总部落户萧山机器人小镇，促进世界各地区机器人产业创新与发展。

余姚机器人智谷小镇形成了包含关键零部件、整机研发和系统集成的机器人产业链体系，组建了机器人与智能装备产业创新服务综合体，打造集产业、文化、旅游、社区四位一体的智慧型、生态型国际高新技术园区，带动了科普教育、商务考察等工业观光旅游业态的发展，是“中国机器人峰会”的举办地。

干窑机器人创业创新产业园坚持科技、人才创新理念，以人工智能与机器人、精密机械、智能传感等产业为主导，打造核心区（功能客厅）、产业集聚区、生活配套区、窑文化旅游区，是一个集生产、生活、生态“三生融合”的特色园区，生活环境便利、科创基础扎实、产业生态优良。

四、存在的问题

总体而言，浙江省机器人产业的发展取得了一定成效，但对比发达国家和国内领先省份，特别是对标全国智能机器人产业高地建设目标定位，仍存在一定差距。

1）行业领军企业少，特别是具有产业链资源配置力、生态构建力和市场定价权的链主企业少。

2）整机产品推广难，浙江省内工业机器人市场仍被国外品牌占据，特别是90%以上的高端市场被国际机器人四大家族瓜分。

3）关键技术突破慢，自主研发的关键核心零部件兼容性、稳定性与国际先进水平还有明显差距。

4）智能机器人研发、产业化进程不快，缺少标志性成果。

五、发展规划及战略

基于目前浙江省机器人产业发展的现状和主要问题，浙江省提出了机器人产业近年的发展目标和规划。到2025年，浙江省智能机器人前沿理论研究水平达到国内领先、世界一流，机器人及关键零部件性能品质达到国际同类产品先进水平，机器人集成应用和商业模式创新成为全国标杆，产业生态进一步完善，成为全国智能机器人产业高地。主要举措包括：

（1）提升关键技术创新能力。加强前沿理论研究和关键共性技术攻关，推进产业链协同创新，建设高水平创新载体。

（2）培育壮大骨干标杆企业。培植骨干标杆企业。加强在全球引资引智。

（3）推进工业机器人集成应用。开展分行业集成应用推广，培育机器人工程服务公司，搭建机器人工业互联网平台。

（4）加快培育发展服务机器人。加快消费服务机器人应用模式创新，加快抢占公共服务机器人细分市场，开发推广特种服务机器人。

（5）大力推动产业集群化发展。建设一批产业基地，搭建一批公共服务平台。

〔撰稿人：浙江省机器人产业发展协会宋伟、郑涛、蔡建东〕

2021年湖北省机器人行业发展概况

一、行业发展概况

2021年，湖北省拥有机器人生产企业近100家，其中，获得省级专精特新“小巨人”的企业有15家。在研发方面，华中科技大学在多维工业机器人（搬运、清洁、喷漆等）、外骨骼式康复医疗机器人等方面的研究国内领先，武汉大学在电力专用机器人等研究方面实力雄厚；在设计制造方面，拥有武汉华中数控股份有限公司（简称“华中数控”）、武汉奋进智能机器有限公司（简称“奋进智能”）、湖北三丰智能输送装备股份有限公司（简称“三丰智能”）等一批骨干企业；在下游应用领域方面，拥有武汉华工激光工程有限责任公司（简称“华工激光”）、武汉团结激光股份有限公司（简称“团结激光”）、武汉楚天激光（集团）股份有限公司（简称“楚天激光”）等国内知名企业；在创新平台方面，拥有国家信息光电子创新中心、国家数字化设计与制造创新中心等一批创新载体。目前，全省已初步形成以武汉为核心，以襄阳、宜昌、十堰、荆州、孝感、黄石等地为支撑的机器人产业发展格局。

在零部件环节，高精度减速器、高性能伺服电机和驱动器、运动控制器、传感器、末端执行器等核心零部件的研制取得重要进展，培育了华中数控、湖北科峰传动设备有限公司（简称“科峰传动”）等知名企业。其中，华中数控在机器人控制系统、伺服驱动和电机等方面具有完全自主知识产权。

在本体制造环节，已成功研制关节型机器人、移动作业机器人和直角坐标型机器人等系列产品，集聚了埃斯顿（湖北）机器人工程有限公司［简称“埃斯顿（湖北）”］、武汉申安智能系统股份有限公司（简称“申安智能”）等企业。其中，埃斯顿（湖北）拥有全系列关节型工业机器人产品，广泛应用于焊接、打磨和喷涂等领域。

在系统集成环节，大力拓展搬运、焊接、喷涂、码垛等机器人系统的集成应用，拥有奋进智能、三丰智能等企业。其中，奋进智能深耕上甑机器人、窖池机器人、制曲机器人等酿酒行业解决方案；三丰智能通过并购省外机器人企业实现技术、应用高位嫁接，研制出具有搬运、装配等功能的AGV移动机器人。

二、重大举措或事件

1. 出台《湖北省制造业产业链链长制实施方案（2021—2023年）》

2021年5月，为提升重点产业链现代化水平，增强重点产业链供应链自主可控能力，促进全产业链素质整体跃升，湖北省人民政府出台了《湖北省制造业产业链链长制实施方案（2021—2023年）》，聚焦智能制造装备产业链，通过提升产业链带动链主企业、骨干企业、单项冠军企业做大做强做优，提升国内、湖北省内配套水平，重点培育产业链链主企业50~80家，力争突破“卡脖子”技术20项。积极融入国内国际双循环，通过实施产业链外向度提升行动，实现货物贸易进出口额年均增长10%。

2. 印发《湖北省制造业高质量发展“十四五”规划》

2021年10月，湖北省人民政府发布了《关于印发湖北省制造业高质量发展“十四五”规划》的通知。《湖北省制造业高质量发展“十四五”规划》提出“着力打造5个万亿级支柱产业，巩固提升10个五千亿级优势产业，培育壮大20个千亿级特色产业集群，前瞻布局一批未来产业”的主攻方向与发展重点，机器人作为高端装备产业的主攻方向之一名列其中。到2025年，湖北省力争迈进全国制造强省第一梯队行列，制造业总量迈上新台阶，其中高端装备产业营业收入达到5 500亿元，年均增长8%左右，智能制造装备产业集群营业收入达到1 500亿元。

3. 举办“湖北省首届智能机器人创新大赛”

2021年12月21日，在湖北省科学技术厅的主办下，湖北省机器人产业创新战略联盟承办了湖北省首届智能机器人创新大赛，此大赛以“科技赋能、智联万物”为主题，集聚了智能机器人在细分行业领域场景应用的近30个创新参赛项目，经内部审核、专家初赛，共10个参赛项目在决赛现场进行激烈的角逐，武汉库柏特科技有限公司的人工智能遥控超声诊断机器人项目获得一等奖，大赛的举办激发了智能机器人产业发展的创新活力，为企业和高新院校搭建合作交流平台，共同推动湖北省在智能机器人技术创新发展领域迈向新高地。

三、优势与不足

1. 优势

虽然湖北省机器人行业发展时间不长，但其特点十分明显。

（1）转型优势突出。湖北地区交通发达，机械制造业基础雄厚，每年有武汉大学、华中科技大学等100多所高校培养100多万名大学生，技术及人才优势为智能制造业的快速高质量转型发展提供了十分便利的条件。

（2）应用种类齐全。湖北省机器人企业应用领域涉及汽车、电子、酿酒、建筑、烟草、医疗、中药、蘑菇采摘、耐火材料、食品加工、教育娱乐等10多个领域，机器人类型包括搬运、码垛、焊接、喷涂、装配、虚拟现实（VR）和娱乐等类型。

（3）创新实力强。湖北省机器人企业都是国家高新技术企业，企业的产品都有自主知识产权，每个企业的国家授权专利达到了10项以上，发明专利比例不低于20%，创新骨干员工占总员工比例不低于30%。

（4）行业地位领先。湖北省机器人企业推出的应用产品在行业的知名度较高，大部分产品的市场占有率在50%以上，成为销量冠军。有的企业还是行业标准制定单位，制定行业标准10项以上。

（5）发展前景向好。疫情对智能制造行业提供了良好的发展机遇，机器换人势在必行。在各行各业发展受到新冠肺炎疫情影响的同时，湖北机器人行业中的大部分企业营业情况均良好。

2. 不足

湖北机器人行业发展主要存在以下几点不足之处。

（1）企业规模不大。湖北的机器人企业规模大都在1亿元以下，在湖北省全部机器人企业中的占比为90%以上。企业在研发生产应用方面投入力度较大，在企业及产品宣传方面，与行业的快速发展进程不相匹配，市场推广还存在一定的缺陷。

（2）企业成本压力大。与国外厂商相比，我国的机器人本体研制厂商在零部件采购中常遇到价格歧视，同款产品的国内售价最高是原产地的2倍以上，部分核心零部件甚至对我国实施禁售，民营企业研发资金来源不足难以配套发展。

（3）产品以中低端为主。应用于汽车制造、焊接等高端行业领域的六轴或以上高端工业机器人市场中，有90%被日本和欧美企业占据，武汉的机器人种类主要是搬运、码垛等低端机器人，高端市场份额不到5%，产品的附加值偏低，智能化程度不高。

（4）政策精准扶植有待完善。在政策上对行业协会、机器人产业园区、机器人市场布局及产品研发等环节的规范还有待进一步完善，在资金配套上与发达地区相比还存在一定差距，对机器人行业的优惠措施有待加强。

（5）专业人才缺失。“机器换人”所替代的是大量简单劳动力和一般技术工人，但相应的机器人技术研发、操作、维修、营销及管理人员需求大幅提升，在全国的缺口达500万人，而湖北培养出来的相关人才有90%到沿海等发达地区发展。

〔撰稿人：湖北省机器人产业创新战略联盟魏绍炎、秦兰〕

2021 年广东省机器人行业发展概况

一、产业发展现状

1. 机器人产业市场规模

广东省一直以来是机器人生产和应用大省，也是国内机器人产业的主要聚集区之一，智能机器人产业被列为广东省十大战略性新兴产业之一。目前，广东省机器人产业发展走在全国前列，其市场占有率占全国机器人市场的1/3，且近几年还在不断扩大。2021 年，随着新冠肺炎疫情在全球范围内得到控制，机器人市场逐渐回暖。广东机器人迎来高速发展期，机器人产量和销量都迅速增长，应用行业在广度和深度上持续拓展，融资市场活动十分活跃，产业生态走向成熟。

2021 年，广东省机器人产业营业收入达 533.9 亿元，同比增长 24.1%，两年平均增长 32.1%。从整体趋势来看，2021 年，广东省机器人市场规模保持了增长趋势，但受新冠疫情影响，增速放缓。

从行业分布看，机器人产业共包括 4 个行业，其中增长最多的是服务消费机器人，同比增长 39.5%；其次是特殊行业工业机器人，同比增长 32.6%。从收入占比看，服务消费机器人与特殊行业工业机器人收入在机器人总收入中的占比明显偏低，分别为 20.7%和 1.2%；工业机器人与智能无人飞行器收入在机器人总收入中的占比分别为 25.0%、53.0%，得益于广东省雄厚的制造业基础。同时，制造企业数字化、智能化转型建设步伐日益加快，有力推动了工业机器人市场的快速发展。服务消费机器人、特殊行业工业机器人因新冠疫情“非接触”的市场需求快速增长，带动应用场景增加，增速远高于智能机器人产业的总体增速。需求潜力巨大，市场空间将持续拓展。2021 年广东省智能机器人产业分行业收入情况见表 1。

表 1　2021 年广东省智能机器人产业分行业收入情况

行业名称	营业收入（亿元）	占比（%）	增长率（%）
工业机器人	133.7	25.0	25.0
智能无人飞行器	282.9	53.0	16.3
服务消费机器人	110.8	20.8	39.5
特殊行业工业机器人	6.4	1.2	32.6
合计	533.9		24.1

注：数据来源于广东省机器人协会。由于四舍五入，表中数据分项之和与总数略有出入。

可以看出，智能机器人产业聚集明显。其中，工业机器人与智能无人飞行器产业市场规模庞大，收入稳定增长。特殊行业工业机器人和服务消费机器人产业应用场景不断扩展，产业收入高速增长，占比还有待提高，未来市场潜力巨大。

2. 机器人产业分布情况

广东省现有机器人产业主要集中在广州市、深圳市、佛山市、东莞市等珠三角地区，其中各市机器人产业聚集区分别是广州市黄埔区、深圳市宝安区、深圳市南山区、佛山市顺德区和东莞市松山湖高新技术开发区，粤东西北地区机器人产业占比非常少。

从骨干/培育企业角度分析，广东省已有省级机器人骨干（培育）企业 84 家，产品不断丰富，2021 年广东省机器人骨干/培育企业区域分布情况如图 1 所示。深圳市分别拥有机器人骨干企业 13 家和培育企业 18 家；广州市分别拥有机器人骨干企业 12 家和培育企业 8 家；紧随其后的城市依次为珠海市（机器人骨干企业 4 家和培育企业 6 家）、佛山市（机器人骨干企业 6 家和培育企业 3 家）、东莞市（机器人骨干企业 5 家和培育企业 3 家）、中山市（机器人骨干企业 3 家）、惠州市（机器人骨干企业 1 家）、江门市（机器人骨干企业 1 家）及汕头市（机器人培育企业 1 家）。

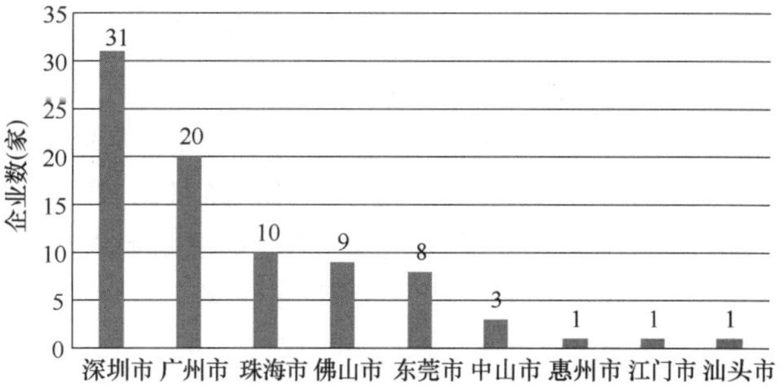

图 1　2021 年广东省机器人骨干/培育企业区域分布情况

注：数据来源于广东省机器人协会。

从产品类型角度分析，深圳市以服务机器人为主，广州市以工业机器人为主，佛山市、东莞市以机器人集成应用为主，其他周边城市例如珠海市、中山市等机器人的研发应用相对不足。据广东省机器人协会调研数据显示，广东省工业机器人企业的数量在机器人企业中的占比位居首位，占比高达 57.3%；其次是服务机器人，企业数量在机器人企业中的占比为 32.0%；特种机器人与无人机（船）

企业数量在机器人企业中的占比则分别为 6.7%与 4.0%。由此可见，广东省机器人产业结构与我国的机器人总体产业结构基本一致。广东省机器人产业结构分布情况（按企业数量分）如图 2 所示。

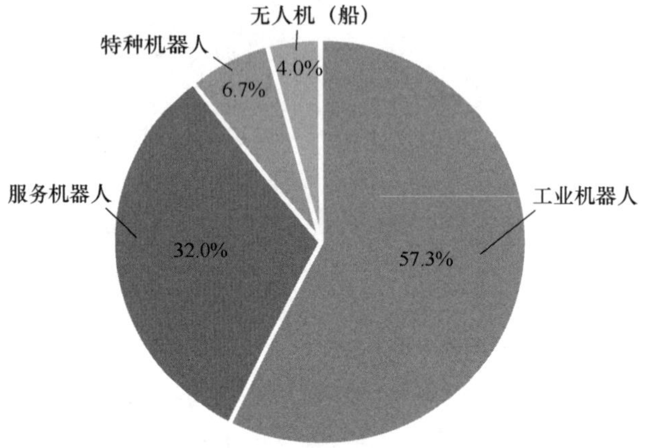

图 2　广东省机器人产业结构分布情况（按企业数量分）

注：数据来源于广东省机器人协会。

总的来说，广东省工业机器人、服务机器人、特种机器人等产品蓬勃发展，表现均优于全国平均水平，说明经过多年的优化调整，广东省的机器人产业结构与外部环境已相对成熟，推动机器人核心技术研发、本体生产、系统集成、场景应用等要素稳定发展，机器人高端创新与人才集聚能力持续提升。

3. 机器人市场融资情况

随着机器人行业应用需求的增加，机器人市场融资活动越发频繁。2021 年是机器人行业蓬勃发展的一年，也带来了机器人赛道的融资热潮。

据不完全统计，2021 年广东省机器人行业融资的企业累计有 956 家，其中，服务机器人企业的融资金额在机器人企业总融资金额中的占比最高，为 54.8%，工业机器人企业融资金额在机器人企业总融资金额中的占比为 30.4%，其他类型的机器人企业融资金额在机器人企业总融资金额中的占比为 14.8%。整体资本更青睐于服务机器人领域，如医疗机器人、物流机器人等，而工业机器人的融资更多集中于产业链上游，从进一步的细分产业来看，以传感器、控制器、激光雷达、机器视觉等具有中高技术门槛的领域为主。

新冠肺炎疫情的发生成为释放机器人需求的关键时间点，医疗、教育、公共服务等领域需求暴涨带来服务机器人产量爆增、融资增长。工业机器人行业上游投资赛道火热则与国家政策导向有关，即引导社会资本进入机器人关键零部件领域，突破“卡脖子”问题。同时，关键零部件可广泛用于各行业，市场体量大，因而也吸引社会资本投入。整体来看，大部分机器人企业仍处于中期发展阶段，极具发展潜力和实力。广东省具备孕育机器人产业国际龙头企业的基础条件，机器人市场增长势头良好。广东省机器人产业融资分布情况（按企业数量分）见图 3。

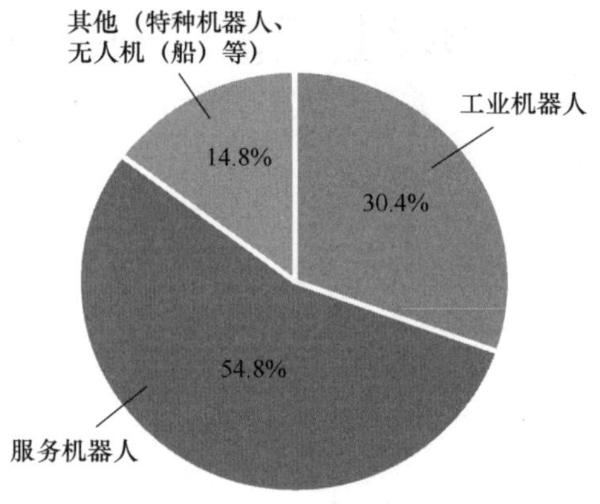

图 3　广东省机器人产业融资结构分布情况（按企业数量分）

注：数据来源于广东省机器人协会。

4. 机器人产业供给情况

当前，新一轮科技革命和产业变革加速演进，新一代信息技术、生物技术、新能源、新材料等与机器人技术深度融合，机器人产业迎来升级换代、跨越式发展的窗口期。

制造业企业数字化转型加快，推动工业机器人产量不断提升。从市场运行情况来看，2021 年我国工业机器人产量再上新台阶。国家统计局快报数据显示，继 2020 年全国工业机器人产量突破 20 万台（套）大关后，2021 年我国工业机器人产量累计达 36.6 万台（套），同比增长 44.9%，创历史新纪录。2021 年广东省工业机器人累计产量为 12.44 万台（套），在全国工业机器人总产量中的占比为 34.0%，同比增长 76.7%，高出全国平均增长率 11.6 个百分点，自 2020 年首次超过上海后连续两年保持全国第一，充分显现了广东制造业转型升级的强大韧性和活力。2017—2021 年广东省工业机器人产量情况如图 4 所示。

在服务机器人方面，2021 年，全国共生产服务机器人 921.44 万台（套），同比增长 48.9%，市场规模近 400 亿元。2021 年，广东省服务机器人产量同比增长 41.5%，服务消费机器人制造产业营业收入为 110.8 亿元，在全国市场占 1/4。在市场需求波动的影响下，服务机器人市场增速出现回调，广东省受国内外环境影响尤为突出，产量同比增速均低于全国增速。从全国来看，服务机器人产量累计增长率基本呈现逐月下滑态势，但近 50%的增长率依然属于较快的增长范畴，随着疫情逐渐得到控制，以及医疗、公共服务需求的持续旺盛，未来服务机器人存在巨大市场潜力和发展空间。2021 年服务机器人产量累计同比增长情况如图 5 所示。

二、发展环境和趋势

“十二五”以来，在政策支持、技术和应用不断革新以及市场需求持续推动的总体环境下，广东省机器人产业蓬勃发展，产业规模快速扩大。机器人智能水平不断提升，

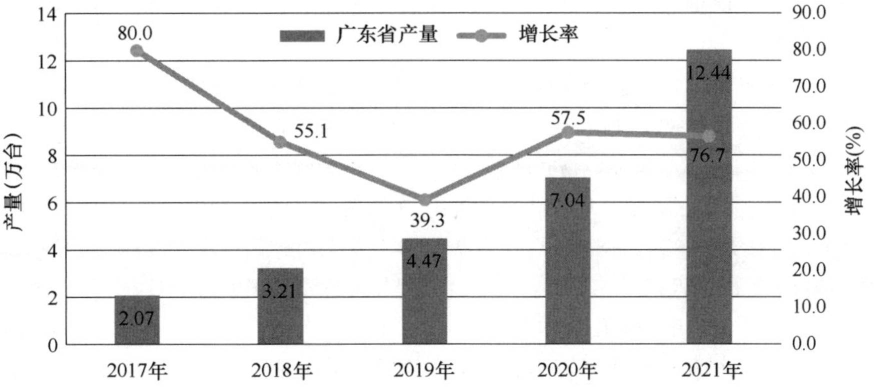

图 4　2017—2021 年广东省工业机器人产量情况

注：数据来源于广东省机器人协会。

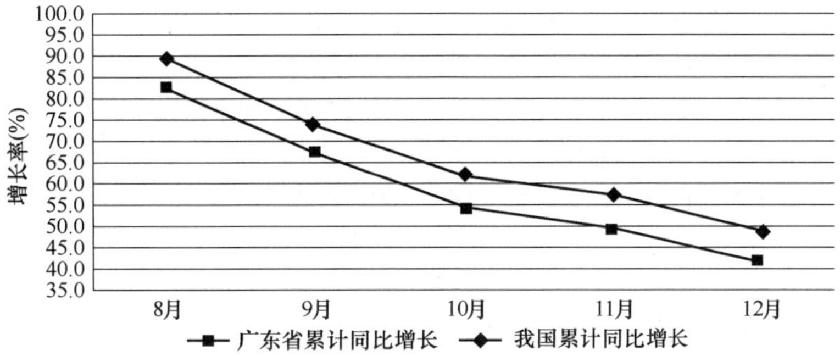

图 5　2021 年服务机器人产量累计同比增长情况

注：数据来源于广东省机器人协会。

机器人国产化率不断上涨。产品类型持续丰富、重点领域创新应用层出不穷。机器人产业正向规范化、智能化、网络化和数字化方向快速迈进。

1. 政策利好引导机器人产业蓬勃发展

机器人产业发展是时代的浪潮所推动，大势所趋。近年来，国家不断出台法律法规和政策支持装备制造行业健康、良性发展，机器人产业作为高端装备制造业的重点领域得到了国家政策的鼓励与支持。从“十二五”开始，机器人产业就成为发展规划的重点发展对象之一，各项政策的陆续出台，均强调要重点发展机器人产业。广东省对机器人产业非常重视，大量政策措施出台，为推动相关企业发展、创新，激发市场活力，实现产业高质量发展提供了动力。

《广东省人民政府关于培育发展战略性支柱产业集群和战略性新兴产业集群的意见》首次提出将智能机器人产业集群列入十大战略性新兴产业集群，提出以需求为导向，培育一批深度应用场景，重点发展工业机器人、服务机器人、特种机器人、无人机、无人船等产业，集中力量突破减速器、伺服电机和系统、控制器等关键零部件和集成应用技术。支持广州、深圳等地开展机器人研发创新，珠海、佛山、东莞、中山等地建设机器人生产基地，其他各地做好产业配套。持续优化产业生态，完善产业支撑体系，建设国内领先、世界知名的机器人产业创新、研发和生产基地。并在《广东省培育智能机器人战略性新兴产业集群行动计划（2021—2025 年）》《广东省国民经济和社会发展第十四个五年规划和 2035 年远景目标纲要》等文件中，明确了机器人及相关零部件的发展方向以及产业布局，有助于完善机器人产业链，对促进机器人产业和企业发展具有长远的积极影响。

广东省持续强化机器人与智能制造产业政策引导与扶持力度，在各类规划性政策和财政扶持性政策的支持下，机器人产业实现了人才、市场、资金和技术等的创新开发与聚集，各地的机器人产业园、新的机器人企业如雨后春笋般地成长起来，助推广东省机器人产业向高端迈进。

2. 创新步伐加快促进机器人智能水平大幅提升，国产化率逐步提升

近年来，广东省引导支持机器人相关企业、高校、科研院所等创新主体加快自主创新步伐，加强伺服电机、控制系统、人机交互界面等工业机器人产业链关键环节的投入力度，并围绕传感器、语音和视觉、机器人大脑、机器人芯片、操作系统等服务机器人重点领域开展科研创新与应用试点工作。集聚全球创新资源，布局重大科技基础设施和重大创新平台，开展前沿先导技术和重大战略产品研发。完善科技成果转化机制，积极推动集群企业进行高价

值专利培育布局，强化知识产权保护与产业化应用，大力推进机器人服务和应用创新。

目前，广东省机器人整体研发投入位于全国前列，普遍重视推动新一代信息技术及智能科技与机器人创新的有机结合，基于5G网络、数据中心、人工智能、物联网等技术持续改进机器人的产品服务功能，显著提升产品性能，不断创新应用场景，并通过合作开发、通用技术平台输出、研究成果转让等方式加快技术扩散进程。

一方面，随着我国机器人产学研用协同创新体系的逐步完善，自主品牌机器人产品竞争力逐步增强。机器人控制器、伺服系统、减速器等关键零部件技术均有所突破，国产核心零部件产品市场占有率持续增大，产业链国产化率不断提升。

另一方面，通过机器人产品在越来越多细分领域的深入创新应用，以创新应用带动技术革新，机器人通过不断融入智能语音、处理器、AI算法、通信、大数据、物联网等新技术实现机器人的自主性、适应性、智能化发展，环境感知、语义理解、柔性控制等智能化水平显著提高，更好地满足消费者智能化需求。

3. 广阔的市场需求推动机器人生产与应用

广东省机器人产业市场需求潜力巨大。广东省经济发达，制造业基础雄厚，带来庞大的机器人下游应用行业。目前广东省已成为全国工业机器人主要的生产基地及应用市场。受制造业自动化改造需求和疫情“非接触”需求的影响，机器人使用场景增加，机器换人步伐稳步推进。

作为制造业强省，广东省在装备制造、电子信息、汽车制造等方面具有较强实力，广阔的应用市场和活跃的资本市场为机器人产业发展提供了坚实基础。随着生产制造智能化改造升级的需求日益凸显，机器人的市场需求依然旺盛，细分领域机器换人或人机协作的需求被发现激活，机器人产业迎来新的发展机遇。我国制造业企业多数仍处于早期自动化阶段，众多细分行业对产品附加值和产品稳定性的要求越来越高，推动了机器换人、人机协作的进程，机器人在细分领域的应用需求将加速释放。

此外，受新冠疫情和自然灾害等的影响，由于机器人可以替代人类在更多复杂环境中作业，在安全性、时效性、保质性等方面有效地满足了人们的需求，进一步促进了机器人的生产与应用。比如，疫情期间，面对面服务大量减少，智能接待、无人配送、无人零售等需求增加，为接待机器人、递送机器人、新零售机器人、测温机器人、消毒机器人等服务机器人带来新的发展机遇。

〔撰稿人：广东省机器人协会任玉桐〕

2021年青岛市机器人行业发展概况

一、行业发展概况

2021年作为“十四五”开局之年，在市场需求引导、技术创新推动和国家政策支持的共同作用下，青岛市机器人产业稳步发展，市场规模不断扩大。2021年10月，《青岛市“十四五”制造业高质量发展规划》正式印发，明确提出“大力发展工业机器人”。加快构建以工业机器人、自动化成套生产线等为代表的智能制造体系，为机器人产业与实体经济深度融合发展提供了更广阔的市场。

根据青岛市机器人产业协会的不完全统计，目前，青岛市已集聚机器人上下游企业70余家，其中，青岛宝佳智能装备股份有限公司（简称“宝佳智能”）、青岛科捷机器人有限公司（简称“科捷机器人”）、青岛诺力达智能科技有限公司3家企业被列入国家工业机器人行业规范名录；海尔集团公司、宝佳智能、中车青岛四方车辆研究所有限公司、海克斯康测量技术（青岛）有限公司、科捷智能装备有限公司（简称“科捷智能”）、华晟（青岛）智能装备科技有限公司等9家企业符合智能制造系统解决方案供应商规范条件。

二、重点产品及主要企业

目前青岛市机器人产业集聚效应初显，技术水平已进入国内先进行列。产业链上的企业呈阶梯式分布，既有青岛新松机器人自动化有限公司（简称“青岛新松”）、软控股份有限公司、青岛丰光精密机械股份有限公司（简称“丰光精密”）等上市企业，也有青岛北洋天青数联智能股份有限公司、青岛通产智能科技股份有限公司（简称“通产智能”）等新三板上市企业；还有宝佳智能、科捷机器人、科捷智能等多家拟上市企业。世界机器人排名前10位的企业中，已有ABB、安川电机（YASKAWA）、发那科（FANUC）、那智不二越（NACHI）、新松（SIASUN）、欧地希（OTC）6家落户青岛。

以核心零部件生产为主的产业链上游企业中，丰光精密自主研发的伺服电机关键零部件，已成为安川电机等知名企业的稳定供应商；国华（青岛）智能装备有限公司自主研发的高刚度新型圆弧齿形谐波减速器，其极限承载能力优于国内外同类产品，实现高端谐波减速器的国产化；青岛宇方机器人工业股份有限公司、青岛誉见大海人工智能科技有限责任公司、青岛旭升视觉有限公司等在机器人电控系统、基础软件、机器视觉等技术领域拥有自主研发的产品，并形成了一定规模。

在产业链中游的机器人本体生产企业中，青岛新松在新冠肺炎疫情影响下，销量逆势同比增长 277%，其核心产品——重载 AGV 产量同比增长 450%；通产智能面向智慧城市建设及公共安全场景开发的服务型机器人已在多个领域广泛应用；青岛澳西智能科技有限公司（简称“澳西智能”）研发的消防救援特种机器人已成功投入市场；青岛悟牛智能科技有限公司研发的无人驾驶车和智能采摘机器人等已在多地开展示范应用；以青岛罗博飞海洋技术有限公司、飞马滨（青岛）智能科技有限公司等为代表的水下勘测机器人、水下柔性自适应智能清洗机器人、无人艇的研发生产，标志着这些企业也在快速成长。

以机器人系统集成及应用为主的产业链下游，是青岛市机器人产业发展的“快车道”，聚集了行业内 80% 以上企业。占据国内饲料行业机器人应用市场 70% 以上的宝佳智能，作为工业和信息化部乳品饮料中标系统商，为新希望集团有限公司等乳品饮料龙头企业成功提供机器人系统解决方案，并且承担了科学技术部“‘科技助力经济 2020’重点专项—支持少人化安全生产的食品行业智能成套装备及全流程管控关键系统”项目的研发；科捷机器人与吉利科技集团有限公司签署全面战略合作框架协议和战略投资协议，深耕新能源汽车换电领域；青岛曼尼科智能科技有限公司的应用场景实现由单一行业向 3C 电子、医疗、汽车制造行业转变；青岛海德马克智能装备有限公司的重载锻造机器人在国内占据重要地位。2021 年青岛市创新产品推荐目录——机器人产品名录（部分）见表 1。

表 1　2021 年青岛市创新产品推荐目录—机器人产品名录（部分）

序号	创新产品	所属企业
1	BLDC（无刷直流电机）定子生产线	中特科技工业（青岛）有限公司
2	飞鱼号微型水下机器人	青岛罗博飞海洋技术有限公司
3	防爆消防灭火侦察机器人	青岛澳西智能科技有限公司
4	水下柔性自适应智能清洗机器人	飞马滨（青岛）智能科技有限公司
5	龙门机器人分拣码垛系统	青岛科捷机器人有限公司

（续）

序号	创新产品	所属企业
6	T 轴碳纤维轻型材料高速桁架机器人	青岛星华智能装备有限公司
7	袋装颗粒产品柔性自动化装盒装箱成套装备	青岛宝佳智能装备股份有限公司
8	全液压重载机器人	青岛海德马克智能装备有限公司
9	全自动快递物流供件分拣系统	科捷智能科技股份有限公司
10	轮胎胎胚空中悬挂搬运车	华晟（青岛）智能装备科技有限公司

三、主要园区及产业集群

目前，青岛市拥有青岛国家高新技术产业开发区（简称“青岛高新区”）、中德生态园、山东省机器人产业园三大机器人园区。

青岛高新区聚焦机器人产业、智能制造装备等领域。截至目前，青岛高新区已累计引进优质机器人产业链项目 200 余项，总投资金额超过 160 亿元，在青岛市全部企业投资金额中的占比达 80% 以上。机器人产业链上中下游均已在青岛高新区初步形成企业梯次配置和产业闭环，形成以“国际机器人产业园”为主要基地的智能制造产业集群。2021 年年初特种爬壁机器人北方总部项目、青岛高测高精密数控装备产业园、宝佳智能工业机器人智能集成系统研发生产基地、博锲思智能装备（青岛）有限公司等项目陆续签约开工。

中德生态园位于中国（山东）自由贸易试验区青岛片区，聚集了“机器人与人工智能‘机・慧・圈’创新联盟”、中德智能技术博士研究院、澳西智能等 17 家机器人组织机构与相关企业，成为涵盖机器人研发、制造与核心零部件配套的完整产业链的智能制造和机器人产业园区。园区先后获批全国首批智能制造灯塔园区、中德智能制造合作试点示范园区。

山东省机器人产业园位于青岛市西海岸新区，是以机器人为先导产业，集“政、金、服、产、学、研”六位一体的产业园区，于 2021 年正式交付运营。园区聚集了山东省机器人研究会、凯沃智能（青岛）有限公司、青岛博晟优控智能科技有限公司、山东瑞智飞控科技有限公司等机器人上中下游产业链重点企业。

四、重大举措或事件

1. 出台并实施助推机器人产业发展的政策

2021 年，青岛市出台了《青岛市国民经济和社会发展第十四个五年规划和 2035 年远景目标纲要》《青岛市“十四五”制造业高质量发展规划》，在《青岛市“十四五”

战略性新兴产业发展规划》中明确指出，青岛要打造成为中国北方最大的机器人产业基地。为进一步推动青岛市先进制造业高质量发展，除继续实施《支持机器人产业加快发展的若干政策措施》的机器人行业“新十条”，2021年9月又出台了《青岛市加快先进制造业高质量发展若干政策措施》（青政发〔2021〕18号）。从5个方面18项措施加大扶持制造业发展，精准支持企业推广应用工业机器人。

2. 以展会带动机器人行业发展

2021年7月以“汇聚亚太智造力量，定制你的智能工厂”为主题的2021亚太国际智能装备博览会在红岛国际会议中心开展，展会吸引了2 009家国内外品牌展商参与。展会同期有来自日本、韩国、德国、美国、瑞典等近20个国家和地区的约3 000多位机器人行业相关人员参与了以“智造驱动高质发展”为主题的“CJK2021中日韩智能制造大会”，全面展示了智能制造技术及高端制造装备，传递了机器人市场的最新趋势。

3. 获得的荣誉

青岛高新区荣获第七届恰佩克奖年度优秀产业园奖；宝佳智能董事长高作明获得山东省优秀企业家荣誉；宝佳工业机器人智能集成系统研发生产基地及远程运维云平台建设项目奠基；科捷智能成功IPO；在工业和信息化部装备工业一司公示的“农业、建筑、医疗、矿山领域机器人应用优秀场景”中，青岛三家企业的四个应用场景上榜。

五、发展规划及发展战略

1. 发展目标

抓牢“四新经济”，提升机器人产业链与供应链的稳定性和竞争力，持续完善产业生态，努力将青岛市打造成为国内具有影响力和竞争力的机器人产业基地。

（1）全“链”发展。完善产业体系，突破关键共性技术，努力形成涵盖核心零部件、机器人本体、集成机器人产品、集成应用创新、机器人配套服务的全产业链发展链条。

（2）应用示范推广。遴选一批工业机器人典型应用示范场景，推动工业机器人在数字化车间、智能工厂升级改造中发挥更大作用，拓展服务、特种、新型机器人在民生、安全、应急、物流、海洋等领域的应用，带动青岛市产业转型升级、经济高质量发展。

（3）优化产业布局。聚焦重点、突出特色，打造国内一流的机器人产业园区和产业基地、产业创新平台，培育30家以上机器人研发制造和系统集成服务型骨干企业，培育10个以上知名自主品牌。初步形成涵盖创新平台、产品研发生产、集成服务、检验认证、教育培训等完整的产业生态。

（4）建立胶东半岛机器人产业联盟。努力打造青岛、烟台、潍坊、威海、日照的环胶州湾产业联盟，统筹区域协调发展，实现“五市”机器人产业一体化，充分利用“五市”资源，助力机器人产业快速且高质量发展，助推胶东经济圈一体化。

2. 发展重点

（1）强化机器人研发制造，重点行业实现突破。通过自主研发、协同创新、引进吸收等多种方式，重点开展机器人关键零部件及系统集成设计制造技术研发工作；重点发展搬运、装配、喷涂、焊接、打磨及清洁生产等应用领域的工业机器人；强化海洋特色，注重经略海洋，积极拓展研发制造以无人艇、水下机器人为代表的特种机器人；大力发展围绕教育娱乐、家政社区、餐饮服务、医疗、护理、康养等需求的服务机器人。

（2）培育骨干企业和自主品牌。加大政策引导和资金扶持力度，扶持本土机器人企业做强做大，提高自有品牌的影响力和市场占有率；培育一批掌握核心技术、竞争优势突出、辐射带动力强的龙头企业；培育自主品牌，推动“青岛制造”机器人走向更大市场。

（3）大力推动机器人普及应用。结合青岛制造业优势，选择一批基础条件好的企业，组织实施机器人等智能装备应用试点示范、关键岗位机器人替代工程。征集并推广机器人典型应用场景，引导机器人企业研发更适合行业需求的机器人产品，加快推动机器人产业发展。

（4）拓展新领域、增强行业联动。引导机器人产业企业与食品行业企业交流，打造面向食品行业的机器人，保证食品安全，实现粮食智能装备产业向更高层次转型升级，助推粮油装备产业高质量发展。

（5）加强技能型人才培训。鼓励机器人产业基地将技能型人才培训纳入公共技术服务平台建设。鼓励有条件的职业学院、技工院校和培训机构，开设工业机器人系统维保员、工业机器人系统操作员的培训课程。支持校企合作，开展定制化机器人应用技能型人才培训。

3. 政策导向

全面落实青岛市有关机器人产业发展各项政策，支持机器人产业重大项目、研发平台建设。优先支持机器人产品申报首台（套）技术装备、创新工业产品等，并根据相关规定辅助生产企业和用户企业获取双向奖补，加大支持机器人应用推广的力度；推动青岛市机器人典型应用场景的征集及推广、推进青岛市机器人产品对接发布。

〔撰稿人：青岛市机器人产业协会官宁、邵光笑、李庆党、赵永瑞、张凤生、刘学〕

2021 年广州市机器人行业发展概况

一、行业发展概况

1. 总体情况

机器人及智能装备产业是广州市发展新一代信息技术、人工智能、生物医药产业（IAB）的重要组成部分及基础产业，对广州市经济的长远发展起着关键性作用。2021年，广州市拥有机器人及智能装备企业 3 000 余家，其中规模以上企业近 400 家，上市企业 30 多家，实现产值近 1 540 亿元，机器人及智能装备产业支撑辐射了广州 2 万亿元的工业产值，对制造业企业的智能化改造升级起到了提升带动作用。

2. 广州机器人本体和集成系统销售情况

2021 年，广州市机器人及智能装备产业产值近 1 540 亿元，同比增长约 10%。其中，工业机器人本体销售量约 6 000 台，销售额约为 46 亿元；工厂物流小车（AGV）销售量约为 700 台，销售额约为 8 000 万元；服务机器人销售量为 24 000 台，销售额为 20 亿元；系统集成（总装线）、关键零部件销售额约为 730 亿元。

2016—2021 年广州市工业机器人本体销售情况如图 1 所示。2016—2021 年广州市 AGV 销售情况如图 2 所示。

图 1　2016—2021 年广州市工业机器人本体销售情况

注：数据来源于广州工业机器人制造和应用产业联盟。

3. 产业链情况

广州是中国机器人及智能装备产业链相对完备的地区之一，形成了涵盖上游数控机床及关键基础零部件、中游工业机器人与智能专用设备、下游细分领域系统集成，以及检验检测与公共服务等较为完整的机器人及智能制造产业体系，具有产业链条齐全、技术水平国内领先、应用场景广阔等特点。

图 2　2016—2021 年广州市 AGV 销售情况

注：数据来源于广州工业机器人制造和应用产业联盟。

广州市机器人及智能装备产业结构图如图 3 所示。广州市机器人及智能装备产业分布情况见表 1。

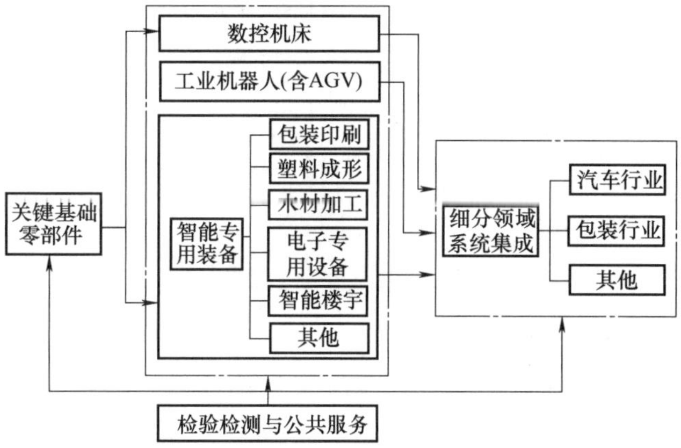

图 3　广州市机器人及智能装备产业结构图

表 1　广州市机器人及智能装备产业分布情况

地区	产业类别	企业/机构名称	地区	产业类别	企业/机构名称
花都区	AGV	广东远能机器人有限公司	花都区	集成	广州擎天恒申智能化设备有限公司
		广州普华灵动机器人技术有限公司			广州熙锐自动化设备有限公司
	集成	广州德恒科技有限公司		智能装备	广州建德机电有限公司

（续）

地区	产业类别	企业/机构名称
白云区	机器人本体	广州耐为机器人有限公司
	智能装备	广州精佳机械有限公司
天河区	智能装备	广州明森科技股份有限公司
	检验检测	工业和信息化部电子第五研究所（中国赛宝实验室）
		广州广电计量检测股份有限公司
		中科检测技术服务（广州）股份有限公司
越秀区	研发机构	广东省科学院智能制造研究所
海珠区	检验检测	中国电研威凯检测技术有限公司
番禺区	集成	广州东焊智能装备有限公司
	智能装备	广州科盛隆纸箱包装机械有限公司
		广州市铭慧机械股份有限公司
		广州广日电梯工业有限公司
		广州广日智能停车设备有限公司
增城区	机床零部件	广州长仁工业科技有限公司
	智能装备	广州博创智能装备股份有限公司
		广州华研精密机械有限公司
黄埔区	集成	广州明珞装备股份有限公司
		广州瑞松智能科技股份有限公司
		广州中设机器人智能装备有限公司
	机床零部件	广州数控设备有限公司
		广州昊志机电股份有限公司
	机器人本体	国机智能科技有限公司
		新松机器人自动化股份有限公司
		巨轮（广州）智能装备有限公司
黄埔区	智能装备	广州达意隆包装机械股份有限公司
		广州一道注塑机械股份有限公司
		广州弘亚数控机械股份有限公司
		广州市联柔机械设备有限公司
		广州广电运通金融电子股份有限公司
		广州视源电子科技股份有限公司
		广东安居宝数码科技股份有限公司
		广州珐玛珈智能设备股份有限公司
		达尔嘉科技有限公司
	检验检测	国家机器人检测与评定中心（广州）
		中汽检测技术（广州）有限公司
		广州机械科学研究院有限公司设备润滑与检测研究所
		广州禾信仪器股份有限公司
	研发机构	广州智能装备研究院有限公司
		广州中以机器人研究院
		广东省机器人创新中心有限公司
南沙区	机床零部件	广州市敏嘉制造技术有限公司
		广东鑫泰科技集团有限公司
		广州精雕数控工程有限公司
	AGV	广州市井源机电设备有限公司
	研发机构	广州中国科学院沈阳自动化研究所分所
		广州工业技术研究院
		广州先进技术研究所

二、主要企业

广州市机器人及智能装备产业主要企业情况见表2。

表2 广州市机器人及智能装备产业主要企业情况

类别		企业名称	主要产品/领域
产业链上游	关键零部件	广州奥松电子有限公司	传感器等机器人关键零部件
		汇专科技集团股份有限公司	机床用刀具、非接触式焊接元器件
		广州市昊志机电股份有限公司	工业机器人本体高速电主轴、减速器等零部件
		广东诺能泰自动化技术有限公司	工业气动控制元件
	智能装备	广州市敏嘉制造技术有限公司	多主轴机床及专用机器人
		广州鑫泰数控科技有限公司	数控机床
		广州精雕数控工程有限公司	精密高速数控加工中心

（续）

类别		企业名称	主要产品/领域
产业链上游	智能装备	广州三拓金属加工机械有限公司	数控机床
		广州佳盟子机床有限公司	数控机床
		广州市霏鸿机电科技有限公司	精密机床
		广州市佳速精密机械有限公司	精密机床及机械手
	减速器	广州市昊志机电股份有限公司	工业机器人本体高速电主轴、减速器等零部件
		广州长仁工业科技有限公司	机床零部件、减速器、机器人集成
		广州飞宝机电有限公司	减速器
		广州明茂机电设备有限公司	减速器
	控制器	广州数控设备有限公司	工业机器人、高档数控机床
		广州奇芯机器人技术有限公司	机器人控制系统、中高档数控系统、运动控制器
产业链中游	工业机器人（含 AGV）	国机智能科技有限公司	工业机器人本体、系统集成及重大机械装备制造
		广州数控设备有限公司	工业机器人、高档数控机床
		广州新松机器人自动化有限责任公司	工业机器人本体、AGV
		巨轮（广州）机器人与智能制造有限公司	工业机器人及其核心部件
		广州普华灵动机器人技术有限公司	无人车及移载机器人（AGV+/RGV+）本体与系统
		广州市远能物流自动化设备科技有限公司	AGV
		广州市井源机电设备有限公司	工业移动机器人 AGV
		广州市威控机器人有限公司	特种机器人、仿生机器人
		广东海川机器人有限公司	工业机器人、商用机器人
		广州耐为机器人科技有限公司	工业机器人本体
		广州汇航机器人有限公司	工业机器人
	系统集成	广州工业投资控股集团有限公司	楼宇智能装备、智能电网系统、清洁能源装备、智能机器人和智慧运维
		广州明珞装备股份有限公司	汽车等行业机器人系统集成
		广州瑞松智能科技股份有限公司	SCARA 机器人、自动化系统集成控制技术
		广州松兴电气股份有限公司	机器人系统、焊接系统、激光系统
		广州中设机器人智能装备股份有限公司	机器人系统集成、焊接设备
		广州德恒汽车装备科技有限公司	机器人应用开发、机器人系统集成、工业自动化与汽车自动化生产线集成
		广州市景泰科技有限公司	液晶显示面板在线智能涂覆、检测等设备
		广州协鸿工业机器人技术有限公司	机器人智能技术、自动化设备
		广州东焊智能装备有限公司	焊接专用设备
		广州亨龙智能装备股份有限公司	电容储能点凸焊、中频直流点凸焊
		广东益诺欧环保股份有限公司	PVDF 管式膜分离浓缩设备及膜组件
		广州超音速自动化科技股份有限公司	锂离子电池电极片缺陷检测系统、涂布对齐检测系统
		广州擎天恒申智能化设备有限公司	汽车智能装备
		东方电气（广州）重型机器有限公司	百万千瓦级先进压水堆核电站成套设备
		广州普理司科技有限公司	多功能数码印刷机、全伺服自动品检机
		广州丰桥智能装备有限公司	汽车制造自动化设备、柔性自动化生产线集成
		广州熙锐自动化设备有限公司	汽车制造业和其他工业领域智能化生产设备

（续）

类别			企业名称	主要产品/领域
产业链下游	各领域智能装备	塑料成型	博创智能装备股份有限公司	塑料注射成型过程形性智能调控技术及装备
			广州华研精密机械有限公司	智能 PET 注塑设备及塑料模具
			广州一道注塑机械股份有限公司	PET 瓶坯动态成型注塑机
			广州达意隆包装机械股份有限公司	智能包装生产线系统集成、AGV
			广州科盛隆纸箱包装机械有限公司	智能包装设备
			广州市万世德智能装备科技有限公司	智能包装设备
			广州市铭慧机械股份有限公司	液体食品无菌包装设备及辅助设备
		木材家具	广州弘亚数控机械股份有限公司	木材加工智能机械
			广州联柔机械设备有限公司	袋装弹簧生产机
		电子金融	广州广电运通金融电子股份有限公司	自动柜员机
			广州视源电子科技股份有限公司	液晶显示主控板卡
			广州明森科技股份有限公司	社保卡、银行卡等个人化制造装备
		智能楼宇	广东安居宝数码科技股份有限公司	智慧楼宇对讲、智能家居、AI 无人化停车、充电位管理系统
			广州达蒙安防科技有限公司	DM300 防火型全防护智能升降爬架平台
			广州广日电梯工业有限公司	乘客电梯、无机房电梯、自动扶梯
		智能停车	广州广日智能停车设备有限公司	PCS 垂直升降类停车设备
			广州建德机电有限公司	停车场设备、自动控制系统
		医疗包装	广州珐玛珈智能设备股份有限公司	药品装瓶、自动贴标智能设备
			达尔嘉（广州）标识设备有限公司	药品数粒装瓶、自动贴标智能设备
			广州精佳机械有限公司	三维包装机、全自动透明膜三维包装机
			广州保瑞医疗技术有限公司	体腔热灌注治疗系统
			广州迈普再生医学科技有限公司	生物 3D 打印技术
		检验检测	广州赛宝认证中心服务有限公司	产品认证、体系认证
			广州广电计量检测股份有限公司	计量、检测、认证
			中汽检测技术有限公司	汽车零部件、机器人及自动化装备检测和认证
			国家机器人检测与评定中心（广州）	机器人产品及部件检测、认证和校准
			广州机械科学研究院有限公司设备润滑与检测研究所	油品质量检验评定、设备润滑状态监测
			威凯检测技术有限公司	国家级电器产品质量监督检验中心
			广州禾信仪器股份有限公司	质谱仪器研发、制造、销售
			中科检测技术服务（广州）股份有限公司	食品检测、土壤检测、清洁生产审核
		共性技术研究	广州工业智能研究院	智能产品开发和应用、智能服务开发和应用、智能工厂建设和示范
			广州工业技术研究院	先进制造、海洋工程、信息技术、新能源
			广东省科学院智能制造研究所	机器人技术、人工智能技术、增材制造技术、数字化制造技术、装备可靠性技术
			广东省电子技术研究所	通信网络设备及终端产品、智能交通设备、智能制造设备
			广州先进技术研究所	前瞻科学与技术研究、水科学研究、生物工程研究、机器人与智能装备
			广州智能装备研究院	面向智能装备产业链的国家级公共服务机构
			广州中以机器人研究院	机器人应用产品和技术、智能制造技术和产品
			广东省机器人创新中心	机器人技术及产业创新平台和服务平台

注：数据来源于广州工业机器人制造和应用产业联盟。

三、重大举措或事件

1. 2021 广州国际工业自动化技术及装备展览会（SIAF）

2021 年 3 月，2021 广州国际工业自动化技术及装备展览会（SIAF）在广州举办，涵盖电气系统、工业机器人及机器视觉、感应技术及工业测量、连接技术和智能仓储、物流集成解决方案、智能工厂及物联网六大领域模块。

2. 2021 年第六届全国机械工业可靠性技术应用交流大会暨华南（广州）智能装备大会及装备数字化展览会

为培育发展国家先进制造业集群“广深佛莞智能装备产业集群”，在机械工业持续、广泛开展可靠性提升经验交流，长期促进先进可靠性技术和管理方法的应用，加快装备制造业标准化和质量提升，举办以“只能升级 · 质量提升 · 可靠发展”为主题的“2021 年第六届全国机械工业可靠性技术应用交流大会暨华南（广州）智能装备大会及装备数字化展览会”。充分发挥广东智能装备产业基础优势，对接国家智能制造发展及传统产业智能化改造升级需求，紧紧抓住国家建设粤港澳大湾区的战略机遇，推动装备制造业“机机相联、物物相关”的创新变革。

3. 2021 机器人关键零部件检测认证技术论坛

2021 年 11 月，国机智能科技有限公司、中汽检测技术有限公司主办的“2021 机器人关键零部件检测认证技术论坛”在广州科学城会议中心举办。为帮助企业精准认识产品技术水平，摸底机器人精密减速器产品技术现状，自 2017 年起，国家机器人检测与评定中心组织开展“机器人用精密减速器关键性能评测”公益活动，为国内机器人精密减速器生产企业、研发机构和高校等提供关键性能指标、检测评价。论坛现场发布了 2021 年机器人用精密减速器关键性能评测方案，关键性能评测活动时间为 2021 年 11 月到 2022 年 6 月。

本次论坛汇集了众多科研院所和知名企业的专家学者、技术人员，展现智能装备近年来的新发展和新方向，对提升我国机器人精密减速器产品技术水平、激发企业研发创新活力、加快机器人精密减速器国产化具有重要意义。

〔撰稿人：广州工业机器人制造和应用产业联盟梁万前〕

2021 年深圳市机器人行业发展概况

一、发展概况

1. 深圳市机器人产业整体发展分析

（1）深圳市机器人产业规模。

近年来，在市场需求牵引、技术突破带动和国家政策支持的共同作用下，深圳市机器人产业稳步发展，市场规模不断扩大。2021 年，深圳市机器人总产值稳定增长，机器人企业总数量达到 945 家，较 2020 年的 842 家同比增长 12. 23%。目前，深圳市机器人企业数量还在逐步增长，机器人产业仍然处于扩张期。2021 年深圳市机器人产业总产值约为 1 582 亿元，同比增长 10. 32%。2017—2021 年深圳市机器人产业总产值如图 1 所示。

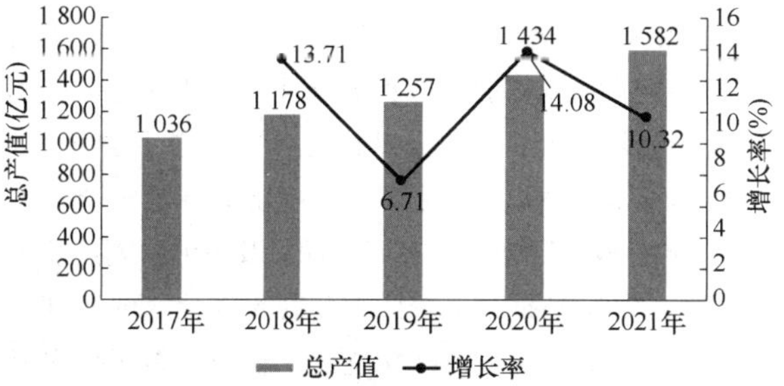

图 1　2017—2021 年深圳市机器人产业总产值

注：数据来源于深圳市机器人协会。

（2）深圳市机器人产业结构。

从深圳市机器人企业数量角度分析，2021 年，深圳市机器人产业结构中工业机器人企业数量占比为 50. 33%，非工业机器人企业数量占比为 49. 67%。2021 年深圳市机器人产业结构（企业数量角度）如图 2 所示。

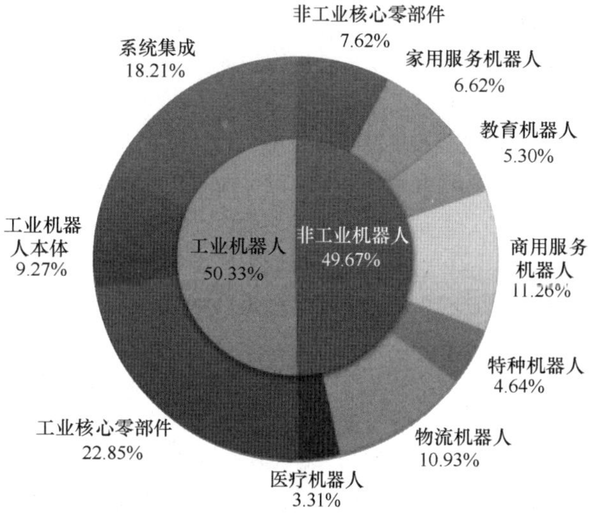

图 2　2021 年深圳市机器人产业结构（企业数量角度）

注：数据来源于深圳市机器人协会。

《深圳市机器人产业发展白皮书（2019年）》和《深圳市机器人产业发展白皮书（2020年）》的数据显示，2019年深圳市非工业机器人企业数量占比为46%；2020年深圳市非工业机器人企业数量占比为48%。

从深圳市机器人产值分布分析，2021年，深圳市机器人产业结构中工业机器人产值占比为60.26%，非工业机器人产值占比为39.74%。2021年深圳市机器人产业结构（产值角度）如图3所示。

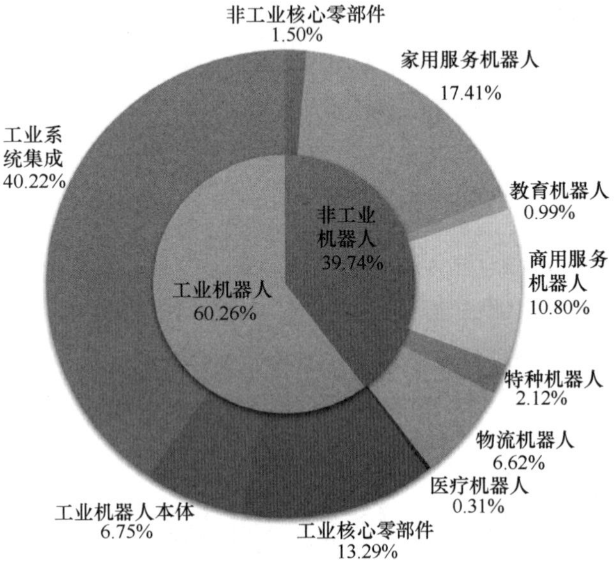

图3　2021年深圳市机器人产业结构（产值角度）

注：数据来源于深圳市机器人协会。

近几年，深圳市非工业机器人企业的数量一直在稳定增长，但增长数量有限。同时，2021年深圳市非工业企业产值的大规模增加成了深圳市非工业机器人产业上的新突破。数据显示，2019年深圳市非工业机器人产值占比为35%；2020年深圳市非工业机器人产值占比为37%；2021年深圳市非工业机器人产值再次增长，较2020年提升了2.76%。

（3）深圳市机器人产业区域分布。

从深圳市机器人企业数量分析，2021年，深圳市机器人企业的区域分布情况与以往年一致，机器人企业数量最多分布在南山区和宝安区。值得一提的是，2021年宝安区机器人企业的数量首次超过了南山区，成为机器人企业数量最多的行政区，宝安区在机器人产业集聚方面的优势已经开始显现。一方面，机器人产业的研发活动与装配、测试活动较为紧密，宝安区的空间形态较为匹配；另一方面，机器人产业开放程度比较高，跨区域的业务往来较为频繁，对地理位置和交通物流都有一定的要求，在机场附近已经出现了机器人产业集群的专业园区，如中粮（福安）机器人智造产业园、华丰国际机器人产业园和梧桐产业岛等。2021年深圳市机器人产业结构（企业数量角度）如图4所示。

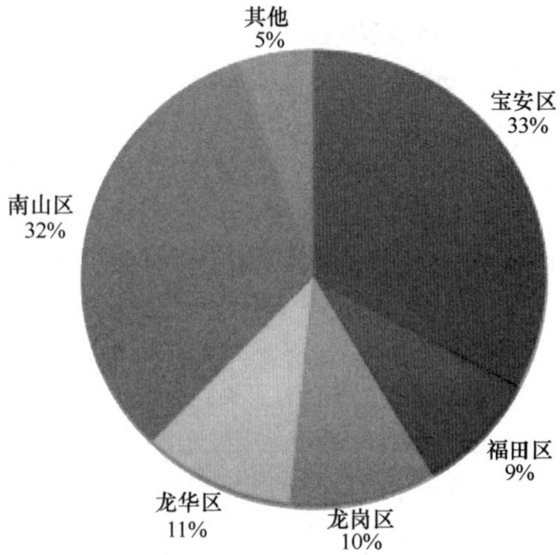

图4　2021年深圳市机器人产业结构（企业数量角度）

注：数据来源于深圳市机器人协会。

从机器人企业产值角度分析，2021年，深圳市机器人产值较高的是南山区和宝安区，其次是龙华区、龙岗区和福田区，产值分布情况与企业数量分布情况基本一致。2021年深圳市机器人产业结构（产值角度）如图5所示。

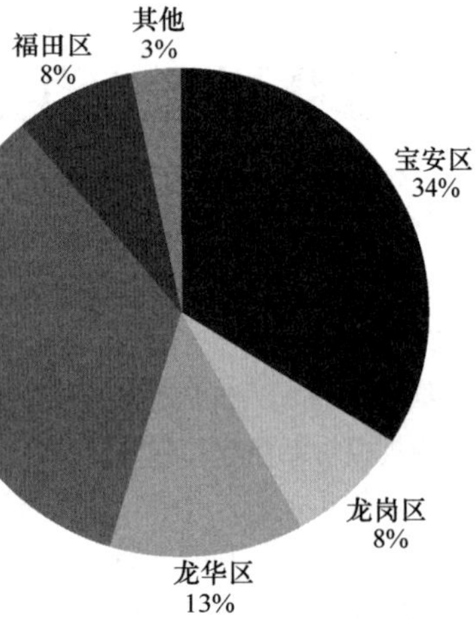

图5　2021年深圳市机器人产业结构（产值角度）

注：数据来源于深圳市机器人协会。

作为机器人产值提升较大的行政区，福田区的机器人产值占比提升了5%，近年来，福田区政府出台了多项科技创新扶持政策，例如《福田区支持科技创新发展若干政策》《福田区支持新一代人工智能发展若干措施》，大力支持并给予高新技术人才与企业丰厚补贴，特别是位于福田河套地区的深港合作区，有望成为"国家自主创新平台""大湾区国际科创中心平台"及"深化深港紧密合作关系平台"。河套地区科创发展有望把深圳及香港科创产业推向更高层次，以深圳的人才与技术配合香港地区的制度及高等院校与专业能力以及国际化优势，在河套地区探索有利科创发展的优惠政策，以河套地区作为重点科创政策试点，成就区域国家级科创枢纽，支持整个大湾区的发展，吸引了大量机器人企业与专业人才入驻。

2. 深圳市工业机器人发展分析

2021 年，深圳市工业机器人企业数量达到 475 家，与 2020 年相比仍在稳步增加，同比增长 7.95%。

2021 年，深圳市工业机器人产值为 953 亿元，同比增长 5.48%。其中，工业系统集成产值占比高达 52.67%，虽然较 2020 年有所下降，但机器人工业系统集成仍然是深圳市工业机器人产值的主要来源。2017—2021 年深圳市工业机器人产值如图 6 所示。2021 年深圳市工业机器人产值分布情况如图 7 所示。

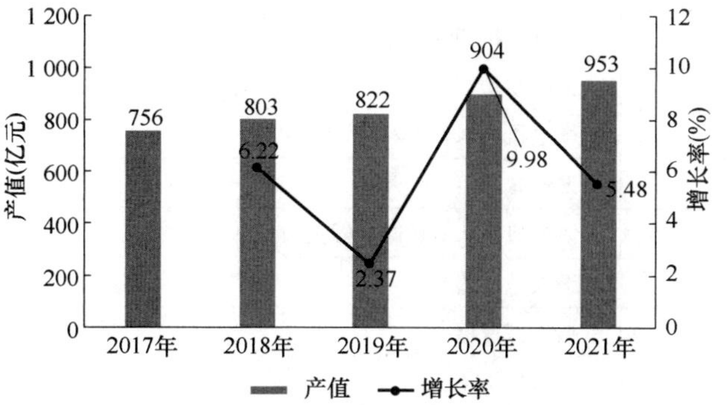

图 6　2017—2021 年深圳市工业机器人产值

注：数据来源于深圳市机器人协会。

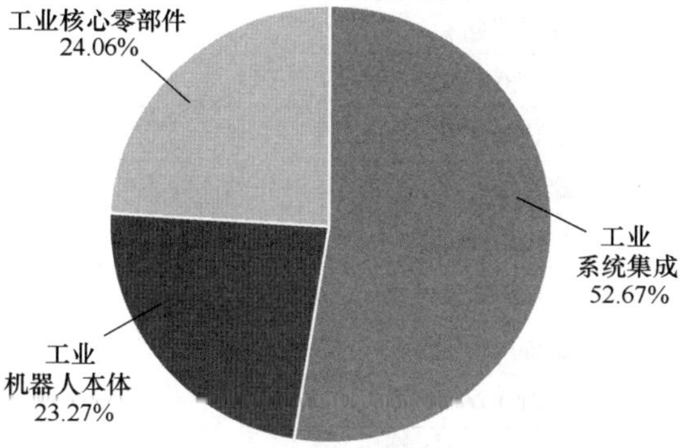

图 7　2021 年深圳市工业机器人产值分布情况

注：数据来源于深圳市机器人协会。

3. 深圳市非工业机器人发展分析

2021 年，深圳市非工业机器人企业数量达到 470 家，同比增长 16.34%，呈加速增长趋势。其中，商用服务机器人企业数量最多，有 31 家；医疗机器人企业数量最少，仅有 9 家；其他类别的机器人企业数量分布差异不大。

2021 年，深圳市非工业机器人产值为 629 亿元，同比增长 18.57%，产业规模进一步扩大，在机器人产业总产值中的占比为 39.74%，占比继续提升。其中，家用服务机器人企业产值最大，在非工业机器人产值中的占比为 43.81%；其次是商用服务机器人企业，在非工业机器人产值中的占比为 27.17%；物流机器人企业、特种机器人企业、教育机器人企业、医疗机器人企业在非工业机器人产值中的占比分别为 16.65%、5.34%、2.49%、0.78%。非工业核心零部件企业首次作为独立数据统计，在非工业机器人产值中的占比为 3.77%。2017—2021 年深圳市非工业机器人产值如图 8 所示。2017—2021 深圳市非工业机器人产值在机器人总产值中的占比情况如图 9 所示。2021 深圳市非工业机器人产值分布情况如图 10 所示。

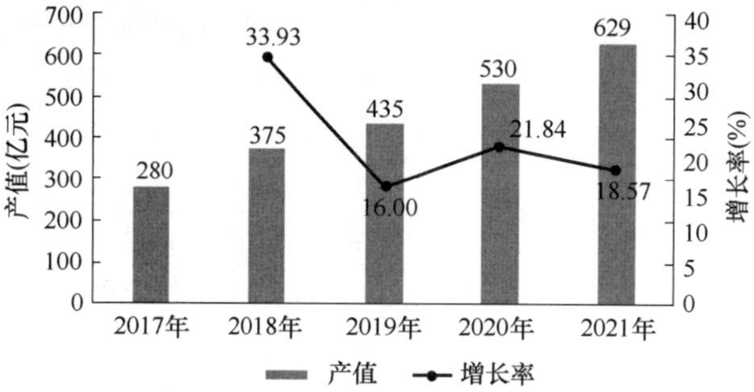

图 8　2017—2021 年深圳市非工业机器人产值

注：数据来源于深圳市机器人协会。

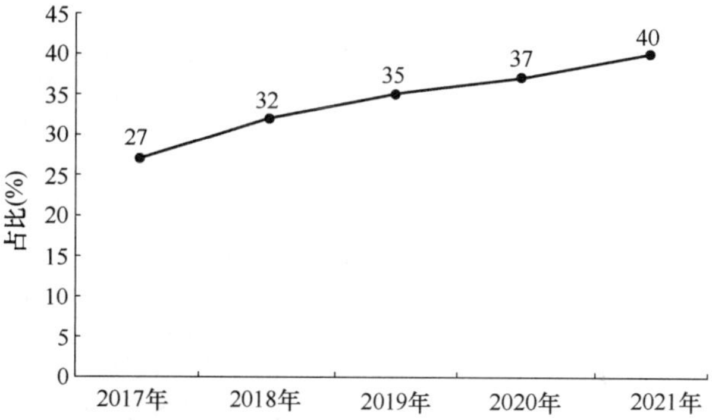

图 9　2017—2021 深圳市非工业机器人产值在机器人总产值中的占比情况

注：数据来源于深圳市机器人协会。

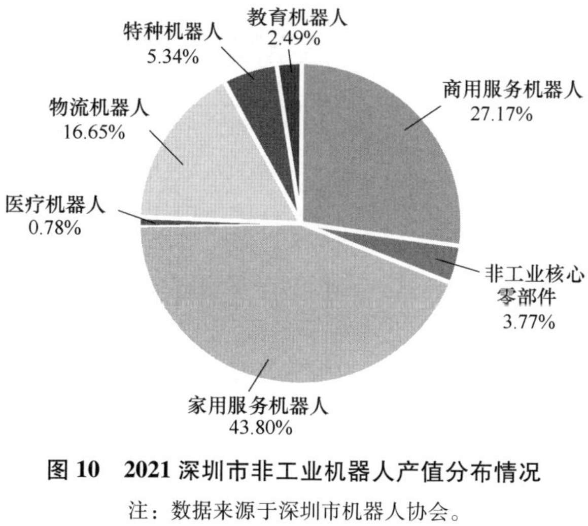

图 10　2021 深圳市非工业机器人产值分布情况

注：数据来源于深圳市机器人协会。

二、主要企业

深圳市机器人产业主要企业情况见表 1。

表 1　深圳市机器人产业主要企业情况

类别	企业名称	主导产品/领域
机器人控制器企业	固高科技股份有限公司	PC-Based 控制器
	深圳市汇川技术股份有限公司	专用控制器
	深圳市雷赛智能控制股份有限公司	PC-Based 控制器
	深圳众为兴技术股份有限公司	PC-Based 控制器
	深圳市华成工业控制股份有限公司	专用控制器
机器人伺服系统企业	横川机器人（深圳）有限公司	伺服系统
	深圳市大族电机科技有限公司	直线电机和力矩电机
	深圳市汇川技术股份有限公司	伺服系统
	深圳市研控自动化科技有限公司	步进电机和伺服电机
	深圳市兆威机电股份有限公司	伺服驱动
	武汉迈信电气技术有限公司	微电机技术开发
机器人减速器企业	深圳市大族精密传动科技有限公司	谐波减速器
	深圳市零差云控科技有限公司	协作机器人专用减速器关节
	深圳市同川科技有限公司	谐波减速器
	深圳市山卓谐波传动科技有限公司	谐波减速器
	深圳威泰科智能科技有限公司	关节模组
直角坐标、直线模组企业	深圳威洛博机器人有限公司	直线模组
	深圳市福士工业科技有限公司	直线模组
	深圳市盛为兴技术有限公司	三轴直角坐标机器人
	深圳市美蓓亚斯科技有限公司	直线模组
	深圳银光机器人技术有限公司	直线模组
SCARA 企业	深圳市汇川技术股份有限公司	正装、倒装 SCARA
	深圳众为兴技术股份有限公司	螺钉锁付专用机器人、传统四轴机器人
	深圳市思普瑞机器人技术有限公司	传统四轴机器人
	慧灵科技（深圳）有限公司	轻量型四轴机械臂
六轴机器人企业	深圳市华盛控科技有限公司	传统六轴机器人
	深圳众为兴技术股份有限公司	桌面式六轴机器人
	深圳威特尔自动化科技有限公司	中量型通用六轴机器人
	深圳市三思控制系统有限公司	传统六轴机器人
	深圳市汇川技术股份有限公司	小六轴机器人
并联机器人	博迈机器人科技深圳有限公司	并联机器人、并联三加一轴机器人、并联六轴机器人
	深圳市小佰科技有限公司	D3 系列并联机器人、PT30 码垛机器人
	深圳市华盛控科技有限公司	并联机器人
协作机器人	深圳市大族机器人有限公司	MAiRA 多感知智能机器人助手
	深圳市越疆科技有限公司	全感知协作机器人
	深圳市大象机器人科技有限公司	六轴协作机器人
	深圳市睿科智联科技有限公司	轻量级协作机器人
移动机器人	深圳怡丰机器人科技有限公司	智能停车机器人系列、托马斯系列、叉车 AGV 系列、小精灵四大系列，具备 AGV 单机车载统、AGV 调度管理系统、导航（导引）技术、WMS 管理系统
	深圳市佳顺智能科技有限公司	以 AGV 移动机器人为核心产品，主要应用于汽车、电商、医药领域

（续）

类别	企业名称	主导产品/领域
移动机器人	深圳市欧铠智能机器人股份有限公司	生产AGV、激光叉车、仓储机器人，为行业提供高端AGV自动化物流设备及系统
	深圳远荣智能制造股份有限公司	具有智能仓储系统方案、仓储系统管理软件、智能仓储硬件设备等
复合机器人	深圳墨影科技有限公司	专注于移动协作机器人的研发、生产和销售及应用集成系统开发，主要产品有驱动方式各异、负载为300kg及600kg的移动底盘及搭配了相应功能模块的移动协作机器人，目前在生物医药、膜片切割、精密移动装配、过窄通道等场景已有落地方案
	深圳市功夫机器人有限公司	主要研发复合型机器人、非标设备等，主要应用在无人车间配送工装、冶具、组装、操作、包装、测试、物流仓储及巡检等领域
系统集成企业	深圳科瑞技术股份有限公司	装配、检测
	深圳橙子自动化有限公司	检测
	深圳华海达科技有限公司	装配
	深圳市佳士科技股份有限公司	焊接
	深圳市东盈讯达电子有限公司	装配
	深圳市鑫信腾科技股份有限公司	检测
	深圳市泰达机器人有限公司	喷涂
	深圳远荣智能制造股份有限公司	喷涂
	深圳市柳溪机器人有限公司	喷涂
	深圳市世椿智能装备股份有限公司	点胶
	深圳市今天国际物流技术股份有限公司	仓储
非工业机器人激光雷达企业	深圳市镭神智能系统有限公司	飞行时间法（TOF）、相位法、三角法和调频连续波4种测量原理的激光雷达，激光雷达自动化及半自动化生产线，特种光纤激光器
	深圳玩智商科技有限公司（EAI）	TOF、固态等全品类的激光雷达
	深圳市砝石激光雷达有限公司	光谱共焦传感器、激光对针传感器、面阵固态激光雷达、激光三角位移传感器、单点TOF测距传感器等
	海伯森技术（深圳）有限公司	面阵固态激光雷达、激光三角位移传感器、单点TOF测距传感器等
	深圳市速腾聚创科技有限公司	凭借激光雷达硬件、人工智能（AI）算法与芯片三大核心技术，提供具有信息理解能力的智能激光雷达系统
非工业机器人AI芯片企业	深圳云天励飞技术股份有限公司	AI算法芯片化能力的数字城市整体解决方案
	墨芯科技（深圳）有限公司	AI芯片设计
	奥比中光科技集团股份有限公司	3D感知芯片
非工业机器人伺服舵机企业	深圳市优必选科技股份有限公司	伺服舵机
	深圳市华馨京科技有限公司	伺服舵机和控制模块
	乐森机器人（深圳）有限公司	小型伺服舵机、重型伺服舵机、人工关节驱动
非工业机器人移动底盘企业	深圳史河机器人科技有限公司	MR系列移动机器人
	松灵机器人（深圳）有限公司	全向型UGV、履带型UGV、室内无人搬运底盘开发平台TRACER Mini
	深圳玑之智能科技有限公司	一体化动力轮组、全向型移动机器人平台

（续）

类别	企业名称	主导产品/领域
非工业机器人操作系统企业	深圳市优必选科技股份有限公司	智能机器人 ROSA 操作系统
非工业机器人 SLAM 企业	斯坦德机器人（深圳）有限公司	激光导航、AGV 及其调度系统
	深圳优地科技有限公司	SLAM（同步定位与建图）定位导航模组和 CUDA（统一计算设备架构）高性能运算平台
	隆博机器人（深圳）有限公司	以自主移动机器人（AMR）为驱动力的柔性物流解决方案
非工业机器人计算机视觉企业	深圳云天励飞技术股份有限公司	基于视觉芯片、深度学习和大数据技术的“视觉智能加速平台”
	奥比中光科技集团股份有限公司	3D 传感摄像头
非工业机器人智能语言企业	深圳海岸语音技术有限公司	新型听觉感知硬件的研发，提供软、硬件结合的智能听觉感知技术解决方案
	深圳壹秘科技有限公司	智能音视频 AI IoT 终端产品、音视频 AI 服务
	深圳声联网科技有限公司	面向对象音视频的行为分析和情感计算
非工业机器人智能语音语义识别模块企业	深圳海岸语音技术有限公司	新型听觉感知硬件的研发，提供软、硬件结合的智能听觉感知技术解决方案
	深圳壹秘科技有限公司	智能音视频 AI IoT 终端产品、音视频 AI 服务
	深圳声联网科技有限公司	面向对象音视频的行为分析和情感计算
家用服务机器人企业	深圳市银星智能科技股份有限公司	扫地机器人研发与制造
	广东宝乐机器人股份有限公司	家用扫地机器人、商用扫地机器人、擦窗机器人
	深圳市乐航科技有限公司	扫地机器人、智能吸尘器
	深圳市探博智能机器人有限公司	扫地机器人
	深圳市云鼠科技开发有限公司	扫地机器人，PCBA 制造
	深圳市智意科技有限公司	扫地机器人
	深圳阿科伯特机器人有限公司	扫地机器人研发生产
	深圳市大象机器人科技有限公司	陪护型机器猫研发及生产
商用服务机器人企业	深圳市优必选科技股份有限公司	迎宾导购机器人、安防机器人、机房巡检、公共卫生防疫
	深圳优地科技有限公司	酒店机器人、配送机器人
	深圳市普渡科技有限公司	送餐机器人、配送机器人
	深圳中智卫安机器人技术有限公司	测温机器人、消毒机器人、迎宾机器人、配送机器人
	深圳市锐曼智能装备有限公司	商业服务机器人、配送机器人、防疫机器人
	坎德拉（深圳）科技创新有限公司	分体式机器人（可一机多用）
	深圳勇艺达机器人有限公司	智能机器人及配件
	深圳市女娲机器人科技有限公司	户外清扫机器人、室内扫吸一体机器人及室内洗地机器人
	深圳博鹏智能科技有限公司	清洁机器人、扫地机器人、防疫消毒喷雾机器人等
	深圳市神州云海智能科技有限公司	清洁机器人、商务机器人、彩票机器人
	深圳市祺丰智能机器人科技有限公司	消毒机器人
	深圳市繁兴科技股份有限公司	智能烹饪机器人，智慧化新餐饮技术解决方案
	深圳爱她他智能餐饮技术有限公司	AI 烹饪机器人

（续）

类别	企业名称	主导产品/领域
商用服务机器人企业	深圳鸿博智成科技有限公司	炒菜机器人、智能化厨房设备
	睿博天米科技（深圳）有限公司	办公、医疗看护、酒店、零售等场景的机器人
教育机器人企业	深圳市优必选科技股份有限公司	人工智能教学的端到端综合解决方案，包括软/硬件研发、课程设计、竞赛组织、师资培训、AI 空间建设等
	韩端科技（深圳）有限公司	教育机器人的研发设计、生产销售、课程开发、教育培训、赛事运营等
	深圳市科迪文化传播有限公司	校内培训、教/玩具研发、师资培养、儿童教育中心
	深圳市搭搭乐乐文化传播有限公司	机器人高端竞赛，青少年创新、编程教育、STEM 教育
	深圳市为美趣学科技有限公司	为创客教育和 STEM 教育提供完整机器人产品综合方案
	深圳市阿童木文化传播有限公司	少儿编程、STEM 教育、创客教育、机器人竞赛
	深圳市幻尔科技有限公司	仿生教育机器人、智能小车机器人、电子积木
	深圳市天博智科技有限公司	儿童陪护，早教机器人
	深圳果力智能科技有限公司	教具、AI 课程
	深圳市大愚智能技术有限公司	教育/服务机器人及家园互通平台
	深圳市小忆机器人技术有限公司	儿童陪伴机器人、作业辅导机器人
	深圳勇艺达机器人有限公司	儿童陪护，早教机器人
	深圳市一恒科电子科技有限公司	儿童陪护，早教机器人
	深圳市创客工场科技有限公司	STEAM 教育解决方案
	深圳点猫科技有限公司	编程教学体系
特种机器人企业	深圳市朗驰欣创科技股份有限公司	电力巡检机器人系列、综合管廊智能巡检机器人系列、排爆机器人、核环境智能巡检机器人
	深圳市施罗德工业集团有限公司	管道检测机器人、管道修复机器人、智能巡检机器人
	深圳昱拓智能有限公司	电网输电线巡检/作业机器人、发电厂巡检机器人、市政地下综合管廊巡检机器人
	深圳市博铭维技术股份有限公司	管网检测机器人、轮式军用侦查机器人、履带式拆弹机器人、地下管线轨迹惯性导航测绘机器人
	深圳市贝特尔机器人有限公司	消防灭火机器人、消防侦查机器人
	深圳市安泽智能机器人有限公司	巡逻机器人、特种机器人、巡检机器人、配送机器人
	广东大仓机器人科技有限公司	输煤栈桥智能机器人巡检系统、地下管廊智能巡检
	深圳煜禾森科技有限公司	全品类移动机器人平台，涵盖航天、军工、物流、能源、特种危化工业应用场景
	深圳市瀚德智能机器人有限公司	轨道式穿梭巡检机器人、管道检测机器人、电子哨兵机器人、电力巡检机器人
医疗机器人企业	深圳市精锋医疗科技有限公司	微创外科机器人、单孔腹腔镜手术机器人系统、多孔腹腔镜手术机器人系统

（续）

类别	企业名称	主导产品/领域
医疗机器人企业	深圳市迈步机器人科技有限公司	下肢康复机器人、手部外骨骼机器人
	深圳瀚维智能医疗科技有限公司	超声机器人与人工智能
	深圳市迈康信医用机器人有限公司	医用实时监测康复机器人
	深圳易普森科技股份有限公司	医院物流机器人、高值耗材管理机器人、智能导医
	深圳市美林医疗器械科技有限公司	阿尔法驴心电图表自动诊断机器人
	深圳市卫邦科技有限公司	智能静脉用药调配机器人
	深圳市博为医疗机器人有限公司	静脉药物调配机器人
	深圳市桑谷医疗机器人有限公司	静脉药物调配机器人
物料搬运设备提供商或系统集成商代表企业	深圳市今天国际物流技术股份有限公司	生产自动化及物流系统，可实现物料出库/入库、存储、搬运输送、分拣与拣选、配送等生产过程的自动化、信息化和智能化
	未来机器人（深圳）有限公司	移动机器人为主的智慧物流解决方案，其柔性物流无人化解决方案包括大规模集群机器人调度系统、智能化环境监控系统及多传感器融合工业无人车辆
	深圳怡丰机器人科技有限公司	智能停车机器人系列、托马斯系列、叉车 AGV 系列、小精灵四大系列，具备 AGV 单机车载系统、AGV 调度管理系统、导航（导引）技术、WMS 管理系统
	深圳市佳顺智能机器人股份有限公司	以 AGV 移动机器人为核心产品，主要应用于汽车、电商、医药等领域
	深圳市欧铠智能机器人股份有限公司	AGV、激光叉车、仓储机器人，提供高端 AGV 自动化物流设备及系统
	深圳远荣智能制造股份有限公司	智能仓储系统方案、仓储系统管理软件、智能仓储硬件设备等
自主移动机器人（AMR）代表企业	深圳市海柔智能科技有限公司	箱式仓储机器人系统，通过机器人技术和人工智能算法，提供高效、智能、柔性、定制化的仓储自动化解决方案
	深圳优艾智合机器人科技有限公司	基于移动机器人提供智能制造、智能巡检及维保等覆盖全行业、全方位的产品和解决方案
	隆博机器人（深圳）有限公司	以自主移动机器人（AMR）为驱动力的柔性物流解决方案
	炬星科技（深圳）有限公司	自主移动机器人（AMR），基于 AMR 人机协作的智能物流解决方案
	劢微机器人科技（深圳）有限公司	以无人叉车/AMR 为硬件载体，通过机器视觉及完整上层系统赋能，提供完整的智能制造及智慧仓储解决方案

三、发展趋势

深圳市机器人产业发展将呈现四个趋势：第一是智能机器人产业集群化培育有利于产业竞争力整体提升；第二是新兴产业集群促进工作组织化有利于机器人与不同产业对接；第三是机器人产业投资热度提升明显；第四是新冠肺炎疫情直接刺激了服务机器人的产业化。

在此背景下，根据深圳市机器人产业发展形势，提出五点建议：一是优化产业空间，打造区域创新聚集地；二是强化创新模式推广和示范应用推广；三是构建重大科技基础设施和公共技术服务平台；四是推动重大技术攻关项目，强链补链；五是完善资金人才知识产权等支撑要素，赋能产业升级。

注：本文数据来源于深圳市机器人协会自建的深圳市机器人企业数据库，目前共涵盖深圳市 1 971 家相关企业。其中，2021 年持续追踪研究的深圳市机器人产业涉及共计 296 家企业数据，采用重点企业抽样调查法选取 145 家典型企业进行重点统计分析，同时以历年深圳市机器人产业发展白皮书数据、2021 年深圳市统计局相关统计数据及其他公开资料为参考。

（撰稿人：深圳市机器人协会谭维佳）

2021 年苏州市机器人行业发展概况

一、行业发展概况

随着后疫情时代的到来，中国工业经济展现出了应对复杂严峻局面的强大韧性和活力。得益于 2021 年我国制造业企业智能制造需求强劲、家庭消费进一步升级以及各级宏观政策持续推动等众多利好因素，2021 年苏州市机器人行业继续保持了良好的发展态势。

1. 企业数量和市场规模持续增长

根据苏州市机器人产业协会数据，2021 年，苏州市机器人相关企业数量约为 793 家，新增企业 64 家，同比增长 8.78%。其中工业机器人相关企业 667 家，在苏州市机器人相关企业中的占比达到 84.1%；服务及特种机器人企业 113 家，在苏州市机器人相关企业中的占比达到 14.2%；其他产学研服务平台、检测机构等企业在苏州市机器人相关企业中的占比约为 1.7%。2021 年苏州市机器人行业产值约为 903.35 亿元，其中工业机器人产值为 705.07 亿元，服务机器人产值为 198.28 亿元。

2. 产业分布和产业集聚情况与上年基本一致

从区域分布来看，2021 年苏州市机器人企业新增数量和总量最多的地区依然是昆山市，在苏州市机器人企业中的占比约为 30%；其次是苏州工业园区、吴中区和虎丘区在苏州市机器人企业中的占比分别为 16%、14% 和 10%。从产业链集聚情况来看，关键零部件制造企业和家用服务机器人企业主要集中在吴中区；工业机器人本体及系统集成企业主要集中在昆山市、苏州工业园区、吴江区、吴中区和苏州工业园区；医疗机器人企业主要分布在苏州工业园区。

苏州市机器人企业区域分布情况如图 1 所示。

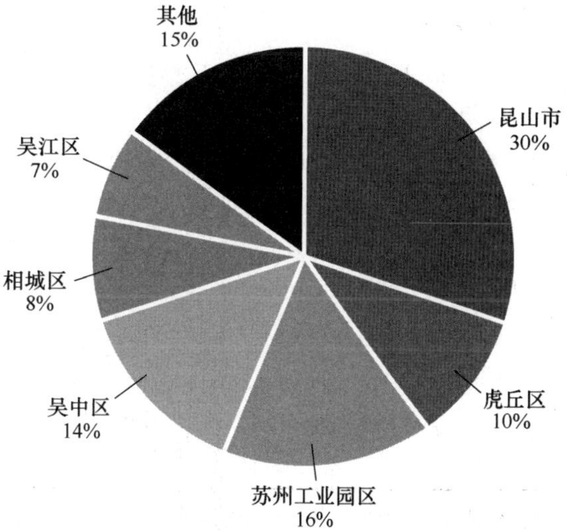

图 1　苏州市机器人企业区域分布情况

注：数据来源于苏州市机器人产业协会。

3. 龙头企业加速发展，细分领域优势进一步凸显

2021 年，苏州机器人相关上市企业营收增长势头良好：新增 1 家登陆科创板企业，5 家企业被认定为省级专精特新“小巨人”企业；约 10 家企业进入市级独角兽企业培育库；9 家企业获得不同阶段的融资，融资总额近 50 亿元。苏州市机器人部分上市企业 2021 年营收情况见表 1。

机器人本体企业产销量均呈现明显增长。2021 年，在工业机器人方面，本地企业苏州汇川技术有限公司销量超 10 000 台，苏州灵猴机器人有限公司、苏州艾利特机器人有限公司（简称“艾利特”）销量突破 2 000 台，华晓精密工业（苏州）有限公司、苏州艾吉威机器人有限公司、苏州玖物互通智能科技有限公司等一批工业移动机器人企业销量总计逾 4 000 台。服务机器人加速落地应用，家用服务机器人领先优势继续保持，科沃斯机器人股份有限公司 2021 年的家用服务机器人全球出货量达 340.4 万台，同比增长 10.81%。根据中怡康数据，按零售额统计，科沃斯品牌扫地机器人在中国市场线上的零售市场份额为 43.5%，线下零售市场份额为 86.6%；医用机器人有重大进展，苏州铸正机器人有限公司的“脊柱外科手术导航定位设备（商品名：佐航-300）”正式获得国家药监局三类医疗器械证书，成为全球首款采用直观图像定位技术、唯一可以在局部麻醉情况下开展手术的脊柱微创手术机器人，苏州心擎医疗技术有限公司完成 5 亿元 C 轮融资，苏州同心医疗科技股份有限公司宣布完成数亿元 D 轮融资。

表1 苏州市机器人部分上市企业2021年营收情况

序号	企业名称	2021年营业收入（亿元）	2021年营业收入同比增长（%）	2021年归属于母公司所有者的净利润（万元）	2021年归属于母公司所有者的同比增长（%）
1	科沃斯机器人股份有限公司	130.86	80.90	201，000	213.51
2	罗博特科智能科技股份有限公司	10.85	105.58	-4 688	30.32
3	明志科技股份有限公司	7.14	16.54	12 300	4.82
4	苏州天准科技股份有限公司	12.64	31.14	13 500	26.06
5	苏州绿的谐波传动股份有限公司	4.43	104.77	18 900	130.56
6	江苏北人机器人系统股份有限公司	5.87	24.23	2 177.05	-26.30
7	江苏瀚川智能科技股份有限公司	7.58	25.67	6 080.49	37.73
8	博众精工科技股份有限公司	38.27	47.37	19 300	-19.18
9	华兴源创科技股份有限公司	20.2	20.43	31 400	18.43
10	昆山华恒焊接股份有限公司	8.94	31.90	8 317.4	39.57

注：数据来源于上市公司年报，由苏州市机器人产业协会整理，包括主板、科创板、新三板，排名不分先后。

4. 机器人产业链创新载体建设成效显著

2021年，苏州协同创新医用机器人研究院与江苏省医疗器械检验所苏州分所共建了国家首批、江苏省首个手术机器人（腔镜手术机器人、骨科手术机器人）专业化检测平台，孵化企业获批国家级潜在独角兽培育企业1个，江苏省独角兽培育企业3个，苏州市独角兽培育企业1个。昆山智能感知产业技术研究院于2021年5月建成，重点开展智能传感器、微纳制造装备、人工智能技术与系统领域的产品研发与推广工作，获昆山创新创业领军人才项目1项，参与制定国家标准5项，与西安交通大学机械制造系统工程国家重点实验室共建“科技成果转化基地”，与同济大学土木工程防灾国家重点实验室共建“土木工程智能装备联合实验室”。苏州大学相城机器人与智能装备研究院产学研合作项目——新冠核酸检测样本移液自动化设备亮相中国国际进口博览会。

5. 机器人企业“走出去”和“引进来”步伐正在加快

2021年，苏州多家企业完成了境外并购和投资活动。苏州天准科技股份有限公司收购了德国MueTec公司100%股权；罗博特科智能科技股份有限公司收购了全球光电子及半导体自动化封装和测试领域领先的设备制造商之一ficonTEC；博众精工科技股份有限公司（简称“博众精工”）在越南设立了子公司，同时加大了印度和美国子公司的资源投入和能力建设；艾利特为进一步增强团队的研发实力，在北美洲设立分公司；苏州牧星智能科技有限公司的海外市场份额占比超50%。

6. 企业技术创新能力和智能制造服务能力进一步提升

2021年，博众精工入选“国家技术创新示范企业”；江苏汇博机器人技术股份有限公司、苏州瀚川智能科技股份有限公司、罗伯泰克自动化科技（苏州）有限公司、儒拉玛特自动化技术（苏州）有限公司、科瑞工业自动化系统（苏州）有限公司、太仓旭莱自动化有限公司等多家机器人相关企业获批省级企业技术中心；新增15家企业入选江苏省智能制造领军服务机构，名单见表2。4家企业获得市级机器人及智能装备产业链核心技术攻关项目。

表2 2021年苏州市入围江苏省智能制造领军服务机构名单

序号	企业名称
1	江苏腾瑞智联数字科技有限公司
2	罗伯泰克自动化科技（苏州）有限公司

（续）

序号	企业名称
3	昆山迈致治具科技有限公司
4	航天工程装备（苏州）有限公司
5	苏州市朗电机器人有限公司
6	苏州晟成光伏设备有限公司
7	苏州琼派瑞特科技股份有限公司
8	江苏创源电子有限公司
9	苏州凌云视界智能设备有限责任公司
10	纽威数控装备（苏州）股份有限公司

（续）

序号	企业名称
11	荣旗工业科技（苏州）股份有限公司
12	苏州精濑光电有限公司
13	苏州朗坤自动化设备股份有限公司
14	苏州中瑞智创三维科技股份有限公司
15	苏州协同创新智能制造装备有限公司

注：内容由苏州市机器人产业协会整理。

二、重点产品及主要企业

苏州市主要机器人企业及重点产品见表3。

表3　苏州主要机器人企业及重点产品

产业链环节		主要企业	主要产品
上游	减速器	苏州绿的谐波传动科技股份有限公司	谐波减速器、机电一体化执行器
	控制器	苏州汇川技术有限公司	机器人控制柜
	伺服系统	苏州伟创电气科技股份有限公司	伺服驱动器、伺服电动机
		苏州汇川技术有限公司	伺服驱动器、伺服电动机
	末端执行器	苏州钧舵机器人有限公司	工业级三指灵巧手、旋转夹爪、电动夹爪
		知行机器人科技（苏州）有限公司	大负载电动夹爪、工业平动手、协作机器人手
		苏州柔触机器人科技有限公司	柔性气动夹爪及配套控制器
	传感器	苏州睿牛机器人技术有限公司	焊接缝隙追踪传感器
		苏州玖物互通智能科技有限公司	激光传感器技术解决方案
	直线电动机	苏州灵猴机器人有限公司	直线电动机、工业相机
	专用线缆	苏州科宝光电科技有限公司	机器人示教器线缆、机器人本体线缆、伺服电缆、拖链电缆、传感器电缆、工业总线与以太网线
中游	工业机器人本体	苏州灵猴机器人有限公司	六关节机器人、SCARA 机器人
		苏州艾利特机器人有限公司	协作机器人
		苏州汇川技术有限公司	SCARA 机器人、六关节机器人、定制机器人
		法奥意威（苏州）机器人系统有限公司	协作机器人
		太仓长臂猿机器人科技有限公司	高端伸缩叉
		昆山万洲特种焊接有限公司	搅拌摩擦焊机器人
		苏州神运机器人有限公司	冲压机器人
	工业移动机器	华晓精密工业（苏州）有限公司	工业移动机器人，附属系统，非标设备以及方案咨询
		苏州艾吉威机器人有限公司	无反激光叉车类AGV、无反激光小车类AGV及智慧物流管理系统
		罗伯特木牛流马物流技术有限公司	全系列的工业车辆无人驾驶解决方案，包括无人平面搬运、无人立体存储、无人牵引及定制化产品
		苏州海豚之星智能科技有限公司	轻小型工业搬运机器人
		苏州玖物互通智能科技有限公司	工业移动机器人
		苏州牧星智能科技有限公司	提供智能仓储解决方案，包括分拣机器人、料箱机器人等 AGV 产品及 WMS（仓库管理系统）、WCS（仓储控制系统）等
	家用服务机器人	科沃斯机器人股份有限公司	家用清洁机器人：扫地机器人、擦窗机器人、净化机器人
		追觅科技（苏州）有限公司	家用清洁机器人
		苏州美的清洁电器股份有限公司	家用清洁机器人

（续）

产业链环节		主要企业	主要产品
中游	商用服务机器人	苏州穿山甲机器人股份有限公司	迎宾机器人、送餐机器人、导引机器人、物流配送机器人
		海博（苏州）机器人科技有限公司	商用清洁机器人
		苏州高之仙自动化科技有限公司	商用清洁机器人
		科沃斯商用机器人有限公司	交互服务机器人及以服务机器人为载体的场景化整体解决方案，商用清洁机器人
		苏州玖物互通智能科技有限公司	消毒机器人、巡检机器人
	医用机器人	苏州康多机器人有限公司	微创腹腔（腹腔镜）手术机器人
		苏州铸正机器人有限公司	脊柱外科手术导航定位设备
		苏州瑞步康医疗科技有限公司	动力智能假肢和外骨骼机器人
	农业机器人	苏州极目机器人科技有限公司	农业植保无人机
		苏州博田机器人自动化技术有限公司	采摘机器人、除草机器人
	特种机器人	苏州融萃特种机器人有限公司	侦察机器人、排爆机器人、机器人靶机等系列化单兵作战和训练装备
		博众机器人有限公司	测温机器人、巡检机器人
		苏州思萃融合基建研究所	建筑机器人
下游	系统集成	江苏北人智能制造股份有限公司	面向汽车、航空航天、船舶、重工、新能源等行业提供智能制造整体解决方案
		苏州天准科技股份有限公司	面向消费电子、半导体、新能源等行业提供视觉测量装备、视觉检测装备、视觉制程装备和智能网联方案
		博众精工科技股份有限公司	面向消费电子、新能源、高端装备、智慧仓储物流等行业提供工业装备制造设备系统集成
		苏州赛腾精密电子股份有限公司	面向消费电子、汽车、医疗、家电等行业提供自动化组装线体、包装线、检测设备、工装夹（治）具、智能制造和智慧工厂整体规划
		苏州华兴源创科技股份有限公司	面向液晶 LCD 与柔性 OLED 中小型平板、集成电路、汽车电子、太阳能面板等行业提供工业自动测试设备与系统解决方案
		苏州瀚川智能科技股份有限公司	面向汽车电子、新能源等行业提供智能数字化产品和智能制造整体解决方案
		昆山华恒焊接股份有限公司	面向工程机械、石油化工、轨道交通等行业提供焊接机器人成套设备、焊接自动化专用设备及整体解决方案

注：统计对象为机器人产业链企业。

三、主要园区及产业集群

目前，苏州市拥有多个机器人相关产业园，除早期建成的昆山市高新区机器人产业园、张家港机器人产业园外，吴中区正在吴淞江、木渎镇等地建设机器人产业园；吴江区正全力推进智能装备产业园项目建设；相城区正在建设中日智能制造协同创新区。

其中，吴中区已明确提出，将机器人与智能制造产业作为三大主导产业之一。聚力打造机器人产业全国创新集聚第一区。目前，吴中区已集聚机器人与智能制造规上企业超 300 家，基本形成以上市企业为龙头、高新技术企业为主体，覆盖关键零部件、本体制造、系统集成、终端产品的完整产业链，2021 年吴中区机器人与智能制造产业规模达 800 亿元。

四、重大举措或事件

2021 年苏州市数字经济和数字化发展推进大会召开，苏州市把推进数字经济和数字化发展工作作为全市的头等大事和“一号工程”，引导企业积极投身数字经济和数字化发展大潮，并发布《苏州市推进数字经济和数字化发展三年行动计划（2021—2023 年）》等文件。

2021 年 3 月以来，吴中区连续出台了《吴中区机器人与智能制造产业提升发展三年行动计划（2021—2023年）》《加快推动吴中区制造业智能化改造和数字化转型工作方案》《关于加快吴中区机器人与智能制造产业提升发展暨推进制造业智能化改造和数字化转型的若干政策意见》等一系列政策措施。

苏州市工业和信息化局牵头组织编写了《苏州市机器人产业发展实施方案（2021—2025）》，并首次编写了《苏州市机器人产业发展白皮书》。

五、发展规划及战略

基于苏州机器人产业发展现状及未来发展规划，苏州市提出了明确的发展目标。十四五期间，苏州将紧密围绕苏州工业高质量发展的要求，以提升产业链发展水平为主线，着力增强自主创新能力，加强关键核心技术研发，提升机器人应用水平、促进产业集聚发展，推进“机器人+”新模式、新业态落地，提升苏州智能制造和智慧生活水平，到2025年，苏州市机器人产业规模突破1 500亿元，产业格局进一步优化，实现要素在重点园区间合理流动，形成“协同互动、特色突出、差异发展”的新格局，新建2~3个各具特色的机器人产业基地，努力将苏州打造成全国乃至全球具有较大影响力的机器人产业发展高地，助推苏州建设社会主义现代化强市。

〔供稿单位：苏州市机器人产业协会〕

2021年济南市机器人行业发展概况

2021年以来，济南市把大力发展机器人产业作为推进智能制造、加快新旧动能转换的重要着力点，相继出台了《十大千亿产业振兴计划》《济南市智能制造产业五年发展规划》《济南市高端装备产业发展规划（2018—2025）》《关于促进新一代人工智能发展的指导意见》《济南市机器人产业发展指导意见》《促进先进制造业和数字经济发展若干政策措施》等一系列政策措施，优化了发展环境、激活了发展动力，加大了对机器人企业技术研发、创新发展的支持力度。

一、行业发展概况

济南市机器人行业本着市场导向的原则，重点在集成应用方面发力，同时在并联机器人、巡检机器人方面形成竞争优势。2021年，济南市机器人行业共有企业60家，拥有电力巡检机器人、焊接机器人、工业抓举机器人、物流穿梭机器人、智能教学机器人、工业装配机器人、激光切割机器人、智能拧紧机器人、液压升降机器人等产品，产品销往全国30多个省、市并出口到国外130个国家和地区。2021年，济南市共生产焊接机器人400台，轮式巡检、轨道巡检、隧道巡检机器人合计200台，并联机器人1 100台，用于机器人大赛、智能制造比赛的集成机器人760台（套），激光切割熔覆机器人240台，物流、仓储穿梭机器人950台，钢铁行业高炉拆装机器人60台。

济南市在汽车、电子、铸造、环保等领域加大了机器人应用力度。2021年，济南市新增机器人装机量800台。其中，中国重型汽车集团有限公司（简称“中国重汽”）采购量为516台，占济南市新增机器人装机量的64.5%。截至2021年年底，中国重汽生产线共有机器人1 788台，主要以ABB、发那科和川崎等外资品牌机器人为主。

济南市现有3家机器人实训和培育基地，2个检验检测中心，十多个研发创新中心等支撑平台，融合了中国科学院自动化研究所、中国机械科学研究总院集团有限公司、中国信息通信研究院、哈尔滨工业大学等智力资源。

二、重点企业发展情况

济南市机器人行业拥有济南翼菲自动化科技有限公司（简称“翼菲自动化”）、国网智能科技股份有限公司（简称“国网智能”）、山东奥太电气有限公司（简称“奥太电气”）、山东栋梁科技设备有限公司、兰剑智能科技股份有限公司（简称“兰剑智能”）、济南奥图自动化股份有限公司（简称“奥图自动化”）、济南森峰激光科技股份有限公司（简称“森峰科技”）、山东德晟机器人股份有限公司（简称“德晟机器人”）、山东中车同力达智能装备有限公司、山东爱通工业机器人科技有限公司和济南科亚电子科技有限公司（简称“科亚电子”）等一大批细分领域的工业与服务机器人优秀企业，为国内外汽车、机械、电子、食品、医药、电商军工等行业的自动化、智能化发展做出了贡献。其中，翼菲自动化的并联抓取机器人已经在华为技术有限公司的生产线、山东福胶集团有限公司的阿胶生产线等多个领域实现示范作用；兰剑智能为电力、新能源、汽车、军工等领域提供了一系列智能生产线；奥太电气的焊接机器人可实现大型罐式焊接功能；国网智能的巡检机器人，可通过高清摄像机采集电力设备外观照片，通过模式识别技术自动识别设备运行状态，利用红外热像仪对电力设备的温度进行实时采集、智能分析和诊断，自动判别、预警设备故障，并通过远程视频和双向语音功能，监督现场人员施工，指导处理突发事件；德晟机器人研发的全球变速器自动装配生产线在中国重汽成功应用；科亚电子的智能侦检灭火机器人，集无线视频侦察、灭火、照明、报警、搜索、救援等功能应用；济南邦德激光股份有限公司的激光切割机器人出口到了100多个国家和地区；森峰科技生产的激光切割机的功率达到35 000W；山东鸥帆机器人科技有限公司的高炉拆装机器人被宝武钢铁集团有限公司、鞍山钢铁集团有限公司采用。此外，国机铸锻机械有限公司、山东拓展智能装备制造有限公司、奥图自动化、济南易恒技术有限公司、济南达宝文汽车设备工程有限公司等企业研发的装配线、机器人加工落料生产线等在大众、丰田、宝马、一汽、东风、上汽、比亚迪等企业的汽车生产线应用。

2021年，济南市机器人与高端装备产业协会（简称"协会"）发挥其平台优势，开展了一系列产学研和市场开拓工作，推动了济南市机器人研发和市场化持续加快。目前，协会已与清华大学、哈尔滨工业大学、上海交通大学、南京航空航天大学、北京理工大学、合肥工业大学等高校院所开展了广泛深入合作，并与瑞士ABB集团、日本川崎重工业株式会社等知名企业开展了技术合作。目前，哈工大机器人集团股份有限公司、新松机器人自动化股份有限公司等企业也纷纷落户济南。

〔供稿单位：济南市机器人与高端装备产业协会〕

园区篇

从机器人行业发展优势、服务平台建设、政策支持等方面，介绍我国几大机器人产业园区的发展情况

中国机器人工业年鉴2022

园区篇

2021 年余姚市机器人智谷小镇发展概况

一、基本情况

余姚市机器人智谷小镇（如图 1 所示，简称“小镇”）坐落在浙江省余姚市三七市镇，与浙江省宁波市江北区慈城镇接壤，规划面积 3.4km^2。小镇以建设机器人及智能装备“产学研用金”基地为目标，按“一核、两轴、五区”进行规划。其中，“一核”为依托城市客厅的机器人产业体验公园，是集商业商务、旅游展览、公园体验等功能于一体的公共服务中心。“两轴”为联系江北高新产业园区的快速通道——庆丰路和小镇南北向主干道——缪云路。“五区”即机器人智能装备产业区、机器人核心部件研制区、机器人上下游产业区、科研教育区和生活配套区。

图 1　余姚市机器人智谷小镇

2015 年 10 月，小镇在“宁波人才科技周”上授牌。截至 2021 年年底，小镇先后获得国家 AAA 级旅游景区、国家级留创园、国家级侨梦苑（华侨华人创新创业集聚区）、省级特色小镇、省级海外高层次人才创业创新基地、省级科技企业孵化器等称号。

截至 2021 年年底，小镇累计完成政府投入超过 20 亿元，核心区开发建设初具规模，建成了“五横六纵”总长 10km 的骨干道路框架、建筑面积约 2 万 m^2 的城市客厅综合服务中心、1.5 万 m^2 的专家楼和邻里中心。一期智聚园标准厂房引进总投资 6 亿元的宁波中科莱恩机器人有限公司、浙江智川机器人工程有限公司等 12 个项目；二期智邑园标准厂房引进总投资 10 亿元的浙江智昌机器人科技有限公司、浙江云联智能制造研究院有限公司、勃肯特（余姚）机器人技术有限公司、宁波华焯激光科技有限公司等 14 个项目。三期于 2021 年竣工，明确落地项目 29 个，总投资约 25 亿元，已入驻项目 10 个。

二、机器人行业发展概况

目前，余姚市已基本形成了涵盖机器人本体、零部件、系统集成于一体的机器人产业链体系，工业机器人、服务机器人、智能装备、系统集成、配套服务、研究机构等各类产业链主体一应俱全，应用企业覆盖多种类型场景。按规模划分，在从事机器人与智能装备制造与服务的 152 家企业中，规模以上企业有 76 家，规模以上企业占比达 50%。

相对于核心零部件制造，整个机器人产业链的中下游部分占据了明显优势。按类别划分，在从事机器人与智能装备制造与服务的 152 家企业中，机器人制造与集成、应用企业占比合计超过 70%，其中，工业机器人与服务机器人制造占比分别为 18% 与 9%，集成与应用企业占比合计 50%，从事零部件生产的企业占比仅为 4%。机器人集成产业作为余姚市五大百亿级产业之一，是余姚市发展智能经济的重要抓手。目前，余姚市应用型企业广泛分布在模具制造、医疗、农业、消防等不同的应用场景，成为余姚产业智能化改造的阶段性成果，但产业整体仍处于初期应用阶段，远未达到数据智能、自主智能、群体智能的要求。余姚市机器人行业企业分布情况（按类别划分）如图 2 所示。

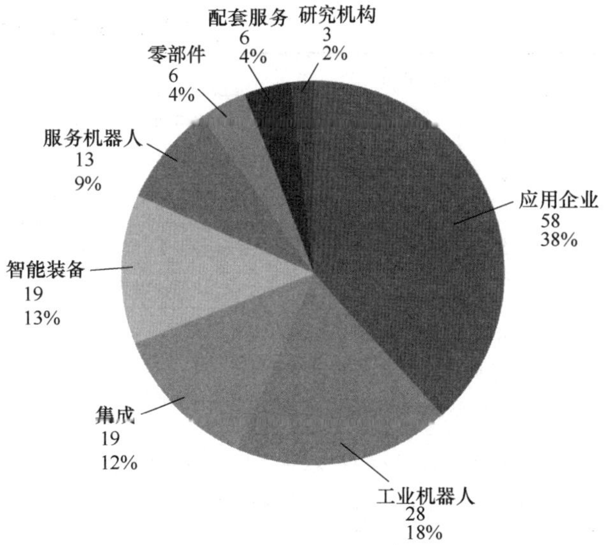

图 2　余姚市机器人行业企业分布情况（按类别划分）

在专利申请方面，余姚市机器人企业中，专利申请数目排名前十的企业均属于应用型企业，作为高技术壁垒的核心零部件研发专利较少。创新链、人才链、产业链、资金链、政策链壁垒尚未真正打通，余姚机器人产业发展中的“卡脖子”现象、技术人才结构性短缺问题仍普遍存在，关键领域、关键环节的骨干企业依然较少。

三、重点企业建设情况

1. 宁波舜宇智能科技有限公司

成立于2014年，专注于工业智能制造技术研发、方案设计、工程服务。已形成一套以“管、做、送”为业务核心，可持续、高效和面向未来的智能数字工厂整体解决方案，广泛应用于汽车零部件、3C、小家电等多个行业，为客户实现智能制造提供整体方案设计、智能数字工厂管理系统、柔性制造单元、柔性制造生产线、智能仓储物流定制和信息系统集成等服务。所获荣誉包括浙江省“机器换人”工程服务公司、宁波市十佳智能制造工业工程服务公司。

2. 智昌科技集团股份有限公司

成立于2016年，业务涵盖机器人智能终端、工厂智联网络、产业链群智服务平台三大核心板块。汇聚了126位博士、硕士等专家，拥有258项知识产权。“工业机器人控制器产品性能优化及智能升级”项目入选国家2017年度重点研发计划“智能机器人”重点专项；“工业机器人智能控制器开发与产业化创业团队”荣获2018年度“浙江省领军型创业团队”荣誉称号；智能工厂智能引擎成功申报宁波市“科技创新2025”重大专项等。

3. 勃肯特（余姚）机器人技术有限公司

成立于2017年，是集工业机器人本体与高速自动化解决方案为一体的高新技术企业，拥有全系列并联及串并联工业机器人本体产品。以技术研发为先导，持续探索机器人结构、控制和视觉算法的优化与创新方案，现已累计获得国家专利70余项。

4. 宁波伟立机器人科技股份有限公司

注塑行业机械手标准制定者，成立于2003年，集机器人研发、制造和销售于一体，业务覆盖注塑加工和金切加工两大领域，提供多领域从自动化单元到两化融合产线到数字化车间的智能化解决方案。荣获国家级高新技术企业、浙江省工业机器人重点企业研究院、浙江省智能制造工程服务中心、浙江省高新技术企业研究开发中心、宁波市企业技术创新团队、浙江省科技进步奖二等奖、宁波市制造业单项冠军培育企业、宁波市装备制造业首台（套）企业、浙江省上云标杆企业、宁波市“科技创新2025”重大专项（第一批）立项、浙江省服务型制造示范企业、工业和信息化部“两化融合管理体系”评定企业、“浙江制造精品”等资质荣誉，近年来承担了省市众多的重大科技攻关项目。

5. 宁波飞图自动技术有限公司

创立于2004年，专注于日化包装、医疗包装、食品饮料包装等行业，专业从事自动装配和检测设备及其他自动化系统集成的设计、制造和服务。拥有完全自主知识产权的各种专利37项，其中发明专利8项，软件著作权5项；拥有2个省级首台（套）项目。与浙江大学合作成立“浙江大学工研院宁波工业自动化工程中心”和“浙江大学—飞图智能工业自动化生产线研发中心”；荣获国家级高新企业、“浙江省机器换人示范企业”“宁波市科技先进奖二等奖”“浙江省科技进步奖三等奖”等荣誉。

四、重点项目建设情况

余姚市机器人产业重点项目建设情况建表1。

表1　余姚市机器人产业重点项目建设情况

序号	项目名称	项目情况	投资主体
1	年产1 000台仓储机器人相关产品生产项目	占地面积78亩（1亩=666.7m^2），拟建厂房面积4.8万m^2，建设面向高端机器人制造的标准化工业厂房，投产后可生产1 000件仓储机器人相关产品，实现年销售额4亿元以上	余姚岭郅智能供应链科技有限公司
2	年产500台精密数控智能设备生产项目	占地面积33亩，拟建厂房面积3.4万m^2，生产高速龙门加工中心、定梁龙门加工中心等，投产后可实现年产值达3亿元	宁波赫力智能装备有限公司
3	年产1 000台（套）节能型高速精密注塑机及其智能制造系统	占地面积66亩，拟建厂房面积5万m^2，投产后实现年产值达3亿元	宁波力松注塑科技有限公司
4	年产3 000吨高性能稀土永磁材料建设项目	占地面积23亩，拟建厂房面积1.8万m^2，从事高性能钕铁硼永磁材料的生产、销售，投产后可实现年产值达6亿元	宁波瑞途智能科技有限公司
5	年产400台机器人生产项目	项目投产后生产机器人及集成系统，机器人用关键零部件，研发机器人共性技术	勃肯特（余姚）机器人技术有限公司
6	年产60台塑料激光焊接设备生产项目	占地面积18亩，拟建厂房建筑面积2.4万m^2，投产后实现年销售额3 000万元	宁波华焯激光科技有限公司

（续）

序号	项目名称	项目情况	投资主体
7	年产 1 000 万 m^2EVA 夹胶玻璃胶片生产项目	占地面积20亩，拟新建厂房建筑面积2.5万m^2，投产后可实现年销售额1亿元	宁波莱米纳薄膜科技有限公司
8	年产1万套智能升降路桩产业化的建设项目	占地面积14亩，拟新建厂房建筑面积1.9万m^2，投产后实现年销售额1.5亿元	浙江麦思通智能科技有限公司
9	年产200套半导体自动化测试设备项目	占地面积62.2亩，新建厂房62 000m^2，投产后可年产200套半导体测试设备、500套基于光学的多轴运动控制技术相关的智能设备，投产后年产值达3亿元	浙江联和机电科技有限公司
10	关于高效，低噪声永磁无刷电机驱动系统关键技术及其产业项目	投产后年产值4 500万元	宁波英菲迅机电有限公司
11	年产30条纺织化纤丝饼自动化处理系统设备生产项目	占地面积31.3亩，拟生产用房面积41 729.7m^2，投产后年产值可达1亿元	意锐科（宁波）智能科技有限公司
12	年产8 000台工业机械手项目	项目将设计为三大设备制造板块，包含：注塑机板块、机械手板块和辅机板块；投用后的工厂将实现年产注塑机2 000台、工业机械手8 000台、各类型配套辅机8 000台的规模。投产后将提供模压塑胶制品行业智能制造设备一站式综合服务，年产值达5 000万元	诺博特（宁波）智能科技有限公司
13	水下智能机器人项目	与北京大学合作，吸引高层次人才就业，建设集研发、生产制造、测试、销售为一体的水下智能机器人高端装备制造企业，投产后年产值可达500万元	浙江工道防务科技有限公司
14	非合作信号低空目标探测系统	研发、生产目标探测、低空安防、信息服务、智能监测等无线电产品，服务于公共安全与区域经济发展，入驻小镇2期园区，厂房占地面积1 000m^2，投产后年产值达1 200万元	浙江波誓盾科技有限公司
15	5G智能机器人制造项目	拟在小镇规划新生产基地，预计产品线在5条以上，承担4条产品线的生产工作及新项目的定制化生产工作，投产后年产值可达2亿元	浙江尚闻科技有限公司
16	智能仓储机器人项目	项目建设内容涵盖智慧物联网云平台搭建，智能制造研究院联盟搭建、算法调度系统、控制系统、视觉识别系统、控制模块开发、硬件设备的研发和生产制造等。专注于半导体行业、无尘室的“无人工厂”以及冷链仓的“无人化”整体解决方案。投产后年产值可达1.2亿元	宁波海神机器人科技有限公司

五、服务平台建设情况

1. 产业精准对接平台

2013年以来，余姚市重点落实国家、浙江省和宁波市战略部署，围绕机器人产业升级陆续推出平台建设规划，加快推进机器人产业发展，打造国内领先的机器人产业生态。其中，中国机器人峰会是国内规模最大、最具影响力的机器人盛会，自第三届开始，中国机器人峰会永久落户余姚市，成为余姚市机器人产业创新发展的金名片。余姚市机器人产业平台情况见表2。

表2 余姚市机器人产业平台情况

平台	简介
机器人峰会	峰会发展成集学术交流、技术展示、项目对接、人才引育、产业协作于一体，集中展示领域最前沿应用场景与技术成果
机器人智谷小镇	位于余姚城区东南15km，规划面积3.4km^2，总投资50亿元，是宁波智能经济示范区的核心区和主引擎。打造以机器人核心部件制造、集成及应用为主的智能全产业链

（续）

平台	简介
中意宁波生态园	中意两国政府共同打造的产、城、人融合的国际合作生态产业城，以城市为基础，承载产业空间和发展产业经济；以产业为保障，驱动城市更新和完善服务配套。以金融为引领，以创新为内核，达到产业、城市、人之间有活力、持续向上发展的模式

2. 产学研一体化平台

在高端项目建设、人才落户的同时，小镇吸引了一批产学研一体化平台入驻。哈尔滨工业大学、西安交通大学、中国计量大学等高校，通过设立研究院、众创空间、实训中心等方式，在小镇形成产学研一体化平台。

3. 产业基金平台

小镇利用产业基金引导产业集聚，带动社会资本更加精准地投向符合产业导向的高层次人才项目。截至 2021 年，小镇已建立机器人智谷产业基金 10 只，总规模达 45.24 亿元，用于支持、培育智能制造产业的发展，为入驻企业提供资金保障。

4. 人才服务平台

2020 年 7 月，小镇成立了高层次人才产业加速中心（简称“加速中心”），依托运营单位的全球人才项目资源与全生态链服务模式，提供集引进、孵化、加速于一体的“双创”服务。2021 年，加速中心已推荐项目 106 个，累计柔性引进院士近 10 位、国家级人才专家 24 位、省级人才专家 5 位。

六、招商引资情况

小镇积极发挥好“法务、财务、商务”三支招商项目研判团队的作用，对每个项目进行全面研判，提升项目招引的准确性。完善落实项目推进制度，以小镇项目百日攻坚为抓手，开发区成立产业项目先锋队，“量身定制”全周期跟踪和全流程服务举措，将项目按洽谈进度分为线索项目、在谈项目、签约项目和落地项目四类项目进行科学管理，有效推进。明确每个项目推进计划、形象进度和责任人员，做到每个项目都有专人负责，每个阶段都有目标要求。同时，在项目推进过程中，实行周例会制度，及时沟通协调，力促项目疑难问题精准研判解决，加快推进重大项目早落地、早投产、早见效。2021 年以来，小镇在建入库项目共 8 个，总投资额 6.9 亿元，其中岭郅仓储机器人项目总投资额超过 2 亿元，力松高速精密注塑机项目总投资额超过 1 亿元。

七、政策支持

1. 浙江省级政策

浙江省经济和信息化厅发布《浙江省机器人产业链标准体系建设指南》，构建形成了 4 个标准子体系、12 个二级标准领域和 70 个三级标准领域的“三环节一基础”体系框架。进一步汇聚市场主体力量，推动数字化改革，提升机器人产业层次，增强国际竞争力。浙江省发布的机器人产业相关文件情况见表 3。

表 3　浙江省发布的机器人产业相关文件情况

发布日期	文件名称	主要内容
2017 年 8 月	《浙江省“机器人+”行动计划》	加快制造、物流、健康、服务、农业和特殊领域等领域机器人应用；推进“机器换人”
2018 年 9 月	《浙江省数字经济五年倍增计划》	核心技术突破、数字产业化提升、产业数字化转型、新业态新模式培育、数字化赋能、产业生态优化、制度供给创新 7 项行动
2019 年 2 月	《浙江省促进新一代人工智能产业发展三年行动计划（2018—2020）》	促进人工智能技术与机器人深度融合，提升机器人产品智能化水平；促进工业机器人及智能制造技术示范应用，推进特定应用场景的智能服务机器人研发及产业化
2020 年 1 月	《浙江省打造智能机器人产业高地行动计划（2020—2025 年）》	提升关键技术创新能力；培育壮大骨干标杆企业；推进工业机器人集成应用；培育发展服务机器人；推进产业集群化发展
2020 年 8 月	《浙江省实施制造业产业基础再造和产业链提升工程行动方案（2020—2025 年）》	2025 年基本形成与全球先进制造业基地相匹配的产业基础和产业链体系
2021 年 7 月	《浙江省全球先进制造业基地建设“十四五”规划》	大力发展智能机器人及自主可控关键核心部件，推动企业应用工业机器人等数字化装备，聚焦数字安防、数控机床、工业机器人等领域，滚动实施产业链协同创新项目
2021 年 7 月	《浙江省机器人产业链标准体系建设指南》	构建形成了 4 个标准子体系，12 个二级标准领域和 70 个三级标准领域的“三环节一基础”体系框架

2. 宁波市、余姚市两级政策

余姚市在浙江省率先提出发展智能经济并出台智能经济发展规划，系统地谋划理智能经济发展。宁波市、余姚市发布的机器人产业相关文件情况见表4。

表4　宁波市、余姚市机器人产业相关文件情况

发布日期	文件名称	主要内容
2016年6月	《关于推动智能经济（机器人产业）发展加快经济转型升级的若干意见（试行）》	大力招引国内外智能制造（机器人产业）领域企业，支持国内外知名高校院所到宁波市设立智能制造（机器人）产业技术研究院，加快智能制造（机器人）设备推广应用等
2017年5月	《宁波市智能经济中长期发展规划（2016—2025年）》	重点发展工业机器人等智能制造装备及智能服务机器人等智能终端产品，推进工业机器人、智能可穿戴设备、智能无人系统等集成应用示范
2019年3月	《余姚市机器人智谷小镇机器人产业发展规划（2019—2025）》	打造较为完善的“小镇”机器人产业体系，实现产业规模持续增长，龙头企业加速培育，技术水平显著提升，关键零部件取得重大突破，集成应用取得显著成效
2019年6月	《余姚市机器人智谷小镇产业政策》	设立产业发展基金、鼓励引进高端优质项目、吸引高层次人才团队落户
2019年9月	《宁波市新一代人工智能发展行动方案（2019—2022年）》	推动人工智能与传统产业融合，培育智能软硬件产业、发展数字经济新业态，率先在人机物智能协同、新一代人工智能应用等方面形成示范效应
2019年12月	《余姚市机器人及集成产业发展规划（2020—2025）》	到2025年，形成一批富有活力和可持续发展的“机器人+”新模式、新业态，培育一批机器人及集成产业龙头骨干企业，建设国内一流的机器人应用示范基地和产业创新发展示范区
2020年4月	《宁波市机器人产业发展三年行动计划（2020—2022年）》	对数字化车间、智能工厂、工业互联网推广应用、自动化（智能化）成套装备改造、“机器换人”等工作予以资金支持
2020年12月	《余姚市人民政府办公室：关于印发余姚市智能化改造三年行动计划（2020—2022年）的通知》	到2022年年底，重点行业、龙头企业智能化水平达到国内先进，初步形成智能化改造“余姚模式”，基本完成“双百双千”目标
2021年1月	《2021年度政府工作报告》	推动机器人产业发展链式聚合，实施创新引领、强链补链工程

八、发展规划和战略

1. 发展定位

未来3~5年，加快推进小镇机器人产业突破发展，努力将小镇建设成为国际领先的机器人关键零部件创新高地、国内先进的机器人智能制造系统集成高地、全省一流的机器人行业应用高地和全球领先的机器人高端人才高地。

（1）国际领先的机器人关键零部件创新高地。以全球化的视野加快推进高能级创新载体建设，在突破机器人控制器的基础上，加大减速器、伺服电动机等关键零部件研发力度，形成国际领先的机器人关键零部件创新高地。

（2）国内先进的机器人智能制造系统集成高地。计划智能机器人专项，引进国家级机器人研发成果实施孵化和产业化，瞄准机器人整机制造、智能装备生产，形成拥有自主核心技术、国内先进的机器人智能制造高地。

（3）省内一流的机器人行业应用高地。积极培育一批面向省内传统制造业重点行业的机器人系统集成商和工程服务公司。加大省内相关行业的应用推介力度，举全省之力打造省内一流的机器人行业应用高地。

（4）全球领先的机器人高端人才高地。发挥中国机器人峰会的虹吸作用，引进国家重点研发计划智能机器人专项专家组专家、国际机器人行业公认的专家、国内机器人领域高校及科研机构的专家、国内知名机器人企业中的专家等高端人才集聚小镇，形成人才集聚的高地效应。

2. 产业布局

（1）产业空间布局。依据小镇创建方案中的“一核依一园、两轴串五区”总体功能布局，重点布局“一核四心一园”，具体内容如下：

1）一核：龙头企业核心区，占地面积62.86hm^2（1hm^2=10 000m^2）。集聚专业从事机器人本体研发和加工、机器人及智能装备系统集成的行业龙头企业。

2）四心：核心零部件制造中心，占地面积25.70hm^2，主要从事机器人核心零部件制造、机器人应用教学，推进政产学研联合，推动机器人产业高端化发展；产业协同创新中心，占地面积13.44hm^2，主要通过引入大数据、云计算、物（务）联网等信息技术，整合小镇内外部资源，打造机器人产业协同创新平台，推动机器人产业服务化发展；机器人产品展示中心，占地面积5.93hm^2，依托城市客厅，开展机器人产品网上网下展示，设立机器人峰会分会场，

开展机器人技术、人才合作，助推机器人产业发展；创新成果转化中心，占地面积 23.73hm²，对接国家重点研发计划“智能机器人”重点专项，引进高端研发成果产业化。布局机器人产品数字化制造车间，开展机器人产品智能制造应用示范。

3）一园：现代物流园，占地面积 42.42hm²。依托小镇南面的三七市站城际铁路站，建立小镇机器人全产业链产品全球配送中心，对接义新欧专列和义甬舟大通道。

余姚市机器人小镇产业空间布局如图 3 所示。

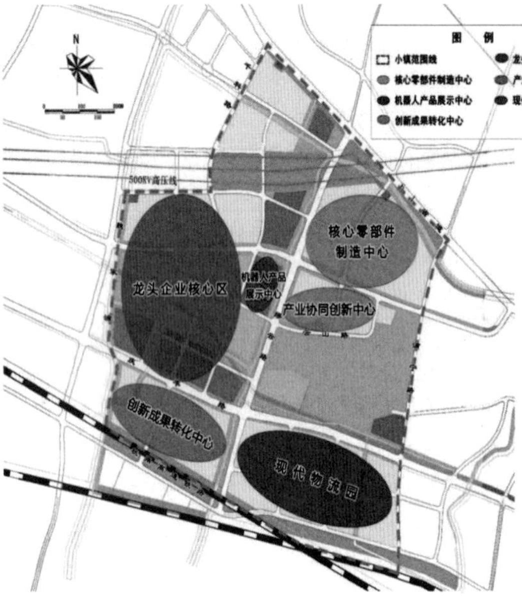

图 3　余姚市机器人小镇产业空间布局

（2）产业远景布局。

从长远看，以小镇为中心，辐射余姚市现有的工业发展平台，形成“一核多区”的整体布局，进一步拓展余姚机器人产业发展空间，推动机器人产业向智能化方向发展，具体内容如下：

1）一核：余姚市机器人智谷小镇。

2）多区：余姚经济技术开发区，致力于将开发区打造成为国内知名的机器人产业集聚地，重点拓展浙江省千人计划余姚产业园区块，布局机器人本体产业化项目，设立出口加工基地；余姚工业园，作为小镇机器人新材料和本体产业化项目的拓展区，重点在机器人本体铸件、高强新材料、模具等领域布局产业化项目；中意宁波生态园，作为小镇机器人工业设计项目的拓展区，重点在外观设计、结构设计、算法设计等领域引进相关企业；余姚智能光电小镇，作为小镇机器人智能零部件产业化项目的拓展区，重点在软件、算法、视觉、光电元器件等领域引进相关企业；余姚云城小镇，作为小镇机器人网上交易项目的拓展区，重点在电子商务、供应链金融等领域引进相关企业。

余姚市机器人小镇产业远景布局如图 4 所示。

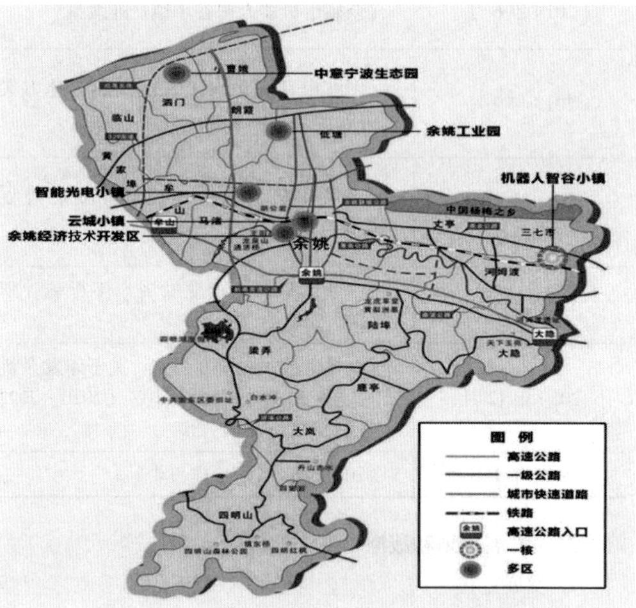

图 4　余姚市机器人小镇产业远景布局

〔撰稿人：余姚市中国机器人峰会筹备办陈波、陈明雅、邱添瑜〕

2021 年芜湖机器人产业集聚区发展概况

一、基本情况

1. 建设背景

2013 年 10 月 18 日，国家发展和改革委员会、财政部批复《安徽省战略性新兴产业区域集聚发展试点方案》，重点支持以安徽省芜湖市为龙头，打造具有国际竞争力的机器人产业集聚区。

2021 年，芜湖市建立“一核多元”产业发展格局，以鸠江区为机器人及智能装备产业发展核心区，统筹经济开发区轨道交通装备、繁昌区 3D 打印及增材制造、南陵县智慧物流装备，争创国家机器人及智能装备制造产业集群。

2. 公共配套

总规划面积5 300亩（1亩≈666.7m²）的产业集聚区，建有芜湖机器人产业科技孵化器、芜湖机器人产业成果转化中心、芜湖机器人产业创新创业基地和中德（芜湖）人工智能产业孵化基地，标准化厂房面积达20万m²。

配置5 000套蓝/白领公寓、98套专家楼及机器人创巢公社；建有双语教育资源的幼儿园及中小学；为园区企业开辟绿色就医通道。解决高端及外籍人才生活、教育、就医等后顾之忧。

3. 产业规模

深耕多年，芜湖市工业机器人整机产量已率先突破1万台；高端装备核心技术自主可控，建成长三角地区第二家机器人质量监督检验中心；鸠江万开物流园、南陵智慧物流基地融合机器视觉和自动分拣整发技术，建成华东地区智慧物流枢纽。

芜湖机器人产业集聚区连续多年荣获全国最佳产业园称号，连续三年获安徽省机器人产业发展考核第一名。截至2021年年底，芜湖机器人及智能装备基地实现产值312亿元，2015—2021年年均复合增长率达31.8%。区内集聚上下游企业约160家，规模以上在库企业91家，搭建起工业机器人、服务机器人、高端装备制造3条完备产业链条。

二、产业链重点项目建设情况

1. 智能工业机器人展现国产优势

埃夫特智能装备股份有限公司（简称“埃夫特”）于2020年7月登陆科创板，2021年3月与阿里云签约“云边协同、脑机共融”合作项目，打造行业内首个云端一体化智能机器人云平台。2021年5月，芜湖摩卡机器人科技有限公司的六轴机器人整机项目落地投产，目前整机产量已突破2 600台，实现了与集聚区内的芜湖清川电气有限公司、芜湖清能德创电子技术有限公司等核心零部件企业的紧密协同。

2. 服务机器人多元发展

安徽酷哇机器人有限公司自主研发的复杂场景智能驾驶系统已经成功应用于智能载物、智慧环卫、物流及乘用车短途接驳行业。2021年8月，京东无人智能快递车在鸠江区投入使用，已实现L4级别自动驾驶。

3. 关键零部件打破垄断

埃夫特零部件的国产化率突破50%。芜湖奥一精机有限公司完成C、N、E三个系列7种减速器的研发量产，产品能够覆盖埃夫特20kg及以下机器人减速器的国产化需求。芜湖翡叶动力科技有限公司实现多系列高性能伺服电动机研发制造销售，市场占有率位居国内前列，并引入奥地利某公司的直流滚筒电动机项目，实现技术领先。

4. 系统集成覆盖面广泛

安徽戎发冲压机器人有限公司成功开发出全国第一条全伺服35轴联动全自动化生产线，其铝合金差压铸造装备可对标国际先进水平，汽车冲压生产线集成水平处于行业领先地位。

5. 人工智能持续赋能

安徽旷云智能科技有限公司以自主研发深度学习框架作为底层架构，构建自主改进算法生产线。安徽省火乐智能科技有限公司的产业园项目总投资20亿元，2021年年内落地投产，旗下“坚果”系列智能投影设备线上销售量行业第一。

6. 特种装备成果显著

芜湖戴维克斯潜水系统有限公司成功交付中国首套300m饱和潜水系统，并在芜湖造船厂建造500m饱和潜水系统，技术全球领先。

三、服务平台建设情况

1. 专家智库

搭建专家平台，柔性引进产业专家、知名企业首席技术官（CTO）等60余人，共同组成机器人产业专家库，组织专家评审会议100余场，开展了拟落户机器人项目的技术评审、机器人应用示范项目评审、机器人项目验收评审等工作。促进行业内专家与产业深入合作，精准指引产业发展。

2. 创新平台

拥有省级及省级以上研发平台39家。其中：国家级创新平台10家，包括国地联合工程研究中心1个、国家级企业技术中心3个、国家级博士后科研工作站2个、国家检测检验中心1个、科学技术部火炬中心企业孵化器2个等；省级创新平台29家，包括重点实验室2家、工程实验室1家、工程技术研究中心2家、企业技术中心9家、博士后工作站4家、院士工作站4家、技术创新中心1家、新型研发机构6家。

3. 人才队伍

建成电子产业园孵化器、机器人创新创业基地、机器人产业成果转化中心、中德人工智能产业孵化基地四大载体，为提供优质企业孵化环境，引进高层次人才团队76个。

围绕机器人及智能装备、特种装备、人工智能等高端领域的人才培育，建成皖江人力资源公共职业训练基地、国际工程师学院、机器人现代产业学院，加强与哈尔滨工业大学、安徽工程大学、安徽机电职业技术学院、芜湖职业技术学院合作。

四、政策支持

充分发挥“国家机器人产业集聚发展试点、安徽省战略性新兴产业集聚发展基地”相关扶持措施叠加效应。面向“多链”融合，构建芜湖市支持机器人产业政策体系。在产业链方面，先后出台《芜湖市扶持产业发展政策的若干规定》《芜湖市战略性新兴产业发展专项资金扶持政策》；在人才链方面，先后出台《关于实施新时代“紫云英人才计划”加快推进芜湖高质量发展的意见（试行）》《关于深化人才发展体制机制改革和推进人才优先发展的实施意见》《人才优先发展政策及配套人才公寓政策》《战新人才专项政策》《芜湖市机器人及智能装备产业引进创新创业人才办法》；在创新链方面，先后出台《关于加快推进芜湖市国家自主创新示范区建设的若干政策规定》《芜湖市扶持高层次科技人才团队创新创业实施办法》《芜湖市促进新型工业化若干政策规定》。

五、发展规划与战略

1. 战略规划

站在新的历史起点，芜湖机器人产业集聚区打造国际一流产业基地的目标已经确立，将持续发挥“国家试点”和“省级基地”双叠加政策优势，坚持“市场主导、应用优先，创新驱动、质量为先，整机牵引、关键突破，融合发展、超前布局”原则，以扩大总量、提质增效为主线，聚焦整机水平和关键零部件“双突破”，行业系统应用和新场景示范集成“两加强”，持续优化产业生态，提升产业规模层次。

2. 重点任务

从夯实基础向突破发展迈进，立足机器人规模化、品牌化，向数字化、智能化、高端化迈进，打造具备国际影响力的机器人产业高地。

（1）夯实产业生态圈：①壮大产业规模，②完善产业配套链条。

（2）全链布局下的补链：①提升智能制造生态链，②完善专业服务生态链，③构建高水平产业孵化体系。

（3）提升产业创新链：①推进创新平台建设，②加强共性关键技术研究，③扶持技术和标准创新活动。

（4）打造新业态新模式：①构建工业智能协同制造新模式，②推动“机器换人”工作，③推进系统集成应用，④加强商业模式与服务创新。

（5）突出人才建设和储备：①建立机器人及智能装备人才培养基地，②大力引进创新创业团队与领军人才，③大规模培育机器人及智能装备技能人才。

（6）增强域外合作交流：①加强区域合作交流，②提高“引进来”水平，③鼓励企业“走出去”境外投资。

〔撰稿人：芜湖滨江智能装备产业发展有限公司王家云〕

2021年山东省机器人产业园发展概况

一、基本情况

山东省机器人产业园由山东省机器人研究会发起、瑞源控股集团有限公司投资、青岛汇融智能装备有限公司开发运营，与青岛经济技术开发区管理委员会联合招商，服务会商的专业产业园项目。项目总投资30亿元，选址位于青岛市西海岸新区昆仑山路以西、富春江路西延，共四个工业地块，分三期开发，总占地面积约232亩（1亩≈666.7m^2），规划总建筑面积30万m^2。

山东省机器人产业园一期于2021年7月份交付运营，二期正在施工建设，已有40余家企业单位签约、20余家企业单位入驻。

二、重点企业建设情况

随着科姆创（青岛）创投有限公司、凯沃智能装备（青岛）有限公司（简称“凯沃智能”）、青岛阿尔法机器人有限公司（简称“阿尔法机器人”）、青岛博晟优控智能科技有限公司（简称“博晟优控”）、山东瑞智飞控科技有限公司（简称“瑞智飞控”）、青岛盛达碳素新材料科技有限公司、青岛佳世特尔智创科技有限公司、青岛光流软件技术有限公司、青岛新时代易生活管理有限公司等40余家企业单位的入驻，山东省机器人产业园初步形成了研发制造、应用推广、教育培训、商务配套的产业功能链条。

1. 凯沃智能装备（青岛）有限公司

2021年1月，凯沃智能签约入驻山东省机器人产业园。凯沃智能成立于2012年，一直专注在非标自动化领域，为各大公司提供工厂智能化领域的非标流水线技术方案与技术支持，包含机器人集成系统、焊接系统集成、喷涂系统集成、物流传输系统和企业MES系统方案。凯沃智能获有日本川崎重工株式会社机器人事业部的授权代理和省区总代理，并拥有川崎重工机器人直接提供的技术支持。

2. 青岛阿尔法机器人有限公司

2021年11月5日，阿尔法机器人成功签约入驻山东省机器人产业园。阿尔法机器人成立于2017年，拥有工程师和技术人员50人左右，是专业的机器人自动焊接集成业务、企业非标自动化产线的提供者，也是国际领先的打磨和抛光设备解决方案提供商。

3. 青岛博晟优控智能科技有限公司

博晟优控作为一家实力雄厚的高新技术企业，在视觉感知、智能自动化领域和最优控制方面具有深厚的知识储备和丰富的经验与资源，拥有国内外领先的自有核心控制技术和算法。博晟优控核心团队全部拥有硕士及以上学位，其中博士学位9人。带头人山东科技大学张焕水教授是教育部长江学者特聘教授（2010—2013年）、国家杰出青年基金获得者、山东省泰山学者（2006—2015年）。

4. 山东瑞智飞控科技有限公司

瑞智飞控作为瑞源控股集团有限公司的子公司，致力于时空地理信息技术的研究、开发与应用，结合5G、大数据、人工智能等相关技术，重点开展“无人机+”“遥感+”等地理信息新兴服务产业的研究、推广与应用，并有6项城市管理计算机软件著作权、3项智慧分析专利；致力于打造智能巡查、智慧调度、智慧办公、智慧管理、服务惠民的全链条城市管理服务平台。近几年，瑞智飞控积极推进“产学研”合作，先后在水质监测、大气质量环保测等领域打造了瑞源生态环保监测与治理方案，推出了基于高光谱的水质在线监测系统、基于无人机云平台的大气和水质量监测系统。

三、重点项目建设情况

1. 科姆创青岛国际加速器

科姆创青岛国际加速器于2022年6月正式入驻山东省机器人产业园。作为科姆创公司（EcoKMC LLC）在青岛建立的第一个全球技术孵化和加速中心、国际创客育成中心、青岛市国际化众创空间，科姆创青岛国际加速器致力于将全球医疗器械、高端制造等领域中的创新项目和科技，通过孵化、投资、转让、战略合作、使用许可及区域经销等方式，为国际创新技术（项目）获得我国投资、生产、销售机会的同时，也为我国企业提供转型升级所需要的先进技术、优秀人才和知识产权转移等服务，可与山东省机器人产业园双向互通，合理匹配国内外需求，使得资源最大化利用。

2. 睿飞无人机培训学校

2021年11月17日，山东科技大学与瑞智飞控联合成立怜睿飞无人机培训学校。睿飞无人机培训学校坚持以技术创新、融合发展为突破口，聚焦空域飞行、推进无人机应用建设，积极探索无人机在智能执法、智慧水务、智慧巡防等领域广泛应用，是全面深化校企务实合作、共同推进产学研深度融合的示范样板。

四、服务平台建设情况

山东省机器人产业园在山东省科学技术协会、山东省机器人研究会等各级部门单位的大力支持下，一期建成运营以来，机器人“双创”示范基地建设成果显著，形成了以融资服务、交易服务、运营服务、综合配套开发服务为核心的运营平台，初步具备了产业科研及创新孵化、中试制造与应用推广、工业机器人职业技术培训、科普展示会议及商务生活配套服务五大功能，园区打造的“政、金、服、产、学、研”六位一体的产业载体平台初步完成。

山东省机器人产业园先后成功举办了“企业服务日”智能制造专场、机器人产业发展促进会、西海岸新区机器人产业创投发展大会、高新技术企业与科技企业行业补贴专题培训会等系列活动，并荣获了“2021年度最具创新活力园区”，园区“营商环境服务小站”也已成功揭牌，日趋成熟的产业园区为企业的进阶发展开拓了更广阔的道路。

五、招商引资情况

2021年，山东省机器人产业园一期项目已聚集山东省机器人研究会、科姆创国际加速器、凯沃智能、阿尔法机器人、瑞智飞控、博晟优控、青岛卓信通智能科技有限公司、睿飞无人机培训学校等40余家知名企业及培训机构，其中投产企业20余家，年产值2亿元，年纳税超过1 000万元，产业集群效应开始显现。

六、政策支持

目前，山东省机器人产业园已经受到多条省级、市级政策的支持，包括：

1）《西海岸新区关于促进“双招双引”二十条政策》。

2）《关于支持机器人产业加快发展若干政策措施的通知》（青政办发〔2020〕8号）。

3）《关于支持机器人产业加快发展若干政策措施实施细则》（青工信规〔2020〕5号）。

4）《青岛市人民政府关于印发青岛市加快先进制造业高质量发展若干政策措施的通知》（青政发〔2021〕18号）。

5）关于印发《青岛市加快先进制造业高质量发展若干政策措施实施细则》的通知（青政发〔2022〕2号）。

七、发展规划与战略

山东省机器人产业园项目总投资额为30亿元，共分为四个工业地块，分三期开发，全部达产后将实现年产值60亿元，年纳税额3亿元。园区计划引进机器人龙头企业10家，集聚机器人、人工智能等上下游企业500余家，引进各类人才近万人。园区积极培育壮大城市专业产业集群，促使青岛西海岸机器人产业快速发展，致力成为长江以北有较大影响力的机器人产业集聚区。

〔撰稿人：青岛汇融智能装备有限公司马健〕

2021 年上海机器人产业园发展概况

一、发展历程

上海机器人产业园（简称“园区”）位于上海市宝山区顾村镇，总占地面积 3.09km^2，工业建设用地面积 2 279.7亩（1 亩≈666.7m^2）。园区于 1994 年成立，2012 年被上海市经济和信息化委员会命名为上海机器人产业园（宝山），是上海首家以机器人命名的园区。2014 年纳入张江高新区宝山园，并成为上海市首批转型升级试点区。2018 年获批授牌国家机器人检测评定中心、上海市机器人研发与转化功能型平台、上海机器人产业技术研究院。2020 年授牌上海机器人产业园，成为上海首批 26 个特色产业园之一。2021 年成为宝山区经济数字化转型十大示范场景，并认定为 2021 年上海市知识产权试点园区。2021 年，园区在上海市开发区协会组织的全市小型园区综合考评中位列第 5 名（2020 年位列第 8 名），在上海市 107 个开发区综合评价中位列第 19 名（2020 年位列第 28 名）。

二、经济概况

2021 年园区完成工业总产值 210.5 亿元，与 2020 年同期相比，增加了 40.3 亿元，同比增长 23.7%；总缴税 10.2 亿元，与 2020 年同期相比，增加了 1.5 亿元，同比增长 17.1%；实现区级税收 3.1 亿元，与 2020 年同期相比，增加了约 0.4 亿元，同比增长 13.1%。

三、企业现状

截至 2021 年年底，园区共入驻企业 245 家，上海发那科机器人有限公司（简称“发那科”）、赛赫智能设备（上海）股份有限公司（简称“赛赫智能”）、伏能士智能设备（上海）有限公司等多家机器人领域的龙头企业，以及上海鑫燕隆汽车装备制造有限公司（简称“鑫燕隆”）、上海快仓智能科技有限公司（简称“快仓”）、联东 U 谷、汽车产业互联网等以智能装备制造为主体的总部型企业都已落户园区，国家机器人检测与评定中心（总部）等科研机构也已正式落地，机器人及智能制造上下游产业生态链日臻完善。

四、重点产业项目概况

近年来，园区开工启动了 18 个产业项目，总投资近 60 亿元，达产后预计产出超过 240 亿元、总税收超过 10 亿元。项目包括发那科三期、赛赫智能全球研发总部、交通信息产业中心、快仓（宝山）全球智能机器人研发总部、联东·宝山机器人创新港、羿鹏轨道交通开发（上海）有限公司研发生产基地、上海创岸自动化科技有限公司机器人、福然德股份有限公司运管研发中心、上海章臣机械（集团）有限公司机器人减速器、大陆集团汽车配件二期、上海保集（集团）有限公司 e 智谷二期、罗浩斯集团有限公司改扩建、汽车产业互联网总部基地、上海科斯包装机械有限公司、上海鑫燕隆汽车装备制造有限公司二期、上海太洋科技有限公司、科挺（上海）自动化科技有限公司、上海宝禾仓储发展有限公司等，在园区掀起建设高潮。在项目推进过程中，园区实现了 5 个“第一”，即：大陆集团汽车配件项目成为全国第一个通过“验登合一”（同步办理验收和不动产登记）拿到不动产证的项目；上海宝禾仓储发展有限公司项目是宝山区第一个通过联审平台批复的项目；交通信息中心成为宝山区第一个实施节余土地分割转让引进的项目；联东·宝山机器人创新港成为宝山区 2021 年第一个“拿地即开工”项目；赛赫智能是宝山区第一个实行分批验收的项目。

五、营商要素保障

1. 促进土地产能调整重构

积极盘活园区存量土地要素资源，降低企业土地购置成本。企业购买园区工业用地的项目属区重点引进产业项目，经区委、区政府评审认定后，土地出让底价在市场评估价基础上适当下浮，实行一事一议；对企业因发展需要，在工业用地、仓储用地上对工矿厂房、仓储用房进行改建、扩建，提高容积率或增加地下建筑面积的，根据出让前三年税收情况，实行一事一议。提高土地混合利用程度，引导科技研发、企业总部管理等创新功能加快集聚。探索工业用地长期租赁、租让结合等出让方式，降低企业用地成本。通过节余土地转让、节余房屋转租、“优质物业换低效用地”等市场化方式，盘活低效存量用地。利用上海市重点发展 26 个特色园区的机遇，用优势产业项目撬动战略“留白”问题，逐步开发未利用土地资源，保证产业发展所需的土地资源。探索实行混合用地、创新型产业用地等政策，实施重大产业项目能耗、环境、土地等指标区级统筹；园区平台公司通用类项目转让比例在不突破相关文件规定上限值的情况下实行一事一议。对不合理的土地配置进行清查，通过置换与重构充分挖掘可调整的产业空间潜能，推动土地空间利用模式由平面式向立体式发展转型。针对园区部分用地（原村级地块）逐一理顺关系、明确权属。出台相关落后产能调整、淘汰的有效办法，诸如产业不符合园区发展导向的限时调整，制定对转租企业土地厂房的控制、限制办法。加强企业自我调整主动性。积极配合土地指标平移对零散用地进行整合，积极为原有企业找到合适的置换场所，在招商运营的潜力企业直接进驻的基础上，采取置换调整方式完成园区建设。鼓励企业进行自行调整、银行拍卖抵押、政府出资调整、股权收购调整等方式的产能转换，在现有产能调整模式下应进一步落实土地弹性出让机制。

2. 提升财税金融创新支持能级

降低新企业生产经营成本。鼓励通过租赁生产经营用房的方式增加园区地方财政收入，用于区内各类产业扶持、创新创业支持、人才引进培养、基础设施和公共设施建设；对区外财务状况良好，将总部及工商、税务等关系迁入园区的现有上市公司，给予最高500万元的奖励；对近两年内新引进或设立的跨国公司地区总部、外资研发中心等，经认定，按照《上海市鼓励跨国公司地区总部发展专项资金使用和管理办法》等有关政策给予奖励扶持，其中区财政承担部分上浮10%。支持企业通过兼并重组等手段，整合相关资源对重点产业进行培育。根据目前转型布局进行产业调整的资金基本需要，争取财政专项资金支持，积极探索金融支持机器人产业发展的模式，建立园区发展基金及土地二次储备开发基金，发挥市场机制作用，加快推进园区腾笼换鸟进度。

设立机器人及智能硬件产业引导基金。区、镇两级政府发起，吸引社会各类资本共同参与，引导建立市场化运作的支持机器人及智能硬件产业发展基金总规模达10亿元。发挥政府资金杠杆作用，采取市场化运作，支持境内外机器人及智能硬件企业在上海机器人产业园集聚。争取智能制造集成、人工智能等关键领域重大项目的科技重大专项支持。拓宽贷款渠道。尝试设立针对机器人、智能制造、人工智能等相关产业发展的专项贷款渠道，为相关企业提供充足的、具有一定优惠条件的信贷资金。

大力发展区域性中小金融机构，合理引导社会资本，规范民间信贷。以龙头企业为抓手，开展供应链上的订单、动产、仓单、保单质押融资等供应链融资模式创新；加强与国家开发银行等银行的深入合作，积极推动机器人及智能制造供应链融资保理业务。完善以政策性信用担保为主体、商业担保和互助担保相互支持的多层次担保体系。鼓励企业通过上市方式进行融资，积极申请科创板试点、争取实现新三板融资。发展风险投资和私募股权基金，打造以上海机器人产业园为载体的股权投资聚集地，通过VC、PE引导社会资本进入园区，加强与国内外VC/PE等投资机构的对接，积极吸引国内外知名VC/PE等投资机构进驻上海机器人产业园区。

3. 激励优质科创人才集聚

（1）吸引高层次创新创业人才。对区域内入选上海领军人才等培养计划的重点人才，给予配套资助奖励，最高50万元。对区域内入选领军人才、拔尖人才和青年尖子的人员给予工作扶持经费，最高给予6万元资助奖励。

（2）奖励科技获奖团队。对宝山区推荐的获得国家科学技术奖、上海市科学技术奖等重大奖项的企业和个人，按照获国家和市级奖励金额的1.5倍予以奖励。

（3）鼓励博士后入驻创新实践基地。鼓励支持区校企产学研合作，设立博士后创新实践基地工作室，吸引高校科研机构的博士后研究人员，对入驻基地的博士后人才进行资助，每人每年8万元生活补贴。

（4）新引进优秀人才安居资助。对企事业单位和社会组织中新引进的高层次人才，经认定，可给予最高200万元的安居资助。

贯彻落实“科创人才30条”，积极引进科技服务专业人才，推进市场化引才机制、专业人才激励机制等，加大对专业人才的政策扶持力度。进一步优化园区配套功能，在生态建设、教育文化、医疗卫生、交通设施、人才公寓等城市功能配套上，进一步提升服务能力，完善人才综合服务，优化示范区创新创业环境。围绕园区现有的合作高校及科研院所，如清华大学、华中科技大学、上海交通大学、上海大学、南京工业大学、上海理工大学、上海工程技术大学、中科院物理研究所，以及国际合作单位波士顿大学、麻省理工学院、汉堡大学，依托院士工作站以及现有的产学研合作平台，力邀国内顶尖、一流的机器人及其相关产业方面专家组建机器人产业科学家联盟，积极汇聚全球范围内在机器人产业方面最具前瞻性、影响力、话语权的机器人相关产业的高校及科研院所中的顶级专家学者，着手建立机器人产业及相关智能制造专家人才库，加快由中国科学院上海技术物理研究所、上海大学、上海工程技术大学和华东师范大学等共同组建的“上海智能制造技术研发中心”建设力度，形成融合创新，打造产学研用一体化平台。相关人才核心团队成员可优先享受子女就学、家属就医、人才落户等我区人才服务“樱花卡”政策；特别优秀的人才实行“一人一策”“一事一议”；注重智能设备与软件应用操控、维护升级、维修保养等方面的技术技能型人才培育，鼓励企业与本地高校建立企业实践实训基地，加强适用的专业技术人才和管理人才培养。引导园内企业积极培育企业文化，提高当地人才的素质和企业的吸引力，积极选派现有优秀人才出国培训。

六、总体定位、方向和目标

1. 总体定位

“十四五”期间，上海机器人产业园的发展定位为“长三角机器人产业创新生态示范区”，以顾村镇为基础，重点聚焦机器人产业发展核心区，与南大智慧城、吴淞创新城联动发展，与城市工业园区、宝山工业园区协同发展，全力建设成为长三角机器人及智能制造产业的引领者、中国机器人及智能制造产业集聚发展的标杆，乃至全球重要的以工业机器人为核心的智造中心。

2. 发展思路

“十四五”期间，上海机器人产业园将兼顾与宝山产业格局的融入度，与上海产业发展战略的契合度，以及对长三角产业协同发展的贡献度，以机器人产业创新与智造的深度融合为主线：坚持创新策源，以研发与转化功能型平台建设为创新策源突破口；坚持聚焦特色优势领域，以世界级机器人龙头企业为引擎；坚持依托顾村镇的优质城市空间载体，形成“机器人+智能制造”的产业创新集群。

（1）瞄准高端环节，增加创新动力。瞄准机器人产业价值链的高端核心环节，以创新为驱动力，以“引强培优”为手段，聚焦优势产业，打造机器人产业创新服务生态系统。有效利用宝山机器人及智能硬件产业发展专项政策，加大资金扶持、强化创新激励；优化园区服务体系，在园区内形成有利于机器人产业集聚发展的创新氛围；建立市场平台招商模式，加快国内外龙头企业、集团总部的引进，培育区内优秀企业，实现区内机器人产业的快速集聚与跨越式发展。

（2）利用产业生态，维持绿色活力。依托顾村镇优质的城市空间载体，在全镇范围内打造集“产业促进、商务配套、生活服务”为一体的生态系统，打造机器人创新智造融合产业社区。坚持“立足城市、服务城市”的理念，完善城市基础设施与生活配套设施，构建“宜居宜业”的人文环境；实现城市建设与产业发展并行推进，互相促进。聚焦高端化、智能化、绿色化，加快引入一批国际、国内高端机器人企业，提升区域生态品质，实现产业与区域的和谐、绿色与可持续发展。

（3）盘活现有资源，挖掘升级潜力。在区级层面，整合全镇与全区资源。立足规划引领，在加快编制新一轮控制性详细规划、产业规划的同时，大力实施产业结构调整，充分盘活现有 3.09km^2 的土地资源；在现有园区内，打造机器人产业创新智造融合核心示范园；在区级层面做好机器人产业的战略布局，在顾村镇打造机器人产业创新智造融合产业社区。

（4）加强周边联动，汇聚协同合力。在市级层面，协调上海同类园区的差异化竞合关系。通过产业上下游联动与区域间联动，使上海机器人产业园融入上海、长三角产业整体布局与国家战略发展。在政府层面，搭建园区与上海及长三角同类园区的交流、合作桥梁与纽带；在行业层面，大力鼓励企业开展跨专业、跨行业、跨区域的合作，充分开展与国际企业集团、世界知名高校院所和大型金融机构的深度合作，形成互联互通的高密度合作网络，打造上海乃至全国的机器人产业“新高地”。

3. 总体布局

全面融入宝山“一带两轴三分区”的空间格局和产业园区布局体系，形成产业园区布局集总部运营、研发创新、制造生产等全产业链发展的“一核四区”空间布局。

（1）一核：以上海机器人产业园为核心发展区，建筑面积 116 万 m^2，定位为机器人及智能制造产业创新与智造融合集聚发展区，通过高标准项目准入和存量资源转型，重点发展机器人创新与研发、集成与转化、测试与标准制定等产业价值链高端环节，叠加机器人产业“龙头企业+研发与测试平台+创新创业独角兽”，打造高建设强度、高创新浓度、高经济密度的机器人及智能制造产业集聚发展标杆区。

（2）四区：①总部集聚区：位于高陆工业区及顾村公园周边区域，占地面积约为 0.2km^2，定位为机器人及智能制造国际总部集聚发展区，拟建约 50 万 m^2 总部大楼，大力发展总部经济，成为集全球工业机器人、服务机器人、人工智能、系统集成应用等头部企业全球总部、区域总部为一体的总部集聚区；②研发创新区：位于新顾城产业社区，占地面积约为 0.23km^2，定位为机器人及智能制造高端研发和集聚创新示范区，新增 100 万 m^2 的研发及商务办公楼，大力发展人工智能、机器人、大数据、物联网、智能家居、无人驾驶等产业，成为集创业创新、科技研发、成果转化等于一体的综合研发创新区；③应用示范区：位于智慧湾科创园及周边区域，占地面积 0.16km^2，定位为机器人及智能制造融合应用及体验展示示范区，依托 80 万 m^2 的载体，大力发展人工智能、机器人应用、3D 打印、VR/AR 等产业，成为机器人在产业融合、生活应用和新技术展示的应用示范区；④未来拓展区：位于顾村镇及周边产业区块，定位为机器人及智能制造未来发展拓展区，承接上海机器人产业园溢出效应，为我国机器人及智能制造产业集聚发展标杆区预留未来发展空间。未来依托园区经营模式、团队人才等优势进行品牌管理输出，加速向区域辐射，向创新聚集的方向迈进，通过异地获取园区管理权或股权等方式，优化建设一批“兄弟园区”，促进自身及区域产业经济的发展。

4. 总体目标

以机器人及智能制造产业创新与智造的深度融合为主线，以世界级机器人龙头企业为突破口，以研发创新平台与能力建设为支撑，打造千亿级机器人及智能制造产业集群，成为长三角机器人产业创新生态示范区。

（1）加快内涵式发展，形成高端化的产业创新生态。盘活 3.09km^2 园区面积，定位于机器人本体研发制造、智能机器人集成应用、核心智能部件设计制造、智能硬件展示应用等高端环节，合力提升园区经济密度、扩大园区品牌效应，打造成为具有强大自主创新力和竞争力的高端（价值链的高端）、高效（高经济密度）、高品牌效应的机器人产业生态。

（2）高效治理园区，打造品牌化的产城融合社区。优化园区企业服务，积极对接区政府行政审批服务中心，通过“放、管、服”工作方式，形成便捷“一门式”智慧服务平台，集中上报审核，简化审批环节，提升服务能力；加强专业化招商，建立市场化平台招商模式，打造创新、高效、有竞争力的招商队伍；逐步实现数字智能化、运营信息化、社区移动化、服务平台化的园区管理模式。

整合顾村镇优质的城市空间资源，聚焦机器人智造及智能硬件等优势领域，营造国内一流的机器人产业创新服务生态系统，汇聚一批具有国内竞争力、国际影响力的机器人创新、智造、研发企业与集团总部，打造上海机器人产业“创新智造”新品牌，形成“机器人创新智造融合产业社区”。

（3）升级产业质量，实现更高端的创新要素集聚。坚持高质量产业导入、加快机器人研发与转化功能型平台建设、产业基金等要素集聚，产业质量全面升级。培育一个机器人研发与转化功能型平台，发展一批机器人及智能装备研发或智造企业；推进国际龙头企业在区内的产权本土化、规模集聚化，培育创新、创业独角兽企业；拥有10个以上全国具有较高知名度的品牌、2~3个国产化品牌骨干企业研发销售制造三合一中心；培育约5家具有核心技术的功能部件企业，约10家具有整体解决方案、设计制造集成能力的企业。加快推动园区企业智能智造专业技术人才培养，助力行业人才升级，推动智能智造产业发展。推动5G通信、人工智能、大数据及工业互联网等新兴技术和制造业深度融合，打造若干个典型应用场景，实现5G广泛应用，AI深度赋能，数据全面驱动。培育东方泵业、小卫科技等5家智能制造示范工厂，推动20家规模以上企业实施智能化转型。

“十四五”期间，上海机器人产业园将围绕产业生态的高阶化、治理模式的高效化、要素集聚的高端化三条主线，全力实现机器人及智能硬件产业的高度集聚与高质量发展。

〔撰稿人：上海机器人产业园葛盛、孙毅〕

标准检测认证篇

介绍机器人行业标准化及认证证书发布情况

综述篇
大事记
产业篇
创新篇
地区篇
园区篇
标准检测认证篇
产教融合篇
企业篇
应用篇
人物篇
政策篇
国际篇
统计资料
附录

综述篇
大事记
产业篇
创新篇
地区篇
园区篇
标准检测认证篇
产教融合篇
企业篇
POLICIES
应用篇
人物篇
政策篇
国际篇
统计资料
附录

标准检测认证篇

2021 年中国机器人行业标准化工作情况

一、机器人行业标准化组织

1. 国际机器人标准化组织

（1）国际标准化组织（ISO）。国际机器人标准化技术委员会（ISO/TC 299，英文名称“Robotics”）成立于 2016 年 1 月 1 日，由机器人与机器人装备技术委员会（ISO/TC 184/SC2，英文名称“robots and robotic devices”）升级而来，是国际上最重要的机器人领域标准化组织。ISO/TC 299 秘书处由瑞典标准化研究院（SIS，Swedish Institute for Standards）承担。ISO/TC 299 现有 P（participating members）成员 27 个，O（observing members）成员 14 个。

（2）国际电工委员会（IEC）。2021 年，IEC 成立发电、输电和配电系统用机器人标准化技术委员会（IEC/TC 129，英文名称“Robotics for electricity generation，transmission and distribution systems”），秘书处设在我国。

2. 中国机器人标准化组织

（1）2021 年调整前的组织结构。我国从 1992 年开始进行机器人与机器人装备的标准化工作，此项工作由全国自动化系统与集成标准化技术委员会/机器人与机器人装备分技术委员会（SAC/TC 159/SC2）归口管理，对口国际 ISO/TC 299。秘书处设在北京机械工业自动化研究所有限公司（原北京机械工业自动化研究所，简称“北自所”）。

2015 年 1 月，全国特种作业机器人标准化工作组（SAC/SWG13）成立，2015 年 9 月国家机器人标准化总体组成立。2021 年之前，SAC/TC 159/SC2、SAC/SWG13 及国家机器人标准化总体组均有标准归口管理权限。

（2）2021 年调整后的组织结构。2021 年 10 月 20 日，国家标准化管理委员会发布《国家标准化管理委员会关于成立并调整机器人领域相关标准化技术组织的公告》（2021 年第 17 号），主要内容如下：

成立全国机器人标准化技术委员会，编号为 SAC/TC 591，英文名称为 National Technical Committee 591 on Robotics of Standardization Administration of China，主要负责机器人领域国家标准制（修）订工作，不包括玩具、无人驾驶航空器，与国际标准化组织 ISO/TC 299 工作领域相对应。SAC/TC 591 下设一个分会特种设备用机器人分会（SC1），秘书处由北京邮电大学、福建省特种设备检验研究院承担，其他分技术委员会正在筹建之中。

2021 年 12 月 29 日，全国机器人标准化技术委员会成立大会召开，SAC/TC 591 正式成立。SAC/TC 591 第一届技术委员会由 76 位委员组成，中国科学院丁汉院士任主任委员，中国机械工业联合会负责日常管理和业务指导，秘书处由北自所承担。

2021 年 12 月起，国家机器人总体组、SWG13 和 SAC/TC 159/SC2 归口的标准全部归口到 SAC/TC 591 统一管理。

二、中国机器人标准化工作情况

1. 归口 SAC/TC 591 的机器人国家标准和行业标准

截至 2021 年 12 月月底，SAC/TC 591 归口的机器人国家标准 97 项（其中强制性标准 2 项）、行业标准 11 项，共 108 项。SAC/TC 591 归口现行国家标准和行业标准见表 1。

表 1　SAC/TC 591 归口现行国家标准和行业标准

序号	标准编号	标准名称
1	GB/T 17887—1999	工业机器人　末端执行器自动更换系统　词汇和特性表示
2	GB/T 12644—2001	工业机器人　特性表示
3	GB/T 19400—2003	工业机器人　抓握型夹持器物体搬运　词汇和特性表示
4	GB/Z 19397—2003	工业机器人　电磁兼容性试验方法和性能评估准则　指南
5	GB/T 14468. 1—2006	工业机器人　机械接口　第 1 部分：板类
6	GB/T 14468. 2—2006	工业机器人　机械接口　第 2 部分：轴类
7	GB/T 20721—2006	自动导引车　通用技术条件
8	GB/T 20722—2006	激光加工机器人　通用技术条件
9	GB/T 20723—2006	弧焊机器人　通用技术条件

（续）

序号	标准编号	标准名称
10	GB/T 20867—2007	工业机器人　安全实施规范
11	GB/T 20868—2007	工业机器人　性能试验实施规范
12	GB/T 14283—2008	点焊机器人　通用技术条件
13	GB/T 26154—2010	装配机器人　通用技术条件
14	GB/T 26153. 1—2010	离线编程式机器人柔性加工系统　第1部分：通用要求
15	GB/T 26153. 2—2010	离线编程式机器人柔性加工系统　第2部分：砂带磨削加工系统
16	GB/T 26799—2011	点胶机　通用技术条件
17	GB 11291. 1—2013	机器人与机器人装备　工业机器人的安全要求　第1部分：机器人
18	GB 11291. 2—2013	机器人与机器人装备　工业机器人的安全要求　第2部分：机器人系统与集成
19	GB/T 12643—2013	机器人与机器人装备　词汇
20	GB/T 12642—2013	工业机器人　性能规范及其试验方法
21	GB/T 29825—2013	机器人通信总线协议
22	GB/T 29824—2013	工业机器人　用户编程指令
23	GB/T 26153. 3—2015	离线编程式机器人柔性加工系统　第3部分：喷涂系统
24	GB/T 32197—2015	机器人控制器开放式通信接口规范
25	GB/T 33262—2016	工业机器人模块化设计规范
26	GB/T 33261—2016	服务机器人模块化设计总则
27	GB/T 33263—2016	机器人软件功能组件设计规范
28	GB/T 33265—2016	教育机器人安全要求
29	GB/T 33264—2016	面向多核处理器的机器人实时操作系统应用框架
30	GB/T 33266—2016	模块化机器人高速通用通信总线性能
31	GB/T 33267—2016	机器人仿真开发环境接口
32	GB/T 35144—2017	机器人机构的模块化功能构件规范
33	GB/T 34038—2017	码垛机器人通用技术条件
34	GB/T 35116—2017	机器人设计平台系统集成体系结构
35	GB/T 35127—2017	机器人设计平台集成数据交换规范
36	GB/T 34668—2017	电动平衡车安全要求及测试方法
37	GB/T 34667—2017	电动平衡车通用技术条件
38	GB/T 36530—2018	机器人与机器人装备　个人助理机器人的安全要求
39	GB/T 36012—2018	锄草机器人性能规范及其试验方法
40	GB/T 36007—2018	锄草机器人通用技术条件
41	GB/T 36013—2018	锄草机器人安全要求
42	GB/T 36008—2018	机器人与机器人装备　协作机器人
43	GB/T 16977—2019	机器人与机器人装备　坐标系和运动命名原则
44	GB/T 37392—2019	冲压机器人通用技术条件
45	GB/T 37394—2019	锻造机器人通用技术条件

（续）

序号	标准编号	标准名称
46	GB/T 37415—2019	桁架式机器人通用技术条件
47	GB/T 37416—2019	洁净机器人通用技术条件
48	GB/T 38559—2020	工业机器人力控制技术规范
49	GB/T 38560—2020	工业机器人的通用驱动模块接口
50	GB/T 38642—2020	工业机器人生命周期风险评价方法
51	GB/T 38834. 1—2020	机器人　服务机器人性能规范及其试验方法　第 1 部分：轮式机器人运动
52	GB/T 38835—2020	工业机器人生命周期对环境影响评价方法
53	GB/T 38839—2020	工业机器人柔性控制通用技术要求
54	GB/T 39478—2020	停车服务移动机器人通用技术条件
55	GB/T 39408—2020	电子喷胶机器人系统　通用技术条件
56	GB/T 39407—2020	研磨抛光机器人系统　通用技术条件
57	GB/T 39406—2020	工业机器人可编程控制器软件开发平台程序的 XML 交互规范
58	GB/T 39404—2020	工业机器人控制单元的信息安全通用要求
59	GB/T 39402—2020	面向人机协作的工业机器人设计规范
60	GB/T 39401—2020	工业机器人云服务平台数据交换
61	GB/T 39360—2020	工业机器人控制系统性能评估与测试
62	GB/T 39266—2020	工业机器人机械环境可靠性要求和测试方法
63	GB/T 39007—2020	基于可编程控制器的工业机器人运动控制规范
64	GB/T 39006—2020	工业机器人特殊气候环境可靠性要求和测试方法
65	GB/T 39005—2020	工业机器人视觉集成系统通用技术要求
66	GB/T 39004—2020	工业机器人电磁兼容设计规范
67	GB/T 38890—2020	三自由度并联机器人通用技术条件
68	GB/T 38873—2020	分拣机器人通用技术条件
69	GB/T 38872—2020	工业机器人与生产环境通信架构
70	GB/T 38871—2020	工业环境用移动操作臂复合机器人通用技术条件
71	GB/T 38870—2020	切割机器人系统通用技术条件
72	GB/T 38839—2020	工业机器人柔性控制通用技术要求
73	GB/T 36239—2018	特种机器人　术语
74	GB/T 36321—2018	特种机器人　分类、符号、标志
75	GB/T 37242—2018	机器人噪声试验方法
76	GB/T 37703—2019	地面废墟搜救机器人通用技术条件
77	GB/T 37704—2019	运动康复训练机器人通用技术条件
78	GB/T 39586—2020	电力机器人术语
79	GB/T 37242—2018	机器人噪声试验方法
80	GB/T 37283—2019	服务机器人　电磁兼容　通用标准　抗扰度要求和限值
81	GB/T 37284—2019	服务机器人　电磁兼容　通用标准　发射要求和限值

（续）

序号	标准编号	标准名称
82	GB/T 37395—2019	送餐服务机器人通用技术条件
83	GB/T 37669—2019	自动导引车（AGV）在危险生产环境应用的安全规范
84	GB/T 38124—2019	服务机器人性能测试方法
85	GB/T 38244—2019	机器人安全总则
86	GB/T 38260—2019	服务机器人功能安全评估
87	GB/T 39405—2020	机器人分类
88	GB/T 39590.1—2020	机器人可靠性　第1部分：通用导则
89	GB/T 40576—2021	工业机器人运行效率评价方法
90	GB/T 40575—2021	工业机器人能效评估导则
91	GB/T 40574—2021	大型工业承压设备检测机器人通用技术条件
92	GB/T 40327—2021	轮式移动机器人导引运动性能测试方法
93	GB/T 40309—2021	电动平衡车　电磁兼容　发射和抗扰度要求
94	GB/T 40212—2021	工业机器人云服务平台分类及参考体系结构
95	GB/T 40014—2021	双臂工业机器人　性能及其试验方法
96	GB/T 40013—2021	服务机器人　电气安全要求及测试方法
97	GB/T 39785—2021	服务机器人　机械安全评估与测试方法
98	JB/T 5063—2014	搬运机器人　通用技术条件
99	JB/T 8430—2014	工业机器人　型号编制方法
100	JB/T 9182—2014	喷漆机器人　通用技术条件
101	JB/T 8896—1999	工业机器人　验收规则
102	JB/T 10825—2008	工业机器人　产品验收实施规范
103	JB/T 14112—2020	顶升式仓储运载机器人
104	JB/T 14111—2020	电力场站巡检机器人通用技术条件
105	JB/T 14110—2020	包装用机器人与视觉系统 TCP 通信接口协议
106	JB/T 14109—2020	包装用关节型搬运机器人通用技术条件
107	JB/T 14108—2020	包装用 Delta 并联型机器人通用技术条件
108	JB/T 14107—2020	大型平板搬运机器人　通用技术条件

注：资料来源于国家标准化管理委员会网站（www.sac.gov.cn）。

2. 归口国内其他 TC 和组织的机器人国家标准

截至 2021 年 12 月 31 日，归口其他相关 TC 的机器人标准共 34 项，其中国家标准 26 项、行业标准 8 项。归口国内其他 TC 和组织的现行国家标准见表 2。

表2　归口国内其他 TC 和组织的现行国家标准

序号	标准编号	标准名称	归口 TC 或主管
1	GB/T 21412.8—2010	石油天然气工业　水下生产系统的设计和操作　第8部分：水下生产系统的水下机器人（ROV）接口	SAC/TC 355
2	GB/T 30819—2014	机器人用谐波齿轮减速器	SAC/TC 357
3	GB/T 34454—2017	家用干式清洁机器人　性能测试方法	SAC/TC 46

（续）

序号	标准编号	标准名称	归口 TC 或主管
4	GB/T 34884—2017	滚动轴承　工业机器人谐波齿轮减速器用柔性轴承	SAC/TC 98
5	GB/T 34897—2017	滚动轴承　工业机器人 RV 减速器用精密轴承	SAC/TC 98
6	GB/T 35089—2018	机器人用精密齿轮传动装置　试验方法	SAC/TC 52
7	GB/T 36491—2018	机器人用摆线针轮行星齿轮传动装置　通用技术条件	SAC/TC 52
8	GB/T 36896. 1—2018	轻型有缆遥控水下机器人　第 1 部分：总则	SAC/TC 283
9	GB/T 36896. 2—2018	轻型有缆遥控水下机器人　第 2 部分：机械手与液压系统	SAC/TC 283
10	GB/T 36896. 3—2018	轻型有缆遥控水下机器人　第 3 部分：导管螺旋桨推进器	SAC/TC 283
11	GB/T 36896. 4—2018	轻型有缆遥控水下机器人　第 4 部分：摄像、照明与云台	SAC/TC 283
12	GB/T 37165—2018	机器人用精密摆线针轮减速器	SAC/TC 357
13	GB/T 37414. 1—2019	工业机器人电气设备及系统　第 1 部分：控制装置技术条件	SAC/TC 231
14	GB/T 37718—2019	机器人用精密行星摆线减速器	SAC/TC 357
15	GB/T 38326—2019	工业、科学和医疗机器人　电磁兼容　抗扰度试验	SAC/TC 79
16	GB/T 38336—2019	工业、科学和医疗机器人　电磁兼容　发射测试方法和限值	SAC/TC 79
17	GB/T 39134—2020	机床工业机器人数控系统　编程语言	SAC/TC 231
18	GB/T 39463—2020	工业机器人电气设备及系统　通用技术条件	SAC/TC 231
19	GB/T 39561. 5—2020	数控装备互联互通及互操作　第 5 部分：工业机器人对象字典	SAC/TC 231
20	GB/T 39561. 7—2020	数控装备互联互通及互操作　第 7 部分：工业机器人测试与评价	SAC/TC 231
21	GB/T 39633—2020	协作机器人用一体式伺服电动机系统通用规范	SAC/TC 2
22	GB/T 5226. 7—2020	机械电气安全　机械电气设备　第 7 部分：工业机器人技术条件	SAC/TC 231
23	GB/T 37414. 2—2020	工业机器人电气设备及系统　第 2 部分：交流伺服驱动装置技术条件	SAC/TC 231
24	GB/T 37414. 3—2020	工业机器人电气设备及系统　第 3 部分交流伺服电动机技术条件	SAC/TC 231
25	GB/T 40229—2021	家用移动机器人性能评估方法	SAC/TC 46
26	GB/Z 41046—2021	上肢康复训练机器人　要求和试验方法	SAC/TC 148
27	QJ 2479—1993	工业机器人控制装置操作图形符号及颜色	中国航天标准化研究所
28	SHS 04601—2004	SK120 型全自动机器人维护检修规程	工信部原材料工业司
29	JB/T 6636—2007	滚动轴承　机器人用薄壁密封轴承	SAC/TC 98
30	JB/T 11551—2013	工业机器人重力浇注系统　技术条件	SAC/TC 186
31	JC/T 2260—2014	墙材工业用码坯机器人	国家建筑材料工业机械标准化技术委员会

（续）

序号	标准编号	标准名称	归口 TC 或主管
32	QB/T 4833—2015	家用和类似用途清洁机器人	SAC/TC 46
33	JB/T 13245—2017	机器人超高压水切割机	SAC/TC 493
34	JB/T 14026—2021	机器人装箱机	SAC/TC 436

3. 小结

截至 2021 年 12 月月底，SAC/TC 591 及其他 TC 和主管部门归口的现行机器人国家标准和行业标准共 142 项，其中国家标准 123 项，行业标准 19 项。中国国家及行业标准与 ISO/TC 299 国际标准年发布数量情况如图 1。

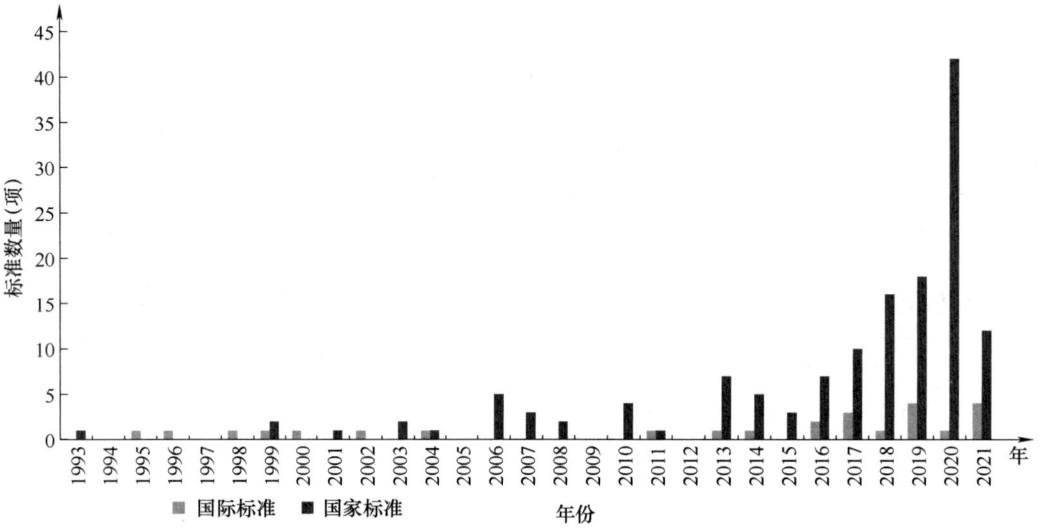

图 1　中国国家和行业标准与 ISO/TC 299 国际标准年发布标准数量情况

注：国际标准只统计了 ISO/TC 299 归口的标准数量，国家标准统计了 SAC/TC 591 及其他 TC 归口的所有机器人标准。

三、ISO/TC 299 国际标准化工作情况

1. ISO/TC 299 组织结构

截至 2021 年 12 月月底，ISO/TC 299 除了下设通信组（AG 1 Communications group）、主席咨询组（CAG Chair's Advisory Group）和缺失和结构研究组（SG 1 Study group on gaps and structure）三个组外，还有 8 个 WG 工作组。ISO/TC 299 下设工作组见表 3。

表 3　ISO/TC 299 下设工作组

序号	下属工作组	英文名称	中文名称
1	TC 299/WG1	vocabulary and characteristics	词汇和特性
2	TC 299/WG2	service robot safety	服务机器人安全
3	TC 299/WG3	industrial safety	工业安全
4	TC 299/WG4	service robots performance	服务机器人性能
5	TC 299/JWG5	medical robot safety	医用机器人安全
6	TC 299/WG6	modularity for service robots	服务机器人的模块化
7	TC 299/WG7	management system for service robots	服务机器人管理系统
8	TC 299/WG8	validation methods for collaborative applications	协作应用验证方法

2021 年新增 1 个工作组 WG 8，主要负责制定机器人　协作应用　测量机器人和人之间准静态和瞬态接触力和压力的试验方法（《ISO/AWI PAS 5672 Robotics—Collaborative applications—Test methods for measuring forces and pressures in quasi-static and transient contacts between robots and human》）。

2. ISO/TC 299 发布的国际标准出版物

截至 2021 年 12 月 31 日，ISO/TC 299 发布的国际标准出版物总数 26 项（包括国际标准 IS、技术规范 TS、技术

报告 TR、其他出版物如勘误、修改单等）。ISO/TC 299 归口的国际标准清单见表 4。

表 4　ISO/TC 299 归口的国际标准清单

序号	标准编号	标准名称
1	ISO/TR 13309：1995	Manipulating industrial robots—Informative guide on test equipment and metrology methods of operation for robot performance evaluation in accordance with ISO 9283
2	ISO 11593：1996	Manipulating industrial robots—Automatic end effector exchange systems—Vocabulary and presentation of characteristics
3	ISO 9283：1998	Manipulating industrial robots—Performance criteria and related test methods
4	ISO 9946：1999	Manipulating industrial robots—Presentation of characteristics
5	ISO 14539：2000	Manipulating industrial robots—Object handling with grasp-type grippers—Vocabulary and presentation of characteristics
6	ISO 9409-2：2002	Manipulating industrial robots—Mechanical interfaces—Part 2：Shafts
7	ISO 9409-1：2004	Manipulating industrial robots—Mechanical interfaces—Part 1：Plates
8	ISO 10218-1：2011	Robots and robotic devices—Safety requirements for industrial robots—Part 1：Robots
9	ISO 10218-2：2011	Robots and robotic devices—Safety requirements for industrial robots—Part 2：Robot systems and integration
10	ISO 9787：2013	Robots and robotic devices—Coordinate systems and motion nomenclatures
11	ISO 13482：2014	Robots and robotic devices—Safety requirements for personal care robots
12	ISO/TS 15066：2016	Robots and robotic devices—Collaborative robots
13	ISO 18646-1：2016	Robotics—Performance criteria and related test methods for service robots—Part 1：Locomotion for wheeled robots
14	ISO 19649：2017	Mobile robots—Vocabulary
15	ISO/TR 20218-2：2017	Robotics—Safety design for industrial robot systems—Part 2：Manual load/unload stations
16	IEC/TR 60601-4-1：2017	Medical electrical equipment—Part 4-1：Guidance and interpretation—Medical electrical equipment and medical electrical systems employing a degree of autonomy
17	ISO/TR 20218-1：2018	Robotics—Safety design for industrial robot systems—Part 1：End-effectors
18	ISO 18646-2：2019	Robotics—Performance criteria and related test methods for service robots—Part 2：Navigation
19	ISO/TR 23482-2：2019	Robotics—Application of ISO 13482—Part 2：Application guidelines
20	IEC 80601-2-77：2019	Medical electrical equipment—Part 2-77：Particular requirements for the basic safety and essential performance of robotically assisted surgical equipment
21	IEC 80601-2-78：2019	Medical electrical equipment—Part 2-78：Particular requirements for basic safety and essential performance of medical robots for rehabilitation，assessment，compensation or alleviation
22	ISO/TR 23482-1：2020	Robotics—Application of ISO 13482—Part 1：Safety-related test methods
23	ISO 8373：2021	Robotics—Vocabulary
24	ISO 18646-3：2021	Robotics—Performance criteria and related test methods for service robots—Part 3：Manipulation

（续）

序号	标准编号	标准名称
25	ISO 18646-4：2021	Robotics—Performance criteria and related test methods for service robots—Part 4：Lower-back support robots
26	ISO 22166-1：2021	Robotics—Modularity for service robots—Part 1：General requirements

注：资料来源于 https://www. iso. org/。

四、2021 年度机器人领域国内外标准发布情况

1. ISO/TC 299

2021 年度，ISO/TC 299 发布了 4 项国际标准，见表 4 中第 23~26 项。

2021 年 2 月，我国主导的 ISO 22166-1：2021Robotics—Modularity for service robots—Part 1：General requirements（《服务机器人模块化　第 1 部分：总体要求》）国际标准正式发布。

2. 我国 SAC/TC 591

2021 年度，SAC/TC 591 归口发布的国家标准共计 9 项，6 项属于工业机器人，3 项属于服务机器人。见表 1 中第 72~81 项。

3. 我国其他 TC 和标准化组织

2021 年度，我国其他 TC 及标准化组织归口并发布了 2 项国家标准和 1 项行业标准，见表 2 中第 25、26 和 34 项。

五、2021 年度机器人领域国内外标准立项情况

1. ISO/TC 299

2021 年度，ISO/TC 299 归口的国际标准制（修）订计划共 3 项，见表 5。

表 5　ISO/TC 299 国际标准制（修）订计划

序号	标准计划编号	标准名称	制（修）订
1	ISO/AWI 13482	Robotics—Safety requirements for service robots	修订
2	ISO/AWI 22166-202	Robotics—Modularity for service robots—Part 202：Information model for software modules	制定
3	ISO/AWI PAS 5672	Robotics—Collaborative applications—Test methods for measuring forces and pressures in quasi-static and transient contacts between robots and human	制定

2. 我国 SAC/TC 591 及其他 TC

2021 年度，SAC/TC 591 及其他 TC 归口的国家标准制（修）订计划共 7 项，见表 6。

表 6　SAC/TC 591 及其他 TC 机器人国家标准制（修）订计划

序号	标准计划编号	标准名称	制（修）订	归口 TC
1	20210685-T-604	机器人　服务机器人性能规范及其试验方法　第 2 部分：导航	制定	SAC/TC 591
2	20213008-Z-604	机器人　ISO 13482 的应用　第 1 部分：安全相关试验方法	制定	SAC/TC 591
3	20213009-T-604	机器人一体化关节性能及试验方法	制定	SAC/TC 591
4	20214321-T-469	水下机器人整机及零部件基本环境试验方法　水静压力试验方法	制定	SAC/TC 591
5	20214290-T-604	电动平衡车安全要求及测试方法	修订	SAC/TC 591
6	20214294-T-604	电动平衡车通用技术条件	修订	SAC/TC 591
7	20211789-T-604	机器人用谐波齿轮减速器	修订	SAC/TC 357

六、2021 年中国参与国际标准化活动

1. 工作组会议

2021 年，我国专家以远程方式参与 ISO/TC 299 工作组会议。

2. 年会

2021 年 6 月，ISO/TC 299 第 3 次年会远程召开，我国代表团参加了此次年会。年会主要内容如下：

（1）工业机器人系列安全标准 ISO 10218-1：2011 和 ISO 10218-2：2011 修订即将完成，预计 2022 年发布。

（2）服务机器人系列安全标准 ISO 13482：2014 开始修订。

（3）ISO/TC 199、ISO/TC 110/SC2、IEC/TC 125 和 IEC/TC 61 等联络员做了报告，各国代表讨论了相关标准和 ISO/TC 299 标准的协调一致问题。

〔撰稿人：北京机械工业自动化研究所有限公司杨书评〕

2021 年中国机器人产业联盟标准工作情况

国家标准化管理委员会等十七部门联合印发的《关于促进团体标准规范优质发展的意见》（国标委联〔2022〕6 号）提出，“发展团体标准能够充分释放市场主体标准化活力，优化标准供给结构，提高产品和服务竞争力，助推高质量发展。”我国机器人团体标准体系框架已初步形成，但仍存在发展不平衡、不充分和标准定位不准等问题。为加快机器人标准体系建设，提升团体标准对机器人产业发展的技术支撑和基础保障的能力与水平，满足市场需求、引领产业发展，中国机器人产业联盟（简称“联盟”）自成立伊始，积极开展标准相关工作，不断促进机器人产业高质量发展。

截至 2021 年 12 月，联盟已发布机器人及机器人相关联盟标准 17 项，见表 1，在研联盟标准共计 26 项，见表 2。

表 1　中国机器人产业联盟已发布标准项目

序号	标准编号	标准项目名称	标准负责单位
1	CRIA 0001—2016	弧焊机器人系统通用技术条件	唐山开元电器集团有限公司
2	CRIA 0002—2016	定重式灌装机器人通用技术条件	长春北方化工灌装设备有限公司
3	CRIA 0003—2016	工业机器人专用电缆	苏州科宝光电科技有限公司
4	CRIA 0001—2017	带视觉的工业机器人系统通用技术要求	浙江瓯达科技有限公司
5	CRIA 0001—2019	工业机器人控制系统	国机集团科学技术研究院有限公司
6	CRIA 0001—2018	机器人用精密摆线行星齿轮减速器	秦川机床工具集团股份公司
7	CRIA 0002—2019	工业机器人系统操作调整工	上海电器科学研究所（集团）有限公司
8	CRIA 0003—2019	工业机器人系统维修保养工	
9	CRIA 0004—2019	工业机器人系统售后工程师	
10	CRIA 0005—2019	工业机器人系统现场工程师	
11	CRIA 0003—2017	飞行机器人安全要求	重庆德新机器人检测中心有限公司
12	CRIA 0002—2017	助老助残机器人安全要求	
13	CRIA 0002—2018	机器人打磨抛光系统通用技术要求	
14	CRIA 0001—2020	床椅一体化机器人通用技术规范	沈阳新松机器人自动化股份有限公司
15	CRIA 0003—2020	下肢康复训练机器人通用技术规范	
16	CRIA 0002—2020	户外巡检机器人通用技术条件	
17	CRIA 0004—2020	正压防爆工业机器人通用技术条件	

表 2　中国机器人产业联盟在研标准项目

序号	标准项目名称	标准负责单位
1	工业机器人智能化分级	埃夫特智能装备股份有限公司
2	复合式移动机器人及其系统安全要求	上海电器科学研究所（集团）有限公司

（续）

序号	标准项目名称	标准负责单位
3	服务机器人信息安全通用技术要求	工业和信息化部计算机与微电子发展研究中心（中国软件评测中心）
4	工业机器人与集成系统信息安全技术要求	
5	室内物流机器人　安全要求	
6	室外无人配送车　安全技术	
7	室内轮式公共服务机器人交互功能安全测评标准	
8	安防巡检机器人　安全要求	
9	基于视觉和电子皮肤控制的机器人安全要求	
10	机器人一体化关节　性能规范及其试验方法	中国科学院沈阳自动化研究所
11	智能叉车安全要求	重庆德新机器人检测中心有限公司
12	工业机器人静电放电抗扰度试验规范	
13	迎宾机器人电磁兼容性试验方法和评估准则指南	
14	工业机器人噪声测试方法	
15	高压输电线飞爬滑巡检机器人系统通用技术要求	
16	服务机器人中文语音交互系统测评方法	重庆门罗机器人科技有限公司、重庆德新机器人检测中心有限公司
17	工业机器人整机寿命加速试验　性能退化评价方法	重庆德新机器人检测中心有限公司
18	大空间重载工业机器人　全域定位精度试验方法	
19	机器人用精密一体化关节模组　技术要求与试验方法	
20	工业机器人　动态稳定性评价指标及其试验方法	
21	智能叉车（AGV）　运动稳定性试验方法	
22	智能叉车（AGV）　调度系统测试方法	
23	服务机器人接触碰撞感知试验方法	
24	智能服务机器人软件测试规范	
25	智能汉堡机器人系统通用技术条件	
26	工业机器人可靠性环境应力筛选实验指导	芜湖赛宝机器人产业技术研究院有限公司

2022 年，中国机器人产业联盟拟发布的机器人及机器人相关联盟标准共计 2 项，见表 3。

表 3　2022 年中国机器人产业联盟拟发布的机器人及机器人相关联盟标准

序号	标准项目名称	标准负责单位
1	工业机器人与集成系统信息安全技术要求	工业和信息化部计算机与微电子发展研究中心（中国软件评测中心）
2	室内物流机器人　安全要求	

〔撰稿人：中国机器人产业联盟刘鑩〕

2021年中国机器人认证证书发布情况

一、认证实施规则

2021年，机器人检测认证联盟根据原国家质量监督检验检疫总局、国家发展和改革委员会、工业和信息化部、国家认证认可监督管理委员会和国家标准化管理委员会发布的《关于推进机器人检测认证体系建设的意见》（国质检认联〔2016〕622号）等政策文件，以及现有中国机器人（CR）认证实施规则及机器人行业发展情况，对机器人产品分类进行了归并和优化，制定了《中国机器人CR认证目录》（2021版）。

《中国机器人CR认证目录》（2021版）将机器人产品按照产业链分为整机、系统与集成、零部件，并在产业链下具体细分为若干产品大类、应用场景和产品小类。中国机器人CR认证目录（2021版）见表1。

表1　中国机器人CR认证目录（2021版）

产业链	产品大类	应用场景	产品小类	实施规则
整机	工业环境用机器人		工业机器人	CR-1-01：2021　工业机器人CR认证实施规则
			AGV	CR-1-03：2021　自动导引车（AGV）CR认证实施规则
			协作机器人	CR-1-05：2021　协作机器人CR认证实施规则
	服务机器人（含特种）	巡检安防	巡检安防机器人	CR-1-02：2021　服务机器人CR认证实施规则
		医疗康复	康复机器人	
		环境提升	家用清洁机器人	CR-1-06：2021　环境提升机器人CR认证实施规则
			商用清洁机器人	CR-1-02：2021　服务机器人CR认证实施规则
			消毒杀菌机器人	
			其他	
		物流配送	送餐机器人	CR-1-07：2021　物流机器人CR认证实施规则
			医院物流机器人	
			其他	
		信息传播	信息传播机器人	CR-1-02：2021　服务机器人CR认证实施规则
		应急救援	应急救援机器人	
		餐饮加工	餐饮加工机器人	
		个人辅助	平衡车	
			助老助残机器人	
			其他	
		教育	教育机器人	
		建筑	建筑机器人	CR-1-08：2021　建筑机器人CR认证实施规则
			无人机	CR-1-04：2021　民用无人机CR认证实施规则

（续）

产业链	产品大类	应用场景	产品小类	实施规则
系统与集成	工业环境用机器人系统与集成	食品		CR-2-01：2021　工业机器人系统与集成 CR 认证实施规则
		3C 及半导体		
		焊接	焊接机器人系统、单元、产线	
		喷涂	喷涂机器人系统、单元、产线	
		装配	装配机器人系统、单元、产线	
		冶金		
		其他		
零部件	减速器		谐波减速器、摆线针轮行星传动装置	CR-3-01：2020　机器人用精密减速器 CR 认证实施规则
	控制装置		调速电气传动系统	CR-3-03：2020　机器人控制装置 CR 认证实施规则
			示教装置	
			安全模块	
			控制器	

二、证书发放情况

截至 2021 年 12 月 31 日，中国机器人 CR 认证证书累计发放 380 张。

2021 年 1—12 月，机器人检测认证联盟累计颁发中国机器人认证证书 112 张。其中，工业机器人 41 张、服务机器人 45 张、物流机器人 5 张、自动引导车（AGV）6 张、机器人系统与集成 8 张、协作机器人 1 张、扫地机器人 1 张、零部件 5 张。从区域分布来看，机器人 CR 认证获证企业区域分布情况：

广东占 45%，北京占 15%，上海占 15%，江苏、浙江、山东、重庆、四川、安徽、甘肃等地占 25%。

2021 年获 CR 证书企业区域分布情况见图 1。

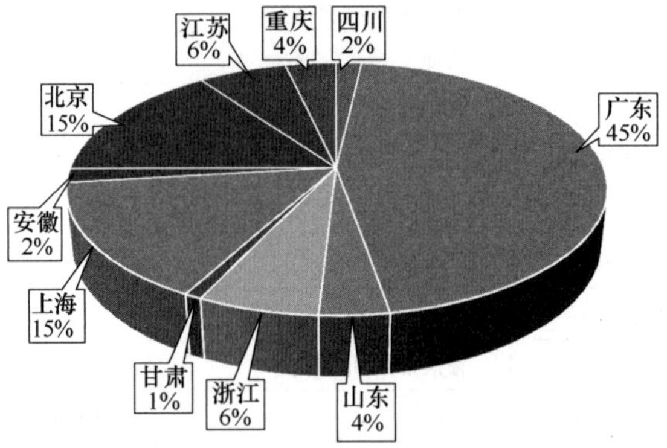

图 1　2021 年获 CR 证书企业区域分布情况

2021 年中国机器人 CR 认证证书发放情况见表 2。

表 2　2021 年中国机器人 CR 认证证书发布情况

序号	企业名称	产品类别	型号	证书编号	发证机构
1	成都卡诺普自动化控制技术有限公司	工业机器人	CRP-RH14-10	TILVA202127001001	上海添唯认证技术有限公司
2	广东智源机器人科技有限公司	服务机器人	FDBOT	TILVA202127004001	上海添唯认证技术有限公司

（续）

序号	企业名称	产品类别	型号	证书编号	发证机构
3	浙江钱江机器人有限公司	控制器	QJKX4803E	TILVA202127014001	上海添唯认证技术有限公司
4	浙江钱江机器人有限公司	控制器	QJKE8408P-1、QJKE6404P-1	TILVA202127014003	上海添唯认证技术有限公司
5	上海辰竹仪表有限公司	控制器	CZSR8001-3A1B、CZSR8001-2A2B、CZSR8001-3A1B-P、CZSR8001-2A2B-P	TILVA202127014002	上海添唯认证技术有限公司
6	上海景吾智能科技有限公司	服务机器人	JW-HSR	TILVA202127004002	上海添唯认证技术有限公司
7	上海方立数码科技有限公司	服务机器人	FL-R810	TILVA202127004003	上海添唯认证技术有限公司
8	广东凯宝机器人科技有限公司	工业机器人	HR20-1702、HR06L-920	TILVA202127001002	上海添唯认证技术有限公司
9	深圳电网能源科技有限公司	服务机器人	SDKJ-JQR-01	TILVA202127004004	上海添唯认证技术有限公司
10	上海擎朗智能科技有限公司	服务机器人	W3	TILVA202127004005	上海添唯认证技术有限公司
11	埃夫特智能装备股份有限公司	工业机器人	ER15、ER20	TILVA202127001003	上海添唯认证技术有限公司
12	达闼科技（北京）有限公司	服务机器人	XR-1L	TILVA202127004006	上海添唯认证技术有限公司
13	南京埃斯顿机器人工程有限公司	工业机器人	ER3-400-SR、ER6-600-SR、ER20-1000-SR	TILVA202127001004	上海添唯认证技术有限公司
14	南京埃斯顿机器人工程有限公司	工业机器人	ER10-900-MI/HI、ER6-730-MI	TILVA202127001005	上海添唯认证技术有限公司
15	科沃斯商用机器人有限公司	服务机器人	SY2091	TILVA202127004007	上海添唯认证技术有限公司
16	上海飒智智能科技有限公司	服务机器人	SZ-CP-B001-PD	TILVA202127004008	上海添唯认证技术有限公司
17	尔智机器人（珠海）有限公司	协作机器人	AR5-S、AR5-AI	TILVA202127008001	上海添唯认证技术有限公司
18	深圳市越疆科技有限公司	工业机器人	DT-CR-6R030-00I、DT-CR-6R050-00I、DT-CR-6R100-00I、DT-CR-6R160-00I	TILVA202127001006	上海添唯认证技术有限公司
19	爱普生（中国）有限公司	工业机器人	LS20-BA04S/RC90-B	TILVA202127001007	上海添唯认证技术有限公司
20	易普森智慧健康科技（深圳）有限公司	服务机器人	Y2	TILVA202127004009	上海添唯认证技术有限公司
21	深圳市越疆科技有限公司	工业机器人	DT-MG400-4R075-01	TILVA202127001008	上海添唯认证技术有限公司
22	海宁哈工现代机器人有限公司	工业机器人	HS220、HA006B、HH020、HH050	TILVA202127001009	上海添唯认证技术有限公司
23	深圳市越疆科技有限公司	工业机器人	DT-M1-P4R15-01I	TILVA202127001010	上海添唯认证技术有限公司
24	深圳市裕展精密科技有限公司	工业机器人	iCA901-2AD	TILVA202127001011	上海添唯认证技术有限公司
25	东莞市李群自动化技术有限公司	工业机器人	AH10-0800-0204-4000	TILVA202127001012	上海添唯认证技术有限公司

（续）

序号	企业名称	产品类别	型号	证书编号	发证机构
26	埃夫特智能装备股份有限公司	工业机器人	ER20-1700、ER6-1400、ER6-2000、ER10-1600、ER10-2000	TILVA202127001013	上海添唯认证技术有限公司
27	深圳市普渡科技有限公司	服务机器人	PNT	TILVA202127004010	上海添唯认证技术有限公司
28	上海宜硕网络科技有限公司	服务机器人	Huasan 100	TILVA202127004011	上海添唯认证技术有限公司
29	中电万维信息技术有限责任公司	服务机器人	S10	TILVA202127004012	上海添唯认证技术有限公司
30	杭州永创智能设备股份有限公司	工业机器人	YSR-4-40-F、YSR-4-60-F、YSR-4-80-F、YSR-4-120-F、YSR-4-220-F、YSR-4-300-F、YSR-4-500-F、YSR-4-600-F	TILVA202127001014	上海添唯认证技术有限公司
31	上海浩远智能科技有限公司	服务机器人	HDCR3	TILVA202127004013	上海添唯认证技术有限公司
32	北京远鲸科技有限公司	服务机器人	鲸小远 H2	TILVA202127004014	上海添唯认证技术有限公司
33	达闼机器人有限公司	服务机器人	XR-1	TILVA202127004015	上海添唯认证技术有限公司
34	北京云迹科技有限公司	服务机器人	RUN-D	TILVA202127004016	上海添唯认证技术有限公司
35	北京石头世纪科技股份有限公司	扫地机器人	A2300RR	TILVA202127018001	上海添唯认证技术有限公司
36	斯坦德机器人（深圳）有限公司	AGV	AMR-600-CE-SRA-A-012	TILVA202127002001	上海添唯认证技术有限公司
37	北京远鲸科技有限公司	服务机器人	鲸小远 H2/鲸小远 H9	TILVA202127004017	上海添唯认证技术有限公司
38	珞石（北京）科技有限公司	工业机器人	XB4、NB4、XB7、XB7L、XB7XL、XB4h、NB4h、XB7h、XB7Lh、XB7XLh、NB4L、NB4Lh	CCIDCCZS-20210151R	北京赛迪认证中心有限公司
39	珞石（北京）科技有限公司	工业机器人	XB16、XB20、XB25	CCIDCCZS-20210152R	北京赛迪认证中心有限公司
40	珞石（山东）智能科技有限公司	工业机器人	XB4、NB4、XB7、XB7L、XB7XL、XB4h、NB4h、XB7h、XB7Lh、XB7XLh、NB4L、NB4Lh	CCIDCCZS-20210153R	北京赛迪认证中心有限公司
41	珞石（山东）智能科技有限公司	工业机器人	XB16、XB20、XB25	CCIDCCZS-20210154R	北京赛迪认证中心有限公司
42	北京琦星智能科技有限公司	工业机器人	QR6	CCIDCCZS-20210155R	北京赛迪认证中心有限公司
43	北京石头世纪科技股份有限公司	服务机器人	ROBOROCK R7000	CCIDCCZS-20210156R	北京赛迪认证中心有限公司
44	北京京东乾石科技有限公司	服务机器人	Jupiter-Std	CCIDCCZS-20210157R	北京赛迪认证中心有限公司
45	阿里云计算有限公司	服务机器人	云小递服务机器人标准版	CCIDCCZS-20210158R	北京赛迪认证中心有限公司
46	深圳市佳顺智能机器人股份有限公司	物流机器人	C5-D5	CCIDCCZS-20210159R	北京赛迪认证中心有限公司

（续）

序号	企业名称	产品类别	型号	证书编号	发证机构
47	斯坦德机器人（深圳）有限公司	物流机器人	AMR-600-CE-SRL	CCIDCCZS-20210161R	北京赛迪认证中心有限公司
48	中关村科学城城市大脑股份有限公司	服务机器人	HXH-01	CCIDCCZS-20210163R	北京赛迪认证中心有限公司
49	创泽智能机器人集团股份有限公司	服务机器人	CZ-RobotDf-AZ	CCIDCCZS-20210164R	北京赛迪认证中心有限公司
50	创泽智能机器人集团股份有限公司	服务机器人	CZ-RobotDf-DZA	CCIDCCZS-20210165R	北京赛迪认证中心有限公司
51	江苏贝叶斯机器人有限公司	服务机器人	BUDDY Q	CCIDCCZS-20210166R	北京赛迪认证中心有限公司
52	广州市申迪计算机系统有限公司	服务机器人	H1	CCIDCCZS-20210167R	北京赛迪认证中心有限公司
53	上海蒙帕信息技术有限公司	服务机器人	MR-I-2016	CCIDCCZS-20210168R	北京赛迪认证中心有限公司
54	上海蒙帕智能科技股份有限公司	服务机器人	MR-I-2016	CCIDCCZS-20210168R	北京赛迪认证中心有限公司
55	斯坦德机器人（深圳）有限公司	服务机器人	SR-560	CCIDCCZS-20210169R	北京赛迪认证中心有限公司
56	深圳中智永浩机器人有限公司	服务机器人	PR1150C	CCIDCCZS-20210170R	北京赛迪认证中心有限公司
57	深圳市大道智创科技有限公司	服务机器人	SZ-01-0901	CCIDCCZS-20210171R	北京赛迪认证中心有限公司
58	广州数控设备有限公司	工业机器人	RB08A3，RH06A3	CCIDCCZS-20210172R	北京赛迪认证中心有限公司
59	广州数控设备有限公司	工业机器人	RB35	CCIDCCZS-20210173R	北京赛迪认证中心有限公司
60	广州市申迪计算机系统有限公司	服务机器人	H1	CCIDCCZS-20210174R	北京赛迪认证中心有限公司
61	上海烟草机械有限责任公司	物流机器人	SFL-L14	CCIDCCZS-20210175R	北京赛迪认证中心有限公司
62	上海仙工智能科技有限公司	物流机器人	SFL-L14	CCIDCCZS-20210176R	北京赛迪认证中心有限公司
63	炬星科技（深圳）有限公司	服务机器人	ML-110M、ML-100	CCIDCCZS-20210177R	北京赛迪认证中心有限公司
64	北京凌天智能装备集团股份有限公司	服务机器人	RXR-MC80BD、RXR-MC80BGD	CCIDCCZS-20210178R	北京赛迪认证中心有限公司
65	浙江国自机器人技术股份有限公司	服务机器人	G330	CCIDCCZS-20210179R	北京赛迪认证中心有限公司
66	上海图灵智造机器人有限公司	工业机器人	TKB070	CCIDCCZS-20210180R	北京赛迪认证中心有限公司
67	上海图灵智造机器人有限公司	工业机器人	STH500、STH200	CCIDCCZS-20210181R	北京赛迪认证中心有限公司
68	北京京东乾石科技有限公司	物流机器人	RY	CCIDCCZS-20210186R	北京赛迪认证中心有限公司
69	浙江鼎业机械设备有限公司	工业机器人	DYHJ-1005、DYHJ-1205、DYHJ-1505	CCIDCCZS-20210187R	北京赛迪认证中心有限公司

（续）

序号	企业名称	产品类别	型号	证书编号	发证机构
70	上海图灵智造机器人有限公司	工业机器人	STH030、STH100、STW030、STW060、STG030、STG100	CCIDCCZS-20210188R	北京赛迪认证中心有限公司
71	北京小乔机器人科技发展有限公司	服务机器人	XQ-002	CRRIV0100022021	重庆凯瑞认证服务有限公司
72	北京猎户星空科技有限公司	服务机器人	OS-R-DH01S	CRRIV0100042021	重庆凯瑞认证服务有限公司
73	科沃斯商用机器人有限公司	服务机器人	SY1993	CRRIV0100142021	重庆凯瑞认证服务有限公司
74	北京云迹科技有限公司	服务机器人	WATER II-S 型	CRRIV0100062021	重庆凯瑞认证服务有限公司
75	广州中设机器人智能装备股份有限公司	工业机器人	GZZS001-2020	CRRIV0100052021	重庆凯瑞认证服务有限公司
76	佛山华数机器人有限公司	工业机器人	HSR-JR607	CRRIV0100092021	重庆凯瑞认证服务有限公司
77	佛山华数机器人有限公司	工业机器人	HSR-BR625	CRRIV0100072021	重庆凯瑞认证服务有限公司
78	广州高新兴机器人有限公司	服务机器人	A1	CRRIV0100152021	重庆凯瑞认证服务有限公司
79	广州高新兴机器人有限公司	服务机器人	F2	CRRIV0100162021	重庆凯瑞认证服务有限公司
80	广州高新兴机器人有限公司	服务机器人	X1	CRRIV0100172021	重庆凯瑞认证服务有限公司
81	苏州大方特种车股份有限公司	服务机器人	X1	CRRIV0100182021	重庆凯瑞认证服务有限公司
82	广东嘉腾机器人自动化有限公司	AGV	AGV-D225-HD3000	CRRIV0100212021	重庆凯瑞认证服务有限公司
83	广东嘉腾机器人自动化有限公司	AGV	AGV-D230-DMN500	CRRIV0100222021	重庆凯瑞认证服务有限公司
84	成都航发机器人有限公司	AGV	HTD25000-4202-5520-01、HTD25000-4202-5520-02	CRRIV0100192021	重庆凯瑞认证服务有限公司
85	中兴通讯股份有限公司	AGV	ZXAGV_T660DS	CRRIV0100272021	重庆凯瑞认证服务有限公司
86	重庆智能机器人研究院	工业机器人	HSR-MD410	CRRIV0100302021	重庆凯瑞认证服务有限公司
87	重庆智能机器人研究院	工业机器人	HSR-JH615/HSR-JH620	CRRIV0100312021	重庆凯瑞认证服务有限公司
88	重庆智能机器人研究院	工业机器人	HSR-JH605	CRRIV0100292021	重庆凯瑞认证服务有限公司
89	重庆华数机器人有限公司	工业机器人	HSR-JR6150	CRRIV0100282021	重庆凯瑞认证服务有限公司
90	广州市昊志机电股份有限公司	谐波减速器	DCSG-32-80	CRAT2021CR30100003	中汽检测技术有限公司
91	广州瑞松智能科技股份有限公司	系统与集成	RS-ASA100	CRAT2021CR20100004	中汽检测技术有限公司

（续）

序号	企业名称	产品类别	型号	证书编号	发证机构
92	广州市昊志机电股份有限公司	谐波减速器	DCSG-25-100	CRAT2021CR30100005	中汽检测技术有限公司
93	广州达意隆包装机械股份有限公司	系统与集成	ZLP70	CRAT2021CR20100006	中汽检测技术有限公司
94	广州达意隆包装机械股份有限公司	系统与集成	JMD30A	CRAT2021CR20100007	中汽检测技术有限公司
95	广州达意隆包装机械股份有限公司	系统与集成	JRZX180A	CRAT2021CR20100008	中汽检测技术有限公司
96	广州数控设备有限公司	系统与集成	RMD08	CRAT2021CR10100009	中汽检测技术有限公司
97	广州数控设备有限公司	系统与集成	RMD20	CRAT2021CR10100010	中汽检测技术有限公司
98	广州明珞装备股份有限公司	系统与集成	EU_2060_RS	CRAT2021CR20100011	中汽检测技术有限公司
99	广州明珞装备股份有限公司	系统与集成	EU_2060_RS	CRAT2021CR20100012	中汽检测技术有限公司
100	深圳优地科技有限公司	服务机器人	UDB01xx	CRAT2021CR10200001	中汽检测技术有限公司
101	深圳优地科技有限公司	服务机器人	UDM02xx	CRAT2021CR10200002	中汽检测技术有限公司
102	广州蓝海机器人系统有限公司	AGV	LH-AGV-D001	CRAT2021CR10300013	中汽检测技术有限公司
103	广州数控设备有限公司	工业机器人	RMD08	CRAT2021CR10100014	中汽检测技术有限公司
104	广州数控设备有限公司	工业机器人	RH06A2	CRAT2021CR10100015	中汽检测技术有限公司
105	易普森智慧健康科技（深圳）有限公司	服务机器人	W1	CRAT2021CR10200016	中汽检测技术有限公司
106	广州达意隆包装机械股份有限公司	工业机器人	ZLP30	CRAT2021CR10100017	中汽检测技术有限公司
107	广州达意隆包装机械股份有限公司	工业机器人	KG50. 00B	CRAT2021CR10100018	中汽检测技术有限公司
108	广州达意隆包装机械股份有限公司	工业机器人	KG50. 00A	CRAT2021CR10100019	中汽检测技术有限公司
109	长广溪智能制造（无锡）有限公司	工业机器人	G6	CRAT2021CR10500020	中汽检测技术有限公司
110	广州明珞装备股份有限公司	工业机器人	FUB	CRAT2021CR20100021	中汽检测技术有限公司
111	广州明珞装备股份有限公司	工业机器人	RUB	CRAT2021CR20100022	中汽检测技术有限公司
112	上海蒙帕智能科技股份有限公司	工业机器人	MR-1-2106	CRAT2021CR10100023	中汽检测技术有限公司

〔供稿单位：上海电器科学研究所（集团）有限公司〕

2021 年国家机器人检测与评定中心（总部）工作情况

一、总体概述

2015 年，由国家发展和改革委员会牵头，工业和信息化部、国家标准化管理委员会、国家认证认可监督管理委员会等部委共同发起成立了国家机器人检测与评定中心（简称“国评中心”）。国评中心是由国家和企业共同设立的集机器人产品/部件认证、检测、校准、标准化工作、培训、技术咨询、人才培养和期刊出版等信息服务为一体的社会第三方服务机构。国评中心（总部）由上海电器科学研究所（集团）有限公司（简称“上电科”）承担。

上电科创建于 1953 年，是一家集科技创新服务、产品检测、系统集成解决方案提供和高技术产品生产为一体的高科技企业。上电科围绕机器人产业进行综合一体化布局，从标准、检测、认证、共性技术研究等方面助力机器人产业高质量发展、服务国家战略。作为机器人标准化总体组联合秘书处，上电科发布了《机器人标准化白皮书》《国家机器人标准体系建设指南》，并组织编制了 30 余项产业急需的相关国家标准；牵头建立机器人检测认证联盟，支撑中国机器人（CR）认证制度顶层设计，发布 CR 认证目录，推动 CR 认证结果采信；建成全球领先的机器人整机、关键零部件和专业技术三类实验室，2019 年获得国家机器人质量检验检测中心资质认定。

二、现有检测能力

上电科拥有全面的机器人试验室，包括 6 个零部件试验室，覆盖减速器、传感器、控制器、电机及伺服系统、电池和绕缆等机器人关键零部件的测试需求；1 个整机和系统集成试验室，覆盖工业机器人、服务机器人、特种机器人等产品的检测需求；5 个专业试验室，满足产品在电磁兼容性、可靠性、软件、通信、功能安全等方面的专项测试需求。平台总投资近 5 亿元，试验室拥有各类专业测试设备千余套，总建筑面积超过 10000m^2 上电科检测平台如图 1 所示。

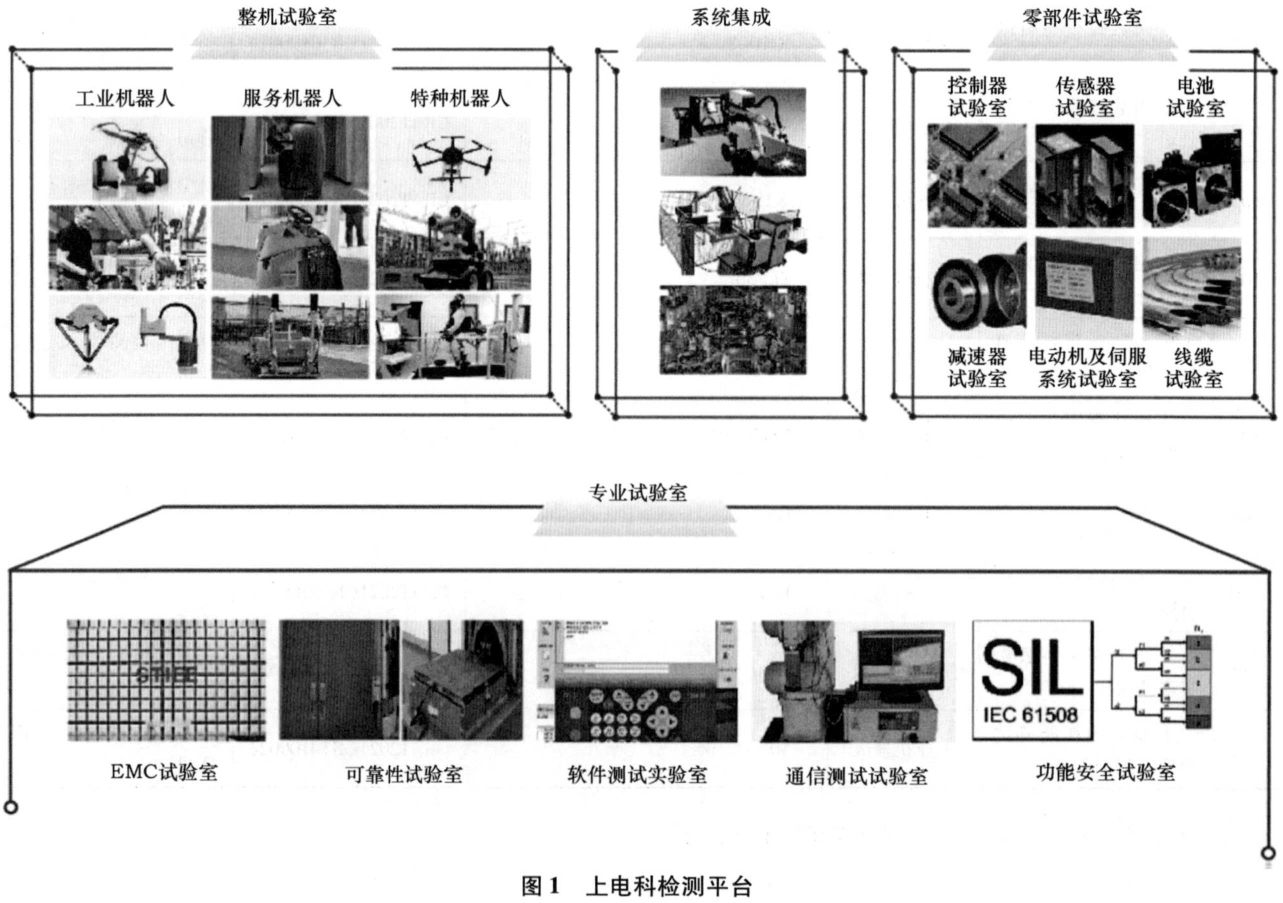

图 1　上电科检测平台

三、重点工作开展情况

1. 标准工作

（1）作为第一起草单位，上电科发布了4项机器人国家标准。2021年，由上电科作为第一起草单位，制定的4项机器人相关国家标准正式发布，囊括了机器人机械、电气和电磁兼容等安全要求。2021年上电科牵头起草并发布的国家标准见表1。

表1　2021年上电科牵头起草并发布的国家标准

序号	标准编号	标准名称
1	GB/T 39785—2021	服务机器人　机械安全评估与测试方法
2	GB/T 40013—2021	服务机器人　电气安全要求及测试方法
3	GB/T 38659. 2—2021	电磁兼容　风险评估　第2部分：电子电气系统
4	GB/T 40309—2021	电动平衡车　电磁兼容　发射和抗扰度要求

（2）标准化模式推动机器人应用，国家级平台技术溢出效应明显。

金属冶炼领域：上电科联合宝山钢铁股份有限公司、哈尔滨工业大学等制定的首项炼钢区域机器人系统安全标准正式发布。

环保清洁领域：上电科联合深圳智绘科技有限公司等清洁机器人企业、物业方共同研究制定首项《商用清洁机器人通用技术条件》标准。

轨交巡检领域：上电科联合杭州申昊科技股份有限公司、科大智能科技股份有限公司等知名轨道交通巡检机器人企业，以及申通地铁集团等地铁运营方，共同开展轨交巡检机器人测试技术研究及标准制（修）订，解决产品应用测评难题。

建筑领域：上电科联合广东博智林机器人有限公司（简称“博智林”）、中国建筑标准设计研究院有限公司等相关单位共同发起制定《中国建筑机器人标准化白皮书》，推动建筑机器人标准体系建设。

2. 检测

（1）智能化评价技术。在机器人语音识别方面，上电科研发首套基于复杂背景环境下的机器人语音识别测试系统，覆盖语音唤醒、声源定位、语音识别等测试项目，满足家居、餐厅、酒店、商场等不同应用场景的语音测评需求。

（2）机器人功能安全。在功能安全方面，上电科对标国际认证要求建立了机器人功能安全评估及技术咨询服务机构，联合国际技术机构举办机器人功能安全国际人才培训班，并帮助上海节卡机器人有限公司（简称“节卡机器人”）、珞石（北京）科技有限公司等多家国内知名机器人企业进行功能安全认证。

（3）机器人可靠性评定及提升。在可靠性评定及技术提升方面，上电科建成了包括高分辨率3DX-RAY、环境综合测试平台等高端装备在内的测试平台，助力龙头国产机器人产品平均无故障时间（MTBF）突破30 000h、挑战50 000h。

（4）“首台（套）重大技术装备评定试点”顺利完成。根据《关于促进首台（套）重大技术装备示范应用的意见》的要求，上电科研究并建立首台（套）重大技术装备评定管理规定和检测验证工作程序，上海电器设备检测所有限公司作为机器人领域唯一技术机构承担试点工作。

3. 认证

（1）《中国机器人CR认证目录》发布。2021年1月8日，《中国机器人CR认证目录》正式发布，目录按产业链可分为：零部件、工业机器人、服务机器人（含特种）、系统集成。聚焦生产制造、巡检安防、环境提升等典型应用场景。

（2）世界上首个建筑机器人认证实施。上电科积极推进建筑业转型升级，促进建筑机器人在生产、施工、维保等环节的典型应用，并联合建筑机器人龙头企业、建筑标准化组织共同制定《建筑机器人标准化白皮书》《建筑机器人CR认证实施规则》和《认证技术规范》。

4. 培训

（1）举办“服务机器人产品质量提升”和“工业机器人产品质量提升”研修班。作为上海市专业技术人才知识更新工程急需紧缺项目，研修班从行业发展趋势、应用技术、关键零部件、线缆设计、功能安全、可靠性以及风险评估的角度，进行针对性的关注点、技术点的剖析，为工业机器人、服务机器人产品质量提升提供帮助。

（2）联合全球功能安全技术中心（SGS TUV SAAR）开展机器人功能安全培训。2021年7月，国评中心（总部）与SGS TUV SAAR共同举办的机器人/智能制造功能安全培训班在上电科举行，来自埃夫特智能装备股份有限公司、节卡机器人、深圳艾利特电子设备有限公司、法奥意威（苏州）机器人系统有限公司、博智林、上海擎朗智能科技有限公司、广州数控设备有限公司等多家国内外知名机器人企业的安全经理、技术开发人员、产品工程师、系统工程师/系统经理、软件开发人员等相关人员参加了为期3天的培训。

（3）公益性标准化活动——机器人国家标准解读。上电科机器人标准化大讲堂，针对GB/T 39785—2021《服务机器人　机械安全评估与测试方法》、GB/T 40013—2021《服务机器人　电气安全要求及测试方法》等最新发布的标准进行权威解读。

5. 信息发布

（1）《服务机器人十大应用场景白皮书》发布。《服务机器人十大应用场景白皮书》结合市场潜力与机器人技术成熟度，由高到低选出巡检安防、医疗康复、环境提升、物流配送、信息传播、应急救援、餐饮加工、个人辅助、教育教学、建筑施工十大应用场景，并对各场景的关键技术进行阐述，更精准地推动服务机器人行业的快速发展。

（2）上榜 2021 国家市场监督管理总局检验检测 50 大优秀案例。2021 年，国家市场监督管理总局认可与检验检测监督管理司在全国范围内组织开展了“检验检测促进经济社会创新发展”优秀案例评选活动。上电科长期发挥技术引领支撑作用，着力解决机器人行业的关键共性技术问题，其“创建中国机器人检测评定体系，助力机器人产业质量提升”案例在评选活动中脱颖而出，入选 50 大优秀案例。

（3）积极参加机器人行业工作，服务产业发展战略。在中国机器人产业联盟的指导下，参加工业和信息化部会同其他部委、机器人企业、用户召开的产业对接与推进视频会议，推进建筑机器人在矿山、民爆和建筑行业的应用；参加工业和信息化部召开的机器人整机及零部件需求对接会议，推动机器人产业链发展。

6. 合作交流

（1）一测多证，助力国产机器人进入国际市场。联合国际检测认证机构，持续开展一测多证服务，针对功能安全、信息安全等新要求开展专项技术交流活动，持续推进机器人检测认证结果的国际认可，助力国产机器人进入国际市场。

（2）国际标准制定。发挥国际电工委员会/人员电气运输设备技术委员会（IEC/TC125）主席单位、国际无线电干扰特别委员会（IEC/CISPR）副主席单位等国际标委会优势，制定 IEC 63281-1 等国际标准，推动中国标准走向世界。

（3）首份《机器人检测认证白皮书》启动制定。牵头国内外机器人企业、国际检测认证机构等行业相关方，制定《机器人检测认证白皮书》，提升中国机器人检测认证在世界范围内的影响力。

〔撰稿人：上海电器科学研究所（集团）有限公司王爱国、上海电器设备检测所有限公司易谦、上海添唯认证技术有限公司朱晓鹏〕

2021 年国家机器人检测与评定中心（沈阳）工作情况

一、总体概述

国家机器人检测与评定中心（沈阳）（简称“国评中心（沈阳）”）是在国家发展和改革委员会的支持下，由中国科学院沈阳自动化研究所承建的专业机器人产品综合检测认证机构，是集机器人产品检测认证、标准制（修）订、科研开发等功能于一体的第三方公共服务平台。业务范围涵盖机器人整机及零部件产品的检测与认证，检测技术开发、检测设备研发、机器人标准制（修）订。同时，国评中心（沈阳）依托中国科学院沈阳自动化研究所的机器人技术研发优势，对外提供机器人技术支持、技术咨询和技术培训等服务。

二、现有检测能力

国评中心（沈阳）现有实验室面积约 10 000m^2，机器人整机及核心零部件检测设备 200 余台（套），专业机器人检测实验室 5 个。检测范围涵盖各类工业机器人、服务机器人及机器人核心部件，形成了专业化、体系化的检测服务能力。同时，国评中心（沈阳）具有工业、服务及特种机器人检测与认证平台，形成了工业、服务及特种机器人从单元零部件到系统整机的全链条检测能力。2021 年，国评中心（沈阳）完成了 33 个标准的中国合格评定国家认可委员会（CNAS）和中国计量认证（CMA）资质认定，能力扩展到 280 多个检测标准。

1. 检测能力

国评中心（沈阳）是获得国家认证认可监督管理委员会授权、认可的专业第三方检测机构，具备 CMA、CNAS、中国考核合格检验实验室（CAL）证书，具有机器人产品检测资质。检测服务范围覆盖工业机器人、特种机器人、服务机器人、机器人核心零部件以及机器人集成系统、相关机电产品、信息技术服务设备以及海洋仪器设备等。国评中心（沈阳）检测服务范围如图 1 所示。

国评中心（沈阳）具备完整的设备体系，系统的实验项目和提供全面服务的能力。设有运动性能实验室、电磁兼容实验室、电气安全实验室、环境适应能力实验室和关键零部件实验室。

（1）运动性能实验室。开展工业机器人、服务机器人和特种机器人等的作业功能和运动性能测试，全面评定机器人的各项性能指标。

（2）电磁兼容实验室。开展各类机器人整机产品、控制器及电气电子部件，工科医设备，信息类设备，家用电器和电动工具，汽车电子等产品的电气安全和 EMC 测试业务。

（3）电气安全实验室。开展工业机器人、协作机器人、自动导引车、服务机器人、物流机器人和民用无人机的整机安全性能测试和评估。

（4）环境适应能力实验室。开展机器人整机及零部件、电工电子产品、电子及电气元件、军用设备、海洋仪器设备等各类产品的环境适应性、噪声及可靠性测试业务。

（5）关键零部件实验室。开展伺服电动机、减速器、控制器、电池、电池管理系统（BMS）等机器人关键零部件的安全和性能测试业务。

国评中心（沈阳）各实验室检测设备及系统如图 2 所示。

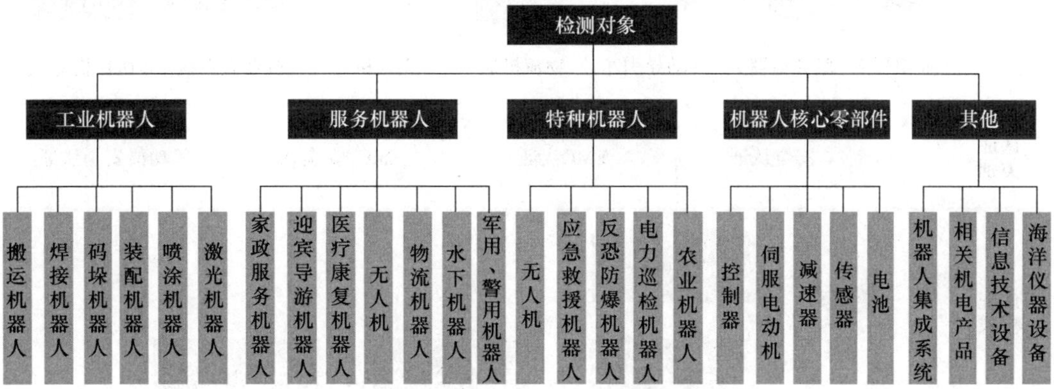

图 1　国评中心（沈阳）检测服务范围

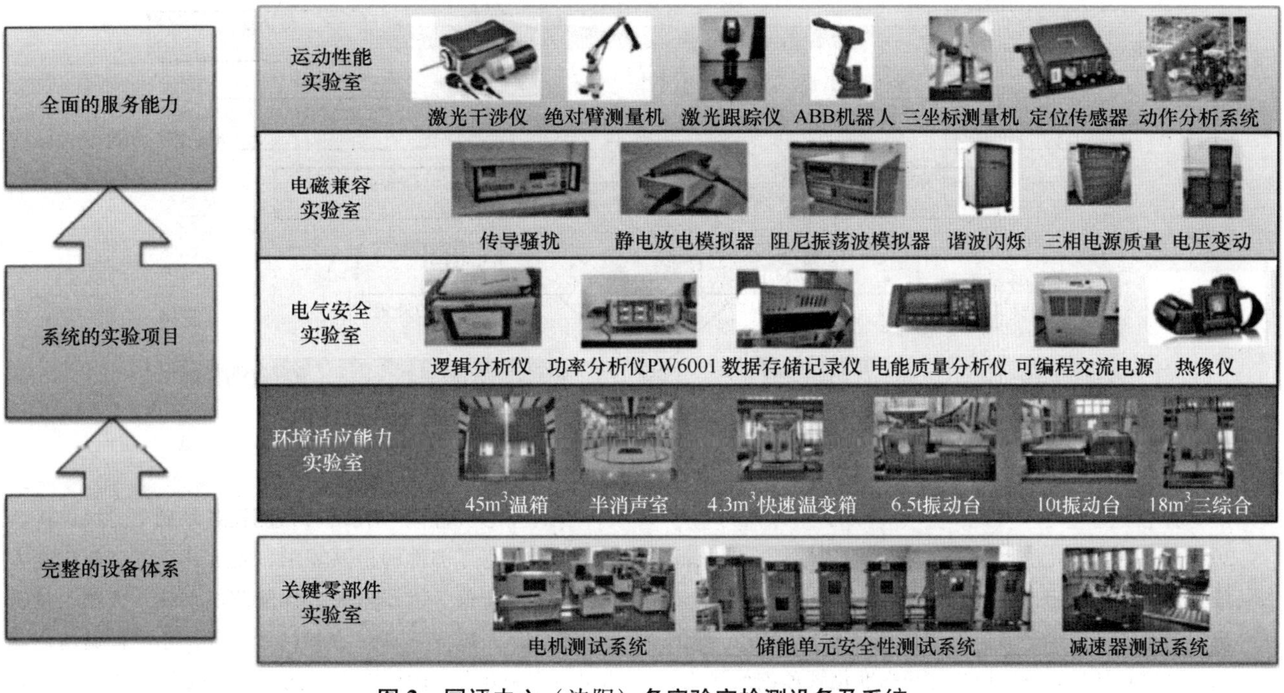

图 2　国评中心（沈阳）各实验室检测设备及系统

2. 中国机器人 CR 认证

国评中心（沈阳）是国家认证认可监督管理委员会批准的认证机构，是国家认证认可监督管理委员会、国家发展和改革委员会、中国机器人产业联盟授权并指定开展机器人认证的权威机构。国评中心（沈阳）CR 认证范围覆盖工业机器人、服务机器人等相关整机及机器人集成系统以及机器人的功能安全认证。国评中心（沈阳）CR 认证情况如图 3 所示。

3. 工业机器人标定

国评中心（沈阳）在工业机器人检测基础上，依托激光跟踪仪等测试设备，开发出了满足 GB/T 12642—2013 要求的机器人测试软件和工业机器人标定软件，可依据客户要求开展工业机器人标定技术服务，并可进行软件定制开发。

4. 功能安全认证

国评中心（沈阳）结合产品功能安全的需求，支撑开发功能安全的产品，实现产品的功能安全功能。提供产品软件、硬件和系统集成的开发服务，负责结合客户的功能安全需求，开展风险评估，设计产品的安全架构，实现产品的软件、硬件和系统集成开发。协助功能安全的软件、硬件和集成测试，取得安全评测报告和认证证书。国评中心（沈阳）功能安全认证服务范围如图 4。

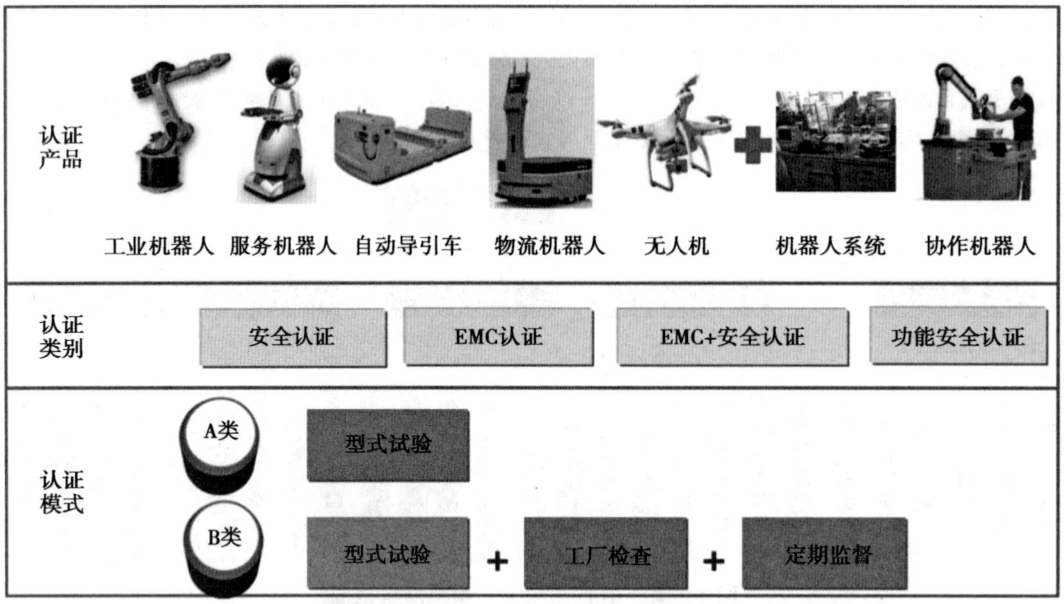

图 3　国评中心（沈阳）CR 认证情况

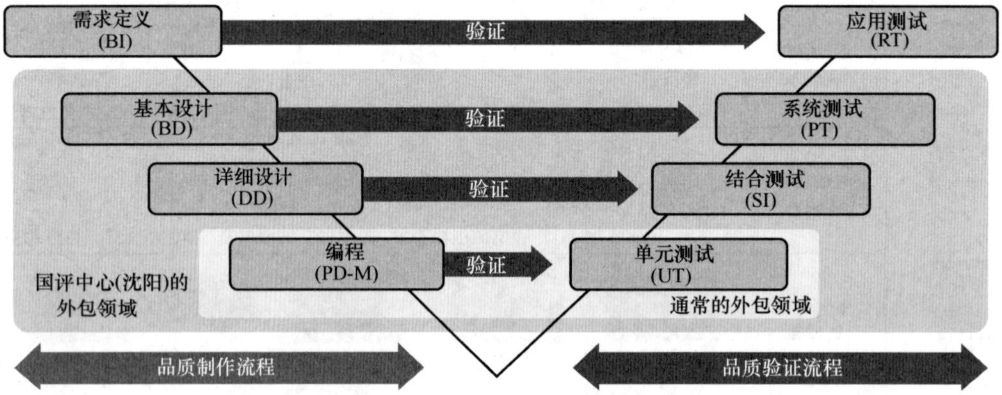

图 4　国评中心（沈阳）功能安全认证服务范围

三、重点工作情况

1. 计量校准

2021 年，国评中心（沈阳）获得 4 项计量标准考核证书，分别是二等铂电阻温度计标准装置、比较法中频振动标准装置、示波器检定装置、绝缘电阻表检定装置。建立计量标准可以对计量设备的规范化和标准化管理进行强化，提高设备的使用准确性，避免产生误差。

2. 检测设备开发

国评中心（沈阳）在现有检测设备基础上，根据机器人整机和核心零部件的检测需求，先后开发了工业机器人精度六维测量仪、机器人关节性能测试系统、机器人精密减速器测试系统等一系列检测仪器设备，并可根据用户需求进行定制开发。国评中心（沈阳）检测设备如图 5 所示。

图 5　国评中心（沈阳）检测设备

〔撰稿人：中国科学院沈阳自动化研究所李志海、李琳〕

2021 年国家机器人检测与评定中心（广州）工作情况

一、总体概述

国家机器人检测与评定中心（广州）（简称“国评中心（广州）”）由广州机械科学研究院有限公司建设，作为立足华南地区的第三方检测和认证服务机构，主要从事机器人产品（部件）检测、认证、标准化、技术培训、咨询、信息等服务。相关的检测认证业务归属广州机械科学研究院有限公司下属的中汽检测技术有限公司管理和运营。2017 年，国评中心（广州）成立了“国家自动化装备质量检验检测中心”，该检验检测中心具备工业机器人、机器人应用零部件、服务机器人、AGV 移动机器人、物流机器人、无人机、先进制造装备等智能制造产品领域的检测检验能力，以及材料分析、环境可靠性、机械可靠性、电磁兼容和功能安全等专项测试评价能力。2018 年 12 月，国评中心（广州）获得国家认证认可监督管理委员会认证机构授权。

二、现有检测能力

国评中心（广州）建有机器人整机类、零部件类和专项类三大类共 14 个试验室，占地面积 10 040m^2；购置设备 200 余台（套），检测能力覆盖标准 111 份，可提供检测服务 497 项，覆盖工业机器人领域 90% 以上的标准检测项目。2021 年，新增大空间位姿测试系统，该系统适用于无人机、移动机器人等位姿、轨迹测试。国评中心（广州）开展检测项目情况见表 1。

表 1　国评中心（广州）开展检测项目情况

检测产品及项目	内容
工业机器人、协作机器人	DH 标定、MTBF 评定、性能检测（位姿准确度、重复定向轨迹准确度、最小定位时间、位姿准确度和位姿重复性等）、功能安全、机械电气安全、软件测试等试验
服务机器人、清洁机器人、教育机器人	速度、语音识别性能、避障性能、噪声、电源安全、使用寿命、定位、续驶时间、防碰撞、防跌落、电气绝缘及静电保护、过热、耐热及耐火保护等试验
自动引导车（AGV）	额定速度、最小转弯半径、停车精度、负载、避障、防跌落等试验
巡检机器人	结构和外观检测、爬坡能力、云台性能、涉水能力、越障能力、导航定位及定位精确度、防碰撞、防跌落试验、续驶时间、速度/最大速度等试验
无人机	飞行速度、飞行高度、悬停精度、续驶时间、基础检查等试验
点胶机器人	连续运行、有效行程、重复性试验、点胶速度、功能检查等试验
喷漆机器人、电焊机器人	液压系统检查、各轴运动范围测量、工作空间测量、最大单轴速度测量、路径速度测量、功能检查等试验
装配机器人	各轴位移量测量、工作空间测量、最大合成速度测量、位姿准确度及重复性测量、静态柔顺性测量、循环时间等试验
机器人集成系统	节拍、位置精度等试验、机械电气安全、安全评估、软件等试验
精密减速器	寿命、许用弯矩载荷、空载/负载/超载、传动效率、启动扭矩、扭转刚度、空程、齿隙、回差、传动误差、噪声、壳体最高温度等试验
电动机	电气安全、正反转速差率、转速变化率、调速比、转矩变化的时间响应、频带宽度、惯量适应范围、效率、环境、电磁兼容等试验
电磁兼容	电磁干扰（EMI）：传导发射，辐射发射、磁场发射、瞬态传导发射、谐波电流、电压波动和闪烁 电磁抗干扰（EMS）：辐射抗扰度、大电流注入、磁场抗扰度、手持机抗扰度、瞬态脉冲抗扰度、静电放电抗扰度、电快速瞬变脉冲群抗扰度
环境	温度、湿度、振动、高/低温、温度循环、湿热、淋雨、沙尘等试验
功能安全	机械电气安全、电磁安全、风险评估等

三、工作开展情况

1. 中国机器人（CR）认证证书发布情况

2021年1—12月，国评中心（广州）共发放CR认证证书13张。截至2021年12月31日，国评中心（广州）累计发放CR认证证书23张，证书信息均已在信用中国网络平台发布。

2. 科技创新、技术攻关、科研项目开展情况

截至2021年年底，国评中心（广州）共申请专利4项（授权3项）、发表论文14篇，获得软件著作权2项。主持团体标准2项，参与团体标准1项，发布团体标准1项。国评中心（广州）承担国家及省市重大科研项目5项，其中牵头4项，参与1项。国评中心（广州）开展科研项目情况见表2。

表2　国评中心（广州）开展科研项目情况

序号	项目名称	项目类别	开展情况
1	核心部件及其组合系统性能评估与对整机的影响机理	科技部重点研发计划	通过绩效评价
2	工业机器人整机性能测试与评估标准研究及验证	科技部重点研发计划	通过绩效评价
3	国家自动化装备质量监督检验中心	广州市发改委公共平台	通过验收
4	广东省中高端工业机器人技术企业重点实验室	2018—2019年度广东省科技基础条件建设领域第一批	通过验收
5	广东省中高端工业机器人技术工程实验室建设	广东省科技厅	通过验收
6	机器人用精密谐波减速器质量提升	广州市黄埔区智能装备质量提升专项	通过验收

3. 推动机器人减速器行业高质量发展

（1）自2017年开始，国评中心（广州）每两年一届开展“机器人精密减速器关键性能评测”行业公益活动，两次发布“机器人精密减速器关键性能评测报告”并上报中国机械工业联合会，评测报告也受到行业的高度关注。2021年开展的减速器评测活动一共有14家企业参加，其中谐波减速器企业有宁波中大力德智能传动股份有限公司、深圳市同川科技有限公司、广州市昊志机电股份有限公司等7家，行星摆线减速器企业有浙江环动机器人关节科技有限公司、珠海飞马传动机械有限公司、成都双创时代科技有限公司等7家，较往年数量均有所增加。本次活动新增行业较为关注的耐久测试，为提高评测结果的可比较性，评测要求尽量选送主流产品型号，便于更好地比对相关测试数据。

（2）国评中心（广州）牵头的“高精度、长寿命谐波减速器设计与评价”项目在中国机械工业联合会主办的2021“华中数控”杯全国机械工业产品质量创新大赛中荣获优秀奖。该项目以国产谐波减速器为研究对象，对标国际一流品牌哈默纳克，通过改进生产工艺，实现了传动精度、精度寿命及冲击寿命等性能指标的全面提升，并形成了多项标准及检测规范，为产品的质量提升和行业的高质量发展贡献力量。

〔撰稿人：广州机械科学研究院有限公司、中汽检测技术有限公司闵新和、曹懿莎、王佳艺〕

2021年国家机器人检测与评定中心（重庆）工作情况

一、总体概述

国家机器人检测与评定中心（重庆）（简称“国评中心（重庆）”）依托于重庆凯瑞机器人技术有限公司（原重庆德新机器人检测中心有限公司）承建和运营。重庆凯瑞机器人技术有限公司是中国通用技术集团旗下控股子公司，由中国汽车工程研究院股份有限公司、北京机床研究所有

限公司等单位共同投资建设，总投资约3亿元。同时，作为国家机器人质量检验检测中心（重庆）和重庆市服务机器人标准化协同创新中心等国家及地方公共服务平台的建设和运营单位，国评中心（重庆）是我国中西部地区唯一的国家级机器人检测与评定中心，是重庆市打造机器人之都战略“一区五平台”的重要组成部分。国评中心（重庆）位于重庆市两江新区水土高新技术产业园，占地面积45亩（1亩≈666.7m^2），试验室面积15 000m^2，拥有国际一流的测试设备200余台（套）。

国评中心（重庆）坚持“赋能智能制造，引领智慧生活”的愿景，紧扣国家中心职能定位和市场需求，高标准抓好能力建设。在工业机器人、服务机器人、特种机器人、智能制造单元、智能制造系统及机器人核心零部件（电动机、减速器、电池、传感器、通信设备）及软件等检测、认证和能力建设方面处于领先水平。

国评中心（重庆）坚持“标准就是核心技术”，以科技创新为引领，积极研制高质量标准与规范，牵头标准研制10余项，参与标准研制50余项。国评中心（重庆）聚焦AI机器人智能体验、安全可靠等评测技术，密切跟进新一代机器人产品技术发展趋势，加强关键共性技术、应用技术研究，提高标准验证规模和质量，加快研制满足行业发展需求的高质量技术标准规范。

国评中心（重庆）全方位开展行业、企业服务，加强质量意识推广，对机器人生产企业及用户端进行质量意识培育，对政府相关部门在政策法规、观念引导、组织管理以及采信等方面进行合作及推广，建立良好的市场发展环境，引导机器人产业形成规模化、集群化，避免产业过剩、恶性竞争。立足重庆市智能制造和大数据智能化产业支撑，融入成渝双城经济圈建设，全面服务国家质量强国和现代化强国战略，努力打造成为国内领先的机器人技术创新和公共技术服务平台，围绕企业和行业痛点难点问题，有效提升机器人产品质量，推动行业高质量发展。

二、现有检测能力

1. 主要检测项目

国评中心（重庆）主要开展的检测项目情况见表1。

表1 国评中心（重庆）主要开展的检测项目情况

类别	分类	检测项目及内容
零部件	电动机	绝缘介电强度、连续堵转数据、工作区、电气时间常数、温升、峰值堵转数据、反电动势常数、转矩波动系数等
	伺服驱动器	正反转速差率、调速比、转速调整率、转速变化的时间响应、静态刚度、转速变化率、转速波动、转矩变化的时间响应、频带宽度等
	伺服系统	工作区、系统效率、位置跟踪误差、转速波动、频带宽度、正反转速差率、转速调整率、转矩波动、转速变化的时间响应、静态刚度等
	减速器	传动效率、扭转刚度、背隙、可靠性寿命试验、启动转矩、空程、回差、传动误差等
	电池	电池容量测试、过充电、过电压充电、欠电压放电、外部短路、过载、反向充电、耐高压、过放电、短路、加热、针刺、海水浸泡等
工业机器人	工业机器人性能及验收	位姿准确度、位姿重复性、距离准确度、距离重复性、位置超调量、位置稳定时间、轨迹准确度、轨迹重复性、各轴运动范围、最大单轴速度等
	协作机器人	安全适用的受监控停止、手动引导、速度与分离监控、功率与力的限制等
	AGV	正常停车测试、接触障碍物缓冲性能测试、警报装置性能测试、负载交换异常时联锁装置性能测试、运动精度测试、紧急停止性能测试、负载性能测试、定位误差、负载能力、保护装置等
	复合机器人	位姿准确度和重复性、位置稳定时间、轨迹准确度和重复性、轨迹速度、平台重复定位精度、系统重复定位精度、电磁发射、电磁抗扰度等
	系统集成	工作空间、工艺操作、各轴运动范围、最大单轴速度、位姿重复性、耐电强度、绝缘电阻、耐振性、可靠性、环境气候适应性试验等

（续）

类别	分类	检测项目及内容
服务及特种机器人	巡检、安防机器人	防碰撞试验、自动充电试验、运动性能试验、云台旋转角度试验、自主导航定位试验、通信性能试验等
	轮式移动机器人	额定速度、停止特性、最大斜坡角度、斜坡上最大速度、翻越门槛能力、转弯宽度等
	地面废墟搜救机器人	通行入口、进入距离、越障高度、爬坡角度、爬楼梯能力、越沟宽度、通信性能、安全保护性能、可靠性等
	矿用井下探测机器人	图像采集试验、爬坡角度试验、跨越沟道试验、工作稳定性试验、攀爬台阶试验、涉水能力试验等
	消防机器人	控制装置性能试验、消防作业试验、信息采集性能试验、声光报警性能试验、机载设备性能试验、自保护性能试验、通信性能试验、防水性能试验等
	建筑机器人	防护装置、致动控制、顶升装置、输送装置、吸盘吸附装置、夹抱装置、运动空间限制、制动系统、电池充电、稳定性、与安全相关的控制系统、使用环境要求、电磁兼容性要求、导航精度、定位精度等
	清洁机器人	除尘测试-矩形框除尘、覆盖率、除尘测试-直线除尘、机器人平均速度、边/角除尘能力、硬地板除尘能力、瞬态过电压、泄漏电流和电气强度、耐热和耐燃等
	教育机器人	电源安全、机械强度、电气绝缘及静电防护、运动限制、电气部件和气动部件、抗干扰性等
	送餐服务机器人	制动能力、越障能力、导航定位精度、机械安全、电气安全、电磁安全、送餐安全、环境适应性试验等
	医疗康复机器人	功能试验、运行参数试验、倾翻稳定性试验、静载强度试验、电气安全试验、电磁兼容性试验等
	无人机	飞行速度、飞行高度、悬停精度、航迹控制精度、飞行姿态平稳度等
安全、环境和电磁兼容	机械电气安全	电阻试验、残余电压的防护、电击防护、耐压试验、抗电强度、机械强度等
	功能安全	确定所需的性能等级（PLr）、安全功能、类别以及与 DCavg、CCF 和每个通道 MTTFd 的关系等
	环境适应性（可靠性）	噪声、NVH、高低温、振动、冲击、跌落、温湿振三综合、湿热、低气压、防水、防尘、霉菌等
	电磁兼容	传导发射、辐射发射、静电放电、辐射抗扰度、EFT、浪涌、传导抗扰、工频磁场、脉冲磁场、阻尼振荡、电压暂降等

2. 产品认证情况

对于可根据预置程序进行自主移动并提供服务的机器人形态的电子产品，只要属于机器人产品类别，都可以进行中国机器人（CR）认证。国评中心（重庆）可开展工业机器人整机及其系统集成、家用商用服务机器人、自动导引车、民用无人机、协作机器人、物流机器人、机器人用精密减速器等机器人整机及零部件产品的 CR 认证工作。

三、重点工作开展情况

1. 标准工作情况

2021 年，国评中心（重庆）牵头或参与 28 项标准研制，其中在研标准 19 项，已发布标准 9 项。

（1）在研标准。国评中心（重庆）牵头在研标准 15 项，参与在研标准 4 项。其中，国家强制性标准 1 项、国家推荐性标准 3 项；中国机器人产业联盟认证规则 2 项、中国机器人产业联盟标准 11 项、团体标准 2 项。2021 年国评中心（重庆）在研标准情况见表 2。

表 2　2021 年国评中心（重庆）在研标准情况

序号	标准名称	标准类型	牵头/参与
1	电力巡检机器人　认证细则	中国机器人检测认证联盟 CR 认证规则	牵头
2	工业环境用移动操作臂复合机器人　认证实施细则和安全技术要求	中国机器人检测认证联盟 CR 认证规则	牵头
3	高压输电线飞爬滑巡检机器人系统通用技术要求	中国机器人产业联盟标准	牵头

（续）

序号	标准名称	标准类型	牵头/参与
4	智能叉车（AGV）运动稳定性试验方法	中国机器人产业联盟标准	牵头
5	智能叉车（AGVS）调度系统通用技术条件	中国机器人产业联盟标准	牵头
6	智能叉车　安全要求与测试方法	中国机器人产业联盟标准	牵头
7	工业机器人整机寿命加速试验　性能退化评价方法	中国机器人产业联盟标准	牵头
8	大空间重载工业机器人　全域定位精度试验方法	中国机器人产业联盟标准	牵头
9	工业机器人　动态稳定性评价指标及其试验方法	中国机器人产业联盟标准	牵头
10	机器人用精密一体化关节模组　技术要求与试验方法	中国机器人产业联盟标准	牵头
11	民用多旋翼无人机智能机场	团体标准	牵头
12	多旋翼轻小微型无人机产品环境应力筛选方法	团体标准	牵头
13	智能汉堡机器人系统通用技术条件	中国机器人产业联盟标准	牵头
14	服务机器人接触碰撞感知试验方法	中国机器人产业联盟标准	牵头
15	智能服务机器人软件测试规范	中国机器人产业联盟标准	牵头
16	智能制造　机器视觉在线检测　测试方法	国家推荐性标准	参与
17	娱乐机器人　安全要求及测试方法	国家推荐性标准	参与
18	民用无人机产品安全要求	国家强制性标准	参与
19	民用无人机身份识别　总体要求	国家推荐性标准	参与

（2）已发布标准。2021 年国评中心（重庆）参与制定的 9 项已发布标准中，包含国家推荐性标准 2 项、团体标准 7 项。2021 年国评中心（重庆）参与制定的已发布标准情况见表 3。

表 3　2021 年国评中心（重庆）参与制定的已发布标准情况

序号	标准编号	标准名称	标准类型	牵头/参与
1	GB/T 40013—2021	服务机器人　电气安全要求及测试方法	国家推荐性标准	参与
2	GB/T 39785—2021	服务机器人　机械安全评估与测试方法	国家推荐性标准	参与
3	T/CRSS 0001—2021	机器人用谐波减速器　通用技术条件	团体标准	参与
4	T/CRSS 0002—2021	机器人用 RV 减速器　通用技术条件	团体标准	参与
5	T/CRSS 0003—2021	机器人用减速器质量过程控制体系要求	团体标准	参与
6	T/CRSS 0004—2021	精密减速器检测仪成套开发基本程序	团体标准	参与
7	T/CRSS 0005—2021	精密减速器性能评价体系	团体标准	参与
8	T/CRSS 0006—2021	精密减速器可靠性试验方法	团体标准	参与
9	T/JYBZ 014—2021	中小学教学机器人技术规范	团体标准	参与

2. 认证工作情况

2021 年，国评中心（重庆）受理 CR 认证申请 22 项，签发 CR 认证证书 15 张。其中，工业机器人 7 张，物流机器人 4 张，服务机器人 4 张。服务企业范围涉及重庆华数机器人有限公司等 4 个工业机器人代表性企业，广东嘉腾机器人自动化有限公司等 3 个物流机器人代表性企业，科沃斯商用机器人有限公司等 4 个服务机器人代表性企业。

国评中心（重庆）还与多家国际认证机构合作，推广“一测多证”和“国际互认”发展模式，为客户进入中国、欧洲、北美和中东等地区市场提供专业的政策咨询、测试评价、产品认证等一站式检测认证服务。

3. 科技项目情况

2021 年 12 月，国评中心（重庆）牵头承担的国家重点研发计划“工业机器人整机性能测试与评估平台”项目顺利通过综合绩效评价。该项目在工业机器人整机性能及核心部件性能标准规范制定、评估模型及软件开发、标定与测试设备研制、平台建设及示范应用等方面填补了国内多项空白，部分成果达到国际一流水平，超额完成了项目任务书定的各项任务要求和考核指标要求，成果创新性与示范应用前景得到了专家组高度认可，一致同意该项目通过了综合绩效评价，并鼓励项目组持续加强体系研建和成果推广，全面服务好、支撑好我国机器人产业健康高质量发展。

另外，国评中心（重庆）获批立项重庆市技术创新与应用发展专项重点项目 2 项。其中，牵头“中厚板智能焊接机器人系统研发与应用”，参与“多参数路面状态检测传感器研发与应用”。

4. 合作与创新

（1）2021 年 4 月，由电力技术协作平台（EPTC）全国电力机器人专家委员会主办，国评中心（重庆）承办的“变电站（换流站）巡检机器人软硬件接口一致性研讨会”在重庆顺利召开。

（2）2021 年 7 月，国评中心（重庆）被授牌为“重庆市机器人与智能装备产业联合会质量检测中心”和“重庆市机器人与智能装备产业联合会副会长单位”。

（3）2021 年 10 月，国评中心（重庆）和中国电子技术标准化研究院联合成立的“机器视觉检测技术联合实验室”（如图 1 所示）正式授牌。

图 1　机器视觉检测技术联合实验室

〔撰稿人：重庆凯瑞机器人技术有限公司李本旺、重庆凯瑞认证服务有限公司王小平〕

2021 年国家机器人检测与评定中心（北京）工作情况

一、总体概述

国家机器人检测与评定中心（北京）（简称“国评中心（北京）”）聚焦工业机器人、服务机器人、特种机器人、关键零部件、嵌入式软件等产品和系统，提供检测、认证、标准、咨询、培训、供需对接、赛会等多种类型服务。拥有首批国家授牌的第三方机器人检验检测服务机构、国家认证认可监督管理委员会授予的“国家机器人质量检验检测中心（北京）”、工业和信息化部授予的“机器人质量基础共性技术检测与评定重点实验室”“工业（机器人）产品质量控制和技术评价北京实验室”、中国机械工业联合会授予的“机械工业机器人试验验证技术重点实验室”等多项核心资质，是中国机器人检测认证联盟的核心成员单位，也是国内开展中国机器人认证（CR 认证）服务的权威机构。先后承担建设国家发展和改革委员会的“国家机器人检测与评定中心机器人检验检测公共服务平台”、工业和信息化部的“机器人智能水平及安全可靠性测试评估平台”“工业机器人核心关键技术验证与支撑保障服务平台”等多个行业公共服务平台，建设完成超过 3 000m^2 的专业测评环境，拥有 25 类 100 余款软硬件测试工具、专用仪器设备，具备 80 余项机器人相关标准检测能力，牵头或参与制定 40 余项标准。

2021 年，国评中心（北京）持续加强机器人信息安全性、可靠性等核心技术能力建设，研究并发现国内外主流品牌机器人多项原创漏洞，开展机器人整机及零部件对标验证，举办第一届机器人产业链峰会，构建机器人产业链上下游协同创新发展模式。国评中心（北京）支撑国家部委开展机器人产业政策研究、机器人产业链“揭榜”活动等工作，获批工业机器人核心技术验证、智能巡检装备、嵌入式操作系统及安全防护设备等方向的4项专项课题，核心竞争力稳步提升。

二、现有检测能力

国评中心（北京）现有检测能力为：性能测评、机械电气安全测评、功能安全测评、可靠性测评和信息安全测评，见表1。

表1 国评中心（北京）检测能力细分情况

测评分类	测评内容
性能测评	机械性能、控制性能、作业能力等
机械电气安全测评	电击和能量危险的防护、致动控制、紧急停止、功率与力的限制、响应时间、安全距离等
功能安全测评	安全相关控制系统的性能等级PL、安全完整性等级SIL、平均危险失效时间MTTFD、平均诊断覆盖率DCavg、硬件故障裕度HFT、安全失效分数SFF等
可靠性测评	平均无故障时间MTBF、设备健康状态监测与预测维护等
信息安全测评	对机器人控制器、示教器、管理平台及集成系统等软硬件开展源码安全审计、漏洞扫描、渗透测试、数据风险评估、安全监测运维、安全攻防演练等

三、重点工作开展情况

1. 加强关键核心技术研发，稳步提升核心竞争力

国评中心（北京）在信息安全测试技术研究方面，开展国内外主流品牌工业机器人、工业AGV及服务机器人的漏洞挖掘工作，发现多项原创漏洞并自主研发3款安全测评工具。在整机及关键部件可靠性测试方面，国评中心（北京）获得工业和信息化部批复建设工业机器人核心关键技术验证与支撑保障服务平台，开展多款控制器、减速器、伺服电机及整机与国际同类先进产品的对标验证，研究形成产品可靠性测试规范，开展MTBF（平均无故障时间）测评服务，并辅助企业进行产品可靠性提升技术支持工作。2021年，国评中心（北京）制定机器人标准规范5项，发表学术论文3篇，申请发明专利3项，授权专利1项，获得软件著作权19项。同年，国评中心（北京）获批工业（机器人）产品质量控制和技术评价北京实验室资质。

2. 强化市场服务能力，护航机器人产品质量提升

国评中心（北京）面向机器人行业持续开展产品检测认证服务，2021年累计出具87项机器人专项测试报告，颁发CR认证证书28张，并与库卡（KUKA）机器人有限公司等知名企业达成认证合作关系。不断提升扩充机器人产品测试能力，在信息安全、功能安全、可靠性方面为企业提供专业测试评估服务。

3. 依托平台技术资源优势支撑国家部委工作

2021年，国评中心（北京）累计报送工业和信息化部主管司局专报6篇。支撑工业和信息化部开展特色产业链“揭榜”推进活动，通过进行榜单需求征集、方案评比、实物比测和专家评审会等环节工作，挖掘特种机器人领域优秀企业和产品，并于2021年年底在成都市举办了揭榜总结大会。

4. 充分发挥对机器人产业发展的辐射和带动作用

国评中心（北京）举办“强化产业链、培育创新链”第一届机器人产业链峰会（简称“峰会”），邀请主管部门领导、机器人行业院士、专家、企业家等发表主题演讲，共有40余家机器人产业链上下游企业应邀现场参会。峰会促成了12家企业的战略合作，共同推动机器人产业链上下游协同创新发展模式构建；发布《中国机器人产业应用创新白皮书（2021）》，并上线“赛迪机器人大数据平台应用样板间”，以应用带动产业链上下游协同创新。国评中心（北京）举办协作机器人安全现状与突破在线研讨会，以协作机器人标准要求溯源为基础，从流程级到产品级的功能安全定位、功能安全要素分解、功能安全能力进阶路线多方面探讨了协作机器人在功能安全领域的突破路线。

〔撰稿人：中国软件评测中心（工业和信息化部软件与集成电路促进中心）巩潇、李梦玮、梁学修、万彬彬〕

2021年国家机器人检测与评定中心（芜湖）工作情况

一、总体概述

国家机器人检测与评定中心（芜湖）［简称“国评中心（芜湖）”］成立于2015年3月，由赛宝工业技术集团有限公司、芜湖哈特机器人产业技术研究院有限公司、芜

湖滨江智能装备产业发展有限公司共同出资成立，是提供工业机器人全产业链的研发设计、检验检测、认证等服务的第三方专业化高技术服务企业。

国评中心（芜湖）经营范围包括机器人核心零部件、机器人本体和系统集成的研发、设计，机器人质量与可靠性共性技术研究；机器人原材料、元器件、部件、系统、软件与整机性能、功能、可靠性、环境适应性、安全性、电磁兼容性相关全质量特性检测、检验与中国机器人（CR）认证，机器人软件与硬件产品质量与可靠性设计、分析评价；机器人及相关产品检验检测、检验与认证、分析、计量、维修、研制开发、销售和租赁，培养引进机器人人才与团队，进行技术咨询、培训与推广服务等。

二、现有检测能力

国评中心（芜湖）十分重视技术创新和共性技术研发，开展工业机器人高精度在线校准技术与系统研发、工业机器人在线校准系统集成开发及关键技术标准研究。检测能力获得中国合格评定国家认可委员会（CNAS）、中国计量认证（CMA）和中国考核合格检验实验室（CAL）资质认可。

2021 年，国评中心（芜湖）共投入研发费用 679.90 万元，包括国家重点研发计划激光跟踪仪校准装置开发、大空间高精度测试试验场地设计及搭建、电磁兼容检测技术提升等项目。花费 112.06 万元用于新增主要设备 8 台（套），设备均已完成调试，并可正式投入使用。扩大了新型研发机构的技术服务范围，并提高了自身在机器人领域的检测能力。

截至 2021 年 12 月，国评中心（芜湖）有工作人员 34 人。其中，技术人员 31 人；高级职称 7 人、中级职称 5 人、初级职称 8 人；博士研究生 2 人、硕士研究生 10 人、本科生 15 人、大专生 4 人。已形成了梯度合理、创新能力强的研发人才队伍。

目前，国评中心（芜湖）已具备对外开展机器人检验检测服务的能力，具体包括机器人减速器检测、电动机检测、质量与可靠性检测、电磁兼容检测及失效分析等。2021 年，国评中心（芜湖）共服务于机器人整机、核心零部件等机器人行业内企业 312 家/次，包括机器人整机及其零部件的性能测试、可靠性与环境适应性测试、电磁兼容性测试、失效分析测试等服务。

三、重点工作开展情况

1. 检验检测

2021 年度，国评中心（芜湖）共出具检测报告 321 份，服务企业 312 家/次。

2. 社会及政府支撑

国评中心（芜湖）承担国家项目 1 项（工业机器人高精度在线校准技术与系统研发）、省级项目 1 项（工业机器人在线校准系统集成开发及关键技术标准研究）。

与芜湖市市场监督管理局共同建立安徽省机器人产业计量测试中心；与芜湖市鸠江区市场监督管理局联合建立国家芜湖机器人产业园鸠江区质量基础设施“一站式”服务中心；通过职业健康安全管理体系、质量管理体系、环境管理体系认证（三体系认证）。

3. 取得的奖励

国评中心（芜湖）获得 2021 年中国检验检测学会科学技术奖特等奖；2021 年 6 月获得芜湖市 2020 年度检验检测机构绩效评价优秀机构；参加科学技术部主办的 2021 年全国科技活动周及重大示范活动。

4. 科研成果

2021 年，国评中心（芜湖）制（修）订国家标准 2 项、获得发明专利授权 2 项、申请发明专利 6 项、发表论文 2 篇。

2021 年国评中心（芜湖）标准工作情况见表 1。2021 年国评中心（芜湖）专利清单见表 2。2021 年国评中心（芜湖）论文清单见表 3。

表 1　2021 年国评中心（芜湖）标准工作情况

序号	类型	标准名称	状态
1	国家标准	20203803—T—604 工业机器人平均无故障工作时间计算方法	征求意见
2		导引机器人通用技术条件	立项

表 2　2021 年国评中心（芜湖）专利清单

序号	专利名称	类型	状态	授权日期/申请日期	授权号/申请号
1	一种用于测试工业机器人重复定位精度的减振支架	发明	授权	2021 年 2 月 12 日	2019112497056
2	一种车载多媒体系统可靠性分析方法	发明	授权	2021 年 5 月 28 日	2017110859265
3	一种运输机器人载重测试装置	发明	受理	2021 年 11 月 9 日	2021113196157
4	一种运载机器人简易机械臂	发明	受理	2021 年 11 月 12 日	2021113381196

（续）

序号	专利名称	类型	状态	授权日期/申请日期	授权号/申请号
5	一种用于工业机器人角度调节测试装置	发明	受理	2021 年 11 月 19 日	2021114080711
6	一种用于工业机器人测试用避振装置	发明	受理	2021 年 11 月 29 日	2021114379992
7	一种机器人关节测试装置	发明	受理	2021 年 12 月 9 日	2021115022893
8	一种运载机器人称重检测装置	发明	受理	2021 年 12 月 20 日	2021115626041

表 3　2021 年国评中心（芜湖）论文清单

序号	论文名称	发表时间	期刊
1	船用消防机器人及可靠性数据研究	2021 年 10 月	电子产品可靠性与环境试验
2	RV 减速器故障指示图谱的构建	2021 年 11 月	机器人技术与应用

〔撰稿人：芜湖赛宝机器人产业技术研究院有限公司方植彬〕

产教融合篇

介绍机器人行业产教融合发展情况

中国机器人工业年鉴 2022

产教融合篇

2021 年中国机器人行业产教融合发展概况

一、总体概论

“深化产教融合、校企合作”是党中央、国务院关于教育和人才改革发展的重大决策部署，产教融合被国家摆在特别突出的战略地位，并不断被赋予新的使命和时代内涵。

技术技能人才是制造业健康发展的第一资源。加强产教融合、校企合作，促进教育链、人才链与产业链、创新链有机衔接，共同推进制造业高质量人才培养。

制造业智能化时代的到来，使得懂互联网，跨产业链，集创新、管理、服务于一体的复合型技术技能型机器人人才成为推动智能生产的主动力，高技能人才的数量和质量是重中之重。

截至 2021 年，全国已有 322 所高校成功申报机器人工程专业，752 所高职院校成功申报工业机器人技术专业。申报机器人工程专业的学校包括清华大学、哈尔滨工业大学、华中科技大学、南京理工大学、上海应用技术大学、东南大学、厦门理工大学、九江职业技术学院、杭州科技职业技术学院、嘉兴职业技术学院、浙江机电职业技术学院、湖北轻工职业技术学院、南京信息职业技术学院、常州河海大学和上海闵行职业技术学院等。

2021 年，越来越多的机器人产业企业积极参与产教融合、校企合作。在合作内容和方式上向更深更广更实扩展。这些企业包括但不限于上海电器科学研究所（集团）有限公司、达阔机器人有限公司、东莞市李群自动化技术有限公司、埃夫特智能装备股份有限公司、海尔工业智能研究院、广州数控设备有限公司、上海添唯教育科技有限公司、江苏汇川科技有限公司、江苏汇博机器人技术股份有限公司和上海新时达机器人有限公司等。

二、培训基地介绍

培训基地的建设和运营，是产业人才培养的重要基础保障，是高质量人才建设的重要物理底座，也是资金投入大、建设周期长、资源建设成本高、运营影响因素多的人才实训平台。根据培训基地的投资和运营主体不同，可分为：

（1）产教融合实训基地：是职业院校培养高素质技术技能人才的重要平台。产教融合实训基地的基本功能是创造职业岗位的实践环境，为学生提供由知识向能力转化的场所，培养学生的创业精神和创新能力，提高学生的职业素质和综合能力。能够资源共享，集教学、培训、职业技能鉴定和技术服务为一体的多功能职业教育实训基地。

据不完全统计，我国 31 个省、自治区、直辖市的工业机器人和智能制造产教融合实训基地大约有 250 个，其中，山东省、江苏省和广东省有 15 个以上；河南省、河北省、浙江省、湖南省、四川省、安徽省、江西省和湖北省有 10~14 个；辽宁省、福建省、重庆市、山西省、陕西省、广西壮族自治区、上海市、贵州省、云南省、黑龙江省、内蒙古自治区、吉林省、甘肃省、天津市、新疆维吾尔自治区和北京市有 5~9 个；宁夏回族自治区、海南省、青海省和西藏自治区有 5 个以下。

2021 年，全国各个省市行业协会、教育厅等部门根据产业发展和人才培养规划，出台了各种政策和文件，鼓励各个学校与企业合作，开展产教融合实训基地建设和评审工作。例如，中国机械工业联合会机器人分会开展了首批机器人产教融合示范基地的评审和授牌工作，共授牌 7 家基地为“中国机械联机器人分会产教融合示范基地”；中国焊接协会经过多年建设和运营，已经在全国各地有 30 家机器人焊接培训基地；广东省教育厅开展了“2021 年省高职教育实践教学示范基地”的评审工作。这些工作极大地促进了机器人产业人才的培养和输出。

（2）企业培训中心：大部分机器人生产制造企业、机器人系统集成企业和机器人自动化生产线最终用户企业根据自身的产品、解决方案和生产工艺的安装、调试、操作、编程、维修、维护保养、升级改造等需求，建立自己的机器人企业培训中心。

（3）第三方培训机构：以从事工业机器人培训为主的第三方培训机构，在机器人行业人才培养和输出方面的力度越来越大，并且布局于机器人产业群，可以就近实现本地化人才培养和就业。这类培训机构符合市场需求，课程和装备齐备，与企业需求紧密结合，可以快速提供市场需要的各类人才。

综上所述，各种以机器人产业人才培养和输出为主的培训基地为解决机器人产业人才缺口做出了很大贡献。据不完全统计，通过各类培训基地的培养，每年可为机器人产业输出各类人才 3 万人（次）。

三、系列教材

机器人是机械、电子、控制、信息多领域知识的融合。教材是机器人教学的基本工具，承载教学内容和教学方法，同时，也是深化教育教学改革，全面提升学员素质，培养创新人才的重要保证。

针对机器人工程专业教育，机械工业出版社发行了机器人学译丛，包括《机器人学导论》《机器人操作中的力学原理》《并联机器人：机构学与控制》《机器人建模和控制》《现代机器人学》《移动机器人控制导论》《自主移动机器人与多机器人系统》《移动机器人原理与设计》《医疗机器人建模与制造》等，深入、系统地讲解了机器人力学和控制原理，适用于本科和研究生教学。此外，相关教材还有华中科技大学出版的《机器人学：建模、控制与视觉》、西安交通大学出版的国外教材精选译本《机器人学：建模、规划与控制》。山东大学于 2021 年 8 月启动了“面向新工科的机器人工程本科专业系列教材建设”项目，南京理工大学、南京航空航天大学联合科学出版社将于 2022—2023 年出版《机器人工程导论》《机器人学及其应用》等本科专业教材。

面向 12~15 岁的青少年学生的泛工科类领域的基础科普教育，深圳大疆创新科技有限公司（简称“大疆创新”）联合华东师范大学出版社推出“机器人与人工智能”系列丛书，包括《机器人与人工智能基础教程》和《机器人与人工智能进阶教程》，丛书以项目化学习为主要方式，兼具科学性、时代性和创新性，从通识知识、实践体验、应用创新等方面进行内容设计。

四、赛事会议

1. 重要赛事

工业机器人被誉为“制造业皇冠上的明珠”，是带动产业转型升级的强劲动力，同时也是提升国家实力与竞争力的关键所在。工业机器人国家一类赛、二类赛和各省市行业协会、政府部门主办的相关赛事层出不穷，为各类机器人人才提供了提高技能、相互切磋、共同提高的舞台，机器人竞赛类型如图 1 所示。

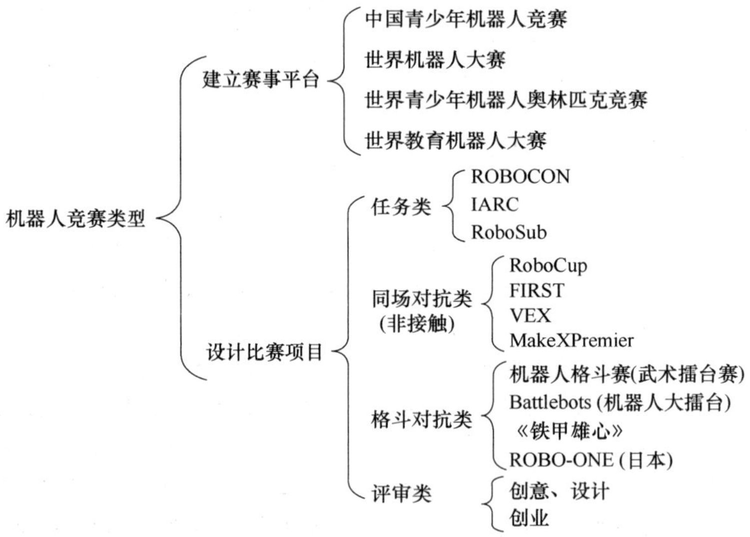

图 1　机器人竞赛类型

2021 年 12 月 16—19 日，2021 世界机器人大赛总决赛在广东省佛山市举办，大赛共设共融机器人挑战赛、BCI 脑控机器人大赛、机器人应用大赛和青少年机器人设计大赛四大赛事，分设 41 个赛项，共计 98 个竞赛组别。世界机器人大赛自 2015 年起已成功举办了七届，共吸引了全球 20 余个国家的 15 万余名选手参赛，被各大主流媒体广泛赞誉为机器人界的“奥林匹克”，是目前国内外影响广泛的机器人领域官方专业赛事。

第二十届全国大学生机器人大赛“RoboMaster 2021 机甲大师赛”是由共产主义青年团中央委员会主办，大疆创新发起并承办的科技竞赛；RoboMaster 2021 机甲大师高校联盟赛（江苏站）由江苏省计算机学会主办，南京理工大学承办；RoboMaster 机甲大师高校系列赛（RoboMaster University Series，RMU）是由大疆创新发起，专为全球科技爱好者打造的机器人竞技与学术交流平台。

2021 年全国工业和信息化技术技能大赛——工业机器人技术应用技能赛项，由工业和信息化部、人力资源和社会保障部、教育部、中华全国总工会和共产主义青年团中央委员会共同主办，通过技能大赛的形式，检验我国工业自动化产业职工与相关专业在校学生在调试、操控工业机器人等方面的技术技能水平，为我国工业机器人技术领域选拔优秀技术技能人才提供平台。

2021 年全国职业院校技能大赛高职组“工业机器人技术应用”赛项由教育部、国家发展和改革委员会、山东省人民政府等 37 个部委单位主办，山东省教育厅、潍坊市人民政府、山东省工业和信息化厅承办，山东科技职业学院协办。来自全国各省、市、自治区和新疆生产建设兵团的 30 支代表队共 60 名选手参加了比赛。经过紧张激烈的角逐，山东科技职业学院、永州职业技术学院、常州机电职业技术学院获得了一等奖。

2021年上海市新职业技术技能大赛由上海市人力资源和社会保障局主办，松江区人民政府承办，大赛设有工业机器人操作员、工业机器人运维员等机器人行业相关的技能类项目。各赛项参照国家职业标准（技能类为三级、专业技术类为中级）、世赛标准或行业发展实际，组织相关技能操作考核。

2. 重要会议

2021年4月2日，中国机器人产教融合联盟专家委员会成立（简称“联盟专委会”）。经各有关单位推荐，经中国机器人产教融合联盟专委会主任、理事会、秘书处审核遴选、综合研究，确定了专委会专家共37名。联盟专委会委员由智能制造与机器人行业相关的研究机构、大专院校、企业等有关单位的专家组成，设有主任委员1名、副主任委员4名、秘书长1名、委员31名。联盟专委会委员将为产教融合联盟的发展战略决策、技术发展方向、计划与重点项目提供咨询意见和建议，参与联盟项目的立项、论证、评审、验收等工作，并提供咨询意见和建议。

2021年6月18日，工业和信息化部教育与考试中心职业技能提升工程运营合作交流会在中国机械工业联合会机器人分会产教融合专业工作委员会（简称“产教融合专委会”）主席单位上海电器科学研究所（集团）有限公司（简称“上电科”）召开。此次会议由产教融合专委会秘书长、上电科轮值总裁兼上海电器设备检测所所长王爱国主持。会议邀请了工业和信息化部教育与考试中心副主任左仁贵、处长咸汝平进行工作指导。参加此次会议的还有产教融合专委会副秘书长杨伟杰，产教融合专委会代表、南京信息技术学院智能制造学院副院长王春峰，以及分别来自上海添唯教育科技有限公司、江苏汇博机器人技术股份有限公司、海尔卡奥斯股份有限公司、埃夫特智能装备股份有限公司、上海新时达机器人有限公司等产教融合专委会秘书处成员单位代表。

五、重大事件

2021年是我国教育持续深化改革全面发展的一年，也是产教融合协同育人创新发展的一年。记录2021年度产教融合重要新闻事件，见证机器人产业产教融合深入发展的各方努力，探寻新时代机器人产业产教融合的新作为，对推动机器人产业产教融合发展有着重要的意义。

1. 教育部2021年第二批产学合作协同育人项目

教育部2021年第二批产学合作协同育人项目在立项名单中涉及机器人和智能制造的项目有600多项，60多家企业和100多所学校参与了该项目。

2. 开展产教融合示范基地授牌评定工作

为了贯彻落实国家产业及教育的政策和要求、研究产教融合发展方向、制定行业产教发展规划、进一步推动全国产教融合示范基地管理建设，中国机器人产教融合联盟决定在会员单位内试行开展产教融合示范基地授牌评定工作。2021年12月13日，中国机械工业联合会机器人分会首批产教融合示范基地评审结果公示。根据联盟专委会《关于开展中国机械联机器人分会产教融合示范基地评定工作的通知》要求，经过筛选，共有9个省份11个城市的14家单位入围评审，校企比例为5∶9。按照《中国机械联机器人分会产教融合示范基地管理办法（试行）》，联盟专委会组织专委会成员成立了评审专家组。此次评审全程线上进行，通过对入围单位的材料审核、专家评审，最终认定7家单位符合相关要求，通过评审。

2021年，机器人产教融合快速发展，企业不断加深了与学校的合作，以多维度、多角度、多种形式在理念、标准、方案、课程、师资、装备、资质和用人等方面与企业对接。社会各界投入大量资源和人力建设实训基地、开发实训课程、开展师资培训、赞助并支持大赛，为机器人产业人才培养建立了扎实的基础。在社会各界不断努力下，机器人产业人才紧缺问题会逐步得到解决。

〔撰稿人：上海电器科学研究所（集团）有限公司王一粟、南京理工大学王禹林〕

行业引领赋能产教融合，培养高技能应用及技术创新人才队伍

一、项目背景

2019年颁布的《国家职业教育改革实施方案》明确职业教育与普通教育具有同等重要地位，并将深化产教融合、校企合作作为职业教育改革的重点之一。深化“引企入校”改革，推行产教融合的职业教育模式，实现教育链和产业链有机融合，旨在优化人才培养方案，能够紧跟企业或行业的发展动态，及时调整专业方向，完善专业建设与课程开发，从而有针对性地为企业培养一线实用型技术人

才，培养出符合社会需要的高技能应用及技术创新人才。

本文以上海电器科学研究所（集团）有限公司（简称“上电科”）在产教融合背景下与中高职院校和本科院校关于专业建设、师资培养、实训基地建设、课题开发、创新创业方面的合作项目为案例，展现产教融合、校企合作逐步朝着纵深方向发展，并实现人才培养全方位、全过程融合的过程。

二、项目简介

上电科创立于 1953 年，是我国电工行业多专业、综合性行业归口研究所，是国家机器人标准化总体组秘书处单位，是上海市机器人产业高技能人才培养基地，是上海市第一批产教融合型企业。

1. 项目思路

上电科联合清华大学、北京航空航天大学、华东师范大学、上海应用技术大学、闵行职业技术学校、常州信息技术职业技术学院等院校，聚焦高技能技术应用，以智能化、数字化为中心，从教材开发、实训基地建设、校企合作等方面着手，提升专业水平，打造高水平、优质技术人才培养平台。

2. 项目内容

（1）教材开发。职业教育教材的开发是产教融合的重要方式。上电科与学校共同开发了新形态教材《焊接机器人应用与维护保养》，充分满足教师教学和学生学习的个性化要求，并适应职业岗位能力培养和发展需要。

教材本身包含所涉及焊接职业岗位相应工作领域的全部内容，并覆盖完成同一工作任务可能使用的不同类型设备、技术、工艺和方法。教师可以根据所授课程对应职业岗位需求、教学目标、学生学情、实验实训条件等，对具体的教材内容进行选择性使用，从而满足不同职业院校、不同专业、不同实训条件下教材使用者对同一工作领域的不同教学需求。

教材配套了丰富的数字化资源，包含教学课件（如图 1）9 套，教学微课（如图 2）5 个，课后习题及解答 1 套。既可以满足教师的教学需求，学生也可以通过微课进行课后学习。

（2）参与并组建职业教育集团。为深化产教融合、校企合作，全方位提升人才培养水平，上电科在 2019 年 6 月参与组建上海市智能机器人职业教育集团（简称“机器人职教集团”）。机器人职教集团成立后共有 40 余所学校与企业加入，包括 23 家职业院校，24 家相关企业、科研组织和行业协会等企事业单位，汇集了智能机器人相关领域的资深教师以及一线生产专家。机器人职教集团以校企、校协、校际合作为基础，以智能机器人专业为纽带，以服务社会为宗旨，以合作共赢为准则、共同发展为原则，充分发挥集团成员的各自优势，达到资源共享、优势互补、互惠互利的目的，以培养高素质技能型人才。上电科组织安排专家积极参与职教集团工作，包括参与职业教育教材编写、智能服务机器人人才培养方案讨论、师资培训和年度总结会议等工作。

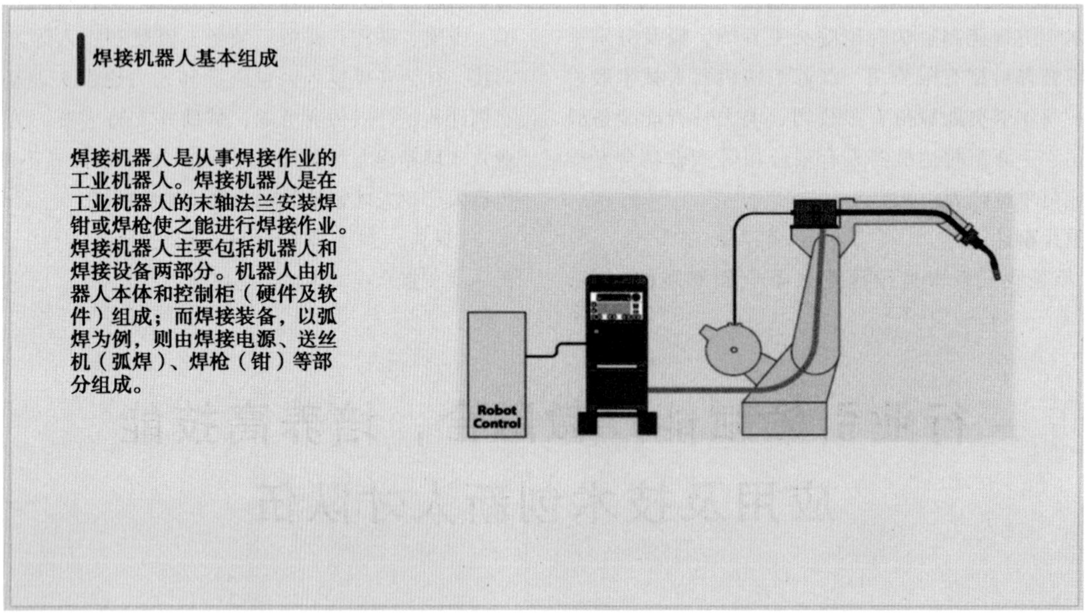

图 1 教学课件

（3）师资培养。依托机器人和人工智能产业资源，大力开展协同创新、协同育人，提高教师工程素养的培训和交流。秉承“面向未来、加强合作、产教融合、共同发展”的宗旨，实现校企资源的有机结合和优化配置，推动行业建设和经济发展。与应用型本科院校开展校企战略合作，推进双方在机器人工程领域联合开展关键共性技术研

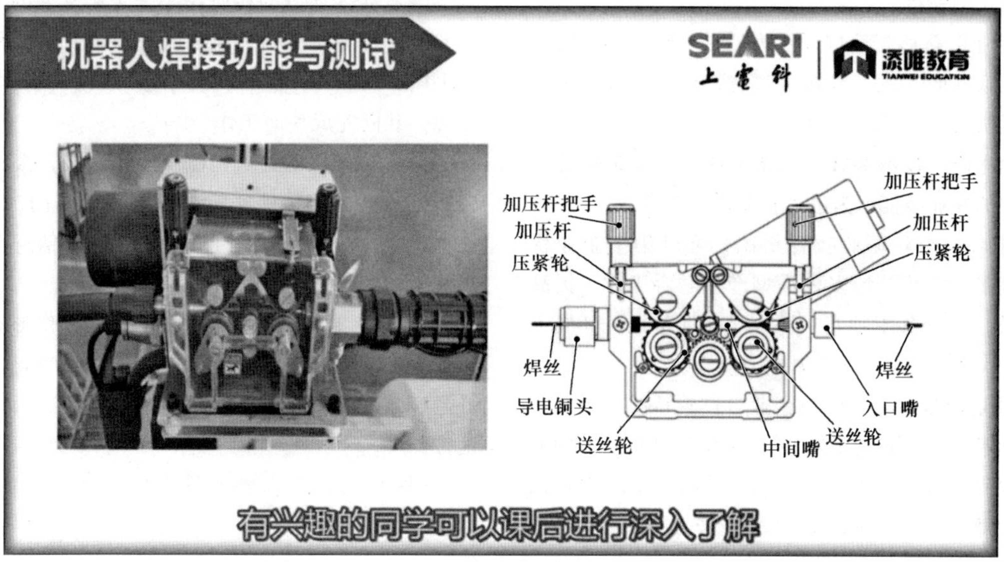

图 2　教学微课

发、教职工工程实践及培训等，共建双师培训基地，开展“人工智能高级课程”教师培训，颁发工业和信息化部教育与考试中心的职业技能提升证书；组织学校老师到上电科、上海达闼科技有限公司进行企业实践和参观访问。

（4）科研创新。由上电科承建的国家机器人检测与评定中心（总部）与上海机器人产业技术研究院有限公司（简称“机器人研究院”）每年有大量的前沿性的科研课题。

（5）实验室建设。2021 年，上电科与高职院校共建了 EMC 电磁兼容实验室（如图 3）。EMC 电磁兼容实验室的建设目标是构建电磁兼容测试技术服务平台，向周边机器人领域企业提供电磁兼容测试服务，提升机器人专业科技研究与教学应用水平。建设内容包括 3m 法半电波暗室、控制室、功放室、屏蔽室和测试系统。测试项目有辐射发射、传导发射、谐波电流、电压波动、三环天线测试、屏蔽效能、静电放电、射频电磁场辐射、电快速瞬变脉冲群、浪涌、射频场感应的传导抗扰度、工频磁场和电压跌落测试 13 项。实训室的建设为机器人领域产品研发测试、机器人产品质量提升提供了专业的产业技术研究与测试实操平台。

（6）现代产业学院建设。2021 年，上电科与职业院校合作，完成了机器人产业学院规划和方案，并计划在 2022 年完成建设并投入使用。机器人产业学院将拥有工业机器人虚拟仿真软件和课程包、专业课程资源包、理实一体化多功能实训室、协作机器人编程与操作实训平台、协作机器人安全系统测试实训平台、移动机器人功能测试实训平台、MR（VR）远程教学实训平台、工业机器人故障诊断和远程检测平台、工业机器人可靠性测试平台等专业设备和资质。机器人产业学院机器人技术实训中心规划方案如图 4 所示。

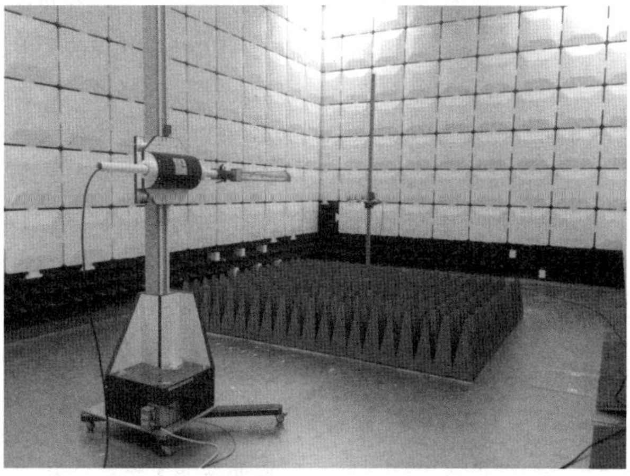

图 3　EMC 电磁兼容实验室

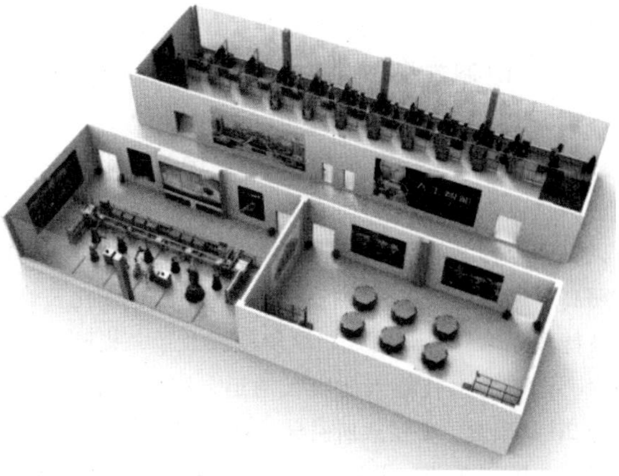

图 4　机器人产业学院机器人技术实训中心规划方案

三、成效及创新点

（1）以专业群新形态教材开发为抓手，联合学校资深教师和产业专家共同开发产教融合教材，让学生接触大量产业素材和真实设备并进行实操练习等，全方位掌握本专业涉及的理论术语、技术参数、设备集成、安全维护等与产业岗位相关的职业技能，为进入企业做好准备。

（2）企业参与组建职业教育集团，可以集中企业优势，同时对接多个学校开展多种类型产教融合工作，提高产教融合成效，充分共享师资、课程、实训基地，开展人才培养，为相关产业群的企业集中输送人才。

（3）双师培训基地是学校与企业合作的桥梁，企业把从产业界和学术界了解到的最新技术发展方向和技术领域整理为培训课程，为学校老师开展前沿性的技术培训提供素材，提高教师技术能力和对技术发展趋势的把握能力。

（4）企业研发的科研课题是企业发展的驱动力，学校研究生有机会参与相关课题研究，快速掌握科研方法、科研手段和团队工作能力；企业也可以从学校得到更多学术资源，共同完成科研工作。

（5）国家级的标准检测实验室建设，极大地提升了学校服务社会的能力，实时分享国际、国内产品最新标准、技术现状及发展趋势，打通产业与院校信息渠道，极大地丰富了学校科研和教学内容。

（6）产业学院是产教融合的最高合作形态，企业和学校双方都需要投入大量的成本和资源。产业学院极大地提升了产教融合服务于学校、企业、社会、人才的功能和地位。

〔撰稿人：上海电器科学研究所（集团）有限公司 张蕾〕

智能制造产教融合中的探索与实践

一、背景

我国在“九五”计划中首次将先进制造技术作为重点发展领域，“863计划”将信息技术和自动化技术等纳入其中。在德国提出“工业4.0”的同时，我国相继提出两化深度融合、互联网+、中国制造2025等一系列指导思想，指引我国智能制造快速发展。

进入21世纪以来，我国在智能制造领域取得了许多成果，智能制造相关产业已初步成型，掌握了一大批相关的基础研究成果和智能制造技术，如机器人技术、感知技术、工业通信网络技术、控制技术、可靠性技术、机械制造工艺技术、数控技术与数字化制造系统、复杂制造系统、智能信息处理技术等。但我国智能制造仍呈现“工业2.0”补课、“工业3.0”普及、“工业4.0”示范的现状。为加速推进我国从制造大国向制造强国的转变，国家迫切需要一批掌握智能制造技术的高技能人才。

为适应培养高技能人才的需要，国务院印发了《国家职业教育改革实施方案》（简称“职教20条”），要求深入贯彻落实全国教育大会部署，完善职业教育和培训体系，按照高质量发展要求，坚持以学生为中心，深化复合型技术技能人才培养培训模式和评价模式改革，提高人才培养质量，畅通技术技能人才成长通道，拓展就业创业本领。职教20条强调，坚持政府引导、社会参与，育训结合、保障质量，管好两端、规范中间，试点先行、稳步推进。

隶属于上海电气集团股份有限公司（简称“上海电气”）的上海电气自动化设计研究所有限公司（简称“研究所”）以智能制造产业对智能制造高技能人才需求为抓手，通过和应用型本科院校及中高职院校合作搭建“智能制造产教融合服务产业集群生态平台”的方式推动建设产教融合型企业和产教融合职业院校。下面介绍研究所结合机器人行业需求，按照“工学交替、校企合作、系统培养、动态管理、突出技能、强化素质”的原则，采用以资源整合、双证结合、学分银行等教学方法赋能“智能制造产教融合实训基地”的产教融合人才培养模式，在理论和实践上取得的创新成果。

二、案例简介

“智能制造产教融合实训基地”采取“校企共建、共享、共育”的模式，企业在进行相关专业升级的同时，引进产教融合资源服务平台、产教融合实训基地、产教融合数字工厂等资源，实施产教融合深度培养，为现代企业转型升级输送数字化应用型人才。

研究所与上海第二工业大学、上海电机学院、上海电气李斌技师学院、上海电子信息技术学院、上海城建职业学院和上海市松江区新桥职业技术学校等合作共建了“智能制造产教融合实训基地”，开展了以下几方面的合作：

1. 技能人才评价标准的建设

发挥上海电气下属700多家企业的资源优势，制定了“智能制造设备安装与调试”职业技能等级标准和“工业机器人系统操作员”国家职业技能标准，上海电气的“智能工厂数字化设计员”企业技能标准等符合智能制造产业需求的职业技能标准。

2. 智能制造专业课程的建设

以企业岗位任务需求为基础，合作制定了智能制造产教融合人才培养方案及专业课程，共建了“智能制造产教融合资源服务平台”，完善了数字化教学资源库建设，共享数字化教学资源，解决学生学用脱节的问题。

3. 数字化服务平台建设

以数字孪生为基础建立“数字化服务平台”，通过为企业提供数字化服务，实现工学交替、校企合作、产教融合培养智能制造领域的高技能人才。

4. 产教融合实训基地的建设

在立足原有资源的基础上，通过叠加、外扩产教融合实训基地，融入智能制造的新技术、新技能、新模块、新装备，兼顾教学、实训和竞赛。

5. 认证体系的设立

根据企业对人才需求及核心岗位胜任力评价标准，共同开发智能制造设备安装与调试职业技能等级认证体系；合作开发工业机器人系统操作员、工业机器人系统运维员国家职业技能等级认证体系；引进数字孪生软件工程师认证体系。

6. 双师型师资的培养

借助企业资深工程师、高级技师等专家团队组成名师工作室，针对合作院校教师开展名师培养工程并认证一批培训师、鉴定考评员。

7. 赛学结合、赛教结合

借助2022年世界技能大赛在上海举办的契机，结合上海职业技能大赛，尝试落实“技能竞赛与评定工级挂钩”“技能竞赛与学分、升学挂钩”，提高在校学生、企业从业人员等参与竞赛和学习智能制造技术的热情。借此推进智能制造人才引进和培训体系建设。

8. 双向融合，共同发展

新时期的产业工人，除了“手艺”，还要有扎实的理论功底。通过发挥合作院校的资源优势，联合开办劳模工匠研修班，以3年以上的工作经历和优秀的业务能力为基础，经过第一个3年的培养，使学员成为具有大专学历的高级工；再经过第二个3年的培训，成为具有本科学历的技师、高级技师，即“3+3+3人才培养”。

三、成效及创新点

（1）以核心企业对技能人才的需求为导向，以技能标准为基础，制定人才培养方案及相对应的课程资源，借助数字化技术实现互通、共享。

（2）以企业、行业专家为核心，以双师型师资队伍建设为抓手，培养一批符合要求的理论实践一体化的培训师、鉴定考评员，为高水平技能人才培养打下扎实的基础。

（3）以数字化升级为契机，数字孪生技术为基础，创建远程互动智慧教学模式，促进了教学资源的普惠化、公平化和效益的最大化。

（4）以世界技能大赛在我国举办为契机，建立具有地区代表和示范意义的人才培养基地，同时引入世界技能大赛标准设备和规则，融入到日常专业技能培训教学中，推动赛学结合，赛训融合，赛证融通。将世界技能大赛的影响和效益最大化、长远化。

（5）以校企合作、“3+3+3人才培养”等形式结合地区企业认证、技能鉴定认证，进行行业专业人才、学校师资、学生的培养，促进智能制造人才的培养与技术交流、带动行业教育发展、推动企业技术革新。

“智能制造产教融合实训基地”是行业龙头企业和智能制造产教融合示范院校以“源于企业、面向企业和院校、服务企业和学员”为立足点和出发点，根据企业新技术、新工艺、新设备、新产品及对技术工人的技能要求，以企业为主导，通过校企深度融合，量身定制的相关职业技能标准、专业课程和培训内容。当下，我国制造业正在加速转型升级，互联网、人工智能等新技术的深入推广，对产业工人的技能要求发生了本质变化，通过充分发挥校企合作、工学结合的作用，不断创新课程内容和教学方法，全力做好职业教育和培训相关工作，促进产教融合健康发展。

〔撰稿人：上海电气自动化设计研究所有限公司章嘉浩〕

基于企业群共建“双主体”育人模式的探索与实践

一、项目背景

机器人产业作为高端智能制造的代表，在新一轮工业革命中将成为制造模式变革的核心和推进制造业产业升级的发动机。随着制造业的转型升级，以云计算、物联网、大数据、人工智能为代表的新一代信息技术与传统制造业融合创新，智能制造领域的技术交叉融合度越来越高，智能制造领域对技术技能人才提出了更高的要求。

为全面贯彻和落实《国务院关于加快发展现代职业教育的决定》《中国制造 2025》《关于深化职业教育教学改革全面提高人才培养质量的若干意见》等文件精神，为培养符合社会需求的高素质技术技能型人才、促进高等职业教育办学模式与办学体制的改革与创新，南京信息职业技术学院响应国家政策，通过校企合作进行工业机器人专业人才培养模式的探索与实践。

二、项目简介

聚焦智能制造产业对技术技能人才的新需求，南京信息职业技术学院与南京埃斯顿自动化股份有限公司（简称“埃斯顿”）、上海西门子自动化有限公司（简称“西门子”）、上海发那科机器人有限公司（简称“发那科”）、博众精工科技股份有限公司（简称“博众精工”）等机器人企业合作，发挥各企业在工业软件、工业机器人、智能制造系统集成领域的各自优势，共建智能制造技术产业学院，校企共同开发课程、共建实训基地、共组师资团队，联合开展现代学徒制模式人才培养和技术培训，共建工业机器人专业“双主体”育人模式，培养复合型技术技能人才。产教融合校企合作模式如图 1 所示。

1. 校企共建，课证融通，重构专业课程体系

与埃斯顿、西门子、发那科、博众精工等国内外行业龙头企业一起，按照系统层级对智能制造数字化车间相关岗位的关键技术进行分析，梳理出高职层次人才培养的技术技能要求，从工业机器人技术应用的职业岗位（群）典型工作任务出发，重构专业课程体系。在底层共享专业平台课中增设人工智能导论、智能制造系统认知课程，在传感技术应用课程中增加视觉检测、射频识别（RFID）等信息技术的内容；在中层分立专业方向课和高层互选课中增设协作机器人、产品生命周期工业软件应用等应用开发类课程。专业群课程体系如图 2 所示。

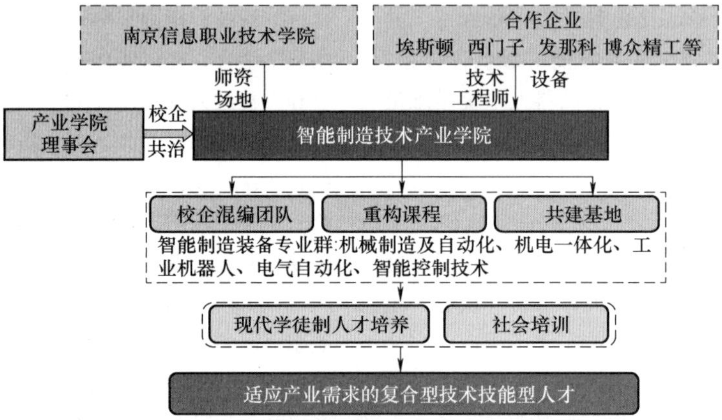

图 1　产教融合校企合作模式

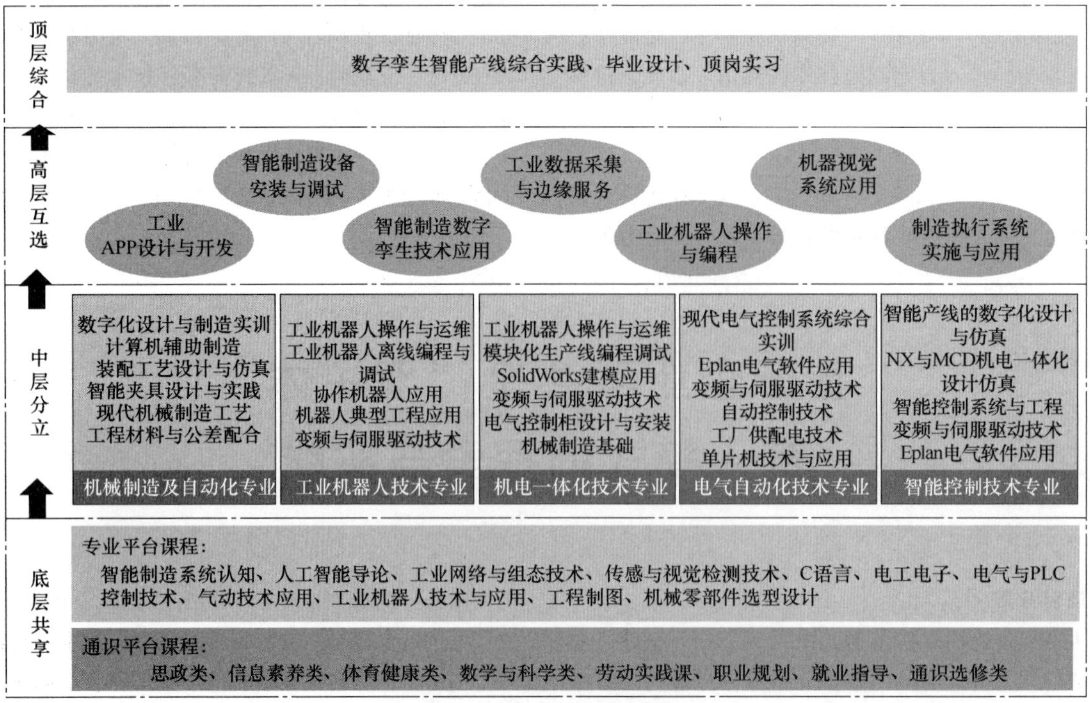

图 2　专业群课程体系

2. 平台支撑，共建实训基地

与机器人行业龙头企业，按照系统导向、多技术融合思路共建实训平台，支撑实践教学体系的落实。各技术技能实训室体现了技术的系统集成和“制造+信息”特色，实训平台总体支撑学生专业能力螺旋上升式培养。实训基地建设获国家教育部高等职业教育创新发展行动计划——生产性实训基地、工业和信息化部中德智能制造合作试点示范项目——高级人才培养示范基地、江苏省产教深度融合实训平台、江苏省产业人才培训示范基地认证。校企实训基地情况如图 3 所示。

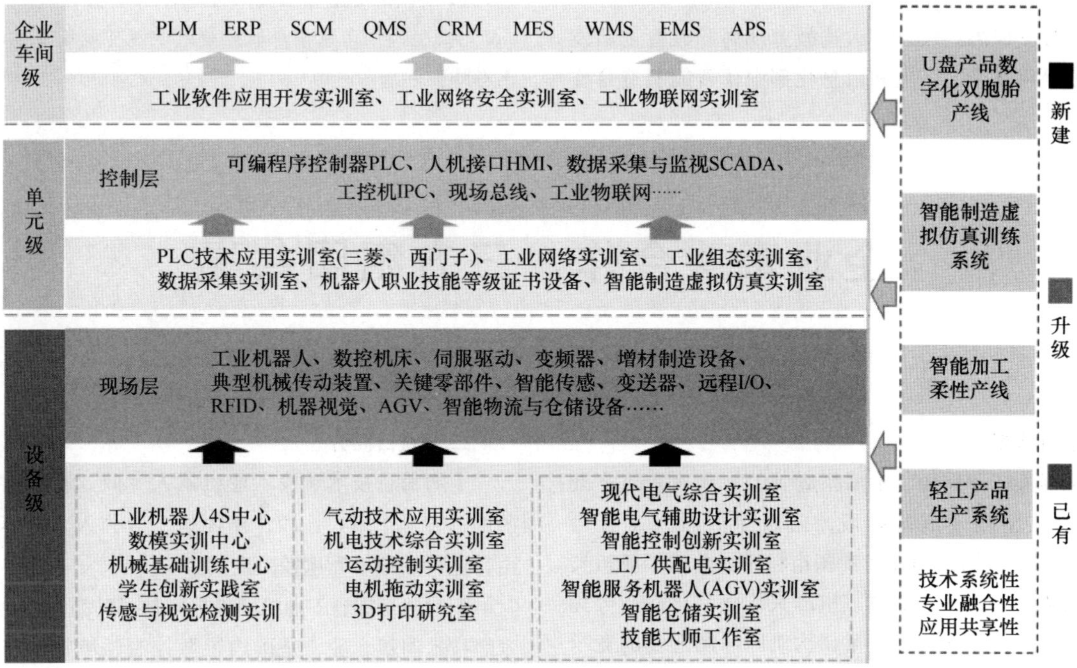

图 3　校企合作实训基地情况

3. 校企混编，打造复合型“双师”团队

依托基于企业群共建的产教融合平台，企业选派工程师、学校选派教师共同组建混编师资团队，共同参与平台建设、社会服务、教学资源开发等，由企业资深工程师与专任教师共同承担新技术、新工艺类课程和综合实践类课程教学，深度参与专业人才培养的工程师达 48 人，合作企业工程师年均承担专业课的课时数量占比为 29%，在专兼教师互动互促中，提高专职教师的技术复合能力。

4. 校企共育，深化现代学徒制人才培养模式改革

推广“专业+政府+企业群”的人才培养模式，与埃斯顿、昆山经济技术开发区及园区企业、苏州吴江经济技术开发区及园区企业合作开展现代学徒制人才培养，实现招生即招工，企业全程参与人才培养与评价，创新学徒制合作的体制机制，现已完成现代学徒制培养 300 人。

5. 育训结合，服务智造领域人力资源提升

校企共建的实训基地，获得了西门子华东区工业软件培训中心、发那科机器人培训中心授权。面向智能制造技术领域，开展工业机器人技术应用、工业物联网、工业软件、数字孪生技术等培训。积极承接江苏省“英才名匠”产业人才培育计划、江苏省“百千万”人才培育计划等项目；面向江苏吴江经济技术开发区、昆山经济技术开发区等辖区智能制造企业在职人员，开展数控机床、3D 打印技术等技师、高级技师培训；面向应用型本科高校，开展大四学生专业综合实践培训；积极开展“1+*X*”师资和考评员培训，年均开展社会培训规模为 3 000 人（次）。

三、成效及创新点

1. 复合型技术技能人才培养成效显著

依托产教融合校企合作，人才培养质量得到企业和社会的高度认可。江苏省高校招生就业指导服务中心的数据显示，近 3 年毕业生就业率、用人单位对毕业生的满意度均超过 98%，毕业生就业对口率保持在 85%以上，毕业半年后的薪资水平处于省内同类专业前列。

近 5 年学生参与专利申请 123 项，获专利授权 42 项。学生在省级以上各类技能竞赛中获奖 300 余人（次），其中获金砖国家俄罗斯远程挑战赛一等奖 2 项、“挑战杯”全国金奖 1 项、全国职业院校技能大赛一等奖 2 项、全国工业机器人技术应用技能大赛一等奖 2 项、省职业院校技能大赛一等奖 5 项。

2. “三教”改革成果丰硕

实施校企双带头人制度，聘请智能制造领域资深专家作为企业专业带头人，指导专业建设。选聘产业教授、江苏工匠、企业高级技术人员等，引育高水平博士，共同进行工业机器人专业的人才培养。教师团队综合实力省内领先，入选江苏省优秀教学团队 1 个、省技能大师工作室 1

个、江苏工匠工作室 1 个。超过 50% 的专业教师获得省级以上荣誉，其中获全国技术能手 2 人、全国优秀教师 1 人、省五一劳动奖章 2 人、省五一创新能手 3 人、省有突出贡献中青年专家 1 人、江苏工匠 1 人、省技术能手 4 人、省“333 人才”2 人、省“青蓝工程”中青年学术带头人 2 人、骨干教师 5 人。

获国家教学成果二等奖，入选教育部高职教育创新发展行动计划项目 2 个、工业和信息化部中德智能制造合作试点示范项目 1 个、省产教深度融合实训平台 1 个；入选国家精品在线开放课 1 门、省级精品在线开放课 2 门、国家专业教学资源库课程 2 门，江苏省重点教材 4 本，江苏省教师教学能力大赛获奖 18 人。近 5 年，教师获专利授权 151 项，其中发明专利 49 项，承担市厅级以上科研项目 13 项，参与职业技能等级证书标准开发 4 项。

〔撰稿人：南京信息职业技术学院智能制造学院黄丽娟、王春峰〕

企业牵头合作　三方组团共赢

一、项目背景

工业机器人产业作为《中国制造 2025》十大重点产业之一，正处在蓬勃发展的阶段，据国际机器人联合会（IFR）最新统计数据，2021 年我国市场约占全球工业机器人总销量的 40%，以人工智能、机器人、数字化制造等为代表的新技术的快速发展，正重新构筑国际制造业的竞争格局。机器人既是先进制造业的关键支撑装备，也是改善人类生活方式的重要切入点。

上海市政府发布的《上海市先进制造业发展“十四五”规划》指出，到 2025 年保持与上海城市功能和高质量发展相适应的制造业比重，制造业发展速度力争高于“十三五”时期，继续发挥对全市经济的支撑作用。

工业机器人被誉为“制造业皇冠上的明珠”，是带动产业转型升级的强劲动力。预计 2022 年上海市工业机器人产量将超过 8 万台，拥有应用于加工、装配、焊接、打磨、码垛、分拣、洁净等场景的高性能工业机器人，突破具备柔性交互与高仿人化特征的 6 轴及以上协作机器人与自适应机器人技术，并全面覆盖汽车、航空航天、船舶海工、消费电子、集成电路等行业应用。长三角地区智能制造产业快速发展，对工业机器人的需求量很大，对工业机器人系统集成、维护人才的需求量也越来越大。

校企合作是解决区域经济发展过程中人才需求问题的最适合方式。同时，校企合作完善人才培养模式有多种形式，本案例为上海新时达机器人有限公司（简称“新时达”）与上海信息技术学校工业机器人技术应用专业（简称“上海信息技术学校工业机器人专业”）及上海市智能机器人职业教育集团（简称“职教集团”）三方合作，培养上海市智能制造行业所需工业机器人系统集成与维护方面的技能人才。该案例中的合作方法、合作过程和合作成果具有借鉴意义。

二、项目简介

上海信息技术学校工业机器人专业、新时达及职教集团的三方合作模式，即“组团式”合作人才培养模式，是由行业特点和培养途径决定的。

新时达是拥有工业机器人核心技术的高科技企业，是国家级技术创新企业，是国内工业控制领域技术和产品供应方，有良好的企业文化和技术工人培养方法。职教集团拥有长三角地区 68 家会员，包括企业、学校和研究机构，作为长三角地区智能制造产业重要枢纽，承担着为各院校提供导向的重要职能工作，同时也明确企业人才需求，为企业与职业院校在合作开展人才培养方面建立了有效的沟通途径。

“组团式”校企合作人才培养模式突破了一般学校和企业“一对一”的传统合作模式，通过学校分别携手产业链的上、下游企业，以人才培养为目标，实现优势互补、合作共赢。在此合作团体中，输出产品、扩大市场、服务客户是新时达的利益诉求，职教集团是承接企业和学校的纽带，上海信息技术学校工业机器人专业与企业合作，并为上海智能制造产业发展服务是其专业培养目标。校企三方组团合作关系如图 1 所示。

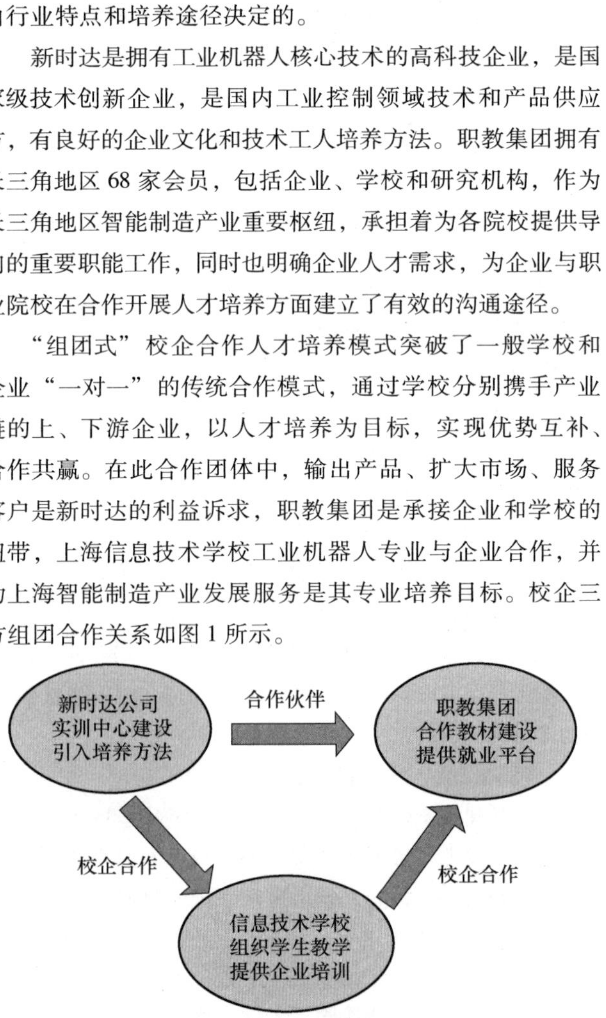

图 1　校企三方组团合作关系

三、成效及创新点

1. 找到校企三方需求动力

市场的快速发展使新时达有很多不同领域的合作伙伴，赠送培训的新型客户管理方式使企业需要寻找学校进行合作。职教集团的很多会员单位是上海乃至长三角地区智能制造的设备设计、安装、运行、维护主要承包商，需要大量技能人才支持扩大市场份额。上海信息技术学校工业机器人专业在长期现代学徒教学改革的基础上，积累了丰富的经验，正在进一步探索如何深化改革人才培养模式。

2. 联合制定教学实施方案

结合企业典型岗位职业能力要求，进行学习领域课程模式的开发。专业教学实施方案专业课程由 18 个学习领域、111 个课业组成，每个课业包括所属专业和学习领域、课业名称/学习情境、学时、学习目标、学习内容与活动设计、教学条件、专业教师和教师要求、教学流程、课业评价、技能考核标准等内容。

3. 建成先进现代控制技术开放实训中心

上海信息技术学校工业机器人专业与新时达、职教集团签订的合作协议，包括实训资源建设、人员培训、开展学生创新活动等内容。目前已建成的上海市现代控制技术开放实训中心，使用面积 45 000m^2，拥有工位 400 个，实训内容设有工业机器人基础实训、工业机器人系统集成实训、工业机器人综合应用实训、运动控制实训、可编程序逻辑控制器（PLC）及人机界面控制实训等。新时达提供相关产品、技术资料；上海信息技术学校提供教学实训场地、制定培训计划、培训授课并负责设备的日常维护。该项目现已全部完成，为专业学生分类指导和企业员工培训提供了良好的条件。现代控制技术开放实训中心如图 2 所示。

图 2　现代控制技术开放实训中心

4. 合作进行教材资源建设

开发教学与培训兼备的理论实践一体化教材，与新时达合作开发了电子教材《自动化生产线安装与维护》；与企业合作开发了国规教材三本、校本教材《可编程控制器技术应用》《运动控制》《S7-300PL2 人机界面控制》《工业控制网络》等，大幅度提高了教师教改水平和学生学习效率。校企合作开发教材如图 3 所示。

图 3　校企合作开发教材

5. 教科研方面

依托企业，上海信息技术学校工业机器人专业牵头编制了上海市工业机器人专业教学标准、国际水平专业教学标准、中等职业学校工业机器人技术应用专业实训教学环境建设指南等；《面向“中国制造 2025”的专业创新模式与实践》获第二届上海市职业教育教学成果一等奖；依托企业和职教集团，成功申报了上海市智能机器人专业教师市级企业实践基地负责单位、智能制造国家级虚拟示范实训基地建设项目、国家级教师团队培育项目；与法国NADAR职业高中开展合作交流，开发了法语专业课程3门并输出至法国学校。

〔撰稿人：上海信息技术学校葛华江〕

三方共建“混合式协作共享实训基地”培养高技能应用型人才

一、项目背景

随着工业机器人技术的不断进步，应用市场爆发式增长，其不仅满足了柔性制造的需求，而且使制造业实现了数字化、智能化和信息化。生产模式革新使技术体系重构，工业大数据贯穿于整个制造流程，新的生产模式下要求行业技术人员应具备新的技术技能和认知能力。为满足社会对工业机器人高技能应用型人才的需求，应加强工业机器人集成应用的产教融合，增强学校与机器人应用企业的紧密联系，借助于自动化集成商和机器人生产企业的优势，推进校企人才共育，实现学校、企业和社会的共同进步。

本项目以上海发那科机器人有限公司（简称“FANUC”）与湖北轻工职业技术学院共建湖北省首家“FANUC机器人授权培训中心”为基础，将企业培训标准及项目引入职业教学中。结合1+X工业机器人操作与运维职业技能等级标准，与双元职教（北京）科技有限公司共建职教研究中心，以信息融合技术为目标打造教学管理平台一体化。并与德国汉斯·赛德尔基金会合作引入教师能力建设中心，将德国职业教育教学法本土化，实现“线上与线下”“虚拟与现实”“离线与现场”“学校与企业”“技能与文化”的多层次融合。

二、项目简介

1. 项目建设思路

搭建跨界融合、资源共享、全时互动、多维支撑的实训基地是提高职业教育服务社会的有效载体。湖北轻工职业技术学院依托FANUC机器人学院及授权培训中心资质和FANUC在机器人行业的经验与成熟的应用案例，有效地促进了机器人应用培训体系的快速建设，也为机器人培训中心的培训质量提升提供了有效保障。

制造业智能化趋势需要新的教学模式和技术支撑，在高职工业机器人的实际教学中，建立以学生为中心的教学方式不仅需要教师的精心设计，还需要采集现场设备数据，利用边缘控制网关处理数据并传送到数据平台，实现信息可视化管理，建立对标生产过程的教学过程体系。“工业4.0”体系与“教育4.0”体系对标情况如图1所示。

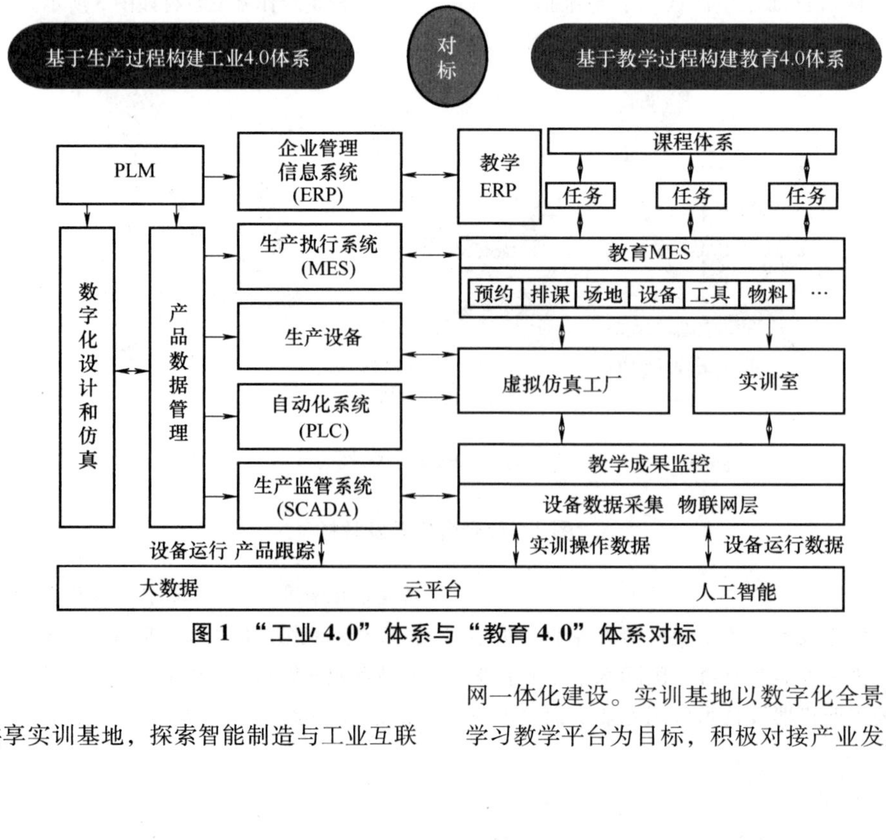

图1 “工业4.0”体系与“教育4.0”体系对标

2. 项目介绍

（1）数字化共享实训基地，探索智能制造与工业互联网一体化建设。实训基地以数字化全景管理、混合式协作学习教学平台为目标，积极对接产业发展规划，将机器人与工业互联网相结合，以产品生产为载体，开展生产型实训，构建数字孪生系统，引导学生由浅入深地掌握工业机器人的基础实操、工业应用，直到产线级的维护管理，最终实现虚实结合、课证融通的共享型实训基地。

（2）教学教法创新，德国协作式教学法促进综合素质能力提升。课程体系以工业机器人集成应用为主，对接1+X工业机器人操作与运维职业技能等级证书标准，结合FANUC培训体系，融入工业机器人行业新技术、新工艺、新规范，校企双元合作开发教学内容。打破传统的教学模式和学科体系，以德国职业教育行动导向教学理念为引领，利用协作式学习模式组织课程培训体系，并针对本地职业教育生源学情特点设计和优化，实现以学生为中心、多元化课程融合。例如引导学生使用3D打印技术设计机械手，从工艺要求分析到产品设计，从设备调试到产品生产，在指导学员学习专业技能的同时，提升学生职业化规范意识及岗位素养，实现专业精神、职业精神和工匠精神的有机融合。

（3）教学资源多元化，联合企业实现动态升级，体现服务特性。探索“互联网+职业教育”模式，在信息化教学平台上提供配套在线课程，将课程体系中所涉及的知识技能点颗粒化，针对行业技术及工艺上的革新，持续更新和优化模块化教学项目，并利用信息化技术将德国职业教育中的“专家法”“学习速度二重奏”等教学方法融入教学当中，打造线上线下混合式教学模式。

通过对传统设备技术升级，并采用数字孪生技术将离线编程与现场编程相融合，使学习不受地理位置限制。基于协作式学习方式，同小组中的远程学员通过虚拟调试并验证后再连接本地设备；本地学员则可在现场实施调试后，使用远程设备监控优化现场。通过线上线下交互式设计，创建了小组成员间交流学习空间，从面对面沟通延伸到了互联网沟通。同时，小组成员共同完成学习视频的剪辑工作，不仅复盘了学习过程，也通过分享视频提升了自信心，增强了社会服务意识。

（4）师资团队培养。借助于FANUC优势，教师与工程师共同深入工业机器人应用现场，将企业实际应用转化为教学项目。通过与德国汉斯·赛德尔基金会合作，选派优秀青年教师赴德国培训专业教学法等内容，并在德国专家指导下建设“教师能力培训中心”，在建设过程中提升专业教学能力的同时，全面提高了产学研能力，不仅能有效开展先进的智能制造技术教学，同时也为地区企业提供了技术支持，深化产教融合。

三、成效及创新点

（1）以工业机器人为应用背景，湖北轻工职业技术学院与德国汉斯·赛德尔基金会联合举办了多期“德国职业教育教学法”师资培训班以推广混合式协作学习模式，吸引了多所兄弟院校及企事业单位的相关人员积极参与，如华中师范大学、苏州若卜智能制造学院、宁波大学科学技术学院、东风鼎新动力系统科技有限公司等。

（2）出版的校企合作教材《FANUC工业机器人离线编程与应用》，开创了通过教学方法组织教材内容的新型模式，利用“数字孪生”技术实施学习任务，将现场编程及离线编程相结合，编著团队先后获得全国职业院校技能大赛教学能力比赛一等奖、全国机械行业工业机器人职业技能竞赛一等奖等多个奖项。

（3）实训的展开过程培养了学生的社会服务意识，打造了学习者即是知识分享者的学习方式，学生通过制作视频复盘总结学习过程，并将所学内容转化为知识，通过在互联网平台分享制作视频的方式，在提高学生技能水平的同时，也拉近了学校与社会的距离，提高了职业院校的社会认可度。

〔撰稿人：湖北轻工职业技术学院余攀峰〕

企业篇

记录机器人行业主要骨干企业、联盟优秀会员单位发展情况

中国机器人工业年鉴 2022

企业篇

2021年机器人上市公司运行概况

上市公司的运行情况是行业发展态势的一个风向标，对分析所在行业的运行与发展具有重要意义。为此，中国机器人产业联盟重点监测了部分机器人题材上市公司（主要是工业机器人本体、系统集成和服务机器人公司），分析相关企业的财报数据，从一个侧面展现行业的运行状态，丰富当前对机器人产业的分析与研究。

一、上市公司基本情况

2021年，中国机器人产业联盟重点监测67家机器人上市公司，包括18家主板上市企业、12家创业板企业、9家科创板企业、28家新三板企业。其中，按证监会所属行业划分，67家企业中，32家为专用设备制造业企业，26家为通用设备制造业企业，4家为电器机械和器材制造业企业，另有少部分企业归属于仪器仪表制造业、计算机、通信和其他电子设备制造业，水利、环境和公共设施管理业，生态保护和环境治理业，以及文教、工美、体育和娱乐用品制造业。

2021年中国机器人产业联盟重点监测的67家机器人上市公司见表1。

表1　2021年中国机器人产业联盟重点监测的67家机器人上市公司

序号	证券代码	公司名称	首发上市日期
1	000584. SZ	江苏哈工智能机器人股份有限公司	1995年11月28日
2	000967. SZ	盈峰环境科技集团股份有限公司	2000年3月30日
3	002008. SZ	大族激光科技产业集团股份有限公司	2004年6月25日
4	002009. SZ	天奇自动化工程股份有限公司	2004年6月29日
5	430031. NQ	北京林克曼数控技术股份有限公司	2008年9月1日
6	300024. SZ	沈阳新松机器人自动化股份有限公司	2009年10月30日
7	002389. SZ	航天彩虹无人机股份有限公司	2010年4月13日
8	300097. SZ	大连智云自动化装备股份有限公司	2010年7月28日
9	002527. SZ	上海新时达电气股份有限公司	2010年12月24日
10	300161. SZ	武汉华中数控股份有限公司	2011年1月13日
11	300173. SZ	福能东方装备科技股份有限公司	2011年2月1日
12	002559. SZ	江苏亚威机床股份有限公司	2011年3月3日
13	300222. SZ	科大智能科技股份有限公司	2011年5月25日
14	300276. SZ	三丰智能装备集团股份有限公司	2011年11月15日
15	300278. SZ	华昌达智能装备集团股份有限公司	2011年12月16日
16	002698. SZ	哈尔滨博实自动化股份有限公司	2012年9月11日
17	430622. NQ	无锡顺达智能自动化工程股份有限公司	2014年1月24日
18	830843. NQ	上海沃迪智能装备股份有限公司	2014年7月9日
19	830849. NQ	河南平原智能装备股份有限公司	2014年7月11日
20	830870. NQ	铜陵松宝智能装备股份有限公司	2014年7月21日
21	831670. NQ	捷福装备（武汉）股份有限公司	2015年1月15日
22	002747. SZ	南京埃斯顿自动化股份有限公司	2015年3月20日
23	832176. NQ	广东顺德三扬科技股份有限公司	2015年3月30日
24	832239. NQ	广东恒鑫智能装备股份有限公司	2015年4月7日

（续）

序号	证券代码	公司名称	首发上市日期
25	300466. SZ	赛摩智能科技集团股份有限公司	2015 年 5 月 28 日
26	300486. SZ	东杰智能科技集团股份有限公司	2015 年 6 月 30 日
27	833444. NQ	昆山华恒焊接股份有限公司	2015 年 8 月 25 日
28	833748. NQ	济南奥图自动化股份有限公司	2015 年 10 月 15 日
29	833999. NQ	昆山艾博机器人股份有限公司	2015 年 11 月 5 日
30	834426. NQ	黑龙江省发现者机器人股份有限公司	2015 年 12 月 10 日
31	834871. NQ	广东上川智能装备股份有限公司	2015 年 12 月 21 日
32	835015. NQ	四川福德机器人股份有限公司	2015 年 12 月 22 日
33	834863. NQ	苏州佳顺智能机器人股份有限公司	2015 年 12 月 24 日
34	835532. NQ	厦门航天思尔特机器人系统股份公司	2016 年 1 月 15 日
35	835579. NQ	机科发展科技股份有限公司	2016 年 1 月 15 日
36	835632. NQ	武汉德宝装备股份有限公司	2016 年 1 月 19 日
37	836316. NQ	广州松兴电气股份有限公司	2016 年 3 月 30 日
38	836786. NQ	福建明鑫智能科技股份有限公司	2016 年 4 月 12 日
39	836378. NQ	常州创盛智能装备股份有限公司	2016 年 4 月 14 日
40	837345. NQ	湖北汉唐智能科技股份有限公司	2016 年 5 月 26 日
41	603131. SH	上海沪工焊接集团股份有限公司	2016 年 6 月 7 日
42	837701. NQ	长春融成智能设备制造股份有限公司	2016 年 6 月 13 日
43	837961. NQ	湖北国瑞智能装备股份有限公司	2016 年 7 月 26 日
44	838363. NQ	广东思为客科技股份有限公司	2016 年 8 月 9 日
45	603203. SH	快克智能装备股份有限公司	2016 年 11 月 8 日
46	300607. SZ	广东拓斯达科技股份有限公司	2017 年 2 月 9 日
47	603960. SH	上海克来机电自动化工程股份有限公司	2017 年 3 月 14 日
48	603656. SH	合肥泰禾智能科技集团股份有限公司	2017 年 3 月 21 日
49	871244. NQ	广东翠峰机器人科技股份有限公司	2017 年 3 月 24 日
50	871478. NQ	宁夏巨能机器人股份有限公司	2017 年 5 月 5 日
51	872206. NQ	广东三向智能科技股份有限公司	2017 年 10 月 18 日
52	603283. SH	苏州赛腾精密电子股份有限公司	2017 年 12 月 25 日
53	603486. SH	科沃斯机器人股份有限公司	2018 年 5 月 28 日
54	603666. SH	亿嘉和科技股份有限公司	2018 年 6 月 12 日
55	688022. SH	苏州瀚川智能科技股份有限公司	2019 年 7 月 22 日
56	002957. SZ	深圳科瑞技术股份有限公司	2019 年 7 月 26 日
57	688218. SH	江苏北人智能制造科技股份有限公司	2019 年 12 月 11 日
58	002975. SZ	珠海博杰电子股份有限公司	2020 年 2 月 5 日
59	688090. SH	广州瑞松智能科技股份有限公司	2020 年 2 月 17 日
60	688169. SH	北京石头世纪科技股份有限公司	2020 年 2 月 21 日
61	688360. SH	德马科技集团股份有限公司	2020 年 6 月 2 日
62	688277. SH	北京天智航医疗科技股份有限公司	2020 年 7 月 7 日
63	688165. SH	埃夫特智能装备股份有限公司	2020 年 7 月 15 日

（续）

序号	证券代码	公司名称	首发上市日期
64	300853. SZ	杭州申昊科技股份有限公司	2020 年 7 月 24 日
65	688255. SH	杭州凯尔达焊接机器人股份有限公司	2021 年 10 月 25 日
66	301199. SZ	迈赫机器人自动化股份有限公司	2021 年 12 月 7 日
67	688290. SH	杭州景业智能科技股份有限公司	2022 年 4 月 29 日

注：重点监测名单根据企业公布的主营业务内容年度调整，补充新增企业、去除因业务调整和退市企业。

二、经营业绩与市场表现

2021 年年报显示，67 家机器人上市公司资产总计 2 124.4亿元，资产额约是 2017 年的 1.6 倍，年均增长率为 13.3%。2021 年资产总计同比增长 15.5%，而 2018 年、2019 年、2020 年同比增长分别为 14.9%、3.7%和 19.5%。对比表明，机器人上市公司资产总计增长速度持续恢复。

从具体公司来看，资产总计增长的企业由 2020 年的 50 家增长至 56 家，情况继续好转。其中，11.9%的企业（8 家）由增长变为下降，1.5%的企业（1 家）降幅加深，32.8%的企业（22 家）增速放缓，20.9%的企业（14 家）资产总计增速由负转正，3.0%的企业（2 家）降幅收窄，29.9%的企业（20 家）增速加快。

2017—2021 年 67 家机器人上市公司资产总计变化情况如图 1 所示。

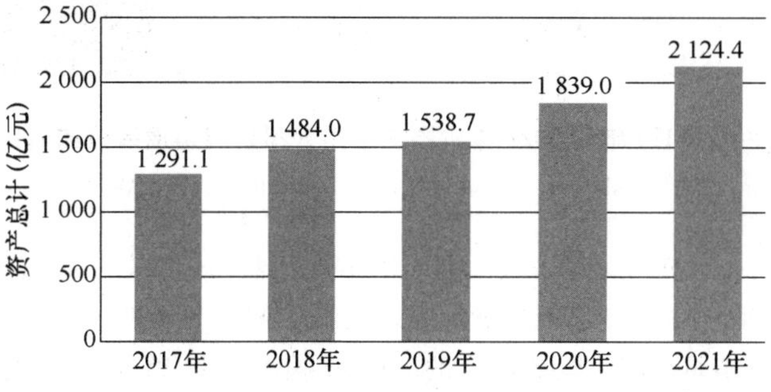

图 1　2017—2021 年 67 家机器人上市公司资产总计变化情况

注：数据来源于上市公司财务报告、中国机器人产业联盟整理。

2018 年，上述 67 家公司营业收入同比增长 26.4%，而 2019 年同比下降 3.4%。2020 年新冠肺炎疫情发生以来，机器人企业积极应对，转危为机、复工后投入生产销售，营业收入未受影响，同比增长 17.8%。2021 年，上述 67 家企业全年完成营业收入 1 078.1 亿元，同比增长 18.1%。从近五年情况来看，营业收入增幅与资产相当，2021 年营业收入约是 2017 年的 1.7 倍，年均增长率为 14.1%。

从具体公司来看，营业收入实现增长的企业由 2020 年的 44 家增长至 56 家，情况好转。其中，8.9%的企业（6 家）由增长变为下降，4.5%的企业（3 家）降幅加深，31.3%的企业（21 家）增速放缓，26.9%的企业（18 家）营业收入增速由负转正，3.0%的企业（2 家）降幅收窄，25.4%的企业（17 家）增速加快。2017—2021 年 67 家机器人上市公司营业收入变化情况如图 2 所示。

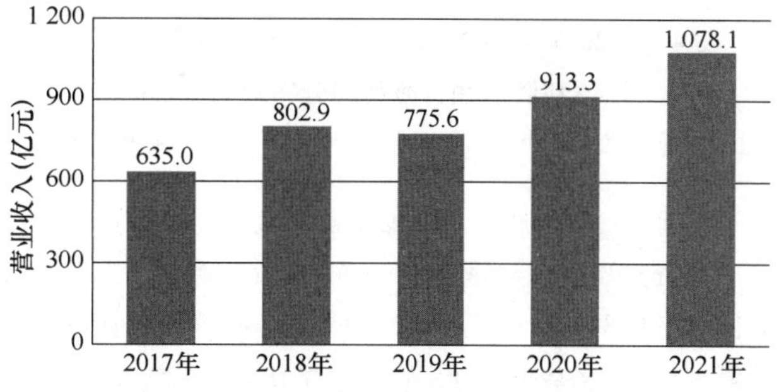

图 2　2017—2021 年 67 家机器人上市公司营业收入变化情况

注：数据来源于上市公司财务报告、中国机器人产业联盟整理。

从实现收益看，2021 年机器人上市公司累计实现利润总额 86.8 亿元，同比增长 22.4%；实现净利润 76.5 亿元，同比增长 26.7%，与 2020 年相比增速均出现大幅回落。上述公司销售净利率（销售净利率 = 净利润/销售收入 × 100%）为 7.1%，同比上升了 0.5 个百分点。

从企业分布情况来看，25.4%的上市公司（17 家）净利润为负数，因此销售净利率小于 0%；49.2%的上市公司（33 家）销售净利率介于 0~10%；25.4%的企业销售净利率高于 10%。2017—2021 年 67 家机器人上市公司利润总额变化情况如图 3 所示。

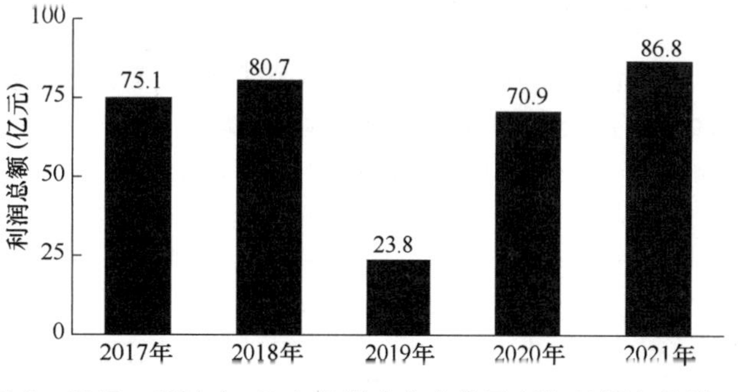

图 3　2017—2021 年 67 家机器人上市公司利润总额变化情况

注：数据来源于上市公司财务报告、中国机器人产业联盟整理。

总体来看，2021 年机器人上市公司的主要经济指标增速较 2020 年放缓。营业收入下降的企业大幅减少，而利润总额、净利润增幅超过 10%的企业数均出现下降。2020 年和 2021 年机器人上市公司营业收入、利润总额、净利润分布如图 4 所示。

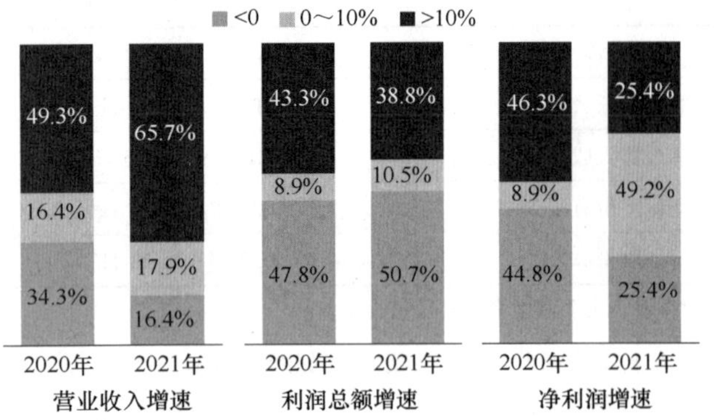

图4　2020年和2021年机器人上市公司营业收入、利润总额、净利润分布对比

注：数据来源于上市公司财务报告、中国机器人产业联盟整理。

根据财报数据计算，67家机器人上市公司净资产收益率（净资产收益率=总资产净利润率×权益乘数）为6.5%，同比提高0.8个百分点。有23.9%的企业净资产收益率为负值，35.8%的企业的净资产收益率在0~10%之间，其余40.3%的企业净资产收益率都在10%以上。与2020年同期相比，有37.3%的企业的净资产收益率有所提高。2020年和2021年机器人上市公司净资产收益率分布对比如图5所示。

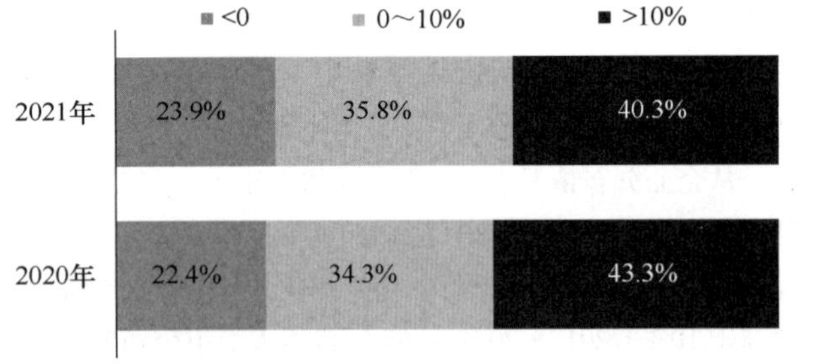

图5　2020年和2021年机器人上市公司净资产收益率分布对比

注：数据来源于上市公司财务报告、中国机器人产业联盟整理。

负债情况，67家机器人上市公司2021年负债合计989.9亿元，约是2017年的1.8倍，年均增长16.5%，同比增长18.4%，负债增速的变化与营业收入相对一致，近5年增速变化与资产总计增速变化几乎一致，2017年增速在18.8%，2018年下降至4%，2019年增速提高至25.8%，资产负债率（资产负债率=负债合计/资产总计×100%）相对稳定，近5年均在40%以上且逐年提升，2021年达到为46.6%，与2020年相比上升了1.1个百分点，在合理区间内充分利用负债。

从具体公司来看，负债合计下降的企业由2020年的18家下降至14家：13.4%的企业（9家）由增长变为下降，3.0%的企业（2家）降幅加深，4.4%的企业（3家）降幅收窄；19.4%的企业（13家）负债合计增速由负转正，29.9%的企业（20家）增速放缓，29.9%的企业（20家）增速加快。

从分布情况来看，有28.4%的企业资产负债率超过60%，41.8%的企业资产负债率在40%~60%，29.8%的企业资产负债率低于40%。与2020年相比，资产负债率低于40%和在40%~60%的企业数量都减少了，而高于60%的企业数量在增加。2020年和2021年机器人上市公司资产负债率分布对比如图6所示。

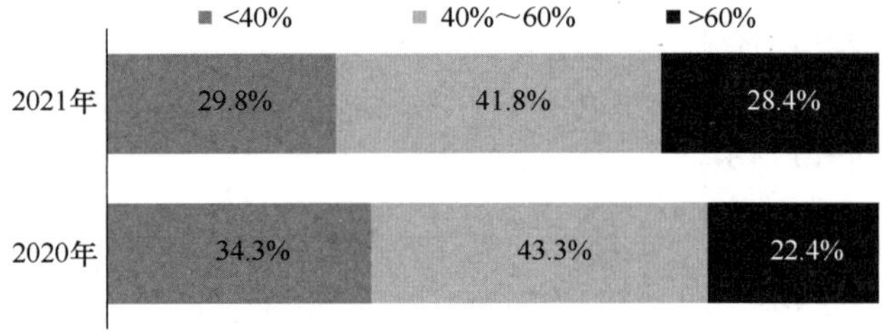

图6　2020年和2021年机器人上市公司资产负债率分布对比

注：数据来源于上市公司财务报告、中国机器人产业联盟整理。

从现金流量来看，2021年67家机器人上市公司经营活动产生的现金流量净额为66.3亿元，同比下降36.9%，现金流量净额约是2017年的1.6倍，年均增长12.9%。现金流量率（经营活动产生的现金流量净额/营业收入×100%）为6.1%，连续3年不断提高后降幅较大，目前低于2017年水平且低于销售净利率。2017—2021年67家机器人上市公司现金流量率和销售净利率对比如图7所示。

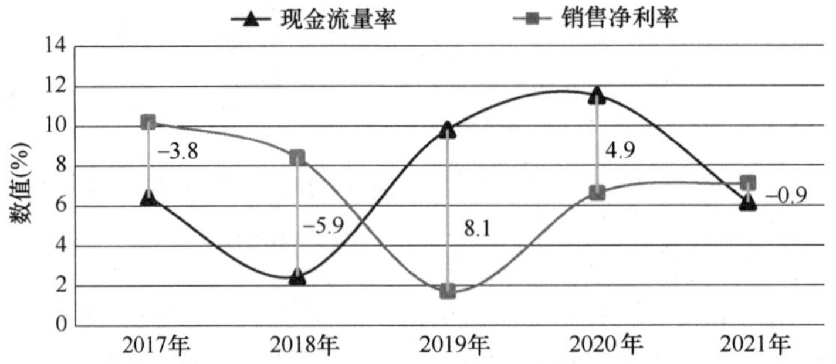

图7　2017—2021年67家机器人上市公司现金流量率和销售净利率对比

注：数据来源于上市公司财务报告、中国机器人产业联盟整理。

总体的投资活动产生的现金流量净额为流出 110.1 亿元，同比下降 9.2%；筹资活动产生的现金流量净额为 69.7 亿元，同比下降 29.1%。

三、区域分布情况

从注册地分布来看，67 家企业分布于 16 个省、直辖市、自治区，其中江苏省数量最多，共计 15 家企业，占比 22.4%；其次是广东省 14 家企业，占比 20.9%，湖北省 7 家，占比 10.4%；浙江省 6 家，上海市 5 家，北京市（4 家）、安徽省（3 家）的企业数量也在 3 家以上，辽宁省、黑龙江省、山东省和福建省各有 2 家，山西省、河南省、吉林省、四川省和宁夏回族自治区各有 1 家。2021 年 67 家机器人上市公司数量按省、直辖市、自治区分布情况如图 8所示。

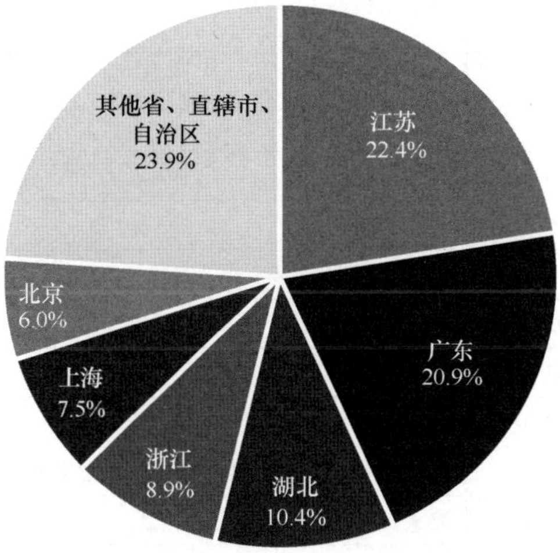

图 8　2021 年 67 家机器人上市公司数量按省、直辖市、自治区分布情况

注：数据来源于上市公司财务报告、中国机器人产业联盟整理。

营业收入分布不仅与企业个数有关，更与公司规模及经营状况有关。江苏和广东在机器人企业数量上有绝对优势，营收占比相对较高，分别占总体的 28.9%和 24.0%，浙江省 6 家上市公司营业收入共计 178.7 亿元，占总体的 16.6%，上海市 5 家企业营业收入达到 91.7 亿元，占总体的 8.5%。2021 年 67 家机器人上市公司营业收入按省、直辖市、自治区分布情况如图 9 所示。

从营业收入增速来看，江苏、宁夏、广东、北京和福建等 14 个省市机器人上市公司营业收入实现增长，江苏省在基数相对较高的前提下，仍实现 37.5%的最高增速，河南和浙江营业收入有所下降。

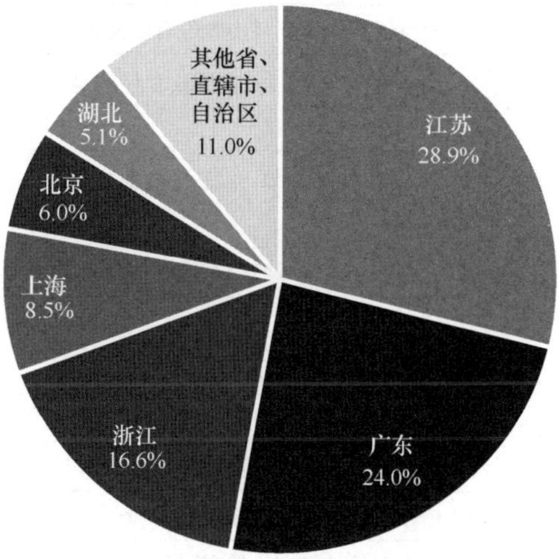

图 9　2021 年 67 家机器人上市公司营业收入按省、直辖市、自治区分布情况

注：数据来源于上市公司财务报告、中国机器人产业联盟整理，由于四舍五入，总数不足 100%。

〔撰稿人：中国机械工业联合会符玲〕

国家级专精特新“小巨人”企业中机器人相关企业名单

专精特新“小巨人”企业是“专精特新”中小企业中的佼佼者，是专注于细分市场、创新能力强、市场占有率高、掌握关键核心技术、质量效益优的排头兵企业。2018 年，工业和信息化部发布了关于开展专精特新“小巨人”企业培育工作的通知，在各省级中小企业主管部门认定的“专精特新”中小企业及产品基础上，培育一批国家级专精特新“小巨人”企业，旨在进一步推动中小企业高质量发展，提高中小企业的专业化能力和水平。

目前，已先后公布的三批国家专精特新“小巨人”企业名单中包括 158 家机器人相关企业。第一批国家专精特新“小巨人”企业名单于 2019 年公布，与机器人相关的企业共计 8 家；第二批国家专精特新“小巨人”企业名单于 2020 年公布，与机器人相关的企业共计 38 家；第三批国家专精特新“小巨人”企业名单于 2021 年公布，与机器人相关的企业共计 112 家。入选国家专精特新“小巨人”企业的机器人相关企业名单见表 1。

表 1　入选国家专精特新“小巨人”企业的机器人相关企业名单

入选批次	企业名称	所属地区	成立时间	主导产品
第一批	埃夫特智能装备股份有限公司	安徽省	2007 年	工业机器人
	深圳众为兴技术股份有限公司	广东省	2002 年	工业机器人及其控制系统
	青岛宝佳自动化设备有限公司	山东省	2009 年	工业机器人智能集成系统
	中科新松有限公司	上海市	2014 年	协作机器人
	上海格拉曼国际消防装备有限公司	上海市	1989 年	消防车、消防机器人和军用防核生化车辆
	福建星云电子股份有限公司	福建省	2005 年	锂离子电池检测系统和自动化组装设备
	龙合智能装备制造有限公司	福建省	2014 年	物料终端搬运系统及解决方案
	重庆盟讯电子科技有限公司	重庆市	2001 年	安防电子产品、智能装备及系统集成解决方案
第二批	北京天智航医疗科技股份有限公司	北京市	2010 年	医疗机器人
	北京凌天智能装备集团股份有限公司	北京市	2003 年	消防机器人
	厦门航天思尔特机器人系统股份公司	福建省	2004 年	智能装备及系统集成解决方案
	广州市昊志机电股份有限公司	广东省	2006 年	RV 减速器
	佛山华数机器人有限公司	广东省	2015 年	工业机器人
	年东莞市李群自动化技术有限公司	广东省	2011 年	工业机器人
	广东嘉腾机器人自动化有限公司	广东省	2002 年	移动机器人
	广东顺力智能物流装备股份有限公司	广东省	2005 年	智慧物流系统
	广东鑫光智能系统有限公司	广东省	2015 年	智能工厂整体解决方案
	广东华技达精密机械有限公司	广东省	2016 年	自动化集成服务和自动化整体解决方案
	东莞市凯格精机股份有限公司	广东省	2005 年	柔性制造系统
	东莞市力星激光科技有限公司	广东省	2010 年	激光智能装备及应用解决方案
	佛山隆深机器人有限公司	广东省	2013 年	工业机器人及系统集成
	广东汇博机器人技术有限公司	广东省	2013 年	工业机器人、巡检机器人、消杀机器人、智能制造系统解决方案
	广东鼎泰机器人科技有限公司	广东省	2010 年	汽摩零部件制造企业的自动装配线
	湖北科峰智能传动股份有限公司	湖北省	2010 年	谐波减速器
	三丰智能装备集团股份有限公司	湖北省	1999 年	智能装备及系统集成解决方案
	湖北楚大智能装备有限公司	湖北省	2005 年	玻璃智能装备系统解决方案
	华工法利莱切焊系统工程有限公司	湖北省	2008 年	机器人柔性焊接系统
	万鑫精工（湖南）有限公司	湖南省	2014 年	谐波减速器
	长虹格兰博科技股份有限公司	湖南省	2011 年	扫地机器人
	衡阳镭目科技有限责任公司	湖南省	1993 年	核工业、钢铁、化工、材料等多个领域的智慧制造综合解决方案
	长沙长泰机器人有限公司	湖南省	2010 年	智能装备及系统集成解决方案
	亿嘉和科技股份有限公司	江苏省	1999 年	巡检机器人
	南通振康焊接机电有限公司	江苏省	2002 年	RV 减速器
	宁夏巨能机器人股份有限公司	宁夏回族自治区	2008 年	工业机器人及数字化工厂
	山东康威通信技术股份有限公司	山东省	2002 年	巡检机器人

（续）

入选批次	企业名称	所属地区	成立时间	主导产品
第二批	德州海天机电科技有限公司	山东省	2003 年	装配式建筑智能装备及系统集成解决方案
	青岛雷霆重工股份有限公司	山东省	2011 年	智能冶金轧钢输送装备及系统集成解决方案
	山西嘉世达机器人技术有限公司	山西省	2012 年	清洁机器人
	四川成焊宝玛焊接装备工程有限公司	四川省	1995 年	汽车白车身总包 EPC，汽车零部件焊装系统集成
	昆船智能技术股份有限公司	云南省	1998 年	移动机器人
	杭州申昊科技股份有限公司	浙江省	2002 年	巡检机器人
	浙江德马科技股份有限公司	浙江省	2001 年	智慧物流系统
	北人智能装备科技有限公司	北京市	2017 年	印刷设备及系统集成解决方案
	成都纵横自动化技术股份有限公司	四川省	2010 年	无人机智能飞行控制与导航
	泸州智通自动化设备有限公司	四川省	2015 年	工业机器人
	北京讯腾智慧科技股份有限公司	北京市	2004 年	北斗智能油气场站巡检机器人
第三批	合肥井松智能科技股份有限公司	安徽省	2007 年	智能物流设备及系统集成
	合肥搬易通科技发展有限公司	安徽省	2001 年	移动机器人
	安徽巨一科技股份有限公司	安徽省	2005 年	智能装备和新能源汽车电驱动系统解决方案
	凌云光技术股份有限公司	北京市	2002 年	视觉传感器
	北京京仪自动化装备技术股份有限公司	北京市	2016 年	洁净机器人
	灵动科技（北京）有限公司	北京市	2016 年	移动机器人
	机科发展科技股份有限公司	北京市	2002 年	移动机器人
	北京华航唯实机器人科技股份有限公司	北京市	2013 年	工业机器人离线编程软件及系统集成技术
	北京康力优蓝机器人科技有限公司	北京市	2011 年	烹饪、商用、教育、陪伴机器人
	北京软体机器人科技有限公司	北京市	2016 年	软体机器人
	博雅工道（北京）机器人科技有限公司	北京市	2015 年	水下机器人
	北京锐洁机器人科技有限公司	北京市	2013 年	洁净机器人
	遨博（北京）智能科技有限公司	北京市	2015 年	协作机器人
	北京云迹科技有限公司	北京市	2014 年	商用机器人
	北京智行者科技有限公司	北京市	2015 年	消杀、配送、清洁机器人
	北京捷杰西石油设备有限公司	北京市	2009 年	钻台机器人
	库卡机器人（广东）有限公司	广东省	2018 年	工业机器人
	广州明珞装备股份有限公司	广东省	2008 年	汽车制造、航天航空、轨道交通、一般工业领域智能制造解决方案
	广东天机智能系统有限公司	广东省	2015 年	工业机器人、协作机器人、控制器
	伯朗特机器人股份有限公司	广东省	2008 年	工业机器人
	东莞市艾尔发自动化科技有限公司	广东省	2016 年	工业机器人
	广州中设机器人智能装备股份有限公司	广东省	2008 年	工业机器人及系统集成解决方案
	广东科凯达智能机器人有限公司	广东省	2014 年	巡检机器人
	东莞市大研自动化设备有限公司	广东省	2013 年	工业机器人及系统集成解决方案
	广州瑞松智能科技股份有限公司	广东省	2012 年	智能装备及系统集成解决方案

（续）

入选批次	企业名称	所属地区	成立时间	主导产品
第三批	深圳市宏申工业智能有限公司	广东省	2011 年	智慧工厂解决方案
	深圳市越疆科技有限公司	广东省	2015 年	协作机器人
	深圳市合信自动化技术有限公司	广东省	2003 年	运动控制与驱动
	深圳市泰达机器人有限公司	广东省	2013 年	喷涂机器人及系统集成
	东莞市鼎力自动化科技有限公司	广东省	2004 年	智能制造解决方案
	东莞市超业精密设备有限公司	广东省	2012 年	锂离子电池自动化生产线解决方案
	广东德尔智慧工厂科技有限公司	广东省	2005 年	收料、扫描、贴标、分拣、自动装箱码垛系统解决方案
	广州东焊智能装备有限公司	广东省	2011 年	白车身焊接系统、汽车零部件焊接系统
	深圳市世椿智能装备股份有限公司	广东省	2006 年	贴胶装备及系统集成解决方案
	深圳市德富莱智能科技股份有限公司	广东省	2013 年	移动机器人及锂离子电池领域自动化解决方案
	深圳市恒拓高工业技术股份有限公司	广东省	2012 年	汽车焊装解决方案
	河北创力机电科技有限公司	河北省	2011 年	工业机器人
	河北博柯莱智能装备科技股份有限公司	河北省	2006 年	工业机器人系统集成及智能物流
	郑州越达科技装备有限公司	河南省	2015 年	工业机器人
	武汉奋进智能机器有限公司	湖北省	2014 年	工业机器人及系统集成
	武汉中仪物联技术股份有限公司	湖北省	2010 年	管道机器人
	武汉市精华减速机制造有限公司	湖北省	1997 年	减速器
	武汉人天包装自动化技术股份有限公司	湖北省	2004 年	装袋、装箱、码垛等产线整体解决方案
	湖北三丰小松自动化仓储设备有限公司	湖北省	2013 年	智能物流
	长沙衡开智能科技有限公司	湖南省	2016	工业机器人及智慧工厂解决方案
	长沙长泰智能装备有限公司	湖南省	1999 年	自动化立体仓储系统及智能铸造、焊接等工业机器人应用系统
	常州铭赛机器人科技股份有限公司	江苏省	2008 年	工业机器人
	江苏长虹智能装备股份有限公司	江苏省	2001 年	汽车领域涂装、焊装、总装等产线系统集成
	无锡中鼎集成技术有限公司	江苏省	2009 年	智能物流
	快克智能装备股份有限公司	江苏省	2006 年	精密电子组装、半导体封装检测等领域智能装备解决方案
	连云港杰瑞自动化有限公司	江苏省	2002 年	智能制造装备整体解决方案
	江苏科瑞恩自动化科技有限公司	江苏省	2012 年	自动化产业解决方案及物流自动化解决方案
	苏州瀚川智能科技股份有限公司	江苏省	2012 年	智能制造装备整体解决方案
	江苏金陵智造研究院有限公司	江苏省	2017 年	伺服电机、驱动器及智能制造解决方案
	辽宁中新自动控制集团股份有限公司	辽宁省	2001 年	冶金行业智能控制系统及解决方案
	营口金辰机械股份有限公司	辽宁省	2004 年	工业机器人及系统集成
	沈阳天安科技股份有限公司	辽宁省	2004 年	矿山机器人

（续）

入选批次	企业名称	所属地区	成立时间	主导产品
第三批	济南森峰科技有限公司	山东省	2007 年	金属加工智能激光装备解决方案
	山东瑞邦自动化设备有限公司	山东省	2009 年	手套领域智能制造设备及解决方案
	珞石（山东）智能科技有限公司	山东省	2016 年	协作机器人
	创泽智能机器人集团股份有限公司	山东省	2010 年	公共服务机器人
	淄博纽氏达特行星减速机有限公司	山东省	2006 年	减速器
	诺伯特智能装备（山东）有限公司	山东省	2013 年	工业机器人及系统集成
	济南翼菲自动化科技有限公司	山东省	2012 年	工业机器人
	青岛科捷机器人有限公司	山东省	2013 年	工业机器人及系统集成
	奥来救援科技有限公司	山东省	2009 年	消防机器人
	济南希润自动化科技有限公司	山东省	2013 年	工业机器人自动化技术应用集成及开发
	青岛德盛利智能装备股份有限公司	山东省	2006 年	工业机器人
	上海高仙自动化科技发展有限公司	上海市	2013 年	清洁机器人
	上海节卡机器人科技有限公司	上海市	2014 年	协作机器人
	上海钛米机器人股份有限公司	上海市	2015 年	医疗机器人
	上海傅利叶智能科技有限公司	上海市	2015 年	医疗机器人
	航天智造（上海）科技有限责任公司	上海市	2017 年	工业机器人及系统集成
	上海兰宝传感科技股份有限公司	上海市	1998 年	传感器
	伟本智能机电（上海）股份有限公司	上海市	2000 年	柔性智能化生产装备系统集成
	上海大族富创得科技有限公司	上海市	2017 年	工业机器人
	上海图灵智造机器人有限公司	上海市	2007 年	工业机器人
	上海精智实业股份有限公司	上海市	2006 年	智能制造工程系统方案
	上海沃典工业自动化有限公司	上海市	2014 年	智能制造解决方案
	上海先惠自动化技术股份有限公司	上海市	2007 年	汽车制造领域系统集成
	竹间智能科技（上海）有限公司	上海市	2015 年	语音机器人、聊天机器人
	成都卡诺普自动化控制技术有限公司	四川省	2012 年	焊接机器人
	四川东方水利智能装备工程股份有限公司	四川省	2004 年	水利环保智能清污机器人
	天津福臻工业装备有限公司	天津市	1998 年	汽车智能制造系统集成
	天津七所高科技有限公司	天津市	2001 年	焊装、涂装等产线设计
	天津德明福自动化技术有限公司	天津市	2010 年	智能制造整体解决方案
	深之蓝海洋科技股份有限公司	天津市	2013 年	水下机器人
	天津全华时代航天科技发展有限公司	天津市	2010 年	无人机
	云南昆船智能装备有限公司	云南省	2013 年	移动机器人
	浙江国自机器人技术股份有限公司	浙江省	2011 年	移动机器人
	台州北平机床有限公司	浙江省	2005 年	工业机器人
	宁波伟立机器人科技股份有限公司	浙江省	2003 年	工业机器人及系统集成
	中建材智能自动化研究院有限公司	浙江省	2000 年	智能自动化整体解决方案

（续）

入选批次	企业名称	所属地区	成立时间	主导产品
第三批	杭州沃镭智能科技股份有限公司	浙江省	2008 年	汽车、轨道交通等领域智能解决方案
	华联机械集团有限公司	浙江省	2000 年	智能包装方案
	八环科技集团股份有限公司	浙江省	1996 年	工业机器人轴承
	浙江联宜电机有限公司	浙江省	1994 年	伺服电机
	重庆华数机器人有限公司	重庆市	2013 年	工业机器人
	重庆金山科技（集团）有限公司	重庆市	1998 年	医疗机器人
	陕西渭河工模具有限公司	陕西省	2014 年	谐波减速器
	中机恒通环境科技有限公司	北京市	2014 年	智能清淤、检测机器人及服务
	西安博深安全科技股份有限公司	陕西省	2010 年	煤矿智能巡检机器人
	宁波斯普澜游泳池用品有限公司	浙江省	2005 年	水下智能清洁机器人
	达而观信息科技（上海）有限公司	上海市	2015 年	智能办公机器人（RPA）软件
	佛山市顺德区凯硕精密模具自动化科技有限公司	广东省	2008 年	冲压自动化及机器人
	齐齐哈尔四达铁路设备有限责任公司	黑龙江省	2001 年	客车轴箱组装机器人
	宁夏维尔铸造有限责任公司	宁夏回族自治区	2004 年	工业机器人铝合金铸件
	建科机械（天津）股份有限公司	天津市	2002 年	智能钢筋加工机器人
	成都西部泰力智能设备股份有限公司	四川省	2003 年	涉核智能起重机器人及系统
	贵州航天控制技术有限公司	贵州省	2008 年	智能机器人
	中日龙（襄阳）机电技术开发有限公司	湖北省	2002 年	工业机器人
	深兰科技（上海）有限公司	上海市	2012 年	智能服务机器人

注：1. 根据工业和信息化部网站信息整理。
2. 名单按企业注册地排序，不分先后。

〔撰稿人：机械工业信息中心贾彦彦、彭馨桐〕

以柔性智能机器人为核心单元 推动全球生产模式重构

——节卡机器人股份有限公司

节卡机器人股份有限公司（简称“节卡机器人”）始创于2014年，是一家聚焦于新一代协作机器人本体与智慧工厂创新研发的高新技术企业。节卡机器人总部位于上海，生产基地位于江苏常州，并在深圳、天津等地设有分支机构或服务团队。随着全球化步伐的稳步推进，节卡机器人在日本、德国和马来西亚等国家设立服务团队，产品销往全球100多个国家和地区。

节卡机器人以“用机器人解放双手”为使命，致力于将机器人由“专业装备”变为简单易用的“工具”，进而实现“普及到世界的每一个角落”。目前，节卡机器人已在全球部署了逾万台机器人，这些机器人能够灵活高效地服务于汽车、电子、半导体等全球知名品牌的生产线，同样也在众多商业新消费领域从事与消费者直接接触的服务工作。节卡机器人办公楼如图1所示。

一、创新研发，永葆卓越的源动力

创新是节卡机器人始终坚守的初心。秉承着工程师文

图 1　节卡机器人办公楼

化精神，节卡机器人不断革新自我、创新突破，在驱控一体化、一体化关节、拖拽编程、无线互联等技术应用上取得了多项创新性突破，不断引领着机器人技术的发展潮流。

节卡机器人搭建模块化自研平台，通过本体算法、应用算法和 OTA 云端系统，实现感知、决策的软/硬件技术研发和产品的快速迭代。在协作机器人核心技术领域，节卡机器人已形成包括无线示教、图形化编程、视觉安全防护等方面的核心技术，以及路径规划、轨迹平滑、末端抖动抑制等方面的核心算法。

在产品方面，节卡机器人拥有丰富的、具有竞争力的产品线，包括节卡小助系列协作机器人通用版和力控 s 版、节卡 All-in-one 共融系列协作机器人、节卡 C 系列协作机器人、节卡 Pro 系列协作机器人、节卡 MiniCobo 协作机器人及节卡 Lens 系列视觉等产品，这些产品具有良好的通用性与柔性特点，可应用于各行业领域并满足不同场景应用的需求。节卡机器人产品矩阵如图 2 所示。

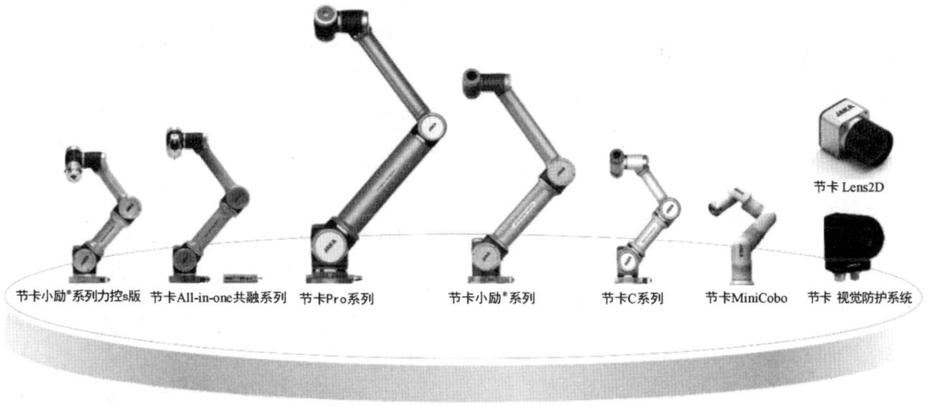

图 2　节卡机器人产品矩阵

其中，节卡 All-in-one 共融系列协作机器人采用 Small、Simple、Smart（S^3）的产品设计原则，优秀的创新设计特点使其入围了“第 22 届中国国际工业博览会 CIIF 大奖”；面向严苛工况的节卡 Pro 系列协作机器人，其本体拥有 IP68 防护等级，可轻松应对高湿、高油、高粉尘等工作环境，把工人从有毒、有害的工作环境中解放出来，实现生产提质增效；面向商业服务场景的节卡 MiniCobo 协作机器人具有智能小巧的特点，是新商业、新零售等新业态场景的最佳选择之一。

节卡机器人充分利用上海的人才资源优势，打造了行业高水平培训学院——节卡学院。通过产学研用深度融合，在工业设计、产品研发、技术研究和智能制造等方面持续创新，为节卡机器人的产品提供高品质、强有力的技术支撑，全面助推产业升级，加速制造业服务化进程。

二、精益管理生产制造全流程，打造品质标杆

节卡机器人始终坚持以客户为中心，坚信满足客户需求的创新发展才有生命力。随着机器人市场的发展，客户对产品质量和可靠性的要求不断提高，节卡机器人将客户需求转化为产品制造各环节的具体指标。

（1）产品设计端。采用寿命短板降额设计，选择比功能要求规格更高的减速器；整体进行深层次系统化正向设计，不断优化电动机、线束、控制柜等部件之间的设计配合。

（2）生产管理端。从人、机、料、法、环等全方位入手，抓好生产管控的每一个环节。同时，使用严格的老化标准，在机器人出厂前激发出其潜在缺陷，完成初期磨合，使潜在缺陷不会对客户的使用造成影响。

（3）供应链端。只用有品质保障的优质物料，为打造高可靠性机器人产品打好基础。

截至目前，节卡机器人已获得近 200 项专利，通过平均无故障运行时间（MTBF）达 8 万 h，并通过了 SEMI S2、CE 等多项权威认证，先后荣获上海科技进步奖一等奖、中国国际工业博览会 CIIF 大奖、上海市“科技小巨人”称号、工业和信息化部智能制造新模式奖项、国家级专精特新“小巨人”及重点“小巨人”企业称号。各项成绩的背后是节卡机器人对产品稳定性、可靠性的执着追求，是节卡机器人管理、研发、生产实力的综合体现，更是高度重视客户价值和体验的表现。

通过全方位持续优化，节卡机器人不断树立品质新标杆，让好产品“自己说话”，得到了全球众多客户的认可。

节卡机器人在精密制造行业的应用如图 3 所示。

图 3　节卡机器人在精密制造行业的应用

三、全场景创新应用，客户价值最大化

此前，节卡机器人经历了技术产品化、产品场景化、市场化和规模化的高速发展。基于行业及应用场景“know-how”的用户思维，节卡机器人建立了从产品、应用到市场的闭环、循环，完成了机器人上下料、锁付、取放、搬运、码垛、打磨、焊接等数百个应用场景落地实践，为客户解决机器人应用“最后一公里”。节卡机器人赋能客户高效生产，同时也成就了自己的高速发展，成为全球柔性智能机器人行业头部品牌。

在全球汽车产业链，节卡机器人经过多年深耕，与丰田汽车公司（简称“丰田”）建立了合作关系。数百台节卡机器人被部署在丰田产业链汽车零部件制造工厂的多条产线上，高效执行三销轴研磨、内星轮研磨、小件生加工等零部件的上/下料、检测、装配等工作。对于丰田来说，节卡机器人产品已成为提升产线竞争优势的重要支持。节卡机器人在汽车行业的应用如图 4 所示。

图 4　节卡机器人在汽车行业的应用

在 3C 电子领域，由于其具有产品种类多、迭代速度快等特性，更适合使用小巧轻便、轻量易部署的协作机器人实现柔性生产。节卡机器人产品的图形化编程、拖拽示教等功能降低了使用机器人的门槛；节卡机器人产品开放性的生态、通用的控制接口能够快速对接上/下游自动化设备，帮助用户实现更多场景应用。目前，节卡机器人已为 3C 电子行业相关企业提供了装配、打磨、上下料、涂胶及搬运等典型应用解决方案。

在人工智能领域，基于 5G 网络，集成“AGV+节卡机器人+产线终端接口”解决方案，实现 3C 电子 SMT 整个车间的生产原料自动配送，形成安全可靠柔性的生产物流供应系统，用人工智能为协作机器人研发设计、生产制造、服务等场景赋能。

为了更好地服务全行业客户，节卡机器人打造了 Speed 快速响应、Solutions 解决方案、Skill-up 客户赋能（JAKA S^3）的专业创新服务体系，持续为全球数千家客户企业创造价值。

四、助推全球生产力变革和生产模式重构

以新一轮科技革命和产业变革为主要特征的新工业革命，充分利用信息通信技术和网络空间虚拟系统，建立起更高级的生产力、生产方式和经济形态。

节卡机器人深刻理解，在新一代产业革命中，未来生产正从标准化、批量化、规模化的大企业模式向个性化、小批量、多频次的模式发展。机器人将作为最小工作单元，嵌入到全生产环节，实现小场景、小闭环、批量复制、集群智能。

节卡机器人能够集成多样感知设备与信息设备，帮助企业实现数据智慧共享，驱动企业数字化转型。通过在“本体+感知+执行”三维融合、通信接口及软件功能包等方面实现技术全球化，节卡机器人产品可与众多国际品牌快速适配，形成独特的产业生态。

同时，节卡机器人打造了开放共融、互利共赢的“JAKA+”产业生态圈，为终端客户提供更好的解决方案，助力产业升级。“JAKA+”平台基于节卡机器人配套产业链优质产品，包括末端执行器、附件及软件，自定义机器人应用，通过优化合作者和各类资源的组合来服务产业创新应用。

近年来，节卡机器人与多个全球顶级工业巨头达成战略合作，获得了大规模订单，成功抢占国际前沿行业高地，加速全球生产力革新和生产模式重构。凭借良好的市场表现，节卡机器人持续获得资本市场的加持，目前已完成 D 轮融资，为全球化平台搭建注入强大动能。

未来，节卡机器人将把业务拓展至更多工业及服务场景，与顶尖客户共创智能升级方案的同时，用标准化服务体系和场景化应用经验赋能合作伙伴，搭建全球生态网络，持续优化提升节卡机器人的产品能力、应用能力、销售能力和服务能力。

〔撰稿人：湖南中南智能激光科技有限公司吴葛铭〕

打造百年企业，铸就金质品牌

——广州数控设备有限公司

广州数控设备有限公司（简称“广州数控”）成立于1991年，是国产机床数控系统、工业机器人行业领军企业，是我国机床工具工业协会第八届理事会轮值理事长单位及中国机器人产业联盟副理事长单位，拥有员工2 000余人。

广州数控自主研制的机床数控系统（含伺服驱动器和伺服电动机）可实现五轴联动加工和复合加工，服务于航空、航天、军工、模具和汽车制造等领域，累计配套数控机床超过150万台，数控系统年产销近10万台（套），连续22年在国产数控系统市场中的占比达50%。广州数控研制的工业机器人最大举升量可达500kg，广泛应用在搬运、焊接、码垛、装配和加工等应用领域，目前，已累计推广应用近万台。

广州数控始终坚持自主创新，致力于打造国产高端装备并取得了卓越的成绩，两次荣获国家科学技术进步奖二等奖，2019年荣获“制造业单项冠军示范企业（机床数控系统）”，2020年荣获中国标准创新贡献奖获奖一等奖，2021年荣获中国机械工业科学技术奖（技术发明类）一等奖等荣誉称号。广州数控设备有限公司主营产品如图1所示。

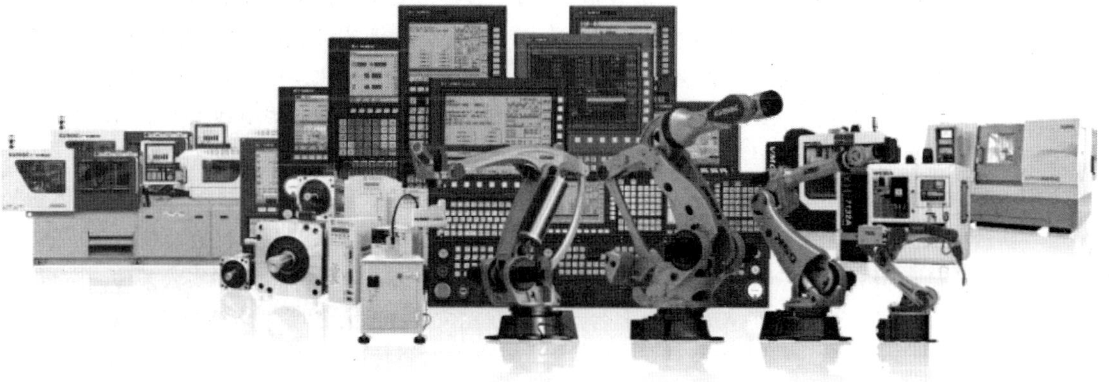

图1　广州数控设备有限公司主营产品

一、产业化和研发实力领先，开展职业技能培训

目前，广州数控已建成我国最大的数控系统产业化基地，年产量可达20万套数控系统及40万台伺服电动机，产品性能达到了世界先进水平，产业化能力保持国内第一。广州数控成功研发的GSK系列数控系统连续22年销量位居国内首位，并已累计推广应用近万台。

2016年，广州数控通过了首批CR认证，是广东省工业和信息化厅认定的首批省机器人骨干企业；2018年，广州数控被工业和信息化部认定为首批符合《工业机器人行业规范条件》企业；2019年，广州数控被工业和信息化部认定为“制造业单项冠军（机床数控系统）示范企业”。

广州数控一直以自主研发为生存之本，每年投入大量的经费用于研发。近10年来，广州数控一直将研发费用保持在销售收入的12%以上，并购置了大量研发设备。为了保障产品的研发、测试能力，紧跟产品功能、性能提升发展需要，广州数控持续进行实验室软硬件更新换代，拥有包括静电放电发生器、高低温交变湿热试验箱、三综合试验箱等各类设备仪器超500台，为新产品的开发、产品质量的提升、产品的技术升级提供了技术保障。

为适应我国数控技术的发展要求，提高数控设备操作人员的技术水平以及实际操作能力，广州数控成立了广州市广数职业培训学院。广州市广数职业培训学院主要负责开展职业技能培训并承接广州数控与各职业院校校企合作的各项工作。2021年，广州数控获得了国家发展改革委认定的“国家级产教融合型企业”称号。

二、坚持自主创新，引进科学工艺管理

1. “自主创新”提升产品价值和产业竞争能力

研发创新是企业的发展基础和新的经济增长点，根据战略规划，广州数控将研发预算提升到战略层面，保障了研发和创新的投入。未来，广州数控将继续保持研

发经费的投入，保障研发软硬件设备的配套、加强科研人员的引进、培养和激励，加大技术研发力度，持续进行自主知识产权产品创新，突破高端数控机床的自主化问题。

2. 引进科学的工艺管理流程，产量大幅提升

广州数控持续进行生产、工艺装备的更新改造，保持着数控系统产业化一流水平，例如对关键工艺及检测设备包括电机轴自动生产线、电机端盖自动生产线、贴片机等装备的持续更新。同时，广州数控第二园区——精密加工配件园已建成并投入使用，园区内建有满足精密加工需求的地下恒温恒湿车间。广州数控设备有限公司部分生产工艺装备如图 2 所示。

图 2　广州数控设备有限公司部分生产工艺装备

三、实现数控技术进口替代，以高效的营销和售后服务助力国内智能制造转型升级

广州数控以“为中国民族装备制造业发展做出重要贡献”作为自己的使命，以“团结、互助、勤学、创新”为核心价值观，致力于机床数控系统和工业机器人产业发展的研究与实践，通过自主创新达到数控技术的进口替代。广州数控生产的部分 GSK 高档数控系统为“军工换脑”工程、飞机发动机生产企业提供服务，解决了部分关键领域的卡脖子问题；GSK 工业机器人助力汽车、家用电器、航空、机床等行业的智能制造转型升级。

公司秉承“精益求精，让客户满意”的服务理念，建立了高效的营销和售后服务网络，配备了拥有近 50 人的国内和国外专职销售团队，售前、售后服务人员 300 多名，同时成立了多层次的技术支持部门全面、全程参与和支持。国内各省市设有 52 个办事处，在东南亚、东欧、南北美洲、印度等 60 个国家和地区设有代理机构，紧密的需求对接推动产品市场化。GSK 系列数控系统和工业机器人以强大的功能、稳定可靠的性能、优惠的价格和高效的售后服务质量不仅赢得了国内外客户的认可，而且使其对国产数控产品充满信心，为国产数控行业企业赢得了更为广阔的生存空间，极大地推进了国产数控行业企业的技术发展水平。

四、创新的研发模式，坚实的研发保障

广州数控组建了规模化、专业化的研发队伍，定位从事机床数控技术、工业机器人技术等研究；采取“并行研发”模式，设立多个研发室，形成了“你追我赶”的研发环境，为自身培养储备充足的研发人才，降低人才流失风险，使每个项目得到深度研发；通过建立健全的研发管理体系进行技术创新机制建设，拥有企业研发中心及国家地方各级联合构建的技术中心。

此外，广州数控借助产学研结合的研发模式，通过技术委托开发和成立联合研发中心，引入多位科研教授、硕士研究生、博士研究生等研究人员共同参与核心技术开发，实现了技术人才资源的有机整合。

五、丰富的科研成果产出

广州数控技术总部现有专职研发人员 1 000 余人，形成了一支专业齐全、技术雄厚的研发技术队伍。广州数控拥有国家认定企业技术中心、博士后科研工作站等研发中心，是首批高新技术企业，与哈尔滨工业大学、上海交通大学、南开大学、天津大学、华南理工大学和广东工业大学等高等院校联合成立了研究中心及实验室，促进建立“以企业为技术创新主体、产学研相结合的技术研发体系”，同步研究攻关数控关键技术、电动机控制技术及机器人控制技术等。依托自身高水平的研发和实验条件，广州数控顺利完成了国家科技重大专项“高档数控机床与装备制造”、国家“863”科技计划等多项国家及地方政府项目，并有效地完成科技成果转化。累计取得专利 146 项，其中发明专利 44 项。取得软件著作权 89 项，主持或参与制定国家行业标准 103 项，制定企业标准 80 项。

六、创新不止，追求进步

数控技术是现代装备制造业的基础，也是关系到国家战略地位和体现国家综合科技水平的关键技术。广州数控心怀“打造百年企业，铸就金质品牌”的美好愿景，坚持以机床数控系统的技术提升与产品稳定、工业机器人和全电动精密注塑机的产业化为重点，芯片国产化替代、IGBT、IPM、PIM 智能功率集成模块开发和工业自动化控制应用业务为辅助的技术发展规划。

广州数控将在主导产品研发上加大投入，深入研发机床数控技术关键难题，实现高精度和高稳定性，提升数控系统市场占有率；深入研发机器人关键功能部件和核心技术，提升 GSK 系列工业机器人各项性能指标，促进推广和应用；响应国家和行业信息安全的需求，积极研发数控系统信息安全管控技术和自动化车间集成管控系统。

〔供稿单位：广州数控设备有限公司〕

以谐波传动助力制造业高质量发展

——苏州绿的谐波传动科技股份有限公司

苏州绿的谐波传动科技股份有限公司（简称“绿的谐波”）成立于2011年，是从事精密传动装置研发、设计和生产的高新技术企业，旗下拥有江苏开璇智能科技有限公司、江苏钧微动力科技有限公司、苏州麻雀智能科技有限公司以及上海赛威德机器人有限公司4家控股子公司，主要产品包括谐波减速器、机电一体化产品、旋转执行器、数控分度转台、无框电机、电液伺服控制器、工业自动化服务等。产品广泛应用于工业机器人、数控机床、医疗器械、半导体设备、新能源及激光加工等领域。

“雄关漫道真如铁”，2003年，绿的谐波核心研发团队开始从事机器人用精密谐波减速器理论基础的研究。“咬定青山不放松”，2013年，绿的谐波相继推出14个系列近百种谐波减速器，产品被市场认可。“千锤百炼始成钢”，2020年，绿的谐波年产50万台谐波减速器，占地面积50多亩（1亩=666.7m^2）的生产基地正式投入使用。同年，绿的谐波成功在上海证券交易所科创板上市（股票代码：688017）。“乘风破浪会有时”，未来，绿的谐波也将持续深耕传动领域，助力我国制造业站在世界顶端。

一、立足创新，积累技术优势

绿的谐波所处的行业是精密减速器领域，是应用于包括机器人在内的高端装备的核心零部件领域，代表了精密传动技术、高端装备核心部件的顶尖水平。多年来，绿的谐波秉承“久久为功、锐意进取”的创新精神，在国内率先实现了精密谐波减速器的技术突破，并在国内机器人谐波减速器市场逐步实现对国际品牌的进口替代，成长为行业内的领军企业。

绿的谐波研发的谐波减速器跳出传统上以Willis定理为基础的渐开线齿轮设计理论，以自主开发的“P”型齿数学模型、3D仿真软件、误差修正方法、动态补偿方法和寿命预测模型为基础，建立了全新齿形设计理论体系。该谐波减速器具有精度高、传动效率高、体积小和噪声低等优点，大幅提升了国产谐波减速器的关键性能和使用寿命，在国内谐波传动领域具有领先的研发技术优势。

为保障产品能够不断创新升级，绿的谐波还先后成立了省级谐波减速器工程研究中心、工业企业技术中心、精密谐波减速器工程技术研究中心，同时设有浙大—绿的谐波传动实验室、东南大学—绿的谐波机器人驱动技术联合工程研发中心。

绿的谐波参与起草GB/T 30819—2014《机器人用谐波齿轮减速器》等国家标准5项，拥有专利110余项，承担多项工业和信息化部、科学技术部重点项目。2019年，绿的谐波生产的谐波减速器荣获“第二十一届中国国际工业博览会大奖”；同年，绿的谐波工业和信息化部评为第一批专精特新“小巨人”企业；2020年，绿的谐波荣获上海市科学技术奖一等奖、第二十二届中国国际工业博览会CIIF机器人奖；2021年，绿的谐波被工业和信息化部评为“制造业单项冠军示范企业”。

二、夯实基础，保障质量过硬

作为我国谐波减速器领域的领先者，绿的谐波通过了ISO 9001和ISO 14001等国际质量体系认证，拥有国内先进的检测设备，并建立了从原材料入库、生产环节、零部件装配、成品检测至产品出库全过程质量控制体系。绿的谐波为生产和装配的关键环节提供高标准检测环境，生产过程中的每个零部件都有严格的质量检查程序，以确保产品质量的稳定性；品质控制涵盖新产品开发、供应商管理、原材料检验、装配检验、成品检验、客户反馈和数据分析等。绿的谐波不断与国内外知名企业深入合作，将客户的需求融入产品的性能中，与客户共同探讨新时代下产业发展与崛起的新路径。同时，绿的谐波不断延伸拓展产业链，形成优势产业集群，客户覆盖工业机器人、数控车床、新能源和半导体等多个领域，凭借丰富的行业经验和过硬的产品质量在各个领域全面开花。

三、放眼未来，布局产业升级

近年来，全球劳动力短缺，劳动力成本不断提高，经济增长速度持续放缓，全球制造业面临转型升级的共同挑战。

2019年，绿的谐波开展了一系列智能化、信息化改造与建设，积极响应国家对制造业转型升级的号召。通过引入自动化生产，基于高端数控机床、机器人全自动作业、MES及ERP等管理软件、柔性化制造、网络数字化控制、智能检测等技术，设计与优化自动化生产工艺，利用专用工装夹具，核心零部件关键尺寸在线检测、模块化装配和装配在线检测等技术手段，通过软/硬件的配合，极大改善谐波减速器工艺制造流程，数字化产线按照不同零件的加工工艺进行模块化设计与设备排布，实现加工效率的最优化，提高精密谐波减速器的加工精度、生产率和品质稳定性，进一步提升了自身在行业内的竞争力。在激烈的市场竞争中，绿的谐波快速发展壮大，推动了我国机器人产业的快速发展。

风雨砥砺、岁月如歌，风物长宜放眼量。2003 年，绿的谐波敏锐地抓住全球新一轮科技和产业新发展的契机，通过近 20 年的技术积累、市场创新和观念革新，与国内众多机器人领域厂商相互学习、共同成长，打造了一条集创新链、产业链、人才链于一体的尖端机器人生态体系。同时，绿的谐波也将不断提升其在行业内的核心竞争力，通过创新研发更优质的产品、深入推进数字化转型、加速拓展新领域，打造智能制造产业世界级品牌，为我国制造业的崛起贡献力量。

〔供稿单位：苏州绿的谐波传动科技股份有限公司〕

深耕细分市场，助力“智”能制造

——埃夫特智能装备股份有限公司

埃夫特智能装备股份有限公司（简称“埃夫特”）是一家专注于工业机器人产业的高科技公司，于 2020 年在科创板上市，专业研发、生产和销售工业机器人整机及其核心零部件、系统集成解决方案。通过引进和吸收全球自动化领域的先进技术和经验，埃夫特形成了从机器人核心零部件到机器人整机再到机器人高端系统集成领域的全产业链协同发展格局。

埃夫特以通用机器人研发制造为基础、在喷涂、码垛、焊接、金属加工及表面处理等多个应用领域提供解决方案，并提供汽车装备生产线解决方案、跨行业智能制造解决方案以及自动化装备整体解决方案。其机器人和解决方案广泛应用于汽车及零部件、3C 电子、光伏、锂离子电池、家具、家用电器和食品等行业，并出口到欧洲、亚洲、非洲和大洋洲等多个国家和地区，帮助制造业客户提升竞争力。

埃夫特建设有国家企业技术中心、国家地方联合工程研究中心、院士工作站、博士后流动工作站等科研中心，先后牵头承担科学技术部、工业和信息化部、国家发展改革委等多个部委的机器人课题和项目，参与制定多项机器人行业国家标准，拥有 300 余项国家专利。

埃夫特自成立以来不忘“‘智’造智能化装备，解放人类生产力”的使命，坚持以客户为中心、以奋斗者为本的价值观，不断洞悉市场需求、为客户探索最佳解决方案。构建了遍布全国的专业化团队和“7×24h”在线的客户服务体系。同时，埃夫特以国家产业规划为指引，明确定位及愿景，力争将自身打造成我国工业机器人行业第一品牌并成为全球第一梯队企业。

一、先发科研实力，持续技术创新

2008 年，埃夫特研制的国内首台重载 165kg 机器人，在技术研发方面奠定了扎实基础。机器人行业的研发工程师需要对运动控制器技术、离线编程和仿真技术、本体优化技术、核心零部件制造技术和人工智能技术有深入的理解，同时，需要拥有长期的下游行业应用积累，埃夫特核心技术人员均有 10 年以上的行业从业经验，研发人员占比高达 20%以上。2019 年，埃夫特技术中心被认定为“国家企业技术中心”。

埃夫特在我国和意大利分别设立有研发中心，并与哈尔滨工业大学、中国科学技术大学等高校达成了战略合作。经过多年持续独立的研发创新，埃夫特突破了多项技术壁垒，形成了关键核心技术，并先后获得国家科技进步奖二等奖、中国专利优秀奖 2 项、安徽省科学技术奖二等奖 2 项、安徽省科学技术奖三等奖 4 项、安徽省专利金奖 2 项及安徽省专利银奖 1 项等奖项。同时，埃夫特积极布局机器人技术与物联网、工业互联网、大数据、人工智能技术的结合，发挥自身研发实力及工艺云发明专利价值，推动具有感知、学习、决策和执行能力的智能机器人的发展。

埃夫特还是国家机器人产业区域集聚发展试点重点单位及机器人国家标准起草单位，曾主持、承担或参与国家科技重大专项 2 项、“863”计划项目 5 项、“十三五”国家重点研发计划 18 项、国家智能制造装备发展专项 9 项、国家科技支撑计划 1 项，参与制定机器人行业国家标准及行业、团体和地方标准 19 项。

二、全产业链布局，抢占市场先机

埃夫特是少数同时布局核心零部件、整机制造和系统集成国产机器人企业，产品线覆盖中高端制造业工艺流程的铸造、切割、焊接、抛光打磨和喷涂等主要环节。此外，埃夫特是国内厂商中少数布局下一代智能工业机器人及系统等前沿性工业机器人与智能制造升级技术的厂商。

在自研的基础上，埃夫特持续加强国外子公司与国内子公司之间技术和市场的协同与合作，实现国外关键技术在国内的消化吸收再创新以及国外子公司灯塔客户在国内市场的协同。埃夫特通过消化吸收国外关键技术，掌握了“面向手持示教的结构设计技术”“机器人智能喷涂系统成套解决方案”“智能抛光和打磨系统解决方案”“机器人焊装线体全流程虚拟调试技术”“基于多 AGV 调度超柔性焊装技术”“高性能机器人控制与驱动硬件技术”“实时操作系统内核（RTE）和第三方集成开发平台（RDE）”等相关核心技术。

经过多年的研发积累及消化吸收，埃夫特形成了机器人正向设计技术、机器人运动控制技术、机器人智能化及系统集成技术三大类核心技术，拥有国内外专利370项（包括发明专利59项）及软件著作权73项。埃夫特主力机型为3kg负载、7kg负载、15kg负载、20kg负载、50kg负载和210kg负载的多关节机器人，在线性轨迹精度和线性轨迹重复性两个核心性能指标上与国际知名品牌处于同一水平；自主研发的喷涂机器人是国内首个获得欧盟ATEX防爆认证证书的产品；智能喷涂解决方案、智能抛光打磨方案国内领先，基于多AGV调度超柔性焊装技术具有突破意义。

埃夫特通过智能焊接、智能喷涂、智能打磨抛光、智能码垛等核心技术、核心产品和解决方案切入灯塔客户做示范应用，并赋能渠道和合作伙伴做批量应用推广，提升自身工业机器人产品的防护等级、防爆等级等性能以及快速编程、简易编程等功能，同时，向灯塔客户导入工业机器人产品。

三、改革创新、战略聚焦

近年来，国外机器人公司不断加快本土化布局并压缩国产机器人的成长空间。从2014年开始，埃夫特践行“自主创新+海外并购”双轮驱动战略，先后并购和投资了希美埃（CMA）、埃华路（EVOLUT）、瑞博思（ROBOX）、和W. F. C集团等各具特色的4家欧洲机器人公司。通过与CMA合作，埃夫特进入了喷涂机器人研制及应用市场；借助整合EVOLUT，埃夫特进入了金属高端加工及自动化领域；2017年，埃夫特完成了对机器人控制器专业公司ROBOX的投资，填补了公司控制器关键部件技术的空白；此外，埃夫特成功收购国际知名的汽车自动化解决方案公司O. L. C. I.，强化了在自身汽车白车身等行业的系统集成能力，完善了在机器人集成端的产业链布局。4家欧洲企业和埃夫特形成深度互补，做到了补短板、强能力。埃夫特拿到并消化吸收了国外的技术，不仅没有丢掉国内市场，而且借力国产化智能装备的超高性价比，反而进入了欧洲甚至全球的市场。

埃夫特采用聚焦战略，即自身所有资源围绕战略主航道机器人业务布局，收缩业务领域，采用压强原理，不做短期行为和盲目扩张，明确机器人业务作为整个公司的核心业务，不断夯实机器人业务的核心竞争力；明确践行以应用驱动为核心的经营理念，在完善和坚实产品平台基础上突出行业和场景属性，充分利用自身贴近应用的基因，发挥集成应用对机器人产品的孵化和牵引作用，强调机器人对集成业务差异化竞争力的支持；在自身资源有限的情况下提高资源的复用和使用效率，推动资深整体竞争力的建设和商业成功。

四、紧跟行业动态，助力智能制造

机器人智能化如机器视觉、力觉、自学习和自调整等人工智能技术是未来发展方向，人工智能和工业互联网技术的发展将对下一代工业机器人产生重大影响。随着云技术、人工智能、5G等新技术的商业化应用，工业机器人应用难度大幅降低，应用场景不断深化，在各个工业领域的使用密度逐年提升。

近年来，埃夫特攻克了核心零部件领域的部分难题，国产核心零部件的应用程度不断提升，继汽车、3C电子行业后，新能源、卫浴陶瓷、金属加工、家具家电等通用工业领域开始成为我国工业机器人的新增市场主力。一方面，埃夫特紧跟行业动态，在新能源汽车、3C电子、锂离子电池、光伏等行业开拓新的客户并对一般工业应用领域进行进一步的拓展；另一方面，埃夫特开发的协作机器人在非工业场景也有新的应用。

机器人时代序幕已经拉开，数字化智慧工厂将是现代制造业发展的一个新阶段。数字化、信息化将贯通制造的各个环节，从设计到生产之间的不确定性降低，从而缩短产品设计到生产的转化时间，埃夫特也将紧跟行业动态，助力智能制造发展。

〔撰稿人：埃夫特智能装备股份有限公司唐欣、陈青〕

心怀智造　向光而行

——湖南中南智能激光科技有限公司

湖南中南智能激光科技有限公司成立于2019年，是经湖南省国有资产监督管理委员会批准成立的省属国企体系中目前唯一的激光精密装备研发制造与激光先进技术创新平台，由湖南中南智能装备有限公司（简称“中南智能”）控股（持股比例为80%）、湖南深科交大智能装备有限公司参股（持股比例为20%）。主要提供激光光路动态控制系统、激光精密加工装备、激光视觉及激光加工工艺非标自动化解决方案，是一家集研发、设计、生产、销售及服务于一体的高新技术企业，主营产品和技术服务于增材制造、金属精密加工、粉末冶金和航空航天等重要应用领域。

湖南中南智能激光科技有限公司始终坚持“责”字当头，守责敢为，对零误差的不懈追求的理念，不断增强自身的研发实力，紧跟国内外技术发展趋势，围绕客户定制化的技术要求，不断开发出适合细分行业的解决方案。

湖南中南智能激光科技有限公司建立了激光先进制造实验室、激光先进应用实验室、激光装备检测中心和激光精密加工实验室等多个研发创新平台，并在长沙、北京建立了研发部门，围绕激光核心控制器件的基础研究、应用研究、性能检测，以及精密加工技术，不断向更深更广的高精激光技术辐射延伸。

湖南中南智能激光科技有限公司与清华大学、西安交通大学及湖南大学等高校建立了“产学研用”深度合作模式，通过依托母公司中南智能在智能制造领域的产业优势和科技创新实力，以国内最广泛的智能化应用场景为基础，充分运用公司现有的数字孪生和机器人技术，结合超精激光加工、数字激光扫描与快速成型技术，迅速成长为激光先进制造和激光科技成果孵化的创新平台，致力于打造全球一流的激光先进制造及研发的高科技企业。

一、融合工业机器人与激光工艺，服务高端客户需求

工业机器人具有高柔性、生产率稳定和安全性高等特点，非常适合智能制造自动化生产场景。激光技术与工业机器人相结合可以实现更加灵活的多轴加工应用，尤其是对一些复杂工件的加工效率提升显著，拓展了激光技术在工业领域的应用范围。湖南中南智能激光科技有限公司将激光技术与工业机器人技术相结合，开发了运用激光飞行焊、激光复合焊、激光淬火等技术的多种装备。通过与工业机器人协同工作，相对传统激光加工而言显著提升了工作效率，拓展了技术应用范围，适用于汽车制造、航空航天、工程机械、新能源等多个行业。

二、携手头部企业，探索产业新赛道

湖南中南智能激光科技有限公司专注于激光自动化技术，产品应用领域不断向外拓展。凭借深厚的研发实力、持续的创新能力，湖南中南智能激光科技有限公司与潍柴动力股份有限公司、湖南泰嘉新材料科技股份有限公司和湖南金天钛业科技有限公司等行业知名头部企业展开深度合作，共同探索产业新赛道。在客户需求的引领下，湖南中南智能激光科技有限公司精准进入铸件砂芯深雕、带锯条激光切焊、钛合金加工等领域，并坚信和客户共同成长是企业发展的最佳选择。

三、向行业整体解决方案提供商迈进

湖南中南智能激光科技有限公司在高端激光焊接装备、激光清洗装备、激光标记追溯系统、激光扫描振镜及三维激光切焊装备均有布局，牵头承担了多项湖南省激光装备技术攻关项目。始终坚持以客户需求为导向，快速专业地为客户提供定制化的行业解决方案。相较于专门从事激光标准设备或非标自动化装备的其他厂商，湖南中南智能激光科技有限公司充分发挥自身优势，实现激光工艺与自动化技术的高效结合，为客户提供更加完善和高效的整体解决方案。

四、致力于激光工艺在智能制造领域深度应用

随着智能制造行业的不断发展壮大，激光工艺在数字化智造中发挥着越来越重要的作用，广泛应用于现在的汽车制造、工程机械、航空航天、五金卫浴、船舶、医疗和包装等行业，有力地推动了这些行业的快速发展和转型。“中国制造 2025”重点领域技术路线图将多个激光新技术和新产品列入国家战略计划，加速推进我国迈向智能制造强国行列。凭借母公司中南智能在智能制造和工业互联网领域的优势，湖南中南智能激光科技有限公司已具备面向多元化应用市场、多层级行业客户的综合产品和解决方案服务能力，能为客户提供更智能化、更高效、更全面的激光智能制造解决方案。湖南中南智能激光科技有限公司将紧跟时代步伐，始终以客户的需求为核心，发挥技术创新作用，做强做精激光高端智能装备，为客户创造价值，为我国制造业企业数字化转型赋能！

〔撰稿人：湖南中南智能激光科技有限公司吴葛铭〕

应用篇

以案例的形式介绍机器人在典型行业、典型领域的应用情况

综述篇
大事记
产业篇
创新篇
地区篇
园区篇
标准检测认证篇
产教融合篇
企业篇
POLICIES
应用篇
人物篇
政策篇
国际篇
统计资料
附录

应用篇

基于城市综合园区场景与机器人相融合的世博园区解决方案

一、应用背景

2020年，新冠疫情发生，原定于2020年10月20日—2021年4月10日在迪拜举行的阿联酋2020年迪拜世界博览会（简称“世博会”）推迟到2021年10月1日—2022年3月31日。在阿拉伯联合酋长国开放、包容的思想引领下，世博会为全球展示了阿拉伯联合酋长国多元经济的发展、创新科技的进步以及文化的欣欣向荣。世博会成为全世界共商“后疫情时代”经济社会可持续发展的重要平台。

世博会园区占地面积约为4.38km^2，共有192个国家参展，自2021年10月开幕，截至2021年12月21日，共接待了700多万名参观者。作为一场科技盛宴，世博会是世界各国展示经济社会发展成就、加强沟通交流、促进文明互鉴的重要平台。

世博会以“沟通思想，创造未来”为主题，以机遇（Opportunity）、流动性（Mobility）和可持续性（Sustainability）为副主题。世博会探讨了人类如何通过数字连接实现飞跃式发展，并鼓励利用可再生能源实现发展过程中的生态平衡。特斯联科技集团有限公司（简称“特斯联”）在世博园区建设项目中，克服了超大作业面积、复杂系统整合、极端气候环境等多重困难挑战，部署了152台智能机器人，并和大会吉祥物机器人Opti一起与各国游客展开互动，利用多模态交互、5G、AI建图和物体探测等技术，提供访客迎接与互动、信息问讯及餐饮配送等服务。

二、实施情况

1. 实施路线

世博园区机器人项目按照需求、设计、招采、实施、验收五个阶段开展实施。世博园区机器人项目实施路线如图1所示。

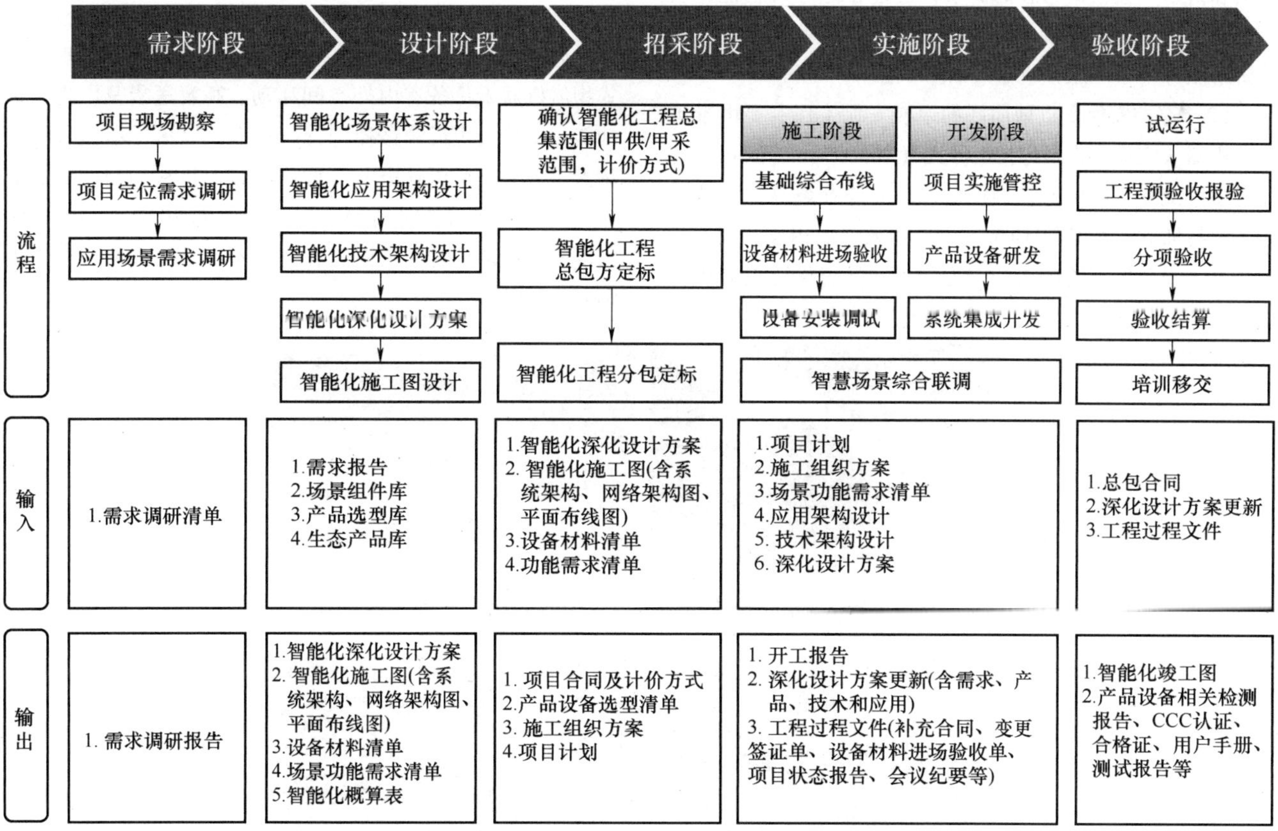

图1　世博园区机器人项目实施路线

2. 保障措施

为确保世博园区机器人项目的顺利进行，项目组成立了项目建设领导小组、办公室以及其他组织机构，人员配置上由我国、美国、英国、芬兰和阿拉伯联合酋长国的科技精英组成。

3. 应用场景

（1）访客迎接与互动、信息问询、现场导引。世博园区的访客迎接和互动主要由泰坦服务机器人负责。泰坦服务机器人具有主动迎宾功能，无须唤醒即可实现主动问候、主动识别参观人员、迎接访客，并可通过语音、视觉、肢体动作进行多模态交互，提升互动体验，营造科技感十足的第一印象。

泰坦服务机器人是一款为客户提供信息查询、智能问答、巡游讲解、广告宣传、访客引领等功能的服务机器人。该机器人集人工智能及物联网技术为一体，通过可定制的软件内容服务体系，可广泛应用于大型活动、政务、银行、零售、教育、公共服务等场景，助力传统服务智能升级，多种场景下可补充服务人力。

另外，泰坦服务机器人具备强大的自然语言处理能力，在世博园区，该机器人可以实现日常通用聊天问答及自定义问答，并支持调用文字、图片等，展示内容、形式更多样。

除咨询外，泰坦服务机器人还能在世博园区进行全程导引和讲解，会根据访客的需求，通过智能导航功能，引领访客到达指定位置参观，导览过程中为访客提供针对性的讲解服务。泰坦服务机器人如图 2 所示。

（2）巡控安保。世博园区的巡控安保工作主要由泰坦巡控机器人完成。泰坦巡控机器人（Titan Patrol Robot）能通过多元交互，确保操作轻松好用。此外泰坦巡控机器人还可与特斯联所有其他 Titan 系列机器人终端相连，实现与边缘算力设备的无缝融合。作为用于室外安保巡逻的机器人，泰坦巡控机器人支持全天候 360°视角巡控、实时视频对讲及智能图像识别等多种功能。此外，泰坦巡控机器人实现了 IPX4 防护等级，可耐受－10～50℃的工作温度，以适应迪拜的温度环境。同时，泰坦巡控机器人还搭载了 3D 激光雷达，具备自主定位、避障和充电功能，能够预设后端配置和巡控路线，在指定路线上实现全天候、全自主巡逻。

图 2　泰坦服务机器人

世博会期间，泰坦巡控机器人主要用于园区以及 2020 年世博会地铁站的安保工作。泰坦巡控机器人具备面部识别、SOS 按钮、热成像等功能，还能提醒游客留在自己的车道上、遵守社交距离以及现场要遵守的其他新冠肺炎疫情防控要求。泰坦巡逻机器人在世博园区执行任务如图 3 所示。

（3）物流配送。世博园区的物流配送选用了泰坦货箱式物流机器人。泰坦货箱式物流机器人是一款室内外通用、可沿设定路线自主移动分发物品的服务机器人。泰坦货箱式物流机器人具备室内外空间移动、高效送货及广告宣传功能，支持最短运输路径选择。在世博园区，泰坦货箱式物流机器人支持送餐服务及货物或其他材料的智能配送业务，其具备 80 条配送路线，可在日均超 10 万人的世博园区准确无误地按时完成配送任务。泰坦货箱式物流机器人 talabat 如图 4 所示。

图 3　泰坦巡逻机器人在世博园区执行任务

图 4　泰坦货箱式物流机器人 talabat

（4）广告展示。在世博园区，泰坦货架式物流机器人主要用于宣传信息和物品分发等服务，可以携带游客指南、阅读材料或地图供游客取用。此外，泰坦货架式物流机器人具备待机播放视频或图片广告功能，其播放频率和时间支持灵活配置。其灵活的置物架可以更换多种不同的功能模块，从报刊架到托盘以及海报画框等。泰坦货架式物流机器人如图5所示。

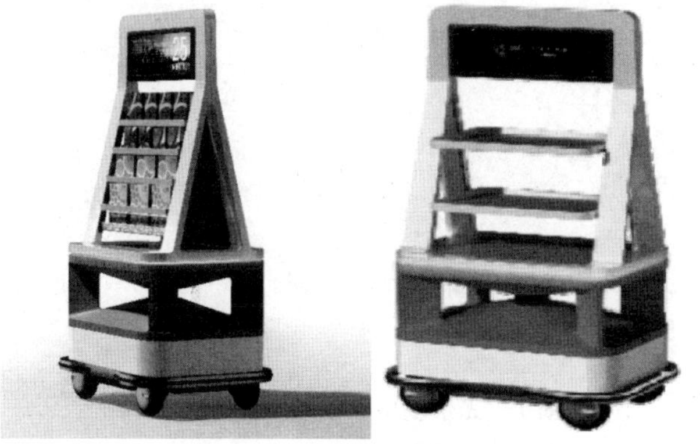

图5　泰坦货架式物流机器人

（5）吉祥物机器人。在世博园区，由数十台Opti吉祥物机器人组成的“超萌特攻队”为来自192个国家的元首、政府人员及数千万游客提供智能服务和互动交流。Opti吉祥物机器人表情丰富、奔跑自如、交谈和善，还会摆造型合照。

作为机器人“智库”，特斯联自己研制的机器人管理系统（RMS）可将毫秒级的动作传输指令同步到50台Opti吉祥物机器人，使机器人的大规模、高精度群体移动式舞蹈成为现实。Opti吉祥物机器人在世博园区与小朋友互动如图6所示。

图6　Opti吉祥物机器人在世博园区与小朋友互动

为了实现与全球游客的完美交互，Opti吉祥物机器人还搭载了秒速英文智能交互系统，使其能够胜任世博会“亲善大使”的职责。

（6）机器人全域服务。机器人作为智慧城市重要的超级智能（感知与交互）终端，能及时有效触达城市空间的人、物与环境，是现实世界与数字世界的接口，也是未来城市的复合新型超级入口。世博园区机器人项目充分发挥机器人的灵活部署、全天候服务和群体协作等优势，构建全场景服务生态，打造机器人友好园区Robotic AI—CITY，以全智能化、自动运转、以人为本的可持续发展为核心，综合利用不同品类的机器人产品，为不同受众提供灵活、高效、友好、轻松、安全及可靠的服务体验，既有效提升了世博园区智能化服务水平、促进运营管理降本增效，又凸显Robotic AI—CITY的未来科技感及机器人友好特性。

依托强大的机器人管理系统（RMS），Robotic AI—CITY可实现机器人的一体化管理、任务调度、数据分析等，自主完成迎宾讲解、安保巡逻、物品分发和防疫消毒等场景服务。同时，RMS可通过智能城市操作系统（TacOS）连接电梯、道闸等人工智能物联网（AIoT）设备及智慧餐饮、智慧停车等业务应用，实现业务事件与机器人服务的双向联动，协同完成餐饮配送、寻车带路等融合场景服务，形成人、机、业务协同的整体。

三、项目成果

1. 社会效益

随着人工智能、5G、物联网等技术的应用，服务机器人正是提高生产率的一种核心模式，而机器人、低速无人自动驾驶也必将成为未来产业发展的核心竞争力，特斯联以差异化的顶层架构设计，打通基础设施，提供数字城市智能化服务，持续为产业发展贡献创新力量，并助力后世博特区基础设施等多维度的智能化改造，打造创新的生态系统，用我国的科技力量打造绿色低碳全球智慧城市样板工程，营造一个集自然与科技于一体的智能化、可持续发展空间。

2. 经济效益

特斯联泰坦机器人系列包括多样化的类型和款式，覆盖了智能巡逻、智能服务、物资分发、展览展示和环境消毒等业务功能，满足客户多场景的需求，把更美好的机器人服务和体验带给全球用户。通过世博会的合作，特斯联创造了超百台机器人作为志愿者服务国际顶级盛会的历史。同时，泰坦机器人与talabat公司联合掀起了全新的智能机器人配送服务模式，也是一次人机协同智慧园区非常典型的商业模式的创新。

〔供稿单位：特斯联科技集团有限公司〕

机器人在光伏组件高速排版中的应用

一、应用背景

随着我国“碳中和”发展战略的不断推进，到2025年，我国光伏发电系统组件生产能力将突破300GW/a，预计比2022年增长30%，新增需求对光伏发电系统组件生产线效率、稼动率、一致性、良品率均有新的要求。机器人作为自动化、智能化核心设备，以提高生产率、降低制造成本为目标，经过多次的技术更新，打造出适应多场景的应用，推动我国光伏发电系统产业的发展。

1. 串排版工艺描述

太阳电池组件制造的最主要前期工序是电池片串联焊接工序、电池串排版工序和电池串用汇流带焊接工序。排版方法为将焊接好的电池串按照定制的版型，对光伏玻璃进行电池串敷设。光伏发电系统组件的生产流程约有20个工位，且各工位对设备的生产精度要求很高，对于电池串敷设工位，如果精度达不到需求，就会造成电池串位置偏移从而直接影响下一道焊接工序。

2. 应用痛点和项目挑战

1）工厂旧线路改造空间有限，设备升级改造困难。

2）人工排版方式劳动效率低，电池串定位不准确。

3）桁架式电池串排版机电池串间的精度较低。

4）光伏发电系统组件产品需求体现为多批次、多版型、小批量。

5）设备切换复杂，操作保养不方便。

6）多场合应用精度无法满足。

二、实施情况

“机器人在光伏组件高速排版的应用”项目选用了南京埃斯顿机器人工程有限公司（简称“埃斯顿”）的ER20/10-2000-HI机器人，兼容串焊机端电池串输出单轨、双轨，同时对接2台4000型光伏串焊机，形成光伏发电系统组件排版工作站，可节省工作空间、提高生产率。通常来讲，一条光伏发电系统组件排版生产线需要布置4个排版工作站。光伏发电系统组件排版工作站如图1所示。

图1　光伏发电系统组件排版工作站

机器人在光伏发电系统组件高速排版中应用的关键技术包括：

（1）轨迹平滑控制技术。采用第二代运动控制平台，保证机器人加减速过程中轨迹的平滑性，重复定位精度可达±0.07mm。

（2）排版精度三重保护。采用光伏发电系统专用核心控制器算法、Euclid Labs的视觉识别系统及大惯量姿态稳定系统，使得在高速排版的前提下，整个系统可以持续稳定运行，最终保证排版精度达到±0.2mm。

（3）预制排版软件包，快速完成版型切换。满足横向版型、竖向版型及AB串版型组件。开发专门针对光伏发电系统高速排版的Photovoltaic SPEED软件系统，内置多种排版定制方案，具有一键切换功能，可在15min内完成生产线版型切换，换线时间短，操作简单。

（4）打造“工业4.0”智能工厂。集成HMI人机界面功能，通过选配的网关和交换机，兼容MES、ERP等智能化制造管理系统。

光伏发电系统排版生产线如图2所示。

图2　光伏发电系统排版生产线

三、项目效果

1. 应用效果

（1）适用于尺寸为182mm×210mm的大尺寸电池片排版生产工艺，生产节拍可达到30~35s/片（常规60片/72片电池片组件）、48s/片（半片电池片组件），生产率可达5 000~6 000片/h。

（2）电池串间距为±0.4mm，电池串到玻璃长短边距离误差为±1mm，稼动率≥98%，常规、半片、MBB碎片率<0.02%。

2. 案例效果和创新点

（1）适应不同抓具的惯量要求和客户的各种定制化需求，并保证各种规格产品一致的高稳定度。

（2）光伏发电系统专用排版机器人、第二代先进控制平台、高精度自主视觉识别系统以及核心控制器算法，可满足光伏组件排版高速度和精度要求。

（3）所有的软/硬件核心产品均由埃斯顿完全自主研发，能够解决各关键部件之间的兼容性和匹配性问题，使生产中的累积误差和调校故障降至最低。

〔撰稿人：南京埃斯顿智能系统工程有限公司尹政〕

机器人在新能源混合材料车身连接领域的应用

一、应用背景

新能源汽车是国家战略性新兴产业，对于碳达峰、碳中和目标的达成具有重要的作用，《中国制造2025》和《节能与新能源汽车技术路线图2.0》强调，轻量化是节能和新能源汽车的核心技术。基于性能和轻量化需求，汽车车身结构材料也经历了从单一材质的全钢车身、高强度钢车身、全铝车身，发展到多材料混合车身并成为未来车身发展趋势。

由于不同材料共用，多材料混合车身无法使用点焊等传统热连接工艺实现板件焊接，一般采用铆接等冷连接方式，在压力作用下，多层板材和铆钉相互作用发生塑性变形，实现不同材质相互咬合以达到连接强度。由于不同材料的物理特性差异较大，造成不同板件和铆钉塑性变形量不一致，容易导致连接失效，这成了新能源汽车混合材料车身实现高质量生产的行业痛点。为保障连接质量和高效生产，生产人员需要对连接过程中不同材料物理变形量进行精确控制，因而需要对车身连接工艺参数及其优化配置进行深入研究，并通过对连接工艺进行大数据分析及拟合，从而制定出一套能够保障混合材料车身连接强度和连接质量的解决方案。

目前，汽车市场的竞争点越来越集中在产品的快速更新换代上，大批量单车种专用线的生产模式已成为各主机厂商的发展瓶颈。为了避免重复建线，减少投资规模，节约成本，同时找到适合国内多品种的生产组织模式，多品种的柔性化共线生产方式将逐渐应用在汽车生产中。

车身焊装是车身制造四大工艺中最重要，也是技术最复杂、难度系数最高的一个环节，涉及车间工艺规划、离线编程、多机器人协调、机器人智能控制、柔性输送及车身质量控制等系统工程技术。汽车制造从手工生产到半自动化再到全自动化的快速发展过程，促进了我国民族自主装备行业的发展。

二、实施情况

针对自主品牌新能源汽车在新结构、轻量化、高安全、高柔性制造提出的对国产智能机器人生产线的迫切需求，安徽巨一科技股份有限公司（简称“巨一科技”）开发出混合材料车身智能机器人生产线，实现了智能机器人技术在新能源汽车混合材料车身制造上的应用，达到了国外同类产品的水平。

1. 技术路线

通过“国家科技支撑计划”“国家智能制造专项”“安徽省科技计划”等项目的持续支持，巨一科技开展新能源汽车混合材料车身高效、高质量生产技术研究。针对混合材料在连接过程中，因不同材料物理特性差异造成不同板件和铆钉塑性变形量不一致，进而导致连接易失效的问题，巨一科技制定出一套能够保障混合材料车身连接强度和质量的解决方案；开展了新能源汽车混合材料车身连接工艺参数配置模型研究、同步工程规划设计和质量在线监控平台技术，建立了混合材料车身连接工艺大数据存储和应用分析平台，为生产、试验和制造服务提供工艺大数据支撑服务。并在该基础上开展混合材料连接核心设备和成套装备开发技术攻关，在新能源汽车企业得到了广泛应用，提升了车身连接质量，减少了车身的设计变更，缩短了项目开发周期，实现了新能源汽车混合材料车身高质量、高效交付的目标，增强了我国新能源汽车车身制造产业的国际竞争力。

项目以打造高效协同的混合材料车身机器人自动生产线智能制造体系，提升产品质量稳定性、质量可追溯性、自动化水平为目标，通过自主开发并集成应用工业机器人、铆接系统、智能传感器、在线检测系统、可编程逻辑控制器（PLC）及视觉识别系统等安全可控智能制造核心技术装备，建设满足年生产能力达10万台、2种以上的车身柔性自动化生产线；集成机器人自动上料、搬运、涂胶、连接、铆接及检测系统等；集成制造执行系统（MES）、企业资源计划（ERP）系统及产品生命周期管理（PLM）系统，实现制造过程现场数据实时采集与可视化，制造过程数据与管理软件实现高效协同与信息集成；建立网络化制造资源协同平台和工业大数据平台，实现产品网络协同制造。项目技术路线如图 1 所示。

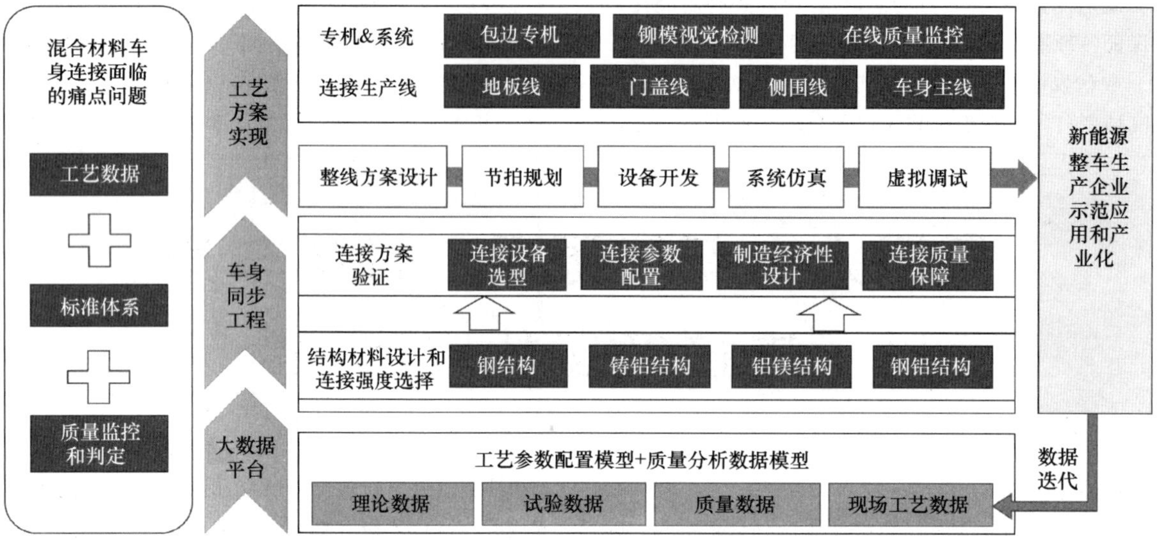

图 1　项目技术路线

2. 基于数据驱动的混合材料车身同步工程规划

混合材料车身制造工艺复杂、难度高，项目通过开发混合材料车身连接工艺大数据平台，实现数据驱动的混合材料车身制造工艺同步工程规划，攻克了混合材料车身前期工艺规划难的技术壁垒，实现了混合材料车身制造工艺的全局最优规划，提高了生产率和整车的产品质量。连接工艺数据平台界面如图 2 所示。连接工艺数据库如图 3 所示。

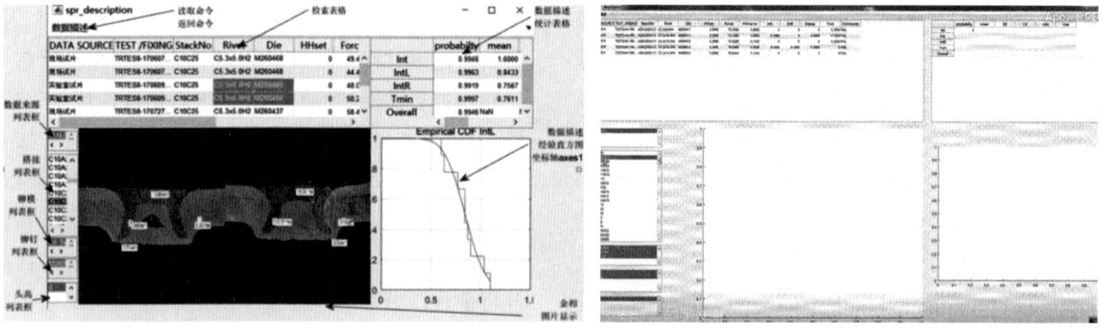

图 2　连接工艺数据平台界面

图 3　连接工艺数据库

借助整线数字化虚拟制造技术，在虚拟环境中进行自动化设备工艺过程和物流仿真验证，可以及时发现瓶颈工序并优化，最大限度地减少后期工程更改量，缩短现场装调时间。为了满足生产企业的生产需求，达到相应的产品质量和生产节拍，在产品开发及整线规划阶段，采用基于试验大数据的同步工程与车身质量控制工程技术，合理规划工艺、整线布局、连接点分布等，建立多车型整线规划平台。项目对生产线的工艺流程、物流布局、生产节拍、设备利用率、开动率、场地利用率等进行了有效分析，提出了最优化生产线工艺流程和工艺布局。数字化物流及线体平衡模拟仿真如图 4 所示。数字化离线仿真如图 5 所示。

3. 核心技术装备与系统

（1）混合材料车身开闭件成形装备。采用双闭环控制技术，开发包边专机群控软件，采用人工智能算法自行分析数据的异常点，为辅助质量判定提供依据，提升生产合格率。针对铝合金材料的低硬度、低韧性导致其在滚边过程中易出现裂纹、凹坑等质量缺陷，建立了成形过程 CAE 分析平台，通过 CAE 及试验相结合对滚边参数进行分析研究，探索出滚边工艺与精度、质量的内在关系，实现高精度、高质量开闭件的滚边工艺。项目开发了滚边监控系统，实现了对滚边力值的实时监测以及报警功能，提高了调试效率，保证了质量一致性。车身开闭件成型装备如图 6 所示。

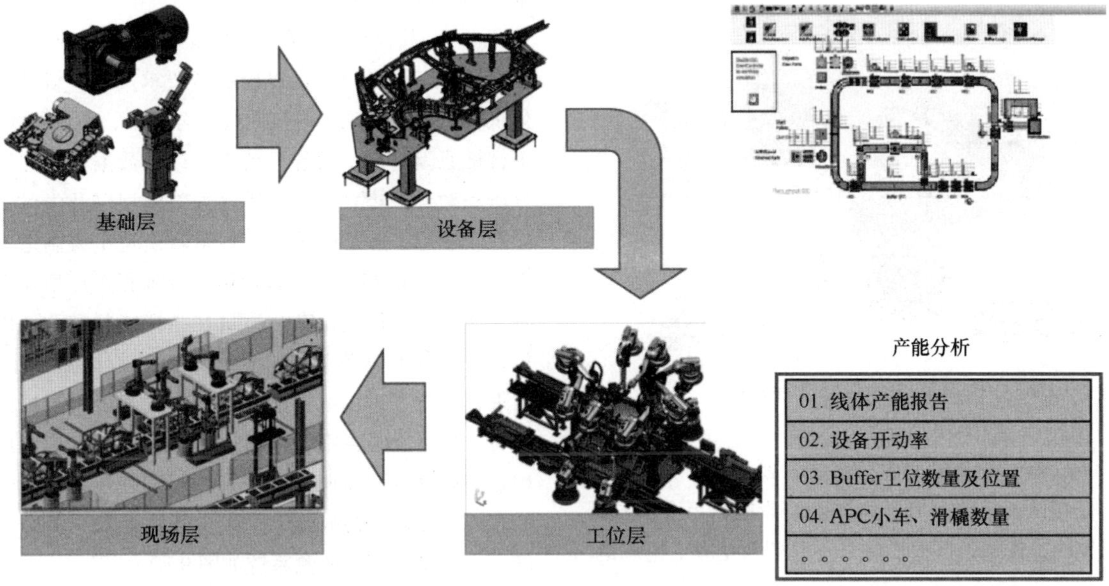

图 4　数字化物流及线体平衡模拟仿真

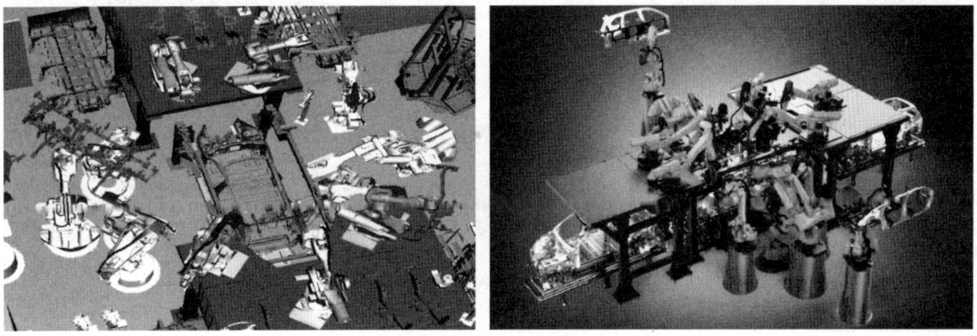

图 5　数字化离线仿真

图 6　车身开闭件成型装备

（2）机器视觉检测系统。针对当前轻量化车身制造机器人生产线中铆模失效检测依赖人工检测导致效率低、可靠性差、成本高等问题，项目采用基于多次随机圆检测的铆模检测区域定位方法，开发了基于超像素分割、反向扩散（PM）和显著性检测等与机器学习方法相结合的铆模失效检测方法，实现了铆模失效的高精度检测。此外，巨一科技还参与制定了《智能制造　机器视觉在线检测系统　通用要求》（GB/T 40659—2021）。机器视觉检测与引导系统如图 7 所示。

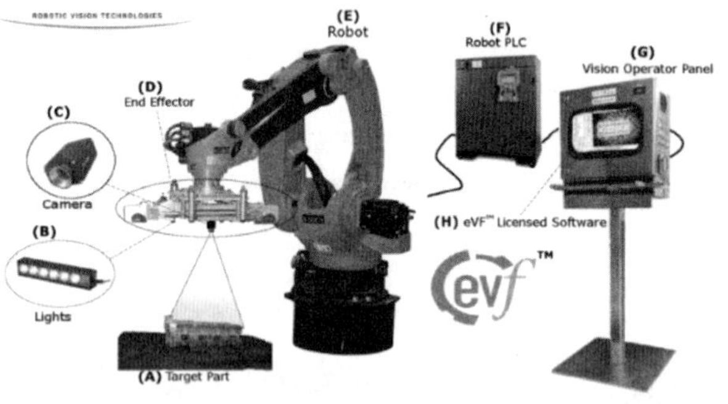

图 7　机器视觉检测与引导系统

（3）混合材料车身激光焊接系统开发。针对铝合金高反射率、良好导热性及等离子体屏蔽等影响，巨一科技搭建了激光焊接工作站，形成了汽车白车身激光焊工艺规范。同时，巨一科技运用同步工程、车身质量控制技术，实现了车身激光焊接系统规划。巨一科技搭建了车身激光焊接系统仿真及离线平台，建立激光焊接仿真设备库、路径规划数据库，对系统内设备布局、节拍平衡度、机器人焊接可达性、焊接顺序等进行虚拟仿真验证分析，提高铝合金激光焊的质量稳定性。最终提高了车身耐蚀性，使车身强度提高了 30%，确保车身制造精度，减小了车身质量，为轻量化汽车车身制造做出了突出贡献。机器人激光焊接技术如图 8 所示。

（4）混合材料车身连接质量在线监控平台。针对汽车轻量化对于产线智能化提出的新要求，巨一科技基于轻量化试验室及项目现场铆接曲线、合格率、不合格类型判定、不合格原因判定、设备开动率、维保数据、备件等大数据分析和融合，建立了连接质量失效模型以及失效产生原因模型，通过工业互联网，实现了轻量化车身制造过程中核心工艺（SPR/FDS）的远程运维及远程生产质量监控。同时，通过开展轻量化工艺质量在线智能判定和原因自主分析研究，对于设备关键部件预维护及备件更换建立模型，实现轻量化工艺在线智能监控，开发基于大数据的轻量化车身连接运维服务平台，通过该平台可以实现辅助项目现场缩短质量调试周期，减少人工成本以及现场快速锁定故障原因，降低设备故障率，减少备件耗损，提升客户满意度。连接质量在线监测系统如图 9 所示。

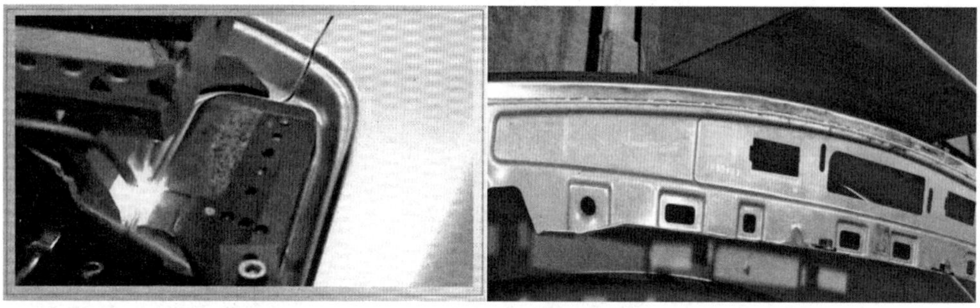

图 8　机器人激光焊接技术

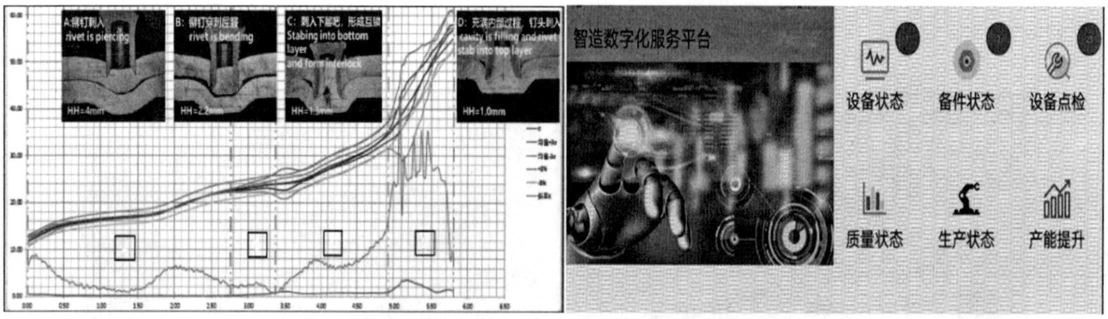

图 9　连接质量在线监测系统

4. 集成实施

项目开发的基于大数据的混合材料车身制造关键装备，批量应用在国内外汽车企业车身制造自动化生产线中，实现了车身高质量的智能制造和制造过程全生命周期管理，提高了制造过程的数字化和智能化水平，保障了应用单位新能源汽车高质量产业化交付。目前，混合材料车身制造关键装备已在捷豹路虎、大众、蔚来、理想、小鹏、广汽、吉利等多家知名整车企业得到广泛应用，取得了良好的效果。

混合材料车身智能机器人生产线占地面积 4.8 万 m^2，集成应用六轴工业机器人数量 287 台；可实现 3 层、总厚度 8mm 混合材料板件组合铆接；一次伺服铆接合格率≥99.5%；实现 2 种以上车型并线自动化生产，生产率达 10 万台/a，生产节拍为 120s，下线尺寸精度合格率≥95%。混合材料车身智能机器人生产线如图 10 所示。

图 10　混合材料车身智能机器人生产线

三、项目成果

项目开发了混合材料车身连接质量在线监控平台，建立了制造过程在线监控参数与车身质量的映射模型，实现了车身在线、全流程连接质量监；制定了数据驱动的车身制造工艺同步工程规划流程，构建了制造约束条件与连接可行性及质量稳定性之间的映射关系，攻克了混合材料车身复杂结构工艺规划反复修正的难题，使生产线开发周期缩短了 30%，设计变更数降低了 43%。

项目开发了轻量化车身激光焊接系统、铝合金开闭件包边系统和铆模视觉检测系统，解决了激光焊接缺陷控制、包边尺寸精度与外观缺陷控制和铆模微裂纹检测技术难题，实现了核心工艺过程质量控制；开发出的基于大数据的车身制造成套装备应用在混合材料车身规模化生产中。整线实现了车身生产全过程的动态优化、质量状态可视化和生产线柔性化；基于 MES 等信息管理平台，实现了生产线实时监控、数据采集、产品质量追溯、设备自诊断等功能，车身生产率提高 30%、产品不良品率降低了 21%、运营成本降低了 25%以上。

项目开发的混合材料车身智能机器人生产线实现了国产化替代，带动和提升了自主品牌核心零部件制造企业的研发制造能力。项目获国家专利授权 31 项，获得安徽省科技进步奖二等奖，形成了完整的自主知识产权体系和产业化能力，项目实现销售额超过 30 亿元，带动产业增加值超过 400 亿元，同时培养了一大批新能源汽车车身制造研发人员，取得了显著的效益。

〔撰稿人：安徽巨一科技股份有限公司屠庆松〕

机器人在建筑行业的应用

一、应用背景

《中华人民共和国 2021 年国民经济和社会发展统计公报》显示，2021 年，我国建筑业增加值为 8.01 万亿元，同比增长 2.1%。而中国建筑业协会发布的《2021 年建筑业发展统计分析》显示，2021 年，我国建筑业从业人数为 5 282.94 万人，比上年年末减少了 83.98 万人，同比下降 1.56%，连续三年呈减少态势。现阶段，传统建筑业面临着“危、繁、脏、重”等诸多挑战，施工效率相对低下。

2021 年 12 月，36 氪网站发布的文章中提到，建筑行业每个细分方向都是万亿级市场，超 6 000 家公司携资本入局建筑业数字化行业。在产业数字化的时代背景下，建筑行业数字化转型升级也势在必行。不管是保障工人施工过程中的安全、健康，还是提升建造质量与效率，建筑机器人正在成为实现智能建造的有效探索。

目前，大多数建筑机器人的研发是由工业机器人为基础，结合建筑领域的特点，加以创新发展而来的。建筑机器人的应用整体上偏向于新材料建筑物、构件加工以及构件施工安装、搬运方面。行业内龙头企业坚持自主研发，部分行业内龙头企业的机器人产品已实现自动定位和自动巡视等功能，并已进入实地应用阶段。但建筑机器人整体应用尚不充分，应用潜力还很大，其智能化水平以及普适性还需进一步的研究与完善。

我国建筑机器人领域部分企业及主要产品情况见表 1。

表1 我国建筑机器人领域部分企业及主要产品情况

企业名称	主要应用场景	产品类型
广东博智林机器人有限公司	现场建造、生产加工	混凝土施工、混凝土修整、砌砖抹灰、内外墙装饰、测量、清洁机器人、智能施工设备及建筑构件生产线等
上海大界机器人科技有限公司	现场建造、生产加工	复合场景施工、机器人加工产线等
中建科技集团有限公司	现场建造、生产加工	智能建造、三维测绘、焊接系统等
三一筑工科技有限公司	现场建造、生产加工	地面打磨、钢筋笼绑扎、拆/布模、墙板安装机器人等
上海建工集团股份有限公司	现场建造、服务机器人	砌墙、智能管片抹平、巡检机器人
河北新大地机电制造有限公司	生产加工	流水化生产系统、固定台座生产系统、柔性生产系统、预应力构件长线生产系统等
天津筑高机器人技术有限公司	现场建造	板材安装机器人、助力机械手等
杭州固建机器人科技有限公司	现场建造、生产加工	铺砖、抹灰、划线、运输机器人及建筑构件生产线等
中物智建科技有限公司	现场建造	分拣、砌砖、搬运机器人等
厦门华蔚物联科技有限公司	建筑维护、现场建造	幕墙清洗、砌砖机器人
深圳市特辰科技股份有限公司	现场建造	机器人爬架、墙体施工等
深圳大方智能科技有限公司	现场建造	墙面施工机器人
中科骊久（济南）建筑机器人有限公司	生产加工	智能布料机器人
洛阳海特智能科技有限公司	现场建造	砌墙机器人
筑石科技（湖州）有限公司	现场建造	地面平整、抹光、测量机器人
烟台海特林自动化科技有限公司	建筑维护	建筑清洗机器人
厦门朴蜂智能科技有限公司	建筑维护	建筑清洗机器人
盈创建筑科技（上海）有限公司	生产加工	建筑3D打印设备
深圳市明远建筑科技有限公司	生产加工	建筑3D打印设备
广东领盛装配式建筑科技有限公司	现场建造	实测机器人
上海全筑控股集团股份有限公司	现场建造	装修画线机器人
山东北方创信防水科技集团股份有限公司	现场建造	喷涂机器人
惊天智能装备股份有限公司	现场建造	破拆机器人

二、实施情况

建筑机器人作为智能建造体系重要的解决方案，以机器人代替人工进行脏、累、苦、险等作业，可降低人工劳动强度，减少安全隐患，让施工安全更有保障。2021年年底，住房和城乡建设部发布124个智能建造新技术典型案例，其中，建筑机器人等智能建造设备创新服务案例共有13项。广东博智林机器人有限公司（简称“博智林机器人”）、上海建工集团股份有限公司、中建三局集团有限公司、中建科技集团有限公司、中建科工集团有限公司等单位分别在实际工程中应用了不同的建筑机器人。

以博智林机器人为例，其拥有建筑机器人近50款，适用于建筑全周期智能建造工序，包括混凝土施工及修整、砌砖抹灰、室内装修装饰、外墙高空喷涂、地库装修等。截至2022年5月底，已有23款建筑机器人投入商业化应用，服务覆盖28个省（自治区、直辖市）的超450个项目；累计交付超900台建筑机器人，累计应用施工面积超1 000万m^2；合作客户包括中国建筑第五工程局有限公司、中国五冶集团、中铁建工集团有限公司（简称“中铁建工”）、中交一公局集团有限公司、北京建工四建工程建设有限公司和西安高科集团有限公司等。

三、典型应用案例

1. 凤桐花园项目

凤桐花园项目位于佛山市顺德机器人谷，项目总占地面积为4.2万m^2，总建筑面积13.8万m^2，共有8栋高层住宅。作为博智林机器人的首个商业应用项目，也是目前国内唯一真正引入建筑机器人且批量应用于工程建造过程的试点项目，该项目涵盖了首次完成机器人参与示范区建造、首次建立机器人调度中心及首次跑通修整类机器人施工模式等，建筑机器人产品和技术的先进性得到了进一步验证。凤桐花园项目应用的建筑机器人如图1所示。

2021年2月初，住房和城乡建设部办公厅发布《关于同意开展智能建造试点的函》，佛山市顺德区凤桐花园项目获批成为全国7个智能建造试点项目之一。2021年7月28日，凤桐花园项目的“测量机器人和智能测量工具”“施工机器人和智能工程机械设备”两项经验做法入选住房和城乡建设部首批智能建造与新型建筑工业化协同发展可复制经验做法清单。

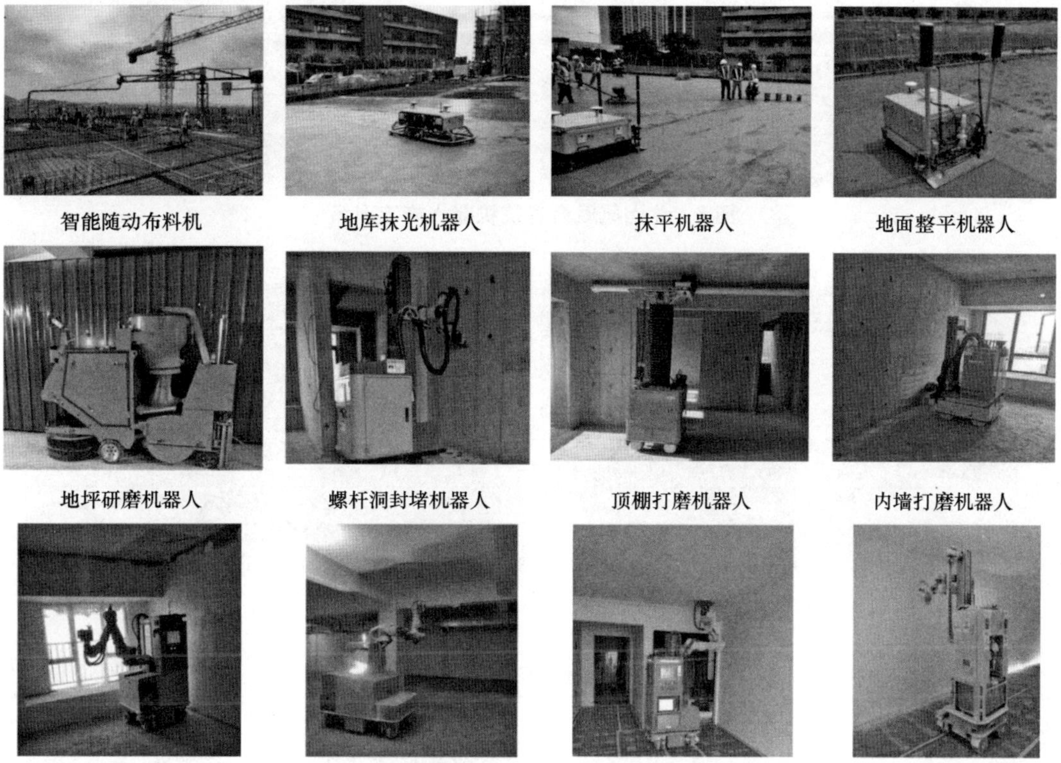

图1　凤桐花园项目应用的建筑机器人

2. 广州白云站项目

2021年5月，智能随动式布料机、地面整平机器人、地面抹平机器人和地库抹光机器人4款混凝土施工机器人在中铁建工广州白云站项目联合施工。中铁建工广州白云站项目位于广东省广州市白云区京广线既有棠溪站北场，建筑总占地面积为45.3万m^2，是全国“十三五”铁路规划中的重要项目，也是广州铁路枢纽规划“五主三辅”客站中的主要客站之一。这是博智林机器人与中铁建工的首次合作，也是博智林混凝土施工产品组合机器人首次面向外部单位的施工应用。广州白云站建筑机器人施工现场如图2所示。

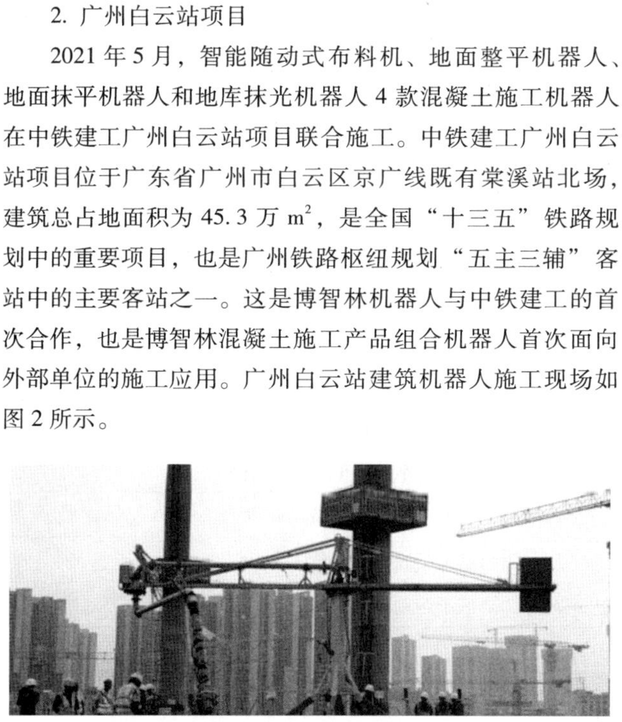

图2　广州白云站建筑机器人施工现场

3. 佛山北滘滨河路凤凰台项目

佛山北滘滨河路凤凰台项目位于广东省佛山市北滘镇西南片区，总建筑面积超13万m^2，采用机器人集成应用，是博智林机器人与沈阳腾越科技建筑有限公司联合打造的智能建造全国标杆施工项目，该项目探索了以全新的以机器人为核心的施工模式。北滘凤凰台建筑机器人施工现场如图3所示。

4. 汕头多机施工系统

2021年12月30日，博智林机器人在广东省汕头市首次完成“BIM+FMS+WMS+建筑机器人”多机施工系统的验收。多机施工系统首次实现了装修阶段的多机协同施工，标志着博智林机器人已进入了多机协同系统化应用的新阶段，在探索高质量、智慧化的智能建造新路径方面再度取得重大成果。汕头金平建筑机器人施工现场如图4所示。

四、项目成果

经过前期大量工程应用，建筑机器人的应用可有效解决招人难、用人贵的难题，为企业有效节省人工成本的同时，机器人在施工效率、施工质量和施工时间等方面的优势同样突出，从多维度减少了建筑施工的综合成本，提升了成本竞争力，并赋能产品。国内建筑机器人应用成效见表2。

图 3　北滘凤凰台建筑机器人施工现场

图 4　汕头金平建筑机器人施工现场

表 2　国内建筑机器人应用成效

应用智能建造技术产品	产生的效益情况
智能随动布料机	显著提高了混凝土的施工效率和浇筑质量，降低了劳动强度，至少节省 2 名工人
地面整平机器人	综合施工效率是人工的 1.2 倍，有效降低了劳动强度
地面抹平机器人	综合施工效率是人工的 1.5 倍，有效降低了劳动强度
螺杆洞封堵机器人	施工效率高，综合施工效率是人工的 2 倍，封堵密实、质量一致性好，合格率达 90%以上
混凝土顶棚打磨机器人	实现自动化打磨、吸尘，能有效替代人工作业，节约人工成本，综合施工效率是人工的 1.6 倍，降低了劳动强度
混凝土内墙面打磨机器人	能有效替代人工作业，综合施工效率是人工的 2 倍，节约人工成本，降低了劳动强度
砌砖机器人	施工效率高，综合施工效率是人工的 3 倍，质量稳定
抹灰机器人	空鼓开裂率较低，整体成形质量好，综合施工效率是人工的 3 倍
室内喷涂机器人	施工效率高、覆盖率高，综合施工效率是人工的 4 倍
腻子涂敷机器人	综合施工效率是人工的 3 倍，降低了劳动强度
腻子打磨机器人	自动打磨、吸尘，能有效替代人工作业，降低了劳动强度，减少作业过程中产生的粉尘对人体的伤害。机器人能将残留在地面的腻子粉二次回收利用，可实现成本的降低
墙砖铺贴机器人	综合施工效率是人工的 1.6 倍，节约人工成本，降低了劳动强度
地坪研磨机器人	综合施工效率是人工的 3 倍，节约人工成本，降低了劳动强度
地坪漆涂敷机器人	综合施工效率是人工的 1.7 倍，节约了人工成本，降低了劳动强度
地下车位划线机器人	替代人工作业，节约了人工成本，降低了劳动强度
地库抹光机器人	综合施工效率是人工的 2 倍
地下车库喷涂机器人	替代人工作业，节约人工成本，综合施工效率是人工的 1.8 倍，降低了劳动强度，减少了喷涂作业产生的油漆、粉尘对人体的伤害
通用物流机器人	实现工地建筑物料垂直运输无人化，节约人工成本，综合施工效率是人工的 1.2 倍

（续）

应用智能建造技术产品	产生的效益情况
测量机器人	测量结果数据稳定，能有效替代人工作业，节约人工成本
楼层清洁机器人	能有效替代人工作业，综合施工效率是人工的 3 倍，降低了劳动强度，减少作业过程中产生的扬尘对人体的伤害

〔供稿单位：广东博智林机器人有限公司〕

机器人在仓储物流领域的应用

一、应用背景

随着互联网的发展，企业供应链运营模式发生了转变，仓储作为供应链运营模式中不可或缺的一个环节，也在积极顺应数字化的发展趋势。

当前，智能化仓储系统越来越受到企业的重视，自主移动机器人（AMR）在优化数字化仓库管理系统上发挥着重要作用，成为打造智慧物流系统中不可缺少的一部分。

二、实施情况

随着数字化业务的发展，政府、企业采购业务量呈现出飞跃式增长。在企业服务领域，打造柔性密集仓储与数智化供应链，实现仓储管理精益化升级，是提升企业市场竞争力的关键所在。本文以我国 B2B 办公物资集采与云视频服务企业深圳齐心集团股份有限公司（简称“齐心集团”）落地 RoboShuttle 全柔性货箱方案（简称“RS+P40”）为例，讲解机器人在仓储物流领域的应用。

1. 项目痛点

齐心集团全国中心仓位于深圳市，承担着齐心集团核心的企业服务仓储业务，业务覆盖了全国 31 个省（直辖市）。而办公用品因其体积大小各异、型号多元、相似商品包装规则不一、编码单位不同、传统人工拣选货困难、库存管理困难等问题，影响了办公物资发放与销售服务的时效性与客户满意度。

2. 解决方案

北京极智嘉科技股份有限公司（简称“极智嘉”）携手广州恒岩科技有限公司（简称“恒岩”），共同为齐心集团打造的业内先进的密集存储型智能物流仓储，率先实现了 AMR 机器人集群全流程协同作业，为 RS+P40 项目的落地提供了保障。RS+P40 项目采用以“RoboShuttle 全柔性货箱方案”为核心，结合四向穿梭车密集存储的机器人集群一站式解决方案，由极智嘉 RS5 货箱机器人负责存储位和缓存位间的上下转移，对接 P40 机器人快速搬运货箱至工作站进行拣选，实现存储力和效率的最优配比；四向车用于存储量大、出库量小的整箱和大件拣选。多机器人组合方案解决了齐心集团多样化的需求。高存储、高柔性、数智化、可持续是 RS + P40 项目的优势。极智嘉 RoboShuttle 全柔性货箱如图 1 所示。四向车在立体库区工作如图 2 所示。

图 1　极智嘉 RoboShuttle 全柔性货箱

图 2　四向车在立体库区工作

（1）大中小兼容，高密度存储。RS5 货箱机器人、P40 机器人与四向车组合的方案满足了不同大小、型号货物的存储需求，充分利用了存储空间，实现了高密度存储，解决了 1 500m^2 库区内超 13 万件货物的存储难题。

（2）AI 智能理货，高效舒适拣选。借助 AI 智能算法，智能理货系统基于热度全天候自动调整库存分布，大幅提高了齐心集团仓库订单的出库效率，确保库区实现整体高速流转。此外，P40 机器人可自动提升至操作人员舒适的拣选高度，在提高拣选效率的同时，可降低员工劳动强度及长期劳动损伤的风险。

（3）柔性快速部署，敏捷灵活应变。拣货作业直接在 P40 机器人上完成，节约大量传统料箱机器人与输送线对接的时间。极智嘉高柔性方案赋能齐心集团根据业务需求灵活增减机器人数量，敏捷应对市场及客户变化，实现柔性供应链管理。极智嘉 RS5 货箱机器人与 P40 机器人接力如图 3 所示。

图 3　极智嘉 RS5 货箱机器人与 P40 机器人接力

（4）数智化管理，全链路透明可溯。在一体化调度系统的助力下，极智嘉机器人集群解决方案为齐心提升了运营和管理效率、减小了管理风险。仓储管理系统数字化串联，系统能够对商品全链路进行追溯，优化出入库流程，实现自动化管理，加速齐心仓储数字化进程。

三、项目效果

1. 项目创新性

（1）理念创新。RS+P40 项目在交付过程中秉持绿色低碳理念，全流程低噪声、低污染，助力企业实现长期可持续发展。

（2）技术创新。

1）RS5 货箱机器人支持双深位存储及智能调优储位，可变宽抱叉并自主适配多种料箱尺寸，从而做大存储密度的最大化。

2）P40 机器人具备 405mm 的举升调节范围，能在工位实现自主顶升高度调节，保证和人员交互的最佳高度全面覆盖，操作简便舒适。

3）借助 AI 智能算法，智能理货系统可全天候自动调整库存分布，大幅提高仓库订单的出库效率，确保库区实现整体高速流转。

（3）模式创新。企业可以根据业务需求灵活增减机器人，敏捷应对市场及客户变化，逐步投资避免风险，实现柔性供应链管理。

（4）管理创新。

1）在一体化调度系统的助力下，极智嘉机器人集群解决方案可为企业提升运营和管理效率、减小管理风险。仓储管理系统数字化串联，系统能够对商品全链路进行追溯，优化出入库流程，实现自动化管理。

2）基于齐心集团 B2B 业务的订单量存在波峰的情况，AMR 机器人可实现仓储无人化管理，在不影响效率的前提下大幅节省人力成本，进一步提高了齐心集团的数字化服务能力。

2. 经济效益

RS+P40 项目以高创新力实现了 AMR 机器人集群全流程协同作业。项目实现至今，仓库空间利用率提升了 40%、存储能力提升了 200%、拣选效率提升了 50%、准确率达 99.99%、人力投入节约 50%，实现了仓储管理精益化升级，创造了柔性密集仓储与数智化供应链升级的行业新高度。

RS+P40 项目的实施，将齐心集团的仓储利用率提升到了 140%，提升了库内操作效率及准确率，实现了仓库管理的精细化、智能化及柔性化。

〔供稿单位：北京极智嘉科技股份有限公司〕

智能机器人在制鞋成型生产工艺中的应用

一、应用背景

制鞋成型生产工艺过程是指将鞋帮与鞋底进行胶粘贴合的过程。传统制鞋成型生产线由 20 多道工序组成，绝大多数工序都是由人工完成的，自动化程度低。由于鞋帮与鞋底贴合采用的是胶粘工艺，鞋帮和鞋底需要经过数道胶水涂刷工序，这些工序完全由人工完成。目前，国内大多数企业采用油性胶粘剂，可挥发有害气体，对于作业工人的身体健康极为不利。此外，近年来，随着企业招工难、人工成本的逐年增高，制鞋产业也开始向东南亚等地区转移，产业流失严重。

为了改善工人作业环境，缓解企业招工难、人工成本高等问题，同时解决人工作业标准化程度低，提高产品质量和竞争力，将制鞋产业留在国内，传统制鞋成型生产线实现自动化、智能化转型升级尤为关键。

二、实施情况

智能机器人制鞋成型生产线（简称“智能生产线”，如图1所示）是制鞋领域智能化程度和难度最高的生产线。该项目中，泉州华中科技大学智能制造研究院（简称“泉州华科院”）联合泉州华数机器人有限公司（简称“华数机器人”）、福建省华宝智能科技有限公司，针对冷粘鞋和硫化鞋两种类型的鞋子，先后研制出基于三维机器视觉的机器人自动冷粘（如图2所示）和硫化（如图3所示）制鞋成型生产线。2018年，福建华昂体育用品有限公司应用了5条硫化智能生产线和3条冷粘智能生产线；2021年，瑞安市安信鞋业有限公司（简称“安信”）和江西广宥鞋业有限公司（简称“广宥”）分别应用了2条和4条智能生产线。智能生产线使用三维线结构光照相机，实时获取成型鞋面三维点云数据，并在所获取的三维模型上根据鞋帮和鞋底贴合工艺要求，规划工业机器人自动鞋面划线—打粗—喷胶以及鞋底喷胶等工艺轨迹，采用RFID无线射频技术，实现了鞋面机器人自动化作业轨迹路径自动识别与读取。

图1　智能机器人制鞋成型生产线应用现场

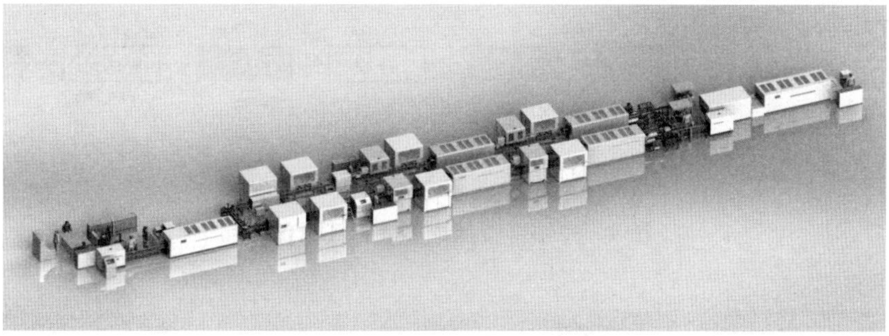

图2　冷粘鞋智能成型生产线

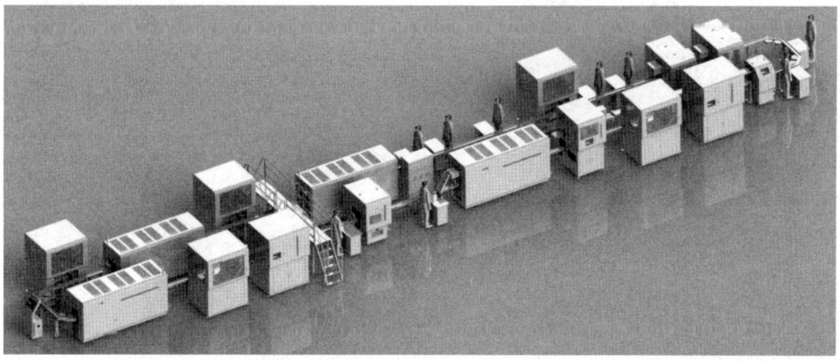

图3　硫化鞋智能成型生产线

1. 实施内容

针对制鞋成型生产工艺中的划线、打粗、刷胶和鞋底压实等工序，项目选用华数机器人HSR-JR605作为智能生产线成型中自动化三维测量、划线、打粗、喷胶的执行装置，选用HSR-BR610作为压底机自动上/下料的执行装置；鞋面扫描和鞋底扫描所用的三维照相机选用了泉州华科院自主开发的三维照相机LSV_80.80和LSS-B150，同时，项目开发了相应的鞋面机器人自动视觉扫描软件、鞋底视觉扫描软件、鞋底机器人跟随喷胶系统以及可视化三维立体工艺轨迹在线编辑等软/硬件，实现了高度自动化的制鞋成型生产线。冷粘鞋智能成型生产工艺流程如图 4 所示。

2. 核心技术

（1）基于三维机器视觉和工业机器人的三维扫描成像及喷胶路径规划。鞋面智能扫描工作站（如图 5 所示）主要由 3D 照相机、工业机器人及其他辅助装置组成，可用于对成型鞋面进行扫描重构三维点云，再根据成型工艺要求在线实时规划机器人划线、打粗和喷胶的工艺轨迹点位，扫描成像精度高达 0.1mm，扫描节拍为 10～12s/只，可适用多种材质、颜色拼接而成的鞋面、鞋底的作业环境。

（2）基于工业机器人的自动划线、打粗工艺。鞋面智能机器人划线打粗站（如图 6 所示）由浮动打磨主轴、工业机器人及其他辅助装置组成，可用于对成型鞋面进行自动化划线、打粗，划线打粗精度达 1mm，生产节拍为 10～12s/只。自适应的浮动补偿控制系统可根据材质的硬度、表面粗糙度等实时调整打粗力度。

（3）基于工业机器人的自动鞋面喷胶工艺。鞋面智能涂胶工作站（如图 7 所示）主要由工业机器人、喷枪、施胶系统及其他辅助装置组成，可用于对成型鞋面施胶区域的机器人涂胶作业，喷涂精度为 1mm，生产节拍为 10～12 秒/只。

（4）基于工业机器人的自动鞋鞋底喷胶工艺。鞋底智能涂胶工作站（如图 8 所示）主要由 3D 相机、工业机器人、喷枪、施胶系统以及其他辅助装置组成，可实现对成型鞋底的三维扫描、施胶区域规划、施胶路径在线实时生成，机器人喷涂精度高达 1mm，生产节拍为6～8s/只。

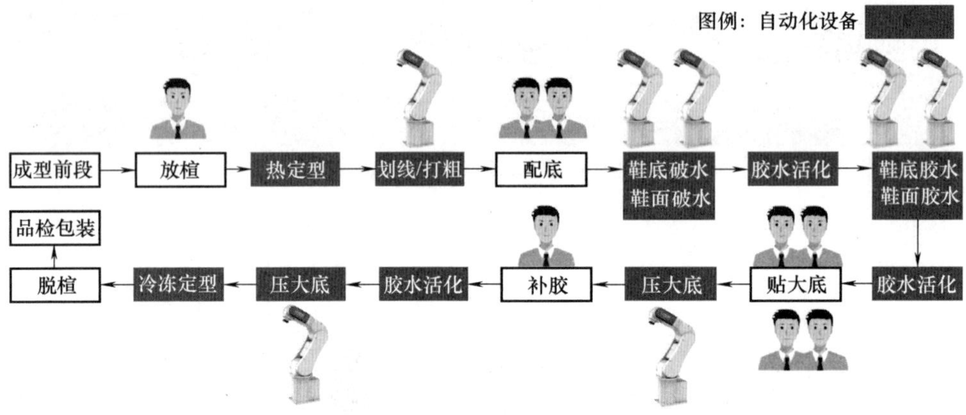

图 4　冷粘鞋智能成型生产工艺流程

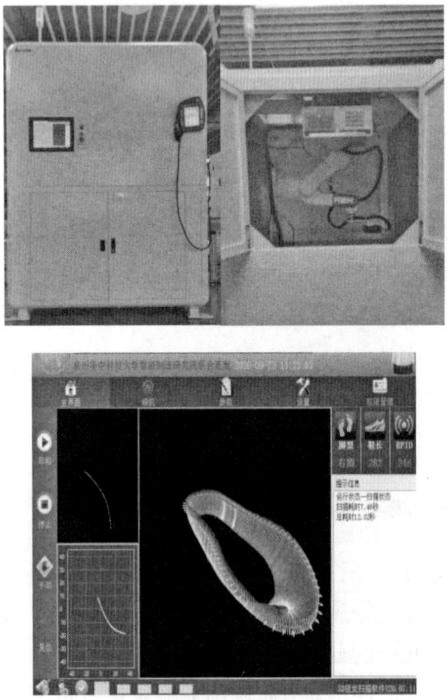

图 5　智能鞋底喷胶站

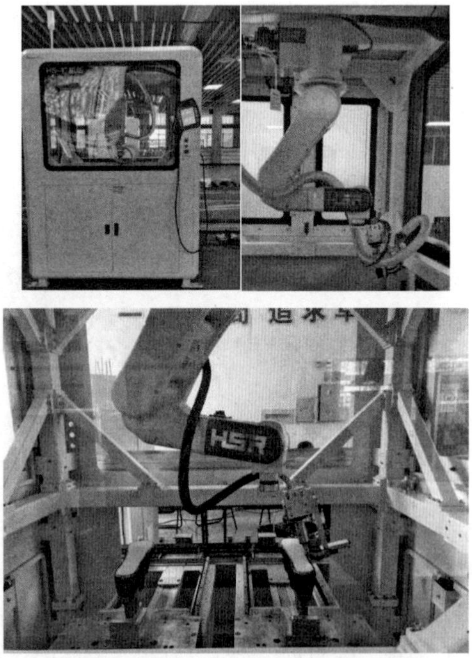

图 6　鞋面智能机器人划线打粗站

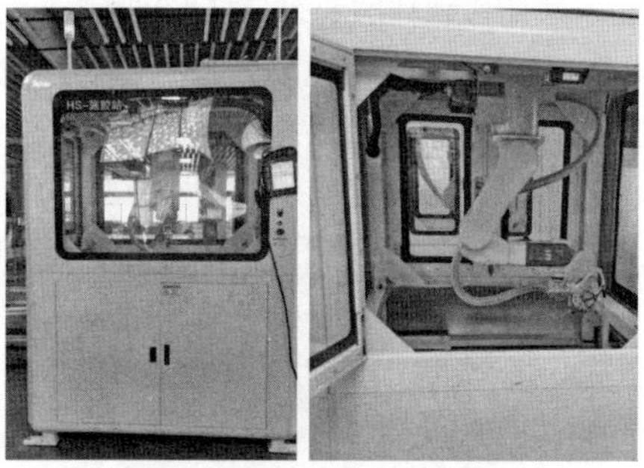

图 7　鞋面智能涂胶工作站

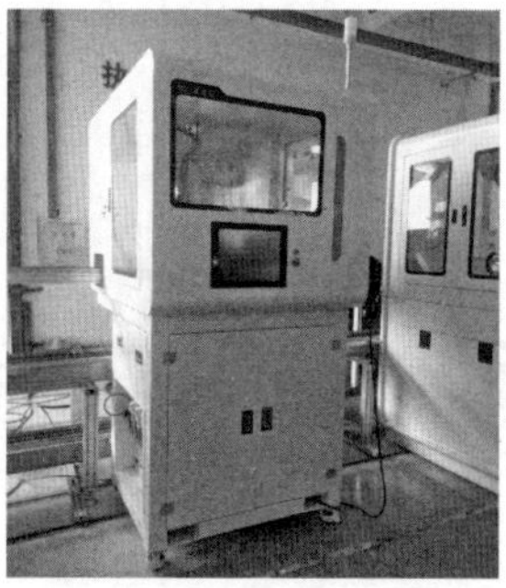

图 8　鞋底智能涂胶工作站

1）鞋底模型重构过程。首先将鞋底放置于伺服传送带上，3D 照相机对鞋底进行扫描；再通过视觉软件处理已采集的数据，重构鞋底的三维模型。

2）鞋底涂胶轨迹路径规划。根据鞋底涂胶区域，在鞋底三维模型上搜索出一组空间点，处理并规划出鞋底涂胶轨迹路径。

3）动态跟随涂胶。为减少鞋底停车涂胶的时间，采用伺服皮带传送带进行鞋底精确输送，利用工业机器人的第七轴控制功能，实现涂胶机器人的跟随喷胶作业。

（5）智能机器人上下料压底机。配合多工位数控旋转压实机（如图 9 所示），采用机器人夹持鞋楦进行压实机自动上料和下料。同时，搭载 RFID 无线射频系统，自动识别鞋楦左右脚，根据码数大小，自适应调整压实参数，机器人夹持鞋楦放入指定工位。

图 9　机器人上下料数控压实机

三、项目成果

1. 应用效果

本项目通过三维机器视觉和工业机器人等技术，实现了制鞋成型生产线中划线、打粗、喷胶等工序的自动化。例如，安信和广宥共引进 40 余套华数机器人，减少企业工人达 80 余人，节省胶水用量达 30%，提升了产品合格率。安信冷粘智能生产线如图 10 所示。广宥冷粘智能生产线如图 11 所示。

图 10　安信冷粘智能生产线

图 11　广宥冷粘智能生产线

工业机器人结合三维机器视觉技术，有效提高了自动化制鞋成型生产线的柔性程度，能够解决制鞋成型工艺中鞋面、鞋底等材料的来料不一致等问题。采用水性胶的自动喷涂作业，使智能生产线更加安全、环保。

2. 亮点和创新点

（1）智能生产线利用三维视觉技术，实现了工业机器人的智能感知、自主决策和自动执行。每条智能产品配置一套基于三维视觉技术的工业机器人自动成型工艺轨迹规划的视觉系统，视觉扫描精度高达 0.1mm，可根据所扫描的鞋面三维点云模型的差异，通过与标准的三维点云模型进行三维空间的模板匹配，自动矫正补偿机器人的成型工艺轨迹点位，从而实现精准划线、打粗和喷胶。

（2）工艺知识库实现快速换款敏捷生产。构建智能生产线工艺知识库，将订单、设备、成型工艺参数等信息存储于云端。当用户需要进行换款生产时，只需输入订单号即可实现成型工艺参数的自动导入；当遇到新订单中的新材料，工艺知识库可根据新订单中的鞋面材质的物理和化学等信息，自动生成供参考的工艺参数，提高了新材料、新鞋型上线的调试时间。

〔撰稿人：泉州华中科技大学智能制造研究院苏惠阳、王平江、何钊滨〕

激光飞行焊在汽车焊装领域的应用

一、应用背景

激光焊接作为一种高效精密的焊接方式，相比传统的焊接工艺，具有单位热输入量少、热变形小、焊缝深宽比例大、焊接速度快、焊缝强度高于等优点，广泛应用于航天、船舶及汽车等工业领域。随着与自动控制技术、机器人技术的结合，激光飞行焊技术现已广泛用于车身底板、侧围车架、车顶、车门及车身总成等部分和车身大型覆盖件的焊装中，成为车身装配的一种先进工艺手段。激光飞行焊技术如图 1 所示。

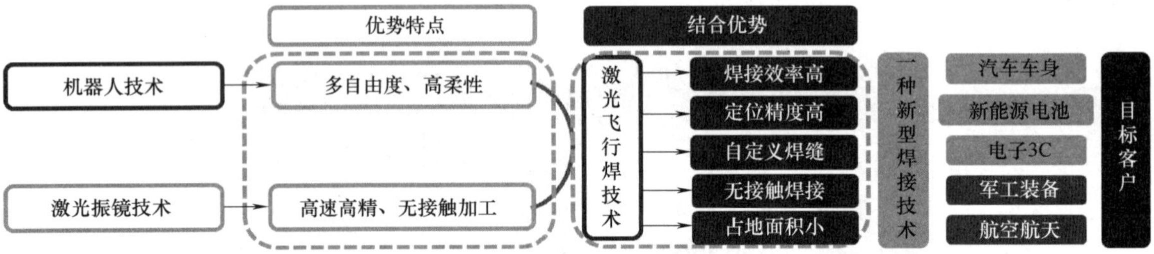

图 1　激光飞行焊技术

相对于传统成熟的激光焊接工艺技术，激光飞行焊接技术是通过使用机器人，结合振镜扫描技术进行焊接的一种新型工艺。其主要优点在于焊接速度快的同时与工件无接触，可以最大限度地消除每段焊接前不断重复定位造成的时间消耗，使得激光束在线时间最大化，从而提高生产率，其生产率可以达到普通电阻焊的 4~6 倍。电阻焊节拍构成如图 2 所示。激光飞行焊节拍构成如图 3 所示。

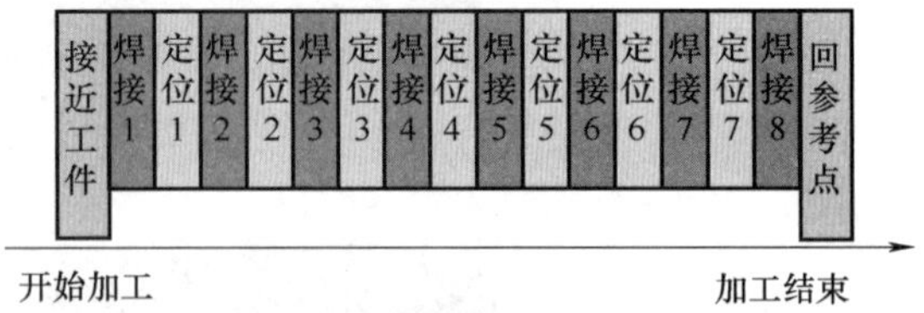

图 2　电阻焊节拍构成

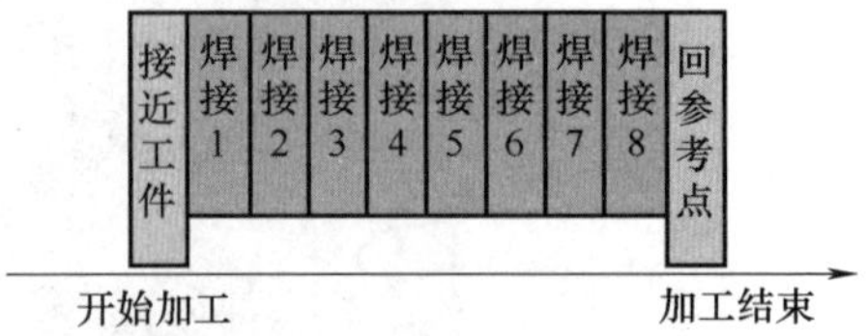

图 3　激光飞行焊节拍构成

国外科研机构针对飞行焊接进行了较为全面而深入的研究，具体包括系统集成、扫描焊接工艺和工业应用等方面。目前，国外多以动态聚焦式飞行焊接为主，通常采用大功率 CO_2 激光器、碟片激光器和光纤激光器。例如，德国 Rofin 集团生产的 Rofin SWS 飞行焊接系统可搭载最大功率为6kW的Rofin DP系列半导体泵浦激光器或DS系列Disc圆片激光器，通过离线编程及轨迹生成系统，振镜和机器人可以同步工作，实现了高速无时滞焊接；BMW公司在焊接某个工件时，采用激光扫描焊接，焊接时间为5s，焊缝检测显示各个部位的焊接质量优良，而采用传统电阻点焊需要30s，采用传统激光焊接需要23s。BMW公司汽车工件焊点分布如图4所示。

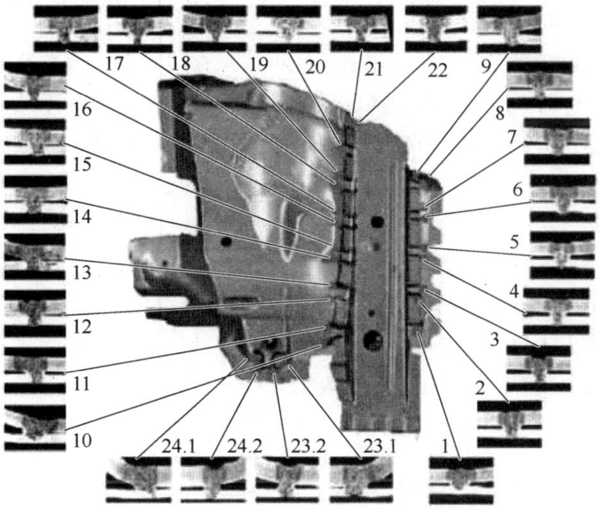

图4　BMW公司汽车工件焊点分布

德国通快集团研发的可编程聚焦扫描模组PFO 3D，可以使所有轴对光束进行高速三维定位，这些轴可以在不到30ms的时间内将光束从一端重新定位到另一端。各个轴之间的协同运动，可实现直线、圆形或弧形等各种模式的焊接加工。目前，德国通快集团开发的机器人扫描焊接系统方案通过了德国汽车行业严格的认证测试，并已应用于系列生产中。德国通快集团飞行焊接技术如图5所示。

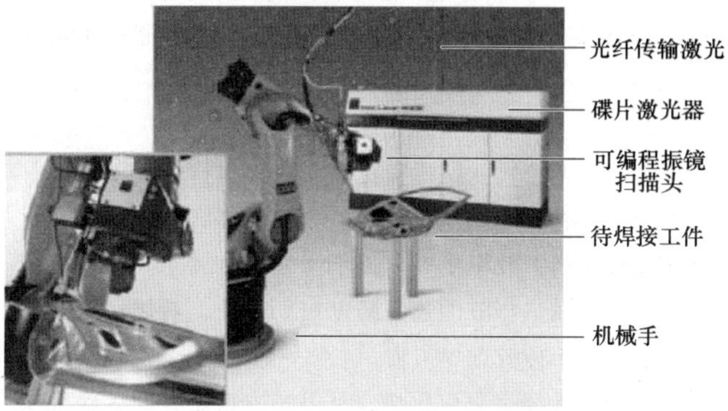

图5　德国通快集团飞行焊接技术

二、实施情况

湖南中南智能激光科技有限公司针对汽车门盖类部件的焊接开发了激光飞行焊接工作站，激光飞行焊接工作站系统由机器人系统、激光系统、旋转变位机、焊接工装及监控系统等组成。该系统实现了模块化设计，除可单机使用外，还可以实现多系统连线，配合自动上下料功能，实现高效率柔性化分序生产。机器人激光飞行焊接工作站如图6所示。机器人激光飞行焊接工作站多系统连线如图7所示。

图6　机器人激光飞行焊接工作站

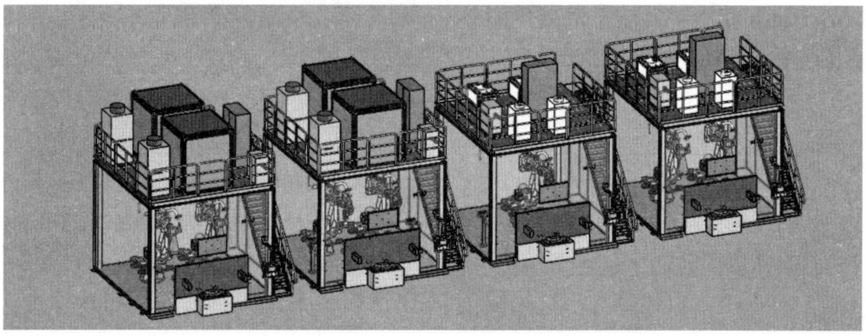
图7　机器人激光飞行焊接工作站多系统连线

1. 机器人及激光焊接系统

机器人及激光焊接系统是机器人激光飞行焊接工作站的核心部分，由工业机器人、激光器和激光扫描振镜组成。机器人一般选用负载为 90kg 以上的中型机器人，通过总线通信接口，与激光器、振镜系统协同运行。激光器一般选择功率在 4kW 以上的光纤激光器，振镜为配套高功率三轴振镜焊接头，具备三维扫描焊接功能，能覆盖 400mm×400mm×200mm 的空间范围。

2. 旋转变位机及焊接工装

通过配置旋转变位机，机器人激光飞行焊接工作站外上/下料与站内焊接可同时完成，相比于单工位工作站，可实现连续生产，效率更高。由于激光焊接属于非接触式焊接，其焊接质量与零件装配精度密切相关，对焊接工装的要求也不同于传统点焊工装。工装一般采用多点压紧方式，每个焊缝位置都有对应压块，且可独立控制开闭，保证了足够的压紧力以消除焊接间隙。

3. 外围系统

外围系统由冷却系统、除尘系统和防护系统等组成。高温环境会影响激光器内精密部件的寿命，对焊接质量也有较大影响，同时，在焊接过程中，激光器及振镜头内部也会产生较多的热量，因此，冷却系统必不可少。机器人激光飞行焊接工作站配备水冷式循环冷水机，可以同时为激光器及振镜头等发热部件提供冷却；除尘系统采用大风量除尘器，可及时收集焊接过程中产生的烟尘；通过设计全封闭的焊接安全房，可以有效防止激光辐射伤害；为便于及时观察系统工作情况，安全房配备有观察窗及视频监控系统，站内焊接图像可在系统显示器上实时显示。

4. 选配功能

激光飞行焊接工作站系统可选配在线焊缝质量监测系统，可以通过接收焊接区域的辐射、温度、图像等不同信息，进行处理分析后实现对焊缝质量的实时监测。获取的数据除了可以实时监控焊接质量外，焊接关键数据还可存储后用于质量追溯与分析。

三、项目成果

对比于传统电阻焊技术，激光飞行焊技术优势明显，激光飞行焊接工作站系统项目成果显著。激光飞行焊技术与电阻焊技术情况对比见表 1。

表 1　激光飞行焊技术与电阻焊技术情况对比

焊接类型	焊接原理	焊接特点	焊接后变形量	维护成本	焊接成本
激光飞行焊	利用高能密度的激光束使材料熔化并迅速冷却，从而形成焊缝	变形小、深宽比大、焊接精度高、自动化程度高	小	无	低
电阻焊	利用电流通过焊件及其接触处产生的电阻热将焊件的局部加热到塑性或熔化状态，在压力下形成焊接接头	设备复杂、焊接预留空间大、耗电量大	中	高	高

1. 经济效益

虽然激光飞行焊技术需要焊前工艺（激光打点，以保证焊接时两板件间隙，便于锌蒸汽溢出），但其焊接速度几乎是电阻点焊的 10 倍；电阻点焊每 250 个电阻焊点就要进行一次修磨电极头以保证焊接质量，而激光飞行焊每 3 000 个焊点进行一次功率检测，并且其检测时间是电阻点焊工艺检测时间的 1/10。因此，从时间效益上讲，电阻点焊的时间效益要远低于激光飞行焊的时间效益。

在耗材与备件更换频率方面，激光飞行焊也优于电阻点焊。虽然激光飞行焊的项目搭建消费较高，但从长期使用的角度讲，激光飞行焊的总体经济成本也低于点焊。

2. 质量提升

激光飞行焊的焊缝形貌可以根据工艺要求灵活设计，常用激光飞行焊的焊缝为 C 型焊缝或一字形焊缝。激光飞行焊的焊接熔深大，焊缝强度高，且焊接热变形小，可用于车门、顶盖等外观件的加工以及前纵梁轮毂总成等需要高强度焊接的零件加工。激光飞行焊的焊缝如图 8 所示。

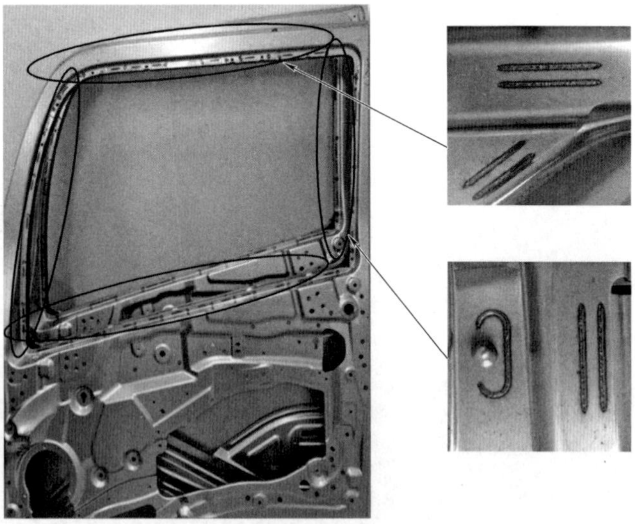

图 8　激光飞行焊的焊缝

3. 设备智能化提升

激光飞行焊焊接时，机器人与焊点的位置关系没有严格要求，只要所有焊点在机器人轨迹扫描范围之内即可。机器人轨迹平顺，不用像电阻点焊那样需要机器人随着焊点位置调整姿态，因此，激光飞行焊具有极强的焊接灵活性。此外，配合完整可靠的质量检测系统，激光飞行焊成为了具有高度智能化的焊接方式。

4. 创新点

（1）振镜式可编程光学扫描控制系统。传统机器人激光焊的每个新焊点都需要进行重新定位，非焊接时长较长，激光在线利用率不高，影响了激光焊的工作效率。机器人激光飞行焊接工作站项目针对汽车白车身的激光焊接加工工艺，开发设计了可编程的光学扫描控制系统，对扫描路径进行优化。具有针对性强，速度快，可定制任意焊缝形状等优势。

（2）高动态机器人激光扫描协同控制技术。机器人与振镜系统需要同步运行，精准配合才能实现高质量焊接。为实现系统协同，机器人激光飞行焊接工作站项目开发了机器人与可编程光学扫描控制系统高速通信接口协议，实现了极低延迟的激光飞行焊接同步。

激光飞行焊技术具有经济效益高、焊缝质量高、自动化智能化程度高等优势。随着汽车焊接技术的不断发展进步，基于车身轻量化与质量提升等方面的考量，激光飞行焊技术将得到越来越多的应用，该项技术具有良好的发展前景。

〔撰稿人：湖南中南智能激光科技有限公司张继伟〕

无轨导全位置爬行焊接机器人在船舶行业的应用

一、应用背景

船舶属于典型的复杂产品系统，船舶建造行业也是典型的劳动密集型行业，具有零部件数量多、结构复杂、钢材加工量和焊接工作量大等特点。焊接是船舶制造工业中的一项十分重要的工艺技术，也是一项专业性和技术性极强的系统性工程。焊接工时在船体建造总工时中的占比可达30%~40%，船舶焊接质量是评价船舶质量的重要指标，焊接生产率也是影响造船成本的主要因素之一。新型高效自动化焊接技术的提升能够促进造船产业快速发展，提高船舶建造质量并缩短建造周期，同时也是体现造船产业技术水平的重要标志。

船舶焊接通常分为部件装焊、分段装焊、总段装焊及船台装焊，焊接位置复杂全面。目前，我国的船舶焊接工艺以手工气体保护焊、埋弧焊为主，部分企业采用垂直气电立焊焊接工艺。

目前，船舶建造在分段装焊、总段装焊阶段的焊接以手工气体保护焊为主，对焊工劳动力需求庞大，且对技能水平要求较高，需要对焊接人员进行多年培训才能满足操作要求。焊接工艺的执行和焊接质量的控制受制于焊接人员的技能水平，因此，焊接质量不稳定。同时，焊接人员劳动力资源不足，特别是熟练的焊接人员资源严重短缺。我国人力资源与社会保障部调研显示，2021年6—9月，我国“最缺工”职业排行中，焊接人员排第9位。焊接人员劳动力资源不足的主要原因有：市场需求量大，焊接技术广泛应用于石油化工、船舶、建筑、航空、轨道交通、核电工程等领域，焊接工人在工业上起着不可或缺的作用；焊接工人培训周期长，焊接作业伴随高温、强辐射、恶劣的工作条件和职业病，造成有效焊接作业工龄下降，焊接工人流失，甚至阻碍了年轻人从事焊接职业。

因此，开发和推广更新的自动化焊接技术及解决方案，实现自动化、全位置、高效及高质量焊接，对推动我国造船产业高质量发展具有十分重要的意义。

二、实施情况

北京博清科技有限公司（简称“博清科技”）以无轨导全位置爬行焊接机器人为核心产品，为造船行业自动化焊接提供了新方案。该机器人作为国内及国际的首创产品，由清华大学潘际銮院士团队历经20余年研发而成，是国家“863”计划研发成果。无轨导全位置爬行焊接机器人以永磁吸附方式通过履带式爬行机构在船体大型结构件表面自由行走，通过激光传感、图像识别及控制算法等多学科技术自主识别焊缝并自适应进行全位置焊接作业，并可在船体结构件表面进行长距离、长时间、高强度的连续焊接作业。

1. 机器人的组成

无轨导全位置爬行焊接机器人由机器人本体、控制柜、焊接电源、送丝机、焊枪、保护气以及焊丝、导电嘴等耗材组成（如图1）。

机器人本体主要特点为：

1）无轨道理念设计，采用高可靠性的永磁吸附材料，确保在船体上的吸附和爬行。

2）采用激光跟踪的方法获取焊缝特征，计算识别焊缝三维形貌，控制机器人和焊枪高精度跟踪焊缝运动。

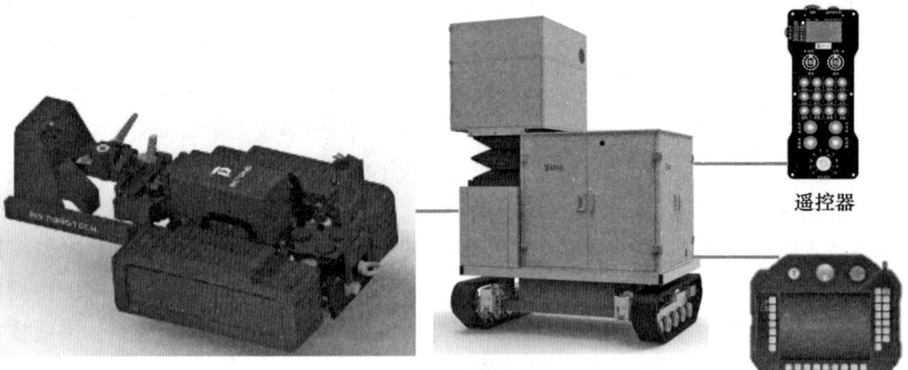

机器人本体　　控制柜及其转运车（电源、送丝及控制线路、焊接电源等）　　遥控器　　操作屏

图1　机器人焊接系统

3）球铰式本体结构确保更加贴合性吸附，车体结构采用铰链式设计，两侧履带采用柔性连接，可以更好地贴合船体表面。

4）全工业化设计，提升设备的稳定性和产品的密封性能，伺服电动机和高精度十字滑块可精准控制焊枪运动。

机器人本体主要技术指标见表1。

表1　机器人本体主要技术指标

参数类别	技术参数
重量	34kg（机器人本体）
行走方式	履带式
焊枪自由度	2个自动、2个手动
最大负载	55kg
工作范围	全位置
最大越障高度	5mm
导向系统	激光跟踪
焊缝跟踪精度	±0.2mm
行驶速度	0~1 500mm/min

2. 焊接步骤和方法

（1）焊接组对。由于船体尺寸较大，坡口组对很难保证间隙的一致性，组对间隙的调节会消耗大量的时间。采用间隙调节工装可确保快速组对，同时控制组对间隙。在焊接之前，钢板背面采用马板焊接固定以保证足够的刚度抵制由于焊接应力产生的变形。

（2）药芯焊丝熔化极气体保护焊方法。药芯焊丝熔化极气体保护焊（FCAW）是使用药芯焊丝作为焊接材料的一种熔化极气体保护焊，与实心焊丝相比，FCAW具有飞溅更少、焊缝成形好等特点。同时，FCAW减少了清除飞溅与修磨焊缝表面的时间。药芯焊丝管内的药芯具有稳弧、改善操作性能等作用，熔敷效率微低于实心焊丝，但熔敷速度比实心焊丝快。通过对药芯焊丝中合金成分的调节，可以适用多种母材。

（3）保护气体采用集中供气方式，可提高现场5S管理水平并减少生产管理成本。

（4）焊枪方案：采用中继送丝方式，在实现长距离稳定焊接的同时减少设备移动带来的停机时间。

（5）焊接工艺：单面焊双面成型工艺。船体在组装阶段的焊接多无法进行双面施焊，因此采用背面加装陶瓷衬垫的方式，焊后坡口的正面和反面都能得到焊缝波纹均匀美观、成型良好而且符合质量要求的焊接效果。

（6）环境自适应方案：加装防风工装可以抵御最高10m/s的风速对焊接作业的影响。

（7）监控方式：机器人操作员通过智能控制中心远距离监控在船体上自主爬行进行焊接工作的机器人的运动、坡口形貌、熔池状态等信息。

3. 焊接作业模式

无轨导全位置爬行焊接机器人与传统手工焊接和轨导小车作业情况对比见表2。

表2　无轨导全位置爬行焊接机器人与传统手工焊接和轨导小车作业情况对比

	无轨导全位置爬行焊接机器人	手工焊接	有轨小车
轨道	无	无	有
调节方式	遥控器远程调节	手动调节	手动调节

（续）

	无轨导全位置爬行焊接机器人	手工焊接	有轨小车
人员技能要求	适中	高	适中
弧光辐射	远离弧光辐射	强弧光辐射	工人在强弧光辐射环境下手动调节操作，无安全防护
作业环境	远离高温	高温辐射	近距离高温作业
劳动强度	单人操作，简单便捷	不间断焊接，劳动强度大	多人配合操作，有一定劳动强度：主操作员不间断调整焊枪；副操作员辅助配合观察焊丝、线缆等工况
生产率	操作员手持遥控器完成操作；设备可长时间、高强度焊接，焊接效率高，约是有轨小车的2.5倍	效率低	提前铺设轨道，增加安装拆卸辅助时间；焊工强弧光辐射下手动调节，影响生产率
焊接质量	设备运行稳定，激光跟踪焊缝质量稳定，合格率高	质量差异大	轨道在高温环境下易变形，影响焊接质量
工况适应性	灵活：无须铺设轨导，具备自动寻缝和对中功能；2.5G不同曲率筒节，全位置自动爬行，实现全位置自动化焊接	灵活，技能要求高，生产率低	工况适应性差：轨道高温变形容易脱轨，影响焊接质量；2.5G位置不同曲率作业半径不同，铺设轨道困难，作业难度大

三、项目效果

1. 应用效果

无轨导全位置爬行焊接机器人可适用于碳素钢、船用A级~E级钢、特种船用高强度钢、06Ni9DR等多种材质，以及代号为1G~6G的全方位焊接需求，并已在集装箱船、夜华天然气运输船、特种船舶等多船型的生产制造过程中应用。

实施案例：

（1）某2500TEU集装箱船合拢缝焊接，材质为船用A级钢，焊接位置代号为3G，户外作业，材料厚度为14~17mm，装配间隙为8~14mm，坡口为双面40°，焊缝高度距地面16~20m。采用无轨导全位置爬行焊接机器人FCAW工艺，焊丝直径为1.2mm，保护气体为100% CO_2，采用直流电弧。经检测，焊缝外观成型良好，UT1级检测均一级合格。

（2）某2500TEU集装箱船船体分部件焊接，材质为船用A级钢，焊接位置代号为2G，车间内作业，材料厚度为12mm，装配间隙为6~10mm，坡口为上35°下0°，焊缝高度距地面4m。采用无轨导全位置爬行焊接机器人FCAW工艺，焊丝直径为1.2mm，保护气体为100% CO_2，采用直流电弧。经检测，焊缝外观成型良好，UT1级检测均一级合格。

（3）某24000TEU集装箱船合拢缝焊接，材质为碳素钢，焊接位置代号为3G，户外作业，材料厚度为18~52mm，坡口为单面V型，采用陶瓷衬垫强迫成型工艺。经检测，焊缝外观成型良好，TOFD检测一级合格。

（4）某LNG船储罐焊接，材质为06Ni9DR，焊接位置代号为3G立向上焊。材料厚度为10mm，坡口为V型50°，采用陶瓷衬垫强迫成型工艺；材料厚度为22mm，坡口为X型50°/65°。焊接过程平稳，电弧燃烧稳定无磁偏吹现象，整条焊缝成型美观。焊缝质量（NDT RT、UT）合格率达98%以上，远高于手工电焊条和埋弧焊探伤合格率，同时，焊接材料用量节省达20%。无轨导全位置爬行焊接机器人船体焊接及焊接效果如图2所示。

图2　无轨导全位置爬行焊接机器人船体焊接及焊接效果

2. 亮点和创新点

无轨导全位置爬行焊接机器人成套系统操作便捷、现场施工方便、工况适应性强，适用于分段装焊、总段装焊等各阶段焊接任务，主要技术特点包括：

1）在无须铺设轨道的条件下，可实现三维曲面的大型结构件上自主寻缝焊接。

2）无须示教编程，直接设置参数，遥控器操作，简单便捷，降低了劳动强度，提高了操作舒适度。

3）5G 全位置焊接自动参数调节。5G 全位置焊接时，对参数进行分区设置，根据行走角度自动切换调取工艺参数，并可以实现焊接工艺数据的开发、存储、调用、迭代和自动化焊接生产。

4）吸附力强、耐高温。机器人经过试验室负载验证，吸附力安全可靠。

5）模块化设计，安装简单，转运方便。焊接成套设备可实现集成转运，降低设备现场组装时间。

6）焊接数据和焊接里程自动记录，可以与船厂智能化管理系统进行有效衔接，对生产率、焊接质量进行多维度分析。

7）可以实现三维曲面焊接，适应不同焊接工况尤其是船体三维大型结构件曲面。

8）高精度激光跟踪和图像处理能力，多传感器融合控制，跟踪精度达±0. 2mm。能够准确识别坡口不同工况。

3. 奖项

博清科技及其“无轨导全位置爬行焊接机器人”多次荣获国内、国际各类奖项，包括：

1）2019 年 10 月，无轨导全位置爬行焊接机器人获第 118 届法国蒙彼利埃国际发明展览会金奖（证书编号：0154）。

2）2019 年 12 月，无轨导全位置爬行焊接机器人经中国机械工业学会组织鉴定委员会鉴定，认为项目成果技术难度大、创新性强，具有自主知识产权，整体技术达到国际先进水平，其中在三维曲面的大型结构件上自主寻缝及焊缝对中技术达到国际领先水平。

3）2020 年 10 月，无轨导全位置爬行焊接机器人获中国发明协会发明创业奖 · 创新奖一等奖（国科奖社证字第 0123 号）。

4）2020 年 12 月，获中国技术创业协会科技创新贡献奖（国科奖社证字第 0194 号）。

5）2021 年 11 月，“大型结构件自动焊用无导轨全位置爬行焊接机器人关键技术及应用”获中国机械科学技术奖科技进步奖二等奖（证书编号：D2109035-01）。

〔供稿单位：北京博清科技有限公司〕

人物篇

介绍在中国机器人行业领域具有一定影响力、为行业发展做过突出贡献的人物

人物篇

机器人化智能制造——中国科学院院士丁汉

我国宇航空间机构及特种机器人设计学科带头人——中国工程院院士邓宗全

推动我国机器人学科发展，国家需要什么，我们就研制什么——中国工程院院士王耀南

用机器人“灵巧手”向世界“露一手”——中国工程院院士刘宏

搭建国家级公共服务平台，推动机器人产业高质量发展——上海电器科学研究所（集团）有限公司董事长吴业华

肩挑使命 勇当智能爬行焊接机器人拓疆者——博清科技董事长冯消冰

机器人化智能制造

——中国科学院院士丁汉

丁汉，1963 年出生于安徽省铜陵市枞阳县，华中科技大学机械科学与工程学院教授，中国科学院院士。1989 年获得华中科技大学工学博士学位，1993 年受德国洪堡基金会资助赴德国斯图加特大学进行客座研究，1997 年获国家杰出青年科学基金资助，2001 年受聘为上海交通大学长江学者特聘教授，2005 年和 2011 年两任国家“973”计划首席科学家，2013 年当选为中国科学院院士。曾任华中科技大学机械科学与工程学院院长、数字制造装备与技术国家重点实验室主任，现任华中科技大学校学术委员会主任、未来技术学院院长、国家数字化设计与制造创新中心主任，国家自然科学基金重大研究计划“共融机器人的基础理论与关键技术研究”指导专家组组长、国家自然科学基金委员会基础科学中心“机器人化智能制造”首席科学家。

丁汉院士长期从事机器人与数字制造理论与技术研究，将机器人学和制造技术相结合。在工业机器人领域，建立了机器人运动和操作规划理论及方法，突破了机器人离线编程与作业系统关键技术，该技术在汽车制造行业得到持续应用；建立了复杂曲面宽行加工理论，揭示了刀具“空间运动-包络成形-加工误差”间的微分传递规律，提出了高速加工稳定性分析的全离散法，突破了叶轮叶片数字化智能化加工技术瓶颈，研制了自主知识产权的 CAM 软件 TurboWorks，形成了航空叶盘叶片高效高精加工成套工艺解决方案，在多家中国航空发动机集团有限公司下属企业得到成功应用；研制了大叶片机器人“测量—操作—加工”一体化（3M）磨抛系统，在中国中车股份有限公司、中国航空工业集团有限公司得到重要应用，取得了显著的经济效益。

丁汉院士领导的数字制造装备与技术国家重点实验室在 2013 年、2018 年两次评估中被评为优秀实验室。此外，丁汉院士还担任中国机械工程学会机器人分会主任委员、《中国科学：技术科学》副主编、《国家科学评论》编委、《科学通报》编委、IEEE/ASME 机电一体化汇刊技术编辑、IEEE 机器人与自动化汇刊资深编辑等。作为大会共同主席，主办了首次在中国大陆召开的 IEEE 国际机器人和自动化大会（ICRA 2011）和中国机器人学术年会（CCRS 2018）。出版学术专著 4 部，发表 SCI 刊物论文 200 余篇。获得国家自然科学奖二等奖 1 项，国家教学成果奖一等奖 1 项，国家科技进步奖二等奖 2 项、三等奖 1 项。

早在 1986 年，丁汉院士就跟随导师熊有伦院士开展机器人方向的研究工作。承担了中国科学院基金“手—眼系统”，1995 年研究成果“基于微机的机器人离线编程系统 HOLPS”获得了国家科技进步奖三等奖；1997 年，丁汉院士获国家杰出青年科学基金资助，开展智能 4M 系统的基础理论与实践研究；2002 年开始，丁汉院士团队开发了系列工业机器人作业系统，应用于码垛、焊接和装配等领域，研究成果“工业机器人作业系统的关键技术研究、开发与应用”获国家科技进步奖二等奖；2016 年，丁汉院士担任国家自然科学基金委员会重大研究计划“共融机器人基础理论与关键技术研究”指导专家组组长，开展共融机器人基础理论与关键技术研究。

2005 年，丁汉院士主持了数字化制造领域首个国家重点基础研究计划项目并获得持续的支持；2012 年，丁汉院士团队的研究成果“复杂曲面数字化制造的几何推理理论与方法”获得国家自然科学奖二等奖。2012 年前后，丁汉院士开始将机器人与数字化制造技术相融合，开拓了机器人化智能制造新方向，推动了制造模式由“铁打的机床，流水的工件”向“铁打的工件，流水的机床”的变革。2017 年丁汉院士主持国家重点研发计划项目“大型风电叶片机器人智能磨抛技术与系统”，其研究成果“大型构件多机器人智能磨抛加工技术”入选 2018 年中国智能制造十大科技进展；“大型汽轮发电机转子线圈智能制造生产线”入选 2021 年中国智能制造十大科技进展，机器人与智能制造的交叉融合得到学术界和产业界的认同。

在未来五年乃至更长时间里，丁汉院士团队将以“机器人化智能制造”基础科学中心为平台，集聚培养一批优秀的中青年学者，将针对国家战略领域大型复杂构件高效高可靠制造的迫切需求，开展机器人化复杂曲面制造、机器人化大型构件制造、机器人化功能结构制造三个方向的研究工作，突破“灵巧、顺应、协同”三大科学挑战，创建机器人化智能制造理论体系，变革大型复杂构件制造技术和制造模式，开辟共融机器人与机器人化智能制造国际学术前沿方向，形成“机器人加工 30μm 工程”成套技术和自主可控的核心工艺软件、关键技术与重大装备，为我国航空、航天、航海等领域的重大工程实施提供重要技术支撑。

我国宇航空间机构及特种机器人设计学科带头人

——中国工程院院士邓宗全

邓宗全，宇航空间机构及特种机器人专家，哈尔滨工业大学机电工程学院教授、博士生导师，2017 年当选中国工程院院士，曾任哈尔滨工业大学副校长，现任国务院学位委员会机械工程学科评议组成员、教育部高等学校机械基础课程教学指导委员会主任委员、中国宇航学会深空探测技术专业委员会副主任委员、中国机械工程学会机械设计分会副主任委员、宇航空间机构及控制技术国防重点学科实验室主任、黑龙江省机械工程学会理事长。他主持完成的科研成果获国家技术发明奖二等奖 2 项、国家科技进步奖三等奖 1 项和黑龙江省最高科学技术奖等省部级奖一等奖 6 项，著书 2 部，发表 SCI/EI 论文 190/460 篇，获授权发明专利 185 项。获得国家级教学成果奖二等奖 2 项及全国高等学校教学名师奖、全国优秀科技工作者，入选龙江 70 年模范人物等荣誉。

1984 年，邓宗全院士毕业于哈尔滨工业大学机械工程专业，毕业之后一直就职于哈尔滨工业大学。邓宗全院士是我国航天工程领域著名专家，他长期从事宇航空间机构及特种机器人设计理论与技术研究，重点研究机械系统的极端环境适应性与高可靠服役问题，是我国星球车移动与转移技术领域的奠基人。

邓宗全院士在国内率先开展了月球车移动系统关键技术研究，建立了星球车移动与转移机构设计理论体系；2004—2008 年，担任“嫦娥三号”探测器论证组副组长，主持月球车移动系统立项论证；2008—2013 年，主持完成了月球车移动与转移两大关键技术，建立了星球车移动与转移机构设计理论体系，为我国嫦娥三号/四号月球车、天问一号火星车的研制做出了重大贡献，实现了宇航空间机构从环地空间到月面应用的跨越式发展；建立了钻取—表取复合式月面采样技术体系，主导研制了“嫦娥五号”月面采样型号产品，推动了我国月球及小行星采样探测技术跨越式发展；提出了具有蠕动功能的主被动复合式火星车移动系统构型，脱陷和爬坡性能远优于美国火星车，用于我国首个火星探测任务“天问一号”火星车。

通过主持完成国家攻关和科学院重大项目，邓宗全院士提出了管道机器人驱动机构设计理论，研制的机器人产品成功用于大庆油田、陕—京天然气管线工程、浦东机场等国家重大管道工程。任国防“973”项目技术首席，主持完成了山地重载足式装备系统设计与技术攻关，研制出国内尺寸最大的六足山地重载移动平台，开拓了重载足式移动机器人在军用武器平台的应用研究，相关特种机器人技术用于国民经济主战场和国防装备领域。在突破月球探测机器人着陆缓冲关键技术的同时，邓宗全院士还带领团队将相关技术拓展应用到轨道交通领域，转化形成轨道交通安全防护系列产品，研制出高强度铝蜂窝制造工艺装备，铝蜂窝吸能器系列产品替代了进口，用于“复兴号”高铁及城市地铁，产业落户黑龙江，并已规模化生产，取得了显著的经济和社会效益。

邓宗全院士创建了宇航空间机构及控制技术国防重点学科实验室；带领团队入选“科技部重点领域创新团队”、黑龙江省优秀研究生导师团队；作为学术带头人，带领哈尔滨工业大学机械工程学院迈入 A+学科，培养了一批拔尖创新人才。带领团队在我国探月四期工程、载人登月工程、太阳系边际探测工程和高超声速武器领域继续开展前瞻性、基础性和工程应用研究，助推我国深空探测和国防领域创新发展，为国家经济和社会发展做出新的贡献。

推动我国机器人学科发展，国家需要什么，我们就研制什么

——中国工程院院士王耀南

王耀南，1957年11月出生于云南龙陵，籍贯江西吉水，机器人与智能控制专家。1977—1989年进入东华理工大学电子计算机专业学习，毕业留校工作任系主任，参加和主持研制我国核工业大型DJS数字计算机运算控制器，服务核科学计算。1989—1995年获湖南大学工业自动化专业硕士和博士学位，参与并主持研制大型电站和泵站高效安全运行智能控制系统，成功应用于南水北调和西电东送等国家重大工程。1995—1997年在国防科技大学自动控制系研读博士后，从事卫星遥感与机器视觉研究。1998—2004年担任德国不来梅大学洪堡学者、欧盟第五框架国际合作重大项目首席科学家，参与并主持研制世界首条混合动力汽车制造与机器人自动化生产线。2001—2020年任湖南大学电气与信息工程学院院长，2016—2020年任湖南大学机器人学院院长。现为湖南大学教授，机器人视觉感知与控制技术国家工程研究中心主任，兼任中国科学技术协会委员、中国图象图形学学会理事长、中国自动化学会会士、中国计算机学会会士、中国人工智能学会会士、国家自然科学基金委员会专家咨询委员等，曾任国家“863”计划智能机器人领域主题专家。

王耀南院士长期致力于机器人感知与控制领域的人才培养、科学研究和工程应用工作。围绕我国高端装备制造自动化的重大需求，研究机器人精密加工、高效协作和灵巧作业的智能控制技术，研制出多套机器人自动化生产线控制系统，并成功应用于航空、船舶、能源、汽车、电子、医药等制造业，持续创新攻克了多项“卡脖子”技术难题。他攻克机器人精密加工的感知与控制关键技术难题，开创精密制造实时测量与控制技术体系，为我国航空制造提供了核心技术支撑；突破多机器人高效协作加工的分布式控制关键技术，主持研制出我国第一代大型复杂构件机器人自动化生产线控制系统，成功应用于船舶、能源等装备制造业，解决了国家重大工程和国防装备核心零部件制造难题；发明机器人自主灵巧作业的高速高精视觉控制技术，主持研制出我国第一代高端制药自动化柔性生产线控制系统，推动我国制药行业转型升级。王耀南院士先后主持完成国家重大项目20多项，解决了社会生产实践中的重大科学问题，获得国家级奖励5项、省部级奖励10多项。

王耀南院士坚持以“传道济民，经世致用”的理念服务社会，面向国家重大紧急需求，勇挑科研重任。2008年，我国南方发生冰雪灾害，电力线路等受到严重损坏。王耀南院士挺身而出，带领团队研制了3台高压输电线路巡检除冰特种机器人，为我国南方电网的安全稳定运行提供了保障。2020年年初，新冠疫情发生，针对疫情防护与救护难题，王耀南院士带领团队研发出一系列重大疫情应急防控救护智能机器人，捐助多家医院使用，辅助医护人员进行巡检、消毒、测温、诊疗等工作，降低了二次污染和交叉感染的概率，2020年被评为湖南省抗疫先进个人。

从教30多年来，王耀南院士不忘教书育人初心，坚持奋战在高等教育一线，桃李满天下，培养出博士80余名，包括长江学者、国家杰出青年等一大批机器人领域杰出学者，获评全国高等学校优秀骨干教师称号。主持建立了湖南大学控制科学与工程、电气工程、电子科学与技术等一级学科博士学位授权点和博士后流动站，获评了控制理论与控制工程国家重点学科、电气工程国家双一流学科，并创建了国内第一个机器人视觉感知与控制技术国家工程实验室、国家高效磨削工程技术研究中心等国家级科研平台，开创了湖南大学机器人学院，成为我国机器人领域高端技术人才重点培育基地，为社会输送了大批高精尖技术人才。获评全国先进工作者、全国五一劳动奖章。

王耀南院士从1991年便开始从事人工智能视觉与控制方面的研究工作。1996年，他出版了国内首部90多万字的《智能控制系统》专著及算法程序。2008年出版的《智能控制理论及应用》至今已出版八次，累计发行量近万册。编著的《智能信息处理技术》等书籍，成为人工智能与神经网络领域重点教材。在机器人领域，他结合研究取得的科研成果，编著了《机器人智能控制工程》等教材，教材

他引次数共 1.2 万余次，为我国机器人技术及其工程应用提供了科学的理论指导。近年来，为服务于“中国制造2025”出版工程的重大战略部署，王耀南教授出版了《移动作业机器人感知、规划与控制》等书籍，被纳入“十三五”国家重点出版物出版规划项目，为我国机器人工程与人工智能专业的教材建设、人才培养和学科发展做出了突出贡献，获评首届全国教材建设先进个人奖。

用机器人“灵巧手”向世界“露一手”

——中国工程院院士刘宏

刘宏，哈尔滨工业大学教授，空间机器人专家，现任哈尔滨工业大学副校长，机器人技术与系统国家重点实验室主任，2021 年当选中国工程院院士。

刘宏长期从事空间机器人基础理论和灵巧操控技术研究，主持研制出我国首台空间机器人，相关成果成功应用于试验七号卫星和天宫二号实验室，为国家空间安全和在轨服务做出了突出贡献。曾获国家技术发明奖二等奖 4 项（3 项排名第一位）、“中国高校十大科技进展”、“何梁何利”科技进步奖、首届全国创新争先奖状。

1986 年，刘宏从哈尔滨工业大学机械工程系精密机械设计专业毕业后，进入机械制造专业开始硕博连读，师从我国著名机器人专家蔡鹤皋院士。1991 年，作为联合培养博士生，他被公派前往德国亚琛工业大学和德国宇航中心学习，1993 年取得博士学位。

在德国工作期间，他主持并成功研制当时世界上传感器最多、复杂程度最高的四指仿人灵巧手，首次提出基于关节扭矩的在手指尖任意直角坐标系的不同坐标上具有可编程阻抗参数的概念，这一概念是实现仿人灵巧手稳定抓握的关键。相关成果于 2007 年获欧盟机器人技术和转化奖一等奖，这是欧盟在机器人领域的最高奖项，刘宏也是迄今为止获得该奖项的唯一华人。

1999 年，刘宏作为学术带头人组建哈工大—德宇航联合机器人实验室，并担任主任，往返于中德两国进行科学研究。面向国家重大需求，刘宏怀揣报效祖国的坚定信念，毅然全职回国。

刘宏及团队刻苦钻研，从基础研究、技术攻关到工程应用，在空间机器人设计制造、系统集成、性能测试与在轨应用等方面取得了重要突破。主持研制了我国首台空间机械臂系统，该系统于 2013 年成功发射，首次成功完成了空间机器人操作等空间维护技术科学试验。刘宏研制的空间机械臂关键技术指标居世界领先，为我国空间机器人系统跻身世界前列做出了重要贡献，其成果入选 2013 年“中国高校十大科技进展”。

2016 年 9 月 15 日，刘宏团队研制的空间灵巧手随天宫二号发射入轨，航天员与灵巧手展示人机协同试验。作为天宫二号三大任务之一，也是天地对话前向习近平总书记演示的唯一一项试验，此次试验是国际上首次成功完成的灵巧手在轨精细维修操作任务。此次试验的成功，标志着我国在轨灵巧操作技术水平进入到了国际前列。未来，灵巧手可代替宇航员完成长时间在危险环境中的维修、安装等工作。

2021 年 10 月 24 日，实践二十一号卫星发射成功，刘宏带领团队完成空间碎片减缓技术在轨验证。

在致力于空间机器人基础理论和灵巧操控技术研究的同时，刘宏十分重视机器人领域的人才培养，特别是本科生培养，他经常与同学们座谈，分享学科发展前沿以及人生感悟，为学生的成长“把脉”支招。

为探索构建拔尖人才培养新模式，哈尔滨工业大学设立了一批由院士领衔或担任班主任的特色班。2021 年 9 月以来，刘宏担任 2021 级智能机器人班班主任，并致力于为机器人和智能制造领域培养国际领军人才。

截至目前，刘宏院士已培养博士研究生 50 余名，为机器人领域人才培养做出了重要贡献。

搭建国家级公共服务平台，推动机器人产业高质量发展

——上海电器科学研究所（集团）有限公司董事长吴业华

吴业华，上海复旦大学高级管理人员工商管理硕士（EMBA），高级经济师、高级会计师，现任上海电器科学研究所（集团）有限公司（简称“上电科”）董事长、上海电器科学研究院董事长、中国电器工业协会副会长、全国中小电机行业协会理事长、国家机器人检测与评定中心（总部）负责人、机器人检测认证联盟理事长。作为行业领军人物，吴业华长期从事电器、电动机、机器人检测、汽车电气化等相关研究和平台搭建工作，近年来主持承担了多项国家和省部级项目，作为负责人组织实施了国家发展和改革委员会增强制造业核心竞争力重点领域关键技术产业化项目——国家机器人检测与评定中心（总部）建设工作。在国家相关部委的支持和指导下，先后组织建成国家机器人检测与评定中心（总部）、工业和信息化部机器人产业技术基础公共服务平台、上海市机器人研发与转化功能型平台、上海市机器人高技能人才培养基地、中国机器人产教融合联盟等一系列公共服务平台，充分发挥了平台对产业发展初期的重要支撑和拉动作用，实现了机器人产品及系统在可靠性、智能化、功能安全、信息安全等方面的整体进步，极大促进了我国机器人产业蓬勃发展。

一、建设创新体系，搭建国家平台

吴业华具有强烈的创新精神、开拓精神和市场意识，作为企业领导者，带领员工攻坚克难，在技术结构转型、业务结构转型、经济结构转型和能力结构转型等方面开展了一系列有效工作。围绕自主创新的主线，通过实现体制机制创新，加强创新能力建设，建立完善的技术创新体系，提升企业的技术创新能力，形成可持续创新能力。充分发挥上电科综合资源优势，以做强、做大科技产业为重点，多专业、多业态共同发展，提高综合竞争力和在相关行业的影响力，使上电科成为所属行业技术发展的领先者。目前，吴业华带领的上电科拥有首个由研究所转变而成的“国家认定企业技术中心”，并先后成为“国家技术创新示范企业”和“国家知识产权示范企业”，拥有“国家机器人检测与评定中心（总部）”等国家级创新平台。上电科以科技创新推动自身经济质量持续向好发展，在电器等传统领域不断巩固和提升行业地位，在机器人、工业互联网等新兴领域逐渐树立起行业地位，进一步扩大品牌影响力。

为了突破机器人行业对核心共性技术，结合“功能型平台”的建设要求，特别是在机器人研发及检测认证领域的发展需求，在上海市推进具有全球影响力的科技创新中心建设中，吴业华带领团队建设了上海机器人研发与转化功能型平台，打通了产业从原理样机到产品的转化之路。2017年以来，上海机器人研发与转化功能型平台以机器人产业需求为导向，聚焦机器人可靠性和智能化，为机器人生产企业和集成企业提供可靠性测评、智能化测评、整体解决方案和核心共性技术支撑。此外，吴业华还带领团队还编制了《中国机器人标准体系建设指南》等顶层设计文件，并受国家标准化管理委员会委托面向全国开展宣传贯彻和培训活动。

二、面向高质发展，推动行业转型

作为中国电器工业协会中小型电机分会理事长，吴业华积极推动全国中小型电机企业实行精细化管理，积极倡导中小型电机企业使用基于专业化生产的自控生产系统，并编制了全国中小型电动机行业技术发展规划。近年来，基于上电科技术研发、检测和标准化实力，吴业华陆续争取到了多个国家级平台落户上海，包括国家工业互联网系统与产品质量监督检验中心（国内首个且唯一）、国家汽车电气化产品及系统质量检验中心、国家工业节能与绿色发展评价中心、国家产业技术基础公共服务平台等。这些平台的获批和建设，为上海乃至长三角在机器人、工业互联网等领域产业经济发展和产业优势集聚发挥了举足轻重的作用。

围绕电器等行业智能化转型升级需求，开展制造技术与信息技术的深度融合、创新集成和工程实施；通过重大项目落地，以标准化为引领，实现装备能力提升、人才团队培育和产业模式创新，形成面向电动机、电器等行业的可复制、可持续的产业发展模式。

为精准拉动服务机器人行业的进步，吴业华带领团队

将服务机器人针对不同的使用场景进行细分，结合市场潜力与机器人技术成熟度，由高到低选出巡检安防、医疗康复、环境提升、物流配送、信息传播、应急救援、餐饮加工、个人辅助、教育教学、建筑施工十大应用场景，形成了2020版《服务机器人十大应用场景白皮书》。帮助应用场景需求方快速了解服务机器人产品与技术现状，激发对服务机器人的实际需求，加强与服务机器人供给方的有效对接，为服务机器人产品应用标准和认证规则制定提供指导，为机器人行业规划和政府相关政策制定提供决策参考。

三、聚焦质量提升，助力产业升级

由吴业华领军牵头建设的“国家机器人检测与评定中心（总部）”全面建成并开展检测、标准、认证、培训、合作交流和信息发布六大职能，有力支撑了机器人企业在研发、测试、生产、应用等环节的质量提升，承担了国家市场监督管理总局下达的机器人风险监测、产品缺陷调研等项目，支撑了行业质量状况分析研究和相关政策制定。他牵头组建了机器人检测认证联盟，并基于机器人检测认证联盟开展了国家机器人CR认证体系建设和实施推广工作，使我国在国际层面率先建立了机器人认证体系，有效地增强了我国在全球机器人产业标准和合格评定程序制定方面的话语权和国际竞争力。通过机器人整机和关键零部件产品检测认证体系的建设，提高了机器人行业检测和认证活动的规范性、一致性和采信度，促进了国家自主检测认证品牌的建设和发展，从而有效提升了机器人产品质量，推动了行业对健康有序发展。在长三角一体化战略下，吴业华牵头建立了长三角机器人创新平台联盟，依托长三角机器人创新平台联盟创建机器人产业生态，探索机器人研究院业务模式，打造机器人产业生态链，为相关人员提供创新创业服务。

四、推动产教融合，赋能行业人才

吴业华推动成立了中国机器人产教融合联盟，制定了行业产教发展规划，推进了机器人技术与人才培养的融合发展。通过搭建机器人产教融合行业信息交流、人才交流、教育培训、展览展示等平台，将人才培养、教师专业化发展、实训实习实践、学生创新创业、企业服务科技创新等功能有机结合，打造产、学、研、转、创、用于一体的模式，提高了技术人才转化率，有效地培养了符合企业、行业要求的高素质技术人才。2020年，吴业华带领团队成功举办了上海市首届工业机器人技术应用大赛暨第四届全国工业机器人技能应用大赛上海选拔赛和上海市经信系统职业技能竞赛“焊接机器人装调”项目的竞赛，通过搭建竞争平台，让高技能人才切磋博弈，在竞争中提升技能，增强合作交流，树立行业技术人才榜样。

此外，吴业华还带领团队精心打造了“领先一步、追求卓越”的企业核心价值观，以“领行业发展、创客户价值、助员工成长、报社会厚爱”为使命，面向战略性新兴产业和行业应用，打造国家级创新服务平台，成为国内多个相关领域的技术创新高地，为行业企业提供了高质量的技术开发、技术转让等高新技术服务；深入研发共性技术，为行业产业提供核心技术、核心部件与核心产品；推动在智慧城市、智慧交通、智能制造、工业互联网等方面研究开发基于核心技术与产品的系统解决方案，打造具有引领性和标杆性的重点项目。围绕配用电系统创新、工业互联网、人工智能、检测与认证等领域，以更高的国际视野，加强国际标准化合作交流，努力将上电科打造成为国内一流、国际知名的智能电工行业科技型企业集团，为行业高质量发展做出更大的贡献。

肩挑使命　勇当智能爬行焊接机器人拓疆者

——博清科技董事长冯消冰

冯消冰，清华大学机械工程系博士，教授级高级工程师，师从中国科学院院士、清华大学机械系潘际銮教授。于2017年1月创办北京博清科技有限公司（简称“博清科技”），任董事长兼总经理。现任九三学社中央促进技术创新工作委员会委员、工业和信息化部领军人才、中关村高端领军人才、中关村科技园区管理委员会科技研发专家、中国机械工程学会高级会员。荣获2019年度合肥市优秀领军人才、泰州市双创人才和第二十四届北京市优秀青年工程师等。作为第一发明人，拥有专利200余项，曾承担科学技术部“863计划”等多项国家级项目，获2021年中国机械工业科学技术进步奖二等奖、2020年中国发明协会—发明创业奖·创新奖（一等奖）、2019年法国蒙彼利埃国际发明奖金奖等荣誉奖项。

2017年，冯消冰博士创办了博清科技，承接了潘际銮院士对大型结构件自动化焊接20余年的研究成果——无轨导全位置爬行焊接机器人。

经过5年发展，冯消冰博士带领博清科技设立了院士专家工作站、博士后科研工作站，并致力于机器人智能技术和智能焊接工艺方案的开发，在已有的技术研发成果基础上不断突破创新，将智能特种机器人产品推向了油气化工、轨道交通、船舶制造、核电、能源电力和建筑钢构等多个领域。

在自主创新方面，冯消冰博士首创了无轨导爬行焊接机器人，推动了大型结构件自动化焊接作业模式的变革，并通过了中国机械工程学会科学技术成果鉴定。无轨导爬行焊接机器人项目成果技术难度大、创新性强，具有自主知识产权，整体技术达到了国际先进水平，其中，在三维曲面的大型结构件上自主寻缝及焊缝对中技术达到了国际领先地位。

〔供稿单位：北京博清科技有限公司〕

政策篇

中国机器人工业年鉴
2022

政策篇

十五部门关于印发《“十四五”机器人产业发展规划》的通知

工信部联规〔2021〕206号

各省、自治区、直辖市、计划单列市及新疆生产建设兵团工业和信息化、发展改革、科技、公安、民政、住房和城乡建设、农业农村、卫生健康、应急管理、市场监管、银保监、证监、国防科工主管部门，各人民银行分行，国家矿山安全监察局各省级局，各有关单位：

现将《“十四五”机器人产业发展规划》印发给你们，请结合实际，认真贯彻实施。

工业和信息化部
国家发展和改革委员会
科学技术部
公安部
民政部
住房和城乡建设部
农业农村部
国家卫生健康委员会
应急管理部
中国人民银行
国家市场监督管理总局
中国银行保险监督管理委员会
中国证券监督管理委员会
国家国防科技工业局
国家矿山安全监察局
2021年12月21日

“十四五”机器人产业发展规划

机器人被誉为“制造业皇冠顶端的明珠”，其研发、制造、应用是衡量一个国家科技创新和高端制造业水平的重要标志。当前，机器人产业蓬勃发展，正极大改变着人类生产和生活方式，为经济社会发展注入强劲动能。为加快推动机器人产业高质量发展，依据《中华人民共和国国民经济和社会发展第十四个五年规划和2035年远景目标纲要》，制定本规划。

一、现状与形势

“十三五”以来，通过持续创新、深化应用，我国机器人产业呈现良好发展势头。产业规模快速增长，年均复合增长率约15%，2020年机器人产业营业收入突破1 000亿元，工业机器人产量达21.2万台（套）。技术水平持续提升，运动控制、高性能伺服驱动、高精密减速器等关键技术和部件加快突破，整机功能和性能显著增强。集成应用大幅拓展，2020年制造业机器人密度达到246台/万人，是全球平均水平的近2倍，服务机器人、特种机器人在仓储物流、教育娱乐、清洁服务、安防巡检、医疗康复等领域实现规模应用。

当前新一轮科技革命和产业变革加速演进，新一代信息技术、生物技术、新能源、新材料等与机器人技术深度融合，机器人产业迎来升级换代、跨越发展的窗口期。世界主要工业发达国家均将机器人作为抢占科技产业竞争的前沿和焦点，加紧谋划布局。我国已转向高质量发展阶段，建设现代化经济体系，构筑美好生活新图景，迫切需要新兴产业和技术的强力支撑。机器人作为新兴技术的重要载体和现代产业的关键装备，引领产业数字化发展、智能化升级，不断孕育新产业新模式新业态。机器人作为人类生产生活的重要工具和应对人口老龄化的得力助手，持续推动生产水平提高、生活品质提升，有力促进经济社会可持续发展。

面对新形势新要求，未来5年乃至更长一段时间，是我国机器人产业自立自强、换代跨越的战略机遇期。必须抢抓机遇，直面挑战，加快解决技术积累不足、产业基础薄弱、高端供给缺乏等问题，推动机器人产业迈向中高端。

二、总体要求

（一）指导思想

以习近平新时代中国特色社会主义思想为指导，全面贯彻党的十九大和十九届二中、三中、四中、五中、六中全会精神，立足新发展阶段，完整、准确、全面贯彻新发展理念，构建新发展格局，统筹发展和安全，以高端化智能化发展为导向，面向产业转型和消费升级需求，坚持“创新驱动、应用牵引、基础提升、融合发展”，着力突破核心技术，着力夯实产业基础，着力增强有效供给，着力拓展市场应用，提升产业链供应链稳定性和竞争力，持续完善产业发展生态，推动机器人产业高质量发展，为建设制造强国、健康中国，创造美好生活提供有力支撑。

（二）发展目标

到2025年，我国成为全球机器人技术创新策源地、高端制造集聚地和集成应用新高地。一批机器人核心技术和高端产品取得突破，整机综合指标达到国际先进水平，关键零部件性能和可靠性达到国际同类产品水平。机器人产业营业收入年均增速超过20%。形成一批具有国际竞争力的领军企业及一大批创新能力强、成长性好的专精特新“小巨人”企业，建成3～5个有国际影响力的产业集群。制造业机器人密度实现翻番。

到2035年，我国机器人产业综合实力达到国际领先水平，机器人成为经济发展、人民生活、社会治理的重要组成。

三、主要任务

（一）提高产业创新能力

加强核心技术攻关。聚焦国家战略和产业发展需求，突破机器人系统开发、操作系统等共性技术。把握机器人技术发展趋势，研发仿生感知与认知、生机电融合等前沿技术。推进人工智能、5G、大数据、云计算等新技术融合应用，提高机器人智能化和网络化水平，强化功能安全、网络安全和数据安全。

建立健全创新体系。发挥机器人重点实验室、工程（技术）研究中心、创新中心等研发机构的作用，加强前沿、共性技术研究，加快创新成果转移转化，构建有效的产业技术创新链。鼓励骨干企业联合开展机器人协同研发，推动软硬件系统标准化和模块化，提高新产品研发效率。支持企业加强技术中心建设，开展关键技术和应用技术开发。

机器人核心技术攻关行动

共性技术	机器人系统开发技术、机器人模块化与重构技术、机器人操作系统技术、机器人轻量化设计技术、信息感知与导航技术、多任务规划与智能控制技术、人机交互与自主编程技术、机器人云-边-端技术、机器人安全性与可靠性技术、快速标定与精度维护技术、多机器人协同作业技术、机器人自诊断技术等。
前沿技术	机器人仿生感知与认知技术、电子皮肤技术、机器人生机电融合技术、人机自然交互技术、情感识别技术、技能学习与发育进化技术、材料结构功能一体化技术、微纳操作技术、软体机器人技术、机器人集群技术等。

（二）夯实产业发展基础

补齐产业发展短板。推动用产学研联合攻关，补齐专用材料、核心元器件、加工工艺等短板，提升机器人关键零部件的功能、性能和可靠性；开发机器人控制软件、核心算法等，提高机器人控制系统的功能和智能化水平。

加强标准体系建设。建立全国机器人标准化组织，更好发挥国家技术标准创新基地（机器人）的技术标准创新作用，持续推进机器人标准化工作。健全机器人标准体系，加快急需标准研究制定，开展机器人功能、性能、安全等标准制修订，加强科技成果向标准转化和标准应用推广。积极参与国际标准化工作。

提升检测认证能力。鼓励企业加强试验验证能力建设，强化产品检测，提高质量与可靠性。增强机器人检测与评定中心检测能力，满足企业检测认证服务需求。推进中国机器人认证体系建设。

机器人关键基础提升行动

高性能减速器	研发RV减速器和谐波减速器的先进制造技术和工艺，提高减速器的精度保持性（寿命）、可靠性，降低噪音，实现规模生产。研究新型高性能精密齿轮传动装置的基础理论，突破精密/超精密制造技术、装配工艺，研制新型高性能精密减速器。
高性能伺服驱动系统	优化高性能伺服驱动控制、伺服电机结构设计、制造工艺、自整定等技术，研制高精度、高功率密度的机器人专用伺服电机及高性能电机制动器等核心部件。
智能控制器	研发具有高实时性、高可靠性、多处理器并行工作或多核处理器的控制器硬件系统，实现标准化、模块化、网络化。突破多关节高精度运动解算、运动控制及智能运动规划算法，提升控制系统的智能化水平及安全性、可靠性和易用性。
智能一体化关节	研制机构/驱动/感知/控制一体化、模块化机器人关节，研发伺服电机驱动、高精度谐波传动动态补偿、复合型传感器高精度实时数据融合、模块化一体化集成等技术，实现高速实时通信、关节力/力矩保护等功能。
新型传感器	研制三维视觉传感器、六维力传感器和关节力矩传感器等力觉传感器、大视场单线和多线激光雷达、智能听觉传感器以及高精度编码器等产品，满足机器人智能化发展需求。
智能末端执行器	研制能够实现智能抓取、柔性装配、快速更换等功能的智能灵巧作业末端执行器，满足机器人多样化操作需求。

（三）增加高端产品供给

面向制造业、采矿业、建筑业、农业等行业，以及家庭服务、公共服务、医疗健康、养老助残、特殊环境作业等领域需求，集聚优势资源，重点推进工业机器人、服务机器人、特种机器人重点产品的研制及应用，拓展机器人产品系列，提升性能、质量和安全性，推动产品高端化智能化发展。

机器人创新产品发展行动

工业机器人	研制面向汽车、航空航天、轨道交通等领域的高精度、高可靠性的焊接机器人，面向半导体行业的自动搬运、智能移动与存储等真空（洁净）机器人，具备防爆功能的民爆物品生产机器人，AGV、无人叉车，分拣、包装等物流机器人，面向3C、汽车零部件等领域的大负载、轻型、柔性、双臂、移动等协作机器人，可在转运、打磨、装配等工作区域内任意位置移动、实现空间任意位置和姿态可达、具有灵活抓取和操作能力的移动操作机器人。
服务机器人	研制果园除草、精准植保、果蔬剪枝、采摘收获、分选，以及用于畜禽养殖的喂料、巡检、清淤泥、清网衣附着物、消毒处理等农业机器人，采掘、支护、钻孔、巡检、重载辅助运输等矿业机器人，建筑部品部件智能化生产、测量、材料配送、钢筋加工、混凝土浇筑、楼面墙面装饰装修、构部件安装、焊接等建筑机器人，手术、护理、检查、康复、咨询、配送等医疗康复机器人，助行、助浴、物品递送、情感陪护、智能假肢等养老助残机器人，家务、教育、娱乐和安监等家用服务机器人，讲解导引、餐饮、配送、代步等公共服务机器人。
特种机器人	研制水下探测、监测、作业、深海矿产资源开发等水下机器人，安保巡逻、缉私安检、反恐防暴、勘查取证、交通管理、边防管理、治安管控等安防机器人，消防、应急救援、安全巡检、核工业操作、海洋捕捞等危险环境作业机器人，检验采样、消毒清洁、室内配送、辅助移位、辅助巡诊查房、重症护理辅助操作等卫生防疫机器人。

（四）拓展应用深度广度

鼓励用户单位和机器人企业联合开展技术试验验证，支持机器人整机企业实施关键零部件验证，增强公共技术服务平台试验验证能力。推动机器人系统集成商专注细分领域特定场景和生产工艺，开发先进适用、易于推广的系统解决方案。支持搭建机器人应用推广平台，组织产需精准对接。推进机器人应用场景开发和产品示范推广。加快医疗、养老、电力、矿山、建筑等领域机器人准入标准制订、产品认证或注册。鼓励企业建立产品体验中心，加快家庭服务、教育娱乐、讲解导引、配送餐饮等机器人推广。探索建立新型租赁服务平台，鼓励发展智能云服务等新型商业模式。

“机器人+”应用行动

深耕行业应用	在已形成较大规模应用的领域，如汽车、电子、机械、轻工、纺织、建材、医药、公共服务、仓储物流、智能家居、教育娱乐等，着力开发和推广机器人新产品，开拓高端应用市场，深入推动智能制造、智慧生活。
拓展新兴应用	在初步应用和潜在需求领域，如矿山、石油、化工、农业、电力、建筑、航空、航天、船舶、铁路、核工业、港口、公共安全、应急救援、医疗康复、养老助残等，结合具体场景，开发机器人产品和解决方案，开展试点示范，拓展应用空间。
做强特色应用	在特定细分场景、环节及领域，如卫浴、陶瓷、光伏、冶炼、铸造、钣金、五金、家具等细分领域，喷釉、修胚、抛光、打磨、焊接、喷涂、搬运、码垛等关键环节，形成专业化、定制化解决方案并复制推广，打造特色服务品牌，形成竞争新优势。

（五）优化产业组织结构

培育壮大优质企业。鼓励骨干企业通过兼并重组、合资合作等方式，培育具有生态主导力和核心竞争力的机器人领航企业。推动企业深耕细分行业，加强专业化、差异化发展，在机器人整机、零部件和系统集成等领域，打造一批专精特新“小巨人”企业和单项冠军企业。

推进强链固链稳链。鼓励骨干企业瞄准关键零部件、高端整机产品的薄弱环节，联合配套企业加快精密齿轮、润滑油脂、编码器、核心软件等研发、工程化验证和迭代升级。支持产业链上中下游协同创新、大中小企业融通发展，构建良好产业生态。加强国际产业安全合作，推动机器人产业链供应链多元化。

打造优势特色集群。推动合理区域布局，引导资源和创新要素向产业基础好、发展潜力大的地区集聚，培育创新能力强、产业环境好的优势集群。支持集群加强技术创新，聚焦细分领域，提供专业性强的机器人产品和系统解决方案，完善技术转化、检验检测、人才培训等公共服务，培育特色集群品牌。

四、保障措施

（一）强化统筹协调推进

统筹行业管理、科技、财政、金融等部门的资源和力量，加强与用户部门政策协同，支持机器人产业创新发展。鼓励各地制定针对性政策措施，协调解决机器人产业重大问题，指导企业做好安全生产和环境保护。发挥行业协会、中介组织等桥梁纽带作用，加强机器人产业动态监测，及时反馈规划实施过程中的问题并提出建议。

（二）加大财税金融支持

加强国家重大科技项目、国家重点研发计划等对机器人研发应用的支持。优化首台（套）重大技术装备保险补偿机制试点工作，发挥政府采购作用，促进机器人创新产品应用。落实好研发费用加计扣除等税收政策。推动各类产业基金积极投入，支持符合条件的企业上市。鼓励产融合作试点城市加大对机器人企业的投入。引导金融机构创新应收账款融资、供应链融资等服务模式。

（三）营造良好市场环境

完善《工业机器人行业规范条件》，加大实施和采信力度。支持第三方检测认证机构能力建设，提升市场认可度和国际影响力。加强知识产权保护，加大知识产权侵权行为惩治力度。规范市场招标采购，禁止设立歧视性条款。开展机器人伦理道德和法律法规研究。

（四）健全人才保障体系

加强机器人科技人才培养，支持高校和科研院所培养专业技术和复合型高端人才。推进新工科建设，鼓励校企联合开展产学合作协同育人项目，共建一批现代产业学院，推行订单培养、现代学徒制等模式，培养产业发展急需人才。实施职业技能提升行动，支持开展企业职工技能提升和转岗转业培训。支持举办各类机器人大赛。加大科普工作力度，提升青少年机器人科技素养。

（五）深化国际交流合作

支持企业、学术机构、行业组织等开展技术、标准、检测认证、知识产权、人才培养等国际交流与合作。鼓励国外企业与机构在华设立研发机构、教育培训中心等。支持国内企业在发达国家设立研发机构，加强国际技术合作，加快机器人在国际成熟场景落地。充分利用多双边合作机制，推进机器人产品和解决方案“走出去”，实现合作共赢。

其他与机器人行业发展相关的“十四五”规划

2021年是“十四五”规划开局之年，也是全面建设社会主义现代化国家新征程的开启之年。机器人作为新兴技术的重要载体和人类生产生活的重要工具，对推动制造业优化升级，提高安全生产水平，改善人民生活品质，满足日益增长的医疗卫生健康需求具有重要意义，党中央、国务院高度重视机器人行业发展，我国政府及相关部门出台的“十四五”规划中多有涉及机器人行业。顶层设计的长远规划为我国机器人行业发展提供了强有力的支撑和引导，有利于行业快速、健康发展。本文对除《“十四五”机器人产业发展规划》外的其他与机器人行业发展相关的“十四五”规划进行梳理，从政策导向角度分析机器人行业发展方向。

2021年3月，十三届全国人大四次会议通过《中华人民共和国国民经济和社会发展第十四个五年规划和2035年远景目标纲要》，提出培育先进制造业集群，推动集成电路、航空航天、船舶与海洋工程装备、机器人、先进轨道交通装备、先进电力装备、工程机械、高端数控机床、医药及医疗设备等产业创新发展。

2021年11月，工业和信息化部印发《“十四五”信息化和工业化深度融合发展规划》，指出在“培育新产品新模式新业态”方面，支持制造企业与信息技术企业联合攻关，推动人工智能、5G、先进传感等技术的融合应用，培育工业级智能硬件、智能机器人、智能网联汽车、智能船舶、无人机、智能可穿戴设备、智能家居等新型智能产品；在“推进行业领域数字化转型”方面，实施“超高清视频+5G+AI+VR”融合创新应用工程，推动新技术产品在工业可视化、缺陷检测、产品组装定位引导、机器人巡检等消费品行业典型场景的创新应用。

2021年12月，工业和信息化部印发《“十四五”民用爆炸物品行业安全发展规划》，提出力争到2025年现有危险岗位操作人员机器人替代比例达到40%，并指出在“增强创新驱动能力”方面，推动以工业机器人、仓储配送系统为重点的智能制造装备及在线实时监测和少（无）人化技术装备研发应用；在“深入推进智能制造”方面，推动机器人及智能成套装备在生产线上下料、设备巡检等环节的应用，进一步推进危险岗位机器人替代；在“提升有效供给能力”方面，鼓励上下游企业以工业机器人、工业数码电子雷管芯片和起爆器、现场混装炸药生产制备系统等应用需求为重点，参与民爆产品、设备研发，加强与应用产业紧密衔接。

2021 年 12 月，工业和信息化部印发《“十四五”工业绿色发展规划》，指出“十四五”时期要实施“绿色产品和节能环保装备供给工程”，其中污染治理机器人是重点发展的绿色环保装备之一。

2021 年 12 月，工业和信息化部、国家发展和改革委员会、教育部、科学技术部、财政部、人力资源和社会保障部、国家市场监督管理总局、国务院国有资产监督管理委员会八部门联合印发《“十四五”智能制造发展规划》，围绕创新、应用、供给和支撑四个方面部署了智能制造技术攻关行动、智能制造示范工厂建设行动、行业智能化改造升级行动、智能制造装备创新发展行动、工业软件突破提升行动、智能制造标准领航行动六个专项行动，其中：“行业智能化改造升级行动”要求提高消费品领域产品质量和安全性，满足多样化、高品质需求，大力推广面向工序的专用制造装备和专用机器人；“智能制造装备创新发展行动”将智能焊接机器人、智能移动机器人、半导体（洁净）机器人等工业机器人列为加快研发的通用智能制造装备，将协作机器人、自适应机器人列为加快研发的新型智能制造装备。

2021 年 12 月，工业和信息化部、国家卫生健康委员会、国家发展和改革委员会、科学技术部、财政部、国务院国有资产监督管理委员会、国家市场监督管理总局、国家医疗保障局、国家中医药管理局、国家药品监督管理局十部门联合印发《“十四五”医疗装备产业发展规划》，提出到 2025 年，体外膜肺氧合机（ECMO）、腔镜手术机器人、7T 人体全身磁共振成像系统、质子重离子一体治疗系统等一批高端产品实现应用，明确将医疗机器人用的减速器、精密电动机、光学镜头列为产业基础攻关行动的重点攻关基础零部件之一，并指出在“加快智能医疗装备发展”方面，开发导诊、门诊筛查、咽拭子采集、收集、辅助检验、智能无接触式扫描、辅助诊断、重症监护/护理、智能巡诊、配液送药、医疗垃圾处理、消杀灭菌等系列医疗机器人，提升安全诊疗防护能力；同时提出实施“重点医疗装备供给能力提升行动”，提升质子治疗系统、重离子治疗系统、一体化影像引导医用直线加速器、神经外科手术机器人、放射介入手术机器人、眼科手术机器人等高可靠性放射治疗设备，以及腔镜手术机器人、骨科手术机器人、口腔数字化种植机器人等智能手术机器人的性能水平；此外，在重点任务“培育新模式新业态，提升全方位服务能力”中，针对紧急医学救援需求，提出发展海上远程医学救援装备、航空用便携式紧急医学救援设备、现场急救背囊、应急救援机器人、车载急救手术系统等装备。

2021 年 12 月，工业和信息化部、科学技术部、自然资源部三部门联合印发《“十四五”原材料工业发展规划》，提出“十四五”期间将实施“新材料创新发展工程”，建设信息通信设备、节能环保、机器人装备材料等生产应用示范平台，同时部署“加速产业转型数字化”任务，鼓励劳动强度大、作业环境恶劣、安全风险较大、精度要求高的岗位应用机器人。

2021 年 12 月，国务院印发《“十四五”国家老龄事业发展和养老服务体系规划》，指出在“大力发展银发经济”方面，发展辅助搬运、翻身、巡检等机器人，提升康复辅助器具、健康监测产品、养老监护装置、家庭服务机器人、日用辅助用品等适老产品的智能水平、实用性和安全性，开展家庭、社区、机构等多场景的试点试用，以及针对老年人康复训练、行为辅助、健康理疗和安全监护等需求，加大智能假肢、机器人等产品应用力度；并在“老年用品研发制造应用重大科技攻关”中提出，围绕神经系统损伤、损伤后脑认知功能障碍、瘫痪助行等康复治疗需求，突破脑机交互等技术，开发用于不同损伤康复的辅助机器人系列产品，实施智能服务机器人发展行动计划。

2022 年 1 月，农业农村部印发《“十四五”全国农业农村科技发展规划》，在“强化农业农村科技创新”中，提出研究与农艺相适应的精准种植移栽、施肥施药、嫁接整枝、喂养管理、收获干燥等农业机器人和智能作业装备，并将开展农耕作业自动化机器人、农畜产品生长态势巡检机器人、农产品精准快速采摘机器人、畜禽安全防疫机器人等技术攻关。

2022 年 1 月，住房和城乡建设部印发《“十四五”建筑业发展规划》，在主要任务“加快智能建造与新型建筑工业化协同发展”中，指出要加快建筑机器人研发和应用，即加强新型传感、智能控制和优化、多机协同、人机协作等建筑机器人核心技术研究，研究编制关键技术标准，形成一批建筑机器人标志性产品；积极推进建筑机器人在生产、施工、维保等环节的典型应用，重点推进与装配式建筑相配套的建筑机器人应用，辅助和替代“危、繁、脏、重”施工作业；推广智能塔吊、智能混凝土泵送设备等智能化工程设备，提高工程建设机械化、智能化水平；到 2025 年，形成一批建筑机器人标志性产品，实现部分领域批量化应用，推广部品部件生产机器人，加快研发施工机器人，积极探索运维机器人。

〔撰稿人：机械工业信息中心彭馨桐〕

部分重点地区出台的与机器人行业发展相关的政策

随着我国迈向高质量发展新阶段，机器人已成为深入实施制造强国战略的重要一环。各地区积极响应国家号召，结合当地优势产业，围绕前沿技术和关键核心技术突破、关键零部件配套能力提升以及高端整机产品研发应用等内容，相继出台多项政策助推机器人行业健康快速高质量发展，如，北京市、上海市、天津市、江苏省、湖北省、重庆市、陕西省、山东省、河南省和浙江省等省、自治区、直辖市在高精尖产业发展规划、战略性新兴产业发展规划、制造业高质量发展规划、煤矿智能化建设行动方案等政策文件中，均将机器人作为重点发展领域之一。2021年部分重点地区出台的与机器人行业发展相关的政策见表1。

表1　2021年部分重点地区出台的与机器人行业发展相关的政策

省、自治区、直辖市	发布时间	政策名称	主要内容
北京市	2021年8月	《北京市“十四五”时期高精尖产业发展规划》	聚焦构建医疗健康机器人、特种机器人、协作机器人、自主移动机器人四大整机加关键零部件的“4+1”发展格局，构建具有北京特色的机器人产业生态；重点发展骨科手术、神经外科手术、纳米、外骨骼等医疗健康机器人，警用、消防、空间/水下/核环境作业等特种机器人，柔性力感知、仿生柔性交互等协作机器人，智能停车AGV（自动引导运输装备）等自主移动机器人；突破仿人/仿生机器人前沿技术，提高专用伺服电动机和驱动器、高精密减速器、传感器、编码器、末端执行器等关键零部件配套能力
上海市	2021年6月	《上海市战略性新兴产业和先导产业发展“十四五”规划》	研发基于自主决策视觉控制器的智能工业机器人；推动智能服务机器人的研发与产业化，突破模态情感计算和语义识别技术，研制服务机器人分布式操作系统，推动类人教育机器人实现产业化；布局研发微尺度手术机器人、单孔内窥镜手术机器人、康复干预与辅助机器人、纳米机器人等智能医疗机器人
	2021年7月	《上海市先进制造业发展“十四五”规划》	以高端突破、提升性能为重点，突破6自由度及以上工业机器人关键零部件，全面提升高精密减速器、伺服电动机及驱动器、控制系统等核心部件性能；发展特色场景工业机器人和柔性协作机器人，加快培育手术机器人、康复机器人等服务机器人；到2025年，打造成为全国智能制造应用新高地和技术策源地，产业规模超过1 800亿元
	2021年12月	《上海市高端装备产业发展“十四五”规划》	在机器人领域，以场景引领、核心突破为重点，一是推动工业机器人升级，发展应用于加工、装配、焊接、打磨、码垛、分拣、洁净等场景的高精度工业机器人，突破具备柔性交互与高仿人化特征的6轴及以上协作机器人与自适应机器人，全面覆盖汽车、航空航天、船舶海工、消费电子、集成电路等行业应用；二是扩大服务（特种）机器人规模，发展应用于清洁、教育、养老、娱乐、商业服务、公共服务等场景的服务机器人产品，推动骨科、腔镜、神经外科手术机器人与康复机器人产业化发展，开发安防巡检、诊断维修、应急救援、农业生产等领域特种机器人，加强人工智能技术与服务机器人融合应用；三是突破机器人核心零部件，发展高精密减速器、高性能伺服电动机和驱动器、高速高性能控制器、高精度传感器及智能模组等，提升机器人核心关节可靠性与性能稳定性
天津市	2021年6月	《天津市制造业高质量发展“十四五”规划》	围绕机器人、增材制造装备、专用成套装备、关键系统部件和基础零部件等领域，着力突破减速器、高性能伺服驱动系统、微纳传感器、智能传感器等核心零部件，加快发展高档数控机床、工业机器人、服务机器人、医疗制造装备、金属材料3D打印装备等，集成开发一批重大智能成套装备

（续）

省、自治区、直辖市	发布时间	政策名称	主要内容
江苏省	2021年8月	《江苏省“十四五”制造业高质量发展规划》	以人机协同控制和智能感知为方向，重点发展面向脑卒中患者和失能老年人的康复机器人和护理机器人、面向微创手术的实时影像引导手术机器人、面向消化系统重大疾病诊断的胶囊机器人，支持发展基于5G的远程康复、远程手术、远程诊断的医用机器人系统，支持手术机器人、智能康复服务机器人、微型诊断机器人等医用机器人关键核心技术加快突破 以智能化、安全化、特色化为方向，大力发展智能装配、重载物流、智能协作等工业机器人，消防应急、智能巡检等特种机器人和手术诊疗、康复养护等服务机器人，进一步提升高性能减速器、高精度伺服驱动系统、先进控制器、新型智能传感器等核心零部件自主可控水平
浙江省	2021年7月	《浙江省全球先进制造业基地建设“十四五”规划》	大力发展智能机器人及自主可控关键核心部件，推动企业应用工业机器人等数字化装备，聚焦数字安防、数控机床、工业机器人等领域，滚动实施产业链协同创新项目
	2021年7月	《浙江省机器人产业链标准体系建设指南》	以机器人产业链为主线，由基础标准、零部件标准、整机标准和行业应用标准4个标准子体系构成，包含12个二级标准领域和70个三级标准领域，构建形成“三环节一基础”的体系框架
山东省	2021年7月	《山东省“十四五”战略性新兴产业发展规划》	以机器人整机制造为牵引，加快突破高精度减速器、高性能控制器、传感器与末端执行器等关键技术与核心零部件。面向工业生产领域，重点发展高精度、高可靠性弧焊、装配、搬运等工业机器人；面向商业、医疗、教育、体育、生活等领域，重点发展服务机器人、护理机器人、康复机器人；面向安全生产和消防等领域，重点开发消防救援机器人、特种作业机器人。加快培育济南、青岛、烟台、淄博、济宁、日照等机器人产业集聚区，打造全国智能机器人创新发展高地
河南省	2021年1月	《河南省煤矿智能化建设三年行动方案（2021—2023年）》	依托河南省现有智能装备、煤机制造产业基础，加快研发临时支护、超前支护、钻孔施工等系统机器人以及精准地质探测、重大危险源智能感知与预警、复杂条件智能综采、智能快速掘进等方面关键技术装备，打造有影响力的煤矿智能装备和机器人研发制造基地
湖北省	2021年10月	《湖北省制造业高质量发展“十四五”规划》	以智能升级、突破瓶颈为重点，坚持工业机器人和服务机器人并举，面向工业生产装配、涂装、焊接、搬运、加工、清洁生产等环节，重点发展高精度、高可靠性弧焊、装配、搬运等工业机器人；面向商业、医疗、教育、生活等领域，加快开发生产智能型服务机器人、智能护理机器人、医疗康复机器人；面向危险品操作、消防等领域，着力开发消防救援机器人、特种作业机器人
重庆市	2021年7月	《重庆市制造业高质量发展“十四五”规划（2021—2025年）》	依托重庆市工业机器人发展基础，积极引育服务机器人企业，开发家用服务机器人产品；结合新一代人工智能创新发展试验区建设，加强人机协同共融的情境理解与决策学习、直觉推理与因果模型、记忆与知识演化等高级人工智能理论和自然语言理解、机电/脑电人体意图理解等关键技术领域研发布局，争取在具备自主学习人类技能技术、智能自主发育等功能的高阶智能终端产品领域取得突破 推动现有工业机器人企业加快现有产品优化设计、性能评估、误差修正，提升系列化、批量化设计制造能力；面向人机协同作业方向，加强冗余自由度机器人规划及控制、人机友好交互、非结构环境移动机器人导航/定位、动态不确定环境操作定位误差补偿、本体柔顺性控制、反应式行为在线重规划等关键技术研发布局，加快协作机器人产品开发。聚焦本地企业焊接、喷涂等工艺环节需求，积极引进焊接机器人、喷涂机器人、高速柔性抛光机器人等领域企业，进一步丰富工业机器人产品谱系。以机器人本体需求为牵引，积极引育伺服电动机、减速器、控制系统和传感器等领域企业，进一步完善关键零部件本地配套体系

（续）

省、自治区、直辖市	发布时间	政策名称	主要内容
陕西省	2021年11月	《陕西省“十四五”制造业高质量发展规划》	聚焦智能制造核心关键环节瓶颈，做大做强数控机床产业链，推进工业机器人和高端数控机床等智能制造装备集成应用，加速自主化突破和产业化发展 机器人与增材设备领域，重点发展精密减速器、伺服电动机及驱动器、控制系统等核心功能部件，积极研发和生产工业机器人、特种机器人、服务机器人、增减材一体机等新产品，完善原材料、关键零部件、本体系统集成的工业机器人和增材制造产业链
宁夏回族自治区	2021年3月	《关于支持民营企业加快改革发展与转型升级的实施方案》	实施机器人及智能装备推广计划。扩大机器人及智能装备在医疗、助老助残、康复、配送以及民爆、危险化学品、煤矿、非煤矿山、消防等领域应用。加快自动化、智能化装备推广应用及高危企业装备升级换代。加强对民营企业创新型应急技术装备推广应用的支持力度，在各类应急救援场景中，开展无人机、机器人等无人智能装备测试。支持自主研发产品市场迭代应用，加大对关键装备和核心零部件支持力度。支持通过示范试验工程提升国产装备应用水平

注：内容根据各省、直辖市、自治区政府网站信息整理。

〔撰稿人：机械工业信息中心彭馨桐〕

国际篇

介绍 2021 年主要国家机器人行业发展情况

中国机器人工业年鉴2022

国际篇

2021 年美国机器人行业发展情况

一、技术动态

根据美国先进自动化协会（A3）介绍，随着自动化技术的日益进步，越来越多的行业开始将目标转向机器人与自动化，探索利用机器视觉、机器人技术、人工智能、运动控制等解决方案促进行业的良性发展。美国先进自动化协会重点列举了六个前沿行业：

1. 零售业

受新冠疫情影响，人们越来越依赖亚马逊公司、沃尔玛百货有限公司、塔吉特公司、家得宝公司和百思买集团等知名商家的电子零售业务。尽管在新冠疫情之前网上购物就已经十分流行，但在 2020 年，美国人网上购物支出比 2019 年增长了 32.4%，总计达 7 917 亿美元。据美国消费者新闻与商业频道（CNBC）报道，2020 年，美国电子商务零售额在零售总额中的占比为 14%，较上年增加 3 个百分点。2021 年，电子商务零售额在零售总额中的占比虽略有下降，但在线购物金额继续增加到 8 700 亿美元，预计到 2022 年，电子商务销售额将接近 1 万亿美元。

机器视觉和人工智能技术在零售和电子商务领域的知名应用案例有无人超市 Amazon Go。亚马逊公司在西雅图、纽约、芝加哥、旧金山和伦敦多地开设了 Amazon Go 连锁店。在 Amazon Go 店里，由各种摄像头和高级人工智能软件跟踪顾客的购物选择并提供无人结账体验。

嵌入式视觉在零售业有很多潜在的应用，其中最具影响力的有：客户服务、仓库自动化、非接触式结账、库存监控、店铺监控和增强现实。

2. 便利店

机器人解决方案不仅适用于大型仓储零售店，越来越多的便利店和小型超市也开始引进自主机器人。例如，2019 年，美国有 500 多家超市使用 Marty 自主机器人协助店员工作。Marty 自主机器人可使用图像捕捉技术将液体外溢等类似事故及时报告给店员来处理。同时，Marty 自主机器人配备嵌入式照相机，可以自主导航从而避开顾客和货架。Marty 自主机器人还具备扫描货架功能，用来检查价格标签贴错或丢失等情况。此外，Marty 自主机器人收集的数据还可以帮助店员进行运营、库存管理及送货。

3. 建筑业

近年来，随着自动化技术的不断进步，美国研发出几种新型建筑机器人。包括 3D 打印机器人、砌砖砌石建筑机器人及拆除机器人。其中，在移动机械臂的控制下，3D 打印机器人可以通过一组指令打印出一个结构安全的建筑物；砌砖砌石建筑机器人可以一次性铺设整条道路，极大地提高了施工作业的速度和质量；拆除机器人主要用于拆除建筑物混凝土和结构性构件等高危作业。

哈佛大学自组织系统研究小组（Harvard’s Self-organizing Systems Research Group）的团队参照白蚁的特点，设计了一组能够建造砖墙的蜂群机器人（Swarm-bots），其几乎可以快速、安全及有效地搭建建筑物。通过输入设计方案，设定好操作规则，蜂群机器人就可以开始团队作业。如果其中有一个机器人出现故障，其他机器人也不受影响，失去的只是单个机器人的生产力。同时，由于没有中心控制，蜂群机器人可以避免单点故障问题，从而提高了其可靠性。

4. 农业

在美国，部分大型农场面临着劳动力短缺和老龄化、过度农垦及环境破坏等全球性问题，急需向可持续农业转变，通过应用自动化实现农业可持续发展。总部位于美国的迪尔公司（John Deere）是全球知名的农业机械企业，其年销售额达 374 亿美元。通过配备机器视觉、传感器和人工智能，John Deere 的农业自动化机械设备可将作物健康管理精确到谷粒级别。

而另一些美国企业将目光放在了不易采摘的果蔬。成立于 2018 年的 Root AI 公司设计的机器人收割系统 Virgo 是个标准的工业级协作机器人，配备有计算机视觉和定制化机械臂，用于抓取各种新鲜农产品。同时，Virgo 搭配了车载智能系统，可使其能够在田间灵活作业。目前，Virgo 正在美国各地的室内农场进行产品测试，例如，Virgo 在大型商业温室中采摘成熟的西红柿，随后会应用到草莓、覆盆子、黄瓜、辣椒、茄子等作物。Virgo 从一种作物转换到另一种作物只需要更换其末端执行器，机器人配备不同的“手”来抓住并摘取不同的水果和蔬菜。

5. 食品加工

以往，机器人在食品加工业的应用面临许多难题。食品的形状和大小通常差异较大，很多食品非常脆弱，对品质要求较高，这些问题给机器人的抓取能力带来很大挑战。近年，随着抓取技术的进步，食品加工机器人的市场得到迅速发展。目前，食品加工业应用较多的有软抓手和真空抓手，许多抓手还配备了机器视觉技术，使其能够准确抓取不同形状的产品。

自动化在食品加工业新兴的应用包括：果蔬的采摘和放置、对海鲜和牛肉进行切割和切片、通过机器人喷涂进行蛋糕装饰、通过机器人清洁来保持工作环境的安全卫生及通过视觉引导的机器人进行农产品分拣等。

6. 安保

在美国，自动化在安保系统的应用也越来越广泛。安保监控系统配备了嵌入式视觉系统、热成像和精密传感器，可以扫描特定区域以及时发现潜在的危险。自主移动机器人（AMR）和拥有视觉系统的足式机器人也可以用作巡视安保机器人。几十年来，美国一直在使用移动机器人进行巡逻、探查危险环境和收集情报等工作。

目前，美国 Huntington Park 警察局使用 Knightscope 的安保机器人在城市的休闲区巡逻。安保机器人可以扫描周围环境并拍摄实时视频供警察直接查看，也能够读取车牌信息并在附近有目标车辆出现时提醒警察。同时，安保机器人可以播放提醒信息，例如，“不准乱扔垃圾”等，并设置一个紧急按钮供用户直接接通警察局的电话。据 Huntington Park 警察局估计，安保机器人的应用使救援电话下降了 10%、犯罪报告下降了 46%、逮捕率增长了 27%、传票率下降了 68%。

二、市场特点

北美地区（美国、加拿大和墨西哥）是世界上仅次于我国的第二大工业机器人市场，拥有全球 13%的机器人。2020 年，美国机器人年安装量为 3.1 万台，以领先韩国约 300 台的优势位于全球第三的排名。

2020 年，美国汽车行业的机器人密度达 1 528 台/万人，同比增长 18%，全球排名第五位。美国机器人密度排名靠前的主要原因是美国就业率的降低，工人数量的下降造成了机器人密度的上升。2010—2020 年美国工业机器人安装量如图 1 所示。

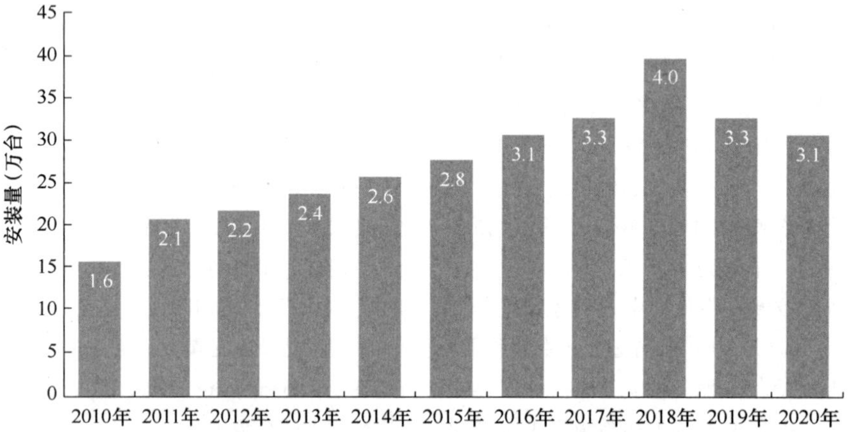

图 1　2010—2020 年美国工业机器人安装量

注：数据来源于国际机器人联合会 IFR。

目前，大多数美国机器人从日本、韩国和欧洲进口，美国本土并没有太多机器人制造商，但美国有许多大型机器人系统集成商。

1. 应用领域

目前，搬运/上下料仍为美国最重要的应用领域。2020 年，美国用于搬运/上下料的工业机器人数量为 14 223 台，同比下降 5%，连续两年呈下降态势，在工业机器人应用领域中的占比为 46%。其中，物料搬运机器人是应用最广的细分行业，2020 年，物料搬运机器人安装量为 5 936 台，同比下降 5%；用于食品和饮料行业、医药和化妆品行业以及电子电气行业的包装、拣放等服务的机器人数量为 3 522 台，同比增长 6%。

焊接是美国机器人仅次于搬运/上下料的重要的应用领域，但机器人的安装量也有明显下降，为 6 124 台，同比下降 19%。同时，自 2016 年以后，焊接机器人在机器人安装总量中的占比逐年下降，从 2016 年的将近 1/3 下降至 2020 年的 1/5。

细分行业中，2020 年，用于半导体的洁净室机器人逆势上涨，机器人安装量达到 3 266 台，同比增长 41%。下降最为明显的是用于组装/装配的机器人，安装量为 1 243 台，同比下降 45%。2015—2020 年美国工业机器人安装情况（按应用领域划分）见表 1。

2. 应用行业

目前，汽车行业仍是美国机器人应用行业第一位。据世界汽车组织（OICA）统计，2020 年，美国轿车和轻型汽车的产量全球排名第二，仅次于我国，美国 34%的工业机器人应用在汽车行业；其次是电子电气行业，在机器人安装总量中的占比为 12%；食品饮料行业和塑料化工业紧随其后，均为 9%。

表 1　2015—2020 年美国工业机器人安装情况（按应用领域划分）

IFR 编码	应用领域	2015 年安装量（台）	2016 年安装量（台）	2017 年安装量（台）	2018 年安装量（台）	2019 年安装量（台）	2020 年安装量（台）	2020 年安装量同比增长（%）	2015—2020 年年均复合增长率（%）
110	搬运/上下料	14 271	14 377	15 278	16 549	15 009	14 223	-5	0
111	用于金属铸造的搬运与上下料	93	91		165				
112	用于塑料成型的搬运与上下料	1 675	1 586	1 624	1 626	1 349	1 307	-3	-5
113	用于冲压、锻造、钣金搬运与上下料	198	126	139	95	94	236	151	4
114	机床加工中的搬运与上下料	2 483	2 402	1 379	1 653	1 377	659	-52	-23
115	其他机械加工的上下料	2 339	1 438	1 420	1 512	1 514	1 402	-7	-10
116	用于检测、检验、测试的搬运与上下料	378	202	217	225	318	300	-6	-5
117	用于码垛的搬运与上下料	635	683	618	792	805	861	7	6
118	用于包装、拾放的搬运与上下料	2 325	2 301	3 290	931	3 321	3 522	6	9
119	材料的搬运与上下料	4 145	5 548	6 591	6 550	6 231	5 936	-5	7
160	焊接和钎焊	6 475	8 799	8 519	10 632	7 518	6 124	-19	-1
161	弧焊	3 024	2 817	2 402	3 127	2 839	2 097	-26	-7
162	点焊	3 321	5 878	5 892	7 334	4 564	3 967	-13	4
163	激光焊	22	46	19	14	60			
164	其他焊接	83		206	157	50			
165	钎焊	25	58			5	39	680	9
166	未指定的焊接和钎焊						21		
170	涂层与胶封	961	966	1 040	819	1 111	1 164	5	4
171	喷涂、上釉	826	796	967	635	901	1 044	16	5
172	粘胶剂、密封材料或类似材料的应用	64	170	73	167	210	120	-43	13
179	其他点胶或喷涂	71			17				
190	加工	285	259	371	411	484	331	-32	3
191	激光切割		7		9	4	21	425	
192	水刀切割		21	54	89				

（续）

IFR 编码	应用领域	2015 年安装量（台）	2016 年安装量（台）	2017 年安装量（台）	2018 年安装量（台）	2019 年安装量（台）	2020 年安装量（台）	2020 年安装量同比增长（%）	2015—2020 年年均复合增长率（%）
193	机械切割、磨削、去毛刺、铣削、抛光		163	232	168	429	120	−72	
198	其他加工	76	68	85	145		90		3
199	未指定的加工	209				51	100	96	−14
200	装配及拆卸	1 001	1 668	1 818	2 852	2 253	1 243	−45	4
900	其他	3 841	4 035	4 287	3 985	2 974	3 642	22	−1
901	平面显示器用洁净室	140	273	189	39	40			
902	半导体用洁净室	3 500	3 519	3 672	3 911	2 321	3 266	41	−1
903	其他洁净室						201		
905	其他	201	243	426	35	613	175	−71	−3
999	未指定	670	1 300	133	5 125	4 033	4 060	1	43
	合计	27 504	31 404	31 446	40 373	33 382	30 787	−8	2

注：数据来源于国际机器人联合会 IFR。

2020 年，北美地区（美国、加拿大、墨西哥）汽车产量为 1 340 万台，是全球仅次于我国的第二大轿车和商用车市场。但受到新冠疫情等因素的影响，2020 年，北美地区的汽车生产量同比下降达 20%，汽车行业的机器人安装量比上年下降了 24%。2009 年后，众多老牌汽车制造商如通用、福特、菲亚特—克莱斯特以及新兴代表特斯拉等都非常注重转型升级，纷纷扩大对机器人和自动化方面的投资，这一波投资热潮持续了将近十年。2016 年，美国用于汽车行业的工业机器人达到 16 311 台，创历史新高，此后的工业机器人安装量逐年下降，到 2020 年仅为 10 494 台，同比下降 19%。

值得一提的是，汽车行业的整机制造商和零部件供应商的情况有明显差别。2020 年，汽车整机制造商应用机器人数量为 5 366 台，相比 2019 年的 5 403 台变化不大，而汽车零部件行业的机器人安装量为 5 128 台，同比下降 32%，这是汽车行业 2015—2020 年年平均复合增长率下降的重要原因。

美国机器人应用行业排名第二位的是电子电气，其 2020 年工业机器人安装量为 3 710 台，同比增长 7%，这是自 2018 年连续两年下降后首次呈上升态势。但早在 2015 年，电子电气行业工业机器人的安装量就已经达到了 6 000 台，2017 年更是达到了 6 576 台的最高纪录。

2020 年，应用在食品饮料行业的工业机器人数量为 2 715 台，同比增长 22%。近年来，食品饮料行业的市场需求一直很旺盛，2015—2020 年的年平均复合增长率（CAGR）达到 20%。受到新冠疫情影响，企业员工的在岗人数受到了限制，机器人可以提供相应的解决方案，从而促进了机器人在食品饮料行业的市场应用。2015—2020 年美国工业机器人安装情况（按应用行业划分）见表 2。

表 2　2015—2020 年美国工业机器人安装情况（按应用行业划分）

IFR 编码	应用行业	2015 年安装量（台）	2016 年安装量（台）	2017 年安装量（台）	2018 年安装量（台）	2019 年安装量（台）	2020 年安装量（台）	2020 年安装量同比增长（%）	2015—2020 年年均复合增长率（%）
A-B	农业、捕猎业、林业和渔业	18			23				
D	制造业	33 121	37 114	39 802	43 754	35 340	29 150	−18	−3

（续）

IFR 编码	应用行业	2015 年安装量（台）	2016 年安装量（台）	2017 年安装量（台）	2018 年安装量（台）	2019 年安装量（台）	2020 年安装量（台）	2020 年安装量同比增长（%）	2015—2020 年年均复合增长率（%）
10—12	食品制品和饮料、烟草制品	1 094	1 136	1 598	2 753	2 224	2 715	22	20
13—15	纺织业、皮革和服装	36	39		32		42		3
16	木材与木材制品（包括家具）	34	21	61	55	62	29	−53	−3
17—18	造纸和纸制品业、出版与印刷	66	32	49	52	79	42	−47	−9
19—22	塑料和化学制品	1 932	2 093	2 281	2 837	2 491	2 661	7	7
19	化学制品、医药制造业和化妆品	448	554	681	1 158	937	1 317	41	24
20—21	未分类的化学品和石油制品	45	33	10	16	15	21	40	−14
22	橡胶和塑料制品（不含汽车零部件）	1 439	1 506	1 590	1 663	1 539	1 323	−14	−2
23	玻璃、陶瓷、石材、矿产品（不含汽车零部件）			131	297	182	125	−31	
24—28	金属	2 204	1 895	2 603	3 180	3 785	2294	−39	1
24	基本金属（钢、铁、铝、铜、铬）	1 237	877	1 392	1 640	1 402	1 600	14	5
25	金属制品（不含汽车零部件），机械设备除外	634	680	967	1 177	1 298	385	−70	−9
28	工业用机械设备	333	338	234	363	1 085	309	−72	−1
289	未分类的金属			10					
26—27	电子电气	6 038	6 420	6 576	5 284	3 460	3 710	7	−9
275	家用电器	59	94		48	189	134	−29	18
271	电气机械和器材（不含汽车零部件）	276	1 562	316	645	500	487	−3	12
260	电子元件/设备	1 635	816	618	3 352	1 834	2 342	28	7
261	半导体、液晶显示屏和发光二极管（包括太阳能电池和太阳能集热器）	2 902	3 089	3 725		120	124	3	−47
262	计算机和周边设备	42	21	33	262	50	168	236	32

（续）

IFR 编码	应用行业	2015 年安装量（台）	2016 年安装量（台）	2017 年安装量（台）	2018 年安装量（台）	2019 年安装量（台）	2020 年安装量（台）	2020 年安装量同比增长（%）	2015—2020 年年均复合增长率（%）
263	家用和专业信息通信设备（不含汽车零部件）	358	51	84	493	473	182	−62	−13
265	医疗、精密和光学仪器	497	438	530	484	294	273	−7	−11
279	未分类的电气机械设备	269	349	1 270					
29	汽车制造业	19 691	24 025	24 526	25 773	20 517	15 622	−23	−5
291	汽车整车、汽车用发动机制造	4 801	8 597	6 206	4 719	5 403	5 366	−1	2
293	汽车零部件及配件制造	7 418	7 714	9 129	10 527	7 557	5 128	−32	−7
2931	金属制品	1 666	1 567	1 934	1 786	1 484	912	−39	−11
2932	橡胶和塑料制品	605	618	707	576	444	335	−25	−11
2933	电子电气	470	705	544	650	609	493	−19	1
2934	玻璃制品	268	217	165	102	98	64	−35	−25
2939	其他			5 779	6 875	4 560	3 234	−29	
2999	未分类的汽车零部件及配件	4 409	4 607		538	362	90	−75	−54
299	未分类的汽车制造	54		62					
30	其他运输设备制造业	128	115	84	188	215	82	−62	−9
91	所有其他制造业分支	1 898	1 338	1 893	3 303	2 325	1 828	−21	−1
E	电力、燃气和供水		17	29	33		5		
F	建筑业	12	23	9	125	19	87	358	49
P	教育和研发	218	211	123	217	337	163	−52	−6
90	所有其他非制造业分支	74	61	93	126	272	215	−21	24
99	未分类	1 479	1 692	2 219	6 622	4 971	6 295	27	34

注：数据来源于国际机器人联合会 IFR。

3. 结构类型

2020 年，美国多关节机器人安装量再次下滑，但仍稳居榜首，其安装量为 21 448 台，同比下降 15%，这是 2018 年达到峰值后连续第二年下降，但在机器人安装总量中的占比仍达 70%；SCARA 机器人的安装量达 5 375 台，同比增长 15%，在机器人安装总量中的占比为 17%，创下历史新高；坐标机器人的安装量为 2 291 台，同比增长 23%。2015—2020 年美国工业机器人安装情况（按结构类型划分）见表 3。

表 3 2015—2020 年美国工业机器人安装情况（按结构类型划分）

结构类型	2015 年安装量（台）	2016 年安装量（台）	2017 年安装量（台）	2018 年安装量（台）	2019 年安装量（台）	2020 年安装量（台）	2020 年安装量同比增长（%）	2015—2020 年年均复合增长率（%）
多关节机器人	17 928	22 297	23 955	30 143	25 180	21 448	-15	4
直角坐标机器人	381	3 618	3 112	3 067	1 864	2 291	23	-10
并联机器人	636	471	626	726	619	712	15	2
SCARA 机器人	4 454	4 118	4 499	4 990	4 691	5 375	15	4
其他	673	900	954	1 447	1 028	961	-7	7
合计	24 072	31 404	33 146	40 373	33 382	30 787	-8	2

注：数据来源于国际机器人联合会 IFR。

三、预测与展望

受新冠疫情影响，2020 年美国的 GDP 增速同比下降 3.5%，但随着 2021 年市场逐渐复苏，美国 GDP 增速回升至 5.7%，创 1984 年以来最高纪录，脱碳化和数字化成为美国经济的重中之重。为了保持经济的健康发展，美国需进一步推动高效节能的现代化技术在制造业中的广泛应用。例如优化生产太阳能板及持续加大电动汽车的生产规模等。目前，美国已有汽车制造商宣布将扩大新型电动汽车的生产能力，增加电池的生产量。未来几年，新型电动汽车制造等大型项目的投资将拉动工业机器人的市场需求。IFR 统计数据显示，2020 年下半年开始，美国机器人行业的订单量一直保持增长，2021 年的营业额也有所上升。

同时，美国市场仍面临着一些不利因素：由于全球新冠疫情的持续发生，国际贸易往来受阻，美国经济随之受到一定影响；此外，全球原材料短缺，中间产品供应不足导致项目延期完工，货款难以回收，生产成本上涨。但这种经济形势对机器人行业既是挑战，又是机遇。由于全球新冠疫情的发生，一直被制造业奉为标杆的商业模式如“精细化生产”和“准时制”充分暴露了其缺点。美国许多企业开始考虑增加库存，生产流程由“外包”转向“内包”。国际供应链在新冠疫情环境下呈现出断链等问题，使得制造商不得不面临新的抉择，将以前向海外分流的供应链重新转回国内，这就要在美国国内构建符合市场需求的生产链，随之会加大对机器人等现代化、数字化生产技术的相应投资。

〔撰稿人：中国机械工业联合会孙媛媛〕

2021 年日本机器人行业发展情况

一、行业概况

日本机器人产业起步早，发展成就瞩目，在市场规模、行业应用以及技术水平方面均处于世界领先地位，素有“机器人王国”的美誉。自 20 世纪 80 年代以来，日本机器人的生产、出口都居世界榜首，而且日本机器人在全球机器人市场中占据较大份额，已经成为世界机器人最大卖家。国际机器人联合会（IFR）最新数据显示，日本是目前全球最大的工业机器人制造国，来自日本制造商的机器人占全球机器人总量的 45%。近年来，随着我国及韩国等亚洲国家的崛起，日本在全球机器人市场的占比有所下降，但是日本作为世界机器人强国的地位依然稳固。

日本机器人市场为外向型市场，其七成以上的机器人产品出口海外。据 IFR 报道，自 2015 年以来，日本工业机器人出口量平均每年增长 6%。与此同时，机器人进口量却非常低，日本虽是仅次于我国的全球第二大工业机器人市场，但 2020 年日本仅有 2%新增机器人来源于进口。近年来，日本机器人供应商的生产能力大幅提升。虽然新冠肺炎疫情的不确定性、半导体和钢铁等供给不足的问题给机器人生产制造带来了一定困扰，但受需求扩大的我国市场和逐渐复苏的欧美以及日本国内市场带动，日本机器人的销售订单持续不断。2021 年，日本工业机器人订单金额、年产值齐创历史最高纪录。

2021 年，日本有 36%的机器人和自动化技术出口到我国。与其他国际机器人供应商一样，日本制造商也通过投资设厂直接为我国机器人市场服务。事实证明，当国际供应链因新冠疫情而中断时，这些位于我国市场的海外机器人工厂表现出了明显的发展优势。例如，日本机器人供应商全面受益于我国从 2020 年第二季度开始的后疫情时代的高速增长。

美国是日本机器人和自动化技术的另一主要出口国，占日本机器人市场份额的 22%。随着中美市场从新冠疫情中进一步回升，主要海外市场与日本国内市场一起为日本机器人产业发展提供了强大动力。

二、市场特点

根据日本机器人协会（Japan Robot Association，JARA）的数据统计，2021 年，日本工业机器人订单数量为 27. 1 万台，订单金额为 9 405. 33 亿日元，分别较 2020 年增长 41. 8%和 29. 6%；产量为 23. 7 万台，产值为 8 326. 04 亿日元，同比增长 33. 1%和 26. 4%。日本工业机器人订单金额和产值连续两年呈现正增长，并且年度订单金额和产值创历史最高纪录。

2021 年日本工业机器人出货总量为 23. 8 万台，同比增长 33. 0%，总出货金额为 8 402. 75 亿日元，同比增长 27. 8%，并且三年来首次出现正增长。其中，出口额同比增长 33. 7%，达到 6 547 亿日元；国内销售金额同比增长 10. 4%，达到 1 856 亿日元。2017—2021 年日本工业机器人产销情况如图 1 所示。

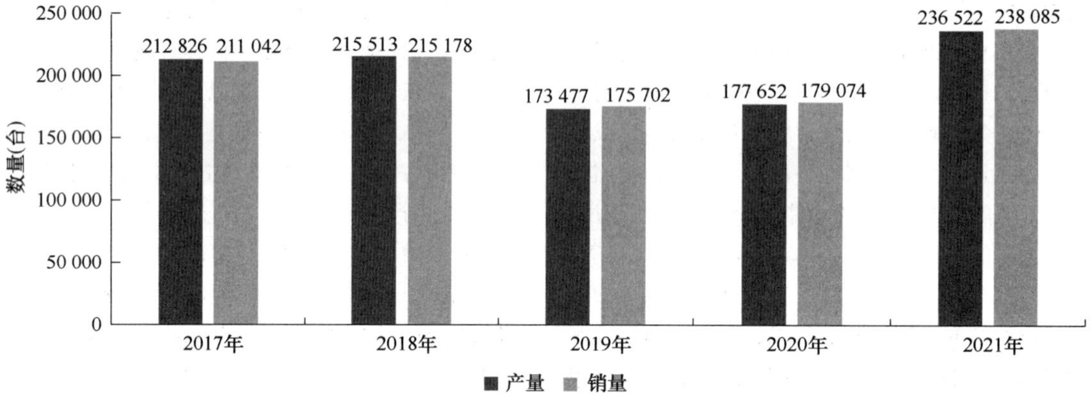

图 1　2017—2021 年日本工业机器人产销情况

注：数据来源于日本机器人协会（JARA）。

1. 工业机器人整体销量创历史新高，物料搬运机器人占比最大

日本工业机器人自 2018 年以来整体销量下降明显，2021 年实现较大幅度回升，达到历史最高值。从应用类型来看，除加工机器人销量下降之外，其余各大类机器人销量均实现大幅增长。其中，物料搬运机器人、喷涂机器人和码垛卸垛机器人增长最多，分别实现了 51. 7%、47. 5%和 42. 2%的同比增长，这主要得益于其出口量的激增，物料搬运机器人、喷涂机器人和码垛卸垛机器人出口量同比增长均在 50%以上。

2021 年，在日本各类工业机器人当中，物料搬运机器人销量最高，占比最大，销量为 6. 9 万台，占总销量的 29. 2%。其次是焊接机器人和装配机器人，销量分别是 4. 6 万台和 4. 2 万台，依次占总销量的 19. 4%和 17. 4%。在这三类销量最高的机器人当中，只有装配机器人占比略有下降，其余均有提升。2020—2021 年日本各类型工业机器人销售情况见表 1。

表 1　2020—2021 年日本各类型工业机器人销售情况

产品类别	2020 年销量（台）			2021 年销量（台）			2021 年同比增长（%）		
	国内	出口	总计	国内	出口	总计	国内	出口	总计
注塑机器人	2 257	3 002	5 259	2 965	3 872	6 837	31. 4	29. 0	30. 0
焊接机器人	5 782	26 847	32 629	6 418	39 834	46 252	11. 0	48. 4	41. 8
弧焊	3 121	14 754	17 875	3 419	23 164	26 583	9. 5	57. 0	48. 7
点焊	2 581	11 873	14 454	2 930	15 993	18 923	13. 5	34. 7	30. 9
激光焊	29	145	174	7	575	582	-75. 9	296. 6	234. 5
其他	51	75	126	62	102	164	21. 6	36. 0	30. 2

（续）

产品类别	2020年销量（台）			2021年销量（台）			2021年同比增长（%）		
	国内	出口	总计	国内	出口	总计	国内	出口	总计
喷涂机器人	514	1 230	1 744	647	1 926	2 573	25.9	56.6	47.5
加工机器人	1 680	7 747	9 427	2 181	6 678	8 859	29.8	-13.8	-6.0
上下料	1 476	7 218	8 694	1 959	5 881	7 840	32.7	-18.5	-9.8
机械切割	27	22	49	15		15	-44.4	-100.0	-69.4
打磨/抛光	135	453	588	158	760	918	17.0	67.8	56.1
其他	42	54	96	49	37	86	16.7	-31.5	-10.4
表面贴装机器人	868	14 466	15 334	918	18 760	19 678	5.8	29.7	28.3
装配机器人	6 505	27 027	33 532	7 781	33 753	41 534	19.6	24.9	23.9
一般装配	5 920	26 304	32 224	7 172	33 266	40 438	21.1	26.5	25.5
其他装配	585	723	1 308	609	487	1 096	4.1	-32.6	-16.2
码垛/卸垛机器人	1 695	2 352	4 047	1 742	4 011	5 753	2.8	70.5	42.2
物料搬运机器人	7 272	38 510	45 782	7 506	61 941	69 447	3.2	60.8	51.7
洁净室机器人	5 496	10 259	15 755	7 669	13 886	21 555	39.5	35.4	36.8
平板显示器	123	302	425	118	246	364	-4.1	-18.5	-14.4
半导体	5 373	9 575	14 948	7 548	13 144	20 692	40.5	37.3	38.4
其他		382	382	3	496	499		29.8	30.6
其他产品类别	1 726	3 755	5 481	1 755	3 904	5 659	1.7	4.0	3.2
未分类	557	9 527	10 084	737	9 201	9 938	32.3	-3.4	-1.4
合计	34 352	144 722	179 074	40 319	197 766	238 085	17.4	36.7	33.0

注：1. 资料来源于日本机器人协会（JARA）。

2. 统计数据仅限JARA会员企业情况。

2. 制造业各行业对工业机器人需求增加，电子、汽车两大行业需求最旺

根据日本机器人协会的统计数据，2021年日本制造业各行业对工业机器人的需求大幅提升，其中电子与电机、汽车与汽车零部件依然是需求最旺的两大行业。

2021年，日本电子与电机行业对工业机器人的需求暴增，工业机器人销量达到12 489台，同比增长33.7%，涨幅最大，其销量在总销量中的占比为31.0%，超过了汽车行业，位居第一。新冠疫情以来，世界范围内持续出现“缺芯潮”，汽车行业受到的冲击最大。日本汽车产业在“芯片荒”长期得不到缓解的情况下也面临前所未有的困境。最新数据显示，2021年，日本国内新车销量为421万辆，创下45年来的最低水平，因此，日本工业机器人在汽车行业的销量也退居第二，销量达到12 455台，占总销量的30.9%，同比增长7.4%。2020—2021年日本制造业各行业对工业机器人需求及行业占比情况见表2。

表2　2020—2021年日本制造业各行业对工业机器人需求及行业占比情况

行业类别	2020年销量（台）	2021年销量（台）	2021年同比增长%	行业分布比例（%）	
				2020年	2021年
金属制品行业	2 067	2 373	14.8	6.0	5.9
机械与装备行业	3 133	3 766	20.2	9.1	9.3
建筑与矿业机械	127	172	35.4	0.4	0.4
金属加工机械	564	647	14.7	1.6	1.6
其他	2 442	2 947	20.7	7.1	7.3

（续）

行业类别	2020年销量（台）	2021年销量（台）	2021年同比增长%	行业分布比例（%）	
				2020年	2021年
电子与电机行业	9 341	12 489	33.7	27.2	31.0
电子计算机	55	280	409.1	0.2	0.7
家用电机	930	944	1.5	2.7	2.3
工业电机	627	1 032	64.6	1.8	2.6
通信设备	975	1 239	27.1	2.8	3.1
影音设备	18	51	183.3	0.1	0.1
电子元件、电子器件、电路	4 577	6 069	32.6	13.3	15.1
其他	2 159	2 874	33.1	6.3	7.1
精密仪器行业	313	320	2.2	0.9	0.8
汽车及汽车零部件行业	11 595	12 455	7.4	33.8	30.9
汽车整车制造	4 439	3 794	-14.5	12.9	9.4
汽车零部件	7 156	8 661	21.0	20.8	21.5
其他运输设备行业	152	345	127.0	0.4	0.9
食品、饮料与烟草行业	900	810	-10.0	2.6	2.0
化工产品行业	376	356	-5.3	1.1	0.9
塑料制品行业	1 066	1 165	9.3	3.1	2.9
其他行业	2 617	2 912	11.3	7.6	7.2
非制造业	379	434	14.5	1.1	1.1
未细分行业	2 413	2 894	19.9	7.0	7.2
国内销售总计	34 352	40 319	17.4	100.0	100.0

注：1. 资料来源于日本机器人协会（JARA）。

2. 统计数据仅限JARA会员企业情况。

3. 由于四舍五入，合计数据有微小出入。

3. 工业机器人以出口外销为主，出口比例不断提升

日本生产的工业机器人除满足国内需求外，还大量出口至其他国家及地区。从日本工业机器人整体出货情况看，日本国内工业机器人需求较低，以出口为主导，约70%以上的工业机器人出口至其他国家及地区。

日本机器人协会最新统计数据显示，2021年，日本出口工业机器人19.8万台，同比增长36.7%，占日本工业机器人市场总销量的83.1%；日本工业机器人出口额由2017年的5 284.19亿日元增长至2021年的6 547.05亿日元，连续两年增长，并且2021年出口额创历史新高，与上一年同期相比增长33.7个百分点，出口额占日本工业机器人总产值的77.9%。

从出口地区来看，2021年，日本对亚洲市场的机器人出口金额为4 419.4亿日元，同比增长约30%，其中对我国的机器人出口金额大幅增长，达到3 245.55亿日元，同比增长37%，连续两年呈增长态势；对北美市场的出口金额达到1 203.63亿日元，同比增长38%，同样连续两年呈增长态势；对欧洲市场的出口金额达797.01亿日元，同比增长37%，三年来首次实现增长。2017—2021年日本工业机器人出口情况如图2所示。

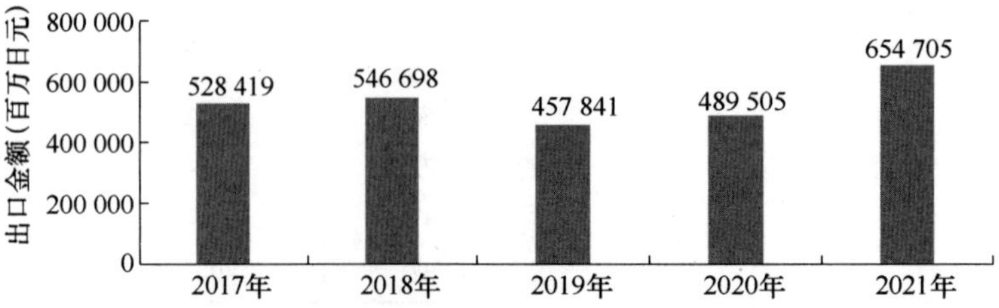

图2　2017—2021年日本工业机器人出口情况

注：数据来源于日本机器人协会（JARA）。

三、主要政策举措

数字化战略是日本最新的国家战略之一。2020 年 9 月，日本政府宣告将成立数字厅，以新冠疫情为契机，加速推进日本的数字化改革。2021 年 5 月，日本通过了《数字改革关联法》等 6 部相关法案，9 月，日本数字厅正式成立，标志着日本数字化改革向前迈出一大步。

随着人工智能技术的飞速发展，相关发明专利申请随之增多，日本专利局（JPO）采取各种措施来改善相关审查流程。这些措施包括定期介绍和公开一些涉及人工智能相关技术审查成果的示范性案例，以及基于这些案例召开由知识产权五局（即 JPO、中国国家知识产权局、美国专利商标局、欧洲专利局以及韩国知识产权局）共同参加的座谈会。2021 年 1 月，JPO 组建起一支用于支持人工智能技术审查工作的团队，旨在打造有利于针对人工智能相关发明开展高质量和高效率审查的环境。

据日本放送协会（NHK）网站报道，新冠疫情之下，为了减少人员接触，日本经济产业省计划通过多种援助措施促进机器人以及相关技术的研发。例如，尽快推出便于机器人自动分拣料理的便当盒与便当生产线，建立机器人定位系统等。为推行这一计划并加快机器人商业化步伐，日本经济产业省计划在 2022 年将相应项目预算金额申请定为 18.7 亿日元，该预算金额是 2021 年的约 3 倍。

四、技术动态

日本高度重视人工智能的发展，希望通过大力发展人工智能扩大其在汽车、机器人等领域的技术优势，逐步解决人口老龄化、劳动力短缺、医疗及养老等社会问题，推进超级智能社会 5.0 建设。据日本媒体报道，2017 年，日本政府制定了推动人工智能产业化的路线图，该路线图分三个阶段实施，其中包括在 2020 年前后确立无人工厂和无人农场技术；在 2020—2030 年间达到人员运输与货物配送的完全自动化并推进无人驾驶；2030 年后使护理机器人成为机器人家族的一员，通过人工智能分析潜在意识，实现物流和服务的完全无人化等。

2021 年，日本涌现出一批机器人新兴技术及其应用场景。在农业自动化方面，日本农场开始利用机器人采摘农产品，借助 AI 技术解决人手不足难题。例如，2021 年 9 月，日本京都府京丹波町种植板栗的“丹波农场”进行了搭载人工智能（AI）技术的机器人采摘板栗的实证试验。

在人员运输与货物配送方面，据报道，日本乐天市场在横须贺市内开始提供机器人送货上门服务，这是日本国内首次使用可以在公道上行走的机器人提供送货上门服务。此外，2021 年 8 月，日本机器人创业公司 Osaro 宣布完成 3 000 万美元 C 轮融资，首次实现从工厂到配送中只需一种机器人，用一套解决方案覆盖两个不同的场景，并且使仓储机器人实现复杂分拣，无须提前将货物排列整齐，节约了货物分拣前的安置成本。

在养老助残和智能陪伴方面，2021 年，日本东京一家咖啡馆里出现了由残疾人远程操控的服务机器人，为残疾人就业开辟了新途径。11 月 3 日，日本尝试用机器人辅助老年人安全驾驶，以达到智能陪伴、从旁提醒、实现更长时间安全驾驶的目的。与此同时，日本开展步行辅助机器人实证试验，使攀登台阶更轻松。10 月 13 日，日本玩具厂商多美公司推出能聊天陪伴机器人，以此解决独居老人交流需求。10 月 27 日，《应用物理学快报》发表了“世界首个拥有类似大脑神经元机器人”的研究报告，日本科学家研发出世界上首个会“思考”的机器人。12 月 19 日，日本神户市推出一款名为“织姬”（OriHime）的机器人，用于蛰居族走出家门、融入社会创造安全交流空间。

五、预测与展望

2020 年，受新冠疫情的影响，日本 GDP 下降了 4.7%，日本国内对工业机器人的需求明显下降。日本内阁府统计数据显示，2021 年日本 GDP 同比增长 1.7%，在连续两年下降后转为缓慢增长。在日本汽车行业对工业机器人的需求仍然十分疲软的背景下，电气电子行业的复苏趋势却比较明显。目前，日本汽车行业正处于能源转型和结构重组的过程中，大多数汽车制造商正在逐步扩大他们在电池和燃料电池汽车领域的市场份额，一些厂商纷纷宣布未来几年将增加在新能源汽车领域的投资，同时，也有一些燃油汽车工厂随之宣布倒闭。电子行业实现了迅速复苏，市场需求旺盛，然而电子零部件及原材料稀缺现象十分普遍，一方面这将带动行业产能投资的大幅增加，另一方面也抑制了日本经济的快速增长，并且这种影响将会一直延续到 2022 年年初。根据 IFR 报告，日本机器人市场有望在 2022 年实现 5%的增长，在 2023 年和 2024 年实现 6%的增长。

日本机器人产业的发展除了受到本国机器人市场的带动外，更主要的是得益于我国经济的快速复苏以及随之而来的强大市场需求。独立的国内市场和重要的出口市场确保了对日本机器人的持续稳定需求。从长远来看，日本正在朝着碳中和的绿色经济目标迈进。这也将进一步增加对现代高效的生产技术，其中包括机器人和自动化技术的需求。此外，由包括我国、日本、韩国等 15 个国家联合制定的《区域全面经济伙伴关系协定》（RCEP）于 2022 年的陆续生效，也将推动日本机器人产业的进一步发展。

〔撰稿人：中国机械工业联合会王丽丽〕

2021 年德国机器人行业发展情况

一、基本概况

2020 年，在新冠疫情的影响下，德国仍保持了22 300 台的机器人安装量。2015—2020 年德国工业机器人年均复合增长率为 2%，主要原因为 2016—2018 年德国工业机器人市场一直保持上升趋势，2018 年，德国汽车行业对机器人的投资规模大幅增长，达到了历史新高点。同时，新兴细分行业——低成本机器人的出现，有效延缓了德国机器人行业的全面衰退。2010—2020 年德国工业机器人安装量如图 1 所示。

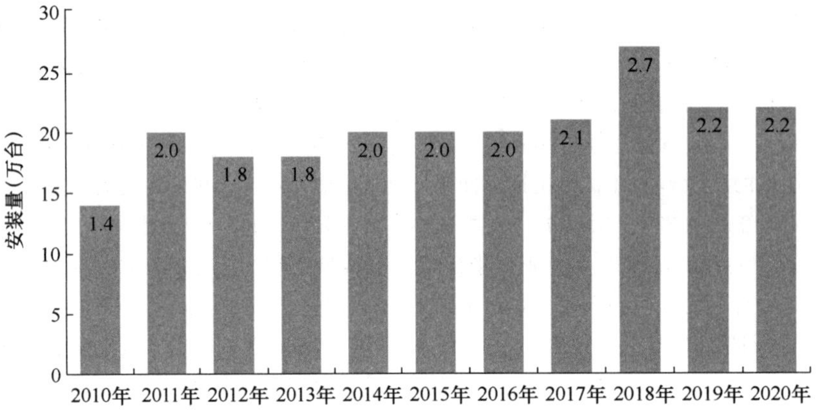

图 1　2010—2020 年德国工业机器人安装量

注：数据来源于国际机器人联合会 IFR。

工业机器人精密度高、耐用性强、负载大，是高性能、价格昂贵的产品。但工业机器人的这些特点往往被许多应用商和客户过度强调，从而让人们认为工业机器人在成本方面并不具备优势。低成本机器人的出现，有效满足了重视成本效益的客户需求。当前，各种类型的机器人都可以提供低成本的版本，市场发展空间非常大，随着新冠肺炎疫情的发生，低成本机器人销量增长明显。2020 年 4—6 月，德国经济不景气，许多工厂停工，企业借此机会尝试应用机器人解决方案，为未来的发展寻求助推力。

低成本机器人的单位成本远低于传统的高性能机器人，每台机器人产生的营业额也要低得多，导致了统计数据中单位计数与货币计数出现偏差。同时，低成本机器人常通过互联网实现销售，搭配简单易学的编程界面，客户可以自行安装使用而无须专业人员上门教学，所以无法统计低成本机器人的应用领域。

2015—2020 年，德国一般工业的机器人密度从 2015 年的 170 台/万人增加到 2020 年的 216 台/万人，年均复合增长率为 5%；制造业的机器人密度为 371 台/万人；汽车行业的机器人密度为 1 395 台/万人。同时，德国汽车行业的就业人数从 2010 年的 72 万人增长到 2020 年的近 82 万人，侧面说明了应用机器人并不一定会对就业造成较大的影响。2010—2020 年德国工业机器人安装量同比增长情况如图 2 所示。

二、市场特点

1. 产量和贸易额均呈现出下降趋势

德国机器人自动化产业（包括机器视觉）有超过 500 家企业，其中，少数为大型企业和中型企业，大部分是专注于某一特定细分领域的小企业。据德国机械设备制造业联合会机器人自动化分会（VDMA R & A）统计，2020 年，德国机器人自动化产业的营业额为 121 亿欧元（约 871 亿元），同比下降 18%。其中，机器人行业（包括机器人、系统和周边设备）营业额为 31 亿欧元（约 223 亿元），同比下降 20%；机器视觉的营业额为 26 亿欧元（约 187 亿元），同比下降 4%。

同时，德国工业机器人的产量也在下降，2020 年，德国工业机器人生产量为 21 669 台，同比下降 7%，在全球机器人安装总量中的占比仅为 6%。综合来看，尽管德国机器人制造商在将生产工厂逐步转移至全球最大的机器人应用市场——我国，但德国工业机器人在 2015—2020 年的生产量仍以每年平均 2%的速度增长。

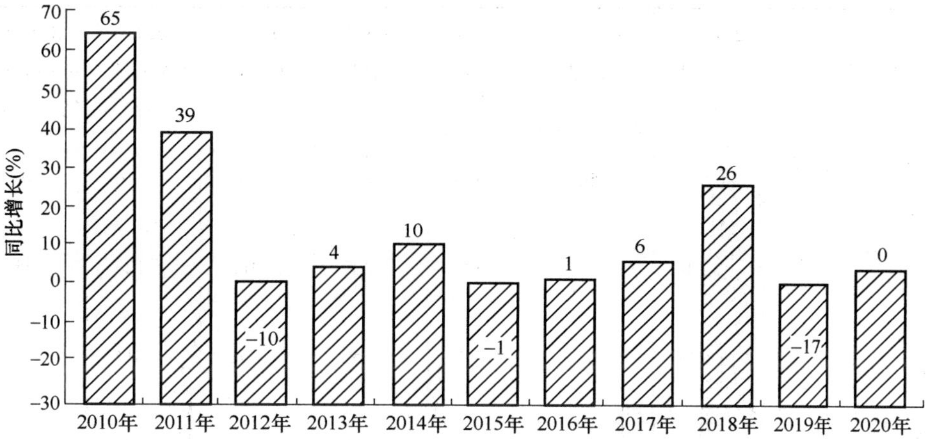

图 2　2010—2020 年德国工业机器人安装量同比增长情况

注：数据来源于国际机器人联合会 IFR。

近年来，不断有新的供应商进入德国市场，为新的细分领域提供服务，扩充德国本土产品系列。例如，我国的低成本机器人成功进入德国市场。

2020 年，德国工业机器人出口量为 16 193 台，同比下降 7%；进口工业机器人 16 826 台，同比增长 3%。2015—2020 年德国工业机器人市场情况见表 1。

表 1　2015—2020 年德国工业机器人市场情况

年份	生产量（台）	进口数量（台）	出口数量（台）	销量（台）	销售额（亿欧元）	平均价格（欧元）
2015	19 740	16 380	16 175	19 945	7.87	39 440
2016	23 918	17 386	21 230	20 074	8.29	41 314
2017	26 902	18 145	23 780	21 267	7.47	35 111
2018	23 669	24 011	20 957	26 723	9.55	35 732
2019	23 401	16 357	17 445	22 313	9.21	41 272
2020	21 669	16 826	16 193	22 302	7.34	32 921

注：数据来源于国际机器人联合会 IFR。

2. 应用领域

2020 年，搬运/上下料机器人的安装量为 11 486 台，同比减少 15%，但仍领先于其他类型机器人，是工业机器人的第一大应用领域。其中，物料搬运机器人的安装量为 7 279 台，德国近 1/3 的机器人应用在该领域。其他三个细分领域：包装、拣放、塑料模具和机床上下料工业机器人的安装量基本一致，均为 800 余台。

排名第二的是焊接机器人，市场需求大幅增长，安装量为 3 957 台，同比增长 33%，在工业机器人安装总量中的占比为 18%。其中，点焊机器人的安装量为 2 821 台，同比增长 68%。

装配机器人安装量为 847 台，同比下降 8%；喷涂机器人安装量只有 530 台，仅为 2019 年的一半。

2015—2020 年德国工业机器人安装量（按应用领域划分）见表 2。

表 2　2015—2020 年德国工业机器人安装量（按应用领域划分）

IFR 编码	应用领域	2015 年安装量（台）	2016 年安装量（台）	2017 年安装量（台）	2018 年安装量（台）	2019 年安装量（台）	2020 年安装量（台）	2020 年安装量同比增长（%）	2015—2020 年年均复合增长率（%）
110	搬运/上下料	11 964	12 219	11 374	15 753	13 576	11 486	-15	-1
111	用于金属铸造的搬运与上下料	234	240	303	403	284	134	-53	-11

（续）

IFR 编码	应用领域	2015 年安装量（台）	2016 年安装量（台）	2017 年安装量（台）	2018 年安装量（台）	2019 年安装量（台）	2020 年安装量（台）	2020 年安装量同比增长（%）	2015—2020 年年均复合增长率（%）
112	用于塑料成型的搬运与上下料	1 680	1 503	1 543	1 854	1 499	816	−46	−13
113	用于冲压、锻造、钣金搬运与上下料	278	323	397	332	165	123	−25	−15
114	机床加工中的搬运与上下料	1 090	1 022	1 019	659	772	814	5	−6
115	其他机械加工的上下料	112	58	44	900	782	703	−10	44
116	用于检测、检验、测试的搬运与上下料	225	338	438	359	287	428	49	14
117	用于码垛的搬运与上下料	461	457	505	675	432	372	−14	−4
118	用于包装、拾放的搬运与上下料	1 189	1 117	905	1 161	1 019	817	−20	−7
119	材料的搬运与上下料	6 695	7 161	6 220	9 410	8 336	7 279	−13	2
160	焊接和钎焊	2 817	2 298	2 650	4 408	2 966	3 957	33	7
161	弧焊	1 153	1 157	1 036	1 684	1 114	962	−14	−4
162	点焊	1 059	673	1 318	2 564	1 683	2 821	68	22
163	激光焊	43	74	93	75	61	48	−21	2
164	其他焊接	562	394	203	85	108	126	17	−26
170	涂层与胶封	933	769	919	1 383	1 060	530	−50	−11
171	喷涂、上釉	341	311	540	942	401	201	−50	−10
172	粘胶剂、密封材料或类似材料的应用	353	292	340	399	552	264	−52	−6
179	其他点胶或喷涂	239	166	39	42	107	65	−39	−23
190	加工	737	659	717	672	642	331	−48	−15
191	激光切割	44	41	54		22			
192	水刀切割	14			34	27			
193	机械切割、磨削、去毛刺、铣削、抛光	379	316	314	109	361	173	−52	−15
198	其他加工	300	302	349	469	232	101	−56	−20
199	未指定的加工				60		57		
200	装配及拆卸	1 171	1 860	2 414	1 150	921	847	−8	−6
900	其他	396	439	488	1 965	700	852	22	17

（续）

IFR 编码	应用领域	2015 年安装量（台）	2016 年安装量（台）	2017 年安装量（台）	2018 年安装量（台）	2019 年安装量（台）	2020 年安装量（台）	2020 年安装量同比增长（%）	2015—2020 年年均复合增长率（%）
902	半导体用洁净室	41	56	139	170	106	115	8	23
905	其他	355	383	349	1 795	594	737	24	16
999	未指定	1 927	1 830	2 705	1 392	2 448	4 299	76	17

注：数据来源于国际机器人联合会 IFR。

3. 应用行业

从应用行业看，汽车行业一直是德国工业机器人最重要的应用行业。2020 年，有 43%的新增机器人应用在汽车行业，总数为 9 670 台，同比下降 5%，与 2015 年、2016 年和 2017 年的数据基本一致，只有 2018 年因为汽车产业的强劲爆发，机器人市场创下 15 673 台的历史最高纪录。具体来看，2020 年，整车企业安装工业机器人安装量为 6 672 台，同比增长 3%；汽车零部件工业机器人安装为 2 998 台，同比下降 19%。其次是金属制品业，2020 年，金属制品业工业机器人安装量为 2 538 台，比 2019 年的 3 683 台下降了 31%。塑料和化工行业 2020 年的工业机器人安装量为 1 419 台，同比下降 29%。其中，橡塑行业的工业机器人安装量为 997 台，同比下降 36%，而其往年的工业机器人安装量一直在保持在 1 500～2 000 台。电气电子行业 2020 年的工业机器人安装量为 1 053 台，同比下降 16%，连续第四年保持在 1 000 台以上。值得一提的是，有 27%的机器人没有说明应用行业，可能是用于一般工业和非制造行业。2015—2020 年德国工业机器人安装量（按应用行业划分）见表 3。

表 3　2015—2020 年德国工业机器人安装量（按应用行业划分）

IFR 编码	应用行业	2015 年安装量（台）	2016 年安装量（台）	2017 年安装量（台）	2018 年安装量（台）	2019 年安装量（台）	2020 年安装量（台）	2020 年安装量同比增长（%）	2015—2020 年年均复合增长率（%）
A-B	农业、捕猎业、林业和渔业					29			
D	制造业（不含汽车零部件）	16 700	16 870	16 855	24 928	19 076	15 986	-16	-1
10—12	食品制品和饮料、烟草制品	521	472	527	568	509	424	-17	-4
13—15	纺织业、皮革和服装	23	10	32	82				
16	木材与木材制品（包括家具）	100	88	145	81	89	54	-39	-12
17—18	造纸和纸制品业、出版与印刷	59	102	42	86	57	67	18	3
19—22	塑料和化学制品	2 031	2 158	2 064	2 217	1 998	1 419	-29	-7
19	化学制品、医药制造业和化妆品	252	231	251	576	450	422	-6	11
22	橡胶和塑料制品（不含汽车零部件）	1 779	1 927	1 813	1 641	1 548	997	-36	-11

（续）

IFR 编码	应用行业	2015 年安装量（台）	2016 年安装量（台）	2017 年安装量（台）	2018 年安装量（台）	2019 年安装量（台）	2020 年安装量（台）	2020 年安装量同比增长（%）	2015—2020 年年均复合增长率（%）
23	玻璃、陶瓷、石材、矿产品（不含汽车零部件）	193	143	142	168	165	102	−38	−12
24—28	金属	2 415	2 901	3 287	3 661	3 683	2 583	−31	1
24	基本金属（钢、铁、铝、铜、铬）	145	148	180	185	142	127	−11	−3
25	金属制品（不含汽车零部件），机械设备除外	1 153	1 442	1 860	2 088	2 072	1 137	−45	0
28	工业用机械设备	1 117	1 311	1 247	1 388	1 469	1 274	−13	3
26—27	电子电气	897	783	1 105	1 479	1 250	1 053	−16	3
275	家用电器	129	96	90	130	93	66	−29	−13
271	电气机械和器材（不含汽车零部件）	190	171	216	429	205	104	−49	−11
260	电子元件/设备	134	103	341	323	381	460	21	28
261	半导体、液晶显示屏和发光二极管（包括太阳能电池和太阳能集热器）	87	220	195	192	124	100	−19	3
262	计算机和周边设备						23		
263	家用和专业信息通信设备（不含汽车零部件）	161	24		137	207	88	−57	−11
265	医疗、精密和光学仪器	170	169	169	268	240	212	−12	5
279	未分类的电气机械设备	26		94					
29	汽车制造业（不含汽车零部件）	9 899	9 533	9 069	15 673	10 226	9 670	−5	0
291	汽车整车、汽车用发动机制造	6 477	6 030	4 685	10 114	6 507	6 672	3	1
293	汽车零部件及配件制造	3 422	3 317	4 377	5 559	3 719	2 998	−19	−3
2931	金属制品	1 750	1 491	2 636	3 409	2 272	1 616	−29	−2
2932	橡胶和塑料制品	749	571	976	1 143	710	574	−19	−5
2933	电子电气	415	384	281	474	353	440	25	1

（续）

IFR 编码	应用行业	2015 年安装量（台）	2016 年安装量（台）	2017 年安装量（台）	2018 年安装量（台）	2019 年安装量（台）	2020 年安装量（台）	2020 年安装量同比增长（%）	2015—2020 年年均复合增长率（%）
2934	玻璃制品	21		15					
2939	其他	487	871	469	533	384	368	-4	-5
299	未分类的汽车制造		186	7					
30	其他运输设备制造业	94	57	55	172	69	20	-71	-27
91	所有其他制造业分支	468	623	387	741	1 030	594	-42	5
F	建筑业		22			24	31	29	
P	教育和研发	167	186	188	200	222	145	-35	-3
90	所有其他非制造业分支	38	54	64	157	131	162	24	34
99	未分类	3 040	2 942	4 160	1 438	2 831	6 023	113	15
	合计（不含汽车零部件）	19 945	20 074	21 267	26 723	22 313	22 302	0	2

注：数据来源于国际机器人联合会 IFR。

4. 结构类型

从结构类型看，2020 年，多关节机器人安装量变化不大，坐标机器人和并联机器人有所增长。

2020 年，德国多关节机器人安装量为 16 949 台，同比下降 2%，依旧是德国工业机器人市场的第一名，占比达到 76%；坐标机器人发展势头良好，安装量为 3 359 台，同比增长 23%，占比为 15%，其中，部分增长来自于低成本机器人的快速发展，还有一些非制造业的产业应用该类机器人比较多；SCARA 机器人下降明显，2020 年安装量为 1 343 台，同比下降 20%，这是继 2018 年达到 2 056 台后连续两年呈现下降趋势，在市场总量中的占比为 6%。2015—2020 年德国工业机器人安装量（按结构类型划分）见表 4。

表 4　2015—2020 年德国工业机器人安装量（按结构类型划分）

结构类型	2015 年安装量（台）	2016 年安装量（台）	2017 年安装量（台）	2018 年安装量（台）	2019 年安装量（台）	2020 年安装量（台）	2020 年安装量同比增长（%）	2015—2020 年年均复合增长率（%）
多关节机器人	15 596	15 899	16 930	22 472	17 383	16 949	-2	2
直角坐标机器人	2 437	2 294	2 171	1 683	2 737	3 359	23	7
并联机器人	175	157	272	378	409	540	32	25
SCARA 机器人	1 694	1 666	1 755	2 056	1 680	1 343	-20	-5
其他	43	58	139	134	104	111	7	21
合计	19 945	20 074	21 267	26 723	22 313	22 302	0	2

注：数据来源于国际机器人联合会 IFR。

三、预测与展望

德国联邦统计局数据显示，在新冠疫情影响下，德国2020年GDP同比下降5%；2021年GDP同比增长2.9%。德意志联邦银行预测，德国2022年GDP将同比增长5.2%左右。这预示着直到2022年德国经济才能恢复至新冠疫情发生前的水平。

根据国际机器人联合会季度调查显示，欧洲机器人市场在缓慢复苏中，但增长速度落后于亚洲市场和美洲市场。德国机器人产业也在回升，但主要动力来自于强劲的海外市场需求，而不是来自德国和欧洲的市场。德国机器人市场预计会缓慢回升，主要由一般工业和非制造业产业对低成本机器人的需求拉动。目前，德国汽车产业的转型升级也在稳步进行中，重点聚焦重型卡车可替换动力系统的研发，预计要再过几年才有可能实现市场化。另一方面，德国在国内扩大电池的生产能力，这也给机器人市场的发展带来了机遇。但由于全球范围的电子零部件短缺，使汽车制造商不得不暂时停工，短期内应该不会再对工厂追加投资。

在追赶效应影响下，2021年德国机器人产业将会轻微增长，2022年德国机器人市场将会达到最高值。随后，追赶效应逐步消退，2023—2024年德国机器人产业会延续上升的趋势，涨幅会比新冠疫情发生前略高。

另外，目前，欧洲正在审查欧洲机械产品法规（European Machinery Product Regulation）和人工智能法案（AI Act），法案中关于人工智能机器人强制性第三方认证的要求引起了全球机器人行业的普遍关注。鉴于目前是由制造商自行声明符合安全标准，强制性认证将影响所有销往欧洲市场的机器人产品。国际机器人联合会表示，从长远来看，新法规的实施将对欧洲公司，尤其是中小企业和初创企业产生不利影响。因此，国际机器人联合会正在呼吁欧洲的政策制定者对这两份草案进行修订，以平衡保护公民与市场采用新技术的需求并确保企业有公平的竞争环境。

〔撰稿人：中国机械工业联合会孙媛媛〕

2021年韩国机器人行业发展情况

一、行业概况

韩国机器人产业起步较晚，但却保持着强劲的发展速度。自20世纪80年代起，韩国便开始大力发展工业机器人技术。韩国政府很早就认识到机器人产业对于加快制造业转型发展，带动本国产业升级的重要作用，从国家层面给予机器人产业大力扶持。2008年，韩国制定了《智能机器人开发及普及促进法》，将机器人列为国家级战略性产业，从人才培育、质量品牌和平台搭建方面进行顶层规划。从2009年起，韩国连续制定了三个关于智能机器人开发的五年规划，对韩国机器人产业给予规模化和系统化的支持。五年规划的实施给韩国机器人产业带来了质的飞跃。

韩国机器人产业的快速发展主要得益于其汽车和半导体行业的带动。到20世纪90年代末期，在政府的大力扶持和引导下，韩国由现代重工集团牵头，用了10年的时间建立起了自己的工业机器人体系。进入21世纪后，韩国IT产业急速发展，促使韩国政府加大了对规模化及系统化的机器人应用研发支持力度。

作为全球第四大汽车生产国，韩国的汽车工业大量应用了本国生产的机器人。2020年，韩国的小汽车和商用车年销售量高达350万辆，而汽车行业的机器人密度达2 750台/万名员工，可以说，汽车行业的良好发展对机器人产业的发展也起到了极大的推动作用。同时，韩国也是全球领先的液晶显示器（LCD）、存储芯片及电动汽车电池制造商，拥有三星集团和LG集团等知名企业。目前，电子和汽车已经成为韩国机器人的最主要的两大应用行业。

韩国机器人普及率世界领先。国际机器人联合会（IFR）最新发布的《2021年世界机器人报告》显示，2020年，韩国的机器人密度为932台/万人，位居世界首位，相当于世界平均水平（126台）的7.4倍。从2010年起韩国连续八年在工业机器人密度上排名第一，但在2018年和2019年被新加坡赶超。2019年3月，韩国政府发布机器人制造业蓝图，提出将同时发展工业和服务业机器人，利用机器人振兴传统产业，并寻求掌握机器人领域硬件和软件的核心技术。2020年韩国机器人密度再次跃居全球首位。从市场规模来看，2020年韩国机器人销量为3.05万台，仅次于美国、日本和中国，排名世界第四。韩国工业机器人快速普及的主要原因有两点，一是全球机器人价格在2009—2018年下降了30%以上；二是电气、电子、化学、运输装备等机器人利用率较高的行业在韩国产业结构中的占比较大。

二、技术动态

新冠疫情发生以来，韩国开始积极探索机器人在服务领域的应用。2020 年，韩国邮政的自动驾驶快递车首次试运行，一同亮相的两个辅助配送机器人引起业界的广泛关注。为应对“后疫情时代”民众对邮政快递业务需求的高涨，推动新行业的发展，韩国科学技术信息通信部联合韩国邮政事业本部，推出多项智能化无人快递收发服务，将自动驾驶快递车等打造成“迷你移动邮局”，旨在促进新冠疫情背景下非接触式快递业务的创新发展，协助推动建设“智慧城市”。随着机器人技术的发展，机器人可以越来越稳定地执行“送货任务”，韩国企业相继推出“送货机器人”，不仅初创公司，大型企业也纷纷进入了机器人快递市场。例如，2021 年，韩国电信公司（KT）在其光化门办公楼部署了邮政投递机器人，使用递送机器人来递送文件；Woowa Brothers 也在首尔和京畿道等地区引入递送机器人来递送食物。为了减少人与人接触，韩国餐厅也陆续启用了送餐机器人，送餐机器人可以接单、准备食物并且送餐，在提供无接触式服务的同时还可以增加餐厅人气。

2021 年 6 月，现代汽车集团收购了以拥有全球顶级机器人研发实力而闻名的波士顿动力公司。现代汽车集团的汽车专业知识与波士顿动力公司机器人技术的结合，增强了现代汽车集团在机器人轴、个人飞行器和“最后一英里出行”等智能出行行业中的地位。此外，2020 年，韩国电信公司（KT）宣布与现代机器人公司（Hyundai Robotics）签署战略合作和投资合同，意在加快基于 5G、人工智能和智能工厂的数字化转型合作，利用 5G 网络、人工智能和大数据解决方案持续专注软件发展，并推动服务型机器人和工业机器人的研发。

2021 年，首尔大学研发出可变色软体机器人，加快了韩国隐身科技的进展。可变色软体机器人可以检测到所处环境的颜色，并实时改变颜色。与之前的变色机器人技术相比，该种机器人技术成本低廉，并可以应用于军事侦察等场合。

三、市场特点

根据国际机器人联合会（IFR）统计数据，2020 年，韩国工业机器人生产量为 25 878 台，同比下降 6%，在全球工业机器人总生产量中的占比为 7%；产值为 5 955 亿韩元，同比下降 2%；机器人平均价格从 2019 年的 2 190 万韩元增长至 2020 年的 2 300 万韩元，同比增长 12%；工业机器人保有量与 2019 年相比上升了 6 个百分点，达到了 34.3 万台，全球排名第三位，仅次于日本和中国；工业机器人销量为 30 506 台，同比下降 7%，位列中国、日本和美国之后，居于全球工业机器人市场第四位，是自 2016 年以来韩国工业机器人销量连续第四年下降；机器人密度为 932 台/万人，再次跃居全球首位。

从进出口情况看，2020 年，韩国工业机器人进口量和进口额分别为 10 256 台和 3 460 亿韩元，分别同比下降 12%和 19%，进口机器人单价为 3 374 万韩元，同比下降 8%；出口量为 5 628 台，同比下降 11%，出口额为 1 393 亿韩元，同比下降 10%，出口机器人单价为 2 475 万韩元，同比增长 1%。2015—2020 年韩国工业机器人生产和市场情况见表 1。2015—2020 年韩国工业机器人销量（按机器人结构类型划分）见表 2。

表 1 2015—2020 年韩国工业机器人生产和市场情况

项目		2015 年	2016 年	2017 年	2018 年	2019 年	2020 年	2020 年同比增长（%）	2015—2020 年年均复合增长率（%）
数量（台）	生产	31 940	36 478	27 676	31 245	27 614	25 878	-6	-4
	销售	38 285	41 373	39 777	37 807	32 900	30 506	-7	-4
	进口	12 308	12 352	17 149	13 122	11 636	10 256	-12	-4
	出口	5 963	7 457	5 048	6 560	6 350	5 628	-11	-1
金额（百万韩元）	生产	426 248	404 284	604 148	682 075	605 778	595 543	-2	7
	销售	1 047 276	1 255 651	1 262 140	1 060 525	878 243	802 262	-9	-5
	进口	735 635	971 930	780 337	537 445	427 619	346 065	-19	-14
	出口	114 607	120 563	122 345	158 995	155 154	139 346	-10	4

注：数据来源于国际机器人联合会。

1. 电子与汽车行业是韩国工业机器人的主要应用行业

2020 年，用于韩国电子领域的机器人销量为 15 578 台，同比下降 13%，在韩国工业机器人市场总销量中的占比为 51%。这是自 2016 年达到 29 282 台峰值以后连续第四年下降，从 2015 年到 2020 年，年均复合增长率为-4%，但电子仍是韩国工业机器人最主要的应用行业。汽车行业工业机器人销量为 5 386 台，同比增长 16%，在韩国工业机器人市场总销量中的占比为 18%，是韩国工业机器人第二大应用行业，尽管如此，相对于之前销量来说，2020 年汽车行业工业机器人销量依然很低。其中，用于汽车制造领域的机器人销量为 2 469 台，同比增长 251%，原因是 2019 年该领域机器人销量下降至约 700 台，因此 2020 年增长较多，但事实上还没有达到以往销量较高年份销量的一半。2020 年，汽车零部件制造商也降低了机器人消费，年销量为 2 917 台，同比下降 26%。金属加工行业是韩国机器人第三大应用行业，2020 年实现年销量 1 882 台，同比下降 22%。

2. 搬运是韩国工业机器人最主要的应用领域，洁净室位居其次

搬运、洁净室、焊接是韩国工业机器人最主要的三大应用领域，三者工业机器人销量之和在韩国工业机器人市场总销量中的占比为 79%。搬运依然是韩国工业机器人最主要的应用领域，2020 年，用于搬运领域的工业机器人销量为 15 507 台，同比下降 16%，在韩国工业机器人市场总销量中的占比为 51%。其中，用来做打包、挑拣和运放工作的机器人最多，为 11 954 台，在韩国工业机器人市场总销量中的占比为 39%。

洁净室跃居为第二大应用领域，2020 年，用于洁净室领域的机器人销量为 4 873 台，同比下降 8%，在韩国工业机器人市场总销量中的占比为 16%。其中，有 2 632 台工业机器人用于平板显示器的生产，同比下降 30%；2 111 台用于半导体的生产，同比增长 55%。

焊接是韩国工业机器人的第三大领域，2020 年，用于焊接领域的工业机器人销量为 3 819 台，同比增长 41%，在韩国工业机器人市场总销量中的占比为 13%。其中，点焊机器人销量为 2 206 台，与 2019 年相比增长了一倍；弧焊机器人销量为 1 595 台，同比增长 1%。

3. 坐标机器人产销量下降明显，但仍占最大市场份额

韩国是坐标机器人的主要生产国，也是坐标机器人最大的应用市场。这类机器人虽然应用场景有限、生命周期短，但其价格低、简单易用，可用在对精度要求不高的简单装配生产线等领域，尤其是电子领域。电子行业是韩国工业机器人最主要的应用行业，韩国机器人制造商专注于生产坐标机器人。2020 年，韩国坐标机器人生产量为 16 561 台，在韩国工业机器人总产量中的占比为 64%；韩国坐标机器人销量为 14 616 台，坐标机器人销量占比与 2019 年同期相比下降了 17 个百分点，在各类型工业机器人中下降最多。

2020 年，韩国多关节机器人销量达 10 789 台，仅次于坐标机器人，同比下降 2%；SCARA 机器人主要用于电子行业，其销量为 1 852 台，同比增长 11%，但数量依然很低。从全球来看，应用在电子行业的机器人中，有 43% 是 SCARA 机器人，而 66% 的 SCARA 机器人都用于电子行业。

表 2　2015—2020 年韩国工业机器人销量（按机器人结构类型划分）

结构类型	2015 年销量（台）	2016 年销量（台）	2017 年销量（台）	2018 年销量（台）	2019 年销量（台）	2020 年销量（台）	2020 年同比增长（%）	2015—2020 年年均复合增长率（%）
多关节机器人	12 938	10 976	18 439	15 369	10 997	10 789	−2	−4
坐标机器人	20 557	26 410	17 701	18 174	17 603	14 616	−17	−7
并联机器人	376	406	431	397	413	444	8	3
SCARA	1 648	1 725	1 918	1 459	1 666	1 852	11	2
其他	2 766	1 856	1 288	2 408	2 221	2 805	26	0
合计	38 285	41 373	39 777	37 807	32 900	30 506	−7	−4

注：数据来源于国际机器人联合会。

四、预测与展望

受新冠疫情影响，2020 年韩国的经济增长率为-0.9%。2021 年，随着国内消费反弹，出口额不断增长，设备投资和政府支出持续扩大，韩国经济重回增长轨道。2021 年韩国国内生产总值同比增长 4%，创近 11 年新高。韩国产业通商资源部发布的数据显示，2021 年韩国出口贸易额为 6 445 亿美元，创历史新高。在出口产品中，半导体、石化、汽车等 15 种主要商品出口额实现两位数增长。韩国经济为出口导向型，我国是韩国最重要的出口国，韩国经济受益于我国经济的快速崛起。韩国银行认为，尽管韩国依然面临新冠疫情蔓延、产品供应链危机等风险，但随着全球经济持续恢复，2022 年韩国出口额有望继续增长。作为韩国机器人最大的用户行业，韩国电子和汽车领域的快速发展极大地带动了其机器人产业的进一步发展。预计未来几年内，韩国电子和汽车领域对机器人的需求将实现年均 8%的增长。

为加快经济复苏，韩国政府计划大力提升半导体、未来汽车、生物健康“三大创新增长产业”的国际竞争力，并将为此投资6.3万亿韩元。2021年5月，韩国启动了机械装备领域的投资支持项目；2021年6月，韩国启动了电池生产领域的投资支持项目，汽车和化工行业纷纷宣布未来投资计划。此外，韩国政府关于“绿色新政”和“数字新政”的620亿美元投资计划也将持续推动现代生产技术，包括机器人技术的持续稳定需求。

目前，韩国机器人产业虽然在汽车、电子等领域的大企业带动下呈现出增长趋势，但是这种以工业机器人以及以大企业主导的产业结构恐有日益僵化的风险。近年来，随着机器人应用门槛降低并且更具成本竞争力，韩国制造业中越来越多的中小型企业开始实施以机器人为核心的自动化生产线改造，并纷纷进入机器人行业。当前，韩国的中小企业通过政府赞助，正在积极生产用于教育、农业、医疗康复、国防、文化、制造、环境、家庭服务、零部件以及安全等多个领域的机器人产品。韩国政府也开始采取行动，积极推动大型企业和中小企业的合作，以促进韩国机器人产业的健康持续发展。

〔撰稿人：中国机械工业联合会王丽丽〕

2021年俄罗斯机器人行业发展情况

一、行业概况

苏联时期，机器人技术发展得益于其当时雄厚的经济基础和科研实力，在全球曾处于较高水平。随着苏联解体，俄罗斯继承了苏联的科技和经济潜力，为现代机器人产业的发展奠定了坚实的基础。近年来，俄罗斯机器人产业得到进一步发展。

（1）俄罗斯政府对数字技术（包括机器人技术）的开发和应用十分关注。俄罗斯把推进数字经济作为国家的优先发展方向。同时，俄罗斯把机器人产业作为经济发展最有前途的领域之一，俄罗斯希望通过鼓励推广和应用机器人技术来提高国民经济各领域的生产率。继德国推出“工业4.0”之后，俄罗斯也开始重视现代技术对工业的推动作用，重点发展现代化的自动化技术、机器人以及3D打印等工业化生产新技术。2019年，俄罗斯批准通过“至2030年俄罗斯国家人工智能发展战略”，界定了包括机器人技术在内的未来俄罗斯人工智能技术的具体方向。俄罗斯工业和贸易部编制的“至2030年俄罗斯电子工业发展战略规划”分三期实施。其中，2025—2030年，俄罗斯将聚焦机器人技术、人工智能、无人驾驶交通工具、神经技术和量子计算等尖端领域。

（2）服务机器人快速发展。俄罗斯机器人制造商将目光投向服务机器人领域，俄罗斯服务机器人因此得到快速发展。俄罗斯有100多家服务机器人公司，据俄罗斯机器人协会（RAR）统计，新冠疫情发生以前，排名前十位的机器人公司每年的收入都能够增长一倍。此外，俄罗斯头部服务机器人公司产品除了能够满足俄罗斯国内需求外，还具有强劲的出口销售能力。服务机器人的快速发展一方面源于无接触时代医疗服务机器人的大规模增长；另一方面源于对教育机器人技术的需求日益增多。在医疗服务领域，新冠疫情期间，俄罗斯有20多家机器人公司推出应对疫情的新型解决方案。机器人承担起很多工作，例如场所消毒、疾病检测及安检巡逻，有效地防范了新冠疫情的再次蔓延。在教育领域，俄罗斯的机器人技术非常广泛，用于教育服务的机器人市场十分强劲。据RAR统计，2017年，教育就已经成为俄罗斯服务机器人最大的消费领域。从某种程度上看，俄罗斯教育机器人的发展与繁荣可与1985年在苏联引入计算机必修课的影响相提并论。

（3）工业机器人市场潜力巨大。《2021全球机器人报告》数据显示，在制造业领域，2020年全球机器人密度平均值为126台/万人，相比2015年的66台/万人增长了近一倍。俄罗斯工业机器人的密度较低，2020年，每万名制造业工人只有7台机器人。俄罗斯作为世界闻名的机械制造大国，其重型制造业规模大，一般制造业门类齐全，工业机器人在俄罗斯的市场潜力巨大。俄罗斯工业机器人市场不发达，一方面是由于俄罗斯劳动力成本低，其潜在客户不想在自动化方面投入大量资金；另一方面是由于其缺少掌握专业知识和技能的工程师。近年来，俄罗斯开始不断探索工业机器人技术上的优势并逐步学习积累与自动化技术相结合的经验。

（4）军用机器人技术领域取得重大进展。俄罗斯机器人产业发展具有其特殊性，机器人市场的形成很大程度上取决于军事、紧急状态及科考的需要。2013年，俄罗斯政府军事工业委员会成立“机器人技术实验室”跨部门工作小组。该小组在机器人系统用户、科研单位和工业部门之间发挥整合平台和协调中心的作用。俄罗斯制造的军用机器人种类较多并搭载有各种武器，发展迅速。“至 2030 年俄罗斯国家人工智能发展战略”明确了其发展人工智能的六大方向，包括将人工智能技术迅速运用到军事装备领域，开发高技术武器，保障国家安全。俄罗斯未来的发展方向将是研发具有创造性、智能化、能够适应陌生作战环境，可与其他机器人和人员高效安全协同作业的灵活配置的机器人。

二、技术动态

机器人技术处于科技进步的前沿，投资发展机器人技术对确保国家安全、推动经济和社会领域的发展都十分重要。俄罗斯在机器人领域有自己的历史基础和发展特色，其中表现最为突出的便是军用机器人。2021 年 11 月，俄罗斯《独立报》发表《教会“波塞冬”思考 俄罗斯明确军备发展战略方向》表明，人工智能正在成为军备计划的一个主要优先方向。为落实该计划，俄罗斯将投入 22 万亿卢布（约 1.88 万亿元人民币）。在国家项目框架内，俄罗斯将在 2023 年前成立 9 家世界级科研中心，用于研究先进数字技术、机器人技术设备、网络安全和人工智能问题。

俄罗斯在军用无人机和军用机器人领域投入了大量资源，并且更加强调使用人工智能技术。多种俄罗斯制造的机器人被送往叙利亚接受实战检验，并在“西方—2021”军事演习中亮相。虽然在演习中有些军用机器人暴露出一些缺陷，包括机械故障和频繁失联等，但俄罗斯相关部门随即做出了改进。俄罗斯军用机器人不仅用于战斗，还能保护航天发射场。俄罗斯卫星通讯社于 2021 年 10 月报道称，俄罗斯国家航天集团公司的 Marker 机器人在东方航天发射场巡逻并已进入战斗值勤状态。此外，俄罗斯学者还开发出用于驱散人群的“乌龟”机器人，它将能够镇压街头骚乱而不至于使人群受伤。

俄罗斯对医学领域的机器人也早有研究，其医学领域机器人水平世界领先。2019 年，莫斯科国立口腔医学耶夫多基马夫大学与莫斯科斯坦金国立技术大学联合研制出一款新型外科手术机器人平台，从牙科到神经外科等各种医疗临床手术都可使用，该项研究任务是要实现外科“智能手术”。目前，该项目的样机能在人体模型上完成脑活检、口腔软组织激光切割及用自体干细胞消除龋齿等外科手术，但其进入临床尚需几年时间。新冠疫情期间，俄罗斯机器人在防范病毒方面发挥了巨大作用。有 20 多家机器人公司推出应对新冠疫情的新型解决方案，包括 Promobot 公司。Promobot 公司推出了两款新产品，一款是名为 Thermocontrol 的无接触体温测量机器人；另一款是名为天蝎座的消毒机器人，其中，Thermocontrol 无接触体温测量机器人作为自动热像仪需求量很大，在多个国家实现了热销。

三、市场特点

1. 工业机器人生产销售情况

根据国际机器人联合会统计数据，2020 年，俄罗斯工业机器人市场销量为 943 台，在全球排名第 27 位。与 2019 年相比，2020 年，俄罗斯机器人销量出现大幅下降，同比下降 33%，打破了 2015 年以来连续 5 年增长的上升趋势。尽管如此，2020 年，俄罗斯机器人的销量与 2015 年和 2016 年相比仍有较大提升，因此，2015—2020 年，俄罗斯工业机器人年均复合增长率依然达到 22%。截至 2020 年，俄罗斯工业机器人保有量为 6 963 台（套），全球排名第 32 位，2015—2020 年俄罗斯工业机器人保有量年均复合增长率为 18%。2015—2020 年俄罗斯工业机器人市场销量及保有量见表 1。

表 1　2015—2020 年俄罗斯工业机器人市场销量及保有量

指标名称	2015 年	2016 年	2017 年	2018 年	2019 年	2020 年	2020 年同比增长（%）	2015—2020 年年均复合增长率（%）
销量（台）	347	358	711	1 007	1 410	943	-33	22
保有量（台）	3 032	3 366	4 028	4 994	6 185	6 963	13	18

注：数据来源于国际机器人联合会。

从机械结构看，在俄罗斯各类型的工业机器人中，多关节机器人在市场中占据主导地位。2020 年，俄罗斯多关节机器人年销量为 773 台，同比下降 34%，但仍在俄罗斯机器人市场总销量中的占比达 82%，2015—2020 年多关节机器人年均复合增长率达 20%；坐标机器人是俄罗斯第二大类型的工业机器人，销量为 130 台，同比下降 37%，在市场总销量中的占比为 14%；2020 年增长幅度最大的是 SCARA 机器人，年销量为 27 台，同比增长 238%。2015—2020 年俄罗斯工业机器人市场销量（按机械结构划分）见表 2。

2. 产品应用

受全球新冠疫情和国内经济形势影响，2020 年，俄罗斯绝大多数行业对工业机器人的需求均出现大幅下降，但搬运与焊接依然是俄罗斯工业机器人最主要的两大应用领域。2020 年，搬运领域工业机器人销量为 354 台，同比下降 33%，在俄罗斯工业机器人市场总销量中的占比为 38%；

焊接是俄罗斯工业机器人第二大应用领域，也是2020年工业机器人销量下降最多的领域，2020年，焊接领域工业机器人销量为241台，同比下降43%，在俄罗斯工业机器人市场总销量中的占比为26%。2015—2020年俄罗斯工业机器人市场销量（按应用领域划分）见表3。

表2　2015—2020年俄罗斯工业机器人市场销量（按机械结构划分）

产品名称	2015年（台）	2016年（台）	2017年（台）	2018年（台）	2019年（台）	2020年（台）	2020年同比增长（%）	2015—2020年年均复合增长率（%）
多关节机器人	310	333	664	839	1 174	773	-34	20
坐标机器人	34	24	32	151	206	130	-37	31
并联机器人	3		11	12	9	13	44	34
SCARA		1	4	5	8	27	238	
合计	347	358	711	1 007	1 410	943	-33	22

注：数据来源于国际机器人联合会。

表3　2015—2020年俄罗斯工业机器人市场销量（按应用领域划分）

项目	2015年（台）	2016年（台）	2017年（台）	2018年（台）	2019年（台）	2020年（台）	2020年同比增长（%）	2015—2020年年均复合增长率（%）
搬运	85	134	233	402	529	354	-33	33
焊接	203	66	245	242	420	241	-43	3
喷涂		7	22	19	30	20	-33	
加工			37	38	40	45	15	
未分类	59	151	174	306	391	282	-28	37
合计	347	358	711	1 007	1 410	943	-33	22

注：数据来源于国际机器人联合会。

金属加工和汽车制造是俄罗斯工业机器人最主要的两大应用行业。2020年，金属加工行业的机器人销量最高，为229台，同比下降43%，在总销量中的占比为24%；汽车行业的机器人销量排名第二位，为88台，同比下降76%，在总销量中的占比为8%。从保有量看，2020年，汽车行业机器人保有量在俄罗斯机器人保有总量中的占比为34%。2020年，金属加工业机器人保有量增至1 447台，在俄罗斯机器人保有总量中的占比提高到了21%。塑料与化工产品行业位居第三，2020年机器人销量为76台，同比下降8%。电子与教育研发是2020年俄罗斯工业机器人仅有的两个实现销量正增长的行业，体现了机器人发展的新商机。2015—2020年俄罗斯工业机器人市场销量（按应用行业划分）见表4。

表4　2015—2020年俄罗斯工业机器人市场销量（按应用行业划分）

IFR编码	应用行业	2015年销量（台）	2016年销量（台）	2017年销量（台）	2018年销量（台）	2019年销量（台）	2020年销量（台）	2020年同比增长（%）	2015—2020年年均复合增长率（%）
D	制造业	309	144	558	650	1 025	574	-44	13
10—12	食品饮料与烟草		13		36	95	70	-26	
19—22	塑料、化工	23	24	40	17	83	76	-8	27

（续）

IFR 编码	应用行业	2015 年销量（台）	2016 年销量（台）	2017 年销量（台）	2018 年销量（台）	2019 年销量（台）	2020 年销量（台）	2020 年同比增长（%）	2015—2020 年年均复合增长率（%）
24—28	金属加工	26	44	160	161	401	229	-43	55
26—27	电子、电器			11			23		
29	汽车	213	13	262	390	360	88	-76	-16
91	其他制造业分支	47	50	85	46	86	88	2	13
P	教育与研发				23	50	58	16	
90	其他非制造业分支			112	7	30	30		
99	未列明	38	214	41	327	305	281	-8	49
	合计	347	358	711	1 007	1 410	943	-33	22

注：数据来源于国际机器人联合会。

四、预测与展望

俄罗斯是能源出口大国，其经济主要依靠出口石油和天然气。俄罗斯民用制造业并不发达，这也体现出该国在自动化和数字化生产方面巨大的投资潜力。俄罗斯机器人产业以系统集成为主，机器人本体依靠日本发那科株式会社、日本安川电机株式会社、德国库卡集团和瑞士 ABB 集团等提供。由于各种原因，目前俄罗斯企业对机器人解决方案的需求一直低于预期。近年来，俄政府采取了一系列措施以大力发展工业化生产新技术，包括现代化的自动化技术、机器人技术和 3D 打印技术等，同时，实施经济数字化转型战略。2021 年 11 月，中俄两国有关部门签署数字经济领域投资合作备忘录，鼓励和支持两国业界对接合作，推动合作数字赋能、绿色赋能、创新赋能。这些都将极大地推动俄罗斯先进制造业的发展。

2020 年，俄罗斯 GDP 同比下降 3%。2021 年，全球经济复苏，俄罗斯各行业经济大幅回升，GDP 同比增长 4.7%，但还无法与其他经济体 7%、8%的增速持平。据国际货币基金组织《世界经济展望》最新增速预测，俄罗斯 2022 年和 2023 年的 GDP 增速将分别为-8.5%和-2.3%。由于人工智能技术被纳入西方对俄罗斯的高技术制裁清单，据估计，在未来一段时期，俄罗斯机器人产业将为实现信息技术和工业软件进口替代和自主可控而努力。

〔撰稿人：中国机械工业联合会高立红、王丽丽〕

2021 年我国机器人行业国际合作情况

机器人技术是全球科技创新的重要融合点、先进制造和产业升级的重要结合点。近年来，我国机器人市场高速发展，工业机器人年销量自 2013 年起连续 8 年位居世界首位。在巨大的需求市场驱动下及国内产业政策的引导下，我国自主品牌工业机器人呈现出良好的发展态势，拥有较好的发展前景。与此同时，与国外机器人技术强国相比，我国机器人产业在部分关键零部件和原材料方面存在薄弱环节，对外依赖度较高。通过开展国际科技和经贸合作，有效地开发利用国内、外两个市场和两种资源，尽快解决产业链短板、弱项，促进我国机器人产业实现高质量发展，具有重要的现实意义。

2021 年，新冠疫情持续发生，“去全球化”和贸易保护主义继续发酵，各种不确定因素对我国机器人行业的产业链、供应链、国际合作和人员交往等产生了不利影响。尽管国际局势复杂和充满诸多不确定性，但我国仍然处于重要的战略机遇期。我国机器人产业已开始进入高质量发展阶段，当前，政策措施的助推和市场的广阔空间为确保机器人产业构建双循环发展格局和实现可持续发展提供了诸多有利条件。

一、我国机器人产业对外贸易情况

2021年，我国机器人（涉及多功能工业机器人、未列明多功能工业机器人、集成电路工厂专用自动化物料运输系统、喷涂机器人、搬运机器人、电阻焊接机器人、电弧焊接机器人和激光焊接机器人8个税号）进出口贸易总额为27.97亿美元，同比增长42.92%。其中，进口额为22.02亿美元，同比增长40.88%；出口额为5.95亿美元，同比增长51.02%。

2021年，我国机器人贸易额排名前3位的国家是日本、德国和韩国。中日贸易额为13.85亿美元，同比增加45.45%。其中，自日本进口额为13.43亿美元，同比增长46.7%；对日本出口额为0.42亿美元，同比增长14.1%。中德贸易额为2.41亿美元，同比增长25.78%。其中，自德国进口额为1.91亿美元，同比增长12.48%；对德国出口额为0.5亿美元，同比增长131.3%。中韩贸易额为1.56亿美元，同比增长29.18%。其中自韩国进口额为1.07亿美元，同比增长34.54%；对韩国出口额为0.48亿美元，同比增长18.65%。2021年，我国机器人产品对日本、德国和韩国等主要国家的贸易都出现大幅增长，其中，中日贸易额增长最大，且日本保持较大顺差，我国主要从日本进口多功能工业机器人和集成电路工厂专用自动化物料运输系统。

2021年，我国出口日本、德国和韩国的多功能工业机器人和搬运机器人保持增长态势。

二、对外交流情况

在国家发展和改革委员会、科学技术部及工业和信息化部等部门支持下，2013年，中国机械工业联合会牵头成立中国机器人产业联盟。同年，中国机器人产业联盟与日本、韩国、德国、俄罗斯和美国等国家建立了对口合作关系，并与日本和德国等部分国家建立了双边机器人产业交流机制，定期组织召开产业对接交流活动。2014年，中国机器人产业联盟加入国际机器人联合会（总部设在德国法兰克福，秘书处设在德国机械设备制造业联合会机器人与自动化分会），双方签订战略合作协议，决定共同开展机器人行业信息统计、国际交流等工作。同年，中国机械工业联合会执行副会长、中国机器人产业联盟执行理事长宋晓刚当选国际机器人联合会执行委员会委员。从此，中国机器人产业联盟积极参与国际机器人联合会市场委员会和供应商委员会等框架内的交流活动，有机会与全球机器人主要生产国家的行业组织和知名企业加强沟通与交流，旨在增强中国机器人行业在国际上的影响力和话语权。受全球新冠疫情持续蔓延影响，2021年，中国机器人产业联盟开展的国际交流均采取线上形式进行。同年，中国机器人产业联盟继续与国际机器人联合会合作，将我国机器人市场统计数据纳入《全球机器人统计报告》，该权威报告每年都在全球发布。

三、海外市场开拓情况

新松机器人自动化股份有限公司（简称“新松”）作为我国机器人行业的龙头企业，成功研制具有自主知识产权的工业机器人、协作机器人、移动机器人、特种机器人、医疗服务机器人五大系列百余种产品。新松积极布局海外市场，在韩国、新加坡、泰国和德国等国家设立控股子公司及海外区域中心，产品出口到40多个国家和地区。2021年，新松为欧洲打造新能源车载充电器智能生产线，通过对移动机器人系统进行整体CE认证，带动大批量移动机器人出口到欧洲；向欧洲知名轮胎制造企业提供智能物流系统；出口移动机器人到北美洲；积极开拓东南亚市场，向长城汽车股份有限公司泰国工厂提供发动机装配线、向越南批量提供Vinfast新车型电池合装工艺和移动机器人；向南美洲出口新松工业机器人智能焊接系统；向韩国出口高端塑料包装装备等。

埃夫特智能装备股份有限公司（简称“埃夫特”）通过并购意大利智能喷涂机器人和智能喷涂解决方案提供商、智能抛光打磨及金属加工解决方案提供商和汽车行业柔性焊装系统提供商等企业，并投资意大利运动控制系统提供商，在引进和吸收全球工业自动化领域的先进技术和经验基础上，埃夫特公司形成从机器人核心零部件到机器人整机再到机器人高端系统集成领域的全产业链协同发展格局。2021年7月6日，埃夫特举行了EV500机器人柔性打磨系统出口俄罗斯发货仪式。EV500机器人柔性打磨系统可以覆盖铸钢、铸铁和铸铝等材质大型铸件，兼容多种型号发动机缸体缸盖打磨需求。埃华路（芜湖）机器人工程有限公司在打磨、抛光、去飞边应用领域为埃夫特机器人进行了配套。此前，埃夫特曾将该类产品出口到印度和意大利等国家。

2020年4月，南京埃斯顿自动化股份有限公司（简称“埃斯顿”）完成对全球知名焊接机器人企业——德国Cloos公司的并购。Cloos作为全球机器人焊接细分领域的领军企业，拥有世界领先的焊接机器人和焊接技术，可以为客户提供从集成式机器人焊接单元到复杂机器人自动化焊接生产线，从焊接机器人、焊接电源、焊枪、激光定位及传感、自主焊接工艺自动编程软件等全系列产品和服务。此外，Cloos在激光焊接和激光3D机器人打印领域具有领先技术和产品优势。目前，Cloos机器人的出口市场主要面向欧美国家，而埃斯顿自主品牌的机器人主要出口到越南、韩国、泰国、土耳其、白俄罗斯、印度和意大利等国家。

遨博（北京）智能科技有限公司（简称“遨博”）作为我国协作机器人研发和生产企业之一，其协作机器人应用于汽车、3C、机械加工和注塑加工等工业领域。2021年，遨博积极拓展海外代理商及合作伙伴关系，把北美洲和欧洲作为发展目标。

四、2021 世界机器人大会成功举办

2021 世界机器人大会作为行业的年度盛会（简称“大会”），于 2021 年 9 月 10—13 日在北京成功举办，国内外机器人行业的重要嘉宾通过“云上”相见。大会主题突出“人机共融共存”，谱写了产业高质量发展新篇章。图灵奖得主、两院院士等 300 多位业界专家和企业精英在“云上盛会”展开巅峰论道，3 大主论坛、19 场专题论坛、7 场双多边国际会议及 20 场配套活动在会议期间顺利举办。大会上汇聚了 108 家企业的 513 件创新机器人产品，新松、瑞士 ABB 集团、日本安川电机株式会社、哈工大机器人集团等国内外机器人领军企业悉数参展。中信重工开诚智能装备有限公司防爆轮式巡检机器人、优必选科技有限公司熊猫机器人等 20 余款新产品、新技术悉数亮相。大会同期设置了机器人大赛，机器人大赛设共融机器人挑战赛、BCI 脑控机器人大赛、机器人应用大赛和青少年机器人设计大赛 4 大赛事、41 个分赛项。共计 4 万余名选手参赛，近 2 000 名选手现场对决，集中展示了智能制造、助残康复和特种救援等领域的机器人竞技水平。机器人大赛产生了 2021 年度脑控打字最佳成绩，实现了与其他国际赛事互认，搭建了人才储备的重要平台。截至 2021 年，世界机器人大会已成功举办 6 届。

五、关于推进产业国际合作的建议

我国机器人产业无论从技术水平还是产业规模来看，与国外先进水平都存在着一定差距，产业发展存在着核心技术受制于人、基础薄弱、推广应用难、研发资金与人才紧缺和发展环境有待规范等问题。不断扩大对外交流与合作对于提高我国机器人产业的国际化水平、促进我国机器人产业的高质量发展具有重要意义。具体建议有：

（1）通过加强在标准制定、知识产权、检测认证及科技合作等方面的国际交流与合作，树立我国机器人产品的品牌形象和知名度。

（2）支持具备一定实力和条件的机器人企业，通过有效的“引进来”和“走出去”，开展国际技术交流与经贸合作，做到引资、引智、引技与“走出去”“引进来”相结合。

（3）鼓励国外机器人企业与机构在我国设立研发机构和国际专业技术人才培训中心，促进我国机器人产业的转型升级和国际复合型人才的培养。

（4）鼓励国内机器人企业把握共建“一带一路”和《区域全面经济伙伴关系协定》（RCEP）生效带来的机遇，探索多种合作模式，开拓海外市场，推动我国机器人产业的优质产能“走出去”。

〔撰稿人：中国机械工业联合会高立红〕

统计资料

公布我国工业机器人产量及产品进出口数据

统计资料

2021 年中国工业机器人月度产量情况

月份	累计销量（套）	同比增长（%）	当月销量（套）	同比增减（%）
1—2	45 433	117.57		
3	78 714	107.96	33 075	80.82
4	105 439	79.23	30 178	42.96
5	136 405	73.16	29 743	50.10
6	173 630	69.81	36 383	60.72
7	205 094	64.59	31 342	42.31
8	239 249	63.87	32 828	57.41
9	268 694	57.81	29 006	19.47
10	298 098	51.93	28 460	10.62
11	330 098	49.00	31 915	27.87
12	366 044	44.86	35 175	15.06

注：数据来源于国家统计局月度快报。

2015—2021 年中国工业机器人年度产量完成情况

年份	工业机器人产量（万台套）	同比增速（%）
2015	3.3	21.7
2016	7.2	30.4
2017		
2018	14.8	6.4
2019	17.7	-3.1
2020	21.1	20.7
2021	36.6	67.9

注：1. 数据来源于国家统计局年度统计公报。

2. 2017 年国家统计局年度统计公报未公布工业机器人年产量，故表中数据缺失。

3. 年度统计公报数据与月度统计快报数据存在差异是由于统计口径不同导致。

2021年工业机器人产品进口情况-1

月份	多功能工业机器人		集成电路工厂专用的自动搬运机器人		搬运机器人		喷涂机器人	
	数量（台）	金额（万美元）	数量（台）	金额（万美元）	数量（台）	金额（万美元）	数量（台）	金额（万美元）
1—2	15 268	19 212.9	373	8 958.0	3 809	2 058.9	97	1 234.3
1—3	28 907	36 324.0	768	13 176.8	6 999	3 243.2	183	2 198.2
1—4	40 377	50 753.8	1 007	18 224.9	9 886	4 115.7	323	4 279.0
1—5	48 131	60 919.7	1 361	21 667.7	12 099	5 111.0	431	5 515.5
1—6	59 445	74 480.8	1 694	24 646.3	14 494	6 150.6	645	7 897.9
1—7	68 886	86 456.3	2 136	27 223.7	16 947	7 325.1	776	9 698.9
1—8	75 713	96 007.4	2 540	29 265.0	18 793	8 148.7	823	10 295.5
1—9	84 805	109 317.2	2 948	31 873.1	20 519	9 191.2	896	10 859.0
1—10	92 864	120 611.5	3 405	33 900.0	22 032	10 219.7	924	11 047.2
1—11	100 790	130 891.9	4 036	37 649.9	23 503	11 849.0	1 014	11 866.0
1—12	111 304	146 027.3	4 524	39 809.3	24 799	13 142.4	1 085	12 459.2

注：数据来源于海关总署。

2021年工业机器人产品进口情况-2

月份	电弧焊接机器人		激光焊接机器人		电阻焊接机器人		其他工业机器人	
	数量（台）	金额（万美元）	数量（台）	金额（万美元）	数量（台）	金额（万美元）	数量（台）	金额（万美元）
1—2	18	49.0	2	40.6	1	47.1	1 575	1 185.7
1—3	38	213.0	3	88.3	1	47.1	1 929	1 524.9
1—4	38	213.0	4	89.9	1	47.1	2 079	2 141.0
1—5	40	265.8	5	95.6	1	47.1	2 151	2 328.0
1—6	40	265.8	5	95.6	2	51.6	2 486	3 440.0
1—7	49	313.7	6	98.8	2	51.6	2 692	3 804.3
1—8	49	313.7	10	314.9	2	51.6	2 845	4 627.6
1—9	68	420.1	12	327.1	2	51.6	2 947	5 097.8
1—10	69	422.6	13	327.7	2	51.6	3 006	5 509.2
1—11	74	749.2	15	405.5	2	51.6	3 191	6 571.6
1—12	74	749.2	23	468.0	2	51.6	3 295	7 513.1

注：数据来源于海关总署。

2021 年工业机器人产品出口情况-1

月份	多功能工业机器人		搬运机器人		喷涂机器人		电弧焊接机器人	
	数量（台）	金额（万美元）	数量（台）	金额（万美元）	数量（台）	金额（万美元）	数量（台）	金额（万美元）
1—2	12 149	3 636.6	2 494	2 413.7	82	404.4	73	271.0
1—3	15 123	6 509.5	3 578	3 924.2	143	768.1	139	386.9
1—4	18 774	8 933.7	5 501	5 343.9	2 769	1 008.0	165	767.7
1—5	22 942	11 424.3	16 565	6 926.0	4 876	1 618.6	209	1 049.5
1—6	25 784	13 539.9	19 042	8 542.3	5 219	1 806.7	269	1 224.8
1—7	29 088	16 072.7	21 127	10 204.9	5 379	2 188.5	333	1 400.6
1—8	31 805	18 143.1	23 593	11 904.3	5 408	2 320.0	383	1 519.6
1—9	34 543	20 165.6	25 873	13 354.6	5 427	2 376.9	429	1 622.4
1—10	36 892	22 257.6	27 729	14 866.5	5 494	2 900.6	519	1 938.9
1—11	39 523	24 542.1	29 900	16 311.7	5 725	2 975.6	545	2 170.8
1—12	42 339	27 238.5	32 258	18 101.5	5 736	3 015.9	618	2 288.1

注：数据来源于海关总署。

2021 年工业机器人产品出口情况-2

月份	集成电路工厂专用的自动搬运机器人		激光焊接机器人		电阻焊接机器人		其他工业机器人	
	数量（台）	金额（万美元）	数量（台）	金额（万美元）	数量（台）	金额（万美元）	数量（台）	金额（万美元）
1—2	39	133.6	22	11.1	23	18.0	2 256	959.0
1—3	55	153.0	25	71.7	29	94.6	3 044	1 415.7
1—4	95	330.4	36	90.1	220	120.6	3 725	1 845.8
1—5	108	407.6	95	133.6	222	145.7	4 202	2 250.9
1—6	142	485.6	100	162.5	235	412.5	4 965	2 767.9
1—7	158	530.4	275	330.5	241	423.3	5 741	3 362.6
1—8	188	592.8	277	356.9	242	433.2	7 611	4 141.8
1—9	632	708.2	278	447.9	247	445.0	8 438	4 634.0
1—10	643	727.4	298	464.9	252	449.0	9 255	5 150.4
1—11	653	761.9	309	586.5	255	455.3	12 160	6 411.7
1—12	687	856.6	316	606.7	260	497.3	12 948	6 943.1

注：数据来源于海关总署。

附录

公布机器人相关行业组织、中国机器人产业联盟成员单位名录，对中国机器人工业主要行业组织进行简要介绍

综述篇
大事记
产业篇
创新篇
地区篇
园区篇
标准检测认证篇
产教融合篇
企业篇
应用篇
POLICIES
人物篇
政策篇
国际篇
统计资料
附录

附录

机器人相关行业组织名录

单位名称：中国机械工业联合会机器人分会（中国机器人产业联盟）
地　　址：北京市东城区东四西大街46号
邮　　编：100711
电　　话：010-85171495
传　　真：010-85171495
网　　址：http://cria.mei.net.cn/
E - mail：cria@cmif.org.cn

单位名称：北京智能机器人产业技术创新联盟
地　　址：北京市海淀区北三环中路31号生产力大楼B座813室、803室、804室
邮　　编：100088
电　　话：010-82003642
传　　真：010-82003293
E - mail：zhouhuibjpc@126.com

单位名称：天津市机器人产业协会
地　　址：天津市西青区天津理工大学机械工程学院403室
邮　　编：300382
电　　话：17720078219
E - mail：tjapip@163.com

单位名称：天津市智能制造产业技术创新战略联盟
地　　址：天津市河西区体院北环湖中道9号
邮　　编：300060
电　　话：022-23015618
网　　址：http://www.tabletdriller.com/
E - mail：automanager@188.com

单位名称：吉林省机器人协会
地　　址：吉林省长春市绿园区西新工业集中区集智路888号
邮　　编：130000
电　　话：0431-82003278
传　　真：0431-82003266
E - mail：lin.ding@snl-rob.com

单位名称：济南市机器人与高端装备产业协会
地　　址：山东省济南市经十路舜泰广场10号楼3层
邮　　编：250101
电　　话：0531-88257086
网　　址：http://www.jnsjqrcyxh.com/
E - mail：GDZBXH@163.com

单位名称：青岛市机器人产业协会
地　　址：山东省青岛市高新区新悦路67号
邮　　编：266114
电　　话：18605322273
网　　址：http://qdria.com/
E - mail：qdjqrxh@163.com

单位名称：湖北省机器人产业创新战略联盟
地　　址：湖北省武汉市东湖新技术开发区流芳园横路16号奋进智能产业园
邮　　编：430212
电　　话：13018008462
传　　真：027-86699359
E - mail：1041697458@qq.com

单位名称：湖北省智能制造协会
地　　址：湖北省武汉市东湖高新技术开发区光谷软件园F1栋
邮　　编：430073
电　　话：027-87774868
传　　真：027-87774228
网　　址：http://whimsa.org.cn/
E - mail：whimsa@163.com

单位名称：江苏省机器人专业委员会
地　　址：江苏省南京市鼓楼区中山北路49号机械大厦29层
邮　　编：210008
电　　话：025-86630029
传　　真：025-86630029
网　　址：http://www.jssjxgyw.com/

单位名称：苏州市机器人产业协会
地　　址：江苏省苏州市相城区澄阳路 116 号阳澄湖国际科创园 2 号楼 217 室
邮　　编：215131
电　　话：18605124199

单位名称：浙江省机器人产业发展协会
地　　址：浙江省杭州市余杭区南湖景秀湾西侧之江实验室新园区
邮　　编：311121
电　　话：0571-58005075
传　　真：0571-58005074
网　　址：http://www.zria.org.cn/
E - mail：zria@zria.org.cn

单位名称：广东省机器人协会
地　　址：广东省广州市黄埔区开泰大道 38 号 5 层西侧
邮　　编：510535
电　　话：020-39344209
传　　真：020-39387677
网　　址：http://www.gdsjqr.com/
E - mail：gdsjqr@126.com

单位名称：深圳市机器人协会
地　　址：广东省深圳市南山区西丽深圳大学城学苑大道 1068 号
邮　　编：518055
电　　话：0755-86392542
传　　真：0755-86392299
网　　址：http://www.szrobot.org.cn/
E - mail：szrobot@siat.ac.cn

单位名称：广州工业机器人制造和应用产业联盟
地　　址：广东省广州市黄埔区新瑞路 2 号主楼 2 层
邮　　编：510000
电　　话：020-32385332
传　　真：020-82496513
网　　址：http://www.gzrobots.com/
E - mail：gzrobots@126.com

单位名称：东莞市机器人产业协会
地　　址：广东省东莞市松山湖高新技术产业开发区研发五路 1 号林润智谷 5 栋 306 室
邮　　编：523808
电　　话：0769-22231985
传　　真：0769-22231985
网　　址：http://www.dgria.cn/
E - mail：dg_robotic@163.com

单位名称：重庆市机器人与智能装备产业联合会
地　　址：重庆市沙坪坝区西永微电子产业园区管委会大楼 5 层
邮　　编：401332
电　　话：023-65326065
网　　址：http://www.ccria.org/
E - mail：ccria@ccria.org

单位名称：成都市机器人产业技术创新联盟
地　　址：四川省成都市青年区体育场路 2 号西星大厦
邮　　编：610015
电　　话：028-86740619
传　　真：028-86740619
E - mail：357684082@qq.com

中国机器人产业联盟会员单位名录

理事长单位

单位名称：沈阳新松机器人自动化股份有限公司
地　　址：辽宁省沈阳市浑南区全运路 33 号

电　　话：4008008666
网　　址：https://www.siasun.com/
E - mail：market@siasun.com

执行理事长单位

单位名称：中国机械工业联合会
地　　址：北京市东城区东四西大街 46 号
电　　话：010-65173303
网　　址：https://www.cmif.org.cn
E - mail：renshi@cmif.org.cn

副理事长单位

单位名称：库卡机器人（上海）有限公司
地　　址：上海市松江区小昆山镇昆港公路 889 号
电　　话：021-57072688
网　　址：https://www.kuka.com/
E - mail：eva.shi@kuka.com

单位名称：上海 ABB 工程有限公司
地　　址：上海市浦东新区康新公路 4528 号
电　　话：021-61056666
网　　址：https://new.abb.com/cn/
E - mail：0111@cn.abb.com

单位名称：埃夫特智能装备股份有限公司
地　　址：安徽省芜湖市鸠江经济开发区万春东路 96 号
电　　话：4000528877
网　　址：https://www.efort.com.cn/
传　　真：0553-5635270

单位名称：安川电机（中国）有限公司
地　　址：上海市黄浦区湖滨路 222 号领展企业广场一座 22 层
电　　话：4008213680
网　　址：https://yaskawa.com.cn/
E - mail：customer@yaskawa.com.cn

单位名称：固高科技（深圳）有限公司
地　　址：广东省深圳市南山区科技园南区高新南七道深港产学研基地西座 2 层 W211 室
电　　话：0755-26970839（总机）
网　　址：http://www.googoltech.com.cn/
E - mail：googol@googoltech.com

单位名称：广州瑞松智能科技股份有限公司
地　　址：广东省广州市黄埔区瑞祥路 188 号
电　　话：020-66309188
网　　址：http://www.risongtc.com/
E - mail：marketing@risongtc.com

单位名称：广州数控设备有限公司
地　　址：广东省广州市萝岗区观达路 22 号
电　　话：4000512028
网　　址：http://www.gsk.com.cn
E - mail：gsk001@126.com

单位名称：国机智能科技有限公司
地　　址：广东省广州市黄埔区科学城新瑞路 2 号
电　　话：020-32388303
网　　址：http://www.sinomach-it.com/
E - mail：gmeri@gmeri.com

单位名称：哈尔滨博实自动化股份有限公司
地　　址：黑龙江省哈尔滨市开发区迎宾路集中区东湖街 9 号
电　　话：0451-87617799
网　　址：http://www.boshi.cn/
E - mail：gaoyan@gmeri.com

单位名称：哈工大机器人集团股份有限公司
地　　址：黑龙江省哈尔滨经开区哈平路集中区大连北路与兴凯路交口
电　　话：4000479995
E - mail：lvsh@hitrobotgroup.com

单位名称：湖南中南智能装备有限公司
地　　址：湖南省长沙市雨花区振华路机器人聚集区智庭园 2 栋

电　　话：0731-89928216
网　　址：http://www. zeqp. net/
E - mail：market@ zeqp. net

单位名称：江苏汇博机器人技术股份有限公司
地　　址：江苏省苏州市方洲路128号
电　　话：4001141377
网　　址：http://www. huiborobot. com/
E - mail：market@ huiborobot. com

单位名称：库卡机器人（上海）有限公司
地　　址：上海市松江区小昆山镇昆港公路889号
电　　话：4008208865
网　　址：https://kuka. robot-china. com/
E - mail：cn-rob-info@ kuka. com

单位名称：南京埃斯顿机器人工程有限公司
地　　址：江苏省南京市江宁经济开发区燕湖路178号
电　　话：4000253336
网　　址：https://www. estun. com/

单位名称：南京熊猫电子装备有限公司
地　　址：江苏省南京市栖霞区经天路7号B211室
电　　话：025-84236755
网　　址：http://www. panda-fa. com/
E - mail：recruit@ panda-fa. com

单位名称：欧德神思软件系统（北京）有限公司
地　　址：北京市朝阳区建国路89号院16号楼6层616室
电　　话：010-85888936
E - mail：info@ codesys. cn

单位名称：青岛海尔机器人有限公司
地　　址：山东省青岛市黄岛区云台山路1000号质检院C区
电　　话：0532-55774068
E - mail：haierqyg@ haier. com

单位名称：三菱电机自动化（中国）有限公司
地　　址：上海市虹桥路1386号三菱电机自动化中心
电　　话：021-23223030
网　　址：https://www. mitsubishielectric-fa. cn/
E - mail：yejing. liu@ meach. cn

单位名称：上海ABB工程有限公司
地　　址：上海市浦东新区康新公路4528号
电　　话：021-61056666
网　　址：https://new. abb. com/cn/
E - mail：walle-xiaogeng. chen@ cn. abb. com

单位名称：上海发那科机器人有限公司
地　　址：上海市宝山区富联路1500号
电　　话：021-50327700
网　　址：https://www. shanghai-fanuc. com. cn/

单位名称：上海新时达机器人有限公司
地　　址：上海市嘉定区思义路1560号
电　　话：13122129270
网　　址：https://steprobots. robot-china. com/
E - mail：dinghao@ steprobots. com

单位名称：苏州汇川技术有限公司
地　　址：江苏省苏州市吴中区越溪友翔路16号
电　　话：0571-82635788
网　　址：https://www. inovance. com/
E - mail：taojun@ inovance. cn

单位名称：唐山开元电器集团有限公司
地　　址：河北省唐山市高新技术开发区庆南西道92号
电　　话：0315-3206060
网　　址：http://www. kaiyuan-group. com/
E - mail：sales@ tsmi. cn

单位名称：威腾斯坦（杭州）实业有限公司
地　　址：浙江省杭州市余杭区天目山西路355号
电　　话：0571-88695852
网　　址：https://www. wittenstein. cn/
E - mail：info@ wittenstein. cn

单位名称：西安航天精密机电研究所
地　　址：陕西省西安市长安区航天西路108号
电　　话：029-85618898
E - mail：cangsong171@ vip. 163. com

单位名称：中国科学院深圳先进技术研究院
地　　址：广东省深圳市南山区西丽大学城学苑大道1068号
电　　话：0755-86392288
网　　址：http://www. siat. ac. cn/
E - mail：info@ siat. ac. cn

单位名称：杭州凯尔达机器人科技股份有限公司

地　　址：浙江省杭州市萧山区萧山经济技术开发区长鸣路778号
电　　话：0571-83789557
网　　址：http://www.robotweld.cn/

单位名称：上海电器科学研究所（集团）有限公司
地　　址：上海市普陀区武宁路505号
电　　话：021-62574990
网　　址：http://www.seari.com.cn/
E - mail：chengc@seari.com.cn

单位名称：秦川机床工具集团股份公司
地　　址：陕西省宝鸡市渭滨区姜谭路22号
电　　话：0917-3670665
网　　址：https://www.qinchuan.com/
E - mail：qinchuan@qinchuan.com

理事单位

单位名称：爱普生（中国）有限公司
地　　址：北京市朝阳区建国路81号华贸中心1号楼5层
电　　话：010-85221199
网　　址：https://www.epson.com.cn/robots/
E - mail：yinxinran@ecc.epson.com.cn

单位名称：安徽巨一科技股份有限公司
地　　址：安徽省合肥市包河区繁华大道5821号
电　　话：0551-62249023
网　　址：https://www.jee-cn.com/
E - mail：sales.at@jee-cn.com

单位名称：配天机器人技术有限公司
地　　址：安徽省蚌埠市东海大道6525号
电　　话：4009900909
网　　址：http://robot.peitian.com/

单位名称：安徽省微云机器人有限公司
地　　址：安徽省芜湖市鸠江区电子产业园F座6层
电　　话：0553-5880388
E - mail：369498978@qq.com

单位名称：遨博（北京）智能科技有限公司
地　　址：北京市海淀区农科院西路6号海青大厦10层
电　　话：010-88595859
网　　址：https://www.aubo-robotics.cn/
E - mail：info@aubo-robotics.cn

单位名称：宝鸡中集高科置业有限责任公司
地　　址：陕西省宝鸡市陈仓区西虢大道27号
电　　话：0917-6268886
E - mail：luanfengchen@163.com

单位名称：北京航空航天大学
地　　址：北京市海淀区学院路37号
电　　话：010-82317114
网　　址：https://www.buaa.edu.cn/

单位名称：北京和利时机器控制技术有限公司
地　　址：北京市大兴区地盛中路2号院
电　　话：010-58981000
网　　址：https://www.hollysys.com/

单位名称：北京机械工业自动化研究所有限公司
地　　址：北京市西城区德胜门外校场口1号
电　　话：010-82285506
网　　址：http://www.robotschina.com/
E - mail：irc@riamb.ac.cn

单位名称：北京进化者机器人科技有限公司
地　　址：北京市朝阳区北苑路170号6号楼8层801室
电　　话：010-59424115
E - mail：cwwh123@163.com

单位名称：北京精密机电控制设备研究所
地　　址：北京市丰台区南大红门路1号
电　　话：010-88520124
E - mail：www-2001@163.com

单位名称：北京康力优蓝机器人科技有限公司
地　　址：北京市海淀区清河永泰园甲1号建金商厦607室
电　　话：010-62702988
网　　址：http://www.uurobot.com/
E - mail：cong.liu@uurobot.cn

单位名称：北京石油化工学院
地　　址：北京市大兴区清源北路19号

电　　话：010-81292693
网　　址：http://www.bipt.edu.cn/
E - mail：wdjkevin@126.com

单位名称：北京天智航医疗科技股份有限公司
地　　址：北京市海淀区永泰庄 1 号中关村东升国际创业园 7 号楼 2 层
电　　话：010-82156660
网　　址：http://cn.tinavi.com/
E - mail：info@tinavi.com

单位名称：北京新松融通机器人科技有限公司
地　　址：北京市丰台区丰台科技园汉威广场四区 3 号楼 2 层
电　　话：010-83686110

单位名称：北京梆梆安全科技有限公司
地　　址：北京市海淀区学院路 30 号科大天工大厦 A 座 20 层 1-3 室
电　　话：4008881881
网　　址：https://www.bangcle.com/
E - mail：service@bangcle.com

单位名称：北京中技克美谐波传动股份有限公司
地　　址：北京市顺义天竺空港工业区 B 区裕华路甲 21 号
电　　话：010-80492902
网　　址：http://www.ctkmhd.com/
E - mail：service@ctkmhd.com

单位名称：大连机床集团有限责任公司
地　　址：辽宁省大连市开发区双 D 港辽河东路 100 号
电　　话：0411-87549888
网　　址：http://www.dmtg.com/
E - mail：wln_dmtg@163.com

单位名称：电装（中国）投资有限公司
地　　址：北京市朝阳区东三环北路 5 号 1 幢 518 室
电　　话：010-65908337
E - mail：nianjian@cn.denso.com

单位名称：东莞市尔必地机器人有限公司
地　　址：东莞市塘厦镇林村社区博建街 4 号
电　　话：0769-82960238
网　　址：https://www.lbdrobot.com/
E - mail：2851149373@qq.com

单位名称：东莞市李群自动化技术有限公司
地　　址：广东省东莞市松山湖高新技术产业开发区新竹路 4 号新竹苑 17 幢 1 单元 101 室
电　　话：0769-27231381
网　　址：http://www.qkmtech.com
E - mail：shiyu.chen@qkmtech.com

单位名称：菲尼克斯（中国）投资有限公司
地　　址：江苏省南京市江宁经济技术开发区菲尼克斯路 36 号
电　　话：025-52121888
网　　址：http://www.phoenixcontact.com.cn

单位名称：福迪威西特传感工业控制（天津）有限公司
地　　址：天津市开发区微电子工业区微五路 28 号
电　　话：022-23900700
网　　址：https://www.fortive.com
E - mail：Jie.Li@scgap.com

单位名称：工业和信息化部计算机与微电子发展研究中心
地　　址：北京市海淀区紫竹院路 66 号
电　　话：010-88558457
网　　址：https://www.cstc.org.cn/

单位名称：广东博智林机器人有限公司
地　　址：广东省佛山市顺德区北滘镇碧桂园社区泮浦路 1 号 A1 栋 2 层 A2-05 室
电　　话：0757-29916796
网　　址：http://www.bzlrobot.com
E - mail：BDR@countrygarden.com.cn

单位名称：广东产品质量监督检验研究院
地　　址：广州市黄埔区科学大道 10 号
电　　话：020-89232806
网　　址：https://gqi.org.cn/
E - mail：gqi@gqi.org.cn

单位名称：广东嘉腾机器人自动化有限公司
地　　址：广东省佛山市顺德区杏坛镇德进路 2 号
电　　话：0757-22236778
网　　址：http://jtrobots.com/
E - mail：caiwu@jtrobots.com

单位名称：广东科捷龙机器人有限公司
地　　址：广东省中山市石岐区民营科技园民盈路 8 号
电　　话：0760-88780533

网　　址：http://www.kjlrobot.com/
E - mail：kjl@kjlrobot.com

单位名称：广东省机械工程学会
地　　址：广东省广州市先烈中路 100 号 13 号楼 101 室
电　　话：020-38732721
网　　址：https://www.gdmes.org/

单位名称：广东拓斯达科技股份有限公司
地　　址：广东省东莞市大岭山镇大塘朗创新路 2 号
电　　话：0769-83050999
网　　址：https://www.topstarltd.com/
E - mail：sdliu@topstarltd.com

单位名称：广东鑫泰科技集团有限公司
地　　址：广东省广州市番禺区钟村街谢村村谢石公路狮江工业区
电　　话：020-34631106
网　　址：http://www.xintaikeji.com/
E - mail：18925008880@139.com

单位名称：广州市昊志机电股份有限公司
地　　址：广东省广州经济技术开发区永和经济区江东街 6 号
电　　话：020-62257588
网　　址：http://www.haozhihs.com/
E - mail：guolin@haozhihs.com

单位名称：国工信（沧州）机器人有限公司
地　　址：河北省沧州市运河区高新技术产业开发区运河园区内渤海路南侧车间 4 层
电　　话：15690260270
E - mail：820197870@qq.com

单位名称：国机智能技术研究院有限公司
地　　址：北京市朝阳区北沙滩 1 号院 37 号楼 4 层、5 层
电　　话：010-82890686-803
网　　址：http://www.sinomiti.com/
E - mail：liling@sinomiti.com

单位名称：海安经济技术开发区管理委员会
地　　址：江苏省海安市迎宾路 199 号

单位名称：哈尔滨工业大学科学与工业技术研究院
地　　址：黑龙江省哈尔滨市南岗区一匡街 2 号哈工大科学园 C1 栋
电　　话：0451-86414422
网　　址：http://robot.hit.edu.cn/
E - mail：liujiao406@126.com

单位名称：哈默纳科（上海）商贸有限公司
地　　址：上海市自由贸易试验区泰谷路 88 号 5 层 501 室
电　　话：021-62375656
E - mail：haiyan.chen@hds.co.jp

单位名称：海航量子智能（深圳）投资有限公司
地　　址：广东省深圳市南山区南山街道科园路 1001 号深圳湾创业投资大厦 3901 室
电　　话：0898-69961099

单位名称：杭州得润宝油脂股份有限公司
地　　址：浙江省杭州市临安区青山湖街道天柱街 80 号
电　　话：0571-63786204
网　　址：http://www.derunbao.com/
E - mail：drb@derunbao.com

单位名称：杭州高博智能机器有限公司
地　　址：浙江省杭州市经济技术开发区白杨街道 6 号大街 452 号 2 幢 B2201-B2210 号
电　　话：0571-85046811
网　　址：http://www.golbint.com/
E - mail：jhw@golbint.com

单位名称：杭州晟泉智能控制有限公司
地　　址：浙江省杭州市滨江区杭州市滨文路 12 号 5 幢 1 层
电　　话：18758190669
网　　址：http://www.hzsqsmart.com/
E - mail：hzsq9999@126.com

单位名称：杭州娃哈哈集团有限公司研究院
地　　址：浙江省杭州市上城区清泰街 160 号
电　　话：0571-86032866
网　　址：https://www.wahaha.com.cn/
E - mail：whh@wahaha.com.cn

单位名称：杭州新剑机器人技术股份有限公司
地　　址：浙江省临安市昌化工业园区（昌化镇双塔村）
电　　话：0571-63666625
网　　址：http://www.seenpin.com/
E - mail：ceo@seenpin.com

单位名称：合肥泰禾智能科技集团股份有限公司
地　　址：安徽省合肥市经济技术开发区桃花工业园拓展区方兴大道与玉兰大道交口
电　　话：0551-68588882
网　　址：https://www.chinataiho.com/
E - mail：thsorter@chinataiho.com

单位名称：河南森源电气股份有限公司
地　　址：河南省长葛市魏武路南段西侧
电　　话：0374-6108328
网　　址：http://www.hnsyec.com/
E - mail：hnsyzqb@163.com

单位名称：湖北泓润智能系统有限公司
地　　址：湖北省荆门市东宝区工业园泉水大道与新台东路交汇处
电　　话：0724-6505330
E - mail：hbhr@chl.com.cn

单位名称：湖北荣屹昊机器人科技有限公司
地　　址：湖北省武汉市东湖新技术开发区光谷大道111号光谷芯中心二期2-01幢5层2室
电　　话：15527772770

单位名称：华夏幸福（北京）股权投资管理有限公司
地　　址：北京市丰台区东管头1号1号楼1-143室
电　　话：18330656699
E - mail：gongsilianxiren@cfldcn.com

单位名称：华育昌（肇庆）智能科技研究有限公司
地　　址：广东省肇庆市鼎湖区桂城站前大道创客商务中心C单元8室
电　　话：0758-2698267
E - mail：1013517046@qq.com

单位名称：黄石市科威自控有限公司
地　　址：湖北省黄石市经济技术开发区金山街道金山大道188-4号
电　　话：0714-3802747
网　　址：http://www.kwzk.com/
E - mail：1414721726@qq.com

单位名称：机科发展科技股份有限公司
地　　址：北京市海淀区首体南路2号
电　　话：010-88301424
网　　址：http://www.mtd.com.cn/
E - mail：zhangxn@mtd.com.cn

单位名称：机械工业仪器仪表综合技术经济研究所
地　　址：北京市西城区广安门外大街甲397号
电　　话：010-63490344
网　　址：http://www.tc124.com/

单位名称：江苏北人智能制造科技股份有限公司
地　　址：江苏省苏州市苏州工业园区青丘巷1号
电　　话：0512-62886222
网　　址：https://www.br-robot.com
E - mail：jin.yu@br-robot.com

单位名称：江苏德罗智能科技有限公司
地　　址：江苏省盐城市射阳县人民西路
电　　话：0515-89211188
网　　址：http://www.idero.cn/
E - mail：yuliuyu@idero.cn

单位名称：江苏金猫机器人科技有限公司
地　　址：江苏省邳州市炮车街道墩集村滨湖大道018号
电　　话：0516-69869997
E - mail：372370130@qq.com

单位名称：江苏锦明工业机器人自动化有限公司
地　　址：江苏省江阴市南闸街道观山村东盟工业园区观山路2号
电　　话：0510-86838993

单位名称：江阴纳尔捷机器人有限公司
地　　址：江苏省江阴市徐霞客镇峭璜路9号
电　　话：0510-86578168
E - mail：475838767@qq.com

单位名称：金子电线电讯（苏州）有限公司
地　　址：江苏省苏州市吴中区甪直镇吴淞路11号
电　　话：0512-65010478
E - mail：knkcw@126.com

单位名称：巨轮智能装备股份有限公司
地　　址：广东省揭阳市揭东经济开发区5号路中段
电　　话：0663-3269366
网　　址：http://www.greatoo.com/
E - mail：greatoo@greatoo.com

单位名称：快克智能装备股份有限公司

地　　址：江苏省常州市武进高新技术产业开发区凤翔路11号
电　　话：0519-86225606
网　　址：https://www.quick-global.com/
E - mail：283859990@qq.com

单位名称：昆山华恒焊接股份有限公司
地　　址：江苏省昆山市开发区华恒路100号
电　　话：0512-81866666
网　　址：http://www.huahengweld.com/
E - mail：info@huahengweld.com

单位名称：莱恩精机（深圳）有限公司
地　　址：广东省深圳市龙岗区宝龙社区宝荷大道76号智慧家园B座406室
电　　话：0755-28968867
网　　址：http://www.lenseiki.com/
E - mail：lenguohaihui@163.com

单位名称：雷虎机器人工业有限责任公司
地　　址：浙江省余姚市经济开发区滨海新城兴滨路28号
电　　话：15910601997
E - mail：yangchen@zzinv.com

单位名称：伦茨（上海）传动系统有限公司
地　　址：上海市自由贸易试验区临港新片区临港新城江山路2989号
电　　话：021-38280200
网　　址：http://www.lenze.com/
E - mail：lenze@lenze.cn

单位名称：美国ATI工业自动化有限公司北京代表处
地　　址：北京市朝阳区阜通东大街1号院3号楼17层3单元
电　　话：010-84798766
网　　址：http://www.ati-ia.com/
E - mail：china@ati-ia.com

单位名称：不二越（中国）有限公司
地　　址：上海市自由贸易试验区美桂北路317号森历大厦第二层F部位
电　　话：021-69152200
网　　址：https://www.nachi.com.cn/
E - mail：shuangshuang.zhao.fa@nachi.com

单位名称：南京市计量监督检测院
地　　址：南京市栖霞区马群大道（仙林大道）10号
电　　话：025-85405822
网　　址：http://www.njsjly.com/

单位名称：南通诺博特机器人制造有限公司
地　　址：江苏省海门市滨江街道珠海路111号
电　　话：0513-82292198

单位名称：南通振康焊接机电有限公司
地　　址：江苏省海门市正余镇双烈村
电　　话：18912899102
网　　址：http://www.zhenkang.com/
E - mail：1552978994@qq.com

单位名称：宁波海天驱动有限公司
地　　址：浙江省宁波市北仑区小港小浃江中路518号1幢1号
电　　话：0574-86188265
网　　址：http://www.haitiandrive.com/

单位名称：宁波中大力德智能传动股份有限公司
地　　址：浙江省宁波市慈溪市新兴产业园区新兴一路185号
电　　话：4009002896
网　　址：https://www.zd-motor.com/
E - mail：zd002896@163.com

单位名称：宁国市裕华电器有限公司
地　　址：安徽省宁国市振宁路31号
电　　话：0563-4183769
网　　址：http://www.ngyh.com/
E - mail：853852257@qq.com

单位名称：欧地希机电（上海）有限公司
地　　址：上海市自由贸易试验区西里路55号12层1226室
电　　话：021-58828633
网　　址：https://www.otc-china.com/
E - mail：mao@otcsh.com.cn

单位名称：青岛宝佳自动化设备有限公司
地　　址：山东省青岛市高新区新悦路67号
电　　话：0532-58759281
网　　址：http://www.qdbaojia.com/
E - mail：583395737@qq.com

单位名称：青岛科捷机器人有限公司
地　　址：山东省青岛市高新区锦荣路 321 号
电　　话：0532-84854183
网　　址：https://www.kingerobot.com/
E - mail：wangxiaotonghi@163.com

单位名称：青岛诺力达智能科技有限公司
地　　址：山东省青岛市高新区广贤路 81 号
电　　话：18353228577
网　　址：http://www.nuolida.com/
E - mail：hr@nuolida.com

单位名称：青岛欧开智能系统有限公司
地　　址：山东省青岛市胶州经济技术开发区长江路 208 号
电　　话：0532-58966811
网　　址：http://www.oakechina.com/
E - mail：ctg@oakechina.com

单位名称：清能德创电气技术（北京）有限公司
地　　址：北京市大兴区荣昌东街甲 5 号 3 号楼 3 层 301-2 室
电　　话：010-83682922
网　　址：http://www.tsino-dynatron.com/
E - mail：hr@tsino-dynatron.com

单位名称：三一集团有限公司
地　　址：湖南省长沙市经济技术开发区三一路三一工业城三一行政中心 3 层
电　　话：0731-84031888
网　　址：https://www.sanygroup.com/
E - mail：chenyk5@sany.com.cn

单位名称：厦门荷银投资管理有限公司
地　　址：福建省厦门市火炬高新区软件园科讯楼
电　　话：0592-5118061
网　　址：http://www.jafbank.com/
E - mail：851741822@qq.com

单位名称：厦门至慧机器人有限公司
地　　址：福建省厦门市湖里区湖里大道 8 号联昌大厦 5A 单元东 51 区
电　　话：13950120038
网　　址：http://www.smtrobot.com/
E - mail：15960806079@163.com

单位名称：山东科曼智能科技有限公司
地　　址：山东省自由贸易试验区烟台片区开发区长江路 77 号内 802 号
电　　话：0535-6371286
网　　址：http://www.comarvel.com/
E - mail：15615089270@163.com

单位名称：陕西诺贝特自动化科技有限公司
地　　址：陕西省西安市高新区锦业一路 70 号
电　　话：029-84504762
网　　址：https://www.obotr.com/
E - mail：190192475@qq.com

单位名称：上海电气集团股份有限公司中央研究院
地　　址：上海市黄浦区蒙自路 360 号
电　　话：021-26027700
网　　址：https://www.shanghai-electric.com/
E - mail：g-030-001@shanghai-electric.com

单位名称：上海高威科电气技术有限公司
地　　址：上海市静安区市北工业园江场三路 173 号 6 层
电　　话：021-66300101
网　　址：http://www.gowell.qianyan.biz/
E - mail：gowell001@163.com

单位名称：上海工程技术大学
地　　址：上海市长宁区仙霞路 350 号
电　　话：021-62750183
网　　址：https://www.sues.edu.cn/
E - mail：xqh_2019@yeah.net

单位名称：上海国缆检测中心有限公司
地　　址：上海市宝山区山连路 558 号 101 室
电　　话：021-65493333
网　　址：http://www.ticw.com.cn/
E - mail：ewec@ticw.com.cn

单位名称：上海荷福人工智能科技（集团）有限公司
地　　址：上海市长宁区虹桥路 2535 号 2 楼 A 区 119 室
电　　话：021-63907288
网　　址：https://www.hefujituan.com/
E - mail：ziruiwang@hefujituan.com

单位名称：上海迦凤汽车零部件有限公司
地　　址：上海市嘉定区外冈镇长泾村 580 号
电　　话：021-59586149

E - mail：402835174@ qq. com

单位名称：上海交通大学
地　　址：上海市华山路 1954 号
电　　话：021-54740000
网　　址：https://www. sjtu. edu. cn/
E - mail：xjsheng@ sjtu. edu. cn

单位名称：上海科姆特自动化控制技术有限公司
地　　址：上海市黄浦区打浦路 1 号 1604-1605 室
电　　话：021-63900088
E - mail：mandyli@ comtech. com. cn

单位名称：上海纳博特斯克传动设备有限公司
地　　址：上海市自由贸易试验区福山路 388 号 17 层 1706 室
电　　话：021-33632200
网　　址：https://www. nabtesco-motion. cn/
E - mail：public@ nabtesco-motion. cn

单位名称：上海沃迪智能装备股份有限公司
地　　址：上海市金山区亭卫公路 5899 号
电　　话：021-37901188
网　　址：http://www. triowin. com/
E - mail：info@ triowin. com

单位名称：上海禹昌信息科技有限公司
地　　址：上海市闵行区元江路 5500 号第 1 幢 5827 室
电　　话：021-64138225
E - mail：245692089@ qq. com

单位名称：上汽通用汽车有限公司
地　　址：上海市自由贸易试验区申江路 1500 号
电　　话：021-28902890
网　　址：http://www. saic-gm. com/
E - mail：lan_pan@ saic-gm. com

单位名称：深圳认知者机器人科技有限公司
地　　址：广东省深圳市前海深港合作区前湾一路 1 号 A 栋 201 室
电　　话：13594393736
E - mail：2016247621@ qq. com

单位名称：深圳市安泽智能机器人有限公司
地　　址：广东省深圳市南山区中山园路 1001 号 TCL 国际 E 城 F2 栋 5 层、6 层
电　　话：0755-86638383

单位名称：深圳市博科系统科技有限公司
地　　址：广东省深圳市南山区西丽街道百旺信高科技工业园二区 5 栋 4 层
电　　话：0755-82805236
E - mail：bkxitong@ 163. com

单位名称：深圳市鼎泰智能装备股份有限公司
地　　址：广东省深圳市宝安区燕罗街道广田路 90 号新中泰物流园 A 区办公楼 3 层
电　　话：0755-27269884
网　　址：http://www. dingtai-cnc. com/
E - mail：dingtaisale@ 163. com

单位名称：深圳市福士工业科技有限公司
地　　址：广东省深圳市龙岗区坂田岗头市场风门坳工业区 3 栋 3 层
电　　话：0755-33287799
网　　址：http://www. fujisan. com. cn/
E - mail：Market@ contmp. com

单位名称：深圳市佳士科技股份有限公司
地　　址：广东省深圳市坪山新区青兰一路 3 号
电　　话：0755-29651666
网　　址：https://www. jasic. com. cn/
E - mail：jasicmarket@ jasic. com. cn

单位名称：深圳市金大精密制造有限公司
地　　址：广东省深圳市宝安区沙井街道垦岗工业区环镇路 12 号 C 栋
电　　话：13923794698
网　　址：https://www. kimdaipm. com
E - mail：fd02@ kimdaipm. com

单位名称：深圳市智流形机器人技术有限公司
地　　址：广东省深圳市宝安区华丰国际机器人产业园 F 栋
电　　话：0755-88886666
网　　址：http://www. imanifoldtech. com/
E - mail：tu. zhuoying@ imanifold. cn

单位名称：沈阳金刚工业自动化有限公司
地　　址：辽宁省沈阳市经济技术开发区中德大街 1 号
电　　话：18609835003
E - mail：544021946@ qq. com

单位名称：沈阳远大智能高科机器人有限公司
地　　址：辽宁省沈阳市经济技术开发区开发大路 27 号-9
电　　话：024-25162600
网　　址：http://www. ydznrobot. com/
E - mail：WGG1015. HAPPY@ 163. com

单位名称：时代集团公司（山东时代新纪元机器人有限公司）
地　　址：山东省济南市高新区新泺大街 1768 号齐鲁软件大厦 B 座 A216 室
电　　话：0531-87169173
网　　址：http://www. timecnbot. com/
E - mail：liyuhong@ timegroup. com. cn

单位名称：史陶比尔（杭州）精密机械电子有限公司
地　　址：浙江省杭州经济技术开发区白杨街道围垦街 123 号
电　　话：0571-86912161

单位名称：四川成焊宝玛焊接装备工程有限公司
地　　址：四川省成都市成华区龙潭工业园成致路 15 号
电　　话：028-84216448
网　　址：http://www. cbwee. com/
E - mail：867634830@ qq. com

单位名称：四川国软科技集团有限公司
地　　址：四川省成都市金牛高新技术产业园区金凤凰大道 666 号 66 号楼
电　　话：028-87627580
E - mail：421017294@ qq. com

单位名称：四川嘉逸聚信自动化技术有限公司
地　　址：四川省广安市邻水县鼎屏镇渝邻大道 123 号
电　　话：0826-5091811
网　　址：http://www. grandroyalgroup. com/
E - mail：mail@ grandroyalgroup. com

单位名称：苏州工业园区工业技术学校
地　　址：江苏省苏州市苏州工业园区独墅湖科教创新区松涛街 208 号
电　　话：0512-69178088
网　　址：http://www. sipits. cn/
E - mail：lyj@ sipits. cn

单位名称：苏州科宝光电科技有限公司
地　　址：江苏省常熟市唐市镇常昆工业园
电　　话：0512-52579988
网　　址：http://www. cableplus-sz. com/
E - mail：acc@ cableplus-sz. com

单位名称：苏州罗伯特木牛流马物流技术有限公司
地　　址：江苏省苏州市苏州工业园区金田路 2 号东景工业坊 20 栋
电　　话：0512-62798247
网　　址：http://www. i-cow. cn/
E - mail：info@ i-cow. com

单位名称：苏州绿的谐波传动科技股份有限公司
地　　址：江苏省苏州市吴中区木渎镇木胥西路 19 号
电　　话：0512-66566009

单位名称：苏州双金实业有限公司
地　　址：江苏省苏州市高新区嵩山路 478 号
电　　话：0512-65355893
E - mail：1611834089@ qq. com

单位名称：苏州天准科技股份有限公司
地　　址：江苏省苏州市高新区浔阳江路 70 号
电　　话：0512-62396413
网　　址：https://www. tztek. com/
E - mail：470922204@ qq. com

单位名称：唐山市拓又达科技有限公司
地　　址：河北省唐山市高新区庆丰道 122 号
电　　话：0315-5772226
网　　址：http://www. toyoda-net. com
E - mail：info@ toyoda-net. com

单位名称：天津工业自动化仪表研究所有限公司
地　　址：天津市河西区体院北环湖中道 9 号
电　　话：022-23015600
网　　址：http://www. tabletdriller. com/
E - mail：Tipai@ 163. com

单位名称：天津晟华晔机器人有限公司
地　　址：天津市北辰区天津医药医疗器械工业园京福公路东侧优谷新科园 1-3 号楼
电　　话：13641083897
网　　址：http://www. tjshyrobot. com/
E - mail：530259383@ qq. com

单位名称：天津犀灵智联机器人技术有限公司
地　　址：天津市经济技术开发区信环西路 19 号泰达服务外包产业园 8 号楼 2 层

电　　话：13261887420
E - mail：checht@ sina. com

单位名称：网之易信息技术（北京）有限公司
地　　址：北京市海淀区西北旺东路 10 号院中关村软件园西区 7 号楼 C 座 1 层
电　　话：010-82558163
E - mail：dianzishangwubu@ service. netease. com

单位名称：潍坊天颐机器人联合研究院有限公司
地　　址：山东省潍坊市潍城区潍坊胜利石化机械有限公司院内
电　　话：0536-2800286
E - mail：512641767@ qq. com

单位名称：无锡鑫宏业线缆科技股份有限公司
地　　址：江苏省无锡市锡山经济技术开发区合心路 17 号
电　　话：0510-68780888
网　　址：http://www. xhycable. com/
E - mail：rszy@ xhycable. com

单位名称：武汉奋进智能机器有限公司
地　　址：湖北省武汉市东湖新技术开发区流芳园横路 16 号奋进智能产业园
电　　话：027-82667777
网　　址：http://www. fenjin. com/fj/
E - mail：fenjin@ fenjin. com

单位名称：武汉工控工业技术研究院有限公司
地　　址：湖北省武汉市江岸区江大路 26 号
电　　话：027-62437787
E - mail：zxgc001@ qq. com

单位名称：武进国家高新技术产业开发区
地　　址：江苏省常州市武进区海湖路特 1 号
电　　话：0519-86220177

单位名称：西门子（中国）有限公司
地　　址：北京市朝阳区望京中环南路七号
电　　话：4006162020

单位名称：现代重工（中国）投资有限公司
地　　址：上海市自由贸易试验区浦明路 898 号海航大厦 8 楼 A 单元
电　　话：021-20332000
网　　址：http://www. hhichina. com/
E - mail：chenpeiling@ hhichina. com

单位名称：新昌县海纳人和轴承有限公司
地　　址：浙江省绍兴市新昌县羽林街道初丝湾南路 2 号 3 号楼 D 座
电　　话：13967596989
E - mail：2365379890@ qq. com

单位名称：新乡经开东发发展有限公司
地　　址：河南省新乡市经济技术开发区纬三路智能制造产业园办公楼 9 层
电　　话：0373-3686302
E - mail：xxjkgdzb@ 163. com

单位名称：雄克精密机械贸易（上海）有限公司
地　　址：上海市闵行区春东路 420 号 1 号楼
电　　话：021-54420007
网　　址：https://www. cn. schunk. com/
E - mail：info@ schunk. cn. com

单位名称：研扬科技（苏州）有限公司
地　　址：苏州市苏州工业园区星汉街 5 号腾飞新苏工业坊 B 幢 2 层
电　　话：0512-67625700
网　　址：http://www. aaeon. com/cn
E - mail：lucyfang@ aaeon. com. cn

单位名称：亿嘉和科技股份有限公司
地　　址：江苏省南京市雨花台区安德门大街 57 号 5 幢
电　　话：025-8168166
网　　址：https://www. yijiahe. com/
E - mail：yijiahe@ yijiahe. com

单位名称：长安徕斯（重庆）机器人智能装备有限公司
地　　址：重庆市北碚区水土高新园云汉大道 69 号
电　　话：023-63171666

单位名称：长春禹衡光学有限公司
地　　址：吉林省长春市高新开发区飞跃东路 333 号
电　　话：0431-85543700
网　　址：http://www. yu-heng. cn
E - mail：sales@ yu-heng. cn

单位名称：长沙雨花经济开发区管理委员会
地　　址：湖南省长沙市雨花区万家丽南路二段 18 号
电　　话：0731-85079666

单位名称：浙江瓿达科技有限公司
地　　址：浙江省杭州市滨江区长河街道南环路 1568 号寰诺大厦 908-916 室
电　　话：0571-28801808
网　　址：http://www.buddharobot.com/

单位名称：浙江钱江机器人有限公司
地　　址：浙江省温岭市温西工业园区二号路
电　　话：4001008551
网　　址：https://www.qj-robot.com/
E - mail：sales@qj-robot.com

单位名称：浙江瑞宏自动化科技有限公司
地　　址：浙江省嘉兴市经济技术开发区曙光路 228 号
电　　话：0573-83993730
E - mail：everrobot_RH@163.com

单位名称：浙江万丰科技开发股份有限公司
地　　址：浙江省嵊州市三江街道官河南路 999 号
电　　话：0575-86939566
网　　址：http://www.wfauto.com.cn/
E - mail：jinlan.lv@wfjyjt.com

单位名称：浙江万马集团特种电子电缆有限公司
地　　址：浙江省杭州市临安区太湖源镇金岫村
电　　话：0571-63786395
网　　址：http://www.wanmacable.com/
E - mail：john.wang@wanmagroup.com

单位名称：天津智通机器人系统有限公司
地　　址：天津市武清区京滨工业园京滨睿城 15 号楼
电　　话：022-59681830
网　　址：http://www.inter-smart.com/
E - mail：lanfengjun@inter-smart.com

单位名称：中兵容和（北京）科技有限公司
地　　址：北京市海淀区北三环中路 44 号 14 号平房 12 号
电　　话：010-52970869
网　　址：http://www.sdkbj.cn/
E - mail：308997628@qq.com

单位名称：中国电器科学研究院股份有限公司
地　　址：广东省广州市海珠区新港西路 204 号第 1 栋
电　　话：020-89050888
网　　址：https://www.cei1958.com/
E - mail：cei@cei1958.com

单位名称：中国电子科技集团公司第二十一研究所
地　　址：上海市徐汇区虹漕路 30 号
电　　话：021-64367300
网　　址：http://www.sh-motor.com.cn/

单位名称：中国机械进出口（集团）有限公司
地　　址：北京市西城区阜成门外大街 1 号
电　　话：010-68991000
网　　址：http://www.cmc.com.cn/
E - mail：cmc@cmc.gt.cn

单位名称：中国科学院沈阳自动化研究所
地　　址：辽宁省沈阳市沈河区南塔街 114 号
电　　话：024-23970505
网　　址：http://www.sia.cn/
E - mail：siamaster@sia.cn

单位名称：中国石化润滑油有限公司北京研究院
地　　址：北京市海淀区安宁庄西路 6 号 44 幢
电　　话：010-62846487
E - mail：chenmh.lube@sinopec.com

单位名称：中国移动通信有限公司研究院
地　　址：北京市西城区宣武门西大街 32 号
网　　址：http://www.gtigroup.org/
E - mail：admin@gtigroup.org

单位名称：中建材凯盛机器人（上海）有限公司
地　　址：上海市松江区泗泾镇希旺工业园区 1 幢 60 号
电　　话：021-51987988
网　　址：http://www.shemt.com/
E - mail：service@shemt.com

单位名称：中信重工开诚智能装备有限公司
地　　址：河北省唐山市国家高新技术产业开发区学院北路 1686 号
电　　话：4000135666
网　　址：http://www.ekaicheng.com/
E - mail：service@ekaicheng.com

单位名称：重庆凯瑞机器人技术有限公司
地　　址：重庆市北碚区方正大道 256 号
电　　话：023-68315860
网　　址：http://www.crri.com.cn/
E - mail：dexinrobot@163.com

单位名称：重庆工程学院
地　　址：重庆市双桥经济开发区龙水湖西湖大道 76 号
电　　话：023-62846626
网　　址：http://www.cqie.edu.cn/

单位名称：重庆机器人有限公司
地　　址：重庆市江北区港桥支路 5 号 2 幢 1-1 室
电　　话：023-63076830

单位名称：北京微链道爱科技有限公司
地　　址：北京市门头沟区石龙经济开发区永安路 20 号 3 号楼 A-6099 室
电　　话：010-82564200
网　　址：https://www.welinkirt.com/
E - mail：rcq@welinkirt.com

单位名称：重庆市永川工业园区凤凰湖管理委员会机关工会委员会
地　　址：重庆市永川区凤凰湖工业园凤凰大道 777 号
电　　话：023-49588667

单位名称：珠海飞马传动机械有限公司
地　　址：广东省珠海市南屏科技工业园屏北一路 16 号
电　　话：0756-8916006
网　　址：https://www.zhsima.com/
E - mail：sec@zhsima.com

单位名称：珠海格力智能装备有限公司
地　　址：广东省珠海市九洲大道中 2097 号珠海凌达压缩机有限公司 1 号
电　　话：0756-8948104
网　　址：http://www.gree-ie.com/
E - mail：gree_aem@cn.gree.com

单位名称：淄博纽氏达特行星减速机有限公司
地　　址：山东省淄博市高新区尊贤路 5888 号
电　　话：0533-6288333
网　　址：http://www.newstart.cn/

单位名称：江苏哈工联合精密传动有限公司
地　　址：江苏省扬州市江邗区科技园路 8 号
电　　话：0514-82263001
E - mail：jshgih@163.com

单位名称：聚和（天津）智能制造有限公司
地　　址：天津市宝坻区九园工业园区北环路 6 号
电　　话：022-59000888
E - mail：953676112@qq.com

单位名称：3M 中国有限公司
地　　址：上海市长宁区兴义路 8 号万都大厦 38 层
电　　话：021-62753535
网　　址：https://www.3m.com.cn/

单位名称：深圳市优必选科技股份有限公司
地　　址：广东省深圳市南山区学苑大道 1001 号南山智园 C1 栋 16 层、22 层
电　　话：0755-83474428
网　　址：https://www.ubtrobot.com/
E - mail：avery.lu@ubtrobot.com

单位名称：上海羿弓精密科技有限公司
地　　址：上海市徐汇区龙兰路 277 号东航滨江中心 T1 栋 7 层
电　　话：021-50701029
网　　址：http://www.wingbow.com.cn/
E - mail：info@wingbow.com.cn

单位名称：广州市精谷智能科技有限公司
地　　址：广东省广州市番禺区石楼镇珠江路 80 号三层
电　　话：020-84656848
网　　址：http://www.accuglen.com/
E - mail：accuglen@accuglen.com

单位名称：江西奥基德信精密制造有限公司
地　　址：江西省九江市湖口县高新技术产业园区
电　　话：17879020171
网　　址：http://www.oggi3d.com/
E - mail：3508981669@qq.com

单位名称：湖北斯微特传动有限公司
地　　址：湖北省武汉市东湖新技术开发区金融港一路 7 号光谷智慧园 1 号楼 602 室
电　　话：027-85356020
网　　址：http://www.swtdrive.com/
E - mail：domini_k@126.com

单位名称：烟台艾迪艾创机器人科技有限公司
地　　址：山东省自由贸易试验区烟台片区烟台经济技术开发区长江路 356 号-5 号
电　　话：0535-6939785
E - mail：18805352036@163.com

单位名称：苏州赛腾精密电子股份有限公司
地　　址：江苏省苏州市吴中经济开发区东吴南路 4 号
电　　话：0512-65627778
网　　址：http://www.secote.com/
E - mail：2853051168@qq.com

单位名称：山东德晟机器人股份有限公司
地　　址：山东省济南市天桥区新材料产业园新工业示范园 7 号
电　　话：0531-88076027
网　　址：http://www.sddsrobot.com/
E - mail：desheng@sddsrobot.com

单位名称：成都卡诺普机器人技术股份有限公司
地　　址：四川省成都市成华区华泰路 42 号
电　　话：028-84203568
网　　址：http://www.crprobot.com/
E - mail：crp_robot@126.com

单位名称：创泽智能机器人集团股份有限公司
地　　址：山东省日照市经济开发区太原路 71 号
电　　话：4006935088
网　　址：http://www.chuangze.cn/

单位名称：江苏泰隆减速机股份有限公司
地　　址：江苏省泰兴市大庆东路 88 号
电　　话：4000004728
网　　址：http://www.tailong.com/
E - mail：87662416@163.com

单位名称：杭州景业智能科技股份有限公司
地　　址：浙江省杭州市滨江区信诚路 857 号悦江商业中心 35001 室
电　　话：0571-86655912
网　　址：http://www.boomy.cn/
E - mail：service@boomy.cn

单位名称：武汉职业技术学院
地　　址：湖北省武汉市洪山区关山大道 463 号
电　　话：027-87766615
E - mail：263204083@qq.com

单位名称：特斯联科技集团有限公司
地　　址：北京市朝阳区新源南路 8 号启皓北京西塔 11 层
电　　话：010-85240200
网　　址：http://www.tslsmart.com/
E - mail：communication@tslsmart.com

单位名称：福斯润滑油（中国）有限公司
地　　址：上海市嘉定区南翔高科技园区嘉绣路 888 号
电　　话：86-21-3912 2000
网　　址：https://www.fuchs.com.cn/
E - mail：zeng.qinglong@fuchs.com.cn

单位名称：吉林省机器人协会
地　　址：吉林省长春市绿园区西新工业集中区集智路 888 号
电　　话：0431-82003278
网　　址：http://www.snl-rob.com/
E - mail：lin.ding@snl-rob.com

单位名称：松诺盟科技有限公司
地　　址：湖南省浏阳市经济技术开发区湘台路 18 号
电　　话：4000021378
网　　址：http://www.chnsnm.com/
E - mail：business@chnsnm.com

单位名称：中国联合网络通信有限公司智能城市研究院
地　　址：北京市海淀区主语国际 3 号楼
电　　话：010-68799999
网　　址：http://www.chinaunicom.com.cn/
E - mail：hqs-zhiyanyuan@chinaunicom.cn

单位名称：智昌科技集团股份有限公司
地　　址：浙江省宁波市余姚市经济开发区城东新区
电　　话：0574-62617199
网　　址：http://www.emergen.cn/
E - mail：zhichang@emergen.cn

单位名称：中汽研汽车检验中心（常州）有限公司
地　　址：江苏省常州市武进高新区海湖路 97 号
电　　话：0519-86227269

单位名称：安徽工布智造工业科技有限公司
地　　址：安徽省巢湖市旗麓路 2 号安徽居巢经济开发区中科先进制造创新产业园
电　　话：0551-82668016
网　　址：http://www.gb-zz.cn/
E - mail：18751076880@163.com

单位名称：佛山职业技术学院
地　　址：广东省佛山市三水区乐平镇职教路 3 号

电　　话：18928599175
网　　址：https://www.fspt.edu.cn/
E - mail：20698641@qq.com

单位名称：中国信息通信研究院
地　　址：北京市海淀区花园北路 52 号
电　　话：15711067205
网　　址：http://www.caict.ac.cn/
E - mail：changbaixiuzi@caict.ac.cn

单位名称：七腾机器人有限公司
地　　址：重庆市渝北区卉竹路 2 号 7 幢 21-1 号
电　　话：4008765700
网　　址：http://www.sevnce.com/
E - mail：sr@sevnce.com

单位名称：北京华航唯实机器人科技股份有限公司
地　　址：北京市海淀区望福园东区北京海青曙光房地产开发中心产业用房（办公）及邮政支局项目 A 幢八层 2-01 室
电　　话：13732567270
网　　址：https://www.chlrob.com/
E - mail：dongwenqing@chlrob.com

单位名称：江苏国茂减速机股份有限公司
地　　址：江苏省常州市武进区湖塘镇龙潜路 99 号
电　　话：0519-86563639
网　　址：http://www.czgmjsj.com/
E - mail：2505301719@qq.com

单位名称：宁波友谊铜业有限公司
地　　址：浙江省慈溪市逍林镇逍林大道 268 号
电　　话：574-63509999
网　　址：http://www.nbfriendship.com/
E - mail：sales808@nbfriendship.com

单位名称：奥创动力传动（深圳）有限公司
地　　址：广东省深圳市宝安区沙井镇环镇路 18 号
电　　话：0755-27246308
网　　址：https://www.altramotion.com/
https://www.altraptchina.com/
E - mail：cha.lu@altramotion.com

单位名称：华为技术有限公司
地　　址：广东省深圳市龙岗区坂田华为基地
电　　话：0755-28780808
网　　址：https://www.huawei.com/
E - mail：land.zhang@huawei.com

单位名称：烟台南山学院
地　　址：山东省烟台龙口市东海旅游度假区大学路 12 号
电　　话：0535-8590701
网　　址：https://www.nanshan.edu.cn/
E - mail：nsxymaster@nanshan.com.cn

单位名称：哈尔滨国铁科技集团股份有限公司
地　　址：黑龙江省哈尔滨市松北区橙泽路 2599 号
电　　话：045186428763
E - mail：wuchunpeng@htkrail.com

单位名称：青岛工发智能科技有限公司
地　　址：山东省青岛市城阳区城阳街道祥阳路 106 号 4 号楼 2 层
电　　话：13583261949
网　　址：http://www.zyxmcu.com/
E - mail：zyx@zyxmcu.com

单位名称：盐城市金洲机械制造有限公司
地　　址：江苏省盐城市盐都区张庄工业园区建业路 9 号
电　　话：15366558055
网　　址：https://www.jinzhouzz.com/
E - mail：tim_wang@jinzhouzz.com

单位名称：深圳优艾智合机器人科技有限公司
地　　址：深圳市龙岗区吉华街道甘坑社区甘李二路 9 号金苹果创新园厂房 C101 室
电　　话：18948163921
网　　址：https://www.youibot.com/
E - mail：shenyuanyuan@youibot.com

单位名称：北京史河科技有限公司
地　　址：北京市房山区弘安路 87 号院 3 号楼 2 层 201 室
电　　话：010-52478060/4000150909
网　　址：http://www.robotplusplus.com/
E - mail：sales@robotplusplus.cn

单位名称：杭州云深处科技有限公司
地　　址：浙江省杭州市西湖区紫金梦想广场 3 幢
电　　话：4000559095
网　　址：https://www.deeprobotics.cn/
E - mail：marketing@deeprobotics.cn

单位名称：天翼数字生活科技有限公司
地　　址：上海市浦东新区世纪大道 211 号
电　　话：021-63632126
E - mail：digitallife@ chinatelecom. cn

单位名称：大连瑞翔机电设备有限公司
地　　址：辽宁省大连市沙河口区锦云南园 9 号 1 单元 1 层 1 室
电　　话：0411-83664819
网　　址：http://www. reshinedl. com/
E - mail：weiguohongdl@ sina. com

单位名称：杜尔涂装系统工程（上海）有限公司
地　　址：上海市青浦区白鹤镇鹤泰路 198 号
电　　话：021-39791000
网　　址：https://www. durr. com/cn/
E - mail：david. he@ durr. com. cn

单位名称：上海非夕机器人科技有限公司
地　　址：上海市闵行区紫星路 588 号 1 号楼
电　　话：4008888105
网　　址：https://www. flexiv. cn/cn/
E - mail：business@ flexiv. com

单位名称：广东省机器人协会
地　　址：广东省广州市黄埔区开泰大道 38 号 5 层西侧
电　　话：020-39344209
网　　址：http://www. gdsjqr. com/
E - mail：gdsjqr@ 126. com

单位名称：武汉职业技术学院
地　　址：湖北省武汉市洪山区关山大道 463 号
电　　话：027-87766615
E - mail：263204083@ qq. com

单位名称：九众九机器人有限公司
地　　址：江苏省无锡市滨湖区胡埭工业园陆藕路 29-2 号
电　　话：0510-85580680
网　　址：http://www. yseauto. com/
E - mail：scb@ jzjrobot. com

单位名称：珞石（北京）科技有限公司
地　　址：北京市海淀区农科院西路 6 号海青大厦 A 座 7 层
电　　话：4000108700
网　　址：http://www. rokae. com/
E - mail：sales@ rokae. com

单位名称：联通物联网有限责任公司
地　　址：江苏省南京市秦淮区凤游寺路 52 号门西产业园 17 栋
电　　话：4006010010

单位名称：北京博清科技有限公司
地　　址：北京市经济技术开发区荣华中路 19 号院 1 号楼 B 座 19 层 1908 室
电　　话：010-87227628
网　　址：https://www. botsing. net/
E - mail：bqmarketing@ botsing. net

单位名称：南通跃通数控设备股份有限公司
地　　址：江苏省海安市城东镇通榆南路 77 号
电　　话：0513-80812388
网　　址：http://www. yuetong. com. cn/
E - mail：bangongshi1@ yuetong. com. cn

单位名称：东莞拓高传动机械有限公司
地　　址：广东省东莞市中堂镇北王西路 239 号华迅科技园 2 栋
电　　话：0769-85889341
网　　址：http://www. tocomotion. com/
E - mail：ceo@ toco. tw

单位名称：苏州博思特装配自动化科技有限公司
地　　址：江苏省苏州市吴中区天鹅荡路 2011 号 8 幢
电　　话：13913081705
网　　址：http://www. besttechgroup. com/
E - mail：fm01@ besttechgroup. com

成 员 单 位

单位名称：埃莫运动控制技术（上海）有限公司
地　　址：上海市徐汇区桂平路 391 号 2 号楼 1706 室
电　　话：021-61210395
网　　址：https://www. elmomc. cn/

E - mail：irisw@ elmomc. com

单位名称：安徽鸿森智能装备股份有限公司
地　　址：安徽省滁州市苏滁现代产业园 14 栋
电　　话：0550-3959555
网　　址：http://www. ihongs. com/
E - mail：hszn@ ihongs. com

单位名称：安徽纪兴源科技股份有限公司
地　　址：安徽省淮南市经济技术开发区田东路 88 号
电　　话：0554-3315607
网　　址：http://www. jxuv. com/
E - mail：1270126663@ qq. com

单位名称：安徽南斗星仿真机器人科技有限公司
地　　址：安徽省芜湖市繁昌县经济开发区
电　　话：18914748787
E - mail：1102752822@ qq. com

单位名称：安徽三众智能装备有限公司
地　　址：安徽省合肥市高新区玉兰大道 3 号中航工业园综合服务楼 4 层
电　　话：0551-62555588

单位名称：安徽协同轴承股份有限公司
地　　址：安徽省黄山市歙县经济技术开发区
电　　话：0559-6527102
网　　址：http://www. co-cb. com/
E - mail：2880725662@ qq. com

单位名称：奥林特电缆科技股份有限公司
地　　址：江苏省仪征市经济开发区沿江大道科研 2 路 2 号
电　　话：0514-83635988
网　　址：http://www. onitl. com/
E - mail：office@ onitl. com

单位名称：北京博创兴盛科技有限公司
地　　址：北京市海淀区知春路 7 号致真大厦 C 座 24 层 2405 室
电　　话：010-57132820
E - mail：liud@ up-tech. com

单位名称：北京大呈机器人科技有限公司
地　　址：北京市大兴区荣昌东街 6 号亦创机器人创新园 7 层
电　　话：010-87164394
网　　址：http://www. unimate. vip/
E - mail：7762950752@ qq. com

单位名称：北京恩易通达技术发展有限公司
地　　址：北京市海淀区西小口路 66 号中关村东升科技园-北领地 C-7 号楼 2 层 209 室
电　　话：010-82687355
网　　址：http://www. nenetsystem. com/
E - mail：info@ nenetsystem. com

单位名称：北京钢铁侠科技有限公司
地　　址：北京市海淀区农科院西路 6 号海青大厦 A 座 9 层
电　　话：010-56221717
网　　址：http://www. artrobot. com/
E - mail：bd@ artrobot. com

单位名称：中机恒通环境科技有限公司
地　　址：北京市海淀区玲珑路中关村互联网文化创意产业园 20 号楼 2 层
电　　话：4009656886

单位名称：北京华见机器人技术有限公司
地　　址：北京市海淀区知春路 128 号 1 号楼 3 层 301-006 室
电　　话：4000000000
网　　址：http://www. veniibot. cn/

单位名称：北京华章图文信息有限公司
地　　址：北京市西城区百万庄南街 1 号
电　　话：010-88378998
网　　址：http://www. hzbook. com/
E - mail：yuexiang@ hzbook. com

单位名称：北京惠众智通机器人科技股份有限公司
地　　址：北京市经济技术开发区凉水河二街 8 号院 15 号楼 601 室
电　　话：010-53582800
E - mail：xuwz@ pr-casic. com

单位名称：北京诺信泰伺服科技有限公司
地　　址：北京市通州区环科中路 17 号 11B
电　　话：010-56298855
网　　址：http://www. nortiontech. com/
E - mail：motec885@ 163. com

单位名称：北京石头世纪科技股份有限公司
地　　址：北京市海淀区黑泉路 8 号宝盛广场 C 座 4 层北
电　　话：010-53241660
网　　址：https://www.roborock.com/
E - mail：service@roborock.com

单位名称：北京新联铁集团股份有限公司
地　　址：北京市海淀区高梁桥斜街 59 号院 2 号楼 305 室
电　　话：010-62142100
网　　址：http://www.sheenline.com/
E - mail：bjxlt@shenzhou-gaotie.com

单位名称：北京宣爱智能模拟技术股份有限公司
地　　址：北京市海淀区上地信息产业基地三街 1 号楼 2 层 C 段 221 室
邮　　编：100085
电　　话：010-51666656
E - mail：liushihua@bjxa.com

单位名称：北京研华兴业电子科技有限公司
地　　址：北京市海淀区上地信息产业基地上地六街 7 号
电　　话：010-62984346
网　　址：https://www.advantech.com.cn/

单位名称：北京翼辉信息技术有限公司
地　　址：北京市海淀区中关村翠湖科技园 12 号楼
电　　话：010-56082456
网　　址：https://www.acoinfo.com/
E - mail：acoinfo@acoinfo.com

单位名称：北京云迹科技有限公司
地　　址：北京市海淀区北四环西路 67 号 7 层 702 室
电　　话：010-57111112
网　　址：https://www.yunjichina.com.cn/
E - mail：yunjichina@yunji.ai/

单位名称：北京智同精密传动科技有限责任公司
地　　址：北京市大兴区经海三路 29 号 1 幢 D 座
电　　话：010-87227704
网　　址：http://www.chietom.com/
E - mail：info@chietom.com

单位名称：北京中航诚达科技有限公司
地　　址：北京市丰台区刘庄子 119 号 14 号楼 221 室
电　　话：13911439071
E - mail：12345678910@139.com

单位名称：北京中兴北斗应用技术股份有限公司
地　　址：北京市海淀区清河小营（雄师机械厂）2 幢 032 号
电　　话：13311582855
E - mail：714163943@qq.com

单位名称：不莱梅贝克（上海）工业自动化技术有限公司
地　　址：上海市嘉定区南翔镇银翔路 515 号 508 室
电　　话：021-69956095
网　　址：https://www.blumenbecker.com/cn/
E - mail：china@blumenbecker.com

单位名称：常州光洋轴承股份有限公司
地　　址：江苏省常州市新北区汉江路 52 号
电　　话：0519-85158888
网　　址：http://www.nrb.com.cn/
E - mail：sales@nrb.com.cn

单位名称：常州吉泽智能科技有限公司
地　　址：江苏省常州市新北区创业西路 22 号
电　　话：18921075775
E - mail：603134394@qq.com

单位名称：常州铭赛机器人科技股份有限公司
地　　址：江苏省常州市常武中路 18 号科教城铭赛科技大厦
电　　话：4000519665
网　　址：http://www.mingseal.com/
E - mail：market@mingseal.com

单位名称：辰星（天津）自动化设备有限公司
地　　址：天津市经济技术开发区南海路 156 号通厂 29 号
电　　话：022-65181003
网　　址：https://www.tjchenxing.com/
E - mail：public@tjchenxing.com

单位名称：成都普天电缆股份有限公司
地　　址：四川省成都市高新区（西区）新航路 18 号
电　　话：028-87877000
网　　址：http://www.cdc.com.cn/
E - mail：cdc@cdc.com.cn

单位名称：成都市机器人产业技术创新联盟
地　　址：四川省成都市体育场路 2 号西星大厦
电　　话：028-86740619
E - mail：357684082@qq.com

单位名称：成都一家大能机器人技术有限公司
地　　址：四川省自由贸易试验区成都高新区天府大道中段 1388 号 1 栋 9 层 969 室
电　　话：18384257907
E - mail：xuebing. liao@ veniibot. com

单位名称：楚天科技股份有限公司
地　　址：湖南省长沙市国家级宁乡经济开发区楚天科技工业园
电　　话：0731-87938288
网　　址：http://truking. com/
E - mail：truking@ truking. com

单位名称：大金氟化工（中国）有限公司上海分公司
地　　址：上海市静安区南京西路 1468 号中欣大厦 37 层
电　　话：021-22139700
网　　址：http://www. daikinchem. com. cn/

单位名称：大连德昌线缆有限公司
地　　址：辽宁省大连市经济技术开发区淮河中三路 3 号
电　　话：0411-87310018
网　　址：http://www. techtroncable. com/
E - mail：techtron@ techtroncable. com

单位名称：大连光洋科技集团有限公司
地　　址：辽宁省大连市经济技术开发区天府街 1-2-2 号 1 层
邮　　编：116699
电　　话：0411-82179333
E - mail：1310101842@ qq. com

单位名称：大连佳林设备制造有限公司
地　　址：辽宁省大连市大连市金普新区拥政街道夏金线 67 号
电　　话：13500789939
网　　址：https://www. dljialin. com/
E - mail：wj@ dljialin. com

单位名称：大族环球科技股份有限公司
地　　址：北京市大兴区凉水河二街 8 号院 17 号楼 2 层 216 室
电　　话：010-87532800
E - mail：237933112@ qq. com

单位名称：莱茵检测认证服务（中国）有限公司
地　　址：北京市大兴区荣华南路 15 号院 4 号楼 3 层 301 室、12 层 1203 室
电　　话：010-65666660
网　　址：https://www. tuv. com/greater-china/cn/

单位名称：德凯质量认证（上海）有限公司
地　　址：上海市静安区江场三路 250 号 3 层 301 室
电　　话：021-60567666
网　　址：https://www. dekra. com/
E - mail：lillian. chen@ dekra. com

单位名称：德州走四方高级技工学校
地　　址：山东省德州经济开发区崇德一大道太阳谷大学城
电　　话：0534-5087880
网　　址：http://www. dzzsfjgxx. com/

单位名称：地利营养配餐科技（黑龙江）有限公司
地　　址：黑龙江省哈尔滨市高新区科技创新城创新创业广场 2 号楼科技一街 629 号 E607 室
电　　话：18611100181
网　　址：http://web. tansent. com/77291/
E - mail：18611100181@ 163. com

单位名称：东莞富强电子有限公司
地　　址：广东省东莞市东坑镇东坑科技路 136 号 1 号楼 101 室
电　　话：0769-83882225
E - mail：quincy88_kuang@ foxlink. com

单位名称：广东安拓普聚合物科技有限公司
地　　址：广东省东莞市同沙科技园广汇工业区 2 号楼 B2 区、D 区、E2 区
电　　话：0769-38802055
网　　址：https://www. atpchem. com/
E - mail：info@ atpchem. com

单位名称：东莞市机器人产业协会
地　　址：广东省东莞市松山湖研发五路 1 号林润智谷 5 号楼 306-307 室
电　　话：0769-22231985
网　　址：http://www. dgria. cn/
E - mail：dg_robotic@ 163. com

单位名称：东莞沃德检测有限公司
地　　址：广东省东莞市松山湖高新技术产业开发区工业北路 6 号
电　　话：0769-22891258

网　　址：http://www.worldtest.cn/
E - mail：marry.li@worldtest.cn

单位名称：恩斯克投资有限公司
地　　址：江苏省昆山市花桥镇恩斯克路 8 号
电　　话：0512-57963000
网　　址：https://www.nsk.com.cn/

单位名称：福建帝傲数码科技有限公司
地　　址：福建省福州市鼓楼区铜盘路软件大道 89 号福州软件园 D 区 39 号楼 A 栋
电　　话：0591-83335519
E - mail：27133083@qq.com

单位名称：冈本工机（常州）有限公司
地　　址：江苏省常州市钟楼开发区星港路 65-9 号
电　　话：0519-83903053
网　　址：http://www.okamoto-kouki.com.cn/
E - mail：huang@okamoto-china.com

单位名称：歌尔股份有限公司
地　　址：山东省潍坊市高新技术产业开发区东方路 268 号
电　　话：0536-3051234
网　　址：https://www.goertek.com/
E - mail：ir@goertek.com

单位名称：工启机器人（深圳）有限公司
地　　址：深圳市龙岗区南湾街道丹竹头社区恋珠东一巷 9 号 B 栋 501 室
电　　话：0755-85218366

单位名称：中国电子产品可靠性与环境试验研究所
地　　址：广东省广州市增城区朱村街朱村大道西 78 号
电　　话：020-87236881
网　　址：https://www.ceprei.com/

单位名称：广州艾可机器人有限公司
地　　址：广东省广州市番禺区石楼镇石清公路 78 号 B 栋
电　　话：18027291382
网　　址：http://www.iclean.cc/
E - mail：accountant001@iclean.cc

单位名称：广东奥讯智能设备技术有限公司
地　　址：广东省梅州市梅江区江南梅水路归读一品（金沙花园）丽景 A 座 103 号店
电　　话：13076381288
E - mail：314793288@qq.com

单位名称：广东加华美认证有限公司上海分公司
地　　址：上海市徐汇区宜山路 889 号 4 号楼 1 楼 B 单元
电　　话：021-33688282
网　　址：https://www.csagroup.org/
E - mail：csa.sh@csagroup.org

单位名称：广东科杰机械自动化有限公司
地　　址：广东省江门市蓬江区永盛路 61 号
电　　话：0750-3500201
网　　址：http://www.kejiegroup.com/
E - mail：info@kejiegroup.com

单位名称：广东天机智能系统有限公司
地　　址：广东省东莞市松山湖园区工业西三路 6 号 3 栋
电　　话：0769-22892095
网　　址：http://www.tianjizn.com/
E - mail：kuanghu@tianjizn.com

单位名称：广东天机机器人有限公司
地　　址：广东省东莞市松山湖园区工业西三路 6 号 3 栋 402 室
电　　话：0769-22892095
E - mail：kuanghu@tianjizn.com

单位名称：广东威灵电机制造有限公司
地　　址：广东省佛山市顺德区北滘镇工业园十五、十六、十七区
电　　话：0757-26339999
E - mail：ir@midea.com

单位名称：广东长盈精密技术有限公司
地　　址：广东省东莞市松山湖高新技术产业开发区工业西三路 6 号
电　　话：0769-22236311
E - mail：yuanmeihua@ewpt.com

单位名称：广濑（中国）企业管理有限公司
地　　址：上海市自由贸易试验区富特西一路 139 号 1405 室
电　　话：021-63913355
网　　址：https://www.hirose.com/
E - mail：pauline_he@hirose-gl.com

单位名称：广西智拓科技有限公司
地　　址：广西壮族自治区柳州市柳北区杨柳路7号沙塘工业园北部生态新区办公楼6层611号
电　　话：13217720916
E - mail：zt-robot@ liugong. com

单位名称：广州达意隆包装机械股份有限公司
地　　址：广东省广州市黄埔区云埔一路23号
电　　话：020-82266688
网　　址：https://www. tech-long. com/
E - mail：xie@ tech-long. com

单位名称：广州工业机器人制造和应用产业联盟
地　　址：广东省广州市黄埔区科学城新瑞路2号
电　　话：020-32385332
网　　址：http://www. gzrobots. com/
E - mail：gzrobots@ 126. com

单位名称：广州广电计量检测股份有限公司
地　　址：广东省广州市天河区黄埔大道西平云路163号
电　　话：020-38699960
网　　址：https://grgtest. com/
E - mail：grgtest@ grgtest. com

单位名称：广州明珞装备股份有限公司
地　　址：广东省广州市黄埔区开源大道11号C3栋101室、201室
电　　话：020-66356688
网　　址：http://www. minotech. cn/
E - mail：gongchun@ minotech. cn

单位名称：广州市西克传感器有限公司
地　　址：广东省广州市天河区珠江西路15号18层
电　　话：020-28823600
网　　址：https://www. sickcn. com/
E - mail：info@ sick. net. cn

单位名称：广州市万世德智能装备科技有限公司
地　　址：广东省广州市花都区新华镇华兴工业区
电　　话：020-66809333
网　　址：http://www. vanta. cn/
E - mail：380865300@ qq. com

单位名称：广州致远电子股份有限公司
地　　址：广州市天河区思成路43号ZLG立功科技大厦
电　　话：020-28267825
网　　址：https://www. zlg. cn/
E - mail：chenxiuchun@ zlg. cn

单位名称：国人机器人（天津）有限公司
地　　址：天津市宝坻区口东工业园区广仓道19A号
电　　话：13920439619
E - mail：2210447092@ qq. com

单位名称：汉高股份有限公司
地　　址：上海市浦东新区祝桥镇果园公路189号
电　　话：021-28915222
网　　址：https://www. henkel-vrm. com/
E - mail：coco. luo@ henkel. com

单位名称：杭州安脉盛智能技术有限公司
地　　址：浙江省杭州市滨江区西兴街道阡陌路482号B楼17-18层
电　　话：0571-81990800
网　　址：https://www. aimsphm. com/
E - mail：info@ aimsphm. com

单位名称：杭州非白三维科技有限公司
地　　址：浙江省杭州市余杭区仓前街道文一西路1378号1幢E901、E903室
电　　话：0571-28956099
网　　址：http://www. blackboxcv. cn
E - mail：153196152@ qq. com

单位名称：杭州匠龙机器人科技有限公司
地　　址：浙江省杭州市钱塘新区临江街道经六路2977号
电　　话：17681865368
网　　址：http://www. jolog. com. cn/
E - mail：jologrobot@ jolog. com. cn

单位名称：杭州原动科技有限公司
地　　址：浙江省杭州市西湖区三墩镇灯彩街567号8幢2101室
电　　话：13735800628
E - mail：Annie0171@ 163. com

单位名称：航天新长征大道科技有限公司
地　　址：辽宁省大连市甘井子区信达街31号航天大厦1602室
电　　话：0411-39427938
E - mail：office@ htdadao. net

单位名称：合肥磐石自动化科技有限公司
地　　址：安徽省合肥市肥西经开区云湖路与集贤路交口西南侧
电　　话：0551-63497811
网　　址：http://www. hfpanshikj. com/
E - mail：xufl@ hfpanshikj. com

单位名称：合肥赛摩雄鹰自动化工程科技有限公司
地　　址：安徽省合肥市经开区桃花工业园拓展区文山路以东、玉兰大道以南
电　　话：4000551065、0551-63846888
网　　址：http://www. hfxykj. com/
E - mail：panshu@ saimo. cn

单位名称：河南龙昌机械制造有限公司
地　　址：河南省焦作市修武县东周大道周庄段路西
电　　话：0371-89910659
网　　址：https://www. lcmj. com/
E - mail：lcmj@ lcmj. com

单位名称：郑州市轩明职业培训学校有限公司
地　　址：河南省郑州市金水区黄河路 124 号教学楼 1 层
电　　话：0371-53365916
网　　址：http://www. zzxmedu. cn/
E - mail：sever@ hnxmsy. com. cn

单位名称：湖南镭目科技有限公司
地　　址：湖南省长沙市经济技术开发区泉塘街道枫树路 349 号
电　　话：0731-88702057
网　　址：https://www. ramon. com. cn/
E - mail：hncw@ ramon. com. cn

单位名称：长高电新科技股份公司
地　　址：湖南省长沙市望城经济技术开发区金星北路三段 393 号
电　　话：0731-88585095
网　　址：https://www. changgaogroup. com/
E - mail：cgjt@ changgaogroup. com

单位名称：华测检测认证集团股份有限公司
地　　址：广东省深圳市宝安区新安街道兴东社区华测检测大楼 1 号楼 101 室
电　　话：0755-33683666
网　　址：https://www. cti-cert. com/
E - mail：info@ cti-cert. com

单位名称：华夏芯（北京）通用处理器技术有限公司
地　　址：北京市大兴区荣京东街 3 号 1 幢 14 层 1 单元 1206 室
电　　话：010-82449456
网　　址：http://www. hxgpt. com/
E - mail：info@ hxgpt. com

单位名称：济南大学
地　　址：山东省济南市槐荫区南辛庄西路 336 号
电　　话：0531-89736314
网　　址：https://www. ujn. edu. cn/
E - mail：webmaster@ ujn. edu. cn

单位名称：嘉兴市工业领域生产性服务业促进中心
地　　址：浙江省嘉兴市南湖区由拳路 309 号紫御大厦 6 层
电　　话：13857383255
E - mail：26257642@ qq. com

单位名称：江苏丰尚智能科技有限公司
地　　址：江苏省扬州市高新技术产业开发区华声路 1 号
电　　话：0514-85828888
网　　址：http://www. famsungroup. com/
E - mail：1005146666@ qq. com

单位名称：江苏亨通线缆科技有限公司
地　　址：江苏省苏州市吴江区七都镇亨通大道 88 号
电　　话：0512-63802613
网　　址：http://www. htgd. com. cn/
E - mail：htxl@ htgd. com. cn

单位名称：江苏华途数控科技有限公司
地　　址：江苏省句容市经济开发区科技新城科技大道 1 号路 3 号楼 1 层、2 层、3 层
电　　话：13912105734
E - mail：2491269213@ qq. com

单位名称：江苏三棱智慧物联发展股份有限公司
地　　址：江苏省南京市江宁区秣周东路 12 号悠谷 4 号楼 5 层
电　　话：025-87159600、18112927802
网　　址：http://www. slicity. com/
E - mail：xuhuayong@ slicity. com

单位名称：泰兴市产品质量综合检验检测中心（泰兴市食品安全检验检测中心）

地　　址：江苏省泰兴市泰兴镇阳江路中段
电　　话：0523-82363302
E - mail：jsrtc2009@163. com

单位名称：江苏中科院智能科学技术应用研究院
地　　址：江苏省常州市科教城三一路智能苑
电　　话：0519-86339802
网　　址：http://www. arist. ac. cn/
E - mail：arist@arist. ac. cn

单位名称：江苏准信自动化科技股份有限公司
地　　址：江苏省南通市高新区金桥西路 270 号
电　　话：0513-82590100
网　　址：http://www. zunsion. com/
E - mail：zhangyu@zunsion. com

单位名称：江西合力泰科技有限公司
地　　址：江西省吉安市泰和县工业园区
电　　话：0796-8979666
网　　址：http://www. holitech. net/
E - mail：yuanxiaoping@holitech. net

单位名称：杰克缝纫机股份有限公司
地　　址：浙江省台州市椒江区三甲东海大道东段 1008 号
电　　话：0576-88177793
网　　址：http://www. chinajack. com/
E - mail：ir@chinajack. com

单位名称：京瓷（中国）商贸有限公司
地　　址：天津市经济技术开发区翠园别墅 3 号
电　　话：022-28459388
网　　址：https://www. kyocera. com. cn/
E - mail：jing_lan@kyocera. com. cn

单位名称：康力电梯股份有限公司
地　　址：江苏省汾湖高新技术产业开发区康力大道 888 号
电　　话：0512-63290000
网　　址：http://www. canny-elevator. com/
E - mail：chenjianchun@canny-elevator. com

单位名称：柯马（上海）工程有限公司
地　　址：上海市松江区泗泾工业园区九干路 1353 号
电　　话：021-37616222
网　　址：https://www. comau. com/
E - mail：jasmine. gong@comau. com

单位名称：科沃斯商用机器人有限公司
地　　址：江苏省苏州市吴中经济开发区越溪街道友翔路 18 号 3 幢
电　　话：0512-66567108
网　　址：http://www. ecovacs-c. com/
E - mail：xiaoli. zeng@ecovacs. com

单位名称：昆山西诺巴精密模具有限公司
地　　址：江苏省昆山市周市镇长江北路 928 号 10 号厂房
电　　话：0512-57750070
网　　址：http://www. xinuoba. cn/
E - mail：kavin@china-aloi. com

单位名称：昆山信昌电线电缆有限公司
地　　址：江苏省昆山市花桥镇新生路 528 号
电　　话：0512-57699518
网　　址：http://www. hwatek. com/
E - mail：caihong_xu@hwatek. com

单位名称：凌云光技术股份有限公司
地　　址：北京市海淀区翠湖南环路 13 号院 7 号楼 7 层 701 室
电　　话：010-52348500
网　　址：https://www. lusterinc. com/
E - mail：sanhongxu@lusterinc. com

单位名称：鲁班嫡系机器人（深圳）有限公司
地　　址：广东省深圳市龙岗区横岗街道六约社区勤富路 30 号 C 栋 501 室
电　　话：0755-28319521

单位名称：洛阳维斯格轴承有限公司
地　　址：中国（河南）自由贸易试验区洛阳片区高新区金鑫路 2 号
电　　话：0379-63082858

单位名称：洛阳沃德福机器人科技有限公司
地　　址：河南省洛阳市西工区红山工业园区纬六路 6 号
电　　话：0379-64911371
E - mail：779114980@qq. com

单位名称：马鞍山雨山经济开发区
地　　址：安徽省马鞍山市雨山区九华西路 1500 号
电　　话：0555-7117755
E - mail：949784913@qq. com

单位名称：南京固华智能科技有限公司
地　　址：江苏省南京市六合区雄州街道西陈村陈吕路16号
电　　话：025-57500569
E - mail：njguhua@126.com

单位名称：南京理工大学
地　　址：江苏省南京市玄武区孝陵卫街道孝陵卫街200号
电　　话：025-84303051
网　　址：https://www.njust.edu.cn/

单位名称：南通慧幸智能科技有限公司
地　　址：江苏省南通市永兴大道388号6幢
电　　话：0513-89089121

单位名称：宁波容合电线有限公司
地　　址：浙江省余姚市泗门镇泗北村惠康路1号
电　　话：0574-62136602
网　　址：http://www.rohecable.com/
E - mail：chenggeng2020@163.com

单位名称：宁波伟立机器人科技股份有限公司
地　　址：浙江省余姚市朗霞街道巷桥路48号
电　　话：0574-58221608
网　　址：http://www.welllih.com/
E - mail：financial@welllih.com

单位名称：宁乡经济技术开发区
地　　址：湖南省宁乡市经济技术开发区金洲大道金洲大桥西端创业服务大楼10层
电　　话：0731-87859699
E - mail：562825330@qq.com

单位名称：欧姆龙自动化（中国）有限公司
地　　址：上海市自由贸易试验区爱都路253号4号楼第4层
电　　话：021-60230333
网　　址：https://www.fa.omron.com.cn/
E - mail：wyyao@gc.omron.com

单位名称：齐鲁工业大学
地　　址：山东省济南市西部新城大学科技园
电　　话：0531-89631131
网　　址：https://www.qlu.edu.cn/
E - mail：sonntag@126.com

单位名称：启特动力（上海）有限公司
地　　址：上海市普陀区金沙江路1999号613室
电　　话：13681985398
E - mail：guwl@stengg.com

单位名称：秦皇岛丰泰自动化设备制造有限公司
地　　址：河北省秦皇岛市经济技术开发区巫山路7号3层305室
电　　话：0335-8569188
E - mail：fengtai@fengtaigs.com

单位名称：青岛北洋天青数联智能股份有限公司
地　　址：山东省青岛市高新区锦荣路123号5号楼
电　　话：0532-87012167
网　　址：http://www.qdbytq.com/
E - mail：bytq@qdbytq.com

单位名称：青岛高新技术产业开发区管理委员会高端智能制造事业部
地　　址：山东省青岛市青岛高新区智力岛路1号创业大厦
电　　话：029-82020962

单位名称：人本股份有限公司
地　　址：浙江省温州市经济技术开发区滨海五道515号
电　　话：0577-86556100
网　　址：https://www.cugroup.com/
E - mail：service@cugroup.com

单位名称：日静减速机制造（常州）有限公司
地　　址：江苏省常州市武进高新技术产业开发区凤栖路28号
电　　话：0519-81663637
E - mail：zhengken@nissei-gtr.co.jp

单位名称：瑞博泰克自动化设备（苏州）有限公司
地　　址：江苏省昆山市千灯镇玉溪路38号
电　　话：18018182088
E - mail：jenny_zhang@funwick.com

单位名称：瑞孚化工（上海）有限公司
地　　址：上海市自由贸易试验区加太路39号1幢楼6层66室
电　　话：021-63598216-8508
E - mail：gyin@shrieve.com

单位名称：瑞霆贸易（上海）有限公司
地　　址：上海市徐汇区龙吴路 1500 号 2 幢 106 室
电　　话：021-59883978-8012
网　　址：http://www.gtadtc.com/
E - mail：windieewang_@zfgta.com.tw

单位名称：睿翱工业自动化贸易（上海）有限公司
地　　址：上海市自由贸易试验区新金桥路 1088 号 2608 室、2609 室
电　　话：021-61005018
网　　址：https://www.reer.it/
E - mail：lzhang@reerchina.com

单位名称：厦门星原融资租赁有限公司
地　　址：福建省自由贸易试验区厦门片区（保税区）象屿路 97 号厦门国际航运中心 D 栋 8 层 03 单元
电　　话：0592-2263417
网　　址：http://www.xmlease.com/
E - mail：kangqf@xmlease.com

单位名称：山东布洛尔智能科技有限公司
地　　址：山东省济南市章丘区明水经济技术开发区城东工业园丰年大道 666 号
电　　话：0531-83322088
E - mail：2339434823@qq.com

单位名称：山东国兴智能科技股份有限公司
地　　址：山东省烟台市经济技术开发区香港路 18 号
电　　话：0535-6958707
网　　址：https://www.sdgxzn.com/
E - mail：844976141@qq.com

单位名称：山东帅克机械制造股份有限公司
地　　址：山东省潍坊市坊子区兴国路以东双羊街以南
电　　话：0536-7523366
E - mail：shkjx@163.com

单位名称：山东泰开机器人有限公司
地　　址：山东省泰安市高新技术开发区
电　　话：0538-5088201
网　　址：http://www.tk-robot.cn/
E - mail：tk2016@126.com

单位名称：山东中煤工矿物资集团有限公司
地　　址：山东省济宁市高新区开源路北 11 号
电　　话：0537-2395689
E - mail：zhongmeijt@163.com

单位名称：陕西渭河工模具有限公司
地　　址：陕西省宝鸡市岐山县蔡家坡镇新建路 008 号
电　　话：0917-8583501
网　　址：http://www.weihetools.com.cn/
E - mail：weihe702bgs@163.com

单位名称：上海宾通智能科技有限公司
地　　址：上海市闵行区东川路 555 号乙楼 4085 室
电　　话：021-64359166
网　　址：https://www.bitorobotics.com/
E - mail：wenxiaoyu@bitorobotics.ltd

单位名称：上海波创电气有限公司
地　　址：上海市浦东新区周浦镇康沈路 2868 号 3 幢 1 层 B119 室
电　　话：021-50312147
网　　址：http://www.botrong.com/
E - mail：jxtang@botrong.com

单位名称：上海枫丹柏合投资管理有限公司
地　　址：上海市黄浦区宁波路 595 号 406 室
电　　话：021-62893186
网　　址：http://www.fontainburg.com/
E - mail：44034799@qq.com

单位名称：上海华虹集成电路有限责任公司
地　　址：上海市自由贸易试验区碧波路 572 弄 39 号
电　　话：021-51315000
网　　址：http://www.shhic.com/
E - mail：zhangcan@shhic.com

单位名称：上海华括自动化工程有限公司
地　　址：上海市浦东新区秀浦路 2388 号 10 幢 3 层
电　　话：021-61183149
E - mail：jingjing.ge@hk-robotics.com

单位名称：上海节卡机器人科技有限公司
地　　址：上海市闵行区上海市闵行区剑川路 610 号 33-35 幢
电　　话：021-80392665
网　　址：https://www.jaka.com
E - mail：marketing@jaka.com

单位名称：上海力克精密机械有限公司

地　　址：上海市金山区张堰镇振凯路 288 号 D 区
电　　话：021-57220903

单位名称：上海洛倍智能科技有限公司
地　　址：上海市普陀区武宁路 505 号
电　　话：021-69981678
网　　址：http://www.robabc.com/
E - mail：hr@robabc.com

单位名称：上海三竹机电设备有限公司
地　　址：上海市松江区小昆山镇崇南公路 435 弄 90 号房 K 座
电　　话：021-67626758
网　　址：https://www.sunchu.com.cn/
E - mail：info@sunchu.com.cn

单位名称：上海天祥质量技术服务有限公司
地　　址：上海市自由贸易试验区张杨路 707 号二层西区
电　　话：021-53397600

单位名称：上海英格尔认证有限公司
地　　址：上海市徐汇区中山西路 2368 号 801 室
电　　话：021-51114700
网　　址：https://www.icasiso.com/
E - mail：songshuhua@icasiso.com

单位名称：深圳果力智能科技有限公司
地　　址：广东省深圳市南山区高新南七道 018 号高新工业村 R3B 栋 4 层 A02 室
电　　话：0755-26918115
网　　址：http://www.glitech.com/
E - mail：yliu@glitech.com

单位名称：深圳华南数控系统有限公司
地　　址：广东省深圳市南山区高新南一道 017 号万德莱大厦北座 411 室
电　　话：0755-82784916
网　　址：https://www.dmaxtech.cn/
E - mail：amyye@dmaxtech.cn

单位名称：深圳诺铂智造技术有限公司
地　　址：广东省深圳市宝安区建安路正昌达数码科技园 A 栋 3 层
电　　话：13410071520
E - mail：1484546242@qq.com

单位名称：深圳市北测检测技术有限公司
地　　址：广东省深圳市宝安区奋达高新科技园 E 栋 1 层、2 层、C 栋 1 层、2 层
电　　话：0755-36995508
网　　址：https://www.ntek.org.cn/
E - mail：jenny@ntek.org.cn

单位名称：深圳市华科天信科技有限公司
地　　址：广东省深圳市坪山新区坑梓梓横西路 49 号 B601、602 室
电　　话：0755-86323375
网　　址：http://www.szhtt.com.cn/
E - mail：sales@szhtt.com.cn

单位名称：深圳市佳顺智能机器人股份有限公司
地　　址：广东省深圳市龙华新区福城街道茜坑新村老围一区 182 号
电　　话：4007006846
网　　址：https://www.casun.cn/
E - mail：vip@casun99.com

单位名称：深圳市踢踢电子有限公司
地　　址：广东省深圳市宝安区石岩镇石龙社区汇龙达工业园 C 栋 4 层
电　　话：0755-82501271
网　　址：http://www.ttmotor.com.cn/

单位名称：深圳市正德智控股份有限公司
地　　址：广东省深圳市龙岗区坪地街道康明路 8 号正德科技园
电　　话：0755-36518326
网　　址：http://www.maintexpt.com/
E - mail：506329088@qq.com

单位名称：深圳威洛博机器人有限公司
地　　址：广东省深圳市光明新区玉塘街道玉律社区大洋一路 17 号 2 层、3 层
电　　话：0755-33953121
网　　址：http://www.w-robot.com/
E - mail：104082086@qq.com

单位名称：史丹利百得精密制造（深圳）有限公司
地　　址：广东省深圳市宝安区石岩街道水田社区捷和工业城 B 栋
网　　址：https://www.stanleyblackanddecker.com/
E - mail：caroline.tao@sbdinc.com

单位名称：四川阿泰因机器人智能装备有限公司
地　　址：四川省成都市天府新区华阳街道天府大道南段846号
电　　话：028-85679032
网　　址：http://www.artigent.cn/
E - mail：zongjingban@artigent.cn

单位名称：四川福德机器人股份有限公司
地　　址：四川省绵阳市高新区火炬西街南段10号
电　　话：18628163218
网　　址：http://www.fdrobot.com/
E - mail：houminuo@fdrobot.com

单位名称：四川省机械研究设计院（集团）有限公司
地　　址：四川省成都市武侯区人民南路三段30号
邮　　编：610044
电　　话：028-85925000
网　　址：http://www.ccjys.com/
E - mail：sccjys@126.com

单位名称：苏州UL美华认证有限公司
地　　址：江苏省苏州市苏州工业园区澄湾路2号
电　　话：0512-68086400

单位名称：博众精工科技股份有限公司
地　　址：江苏省苏州市吴江经济技术开发区湖心西路666号
电　　话：0512-63414949
网　　址：https://www.bozhon.com/
E - mail：boozhong@bozhon.com

单位名称：苏州工业园区东茂工业设备有限公司
地　　址：江苏省苏州市苏州工业园区东环路1408号1幢1605室
电　　话：18915587680、0512-67240129
网　　址：http://www.dongmao-drive.com/
E - mail：info@arcsecondrobo.com

单位名称：苏州巨佳电子科技有限公司
地　　址：江苏省苏州市苏州工业园区星湖街218号生物纳米园A4层519室、520室
电　　话：0512-62861566
网　　址：http://www.gfocustech.com/
E - mail：yzhao@gfocustech.com

单位名称：苏州朗高电机有限公司
地　　址：江苏省苏州市吴中区胥口镇繁丰路608号
电　　话：0512-66931569

单位名称：新代科技（苏州）有限公司
地　　址：江苏省苏州市苏州工业园区春辉路9号
电　　话：0512-69008860
网　　址：https://www.syntecclub.com.tw/
E - mail：syntec@syntecclub.com.cn

单位名称：太阳电线（苏州）有限公司
地　　址：江苏省苏州市苏州工业园区唯新路93号
电　　话：0512-62891228
网　　址：http://www.taiyocabletic.com/
E - mail：aiping.chen@cn.tcapgroup.com

单位名称：太原市申海机械设备股份有限公司
地　　址：山西省太原市晋源区滨河西路北瓦窑村北外环1号
电　　话：0351-5245632
网　　址：http://www.tyshenhai.com/
E - mail：fushengyang@126.com

单位名称：唐山英莱科技有限公司
地　　址：河北省唐山市高新技术产业开发区大庆道南侧卫国路西侧（唐山科技中心）21层
电　　话：0315-5915695
网　　址：http://www.intelligentlaser.cn/
E - mail：support@intelligengtlaser.cn

单位名称：唐山智能电子有限公司
地　　址：河北省唐山市开平区现代装备制造工业区电瓷道7号
电　　话：0315-3175636
网　　址：https://www.tszn.com/
E - mail：3253187102@qq.com

单位名称：天津彼洋机器人系统工程有限公司
地　　址：天津市自贸试验区（空港经济区）航空路278号
电　　话：022-24929697
网　　址：http://www.beyond-automation.com/
E - mail：by_auto@163.com

单位名称：天津海之星水下机器人有限公司
地　　址：天津市经济技术开发区天津泰达中小企业园4号楼一层107号

电　　话：022-66877807
网　　址：http://www. oceaneerstar. com. cn/
E - mail：634738719@ qq. com

单位名称：深之蓝海洋科技股份有限公司
地　　址：天津市开发区睦宁路 45 号津滨发展通厂 7 号
电　　话：022-25317619
网　　址：http://www. deepinfar. com/
E - mail：info@ deepinfar. com

单位名称：天津市机器人产业协会
地　　址：天津市武清区汽车产业园云景道 1 号汽车大厦 315 室
电　　话：022-22902290
E - mail：tjapip@ 163. com

单位名称：天津远为创业投资合伙企业
地　　址：天津市滨海新区华苑产业区开华道 20 号南开科技大厦主楼 306-4 室
电　　话：021-62560903
E - mail：joanzhaocpa@ 163. com

单位名称：魏德米勒电联接（上海）有限公司
地　　址：上海市自由贸易试验区韩城路 101 号 63 号厂房 A 部位
电　　话：021-22195008
网　　址：https://www. weidmueller. com. cn/
E - mail：josie. zhu@ weidmueller. com

单位名称：浙江珂斯顿机器人科技有限公司
地　　址：浙江省温州市瑞安市东山街道开发区大道 2725 号
电　　话：0577-58900055
E - mail：csh@ yaacoo. com

单位名称：无锡信捷电气股份有限公司
地　　址：江苏省无锡市滨湖区胡埭工业园北区刘塘路 9 号
电　　话：0510-85134136
网　　址：http://www. xinje. com/
E - mail：xinje@ xinje. com

单位名称：芜湖哈特机器人产业技术研究院有限公司
地　　址：安徽省芜湖市鸠江区电子产业园 E 座 1 层
电　　话：0553-5621999
网　　址：http://www. hitrobot. com. cn/
E - mail：hit-hr@ hitrobot. com. cn

单位名称：芜湖赛宝机器人产业技术研究院有限公司
地　　址：安徽省自由贸易试验区芜湖片区神舟路 17 号
电　　话：0553-5775202
网　　址：https://www. ahceprei. com/
E - mail：2462481917@ qq. com

单位名称：武汉华中数控股份有限公司
地　　址：湖北省武汉市东湖新技术开发区华工科技园
电　　话：027-87180001
网　　址：https://www. huazhongcnc. com/
E - mail：office@ hzncc. com

单位名称：武汉金石兴机器人自动化工程有限公司
地　　址：湖北省武汉市东湖新技术开发区光谷大道特 1 号国际企业中心三期 2 栋 3 层 01 室
电　　话：4008855262
网　　址：http://www. jqrxy. com/
E - mail：598010576@ qq. com

单位名称：武汉市精华减速机制造有限公司
地　　址：湖北省武汉市黄陂区祁家湾车站路 18 号
电　　话：027-61720156
网　　址：http://www. wh-jinghua. com/
E - mail：aiq727@ 163. com

单位名称：西安星球通智能装备技术有限公司
地　　址：陕西省西安市高新区天谷七路 996 号西安国家数字出版基地 C 座
电　　话：029-81884819

单位名称：襄阳市招商局
地　　址：湖北省襄阳市樊城区七里河路 2 号
电　　话：0710-3718515
网　　址：http://zsj. xiangyang. gov. cn/
E - mail：xfzsbgs@ 163. com

单位名称：新亚电子股份有限公司
地　　址：浙江省乐清市北白象镇温州大桥工业园区
电　　话：0577-62866888
网　　址：http://www. xinya-cn. com/
E - mail：xinya@ xinya-cn. com

单位名称：研祥智能科技股份有限公司
地　　址：广东省深圳市南山区高新中四道 31 号研祥科技

大厦
电　　话：0755-86255886
网　　址：http://www.evoc.cn/
E - mail：gnzhan@evoc.cn

单位名称：扬州鸿睿电缆科技有限公司
地　　址：江苏省扬州市北郊菱塘工业集中区
电　　话：0514-85856488
网　　址：http://www.hrrobotcable.com/
E - mail：ccm0228@126.com

单位名称：一飞智控（天津）科技有限公司
地　　址：天津市经济技术开发区南海路156号通厂24号
电　　话：022-59860797
网　　址：https://www.efy-tech.com/
E - mail：liyiquan@efy-tech.com

单位名称：元启工业技术有限公司
地　　址：山东省青岛市高新技术产业开发区盘谷创客空间D座208室
电　　话：0532-86025899
E - mail：zhongyingchao@techen.cn

单位名称：八环科技集团股份有限公司
地　　址：浙江省台州市路桥区峰江街道园区北路39号
电　　话：0576-82415829
网　　址：http://www.bahuan.com/
E - mail：bahuan@bahuan.com

单位名称：恒丰泰精密机械股份有限公司
地　　址：浙江省温州市经济技术开发区滨海一道1409号
电　　话：0577-86119398
网　　址：http://www.cnhtr.com/
E - mail：sales@cnhtr.com

单位名称：浙江卡迪夫电缆有限公司
地　　址：浙江省平湖市新仓镇金沙路599号
电　　话：18117529690
E - mail：baolingling@cardiffcable.cn

单位名称：浙江来福谐波传动股份有限公司
地　　址：浙江省嵊州市甘霖镇工业园区
电　　话：18305757555
E - mail：zjlaifu@126.com

单位名称：浙江联宜电机有限公司
地　　址：浙江省东阳市横店电子产业园区
电　　话：0579-86622113
网　　址：https://www.linix.com.cn/
E - mail：309@linix.com.cn

单位名称：浙江环动机器人关节科技有限公司
地　　址：浙江省玉环市机电产业功能区盛园路1号
电　　话：0576-87239827
网　　址：http://www.gearsnet.com/
E - mail：faxiangxie@gearsnet.com

单位名称：浙江硕实机械有限公司
地　　址：浙江省绍兴市柯桥区滨海工业区思源路876号
电　　话：0575-81198008
网　　址：http://www.shuoshijx.com/
E - mail：zjss_wq@163.com

单位名称：浙江兆龙互连科技股份有限公司
地　　址：浙江省湖州市德清县新市镇士林工业区
电　　话：0572-8475258
网　　址：https://www.zhaolong.com.cn/
E - mail：dmb@zhaolong.com.cn

单位名称：镇江经济技术开发区
地　　址：江苏省镇江市镇江大港金港大道98号
电　　话：0511-83375206
E - mail：zolo.chen@126.com

单位名称：郑州欧田机器人智能科技股份有限公司
地　　址：河南省郑州市郑州航空港区四港联动大道东侧25号中部国际电子商务产业园10号楼203室
电　　话：15093189597
E - mail：2280744166@qq.com

单位名称：中国表面工程协会
地　　址：北京市西城区黄寺大街23号北广大厦1203室
电　　话：010-64873301
网　　址：http://www.csea1991.org/
E - mail：csea@csea1991.org

单位名称：中国船舶重工集团南方有限公司
地　　址：广东省深圳市罗湖区人民南路国际贸易中心大厦35层
电　　话：15927569851
E - mail：wzy576@126.com

单位名称：中国大恒（集团）有限公司北京图像视觉技术分公司
地　　址：北京市海淀区苏州街 3 号大恒科技大厦北座 12 层 1201 室
电　　话：010-82828878
网　　址：https://www.daheng-image.com/
E - mail：guojj@daheng-imaging.com

单位名称：中国航空综合技术研究所
地　　址：北京市朝阳区京顺路 7 号
电　　话：010-84142067
E - mail：fzqzswbj@163.com

单位名称：中国科学院电工研究所
地　　址：北京市海淀区中关村北二条 6 号
电　　话：010-82547001
网　　址：http://www.iee.ac.cn/
E - mail：office@mail.iee.ac.cn

单位名称：中国石化润滑油有限公司润滑脂分公司
地　　址：天津市滨海新区汉沽化工街 5 号
电　　话：022-67905206
E - mail：zhuhy@sinopec.com

单位名称：中航光电科技股份有限公司
地　　址：河南省自由贸易试验区洛阳片区周山路 10 号
电　　话：0379-63011031
网　　址：https://www.jonhon.cn/
E - mail：market@jonhon.cn

单位名称：中科天芯科技（北京）有限公司
地　　址：北京市朝阳区北沙滩 1 号院 36 号楼 3 层 304 室
电　　话：15600773202
E - mail：wangying@cspctech.net

单位名称：中新融创资本管理有限公司
地　　址：北京市东城区建国门内大街 8 号 1 幢 2 层 1-27 室
电　　话：18311382225
网　　址：http://www.zxrc.com.cn/
E - mail：wangchangru@zxrc.com.cn

单位名称：重庆贝烁科技有限公司
地　　址：重庆市九龙坡区科园三路 1 号 6-4 号
电　　话：13883200670
E - mail：b-source@163.com

单位名称：重庆帝勒金驰通用机械股份有限公司
地　　址：重庆市巴南区花溪工业园区康超路 1 号巴山摩托一期
电　　话：023-68950789
E - mail：2502703771@qq.com

单位名称：重庆海浦洛自动化科技有限公司
地　　址：重庆市北碚区云顶路 182 号
电　　话：023-63221216
网　　址：http://www.hyprogroup.com/
E - mail：lair@hyprogroup.com

单位名称：重庆两江机器人融资租赁有限公司
地　　址：重庆市两路寸滩保税港区管理委员会综合大楼 8-2-131 室
电　　话：023-67199948
E - mail：195449580@qq.com

单位名称：重庆门罗机器人科技有限公司
地　　址：重庆市北碚区方正大道 92 号、94 号
电　　话：13678476656
网　　址：http://www.menlorobot.com/
E - mail：dq@lx167.com

单位名称：重庆市巴南区经济园区开发建设管理委员会
地　　址：重庆市巴南区界石镇富成路 88 号
电　　话：023-66215613
网　　址：http://www.bnjjyq.com/
E - mail：316110547@qq.com

单位名称：珠海市钧兴机电有限公司
地　　址：广东省珠海市斗门区乾务镇珠峰大道南 6 号
电　　话：0756-3971888
网　　址：http://www.khgears.com/
E - mail：caiding.zhou@khgears.com

单位名称：住友重机械减速机（中国）有限公司
地　　址：天津市东丽经济开发区三经路 7 号
电　　话：022-24993501
网　　址：http://www.sumitomodrive.com/
E - mail：zhijuan.liu@shi-g.com

单位名称：北京万创兴达科技有限公司
地　　址：北京市朝阳区豆各庄镇久文路 6 号宇达创意中心 58 号楼 503 室
电　　话：010-53674975

E - mail：liqq_09@ sina. com

单位名称：上海海美投资控股有限公司
地　　址：上海市宝山区上大路 668 号 258I 室
电　　话：021-52160140
网　　址：http://www. haimeigroup. com/
E - mail：rachellyang@ 163. com

单位名称：北京慧闻科技（集团）有限公司
地　　址：北京市朝阳区高碑店乡半壁店村惠河南街 1132 号 A 区 2 层 201 室
电　　话：010-59231356
网　　址：https://www. ibenrobot. com/
E - mail：1292412291@ qq. com

单位名称：宝视纳视觉技术（北京）有限公司
地　　址：北京市海淀区永泰庄北路 1 号天地邻枫 5 号楼 2 层 206 室
电　　话：010-62952828
网　　址：https://www. baslerweb. com/cn/
E - mail：finance@ baslerweb. cn

单位名称：重庆杰者服饰工贸有限公司
地　　址：重庆市九龙坡区九龙园区蟠龙大道 68 号 34 幢附 219 号
电　　话：15902308990
网　　址：http://www. cnziwei. com/
E - mail：52161123685@ qq. com

单位名称：乐金电子（中国）有限公司
地　　址：北京市朝阳区西大望路 1 号 1 号楼
电　　话：010-65631355
网　　址：https://www. lg. com/
E - mail：meiling01. piao@ lge. com

单位名称：唐山松下产业机器有限公司
地　　址：河北省唐山市高新技术开发区庆南道 9 号
电　　话：4006125816
网　　址：http://www. tsmi. com. cn/
E - mail：sales@ tsmi. cn

单位名称：菲洛博迪机器人技术有限公司（FERROBOTICS）
地　　址：奥地利共和国林茨阿尔滕堡街 66c 科技园 4 号
电　　话：+43-720-108107-01
网　　址：https://www. ferrobotics. com/
E - mail：office@ ferrobotics. at

单位名称：湖南乐迈思智能科技有限公司
地　　址：湖南省长沙市望城区白箬铺镇金峙村金峰片付家坡组 142 号
电　　话：15111007682
E - mail：215889898@ qq. com

单位名称：海宁哈工现代机器人有限公司
地　　址：浙江省海宁市海宁经济开发区高新路 51 号
电　　话：0573-87222601
网　　址：https://www. hg-hyundai. com/
E - mail：hgxd@ hg-hyundai. com

单位名称：佛山市诺迪精密模具有限公司
地　　址：佛山市顺德区伦教常教旧广珠路（A）S12 号
电　　话：0757-27723988
网　　址：http://www. fsnuodi. com/
E - mail：pur@ fsnuodi. com

单位名称：江苏航鼎智能装备有限公司
地　　址：江苏省南京市江宁区吉印大道 1888 号（江宁开发区）
电　　话：025-52115993
网　　址：http://www. aero-apex. com/
E - mail：daijialong@ aero-apex. com

单位名称：广东省机器人创新中心有限公司
地　　址：广东省广州市黄埔区开泰大道 38 号 2 层、5 层西侧
电　　话：020-89859483
网　　址：http://www. gric. org. cn/
E - mail：info@ gric. org. cn

单位名称：通标标准技术服务（上海）有限公司
地　　址：上海市徐汇区宜山路 889 号
电　　话：021-61402666
网　　址：https://www. sgsgroup. com. cn/
E - mail：crystal. li@ sgs. com

单位名称：北京仁合智德新能源技术有限公司
地　　址：北京市顺义区南法信镇金关北二街 3 号院 1 号楼 303 室
电　　话：13011002751
网　　址：http://www. rhbjzd. com/
E - mail：renhezhide@ 163. com

单位名称：甘肃电气装备集团工业机器人有限公司
地　　址：甘肃省天水市秦州区甘肃省天水市秦州区长开路6号
电　　话：0938-8371058
E - mail：287988994@ qq. com

单位名称：梧桐树资本管理有限公司
地　　址：香港特别行政区
电　　话：4001548168
网　　址：http://wtszb. com/
E - mail：zkzsjj@ 126. com、gaoyu365@ 188. com

单位名称：成都瑞迪智驱科技股份有限公司
地　　址：四川省成都市双流区西航港大道中四段909号
电　　话：028-85751225
网　　址：http://www. reachgroup. cn/
E - mail：reach@ reachmachinery. com

单位名称：上海马桥人工智能创新试验区建设发展有限公司
地　　址：上海市闵行区元江路5500号1幢
电　　话：021-54292703
E - mail：mqrgzn@ shmh. gov. cn

单位名称：沈阳埃克斯邦科技有限公司
地　　址：辽宁省沈阳市和平区南京南街1甲号
电　　话：13080764310
E - mail：296091958@ qq. com

单位名称：深圳市如本科技有限公司
地　　址：广东省深圳市南山区南头街道关口二路智恒产业园27栋一层
电　　话：0755-86003635
网　　址：http://rvbust. com/
E - mail：sales@ rvbust. com

单位名称：深圳市大族机器人有限公司
地　　址：广东省深圳市宝安区大族激光全球智能制造中心3栋6层
电　　话：4008529898
网　　址：https://www. hansrobot. com/
E - mail：hansrobot@ hanslaser. com

单位名称：宁波兴茂电子科技有限公司
地　　址：浙江省宁波市北仑区黄山西路189号P5栋
电　　话：0574-86800681
网　　址：www. nbtse. com
E - mail：TSE_Sales@ nbtse. com

单位名称：云鲸智能科技（东莞）有限公司
地　　址：广东省东莞市松山湖园区兴业路4号7栋
电　　话：0769-22893169
网　　址：https://www. narwal. com/
E - mail：kefu@ narwal. com

单位名称：光普森科科技有限公司
地　　址：北京市丰台区郭公庄北京方向B座6层
电　　话：010-53602090、51260087
网　　址：http://www. gpthink. com/
E - mail：Jenny@ gpthink. com

单位名称：宝时得科技（中国）有限公司
地　　址：江苏省苏州市苏州工业园区东旺路18号
电　　话：0512-65152888
网　　址：https://www. positecgroup. com/
E - mail：tianshan. gao@ positecgroup. com

中国工业机器人主要行业组织简介

中国机器人产业联盟

中国机器人产业联盟（China Robotics Industry Alliance，CRIA）是由中国机械工业联合会牵头发起，联合积极投身于机器人事业、从事机器人研发生产、应用服务、教育培训等的企事业单位、大专院校、科研机构、用户单位及相关机构自愿组成的非营利行业组织。联盟成立于2013年4月，秘书处设在中国机械工业联合会，2021年6月中国机械工业联合会成立机器人分会（CMIF Robotics Branch Association，CMIF-RA），与联盟一体化合署办公，目前已有会员企业500余家。

联盟的宗旨是以国家产业政策为指导，以市场为导向，以企业为主体，搭建政、产、学、研、用平台，提升行业和企业的研究开发、生产制造、集成应用和维修服务水平，完善我国机器人产业链，提升机器人在各个领域的应用水平，促进我国机器人产业的健康发展，助力我国经济高质量发展。

联盟的主要任务是贯彻落实国家的产业政策，深入研究产业发展态势，为政府部门制订政策措施、指导行业发展做好参谋助手；推进产业链及产学研用合作，促进协同创新、协同发展，加快产业链技术进步；开展行业自律，营造良好的产业发展生态；了解反映企业诉求，发挥桥梁纽带作用；大力推动机器人技术与产品在各领域的普及应用，助力制造业和服务业智能化发展；搭建机器人产业信息交流、技术交流、应用推广、教育培训、展览展示、国际合作等平台，促进跨领域交流合作，共同推动我国机器人产业发展。

联 系 人：杨茜

联系电话：010-85153208

电子邮箱：CRIA@ cmif. org. cn

地　　址：北京市东城区东四西大街46号

邮　　编：100711

北京智能机器人产业技术创新联盟

2014年9月25日，北京智能机器人产业技术创新联盟在北京市科学技术委员会指导下，由机科发展科技股份有限公司、中国科学院自动化研究所、北京机械工业自动化研究所、清华大学、北京航空航天大学、北京理工大学等北京地区的智能机器人领域骨干企业、高校科研院所发起，是具有独立社会团体法人资格的创新型产学研相结合的合作组织。联盟秘书处设在北京生产力促进中心。

联盟以产业技术创新需求为基础，突破产业发展的关键技术，搭建共性技术平台，引导和推动产业链构建，凝聚和培育创新人才，进行技术成果推广和产业化应用；研究区域内的智能机器人行业状况，针对影响行业发展的问题和需求制定发展战略；营造“取长补短、合作共赢、协同进步”的发展环境；为成员搭建一个国内外信息交流、技术合作、资源共享的服务平台；组织成员进行技术标准、基础技术和共性技术的研究开发；在成员中推广设计理念、制定技术标准、进行新技术的应用及具有典型意义和广泛影响力的工程推广示范，打造北京智能机器人联盟品牌。通过对智能机器人领域基础和共性技术的协作创新，推动自主知识产权成果转化，提升行业自主创新能力，提升行业市场竞争力，推动北京地区智能机器人领域全产业链创新发展，推动技术成果辐射全国。

联 系 人：李丽

联系电话：13810908340

传　　真：010-82003293

电子邮箱：lilibjpc@ 126. com

地　　址：北京市海淀区北三环中路31号生产力大楼B座8层813室、803室、804室

邮　　编：100088

天津市机器人产业协会

天津市机器人产业协会（简称协会）是经天津市科学技术局批准，于2015年10月10日在天津市民政局登记成立的非营利性的专业社团组织。天津市机器人产业协会目前拥有单位会员121家，协会会员主要由天津市内高校、科研院所、事业单位、机器人企业及机器人产业服务机构组成，现任会长单位为天津新松机器人自动化有限公司。协会产业布局涉及机器人本体、机器人零部件以及机器人集成系统等领域。协会分别设有理事会、专家委员会，下设秘书处，由秘书长、兼职以及专职人员14人组成，通过前期调研建立天津市机器人产业协会公共服务平台，为天津市机器人产业提升提供优质的服务，让会员单位在产学研合作、上下游企业对接、资源信息共享等方面获得帮助。

协会也是政府和企业之间沟通的桥梁，近年来协会参与天津市工信局机器人与智能制造政策的定制与咨询、天津市科技局智能制造专项的组织及行业“十四五”规划编制等工作。

联 系 人：孙向征

联系电话：17720078219

电子邮箱：tjapip@ 163. com

地　　址：天津市西青区天津理工大学机械工程学院403室

邮　　编：300382

天津市智能制造产业技术创新战略联盟

天津市智能制造产业技术创新战略联盟（简称联盟）于2013年5月7日成立，是由从事智能制造产业研究开发、生产制造、应用服务的企事业单位、大专院校、科研机构及其他相关机构自愿组成的非营利性社会团体。

联盟设有理事会、专家委员会，聘请中国科学院姚建铨院士担任专家委员会主任。

联盟坚持以国家相关政策为指导，以市场为导向，以企业为主题，通过“产、学、研、用”相结合的方式，整合及协调产业资源，提升联盟内智能制造企业的研发、生产制造、维修服务水平，促进智能制造产业链快速健康发展。收集、统计产业信息，掌握智能制造产业发展情况，研究存在的问题，并向政府有关部门提出政策建议，搭建企业与政府间的沟通桥梁；促进联盟成员间的资源共享，组织重大共性技术研究，促进智能制造产业链上下游密切合作；加快天津市智能制造产业相关标准的制定和修订工作；搭建天津市智能制造产业信息交流、教育培训、展览展示等平台。

联 系 人：陈颖

联系电话：13682011967

电子邮箱：10136047@ qq. com

传　　真：022-23015625

地　　址：天津市河西区环湖中道9号

邮　　编：300060

吉林省机器人协会

吉林省机器人协会（简称协会）于2015年6月3日成立，由吉林省内从事机器人与人工智能相关理论研究、设备设计、制造、应用的院校、科研机构和生产、销售的企事业单位以及从事相同性质经济活动的经济组织组成。

协会坚持资源整合、创新、共赢的工作原则，以国家产业政策为指导，以市场为导向，以企业为主体，搭建产、学、研、用的平台，提升协会成员的研究开发、生产制造、集成应用和维修服务水平，提升机器人在各个领域的应用水平，实现客户成员价值提升。

协会围绕机器人全产业链开展工作，现开设人才服务、技术咨询、项目信息、赛事举办、展会论坛、一站式平台6个模块，为工业机器人、教育机器人、服务机器人、特种机器人等提供全方位服务，配合机器人厂商做产品应用推广，协助系统集成商进行机器人应用选型、提供技术支持，为机器人的最终客户提供技术培训和技术人才培养，组织机器人行业论坛，举办机器人大赛，加速吉林省机器人产业发展。

联 系 人：丁琳

联系电话：0431-82003278

传　　真：0431-82003266

电子邮箱：lin. ding@ snl-rob. com

地　　址：吉林省长春市绿园区西新工业集中区集智路888号

邮　　编：130000

江苏省机器人专业委员会

江苏省机器人专业委员会是面向江苏省境内从事机器人研发、生产、服务等活动的产业链企业以及相关单位自愿组成的行业非盈利性社团组织，专业委员会接受省工信厅的业务指导，受江苏省机械行业专委会的领导和监督管理。

江苏省机器人专业委员会以服务会员企业、促进会员发展、维护会员合法权益为宗旨，按照市场化途径运作，实现会员自我管理、自我完善、权利平等、资源共享。通过整合、集聚国内外创新资源，构建产业链合作体系，加快突破核心技术，联合培养人才，壮大骨干企业集群，提升专委会成员在机器人相关领域的研究、开发、制造和服务水平，促进行业协调、持续和健康发展。

联 系 人：王琼

联系电话：025-58328539

电子邮箱：wangqiong@ estun. com

地　　址：江苏省南京市中山北路49号机械大厦

邮　　编：210000

湖北省机器人产业创新战略联盟

湖北省机器人产业创新战略联盟（简称联盟）是由积极投身机器人事业，从事机器人产品研发、生产制造、应用服务的企事业、院校、科研机构及相关机构自愿组成的非营利性社会团体。联盟成立于 2015 年 9 月 31 日，目前已有成员单位 80 多家，秘书处设立在武汉奋进智能产业园。

联盟的宗旨是以产业政策为指导，践行社会主义核心价值观，遵纪守法，以市场需求为牵引，以创新驱动发展为主线，以合作共赢为目标，有效整合及协调政、产、学、研、用资源，充分发挥各自优势，通过对机器人核心技术的研究及自主创新，形成具有自主知识产权的产业标准、专利技术，加快创新成果转化，带动重大应用示范，提升机器人技术在各个领域的应用水平，完善湖北机器人产业链，促进湖北机器人产业的持续健康发展。同时，通过协同合作，降低风险和成本，提高竞争实力，实现共赢共荣。

联盟的主要任务是贯彻落实产业政策，促进联盟成员在技术、市场、知识产权等领域的合作交流，开展行业自律，避免重复建设，搭建机器人产业信息交流、应用推广、技术创新、教育培训、合作服务平台，促进资源有效利用；推动湖北机器人产业与其他产业的合作，加速机器人技术与产品的推广应用。

联 系 人：魏绍炎
联系电话：13018008462
传　　真：027-86699359
电子邮箱：1041697458@ qq. com
地　　址：湖北省武汉市东湖新技术开发区流芳园横路 16 号奋进智能产业园
邮　　编：430212

广东省机器人协会

广东省机器人协会于 2015 年 5 月 16 日成立，是广东省人工智能与机器人领域的第一公共服务平台，由华南理工大学、广东工业大学、广东省科学院、广州瑞松智能科技股份有限公司、巨轮（广州）机器人与智能制造有限公司、广州数控设备有限公司、广州视源电子科技股份有限公司、珠海格力智能装备有限公司、科大讯飞股份有限公司等省内从事人工智能与机器人相关理论研究、设备设计、制造、应用的大专院校、科研机构和生产、销售企事业单位以及从事相同性质经济活动的经济组织等自愿发起组建的全省性、专业性、非营利性并具有独立法人资格的社会团体。

发展目标是打造政（政府）、产（企业）、学（学校）、研（科研机构）、贸（商贸）、融（金融）、媒（媒体）“七位一体”的生态发展平台。

愿景：智造美好生活 引领未来世界

使命：汇聚产业力量 成就世界级产业集群

价值观：服务 共享 共成长

联 系 人：任玉桐
联系电话：020-39344209
传　　真：020-39387677
电子邮箱：gdsjqr@ 126. com
地　　址：广东省广州市黄埔区开泰大道 38 号 5 层西侧

深圳市机器人协会

深圳市机器人协会（SRA）由中科院深圳先进技术研究院于 2009 年 9 月发起成立，是国内最早成立的机器人行业协会。协会由在深圳市从事机器人行业的企业、研发机构及产业链上下游相关单位自愿组成的非营利行业性社团法人。深圳市机器人协会伴随着深圳机器人产业的发展和机器人企业的壮大而成长，会员包括工业机器人、服务机器人、教育机器人、特种机器人等领域的企业超 580 家，会员产值近 1 000 亿元，是机器人领域会员个数和产值规模最大的地方性协会。协会依托中科院深圳先进技术研究院的科研资源，下设人工智能专家委员会和青年专家委员会，常年为政府、企业和第三方机构提供技术支持、产业对接等咨询服务。

联 系 人：杨小彬
联系电话：0755-86392542
传　　真：0755-86392299
电子邮箱：xb. yang@ siat. ac. cn
地　　址：广东省深圳市南山区西丽深圳大学城学苑大道 1068 号
邮　　编：518055

广州工业机器人制造和应用产业联盟

广州工业机器人制造和应用产业联盟是在广州市工业和信息化局的指导下，于2013年由广汽集团、广州数控、广州机械院、广州智能装备、中国电器院等12家单位共同发起成立的广州首家在民政局注册的联盟类社会团体。联盟集“产、学、研、用、金”为一体，现有会员单位178家，会员主要覆盖广州地区及珠三角地区的机器人整个产业链，包括上游关键零部件企业，中游机器人本体、中游专用设备和系统集成企业，下游机器人应用企业，科研院所、高等院校、金融机构、行业服务机构等。

联盟的主要任务是建设合作平台，促进会员单位之间多方面的合作，如联合申报项目、申报科技奖、成果转化、共建实验室、开展技术攻关、申请知识产权、制定标准、培养人才等，推广工业机器人普及应用。调研广州地区机器人及智能装备产业情况，向政府有关部门反映工业机器人及智能装备制造和应用产业的发展状况、存在的困难和问题。通过规范和约束行业行为，使行业有序发展，依法维护行业内及各联盟成员的合法权益，在行业内形成示范带动作用。

联盟下设专家委员会，聘请蔡鹤皋院士担任专家委员会主任，目前已有专家近342位。至今已为政府部门和联盟内企业开展了多项评审、咨询及论证等服务。

联 系 人：陈文燕（秘书）

联系电话：020-32385332

传　　真：020-82496513

电子邮箱：gzrobots@ 126. com

地　　址：广东省广州市黄埔区新瑞路2号主楼2层

邮　　编：510000

重庆市机器人与智能装备产业联合会

重庆市机器人与智能装备产业联合会（简称联合会）前身是重庆市机器人与智能装备产业联盟，由重庆市经济与信息化委员会于2013年5月发起成立，是全国第一家省级机器人行业协会组织。中国科学院重庆绿色智能技术研究院、重庆长安工业（集团）有限责任公司、重庆大江美利信压铸有限责任公司任联合会轮值会长单位。2016年4月28日，联合会正式在重庆市民政局完成正式备案注册。

联合会致力于通过整合机器人与智能装备产业领域的优质资源，为政府、产业园区、科研机构和产业内企业提供产业发展、政策研究、市场调研、供需对接、规划咨询、产业延伸、招商引资、人才培养、项目申报、成果转换、科技孵化、国际交流、宣传推广、商务合作、企业融资及教育培训等集“孵、产、学、研、用及金融”为一体的全产业链服务，从而促进机器人与智能装备产业在重庆地区的快速发展。

联 系 人：寇双

联系电话：18996224365、023-65326065

传　　真：023-65326065

电子邮箱：ccria@ ccria. org

地　　址：重庆市自贸区西永微电子产业园管委会大楼5层

邮　　编：401332

成都市机器人产业技术创新联盟

成都市机器人产业技术创新联盟（Chengdu Robot Industry Technology Innovation Alliance，CRITIA）成立于2014年8月，是由成都市科学技术局授牌，由牵头单位成都市科学技术推广中心（原成都科学技术服务中心）、成都自动化研究会汇同成都地区从事机器人产业研究开发、生产制造、应用服务的众多产学研机构联合发起成立的产业技术创新联盟，秘书处设在成都市科学技术推广中心。

截止2020年年底，CRITIA已有会员单位60余家。CRITIA致力于探究机器人产业前沿技术，对接市场需求，聚集产业链技术创新要素，打造机器人产业生态圈，加快将成都建成国内重要的机器人研发基地。CRITIA汇集了成都最优秀的产业资源，充分发挥产、学、研、金、介、用的创新服务链机制，围绕标准研制与推广、区域合作、成果对接、项目咨询、新技术新产品推广、国际化、人才、培训等多方面开展服务。

联 系 人：陈老师

联系电话：028-86740619、18227686788

电子邮箱：357684082@ qq. com

地　　址：四川省成都市体育场路2号西星大厦

邮　　编：610015

青岛市机器人产业协会

青岛市机器人产业协会成立于2020年9月28日，是在青岛市工业和信息化局指导下，由青岛宝佳自动化设备有限公司、青岛海尔机器人有限公司、青岛新松机器人自动化有限公司、青岛星华智能装备有限公司、青岛科捷机器人有限公司、青岛丰光精密机械股份有限公司6家机器人相关企业共同发起成立，集聚了青岛市机器人上下游企业80余家。

青岛市机器人产业协会是青岛机器人行业的自律性行业组织，其宗旨是：在青岛市工业和信息化局的直接领导下，以合作发展为宗旨，以培育挖掘市场需求为纽带，以优势互补、资源整合为手段，积极有效整合产、学、研、用、政、金各方力量，充分发挥政府引导、市场主导、技术支撑、企业主体、金融杠杆的多方叠加效应。努力推进青岛市机器人产业的集聚和深化发展，使青岛市成为全国机器人产业与技术的重要基地，并立足青岛、面向山东、走向全国。

联 系 人：管宁
联系电话：18605322273
电子邮箱：qdjqrxh@ 163. com
地　　址：山东省青岛市高新区新悦路67号
邮　　编：266113

中关村智友研究院

中关村智友研究院（简称研究院）是2018年8月经北京市中关村管委会、中关村科学城管委会批准，由中关村创新合伙人、北航机器人研究所名誉所长王田苗教授牵头，联合海淀园创业服务中心、北航天汇孵化器和雅瑞资本等机构共同发起设立的中关村民办非企业法人单位。

研究院作为高科技智库和早期硬科技创投服务平台，以科学家为核心开展高科技成果转化、硬科技项目孵化以及早期投资（科学家基金），深度聚焦医疗科技、高端制造、智能服务、新能源汽车及芯片等赛道，为硬科技“卡脖子”和中国新时代科技转型升级提供强有力的支撑，是“十三五”国家科技创新规划下发展出的创新型科技孵化平台。

研究院始终坚持打造高质量创新创业生态，汇聚科学家、硕博科创精英，同时链接高校院所、投资机构、上市公司、产业园区及产业赋能平台，深度链接科创产业链上下游资源，打造“科学家资源+科创生态，项目孵化+基金加持”的完整生态链路，并建立“科学家智库+项目孵化加速+产业研究+市场活动”的多维立体服务架构。

截至目前，王田苗教授及研究院已累计孵化投资早期创新创业团队60余家。其中3家企业（九号机器人、天智航与埃夫特）已经上市。另有专精特新中小企业20余家，国家级高新技术企业30余家。

联 系 人：英语霏
联系电话：18610027022
电子邮箱：helen@ zgc-ir. com
地　　址：北京市海淀区知春路7号北航致真大厦A座901室
邮　　编：100191

CHINA ROBOT INDUSTRY DEVELOPMENT CONFERENCE

中国机器人产业发展大会

广告

“中国机器人产业发展大会”由中国机械工业联合会机器人分会（中国机器人产业联盟）主办，是我国机器人领域具有权威性和影响力的行业年度大会。2012年以来，大会已成功举办十一届，并已成为业内外人士梳理研讨国际和国内机器人产业发展态势、共商产业发展大计、引导机器人产业发展方向、促进机器人产业健康快速发展的年度盛事和重要平台。

2012 上海
2013 上海
2014 广州
2015 青岛
2016 芜湖
2017 重庆
2018 潍坊
2019 重庆
2020 青岛
2021 北京
2022 苏州

INTELLIGENT MANUFACTURING

广告

IM Intelligent Manufacturing

智能制造

全媒体平台

ALL-MEDIA PLATFORM

《智能制造》杂志创刊于 1994 年，由机械工业联合会主管、机械工业信息研究院主办，国家制造强国建设战略咨询委员会智能制造专家委员会指导，为中国期刊方阵双效期刊。

依托机械工业信息研究院产业与市场研究所（电气媒体中心），凝聚政府主管部门、科研院所、行业协会的专家学者，制造业大中型企业、大专院校的丰富资源，洞察产业发展，把脉行业趋势，传播国内外智能制造领域政策信息、行业新闻、科技成果和产业实践，助力中国智能制造发展。

在各级领导和各界读者的支持下，现已形成《智能制造》杂志、智能制造网、智能制造 IMS 微信公众号和视频号、智能制造官方微博等全媒体平台，全网粉丝数量超过 50 万，成为中国智能制造领域颇具影响力的专业媒体平台。

新媒体

实时报道 深度洞察

微信公众号：智能制造 IMS

视频号：智能制造 IMS

网站：智能制造网

微博：智能制造杂志官方微博

九州云播、EDM、百家号等

科技期刊

权威媒体 行业头部

双月刊 连续发行 300+ 期

国内统一刊号：CN 10-1315/TP

国际统一刊号：ISSN 2096-0581

活动会议

行业风向标 线上线下联动

行业峰会

技术论坛 / 沙龙

走进工厂系列

视频直播：

智造云会场、线上圆桌、新品发布

行业技术培训

定制化活动

咨询研究

国家智库 赋能决策

行业年鉴

发展报告

白皮书 / 蓝皮书

图书

情报咨询服务

扫码关注公众号　扫码关注视频号

讲好中国智能制造故事